LA RICERCA DEL PENSIERO
Storia, testi e problemi della filosofia

Nicola Abbagnano Giovanni Fornero
con la collaborazione di Giancarlo Burghi

FILOSOFIA

LA RICERCA DEL PENSIERO

Storia, testi e problemi della filosofia

1 Dall'ellenismo alla scolastica

paravia

978 88 395 32015 B

SG 0395 00591T B

Coordinamento redazionale: Elisa Bruno
Redazione: Luisa Gallo, Elisa Bruno
Progetto grafico e copertina: Sunrise Advertising, Torino
Coordinamento grafico: Elena Petruccelli
Ricerca iconografica: Chiara Simonetti, Paola Barbieri
Impaginazione elettronica: Essegi, Torino
Controllo qualità: Andrea Mensio
Segreteria di redazione: Enza Menel

Sono in tutto o in buona parte di **Giovanni Fornero** i capp. 1, 4 e 5 dell'unità 5; il par. 2 del cap. 1 e il par. 13 del cap. 2 dell'unità 6; il par. 6 del cap. 1 dell'unità 7.
Sono in tutto o in buona parte di **Nicola Abbagnano** il cap. 3 dell'unità 5; il cap. 1 dell'unità 6; i parr. 1, 2, 3, 10 e 11 del cap. 1 e i parr. 1, 2, e 4 del cap. 3 dell'unità 7.
Sono di **Nicola Abbagnano** e **Giovanni Fornero** il cap. 2 dell'unità 5; il cap. 2 dell'unità 6; i parr. 4, 5, 7 e 8 del cap. 1, il cap. 2 e il par. 3 del cap. 3 dell'unità 7.
Per il par. 2 del cap. 5 dell'unità 5 e per il par. 7 del cap. 2 dell'unità 6 ha collaborato **Giancarlo Burghi**.
Le presentazioni della vita e delle opere dei filosofi sono quasi tutte di **Nicola Abbagnano**.
I riepiloghi visivi e i glossari sono di **Giovanni Fornero**.

Giancarlo Burghi ha curato:
- le Tavole rotonde;
- le Questioni;
- le rubriche "Echi del pensiero": *Desideri e felicità, La "scoperta" dell'autocoscienza, Un'appassionata difesa della ragione*;
- le rubriche "Il concetto e l'immagine": *La morte nell'iconografia greca e cristiana, La cattedrale gotica come itinerarium mentis in Deum*;
- le pagine di inquadramento storico-geografico "I tempi e i luoghi della filosofia";
- i quadri cronologici relativi alla vita di Epicuro, Plotino, Agostino, Tommaso;
- le rubriche "Laboratorio delle idee" che chiudono le Verifiche di fine unità.

Gaetano Chiurazzi ha curato la rubrica "Echi del pensiero": *L'Uno come potenza attiva.*

Stampato per conto della casa editrice presso
Grafica Veneta, Trebaseleghe (PD), Italia

Ristampa	Anno
1 2 3 4 5 6 7 8	12 13 14 15 16 17

LIBRI DI TESTO E SUPPORTI DIDATTICI
La Casa Editrice è certificata in conformità alla norma **UNI EN ISO 9001:2008** per l'attività di **progettazione, realizzazione e commercializzazione di prodotti editoriali scolastici, lessicografici, universitari e di varia.**
CISQCERT

LA RICERCA DEL PENSIERO

Storia, testi e problemi della filosofia

Il titolo che abbiamo scelto per questo nuovo progetto si riferisce esplicitamente al **pensiero come ricerca**, ossia al fatto che la filosofia, conformemente all'etimologia e all'insegnamento socratico-platonico, non è possesso del sapere ma ricerca inesauribile di esso. Una ricerca in cui l'individuo non opera da solo, ma in stretta connessione con gli altri. Infatti, se esistere è co-esistere, **il filosofare** è sempre con-filosofare, ossia un **dialogo incessante** degli uomini tra loro, dialogo **che si svolge nel tempo** e di cui la storia della filosofia riporta le vicissitudini e i momenti salienti.

La costitutiva socialità del filosofare e il suo strutturarsi come ricerca e dialogo fondano quindi il **valore umano della storia della filosofia**. Infatti, come scrive Nicola Abbagnano, sottolineando in modo lucido e appassionato la **portata esistenziale** della storiografia filosofica: «Ogni vero filosofo è un maestro o compagno di ricerca la cui voce ci giunge affievolita attraverso il tempo, ma può avere per noi, per i problemi che ora ci occupano, un'importanza decisiva. Bisogna disporsi alla ricerca con sincerità ed umiltà. Noi non possiamo raggiungere, senza l'aiuto che ci viene dai filosofi del passato, la soluzione dei problemi dai quali dipende la nostra esistenza singola e associata. Noi dobbiamo perciò proporre storicamente tali problemi; e nel tentativo di intendere la parola genuina di Platone o di Aristotele, di Agostino o di Kant e di quant'altri, piccoli o grandi, abbiano saputo esprimere un'esperienza umana fondamentale, dobbiamo vedere il tentativo stesso di mettere in chiaro e portare alla soluzione i nostri problemi. Il problema di ciò che noi siamo e dobbiamo essere è fondamentalmente identico col problema di ciò che furono, e vollero essere nella loro sostanza umana, i filosofi del passato. La separazione dei due problemi toglie al filosofare il suo nutrimento e alla storia della filosofia la sua importanza vitale. L'unità dei due problemi garantisce l'efficacia e la forza del filosofare e fonda il valore della storiografia filosofica».

> *Ogni vero filosofo è un maestro*
> *o compagno di ricerca*
> *la cui voce ci giunge affievolita*
> *attraverso il tempo, ma può avere per noi,*
> *per i problemi che ora ci occupano,*
> *un'importanza decisiva.*
>
> (N. Abbagnano)

Tutto ciò significa che i **filosofi del passato** – al pari di tutti coloro che hanno impresso una loro parola nella storia – non devono essere visti come personalità "imbalsamate" e chiuse nei loro sistemi, ma come **personalità vive e potenti**, che attraverso i secoli hanno offerto agli uomini un modo di intendersi e di ritrovarsi, e che ancora possono – e potranno – dare **risposte chiarificatrici** alle urgenti e vitali domande degli uomini.

Giovanni Fornero

Indice

ON LINE

I TEMPI E I LUOGHI DELLA FILOSOFIA

L'età ellenistica

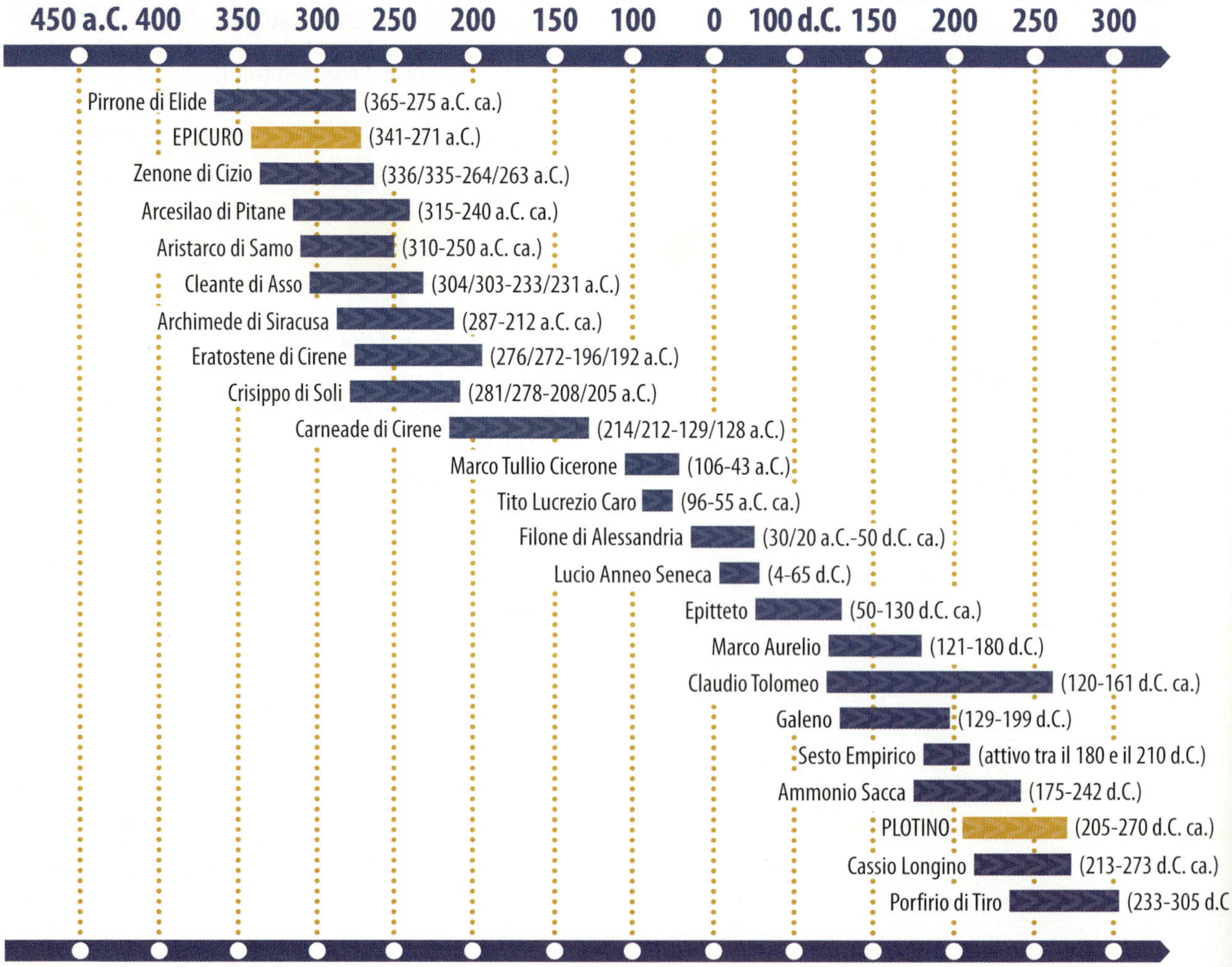

LO storico tedesco Johann Gustav Droysen (1808-1884) ha chiamato "ellenistica" l'età che va dalla morte di Alessandro Magno (323 a.C.) all'affermarsi del dominio romano. Quest'epoca è caratterizzata dal declino della *pólis* classica, dalla nascita prima dei grandi regni ellenistici e poi dell'Impero romano, e in generale dall'incontro tra la civiltà greca e il mondo orientale. Al "cittadino" che partecipa alla vita della comunità subentra il "suddito", un individuo smarrito, che percepisce lo Stato come distante e minaccioso e che per questo si distacca dalla politica ripiegandosi in una dimensione privata e chiedendo alla filosofia, in primo luogo, la "salvezza" dall'afflizione.

Durante il III secolo d.C., fino al regno di Diocleziano (284), l'Impero romano vive una fase di dissoluzione e di decadenza, contrassegnata dall'eclissi del paganesimo e dal consolidarsi della filosofia cristiana: in tale orizzonte si leva l'ultima voce della grande tradizione greca, il neoplatonismo, che mette in atto una suggestiva sintesi tra la razionalità filosofica e le esigenze religiose.

UNITÀ 5

LE FILOSOFIE ELLENISTICHE E IL NEOPLATONISMO

In questa unità ci occupiamo delle **grandi scuole filosofiche** che hanno dominato il pensiero greco **dopo Aristotele**.

Nel primo capitolo, dopo aver esaminato le caratteristiche salienti della **nuova situazione storico-culturale**, mostriamo come, accanto ai tradizionali interrogativi di natura gnoseologica e logica e di natura ontologica e cosmologica, i filosofi di quest'età privilegino i **problemi di carattere etico-esistenziale**.

Nel secondo capitolo evidenziamo come l'**imperturbabilità** del saggio stoico, che predica l'indifferenza nei confronti delle passioni (**apatia**) ed eleva la ragione a unica guida dell'agire, presupponga un'**idea provvidenzialistica e ottimistica del cosmo**, inteso come organismo perfetto governato dal *lógos*.

Nel terzo capitolo sottolineiamo come tutto il pensiero di Epicuro, a cominciare dal suo **materialismo meccanicistico**, sia finalizzato a evitare il dolore del corpo (**aponia**) e il turbamento dello spirito (**atarassia**).

Nel quarto capitolo esaminiamo come la via scettica per la **serenità dell'animo** venga individuata attraverso la sospensione di ogni giudizio razionale intorno alle cose (***epoché***).

Nel quinto capitolo studiamo il passaggio della riflessione filosofica dalla fase etica alla fase religiosa e mostriamo come l'ultimo grande pensatore pagano, Plotino, cerchi la via della salvezza nel **ricongiungimento con Dio**, inteso come fonte metafisica originaria dalla quale tutto gradualmente "emana" e a cui tutto gradualmente ritorna.

CAPITOLO 1

Società e cultura nell'età ellenistica

1. Politica e società

I regni ellenistici

Per "età ellenistica" si intende il **periodo che segue la morte di Alessandro Magno** (323 a.C.) e la sua unificazione del mondo antico nel segno della cultura greca. Con la scomparsa improvvisa del conquistatore, il suo immenso impero, in seguito a una serie di lotte intestine, finisce per essere diviso in tre grandi regni: la **Macedonia**, l'**Egitto** e l'**Asia**. Oltre a questi, si formano alcuni Stati minori a **Pergamo** e a **Rodi**. Tutti questi regni presentano strutture economico-sociali simili e forme di vita e di pensiero analoghe. Perciò si può dire che in questi anni prende avvio una civiltà "universalistica", caratterizzata dall'ellenizzazione dei paesi conquistati e dalla simbiosi della cultura greca con quella orientale. L'influsso dell'Oriente, in particolare, si estende oltre i confini dell'impero di Alessandro, giungendo fino all'India, che a sua volta lo trasmette alla Cina.

La nuova situazione politica dell'Ellade e il tramonto dell'età classica

Il trionfo di questo nuovo mondo storico-politico coincide con la frantumazione delle forme istituzionali dell'Ellade e con la **crisi delle *póleis***. La Grecia delle città-Stato cambia volto. Inglobata in un'organizzazione politica multinazionale, l'Ellade, pur essendo in possesso di una limitata autonomia giuridico-formale, perde sostanzialmente la propria libertà e vede la fine dell'antica democrazia assembleare. La nuova realtà politica è ormai costituita da una serie di **monarchie assolute e orientaleggianti**. Così, da un lato troviamo sovrani potenti e avvolti da un'aureola di semi-divinità, i quali, nelle loro corti sfarzose, sono circondati da uno stuolo di burocrati e di funzionari che fanno girare alla meno peggio la macchina statale, mentre dall'altro lato abbiamo una massa di governati asserviti al potere e separati da esso. **Al "cittadino"** dell'età classica **subentra il "suddito"** dell'età ellenistica.

Spezzato il centro del mondo antico e passato il dominio alla periferia, **sorgono nuovi nuclei di vita sociale**. Tipico il caso di Alessandria, che da povero villaggio di pescatori si trasforma, nel corso di mezzo secolo, in una splendida città cosmopolita e nel più vivace centro commerciale e culturale dell'ellenismo. Mentre gloriose città greche si spopolano, **rifioriscono i centri dell'Asia Minore** (Pergamo, Antiochia e Rodi), che diventano importanti metropoli e fiorenti empori. Il mondo propriamente "ellenico" è ormai tramontato e al suo posto è sorto, con nuovi contrassegni, il mondo "ellenistico".

Le caratteristiche economico-sociali dell'ellenismo

Anche sul piano della struttura economico-sociale si hanno significative novità. L'aprirsi dei mercati a Oriente contribuisce innanzitutto all'ingigantirsi del fenomeno della **schiavitù**, tanto che le grandi città dell'epoca offrono lo spettacolo di enormi masse di schiavi di tutte le razze e le nazionalità. Di conseguenza, il processo produttivo viene più che mai a poggiare sulla manodopera servile.
La concorrenza degli schiavi e dei nuovi mercati, congiunta alla rapacità delle monarchie ellenistiche, determina, soprattutto in Grecia, un processo di **decadenza politica** e di **impoverimento economico** di quei ceti di liberi lavoratori – contadini, artigiani, commercianti al minuto, piccoli esportatori e importatori – che nell'epoca classica avevano rappresentato il nerbo del **ceto medio** e la base della democrazia ateniese. Una relativa eccezione a questo stato di cose è costituita da quei gruppi sociali che, producendo beni atti a soddisfare il raffinato tenore di vita delle corti e delle aristocrazie, oppure lavorando per lo Stato in opere pubbliche, divengono ben presto i **"nuovi ricchi"** della società ellenistica: **grandi mercanti, appaltatori, speculatori** ecc. Pur accumulando talora fortune notevoli, questi ceti non godono dei privilegi sociali di cui è beneficiaria la tradizionale **aristocrazia terriera**, la quale, nonostante la diminuita potenza politica, rimane la classe più forte della società. Intanto il prezzo della vita sale vertiginosamente, tracciando un solco sempre più profondo tra la ricchezza e il lusso dei ceti privilegiati e la povertà delle masse e generando quell'**esasperata stratificazione e "separazione" tra i vari ceti** che è un'altra caratteristica della società di questo periodo.

La frattura tra individuo e società

Un simile quadro socio-politico, accompagnato dagli inevitabili fenomeni della corruzione e del malcostume pubblico, genera una tendenziale frattura tra l'individuo e la collettività, che si concretizza in un senso di **"estraniazione" dai temi della politica e della vita pubblica** in generale. Soprattutto in Grecia, lo sradicamento dalla *pólis* e il tramonto della città come punto di riferimento dei valori producono il disinteresse del suddito nei confronti della dimensione comunitaria dell'esistenza.

2. Cultura e scienza

La Biblioteca e il Museo di Alessandria d'Egitto

Le tendenze della nuova cultura

Il nuovo assetto sociale tende ovviamente a produrre una cultura a propria immagine e somiglianza. Nel nuovo ambiente storico, caratterizzato dalla scissione tra individuo e società, l'intellettuale sembra trovare davanti a sé due strade maestre: o ripiegarsi sul proprio animo e sui temi etico-esistenziali (via seguita per lo più dai filosofi greci), oppure dedicarsi a una serie di ricerche specializzate (via seguita per lo più dai dotti alessandrini). In questo periodo si assiste dunque a un grande **sviluppo delle discipline particolari**, favorito dalla politica culturale dei sovrani, che, per ragioni di prestigio e di dominio, amano atteggiarsi a mecenati del sapere. Questo permette una notevole disponibilità di mezzi economici, grazie alla quale si può procedere a una **riorganizzazione globale degli studi** che non ha precedenti nel mondo antico.

Un nuovo centro culturale

L'esempio più significativo di tale processo è costituito da **Alessandria d'Egitto**, che sotto la sfarzosa dinastia dei Tolomei assurge a **centro culturale di prim'ordine**. Ciò avviene soprattutto a opera del ministro Demetrio Falereo (350-285 a.C. circa), che, ateniese di nascita e allievo di Teofrasto, invita ad Alessandria, quale educatore dell'erede al trono, l'allora caposcuola dei peripatetici Stratone di Lampsaco (v. vol. 1A, unità 4, p. 386). Questi accetta, recando con sé parte del materiale e della biblioteca del Liceo.

La Biblioteca

Per fare di Alessandria il centro gravitazionale dei migliori intelletti dell'epoca, soprattutto scienziati, tecnici e letterati, Demetrio concepisce un progetto ambizioso, che nelle sue intenzioni rappresenta qualcosa di unico nella storia: quello di riunire in un grande istituto per la cultura – sul modello dell'Accademia e del Liceo, ma di maggiori dimensioni – tutto il materiale bibliografico reperibile in Grecia e in Asia. Nasce in tal modo la **Biblioteca di Alessandria**, che, con i suoi settecentomila volumi-papiro, rappresenta **la più grandiosa raccolta di libri del mondo antico**. Nello sforzo di raccogliere e ordinare la quasi totalità degli scritti più importanti esistenti, i bibliotecari trasformano il vasto materiale a loro disposizione in una collezione di volumi aventi ognuno un titolo e un autore, per cui, com'è stato rilevato, la Biblioteca di Alessandria d'Egitto segna la nascita del libro nella forma in cui lo conosciamo e concepiamo ancor oggi.

Il Museo

Inoltre, per dare la possibilità agli scienziati affluiti nella metropoli di dedicarsi proficuamente agli studi, sorge, contiguo alla Biblioteca, una sorta di centro di ricerca che rimarrà noto come "**Museo**" (letteralmente "tempio delle muse" e, quindi, "tempio del sapere"), comprendente un **osservatorio astronomico**, un **giardino zoologico**, un **orto botanico** e alcune **sale anatomiche** (in cui si praticano, tra l'altro con una certa libertà, non solo la dissezione dei cadaveri, ma anche la vivisezione dei criminali e degli animali).
Sulla falsariga del modello alessandrino sorgeranno poi altri centri di studio a Pergamo, ad Antiochia e a Pella, ma nessuno raggiungerà la fama di quello egiziano, che vedrà secoli di splendori, prima di venire completamente distrutto, nel 642 d.C., a opera degli ancora rozzi guerrieri dell'islam.

Il divorzio tra la scienza e la filosofia

La specializzazione del sapere

Gli scienziati-professori della Biblioteca e del Museo di Alessandria sono stipendiati dallo Stato e possono quindi attendere con tranquillità alle loro investigazioni. Questo determina una fioritura delle discipline particolari: dalla matematica alla geografia, dall'astronomia alla biologia, dalla medicina alla storiografia, dalla botanica alla filologia. Tutto ciò si accompagna a una forma di divisione del lavoro e di professionalismo che mette capo al fenomeno della "specializzazione", cioè alla **divisione del sapere in una molteplicità di branche** coltivate con competenza da una serie di specialisti dei relativi campi di indagine.

La separazione tra filosofia e scienza

Così, le singole discipline non solo vanno organizzandosi in forma autonoma, prive di concreti rapporti reciproci, ma considerate nel loro insieme sembrano avere ormai perduto ogni relazione con la filosofia. Mentre nell'età classica della cultura greca i grandi filosofi (vedi Platone e Aristotele) trattavano con perizia anche di matematica, fisica e scienze naturali, e lo scienziato era sempre anche un filosofo, **nell'età ellenistica i filosofi trascurano le indagini scientifiche** e restringono i loro interessi alle interpretazioni generali dell'universo, della conoscenza e della morale. E, reciprocamente, **gli scienziati manifestano la propensione a occuparsi di problemi specifici**, al di fuori di ogni connessione con il discorso filosofico. Tale divorzio culturale trova riscontro anche nella dislocazione geografica della cultura, che fa capo a due centri: **Atene**, antica sede di studi filosofici, e **Alessandria**, nuovo centro di ricerche scientifiche o, comunque, specialistiche.

Lo "sfondo filosofico" della scienza

Dobbiamo tuttavia notare come il fatto che la scienza ellenistica sia nettamente distinta dalla filosofia non significhi che essa sia del tutto priva di uno sfondo filosofico: infatti, se sul piano dei contenuti si mantiene lontana da tematiche filosofiche, dal punto di vista delle **strutture logico-concettuali e metodologiche** essa rappresenta senza dubbio il punto di arrivo della lunga tradizione che aveva portato dai filosofi ionici fino ad Aristotele. La distinzione tra realtà e apparenza, tra scienza e opinione; l'universalità del concetto; il processo di astrazione; le indagini sulla logica; le riflessioni filosofiche sulla natura del numero, sullo spazio e sul tempo, sull'infinito: tutti questi aspetti costituiscono i presupposti della fioritura scientifica dell'età ellenistica. In altri termini, perché le strutture logico-concettuali elaborate dalla filosofia potessero esplicare interamente le loro potenzialità, era necessario che trovassero applicazione negli specifici campi di indagine, abbandonando la loro *genericità* per assumere invece l'*universalità* richiesta dalle scienze.

La perdita di una prospettiva unitaria

Ovviamente un simile circoscriversi degli interessi portò con sé la **perdita di quella visione globale e unitaria dell'uomo e del mondo** che aveva costituito il tratto distintivo della cultura classica. Il mondo della scienza nell'età ellenistica fu dunque un mondo decisamente più angusto di quello dell'età classica, avendone perduto la ricchezza e la complessa problematicità.

La separazione tra la scienza e la tecnica

Il primato degli aspetti teorici della scienza alessandrina

La fioritura scientifica dell'ellenismo porta con sé anche un altro grosso limite, consistente nella tendenza a sviluppare esclusivamente l'aspetto teorico della scienza, disprezzandone invece il momento tecnico-applicativo. Nell'alessandrinismo esiste infatti un paradossale divario tra l'**abbondanza delle cognizioni teoriche** e la **povertà delle applicazioni pratiche** di queste. E poiché nel campo della meccanica, ad esempio, il pensiero scientifico ellenistico è giunto a individuare i principali presupposti teorici che stanno ancor oggi alla base della tecnica moderna, sorge spontanea la domanda: perché, data la notevole massa di cognizioni, non si è sviluppata nel mondo antico quella cosiddetta "civiltà delle macchine", che si affermerà solo a partire dal XVIII secolo? Perché la scienza alessandrina si è limitata a costruire giocattoli e congegni oziosi, o, al massimo, macchine da guerra?

Le motivazioni sociali, psicologiche e culturali

Questo interessante problema è stato affrontato e discusso dagli studiosi, che, attribuendo le cause del fenomeno a una serie di condizionamenti sociali, psicologici e culturali, sono giunti alle seguenti ipotesi di soluzione.

Sul **piano socio-economico** si deve probabilmente far riferimento alla struttura schiavistica del mondo dell'epoca, il quale, disponendo di **abbondante manodopera servile**, non era stimolato a inventare congegni atti a evitare fatiche o a risolvere problemi lavorativi e produttivi. Celebre, a questo proposito, la distinzione di Marco Terenzio Varrone, il quale, parlando degli strumenti con cui si lavora la terra, li divide in tre categorie: strumenti parlanti (gli schiavi), strumenti semiparlanti (i buoi) e strumenti muti (gli utensili), manifestando eloquentemente come lo schiavo rappresentasse per gli uomini liberi del tempo una sorta di "macchina" umana. Tanto più che la minoranza sociale a cui appartenevano anche gli scienziati era sufficientemente agiata per non dover pensare a un possibile aumento del benessere conseguibile attraverso le macchine.

Non meno importanti sono le **ragioni di tipo psicologico-sociale**, prima tra tutte la **scarsa considerazione per il lavoro manuale** e per tutto ciò che riguarda le attività produttive volte all'utile, considerate proprie di uomini "inferiori".
Più decisiva ancora è forse la **motivazione di tipo filosofico-culturale**, risiedente nel fatto che gli scienziati alessandrini, pur essendo teoricamente giunti alle soglie della macchina, in fondo erano ancora prigionieri della "mentalità" della vecchia filosofia, la quale aveva difeso il concetto della **superiorità dell'atteggiamento contemplativo-conoscitivo** di fronte al mondo, a svantaggio dell'atteggiamento pratico-attivo (si pensi ad esempio ad Aristotele). L'idea del filosofo inglese Francesco Bacone (Francis Bacon, 1561-1626), secondo cui «sapere è potere» e, dunque, lo studio della realtà dev'essere finalizzato al dominio di questa a discapito dell'uomo, risulta estranea al genio greco.

La separazione tra la scienza e la società

La cultura alessandrina come "tempio" per pochi iniziati

Un altro limite della cultura scientifica alessandrina è la sua separazione dalla società. **Il sapere**, che germoglia nelle tranquille sale del Museo e della Biblioteca sotto la protezione del potente re d'Egitto, **tende a estraniarsi** completamente **rispetto alla vita sociale e politica**. Il dotto non parla alla città e al popolo, ma si rivolge a cerchie ristrette di altri intellettuali o di aristocratici colti. Il suo stesso ambiente professionale è limitato, poiché il suo impegno si riduce alla ricerca pura, all'insegnamento e al dialogo tra specialisti. L'unica possibilità di rapporto sociale concreto è costituita per lo scienziato alessandrino dai legami intrattenuti con il re e con la corte: i medici del Museo non curano malati se non della famiglia reale, e i fisici si limitano a speculare in astratto, oppure a costruire giocattoli per i nobili e macchine da guerra per i sovrani. I filologi si rinchiudono in **ricerche super-specialistiche**, che trasformano lo studio della lingua in qualcosa di incomprensibile per i non addetti ai lavori. E i poeti, che nell'età classica amavano mantenere un rapporto con il grande pubblico, si trasformano in dotti che scrivono per altri dotti, ornando le loro composizioni di preziosità stilistiche e mitologiche, e riempiendo i loro versi di peregrine notizie scientifiche. La stessa Biblioteca, potenziale fattore di diffusione della cultura, diviene in realtà un tempio chiuso, di cui gli studiosi del Museo sono le "vestali". Anzi, il rapporto "privato" con lo scritto e con il libro diviene qualcosa che facilita ancor di più la **dimensione individualistica della vita e della personalità dell'intellettuale alessandrino**.

3. Le dottrine scientifiche specialistiche

La matematica

La matematica greca, dopo un periodo di gestazione di circa trecento anni, produce nel III secolo a.C. i suoi risultati più significativi, grazie soprattutto a Euclide e ad Archimede.

Euclide e la sistematizzazione della geometria. Di **Euclide** non sappiamo quasi nulla, tranne che fu insegnante di matematica ad Alessandria al tempo di Tolomeo I, intorno al 300 a.C. Di lui ci restano, oltre ad altri quattro trattati didattici, gli ***Elementi***, che costituiscono il suo capolavoro.

Il ruolo della geometria

Gli *Elementi* forniscono una **sintesi organica delle nozioni di matematica elementare** acquisite dai Greci attraverso tre secoli di storia, ricondotte da Euclide a straordinaria unità. Il ruolo di **fondamento dell'intero edificio matematico** è attribuito alla **geometria**, poiché i numeri, nella prospettiva euclidea, sono solo delle scansioni, dei punti privilegiati entro il continuo delle grandezze geometriche e anche quella che sarà detta in seguito "algebra" costituisce soltanto una parte della geometria.

Influssi platonici e aristotelici

Le precedenti problematiche sulla natura dello spazio fisico sono definitivamente abbandonate: lo **spazio euclideo** è ormai un **ente ideale matematico**, dietro il quale è possibile cogliere l'influenza platonica. Di impronta aristotelica è invece l'impianto complessivo dell'opera, con la sua struttura rigorosamente deduttiva.

L'impianto dell'opera

Il procedimento costruttivo, che conferisce all'opera di Euclide il suo carattere sistematico, rappresenta il maggior elemento di novità. Anziché partire da enti complessi per scomporli nelle loro parti semplici, al contrario l'opera di Euclide parte dagli elementi primi, che utilizza per costruire sistematicamente gli enti complessi. L'opera si apre pertanto con l'**individuazione dei termini** (il punto, la linea, la retta…) **e delle premesse** (gli assiomi e i postulati) **per giungere a enti complessi come i poligoni e i teoremi.** La trattazione si snoda così attraverso i due procedimenti paralleli, analoghi nelle loro funzioni, del **definire** e del **dimostrare**: la definizione riconduce i nuovi enti matematici via via introdotti ai termini primi, mentre la dimostrazione riconduce la verità delle nuove proposizioni introdotte alla verità delle premesse.

Archimede e gli albori della fisica-matematica. **Archimede** (287-212 a.C. circa) nacque a Siracusa e compì i suoi studi ad Alessandria. Tornò quindi a Siracusa, dove visse sotto la protezione del tiranno Gerone II e poi dei suoi successori, ai quali rese significativi servigi con la sua scienza.

Invenzioni tecnologiche e teorie scientifiche

A tali servigi si collegano le numerose applicazioni tecnologiche attribuitegli dalla tradizione: da alcuni innovativi sistemi di **carrucole** alla cosiddetta "**vite di Archimede**" (strumento per sollevare l'acqua), al sistema di **catapulte, leve e specchi** grazie al quale Siracusa resistette a lungo all'assedio dei Romani guidato dal console Marco Claudio Marcello.
Tutto ciò non deve però far pensare ad Archimede come a un sostenitore della tecnologia, poiché il dominio sulla natura al quale egli mirava era essenzialmente teoretico, mentre le **applicazioni pratiche** dovevano, a suo avviso, assolvere al **ruolo secondario di esemplificazione del potere della scienza**.
Fondamentali sono le ricerche di Archimede sulla **statica**, sull'**equilibrio dei piani** e sulle **leve**, e notevoli i risultati della sua ricerca matematica sull'**infinito** e sulla possibilità di scrivere un numero sempre più grande, che anticipa alcuni principi di quello che nel XVII secolo sarà il calcolo logaritmico.
Della vastissima produzione scritta di Archimede ci sono rimaste svariate opere di geometria, di aritmetica, di statica e infine un'operetta sul *Metodo*, ritrovata solo nel 1906.

Numeri e realtà

L'atteggiamento metodologico di Archimede è lontanissimo da quello di Euclide, che si basava su idealizzazioni e astrazioni. Al contrario, lo scienziato di Siracusa ritiene che le **strutture matematiche ineriscano intrinsecamente al mondo** e che possano essere **rilevate attraverso l'esperienza**, vista come momento fondamentale di ricerca non solo per la scienza fisica, ma anche per la matematica.

La tesi secondo cui i numeri e il mondo fisico sono intimamente connessi serve a dominare gli aspetti apparentemente irrazionali della realtà e acquista un particolare rilievo nel cosiddetto "**metodo di esaustione**", che consiste nel diminuire una grandezza data fino a "esaurirla", cioè fino a farla diventare minore di qualunque altra grandezza data della stessa specie, togliendone via via una frazione e potendo ripetere l'operazione infinite volte.
Il metodo archimedeo di esaustione è il **fondamento del calcolo infinitesimale** e costituisce un approccio alla soluzione dei paradossi di Zenone.

Il metodo di esaustione

L'astronomia

L'astronomia del mondo classico è sostanzialmente geocentrica, in conformità a quanto sembra attestato dall'osservazione ingenua. Tuttavia, il modello geocentrico presenta difficoltà considerevoli, poiché, sebbene tutti i corpi celesti partecipino dell'apparente rotazione diurna intorno alla Terra, le **posizioni relative dei corpi nella volta celeste** mutano attraverso i giorni, i mesi, gli anni, cosa che si spiega con difficoltà immaginando la Terra immobile.

I limiti del modello geocentrico

Nella prima metà del IV secolo a.C. il matematico e astronomo **Eudosso di Cnido**, appartenente all'antica Accademia platonica, aveva tentato di superare queste difficoltà scomponendo il moto apparentemente disordinato dei diversi corpi celesti in una combinazione ideale di più moti circolari uniformi, i quali, considerati nel loro insieme, riuscivano a riprodurre con una certa approssimazione ciò che si osserva nel cielo.
Il modello di Eudosso era stato accolto, con qualche correzione, da **Aristotele**, ma certe anomalie irrisolte, consistenti in rallentamenti, in moti retrogradi e in variazioni di luminosità che facevano pensare a variazioni di distanza di alcuni pianeti, indussero gli studiosi a cercare spiegazioni più soddisfacenti, correggendo il modello geocentrico, o abbandonandolo del tutto, o ancora proponendo soluzioni intermedie.

I primi tentativi di soluzione

Quest'ultima strada fu percorsa da **Eraclide Pontico** (390-310 a.C. circa), anch'egli discepolo di Platone e membro dell'antica Accademia, il quale, pur mantenendo il nostro pianeta al centro dell'universo, immaginò che Mercurio e Venere, anziché girare soltanto intorno alla Terra, girassero intorno al Sole (e ovviamente, insieme con il Sole, intorno alla Terra).

Eraclide Pontico

Di segno opposto fu la proposta di **Aristarco di Samo** (310-250 a.C. circa), il quale elaborò un **modello eliocentrico** che anticipava quello che doveva essere presentato ben diciotto secoli dopo da Niccolò Copernico (1473-1543). L'ipotesi di Aristarco non ebbe successo, forse per motivi religiosi, ma soprattutto perché fu sostenuta più come modello matematico che come ipotesi fisica. Essa, inoltre, prestava il fianco a obiezioni scientifiche che sembravano allora ragionevoli.

L'ipotesi eliocentrica di Aristarco di Samo

Le obiezioni rivolte al modello eliocentrico erano né più né meno che quelle addotte nell'età moderna contro Copernico e Galileo: in parte di natura geometrica, in parte di natura fisica. Dal punto di vista geometrico, risultava inspiegabile la presunta assenza di una parallasse delle stelle fisse (in realtà presente, ma non calcolabile all'epoca), cioè il fatto che la posizione delle stelle fisse non sembra mutare nonostante il moto di rivoluzione della Terra. Dal punto di vista fisico, pareva impensabile che il moto rapidissimo della Terra, richiesto dalla teoria eliocentrica, non producesse effetti catastrofici sugli abitanti del pianeta.

Le obiezioni all'eliocentrismo

Il geocentrismo di Ipparco

Argomenti di questa natura indussero **Ipparco** a riaffermare il sistema geocentrico. Nato a Nicea, in Bitinia, Ipparco visse tra il 190 e il 120 a.C. ad Alessandria e, soprattutto, a Rodi. Egli costruì un'accurata mappa stellare e scoprì – pur con un equivoco – il moto di precessione degli equinozi. Nel farsi sostenitore del **geocentrismo**, Ipparco cercò di renderlo più rispondente alle osservazioni empiriche ricorrendo a due ingegnosi meccanismi: le sfere eccentriche e gli epicicli, che erano stati escogitati, presumibilmente, all'inizio del III secolo a.C.

L'idea fondamentale del **modello delle sfere eccentriche** è che le sfere celesti non abbiano tutte il loro centro nel centro della Terra (com'era secondo Aristotele), bensì in un punto posto sulla retta che congiunge la Terra al Sole: il centro dell'orbita eccentrica, pertanto, non è fisso, ma descrive esso stesso un'orbita circolare intorno alla Terra.

Secondo la **teoria degli epicicli**, invece, i pianeti percorrono un'orbita circolare secondaria, detta "epiciclo", intorno a un punto che a sua volta descrive l'orbita primaria, detta "deferente", che ha come centro la Terra.

Tolomeo e il trionfo del modello geocentrico

Al modello geocentrico, che finì per prevalere su quello eliocentrico, diede una sistemazione definitiva **Claudio Tolomeo**, vissuto ad Alessandria tra il 120 e il 161 d.C. circa. Oltre che di astronomia, Tolomeo si occupò di matematica, di fisica e di astrologia. Nella sua opera fondamentale, *Sintassi matematica*, in 13 libri, successivamente chiamata ***La massima*** (in greco *E meghíste*, donde il nome arabo *Almagesto*), accolse e rielaborò coerentemente la molteplicità delle osservazioni, dei calcoli e delle ipotesi sul moto dei corpi celesti, aggiungendovi i risultati delle proprie osservazioni dirette. Attraverso un tale poderoso apparato di dati e di ipotesi, egli potè elaborare specifiche **tavole che consentono di calcolare la posizione dei corpi celesti** per ogni istante, passato o futuro.

La fisica e la metafisica di Aristotele costituiscono lo sfondo filosofico dell'opera di Tolomeo; tuttavia il suo **sistema cosmologico** risulta **incompatibile con quello aristotelico**, non solo perché geometricamente diverso, ma anche perché l'introduzione di epicicli ed eccentrici, nonché di altri più sottili artifici, utilizzati per far quadrare la teoria con le osservazioni, fanno sì che il modello geocentrico tolemaico, più che proporsi come una rappresentazione realistica, sembri piuttosto una finzione matematica.

L'opera di Tolomeo rappresentò tuttavia, fino alla rivoluzione copernicana, il fondamento della cultura astronomica e astrologica.

La geografia

La geografia si costituì come disciplina particolare nella scuola di Aristotele, specialmente a opera di Dicearco di Messina.

Eratostene di Cirene

Ma l'opera di Dicearco confluì in quella di **Eratostene di Cirene** (276/272-196/192 a.C.), noto bibliotecario di Alessandria e autore della **prima rappresentazione cartografica del mondo**.

Posta la **sfericità della Terra**, Eratostene fu in grado di calcolarne con ottima approssimazione le dimensioni e di stabilire l'estensione delle terre emerse. Le sue valutazioni vennero poi perfezionate anche grazie ai resoconti dei navigatori.

La medicina

I medici alessandrini. All'inizio del periodo ellenistico, Alessandria diventò un centro importantissimo anche per gli studi di medicina e tale rimase per molto tempo. Nel Museo venne infatti raccolto tutto il materiale della scienza greca in proposito, che confluì nel cosiddetto ***Corpus Hippocraticum***, ovvero in quella vasta raccolta di trattati di medicina antica in parte attribuiti alla figura di **Ippocrate di Cos** (460-377 a.C. circa).

Gli studi anatomici

La caratteristica principale della medicina alessandrina fu lo studio sistematico dell'anatomia umana condotto direttamente sui cadaveri, pratica che permise di ampliare in maniera eccezionale la conoscenza del corpo.

Medici razionalisti e medici empirici

In questo periodo cominciò la disputa tra **medici razionalisti** e **medici empirici**: i primi ritenevano fondamentale conoscere le cause occulte delle malattie, cioè identificare i principi e gli elementi che compongono il corpo e che con la loro alterazione producono le malattie. I secondi, invece, si limitavano a considerare soltanto le cause manifeste, cioè le condizioni empiricamente constatabili che accompagnano l'insorgere dei sintomi patologici, e ritenevano inutile indagare le cause occulte, sostenendo che la natura è incomprensibile. Questa disputa lasciò presto il posto a un **indirizzo eclettico**, che accolse elementi da entrambe le posizioni, senza troppo preoccuparsi della coerenza dottrinale.

Galeno. Dopo vari altri studiosi, a portare la medicina al suo pieno sviluppo fu **Galeno**.

La vita

Nato a Pergamo nel 129 d.C., Galeno fu dapprima medico nella scuola dei gladiatori della sua città, per poi recarsi a Roma, dove operò acquistando grande notorietà e dove morì nel 199. Fu scrittore fecondissimo: lasciò circa quattrocento lavori, di cui ce ne sono pervenuti più di ottanta.

L'impostazione teorica

Galeno fu in primo luogo un **aristotelico**, e in quanto tale vedeva la vera causa di ogni cosa nel fine che essa è destinata a compiere nell'ordine provvidenziale dell'universo. Fu un **osservatore attento e acuto**, nonché uno **sperimentatore efficace**, per quanto gli mancasse l'ausilio della ricerca anatomica, dal momento che a Roma non gli era consentito sezionare cadaveri umani.

Le tre forme dello pneuma

Secondo Galeno, la vita è strettamente connessa con lo **pneuma**, o spirito, che ha tre forme diverse:

- lo spirito **animale** ha sede nel cervello e governa il movimento e la sensibilità;
- lo spirito **vitale** risiede nel cuore e governa la circolazione del sangue e il calore del corpo;
- lo spirito **naturale** risiede nel fegato e governa la produzione del sangue, l'alimentazione e il ricambio.

La malattia come "squilibrio"

Per ciò che riguarda la malattia, Galeno si avvale della **teoria degli umori** di Ippocrate. Egli è convinto che la malattia sia dovuta all'alterarsi di quel particolare equilibrio tra gli umori che caratterizza l'individuo sano; è perciò una **discrasia** (cioè una mescolanza in misura anormale) **dei quattro umori fondamentali (sangue, flegma, bile gialla e bile nera)**.
Per le terapie, Galeno utilizza una grande quantità di cerotti, acque, unguenti, decotti ecc., tra i quali il posto d'onore spetta alla "**teriaca**", panacea universale in cui entrano ben sessantasette ingredienti, tra i quali escrementi, sangue e grasso di vari animali e vipere lessate.

La tecnica

Come si è già detto, le realizzazioni tecniche dei Greci furono dirette prevalentemente a **scopi militari** e, specie nell'età ellenistica, a **scopi di divertimento**. Questo perché il concetto della tecnica come strumento di dominio sulla natura, esercitato al fine di accrescere il benessere e le comodità dell'uomo era estraneo al mondo antico: sarebbe nato solo agli inizi dell'età moderna.
Ciò non toglie che i Greci abbiano inventato alcune macchine. A **Ctesibio** (III secolo a.C.), ad esempio, si attribuiscono una **pompa premente** e un **argano idraulico**.
Erone di Alessandria (I secolo a.C.), invece, oltre a essersi dedicato alla costruzione di **fontane**, nella *Meccanica* tratta delle **cinque macchine semplici**: la ruota dentata, la leva, la puleggia, il cuneo e la vite; nella *Metrica* espone i procedimenti pratici per misurare le superfici.
Una menzione a parte merita la **tecnologia chimica**, che, nata nell'antico Egitto, rivestì ben presto e mantenne un carattere religioso o magico. Essa venne concepita come l'arte della trasmutazione dei metalli.

4. La filosofia

Il "bisogno" di filosofia

Il fatto che la cultura ellenistica sbocci soprattutto ad Alessandria o in altri centri dell'Asia non pregiudica, come abbiamo accennato, la persistente importanza della Grecia:

- in primo luogo, infatti, l'**ellenismo** rappresenta per definizione la **diffusione e** lo **sviluppo della cultura greca nel mondo**, testimoniati dall'uso del greco come lingua universale, sia del potere politico, sia del sapere;
- in secondo luogo, **Atene** rimane la **roccaforte geografica della filosofia**.

Uno "sguardo" unitario, capace di orientare la vita

Ma di quale filosofia? Ovviamente di una filosofia che rispecchia le esigenze dei tempi. Nel clima di generale insicurezza e di "fuga nel privato" che caratterizza quest'età di sconvolgimenti politici, sociali e culturali, al pensiero filosofico si chiedono sostanzialmente due cose: da un lato **una visione unitaria e complessiva del mondo**; dall'altro **una specie di "supplemento d'animo"**, ossia una parola di saggezza e di serenità, capace di indirizzare la vita quotidiana degli individui. La crisi delle precedenti concezioni del mondo, la divisione del sapere in una serie di scienze particolari e il crollo dei valori tradizionali implicano infatti, in certi strati della società e della cultura, l'esigenza di una visione globale delle cose che, dando una risposta agli interrogativi ultimi della mente, permetta all'uomo di **orientarsi con maggiore sicurezza nelle faccende della vita**. Così, alla tendenza specialistica delle scienze si contrappone lo sguardo generale della filosofia (già Platone aveva sentenziato che solo chi è in grado di scorgere "l'intero" è filosofo).

Dalla politica all'esistenza

Una visione del mondo volta alla vita: ecco il bisogno di fondo di un'epoca che domanda al pensiero filosofico uno sguardo sull'universo capace di guidare la condotta e di portare alla quiete dell'animo. Perciò non si può parlare, come ha fatto tutto un filone storiografico, di una diminuita importanza della metafisica, ma semplicemente di una sua finalizzazione all'etica e al discorso sull'uomo. Gli **interrogativi dominanti** di questo momento storico, che la filosofia registra e stimola al tempo stesso, sono infatti quelli **esistenziali**, riguardanti il destino individuale: la felicità, il dolore, il piacere, la morte, la virtù, l'imperturbabilità ecc. Si assiste così a una tendenziale **"spoliticizzazione" del discorso filosofico**: il progetto platonico di mettere il sapere al servizio di una riforma della società è ormai tramontato e nella politica si scorge soltanto il regno della violenza e del caso.

La filosofia come "terapia" esistenziale

Perduta la fiducia in una razionalizzazione della vita sociale, al filosofo greco rimane solo il desiderio di venire incontro alle inquietudini dell'individuo, dandogli un po' di requie e aiutandolo a **guarire dai mali della vita**. Non a caso, i filosofi ellenistici, per esemplificare meglio il senso della loro missione tra gli uomini, ricorrono sovente al linguaggio medico e farmacistico. Il rapporto tra la filosofia e il suo pubblico viene assimilato alla relazione tra il terapeuta e il paziente: la vita, con le sue immancabili delusioni, è la malattia; il filosofo, con le sue dottrine, è il medico. Farmacista delle angosce, chirurgo delle false opinioni, erborista delle intossicazioni del vivere sociale, il filosofo viene in tal modo ad assolvere un compito "consolatorio" analogo a quello assolto dalla religione, poiché si propone di **condurre gli uomini alla salvezza personale**, liberandoli dalle convenzioni e dalla falsità del vivere insieme (cinici), dalle stolte credenze (stoici), dalle superstizioni e dai timori della mente di fronte alle cose (epicurei), dalle boriose dottrine dei dogmatici (scettici).

La **filosofia come terapia mentale ed esistenziale, come via alla serenità**: ecco l'obiettivo principale delle grandi scuole dell'ellenismo. Descrivendo questa concezione della filosofia come tipica di una «scuola di difesa», Bertrand Russell cita C.F. Angus: «il timore prese il posto della speranza; lo scopo della vita era piuttosto quello di sfuggire alla sfortuna, che non quello di raggiungere un bene positivo [...]. La filosofia non è più il pilastro di fuoco che fa da segnale ai pochi intrepidi ricercatori della verità: è piuttosto un'ambulanza, che viene nella scia della lotta per l'esistenza e raccoglie i deboli e i feriti»[1].

ON LINE ESERCIZI INTERATTIVI

Filosofia e "scuole"

Le differenze rispetto alle scuole dell'età classica. La scissione della filosofia dalla vita politica e dalle scienze si accompagna a una nuova impostazione delle scuole filosofiche. Ciò che cambia nelle scuole dell'ellenismo, rispetto alle grandi scuole dell'età classica, è innanzitutto l'atteggiamento nei confronti delle altre correnti filosofiche, e in secondo luogo il comportamento che ci si aspetta dai propri seguaci.

Il dogmatismo e il settarismo

Nell'Accademia platonica, ad esempio, non era infrequente la presenza di uditori che esprimevano apertamente il proprio disaccordo con Platone, dando origine a dispute anche significative. L'esempio più eclatante è quello del giovane Aristotele, che ben presto rifiutò la teoria delle idee, facendola oggetto di una serie di obiezioni raccolte nel trattato *Delle idee*. Ma questa "apertura" al dialogo faceva parte dell'impostazione dello studio: Platone, prima ancora di insegnare *la sua* filosofia, insegnava infatti *la* filosofia.

1 B. Russell, *Storia della filosofia occidentale*, Longanesi, Milano 1966-1967, p. 325.

Nell'ellenismo, invece, **i maestri insegnano** proprio e **solo la loro filosofia**, e si aspettano dai loro seguaci un'**adesione incondizionata e piena**. In tal modo le varie scuole si riducono spesso a conventicole di iniziati, a vere e proprie sette chiuse, caratterizzate al loro interno da una scarsa attitudine alla discussione e dal culto dei "capi-scuola". I contatti con l'esterno sono estremamente limitati e ridotti per lo più a ingenerose polemiche con le scuole avversarie.

L'esclusione delle scienze

Nelle scuole dell'età classica, inoltre, il termine "filosofia" era concepito in un'accezione ampia. Platone e Aristotele insegnavano anche matematica, astronomia, fisica, insomma attuavano a loro modo il progetto della *paidéia* greca. La specializzazione dei saperi introdotta dall'ellenismo esclude invece dalla riflessione filosofica tutto o quasi l'ambito delle scienze, che a loro volta si organizzano e si sviluppano come distinte discipline specialistiche autonome.

L'esigenza sistematica

Va poi ricordato che le filosofie ellenistiche – almeno quelle più ampie, cioè lo stoicismo e l'epicureismo – tendono a presentarsi come sistemi completi, come **visioni esaustive** che forniscono agli adepti gli strumenti per comprendere la totalità degli aspetti del mondo, laddove una tale preoccupazione sistematica non era presente con uguale forza nel pensiero platonico e aristotelico.

Orientalismo e cosmopolitismo

Altri due tratti caratteristici della filosofia di questo periodo, che si riflettono negli insegnamenti delle scuole, sono il tendenziale orientalismo e l'esplicito cosmopolitismo. L'ellenizzazione dell'Oriente mostra infatti, come altra faccia della stessa medaglia, una certa **orientalizzazione della mentalità ellenica**, destinata a radicalizzarsi ulteriormente nell'ultima fase della filosofia greca. La ricerca di una "via della salvezza" per l'individuo e la rassegnazione di fronte all'esistenza sono per il momento gli esempi più vistosi di tale mentalità "orientale", che più tardi si manifesterà nell'interesse per l'astrologia, per la religione e per le scienze occulte. All'individualismo apolitico delle filosofie ellenistiche corrisponde invece l'**aspirazione a un'unità cosmopolitica tra i popoli**, capace di andare oltre le barriere tra le nazioni: sull'ideale carta d'identità del filosofo ellenistico si vuole dunque scritto, come già affermava Democrito, «cittadino del mondo».

Le grandi scuole ellenistiche. La filosofia del periodo ellenistico, a parte le propaggini della scuola cinica, è fondamentalmente costituita da **tre grandi indirizzi**:

- lo **stoicismo**, che prende il nome dal Portico (in greco *Stoá*) dipinto in cui era situata ad Atene la scuola fondata da Zenone di Cizio;
- l'**epicureismo**, che è la dottrina della scuola fondata ad Atene da Epicuro;
- lo **scetticismo**, che non costituisce una scuola in senso stretto, ma un indirizzo seguito da scuole filosofiche diverse.

L'ideale della tranquillità dello spirito

L'obiettivo perseguito da questi tre indirizzi filosofici è sempre il medesimo: garantire la tranquillità dello spirito, poiché il fine dell'uomo è la felicità, e quest'ultima consiste nell'assenza di turbamento e nell'eliminazione delle passioni. Per questo tutti e tre gli indirizzi individuano l'**ideale del saggio** nell'**indifferenza rispetto ai motivi propriamente umani della vita**.

5. L'eclettismo

La concordanza dei tre grandi indirizzi di pensiero del periodo ellenistico in campo pratico portò con il tempo alla ricerca di un terreno di incontro, sul quale fosse possibile smussare l'antagonismo delle rispettive posizioni teoriche, conciliandole e fondendole in una concezione unitaria. Tale tendenza è costituita dall'"**eclettismo**" (dal verbo greco *ek-légo*, "scelgo").

L'incontro della cultura greca con quella romana

L'instaurarsi di questo nuovo indirizzo di pensiero venne favorito dalle circostanze storiche. Dopo la conquista della Macedonia da parte dei Romani (168 a.C.), la **Grecia** era di fatto diventata una **provincia dell'Impero romano**. Roma cominciò ad accogliere e a coltivare la filosofia greca, che divenne un elemento indispensabile della cultura romana; e la filosofia greca, dal canto suo, si adattò gradualmente alla mentalità latina. Essendo quest'ultima poco propensa a dar rilievo a divergenze teoriche che non dessero adito anche a una differente impostazione pratica, fu proprio in essa che il tentativo di "scegliere", nelle dottrine delle varie scuole, quegli elementi che si prestavano a essere conciliati e fusi in un unico corpo trovò l'appoggio più valido.

Il *consensus gentium* come criterio di scelta

E poiché la scelta di questi elementi presupponeva un criterio, lo si individuò nell'**accordo comune degli uomini** (*consensus gentium*) su certe verità fondamentali, ammesse come sussistenti indipendentemente da e prima di ogni umana ricerca.
L'indirizzo eclettico comparve inizialmente nella scuola stoica (v. cap. 2, p. 37), dominò a lungo nell'Accademia (v. cap. 4, p. 73) e fu accolto anche dalla scuola peripatetica (v. vol. 1A, unità 4, p. 386). Solo gli epicurei si mantennero estranei all'eclettismo, rimanendo fedeli alla dottrina del maestro.

6. Il declino di Alessandria e del pensiero scientifico

L'estendersi della conquista romana fin sull'altra sponda del Mediterraneo portò gradualmente anche alla decadenza della cultura scientifica, di cui l'Egitto, e Alessandria in particolare con la sua Biblioteca e il suo Museo, era il centro principale.

Il tramonto di Alessandria

Lo sviluppo del pensiero scientifico, avviato intorno al 300 a.C., fu interrotto bruscamente nel 145 a.C., anno in cui il Museo fu danneggiato a causa della guerra civile e in cui una grave rottura tra il re d'Egitto e gli intellettuali greci costrinse questi ultimi ad abbandonare Alessandria. A partire da questa data cominciò un lento e inarrestabile processo di decadenza, che si accompagnò alle vicissitudini politiche. Nel 48-47 a.C., durante la campagna di Cesare in Egitto, la Biblioteca venne incendiata, con l'irrecuperabile perdita di moltissimi volumi. Nel 30 a.C. Ottaviano conquistò l'Egitto, inglobandolo nell'Impero romano. L'importanza di Alessandria venne diminuendo sempre più e i suoi intellettuali, ormai decadenti epigoni, si limitarono a ruminare la cultura del passato. Le uniche eccezioni, che rappresentano anche il "canto del cigno" della scienza antica, furono nel II secolo d.C. le voci di Tolomeo per l'astronomia (v. p. 12) e di Galeno per la medicina (v. p. 13).

CAPITOLO 2
Lo stoicismo

1. La scuola stoica

Zenone di Cizio

Il **fondatore della scuola stoica** fu **Zenone di Cizio** (Cipro), di cui si conoscono con verosimiglianza l'anno della nascita, 336-335 a.C., e l'anno della morte, 264-263 a.C. Giunto ad Atene a 22 anni circa, Zenone si entusiasmò per il pensiero socratico attraverso la lettura dei *Memorabili* di Senofonte e dell'*Apologia* di Platone e credette di aver trovato un Socrate redivivo in Cratete di Tebe, che a sua volta era stato discepolo di Diogene il Cinico e di cui si fece scolaro. Fu in seguito anche allievo di Stilpone e di Diodoro Crono. Intorno al 300 a.C. fondò una scuola propria nel "**Portico dipinto**" (***Stoá poikíle***), da cui i suoi scolari presero il nome di "stoici". Morì di morte volontaria, come parecchi altri tra i maestri suoi successori. Dei suoi numerosi scritti (*Repubblica*, *Sulla vita secondo natura*, *Sulla natura dell'uomo*, *Sulle passioni* ecc.) ci restano solo frammenti.

I maestri della scuola

I primi allievi di Zenone furono **Aristone di Chio**, **Erillo di Cartagine**, **Perseo di Cizio** e **Cleante di Asso** (nella Troade), che gli successe nella direzione della scuola. Nato nel 304-303 a.C. e morto suicida nel 233-231, quest'ultimo fu uomo di pochi bisogni e di volontà ferrea, ma poco adatto alla speculazione, tanto che pare che il suo contributo all'elaborazione del pensiero stoico sia stato minimo.

A Cleante successe **Crisippo di Soli** o di Tarso (in Cilicia), nato nel 281-278 a.C. e morto nel 208-205. Considerato come il secondo fondatore dello stoicismo, di lui si diceva: «se non ci fosse stato Crisippo, non ci sarebbe stata la *Stoá*». Crisippo fu di una prodigiosa fecondità letteraria, e fu anche un dialettico e uno stilista di prim'ordine.

Seguirono a Crisippo due suoi scolari, prima **Zenone di Tarso**, poi **Diogene di Seleucia**, detto "il Babilonese". Nel 156-155 a.C. quest'ultimo si recò a Roma con un'ambasceria di cui facevano parte anche l'accademico Carneade e il peripatetico Critolao. La delegazione suscitò molto interesse tra la gioventù di Roma, ma ebbe la disapprovazione di Catone, il quale temeva che la filosofia distraesse i giovani romani dalla vita militare.

A Diogene seguì **Antipatro di Tarso**.

Gli scritti degli "stoici"

La produzione letteraria di tutti questi filosofi, che dovette essere immensa, è andata perduta e di essa ci sono rimasti solo frammenti. Questi non sempre sono riferiti a un singolo autore, ma spesso in generale agli "stoici", sicché è molto difficile distinguere nella massa di notizie che ci sono pervenute la parte che spetta a ciascuno dei pensatori sopra nominati. Si deve esporre perciò la dottrina stoica nel suo insieme, menzionando, quando è possibile, le differenze o le divergenze tra i vari autori.

Stoicismo e dottrina cinica

Come abbiamo anticipato, il fondatore dello stoicismo, Zenone, ebbe come maestro e come modello di vita il cinico Cratete. Ciò spiega l'orientamento generale dello stoicismo, il quale si presenta come **continuazione e completamento della dottrina cinica** (v. vol. 1A, unità 2, p. 156). Come i cinici, gli stoici cercano non la scienza, ma la felicità per mezzo della virtù. A differenza dei cinici, però, ritengono che **per raggiungere felicità e virtù** sia **necessaria la scienza.** Non manca tra gli stoici chi, come Aristone, si collega più strettamente al cinismo e si abbandona a un totale disprezzo per la scienza, dichiarando inutile la logica e superiore alle possibilità umane la fisica. Di convinzione contraria è Erillo, il quale pone il sommo bene e il fine ultimo della vita nella conoscenza, ricollegandosi all'ideale aristotelico.

La filosofia come esercizio di virtù

Lo stesso fondatore della scuola, Zenone, ritiene indispensabile la scienza per la condotta della vita e, pur non riconoscendo a essa un valore autonomo, la include tra le condizioni fondamentali della virtù. La scienza stessa gli appare come virtù e le divisioni della virtù sono per lui divisioni della scienza. Questa è indubbiamente la dottrina prevalente nello stoicismo: «La filosofia – dice Seneca – è **esercizio di virtù** (*studium virtutis*), ma **per mezzo della virtù stessa**; giacché non può esserci né virtù senza esercizio, né esercizio di virtù senza virtù» (*Epistole*, 89).
Il concetto di filosofia viene così a coincidere con quello di virtù: il fine della filosofia è raggiungere la sapienza, cioè la «scienza delle cose umane e divine», ma l'unica via per arrivare a questo traguardo è per l'appunto costituita dall'esercizio della virtù.

Le divisioni della filosofia

Ora, le virtù più generali sono tre: la naturale, la morale e la razionale; di conseguenza anche la filosofia si divide in tre parti: la **fisica**, l'**etica** e la **logica**. Diversa è l'importanza accordata di volta in volta a ciascuna di queste tre parti, e diverso è l'ordine in cui vengono insegnate dai vari maestri della *Stoá*. Zenone e Crisippo, ad esempio, cominciavano dalla logica, passavano alla fisica e all'antropologia e terminavano con l'etica, tracciando un percorso che cercheremo di seguire anche noi.

2. La logica

Il criterio della verità

Retorica e dialettica

Con il termine "logica", adoperato per la prima volta da Zenone, gli stoici intendono la dottrina che ha per oggetto i *lógoi*, cioè i "discorsi":
- in quanto scienza dei discorsi "continui" (cioè delle orazioni), la logica è **retorica**;
- in quanto scienza dei discorsi "divisi" tra domande e risposte, la logica è **dialettica**.

Più precisamente, la dialettica è definita come «la scienza di ciò che è vero e di ciò che è falso e di ciò che non è né vero né falso». Con l'espressione «ciò che non è né vero né falso» gli stoici probabilmente intendevano sia i sofismi, o paradossi, sulla cui verità o falsità non si può decidere, sia i ragionamenti, considerati però dal punto di vista della loro correttezza formale.

Grammatica e logica

La dialettica si divide a sua volta in due parti, a seconda che tratti delle *parole* oppure delle *cose* che le parole significano: quella che tratta delle parole è la **grammatica**, quella che ha per oggetto le nozioni significate è la **logica in senso proprio**, che quindi ha per oggetto le rappresentazioni, le proposizioni, i ragionamenti e i sofismi.
In sostanza, la logica degli stoici si divide in due grandi sezioni:

- una, paragonabile alla canonica degli epicurei (v. cap. 3, p. 52), che si occupa del **problema della conoscenza e** dei **concetti**;
- l'altra, paragonabile alla logica di Aristotele, che si occupa invece dei **meccanismi e** delle **forme del ragionamento**.

La rappresentazione catalettica

Gli stoici si preoccupano in primo luogo di trovare il **criterio della verità**, giacché solo mediante quest'ultimo il pensiero può servire come guida per l'azione. Essi individuano tale criterio nella **rappresentazione catalettica**, o concettuale, che intendono o come **l'atto dell'intelletto che "afferra" o "comprende" l'oggetto**, o come **l'azione dell'oggetto che imprime la rappresentazione sull'intelletto**. Il primo significato è illustrato da Zenone mediante un paragone con le mani: una mano aperta e con le dita tese è simile alla **rappresentazione** pura e semplice; una mano contratta, nell'atto di afferrare qualcosa, è immagine dell'**assenso**; una mano stretta a pugno richiama la **rappresentazione catalettica**; infine, le due mani strette l'una sull'altra con forza sono simili alla **scienza**, la quale ci dà il vero e completo possesso dell'oggetto. ➔ **T1** p. 42
L'atto (libero) con cui si assente a una rappresentazione, oppure se ne dissente, oppure si rinuncia ad assentire, è il **giudizio**: in virtù del giudizio l'uomo afferma, o nega, o sospende provvisoriamente un'affermazione o una negazione.

I METODI DELLA CONOSCENZA SECONDO ZENONE		I SIMBOLI
Rappresentazioni	le impressioni registrate	la mano aperta
Assenso	l'atto con cui si assente alle impressioni	la mano contratta
Rappresentazione catalettica	l'atto dell'intelletto che "afferra" o "comprende" l'oggetto (o l'azione dell'oggetto che imprime la rappresentazione sull'intelletto)	la mano stretta a pugno
Scienza	il possesso saldo del sapere	le due mani strette l'una sull'altra

L'anima come *tabula rasa*

Gli stoici ritengono che **tutta la conoscenza umana derivi dai sensi** e paragonano l'anima a una pagina bianca (*tabula rasa*), su cui vengono a registrarsi le rappresentazioni sensibili.

Queste sono impronte, o segni, delle cose secondo Cleante, modificazioni dell'anima secondo Crisippo; ma che siano prodotte dagli oggetti esterni oppure dagli stati d'animo (ad esempio, dalla virtù o dalla malvagità), in ogni caso sono ricevute passivamente.

La teoria del concetto

Dall'accumularsi delle rappresentazioni sensibili si forma, con un procedimento naturale, la **prolessi**, o **anticipazione**, ossia il **concetto**, inteso come una conoscenza universale ramificata in una serie di "nozioni comuni" (*communes notitiae*) partecipate da tutti gli individui. Altre conoscenze universali si formano artificialmente, in virtù dell'istruzione e del ragionamento, e costituiscono la scienza.
I concetti non hanno tuttavia alcuna realtà. La realtà è sempre individuale e **l'universale esiste**, secondo gli stoici, **soltanto nell'anima**.

I **concetti**, o anticipazioni, o prolessi, possono essere
- > **naturali** = prodotti dall'accumularsi delle rappresentazioni (es. "albero")
- > **artificiali** = prodotti artificialmente, in virtù dell'istruzione e del ragionamento (es. "Dio")

I principali concetti

I concetti più generali, quelli che Aristotele chiamava «categorie», sono ridotti dagli stoici a quattro: il **soggetto**, o sostanza; la **qualità**; il **modo d'essere**; la **relazione**.
Il concetto più esteso, che essi chiamavano «**genere sommo**», è il concetto dell'**essere**, che abbraccia tutto, perché ogni cosa, in qualche modo, è. Alcuni stoici, volendo trovare un concetto ancora più esteso di quello di essere, ricorsero al «qualcosa» (*aliquid*), che può comprendere anche le cose incorporee, o quelle inesistenti. Il concetto meno esteso e più determinato corrisponde invece a quella specie che sotto di sé non ha altre specie: si tratta del concetto di **individuo** (ad esempio, Socrate).

La teoria del significato

Tra le varie dottrine della logica stoica, quella che ha avuto forse la maggiore importanza in tutta la tradizione filosofica (e l'ha tuttora nel dominio della logica e della teoria del linguaggio) è la **dottrina del significato**. Tale dottrina costituisce un'alternativa alla teoria dell'essenza di Aristotele. Per Aristotele il concetto è l'*essenza* delle cose. Per gli stoici **il concetto è un *segno* che significa le cose**. Ad esempio, il concetto di "animale ragionevole" è per Aristotele l'essenza o la sostanza dell'uomo. Per gli stoici è invece solo un segno che si riferisce a più cose, cioè a quel gruppo di cose che per l'appunto chiamiamo "uomini".

Gli elementi del segno

In ogni segno bisogna distinguere tre cose:
- la **cosa significante**, cioè la **parola** (ad esempio "Dione");
- il **significato**, cioè l'immagine o la **rappresentazione mentale** che si forma in noi quando pronunciamo o ascoltiamo una parola (l'immagine richiamata in noi dal nome "Dione");
- la **cosa significata**, cioè l'**oggetto reale** (Dione in persona).

Di questi tre elementi, due sono corporei (la parola e l'oggetto reale), mentre uno è incorporeo (il significato). Nella logica medievale e moderna la coppia "significato-cosa" (cioè rappresentazione mentale e oggetto rappresentato) verrà designata anche come "significato-supposizione", "connotazione-denotazione"; "comprensione-estensione"; "senso-significato" ecc. Con tutte queste coppie di termini si intendono tuttavia sempre le stesse cose: da un lato il concetto o la rappresentazione dell'oggetto; dall'altro l'oggetto reale (ad esempio, da un lato la rappresentazione dell'uomo come animale ragionevole; dall'altro l'oggetto cui questa rappresentazione corrisponde, cioè un uomo reale). → T2 p. 43

ESERCIZI INTERATTIVI ON LINE

Il **segno** consta di tre elementi
- > la **cosa significante**, ovvero la cosa o il mezzo che significa (= la parola)
- > il **significato** (= l'immagine o la rappresentazione mentale evocata dal nome)
- > la **cosa significata** (= l'oggetto reale)

Per Aristotele il concetto esprime l'*essenza*; per gli stoici è un *segno* che si riferisce a più cose

La teoria del ragionamento

Un'altra sezione tipica della logica stoica, su cui è venuta soffermandosi sempre di più l'attenzione degli studiosi odierni, è quella dei cosiddetti **ragionamenti anapodittici**, per comprendere la quale è tuttavia necessario distinguere preliminarmente tra proposizioni e ragionamenti:

- secondo gli stoici un significato è "compiuto" se può essere espresso in una frase: ad esempio, la frase "Socrate scrive" ha un significato compiuto, mentre la parola "scrive" non ce l'ha, perché lascia senza risposta la domanda "chi?". Un significato compiuto si identifica dunque con un "**enunciato**" (*axíoma*), ossia con una **proposizione linguistica di senso compiuto** che può essere vera o falsa;
- la **concatenazione di più enunciati**, o proposizioni, costituisce un "**ragionamento**".

Il ragionamento anapodittico e le sue cinque figure. Per gli stoici il ragionamento per eccellenza non è il sillogismo dimostrativo di Aristotele, ma il ragionamento anapodittico (non-dimostrativo), ovvero un tipo di ragionamento (cui sono riportabili tutti gli altri tipi di ragionamento) nel quale risulta **immediatamente evidente non solo la premessa, ma anche la conclusione**.
Gli stoici (Crisippo) enumeravano **cinque figure** (*trópoi*) **di base** di ragionamenti anapodittici, che esprimevano con questi esempi:

1. Se è giorno c'è luce. Ma è giorno. Dunque c'è luce.
2. Se è giorno c'è luce. Ma non c'è luce. Dunque non è giorno.
3. Non può essere insieme giorno e notte. Ma è giorno. Dunque non è notte.
4. O è giorno o è notte. Ma è giorno. Dunque non è notte.
5. O è giorno o è notte. Ma non è notte. Dunque è giorno.

Questi esempi concreti venivano generalizzati nel modo seguente (cfr. Sesto Empirico, *Adversus logicos*, II, 223 ss.):

1. Se è il primo, è il secondo. Ma è il primo. Dunque è il secondo.
2. Se è il primo, è il secondo. Ma non è il secondo. Dunque neppure il primo.
3. Non è possibile che siano insieme il primo e il secondo. Ma è il primo. Non è dunque il secondo.
4. O è il primo o è il secondo. Ma è il primo. Dunque non è il secondo.
5. O è il primo o è il secondo. Ma non è il secondo. Dunque è il primo.

Ragionamento stoico e sillogismo aristotelico. L'originalità e l'importanza della teoria stoica dei ragionamenti anapodittici, che per lungo tempo sono apparsi solo come giochi verbali o come tautologie dialettiche, risultano evidenti soprattutto se tale teoria è messa a confronto con la dottrina aristotelica del sillogismo.

L'impostazione proposizionale

Innanzitutto il sillogismo di Aristotele si fonda sui concetti, o «termini», poiché collega, per l'appunto, dei termini; invece il ragionamento anapodittico fa leva sulle **proposizioni** (da cui il nome di "logica proposizionale" che verrà dato alla logica stoica), poiché le variabili che collega sono proposizioni.
In questo modo gli stoici anticipano la logica moderna, che è proposizionale, individuando già i cosiddetti **connettivi logici**, ossia quelle particelle che legano le proposizioni facendo loro assumere diversi significati ("e", "o", "non", "se... allora..."), e studiando le **funzioni di verità** di questi connettivi, cioè i valori di verità delle proposizioni composte. Ad esempio, il valore di verità della proposizione "*p* e *q*", ovvero della congiunzione delle proposizioni *p* e *q*, è tale per cui essa risulterà vera se e solo se entrambi i componenti sono veri. Infatti l'affermazione "piove e tira vento" è vera solo nei casi in cui sia piove, sia tira vento, e falsa negli altri tre casi possibili (piove ma non c'è vento; c'è vento ma non piove; non piove e non tira vento). E ciò è del tutto indipendente dal tempo che fa oggi.

La prospettiva empirica

In secondo luogo, mentre il sillogismo aristotelico rinvia a delle connessioni *razionalmente* deducibili tra la sostanza e le sue proprietà, i ragionamenti anapodittici rimandano a delle **relazioni *empiricamente* verificabili tra due o più fatti**. Ciò si spiega con l'impostazione fortemente empiristica della gnoseologia degli stoici e con la loro ontologia, che non ammette le sostanze nel senso di Aristotele, ma solo corpi dotati di qualità individuali e in grado di agire o di patire. L'agire e il patire sono dei fatti che bene si prestano a essere espressi mediante proposizioni predicative. Di conseguenza, mentre l'enunciato "Socrate cammina" è interpretato da Aristotele come "Socrate è camminante", dove il camminare è un attributo di Socrate, esso è visto dagli stoici come un fatto che esprime un'azione e che può essere percepito empiricamente.

La prospettiva ipotetico-formale

In terzo luogo, il sillogismo aristotelico parte da premesse *categoriche* espresse mediante specifici quantificatori ("tutti", "alcuni"), mentre il ragionamento stoico parte da **premesse *ipotetiche* o *disgiuntive***, in quanto è volto a stabilire non la verità, ma la validità del ragionamento. Gli stoici, infatti, distinguono la **"concludenza" (formale)** di un ragionamento dalla sua **"verità" (materiale)**: mentre la concludenza presuppone soltanto un rapporto formalmente corretto tra le premesse e la conclusione, la verità comporta anche una precisa corrispondenza a determinate situazioni di fatto. Ad esempio, il ragionamento "se è notte, ci sono le tenebre; ma è notte; dunque ci sono le tenebre", pur essendo *concludente* in ogni caso, è *vero* se è notte, mentre è *falso* se è giorno.

A onor del vero, già Aristotele distingueva tra verità e validità (la concludenza stoica); ma per lui ciò che realmente contava era la verità, che naturalmente si poteva raggiungere solo attraverso un ragionamento formalmente corretto. L'analitica di Aristotele era insomma fortemente piegata verso l'ontologia, e il sillogismo aveva il compito di riprodurre le relazioni realmente sussistenti tra gli oggetti. Al contrario, **nella loro analisi delle forme del ragionamento gli stoici sono interessati esclusivamente al meccanismo logico**, alla correttezza della sintassi, prescindendo dal problema della corrispondenza tra le proposizioni e gli stati delle cose.

Ovviamente anche agli stoici, conformemente all'impostazione realistica della loro gnoseologia e all'indirizzo metafisico del loro pensiero, preme **la verità dei ragionamenti**, e non soltanto la loro concludenza: ma questo **riguarda la conoscenza**, e **non la logica in senso stretto**. Tant'è vero che Crisippo «aveva l'occhio costantemente volto alla realtà di fatto e alla rispondenza delle singole proposizioni con questa, assai più che non alla pura concatenazione logica fra i membri del sillogismo stesso»[1]. Tuttavia, proprio perché la concludenza di un ragionamento costituisce, secondo gli stoici, una proprietà indipendente dalla sua verità, non c'è affatto da stupirsi se essi si sono concentrati anche sui meccanismi logici in quanto tali, raggiungendo in tale ambito notevoli livelli di elaborazione e di formalizzazione, su cui gli odierni studiosi di logica hanno richiamato l'attenzione.

Dagli indizi alle cause

Il ragionamento dimostrativo. Come abbiamo già affermato, i ragionamenti anapodittici (lo dice la parola) non dimostrano nulla: semplicemente esprimono ciò che si vede, o che appare evidente. **La dimostrazione**, invece, mette in luce qualcosa che prima era oscuro: essa **si serve di un indizio per risalire alla causa** che lo ha prodotto, come ad esempio nel caso di "se questa donna ha latte nelle mammelle, ha partorito; ma questa donna ha latte nelle mammelle; dunque ha partorito".

Nonostante la loro attenzione per i ragionamenti anapodittici, è ai ragionamenti dimostrativi che gli stoici affidano la loro dottrina, dimostrando, ad esempio, l'esistenza dell'anima o dell'Anima del mondo (che è Dio) a partire da fatti che sono immediatamente dati ai sensi, secondo il procedimento per indizi che abbiamo chiarito.

ESERCIZI INTERATTIVI ON LINE

La prospettiva logica stoica ci può apparire più chiara, nei suoi rapporti con quella aristotelica, se osserviamo lo schema riportato nella pagina a fianco.

1 M. Isnardi Parente, "Introduzione" a *Stoici antichi*, UTET, Torino 1989, vol. 1, p. 49.

CONCETTI A CONFRONTO

ON LINE SCHEMA INTERATTIVO

La logica
(studio delle forme del ragionamento)

in Aristotele	negli stoici
è **analitica** (studia gli elementi costitutivi del ragionamento)	è **dialettica** (studia «ciò che è vero e ciò che è falso» e i discorsi "divisi" in domande e risposte)
si occupa dei **concetti** intesi come **essenze** delle cose	si occupa dei **concetti** intesi come **segni** delle cose
individua il ragionamento per eccellenza nel **sillogismo scientifico (dimostrativo)**	individua il ragionamento per eccellenza nel **ragionamento anapodittico (non-dimostrativo)**
cioè	cioè
un nesso tra **termini**: che parte da **premesse vere**; e descrive **connessioni razionalmente deducibili** dalle definizioni delle sostanze	un nesso tra **proposizioni**: che parte da **premesse ipotetiche**; e descrive **relazioni empiricamente verificabili** tra fatti

Paradossi, antinomie e sofismi: il "dilemma del coccodrillo"

Stando alle testimonianze[1], sembra che gli stoici, tra le altre forme di ragionamento, ponessero anche quell'insieme di **discorsi insolubili** (o ritenuti tali) che vanno sotto il nome di paradossi, antinomie, dilemmi, sofismi, aporie ecc.

I paradossi più noti

I più famosi tra questi ragionamenti, ampiamente diffusi nel mondo antico, erano quelli di origine megarica (tradizionalmente attribuiti a Eubulide). È celebri, tra tutti, il ragionamento del ***Mentitore***, o del ***Bugiardo***: Epimenide cretese proclamava che tutti i cretesi erano bugiardi. Ma allora: diceva il vero o diceva il falso, Epimenide? Se diceva il vero mentiva, in quanto cretese, asserendo che tutti i cretesi erano bugiardi; quindi diceva il falso. Se diceva il falso, non mentiva, come cretese, quindi diceva il vero. Da ciò l'insolubile paradosso: se Epimenide diceva il vero mentiva, se mentiva diceva il vero.
Altrettanto noti – e presentati in molteplici versioni – i paradossi del ***Sorite*** (quanti grani di frumento occorrono per formare un *sóros*, cioè un mucchio? Poiché un solo chicco non

1 Cfr. Diogene Laerzio, *Vite dei filosofi*, VII, 82-83 (in *Stoici antichi*, cit., p. 726).

costituisce un mucchio, si aggiungano allora altri chicchi, uno alla volta. Chi potrà dire con precisione a partire da quale chicco cominci il mucchio? Oppure: se dall'ipotetico mucchio già costituito si toglie un chicco dopo l'altro, quand'è che non si avrà più il mucchio?); del ***Calvo*** (posto che la perdita di un solo capello non rende un uomo calvo, se un individuo inizia a perdere un capello dopo l'altro, a quale punto preciso potrà essere definito "affetto da calvizie"? In ogni caso, non si arriverà forse al risultato paradossale che la differenza tra chi è affetto da calvizie e chi non lo è risiede in un solo capello?); del ***Velato*** (– Conosci l'uomo che si avvicina con il volto coperto da un velo? – No – Se si scopre il volto, lo conosci? – Sì – Dunque conosci e non conosci la stessa persona)[1]; del ***Cornuto*** (ciò che non hai perduto, lo hai: ma non hai perduto le corna, dunque le hai).

I paradossi di Crisippo

A questi ragionamenti – che gli stoici, a differenza di Aristotele, ritenevano logicamente possibili – ne vennero aggiunti parecchi altri. Sembra ad esempio che Crisippo, secondo la testimonianza di Diogene Laerzio, si dilettasse con paradossi del tipo: "Chi rivela i misteri ai non iniziati è un empio; ma il gran sacerdote rivela i misteri ai non iniziati; quindi è un empio"; "Ciò che non è nella città, non è neppure nella casa; ma non vi è un pozzo nella città; quindi non vi è neppure nella casa"; "Se uno è a Megara, non è ad Atene; ma c'è un uomo a Megara; quindi non c'è un uomo ad Atene" e così via.

Il dilemma del coccodrillo

Più elaborato e sottile è il cosiddetto "**dilemma del coccodrillo**" (anche questo presentato in più versioni e largamente diffuso tra gli stoici). Un coccodrillo, rubato un bimbo, promise alla madre di renderglielo, a patto che essa avesse indovinato la sua intenzione o meno di restituirglielo. Avendo la madre risposto che il coccodrillo non l'avrebbe restituito, il predone cadde in un terribile dilemma. Infatti, non restituendolo, avrebbe reso vera la risposta della madre, e quindi avrebbe dovuto, in base al patto, procedere alla consegna del bimbo. Viceversa, restituendolo, avrebbe reso falsa la risposta della madre e quindi, in base al patto, non avrebbe dovuto consegnare il bambino. In ambedue i casi, il coccodrillo si sarebbe trovato in uno stato di paralizzante contraddizione con se stesso.

L'importanza storica delle antinomie

Come si può notare, alcuni di questi ragionamenti sono palesi **sofismi** (ad esempio quelli del *Velato* e del *Cornuto*). Altri, invece (ad esempio quello del *Mentitore*), rappresentano delle **autentiche antinomie della ragione**. Tant'è vero che sono stati considerati per secoli come appartenenti alla categoria degli "insolubili". Ma in entrambi i casi essi (come già i paradossi zenoniani) hanno esercitato una benefica influenza sulla storia del pensiero umano, poiché, obbligando gli studiosi a escogitare degli appositi schemi di soluzione, hanno finito per contribuire al progresso delle ricerche logiche. Ciò è avvenuto soprattutto nel XX secolo, in cui proprio la riflessione sulle antinomie ha stimolato alcuni tra i maggiori sommovimenti della logica e della matematica.

Russell e la soluzione del *Mentitore*

In virtù di tali sommovimenti – al centro dei quali si colloca la figura del già citato filosofo e matematico Bertrand Russell – molti paradossi tradizionali hanno trovato uno schema di soluzione.

Si consideri ad esempio il paradosso di Epimenide. I logici moderni lo esprimono in una forma più semplice, e cioè con la sola parola "mento". Ora, se con questa parola si intende

1 Una semplice variazione del *Velato* è l'*Elettra* (pur sapendo che Oreste è suo fratello, Elettra non lo riconosce come tale quando lo ha di fronte e quindi sa e non sa, nello stesso tempo, che Oreste è suo fratello).

dire "*tutto* ciò che dico è falso", senza alcuna limitazione, quindi comprendendo nel *tutto* anche la stessa frase "mento", ecco comparire l'antinomia, perché se io mento la frase è vera, perciò mento, e se non mento, quando dico di mentire, mento. Ma se con la stessa frase si intende dire "tutto ciò che dico è falso, tranne l'affermazione che sto ora facendo", escludendo dalla cerchia delle mie menzogne l'affermazione "mento", si ha una frase di significato normale e non contraddittorio.

In altri termini, la regola per eludere le antinomie logiche consiste nel **limitare la portata di certe affermazioni universali, escludendo la possibilità che esse si riferiscano anche a se stesse**. "Io mento" è una frase che non genera alcuna contraddizione, se si riferisce a tutte le frasi che io ho pronunciato o pronuncerò, tranne che a "io mento".

VERSO LE COMPETENZE

▶ Utilizzare il lessico e le categorie specifiche della filosofia

GLOSSARIO e RIEPILOGO

La logica degli stoici

Dialettica p. 19 > Con il termine "dialettica" gli stoici indicarono la scienza del discutere rettamente, mediante discorsi consistenti di domande e risposte. In particolare, essi la definirono come «la scienza di ciò che è vero e di ciò che è falso e di ciò che non è né vero né falso», dove con l'espressione «ciò che non è né vero né falso» intendevano probabilmente sia i ragionamenti considerati dal punto di vista della semplice concludenza formale, sia i sofismi, o paradossi, sulla cui verità o falsità non si può decidere.

Rappresentazione catalettica p. 20 > Con l'espressione "rappresentazione catalettica" (dal gr. *katálepsis*, dal verbo *katalambánein*, "prendere") gli stoici indicano quel tipo di rappresentazione che, per il suo carattere evidente o autoevidente, è tale da costituire il primo e fondamentale criterio di verità. Essi la interpretano o come l'atto dell'intelletto che "afferra" o "comprende" l'oggetto, o come l'azione dell'oggetto che imprime la propria immagine sull'intelletto.

Prolessi p. 21 > Con il termine "prolessi" (in gr. *prólepsis*, "anticipazione") gli stoici intendono i concetti generali (uomo, cavallo ecc.) che si formano nella nostra mente naturalmente, in seguito all'accumularsi delle rappresentazioni. Essi fungono da schemi anticipatori delle esperienze future e si ramificano, sempre mediante un processo naturale, nelle "nozioni comuni" a tutti gli individui. Altri concetti sono invece prodotti artificialmente, grazie all'istruzione e al ragionamento, e costituiscono la scienza.

Significato p. 21 > Gli stoici sono stati i fondatori della teoria del "significato" (*lektón*), intendendo con questo termine un'entità incorporea e astratta, distinta sia dalla parola che lo evoca (la quale può avere significati diversi), sia dall'oggetto cui essa rimanda (che è sempre qualcosa di corporeo e di concreto), e che pure funge da termine di collegamento tra questi. Di conseguenza, secondo il cosiddetto "triangolo semantico" degli stoici, in ogni *segno* bisogna distinguere tre cose: 1. la *cosa significante*, cioè il nome o la voce tramite cui avviene la significazione (ad esempio "Dione"); 2. il *significato*, cioè l'immagine o la rappresentazione mentale che si forma in noi quando pronunciamo o ascoltiamo una parola (l'immagine di Dione che tale nome evoca nella nostra mente); 3. la *cosa significata*, ossia l'oggetto reale (Dione in carne e ossa).

Ragionamenti anapodittici p. 22 > Per ragionamenti "anapodittici" (dal gr. *anapódeiktos*, "non dimostrabile") gli stoici intendono quei ragionamenti non-dimostrativi che hanno premesse e conclusioni evidenti. Crisippo li divideva in cinque figure (v. p. 22).

3. La fisica

Il concetto fondamentale della fisica stoica è quello di un **ordine immutabile, razionale, perfetto e necessario** che governa e sorregge infallibilmente tutte le cose, facendo sì che esse siano e si conservino quelle che sono. Quest'ordine è identificato dagli stoici con **Dio** stesso: sicché la loro dottrina è, come vedremo, un rigoroso panteismo.

I due principi

Alle quattro cause aristoteliche (materia, forma, causa efficiente e causa finale) gli stoici sostituiscono due principi: il **principio attivo** e il **principio passivo**, che sono entrambi materiali e inseparabili l'uno dall'altro. Il principio passivo è la **sostanza spoglia di qualità, cioè la materia**; il principio attivo è la **ragione, cioè Dio**, che agendo sulla materia produce gli esseri singoli. La materia infatti è inerte e, sebbene pronta a tutto, se ne starebbe oziosa se nessuno la muovesse. La ragione divina forma la materia, la volge ovunque voglia e ne produce le determinazioni. In altri termini: la sostanza da cui ogni cosa nasce è la materia, il principio passivo; la forza da cui ogni cosa è fatta è Dio, la causa, il principio attivo. → T3 p. 43

La corporeità dell'essere

La distinzione tra principio attivo e principio passivo non coincide, secondo gli stoici, con la distinzione tra l'incorporeo e il corporeo. Infatti entrambi i principi – sia la causa, sia la materia – sono corpo e nient'altro che corpo, giacché **solo il corpo esiste**. Questo rigoroso materialismo è sostenuto dagli stoici sulla base della definizione dell'essere data da Platone nel *Sofista*: **esiste ciò che agisce o subisce un'azione**. E poiché solo il corpo può agire o subire un'azione, solo il corpo esiste. È dunque corpo l'anima, come principio d'azione. È corpo la voce, che opera e agisce sull'anima. È corpo, infine, il bene, come sono corpi le emozioni e i vizi. Dice Seneca a questo proposito:

> Il bene opera perché giova e ciò che opera è un corpo. Il bene stimola l'anima in un certo modo, la plasma e la tiene in freno, azioni che sono proprie di un corpo. I beni del corpo sono corpi; dunque anche quelli dell'anima, che anch'essa è un corpo. (Seneca, *Epistole*, 106)

Gli stoici ammettono soltanto **quattro specie di cose incorporee**: il significato, il vuoto, il luogo e il tempo.

Il fuoco

Tra le cose incorporee, come si vede, non c'è Dio, in quanto **anche Dio, ragione cosmica e causa di tutto, è corpo**: più precisamente è **fuoco**. Non però il fuoco di cui si serve l'uomo, che distrugge ogni cosa: si tratta piuttosto di un **soffio (*pnéuma*) caldo e vitale** che tutto conserva, alimenta, accresce e sostiene. Ma questo soffio o spirito vitale, questo fuoco animatore è esso stesso corporeo. Gli stoici lo chiamano «**ragione seminale del mondo**», perché contiene in sé le ragioni seminali secondo le quali tutte le cose si generano.

Le ragioni seminali

Come le parti di un essere vivente nascono tutte dal seme, così **ogni parte dell'universo nasce dal proprio seme razionale**, o dalla propria ragione seminale. Queste ragioni seminali sono spesso mescolate l'una con l'altra, ma sviluppandosi si separano e danno luogo a esseri diversi; tutte le cose nascono dunque da un'unità e sono raccolte in unità. Tuttavia la distinzione tra le varie cose è perfetta: non ci sono nel mondo due cose identiche, neppure due fili d'erba.

I cicli cosmici

La vita complessiva dell'universo si sussegue secondo **cicli cosmici**. Quando, dopo un lungo periodo di tempo («**grande anno**»), gli astri tornano nella stessa posizione in cui erano al principio, si ha una **conflagrazione**, cioè una combustione che comporta la distruzione di tutti gli esseri; a quel punto l'universo si rigenera, mediante un processo definito **palingenesi** o **apocatastasi**, che dà origine allo stesso ordine cosmico e agli stessi avvenimenti accaduti nel ciclo precedente, senza alcun cambiamento: vi sono di nuovo Socrate, Platone e ogni uomo già esistito, con gli stessi amici, gli stessi concittadini, le stesse credenze, le stesse speranze, le stesse illusioni.

TAVOLA ROTONDA ON LINE
La storia
La memoria e l'attesa

Destino e provvidenza: la perfezione del mondo

Questo ciclo si ripete eternamente. Tale infatti è il **destino**, la **legge necessaria che regge le cose**. Il destino è l'**ordine del mondo** e la concatenazione necessaria che tale ordine pone tra tutti gli esseri e, quindi, tra il passato e l'avvenire del mondo. Ogni fatto segue a un altro fatto, dal quale è necessariamente determinato come dalla propria causa, e ad ogni fatto ne segue un altro che esso determina in quanto sua causa. Questa catena non si può spezzare, perché con essa si spezzerebbe l'ordine razionale del mondo.

Se quest'ordine, dal punto di vista delle cose che esso concatena, è "destino", dal punto di vista di Dio, che ne è l'autore e il garante infallibile, è "provvidenza", che ogni cosa regge e conduce al suo fine perfetto. Pertanto, secondo gli stoici, **destino, provvidenza e ragione si identificano tra loro e con Dio**, considerato come la natura intrinseca, presente e operante in tutte le cose.

E se il mondo, nel suo ordine necessario, si identifica con la ragione divina, esso non può essere che perfetto. Gli stoici, infatti, non negano l'esistenza del **male nel mondo**, ma ritengono che esso sia **necessario per l'esistenza del bene**. I beni sono contrari ai mali – diceva Crisippo nel suo libro *Sulla provvidenza* –: bisogna dunque che gli uni siano sostenuti dagli altri, perché senza un contrario non ci sarebbe neppure l'altro contrario. → **T4** p. 44

Il provvidenzialismo, il **finalismo** e l'ottimismo metafisico degli stoici si reggono su una **base antropocentrica**, ovvero sulla convinzione che tutto ciò che esiste, dunque anche ciò che appare negativo, sia stato prodotto per il bene dell'uomo (secondo Crisippo, ad esempio, le bestie feroci esistono affinché l'uomo possa esercitare la propria forza, i denti velenosi delle serpi affinché impari a procurarsi i medicamenti, i topi affinché si abitui a stare attento, le cimici affinché non dorma troppo e così via). Questa visione costituisce un elemento di novità nel pensiero greco.

SCHEDA FILMICA ON LINE
Match Point

Panteismo, politeismo e divinazione

Come abbiamo anticipato in apertura di paragrafo, la dottrina stoica è una forma di **rigoroso panteismo**, in quanto identifica Dio con il cosmo, cioè con l'ordine necessario del mondo. Nello stesso tempo, essa è una **giustificazione del politeismo tradizionale**, poiché considera gli dei della tradizione come altrettanti aspetti dell'azione ordinatrice divina.

Coerentemente con la loro concezione del mondo come retto da una legge necessaria, gli stoici ammettono inoltre la "**mantica**", ovvero l'arte di prevedere il futuro mediante l'interpretazione dell'ordine necessario delle cose. Solo il filosofo, però, può essere divinatore del futuro, perché solo il filosofo conosce l'ordine necessario del mondo.

4. L'antropologia

L'anima come soffio vivificante

Per quanto riguarda la concezione stoica dell'uomo, si è già detto che **l'anima rientra nel novero delle cose corporee**, in base al principio che è corpo ciò che agisce e alla constatazione che l'anima agisce. Crisippo si serviva della stessa definizione platonica della morte come «separazione dell'anima dal corpo» per confermare l'idea della corporeità dell'anima: «L'incorporeo non potrebbe né separarsi dal corpo né unirsi con esso; ma l'anima s'unisce al corpo e se ne separa; dunque l'anima è corpo» (frammento citato in Nemesio, *Sulla natura degli uomini*, 2, 81). L'anima umana è una parte dell'«Anima del mondo», cioè di Dio: anch'essa è **fuoco**, o **soffio vivificante**, e **sopravvive alla morte nel seno dell'Anima del mondo**.

Le parti dell'anima

Le parti dell'anima sono quattro:
- il principio direttivo, o egemonico, che è la **ragione**;
- i cinque **sensi**;
- il **seme**, o principio spermatico;
- il **linguaggio**.

Il principio egemonico genera e controlla le altre parti dell'anima, protendendosi in esse «come i tentacoli di un polipo». Sicché, oltre a produrre le rappresentazioni e l'assenso, esso determina anche i sensi e l'istinto. Secondo alcune testimonianze, gli stoici avrebbero posto il principio egemonico nella testa, paragonata a ciò che il sole costituisce per il cosmo; secondo altre, l'avrebbero invece posto nel cuore, o in un soffio «che circonda il cuore».

La teoria della libertà

Gli stoici condividono il concetto, già difeso da Platone e da Aristotele, secondo cui la **libertà** consiste nell'**essere «causa di sé»**, cioè dei propri atti o movimenti. Essi utilizzano anzi il termine *autopraghía*, che si può tradurre con "autodeterminazione", per indicare la libertà e dicono che solo il sapiente è libero, perché egli solo si determina da sé.

Tuttavia la libertà del sapiente non consiste in altro se non nel suo **conformarsi all'ordine del mondo**, cioè al destino. Sicché per la prima volta, con gli stoici, si affaccia la dottrina che identifica la libertà con la necessità, trasferendo la libertà dalla parte al tutto, cioè dall'uomo al principio che opera e agisce nell'uomo.

Tra i maestri della *Stoá* non mancò tuttavia chi volle riconoscere all'iniziativa del sapiente un certo margine di libertà nei confronti dello stesso ordine cosmico: Crisippo, ad esempio, distinse tra le **cause perfette**, o fondamentali, e le **cause concomitanti**, o prossime. Le prime agiscono con necessità assoluta; le seconde possono subire la nostra influenza, e anche quando non la subiscono rimane in nostro potere assecondarle o no. Con un'immagine: così come chi dà una spinta a un cilindro gli imprime il movimento, ma non gli dà la capacità di ruotare, allo stesso modo gli oggetti esterni imprimono sulla nostra anima la loro "impronta", ma il fatto di dare o meno il nostro assenso a tale rappresentazione rimane in nostro potere. La volontà e l'indole di ciascuno possono dunque influire, entro questi limiti e in conformità con l'ordine del tutto, sulla scelta delle nostre azioni.

TESTO ANTOLOGICO
Destino e libertà
(Cicerone, *De fato*)
ON LINE

VERSO LE COMPETENZE

- Utilizzare il lessico e le categorie specifiche della filosofia

GLOSSARIO e RIEPILOGO

La fisica e l'antropologia degli stoici

Dio p. 28 > Gli stoici professano una forma di panteismo, identificando Dio con l'ordine immutabile dell'universo. Secondo lo stoicismo, Dio coincide con il principio attivo del mondo, ovvero con quel *lógos*, o ragione, o forma, che, agendo sulla materia (principio passivo), produce gli esseri singoli. In particolare Dio, che è corporeo, poiché solo il corpo esiste, viene identificato con il fuoco cosmico, ovvero con quel soffio (*pnéuma*) caldo che rappresenta il seme o la forma del Tutto, anzi il seme o la forma che contiene in sé i semi e le forme (le ragioni seminali) delle varie cose.

Cicli cosmici p. 28 > Gli stoici sono gli esponenti più radicali della cosiddetta "visione ciclica del mondo". Rifacendosi ai primi filosofi – i quali pensavano che l'universo conoscesse dei cataclismi periodici, dopo i quali la vita ripartiva da zero –, gli stoici arrivano infatti a sostenere che la storia complessiva del cosmo è destinata a ripetersi sempre identica (fin nei minimi particolari) infinite volte e per tutta l'eternità.

Conflagrazione, palingenesi, apocatastasi p. 28 e p. 29 > La "conflagrazione" è la combustione di tutti gli esseri, con la quale si conclude un ciclo cosmico (*expýrosis*); la "palingenesi", o "apocatastasi", è invece la rinascita dell'universo, secondo un ordine identico al precedente.

Destino p. 29 > Secondo gli stoici il "destino" (*heimarméne*) si identifica con l'ordine necessario del mondo e con la concatenazione causale che lega gli esseri tra loro. E poiché tale ordine procede da Dio, o meglio coincide panteisticamente con Dio, il destino non è un'entità malefica o cieca, ma una struttura benefica e razionale, che fa tutt'uno con la provvidenza. Infatti, secondo l'ottimismo metafisico della *Stoá*, «tutto avviene secondo una necessità *fisica* che coincide con una necessità *assiologica*: secondo una necessità, cioè, che fa accadere precisamente quanto è bene che accada» (Sergio Moravia e Franco Trabattoni).

Finalismo p. 29 > La concezione "finalistica" del mondo e la convinzione aristotelica secondo cui la natura non crea nulla senza uno scopo si traducono, nella riflessione degli stoici, nella tesi per la quale tutto ciò che esiste è stato prodotto per l'uomo, compreso ciò che a prima vista può sembrare negativo (Crisippo, ad esempio, sostiene che gli animali feroci esistono affinché l'uomo possa esercitare la propria forza). Come ha notato Max Pohlenz, questo antropocentrismo estremo e questa forma popolare di teologia – che saranno accolti con favore da tutto un filone della cultura cristiana – costituiscono qualcosa di «originariamente estraneo» al pensiero greco, che ha preso piede soltanto con gli stoici e con i loro seguaci e imitatori. Nemici implacabili del finalismo e del provvidenzialismo stoico sono gli scettici.

Anima p. 30 > Secondo la concezione antropologica stoica, l'anima non può che essere corporea, dal momento che essa agisce e che solo ciò che è corpo è in grado di agire, e dunque esiste. L'anima dell'uomo è parte dell'Anima del mondo (cioè di Dio), in seno alla quale sopravvive dopo la morte. Nell'anima si possono distinguere quattro parti: la ragione (o principio egemonico, o direttivo), i cinque sensi, il seme (o principio spermatico) e il linguaggio.

Libertà p. 30 > Per gli stoici la "libertà" consiste nell'autodeterminazione, cioè nell'essere «causa di sé». In questa prospettiva, solo il sapiente è davvero libero, perché egli solo si determina da sé. La vera libertà, tuttavia, secondo gli stoici si identifica con il conformarsi all'ordine cosmico, e quindi coincide con la necessità. Per non dover rinunciare totalmente alla libertà umana in ossequio alla necessità universale, e dunque al destino, Crisippo introduce la distinzione tra le cause perfette, o fondamentali, e le cause concomitanti, o prossime: mentre le prime hanno necessità assoluta e non subiscono alcuna influenza da parte dell'uomo, alle seconde è possibile opporsi.

5. L'etica

Natura, ragione e dovere

Istinto e ragione

Alla base dell'etica stoica vi è l'idea secondo la quale ogni essere tende ad attuare o a conservare se stesso in armonia con l'ordine perfetto del mondo. Questa tendenza viene indicata con il termine ***oikéiosis*** (letteralmente: "adattamento", "appropriazione"), che richiama appunto lo sforzo compiuto dal singolo individuo per "conciliare" se stesso con il Tutto.

In questo processo entrano in gioco **due forze** ugualmente **infallibili**:

- l'**istinto**, che guida l'animale a conservarsi, a nutrirsi, a riprodursi e in generale a prendersi cura di sé ai fini della propria sopravvivenza;
- la **ragione**, che è invece la forza che garantisce l'accordo dell'uomo con se stesso e con la natura in generale.

Vivere «secondo natura»

L'etica degli stoici è sostanzialmente una teoria dell'uso pratico della ragione, cioè dell'**utilizzo della ragione allo scopo di stabilire un accordo tra l'uomo e la natura**. Zenone affermava che il fine dell'uomo è l'accordo con se stesso, cioè il vivere «secondo una ragione unica e armonica». All'accordo con se stesso Cleante aggiunse l'accordo con la natura e perciò descrisse il fine dell'uomo come «la vita conforme a natura». Crisippo espresse la stessa cosa dicendo: «vivere in modo conforme all'esperienza degli avvenimenti naturali». Ma pare che già Zenone avesse adottato la formula del **vivere secondo natura** (Diogene Laerzio, *Vite*, VII, 87). E questa è indubbiamente la massima fondamentale dell'etica stoica.

Il concetto stoico di "natura"

Per "natura", Cleante intendeva la natura universale, mentre Crisippo intendeva non soltanto la natura universale, ma anche quella umana, che è parte della natura universale. Per tutti gli stoici la natura è l'**ordine razionale, perfetto e necessario**: il destino, o Dio stesso; onde Cleante così pregava: «Conducetemi, o Giove, e tu Destino, ovunque da voi son destinato e vi servirò senza esitazione: giacché anche se non volessi, vi dovrei seguire ugualmente da stolto».

Il "dovere" a fondamento dell'etica

Ora, l'**azione** che si prospetta **conforme all'ordine razionale** costituisce il **dovere**: l'etica stoica è quindi essenzialmente un'**etica del dovere**, cioè una prospettiva in cui la nozione fondamentale è appunto quella del dovere, inteso come conformità o convenienza dell'azione umana all'ordine razionale. Questo accade per la prima volta con lo stoicismo. Né l'etica platonica né l'etica aristotelica avevano fatto riferimento all'ordine razionale del tutto, avendo piuttosto assunto a loro fondamento la prima la nozione di giustizia, la seconda quella di felicità. La nozione di dovere non sorgeva nel loro ambito e dominava su di essa la nozione di "virtù" come via per realizzare la giustizia o la felicità.

> Gli stoici chiamano dovere ciò la cui scelta può essere razionalmente giustificata. [...] Delle azioni compiute per istinto alcune sono doverose, altre contrarie al dovere, altre né doverose né contrarie al dovere. Doverose sono quelle che la ragione consiglia di com-

> piere, come onorare i genitori, i fratelli, la patria e andar d'accordo con gli amici. Contro il dovere sono quelle che la ragione consiglia di non fare. [...] Né doverose né contrarie al dovere sono quelle che la ragione né consiglia né vieta, come sollevare una pagliuzza, tenere una penna ecc. (Diogene Laerzio, *Vite*, VII, 107-109)

TESTO ANTOLOGICO ON LINE I doveri (Diogene Laerzio, *Vite*, VII)

Tipi di dovere

Come ci riferisce Cicerone, gli stoici distinguevano il **dovere «retto»**, che è perfetto e assoluto e che non può trovarsi in altri che nel sapiente, e i **doveri «intermedi»**, i quali sono comuni a tutti e molte volte sono realizzati con il solo aiuto di un'indole buona e di una certa istruzione.

La concezione del suicidio

La prevalenza della nozione del dovere conduce gli stoici a una delle dottrine tipiche della loro prospettiva etica: la **giustificabilità del suicidio**. Quando infatti le condizioni contrarie all'adempimento del dovere prevalgono su quelle a esso favorevoli, il sapiente è tenuto ad abbandonare la vita, anche se è al colmo della felicità. Sappiamo che molti dei maestri della *Stoá* seguirono questo precetto, che in realtà è una conseguenza della nozione stoica del dovere.

Il bene e la virtù

Il bene non è il dovere, ma la virtù

Nell'etica stoica è fondamentale distinguere la nozione del dovere da quella del bene. Quest'ultimo compare quando la scelta indicata dal dovere viene ripetuta e consolidata, mantenendo sempre la propria conformità alla natura, fino a diventare una **disposizione uniforme e costante**, cioè una **virtù**. La virtù è veramente l'unico bene. Ma essa è soltanto del sapiente, cioè di chi è capace del dovere retto, e si identifica con la sapienza stessa, perché il suo esercizio non è possibile senza la conoscenza dell'ordine cosmico, al quale il sapiente si adegua.

I vari nomi della virtù

La virtù può avere nomi diversi, a seconda dei domini cui è riferita (la **saggezza** verte sui compiti dell'uomo, la **temperanza** sugli impulsi, la **fortezza** sugli ostacoli, la **giustizia** sulla distribuzione dei beni), ma in realtà essa è una sola e la possiede "tutta" solo chi sa intendere e compiere il dovere, cioè solo il sapiente.

Virtù e vizio

Tra la virtù e il vizio, pertanto, **non c'è via di mezzo**. Come un pezzo di legno o è diritto o è curvo, senza possibilità intermedie, così l'uomo o è giusto o è ingiusto, e non può essere giusto o ingiusto solo parzialmente. Infatti chi possiede la retta ragione, cioè il saggio, fa tutto bene e virtuosamente, mentre chi è privo della retta ragione, cioè lo stolto, fa tutto male e in modo vizioso. E poiché il contrario della ragione è la pazzia, **l'uomo che non è saggio è pazzo**.

Si può certo progredire verso la sapienza. Ma così come chi è sommerso nell'acqua, anche se è poco al di sotto della superficie, non può respirare affatto, proprio come se fosse nell'acqua profonda, allo stesso modo chi è vicino alla virtù, ma non è virtuoso, non è meno in miseria di colui che è più lontano da essa.

Cose indifferenti e cose degne di essere scelte

Il principio secondo cui la virtù è il solo bene in senso assoluto, in quanto costituisce la realizzazione nell'uomo dell'ordine razionale del mondo, porta gli stoici a formulare un'altra dottrina tipica della loro etica: quella delle **cose indifferenti**. Se la virtù è il solo bene, si devono propriamente dire "beni" solo la sapienza, la saggezza, la giustizia ecc., e "mali" i loro contrari; quindi **le cose che non costituiscono virtù** (come la vita, la salute, il piacere, la bellezza, la ricchezza, la gloria ecc.) **e tutti i loro contrari** non si possono dire né "beni" né "mali": esse sono pertanto indifferenti.
Tra le cose indifferenti, poi, alcune sono degne di essere preferite, o scelte (come appunto la vita, la salute, la bellezza, la ricchezza ecc.), mentre altre no (come appunto i loro contrari). Esistono quindi, oltre ai beni (le virtù), altre **cose che non sono beni, ma che** tuttavia **sono** anch'esse **degne di essere scelte**.

Il valore

Per indicare l'insieme dei beni e di tali cose, gli stoici usano la parola **valore**. Il valore, per gli stoici, è dunque «**ogni contributo ad una vita conforme a ragione**» (Diogene Laerzio, *Vite*, VII, 105) o, in generale, «**ciò che è degno di scelta**» (Cicerone, *Sui fini*, III, 6, 20). Con questa nozione di valore fa il suo ingresso nell'etica un concetto che si rivelerà di grande importanza nella storia di questa disciplina. ➔ T5 p. 45

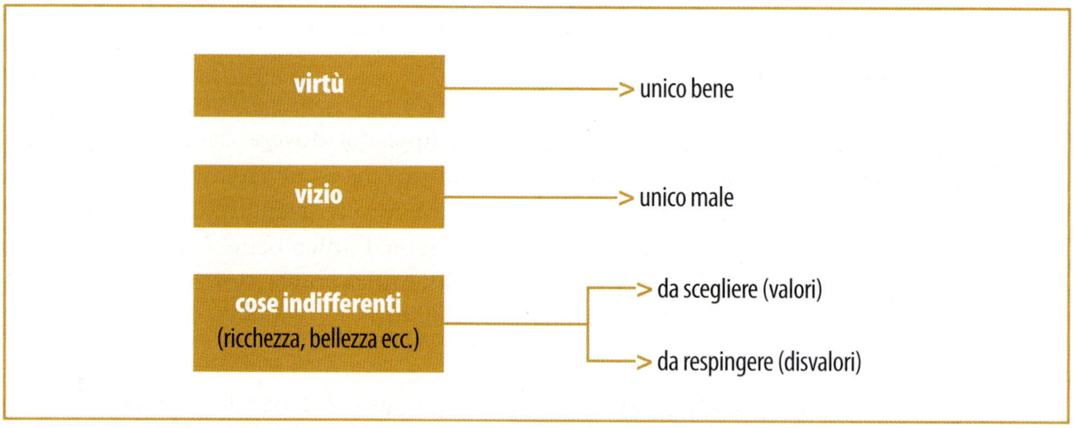

Le emozioni e l'apatia

La teoria delle emozioni

Fa parte integrante dell'etica stoica la **negazione totale del valore dell'emozione**. Infatti l'emozione (*páthos*) non ha alcuna funzione nell'economia generale del cosmo, che ha provveduto in modo perfetto alla conservazione e al bene degli esseri viventi dando agli animali l'istinto e all'uomo la ragione.

Le emozioni non sono provocate da forze o da situazioni naturali: sono opinioni, o giudizi, dettate da leggerezza, ovvero fenomeni di stoltezza e di ignoranza consistenti nel «**giudicare di sapere ciò che non si sa**» (Cicerone, *Tusculanae*, IV, 26).

Le emozioni fondamentali

Gli stoici distinguono quattro emozioni fondamentali, alle quali riducono tutte le altre. Due hanno origine da beni presunti: la **brama** dei beni futuri e la **letizia** per i beni presenti; due da mali presunti: il **timore** dei mali futuri e l'**afflizione** per i mali presenti.

L'assenza di emozioni nel sapiente

A tre di queste emozioni, e precisamente alla brama, alla letizia e al timore, gli stoici fanno corrispondere tre stati normali propri del sapiente: rispettivamente, la **volontà**, la **gioia** e la **precauzione**, che sono stati di calma e di equilibrio razionale.
Nessuno stato normale corrisponde invece nel sapiente a ciò che è l'afflizione nello stolto: per il sapiente, infatti, non esistono mali di cui ci si debba dolere, dato che egli conosce la perfezione dell'universo. Le emozioni sono quindi considerate dagli stoici come vere e proprie "malattie", che colpiscono lo stolto, ma da cui il sapiente è immune. La condizione del sapiente è pertanto l'**apatia**, ovvero l'indifferenza a ogni emozione.

TESTO ANTOLOGICO
ON LINE L'impassibilità del sapiente (Diogene Laerzio, *Vite*, VII)

La legge naturale e il cosmopolitismo

La legge naturale che governa tutti gli uomini

L'ordine razionale del mondo, così come dirige la vita di ogni singolo uomo, analogamente dirige quella della comunità umana. Ciò che si chiama "**giustizia**" è l'azione, in questa comunità, della stessa ragione divina. La legge che si ispira alla ragione divina è la **"legge naturale" della comunità umana**: una legge superiore a quelle riconosciute dai diversi popoli della terra, perfetta e, quindi, non suscettibile di correzioni o miglioramenti. In una pagina divenuta famosa, Cicerone così esprime il concetto di questa legge:

> Vi è certo una vera legge, la retta ragione conforme a natura, diffusa fra tutti, costante, eterna, che con il suo comando invita al dovere e con il suo divieto distoglie dalla frode. [...] Essa non sarà diversa a Roma o ad Atene o dall'oggi al domani, ma come unica, eterna, immutabile legge governerà tutti i popoli e in ogni tempo.
>
> (*Sulla repubblica*, III, 33)

Questi concetti costituiscono la base di quella **teoria del diritto naturale** che per molti secoli sarà a fondamento di ogni dottrina del diritto.

Il cosmopolitismo e il rifiuto della schiavitù

Se unica è la legge che governa l'umanità, unica è pure la comunità umana.

> L'uomo che si conforma alla legge è cittadino del mondo (*kosmopolítes*) e dirige le azioni secondo il volere della natura, conformemente al quale tutto il mondo si governa.
>
> (Filone di Alessandria, *La creazione del mondo*, 3)

Perciò il sapiente non appartiene a questa o a quella nazione, ma alla città universale, in cui **tutti gli uomini sono concittadini** (v. **cosmopolitismo**). In questa città non esistono liberi e schiavi, ma **tutti sono liberi**. L'unica forma di schiavitù è per gli stoici quella dello stolto nei confronti delle proprie emozioni, e si determina quando non si agisce conformemente a quella legge che è la stessa natura del mondo. La schiavitù imposta dall'uomo sull'uomo è invece malvagità. ➔ T6 p. 47

QUESTIONE MULTIMEDIALE
ON LINE La storia
Lo straniero

APPROFONDIMENTO
ON LINE Lo stoicismo nella storia

VERSO LE COMPETENZE
- Utilizzare il lessico e le categorie specifiche della filosofia

GLOSSARIO e RIEPILOGO

L'etica degli stoici

Oikéiosis p. 32 > Secondo gli stoici, ogni essere vivente tende a conservare e a realizzare sé medesimo in armonia con l'ordine del mondo. Questa tendenza è designata con il termine *oikéiosis* ("adattamento", "appropriazione"), che indica lo sforzo compiuto dall'individuo per "conciliare" se stesso e la propria essenza, entro il sistema complessivo (e strutturalmente perfetto) del Tutto.

Vivere secondo natura p. 32 > La massima fondamentale dell'etica stoica è "vivere secondo natura", dove per "natura" si intendono sia la natura universale, sia quella umana, che è parte di quella universale. E poiché la natura, in tutte le sue accezioni, è ordine e razionalità (cioè *lógos*), la massima stoica equivale a "vivere secondo ragione".

Dovere p. 32 > Gli stoici introdussero nell'etica la nozione di "dovere" (*kathékon*), intendendo con tale concetto un'azione conforme alla ragione e, quindi, alla natura. Catone riferisce che gli stoici distinguevano il dovere «retto», che, essendo perfetto e assoluto, può trovarsi solo nel saggio, dai doveri «intermedi», comuni a tutti.

Virtù p. 33 > Per "virtù" gli stoici intendono una disposizione costante ad agire in modo conforme alla ragione e al dovere. Nella dottrina stoica, la virtù rappresenta l'unico vero bene e si oppone diametralmente, senza mezzi termini, al vizio.

Indifferenti p. 34 > Gli stoici chiamarono "indifferenti" (*adiaphorá*, letteralmente: "cose indifferenti") tutte quelle realtà che non contribuiscono alla virtù (unico bene) o al vizio (unico male), ossia la stragrande maggioranza delle cose a cui gli uomini danno importanza (vita, salute, piacere, bellezza, ricchezza ecc.). Tuttavia, mitigando il loro originario rigorismo etico in direzione di un più equilibrato apprezzamento dei beni mondani, essi finirono per ammettere che, nel dominio delle cose moralmente indifferenti, alcune sono degne di essere umanamente preferite, o scelte, come appunto la vita, la salute ecc.; altre no, come la morte, la malattia ecc.

Valore p. 34 > Per "valore" si intende, in generale, ciò che deve essere oggetto di preferenza o di scelta. Fin dall'antichità la parola fu usata per indicare l'utilità o il prezzo dei beni materiali e la dignità o il merito delle persone. L'utilizzo filosofico del termine, tuttavia, cominciò solo quando il suo significato venne generalizzato, a indicare *qualsiasi* oggetto di preferenza o di scelta. Ciò accadde appunto con gli stoici, che introdussero il termine nel dominio dell'etica e chiamarono "valori" gli oggetti delle scelte morali.

Apatia p. 35 > L'"apatia" è la condizione del sapiente, il quale, vivendo secondo ragione e riconoscendo l'ordine e la perfezione di ogni parte dell'universo, risulta immune da ogni emozione.

Diritto naturale p. 35 > Con lo stoicismo trova una sistemazione organica la teoria del "diritto naturale", secondo la quale esiste un diritto universale e perenne, fondato sulla natura (cioè sulla ragione inscritta nella natura), il quale è diverso e superiore rispetto al diritto "positivo", vale a dire alle leggi riconosciute dai diversi popoli della terra. Questa teoria, detta "giusnaturalismo", trova i suoi antecedenti nella distinzione tra legge e natura delineata da alcuni sofisti e ripresa da Aristotele.

Cosmopolitismo p. 35 > Per "cosmopolitismo" si intende la dottrina che, negando l'importanza delle divisioni politiche, vede nell'uomo, o almeno nel sapiente, un "cittadino del mondo". Oltre che da Democrito e dai cinici, il cosmopolitismo fu difeso dagli stoici: «consideriamo tutti gli uomini – diceva Zenone – connazionali e concittadini».

6. La filosofia greca a Roma: tra eclettismo e stoicismo

La filosofia greca giunge a Roma soprattutto attraverso l'interpretazione eclettica (v. cap. 1, p. 17), specchio delle mutate condizioni geo-politiche del bacino del Mediterraneo. Ma l'indirizzo che prenderà maggiormente piede sarà, come vedremo, quello stoico.

Cicerone

Il maggior rappresentante dell'indirizzo eclettico romano è **Marco Tullio Cicerone** (106-43 a.C.).

L'esposizione del pensiero greco

Cicerone deve la sua importanza non tanto all'originalità del suo pensiero, quanto alla capacità di **esporre in forma chiara e brillante le dottrine dei filosofi greci** a lui contemporanei o precedenti. Cicerone stesso riconosce il proprio debito nei confronti delle fonti greche e in una lettera *Ad Attico*, a proposito dei propri scritti, dice:

> mi costano poca fatica, perché di mio ci metto solo le parole, che non mi mancano.
>
> (Cicerone, *Ad Attico*, XII, 52, 3)

Le opere

Tra le principali opere filosofiche di Cicerone ricordiamo: *Sulla Repubblica* e *Sulle leggi*; l'*Ortensio*, andato perduto; gli *Accademici*; *Sui fini*; le *Tusculanae disputationes*; *Sulla natura degli dei*; *Sui doveri*.

I capisaldi teorici

Cicerone ammette quale criterio della verità il **consenso comune dei filosofi** e spiega tale consenso con la presenza in tutti gli uomini di **nozioni innate**, simili alle anticipazioni degli stoici.
In fisica, egli **rigetta la concezione meccanica** degli epicurei (v. cap. 3, p. 53): che il mondo possa essersi formato in virtù di forze cieche gli sembra altrettanto impossibile quanto ottenere, ad esempio, gli *Annali* di Ennio buttando a terra a casaccio un gran numero di lettere dell'alfabeto. Tuttavia egli ritiene impossibile risolvere in modo positivo i problemi della fisica e così si ferma, riguardo a questo punto, a un atteggiamento scettico (v. cap. 4).
In campo etico, il filosofo afferma il valore della **virtù per se stessa**, ma oscilla tra la dottrina stoica e quella accademico-peripatetica. Egli sostiene l'**esistenza di Dio** e la **libertà e immortalità dell'anima**, ma evita di affrontare i problemi metafisici che sono inerenti a tali affermazioni.
Affine alla posizione di Cicerone è quella del grande erudito suo amico, **Marco Terenzio Varrone** (116-27 a.C.).

Lo stoicismo romano

Pur obbedendo all'indirizzo eclettico generale dell'epoca (per il quale, lo ricordiamo, le divergenze teoriche passano in seconda linea di fronte all'accordo fondamentale delle conclusioni pratiche, a cui la ricerca filosofica viene interamente subordinata), a Roma la filosofia stoica mostra già in modo evidente un carattere che la fase ulteriore della speculazione accentuerà: la **prevalenza dell'interesse religioso**.

Il valore dell'introspezione

Questa prevalenza è a sua volta fondata sulla centralità accordata dagli stoici romani al tema dell'**interiorità spirituale**. La concezione stoica del saggio come individuo autosufficiente e che ricava da sé la verità è infatti il presupposto del valore che lo stoicismo comincia a riconoscere a ciò che oggi chiamiamo "**introspezione**", o "**coscienza**". Per giungere a Dio e conformarsi alla sua legge, il saggio stoico non ha bisogno di guardare fuori di sé: deve solo guardare in se stesso. Questo **ritorno dell'uomo a se stesso**, oltre a essere uno dei temi preferiti dagli stoici romani, diventerà centrale e dominante nel neoplatonismo (v. cap. 5).

Gli stoici romani di maggiore spicco

Non si tratta tuttavia di un argomento che offra lo spunto a nuove formulazioni concettuali. Dei numerosi stoici dell'età imperiale di cui conosciamo il nome e qualche notizia, nessuno presenta infatti una particolare originalità di pensiero, e soltanto quattro di essi, **Seneca**, **Musonio**, **Epitteto** e **Marco Aurelio**, ci appaiono dotati di una propria personalità filosofica.

Seneca. **Lucio Anneo Seneca**, nato a Cordova, in Spagna, probabilmente nel 4 d.C., fu maestro e, per lungo tempo, consigliere di Nerone, per ordine del quale morì nel 65 d.C. Dei suoi scritti ci sono rimasti sette libri di *Questioni naturali* e numerosi trattati di carattere religioso e morale (*Dialoghi*, *Sulla provvidenza*, *Sulla costanza del savio*, *Sull'ira*, *Sulla consolazione a Marcia*, *Sulla vita beata*, *Sulla brevità della vita*, *Sulla consolazione a Polibio*, *Sulla consolazione alla madre Elvia*, *Sui benefici*, *Sulla clemenza*). Egli è autore, inoltre, di venti libri di *Lettere a Lucilio*, che costituiscono una miniera di notizie sullo stoicismo e sull'epicureismo.

L'interesse per la fisica

Seneca insiste sul **carattere pratico della filosofia**: «la filosofia – egli dice – insegna a fare, non a dire» (*Epistole*, 20, 2). Il **saggio** è per lui l'«**educatore del genere umano**» (*Epistole*, 89, 13). Perciò egli trascura la logica e si occupa della fisica, ma solo da un punto di vista morale e religioso, poiché **l'ignoranza dei fenomeni fisici è la causa fondamentale dei timori dell'uomo.** In un certo senso, poi, per Seneca la fisica è superiore alla stessa etica, perché mentre questa ha a che fare con l'uomo, quella ha a che fare con la divinità, che si rivela nei cieli e, in generale, nel mondo, insegnando all'uomo a riconoscere la propria piccolezza.

QUESTIONE (PDF) Educazione: sapere o crescita personale)? (Platone, Seneca) ON LINE

La concezione platonica dell'anima

In ogni caso, né la fisica né la metafisica di Seneca contengono nulla di originale rispetto alle dottrine comuni dello stoicismo. Per quanto riguarda il **concetto di anima**, egli si ispira invece alla **dottrina platonica**. Dopo aver distinto una parte **razionale** e una parte **irrazionale** dell'anima, in quest'ultima Seneca individua ancora una parte **irascibile e ambiziosa**, consistente nelle passioni, e una parte **umile e languida**, dedita al piacere. Come si vede, tale divisione corrisponde alla distinzione platonica tra anima razionale, irascibile e appetitiva. A Platone Seneca si ispira anche nel considerare il rapporto tra anima e corpo: **il corpo è prigione e tomba per l'anima**, e per quest'ultima il giorno della morte è veramente il giorno della nascita eterna (cfr. *Epistole*, 102, 26).

Il superamento del rigorismo stoico

Prendendo le distanze dal rigorismo stoico (che poneva un abisso tra il saggio che segue la ragione e lo stolto che non la segue), Seneca ritiene che ci sia sempre uno scarto tra ciò che l'uomo *deve essere* e ciò che di fatto *è*, e che l'**oscillazione tra il bene e il male** sia **propria di tutti gli uomini**: perciò è portato a considerare con maggiore indulgenza le imperfezioni e le cadute degli individui.

La fratellanza di tutti gli uomini

La sua massima morale fondamentale è la **parentela universale tra gli uomini**:

> Tutto quello che vedi, che contiene il divino e l'umano, è tutt'uno: noi siamo tutti membra di un gran corpo. La natura ci generò parenti dandoci una stessa origine e uno stesso fine. Essa c'ispirò l'amore reciproco e ci fece socievoli. (Seneca, *Epistole*, 95, 51)

Inoltre, Seneca afferma energicamente che **Dio** si trova **nell'interiorità dell'uomo**:

Dio nell'intimo dell'uomo

> Non dobbiamo innalzare le mani al cielo, né pregare il guardiano del tempio che ci permetta di avvicinarci agli orecchi della statua del Dio, quasi che così potessimo più facilmente essere ascoltati: la divinità ti sta vicino, è con te, è dentro di te. (Seneca, *Epistole*, 41)

La dottrina di Seneca è dunque uno **stoicismo eclettico e a sfondo religioso**. Alcuni aspetti di questa dottrina, come il concetto della **divinità**, o l'idea della fraternità e dell'**amore tra gli uomini**, o la tesi della **vita dopo la morte**, sono così vicini al cristianesimo che hanno fatto nascere la leggenda dei rapporti di Seneca con Paolo di Tarso. Tale leggenda portò perfino a falsificare un carteggio (che in realtà non è mai giunto fino a noi) tra il filosofo e l'apostolo. Benché tra loro non ci sia certamente mai stato alcun rapporto, non c'è dubbio che la dottrina di Seneca, speculativamente poco notevole, sia mossa da un'ispirazione religiosa che le dà un carattere originale.

La qualità della vita

Non bisogna tuttavia dimenticare che un importante elemento dell'etica stoica la allontana decisamente dalla prospettiva del cristianesimo: si tratta della convinzione che la vita umana non va salvaguardata sempre e comunque, in quanto di per sé sacra, ma soltanto quando è una vita "buona", che garantisce all'individuo una certa dignità. Seneca afferma esplicitamente che «**il bene non consiste nel vivere, ma nel vivere bene**» e che, pertanto, il saggio «vivrà quanto deve, non quanto può» (*Lettera a Lucilio*, 70), cioè saprà valutare se porre fine alla propria vita nel caso in cui essa non risulti più degna di essere vissuta.

QUESTIONE

Vivere è un dovere o una scelta?, p. 124

Epitteto. Nato verso il 50 d.C. a Gerapoli, in Frigia, **Epitteto** era schiavo di Epafrodito, liberto di Nerone. Liberato a sua volta, visse in Roma fino al 92-93 d.C., quando l'editto di Domiziano bandì dalla città tutti i filosofi. Fondò allora a Nicopoli, in Epiro, una scuola della quale fece parte, tra gli altri, Flavio Arriano, che raccolse le sue lezioni in otto libri di *Diatribe* o *Dissertazioni*. Di Epitteto ci sono rimasti quattro di questi libri e un *Manuale*, che è una specie di breve catechismo morale.

Stoicismo e ispirazione religiosa

L'intenzione di Epitteto è quella di ritornare alla dottrina originale dello stoicismo, e specialmente a quella di Crisippo. Ma il suo pensiero conserva lo stesso carattere di quella di Seneca, ovvero il predominio della **religiosità**.
Dio è il padre degli uomini. Egli è dentro di noi e dentro l'anima nostra: perciò l'uomo non è mai solo. La vita è un dono di Dio ed è un dovere obbedire al precetto divino. Queste e simili espressioni, che (sebbene non si distacchino molto da espressioni analoghe di altri stoici) sottolineano con forza la **dipendenza dell'uomo da Dio**, hanno fatto nascere anche per Epitteto l'opinione che egli fosse cristiano, tanto che in età bizantina il *Manuale* è stato commentato e parafrasato a uso cristiano.

Differenze rispetto al cristianesimo

In realtà, la differenza fondamentale tra il moralismo religioso di Epitteto e di Seneca e il cristianesimo sta nel fatto che per il primo **l'uomo può giungere alla virtù attraverso il solo esercizio della ragione**, mediante una ricerca autonoma, mentre per il cristianesimo la via del bene è additata all'uomo da Dio stesso.

La concezione della libertà

Secondo Epitteto la virtù è libertà, e l'uomo può essere libero solo svincolando il proprio atteggiamento interiore da ogni dipendenza nei confronti delle cose esterne. Tutto ciò che non è in suo potere (il corpo, gli averi, la reputazione e, in generale, tutte le cose che non sono atti del suo spirito) non deve commuoverlo né dominarlo. Egli deve piuttosto fondare la propria libertà su ciò che può controllare, ovvero sui moti spirituali: l'opinione, il sentimento, il desiderio, l'avversione. Su queste cose egli può agire, modificandole e dominandole in modo da rendersi libero. Epitteto riassume pertanto l'etica stoica nel motto «**Sopporta e astieniti**»: bisogna astenersi dall'avversare ciò che non è in nostro potere, cioè opinioni, sentimenti e desideri contro natura, o irrazionali.

L'imperatore filosofo

Marco Aurelio. Con Marco Aurelio lo stoicismo sale al trono imperiale di Roma. Nato nel 121 d.C. da nobile famiglia, Marco Aurelio fu adottato dall'imperatore Antonino e gli successe nel 161. Morì nel 180, durante una campagna militare. Ci ha lasciato uno scritto composto di aforismi diversi, intitolato *Colloqui con se stesso*, o *Ricordi*, in 12 libri.

I tre principi dell'uomo

Come Seneca, egli si distacca qua e là dalla dottrina tradizionale degli stoici, soprattutto per ciò che riguarda la concezione dell'anima. Egli distingue infatti l'intelletto (*noús*) dall'anima (*psyché*), e sostiene che l'uomo è composto di tre principi: il **corpo**, l'**anima**, che è il principio motore del corpo, e l'**intelligenza**.
Così come tutti gli elementi dell'organismo umano sono parti dei corrispondenti elementi dell'universo, l'intelletto umano è parte di quello del mondo. Il demone che Zeus ha dato a ciascuno come guida non è dunque altro che **l'intelligenza** e questa **è un «brano» di Zeus stesso** (*Ricordi*, V, 27). Delle funzioni psichiche, le percezioni appartengono al corpo, gli impulsi all'anima, i pensieri all'intelletto.

La meditazione interiore

Come Seneca ed Epitteto, Marco Aurelio ritiene che la filosofia si fondi sul **ritiro dell'anima in se stessa**, ovvero sull'introspezione, o meditazione interiore. Egli dice:

> Guarda dentro di te: dentro di te è la fonte del bene sempre capace di zampillare, se sempre saprai scavare in te stesso. (Marco Aurelio, *Ricordi*, VII, 59)

Gli uomini devono amarsi come parenti

Il filosofo fa proprie le tesi stoiche dell'ordine divino del mondo e della provvidenza che lo governa, ma afferma la **parentela degli uomini con Dio**. Il demone individuale, come parte dell'intelletto universale e quindi di Zeus, è il fondamento di questa convinzione religiosa. Per la loro parentela comune, **gli uomini si devono amare l'un l'altro**.

> È proprio dell'uomo amare anche chi lo percuote. Devi aver presente che tutti gli uomini ti sono parenti, che essi peccano solo per ignoranza e involontariamente, che la morte incombe su tutti e, specialmente, che nessuno ti può danneggiare perché nessuno può intaccare la tua ragione. (Marco Aurelio, *Ricordi*, VII, 22)

Il "flusso" incessante delle cose e il destino dell'anima

L'uomo è parte del flusso incessante delle cose.

> La realtà è come un fiume che scorre perennemente, le forze mutano, le cause si trasformano vicendevolmente, e nulla rimane immobile. (Marco Aurelio, *Ricordi*, IX, 28)

Qual è il destino dell'anima in questo flusso? Marco Aurelio dipinge a colori smaglianti la condizione dell'anima che con la morte si è liberata dal corpo, anch'egli facendo propria l'antica credenza del **corpo come prigione e tomba dell'anima**. Ma per lui il problema se questa liberazione sia l'inizio di una nuova vita o la fine di ogni sensibilità passa in seconda linea. Può darsi che l'anima, riassorbendosi nel tutto, si tramuti in altri esseri. In ciò Marco Aurelio, rispetto al platonizzante Seneca, è più fedele alla dottrina originaria dello stoicismo.

MAPPA

Lo stoicismo

ON LINE MAPPA INTERATTIVA

Per gli stoici greci la **FILOSOFIA** consiste
- nel raggiungimento della **sapienza** attraverso la **virtù**

Alla **VIRTÙ RAZIONALE** corrisponde
- la **logica** (scienza dei *lógoi*, o "discorsi")
  - **criterio di verità**
    - rappresentazione catalettica
  - **teoria del significato**
    - concetto come segno
  - **teoria del ragionamento**
    - **anapodittico**
      - premesse e conclusione evidenti
    - **dimostrativo**
      - si risale da un indizio alla causa

Alla **VIRTÙ NATURALE** corrisponde
- la **fisica**
  - **Dio** (principio attivo e ragione seminale di tutte le cose)
    - agisce sulla
    - **materia** priva di qualità (principio passivo)
  - esiste un **ordine cosmico** immutabile e razionale
    - che regola
    - il ritorno sempre identico dei **cicli cosmici**

Alla **VIRTÙ MORALE** corrisponde
- l'**etica**
  - **dovere**
    - azione conforme all'ordine razionale/naturale
  - **virtù**
    - disposizione uniforme e costante al dovere
  - **valore**
    - ciò che è degno di scelta in quanto «conforme a ragione»
  - **apatia**
    - indifferenza alle emozioni
  - **giustizia**
    - azione della ragione divina nella comunità

I TESTI

CAPITOLO 2
Lo stoicismo

La logica e la dottrina della conoscenza

Per gli stoici la teoria della conoscenza è parte della logica, la quale ha innanzitutto il compito di individuare il criterio di verità a partire dal quale è possibile fondare anche la riflessione morale. Secondo la testimonianza di Diogene Laerzio, gli stoici paragonavano la filosofia a un essere vivente e facevano corrispondere la logica «alle ossa e ai nervi», ovvero a ciò che sostiene e collega l'intero organismo.

T1 > La rappresentazione catalettica

Una distinzione caratteristica della gnoseologia stoica è quella tra rappresentazioni catalettiche e non. Non tutte le rappresentazioni hanno lo stesso grado di evidenza e sono tali da meritare il nostro assenso: sono dette "catalettiche" solo quelle che si distinguono per una particolare evidenza e quindi sollecitano l'assenso dell'intelletto. Cicerone ci ha tramandato il famoso paragone gestuale con cui Zenone illustrava questa distinzione nell'ambito di tutto il processo conoscitivo.

Zenone questa stessa cosa la rappresentava con gesti. Mostrando all'interlocutore in faccia la mano aperta con le dita tese, diceva: «la rappresentazione è così». Poi, contraendo un poco le dita: «l'assenso è così». Stretta poi la mano a pugno, diceva: «questa è la comprensione»: e proprio da questo paragone fu indotto a dare a questa un nome che prima non esisteva: *katálepsis*. Accostata poi alla destra la sinistra, e con questa afferrato fortemente e compresso ad arte il pugno chiuso, diceva che quella era la scienza, e che era cosa tale che nessuno, fuorché il sapiente, poteva rendersene padrone.

(Cicerone, *Accademici primi*, II, 144, in *Stoici antichi*,
a cura di M. Isnardi Parente, UTET, Torino 1989, vol. 1, p. 152)

Analisi del testo

1-6 Zenone chiariva la propria concezione della conoscenza anche a gesti. Tenendo una mano bene aperta, la paragonava alla rappresentazione comune. Poi contraeva un po' le dita per alludere all'atto dell'assenso. Stringeva la mano a pugno e la paragonava alla *catalessi* (letteralmente "comprensione") con cui l'intelletto comprende, afferra, ciò che è particolarmente evidente e dunque vero. Infine stringeva con forza il pugno con la mano sinistra per simboleggiare la scienza, alla quale solo i sapienti sono in grado di elevarsi.

T2 > La teoria del significato

I contributi degli stoici nel campo della logica sono stati determinanti perché hanno prodotto un ampliamento e un approfondimento degli studi precedenti, compiuti in gran parte da Aristotele. Agli stoici, in particolare, va riconosciuto il merito di aver elaborato un'organica teoria del significato, rivelatasi assai feconda anche nei secoli successivi. Essi hanno individuato e distinto in ogni segno tre elementi: il significato, il significante e la cosa in sé. Ciò implica ovviamente anche una distinzione di tre piani di indagine: quello della logica, quello del linguaggio e quello della fisica. La verità e la falsità riguardano esclusivamente i significati, o meglio i giudizi, cioè le proposizioni compiute.

Dicevano che vi sono tre cose strettamente collegate l'una con l'altra, il significato, il significante, l'oggetto vero e proprio: significante è l'espressione, per esempio il nome "Dione"; significato la realtà che esso indica e di cui noi abbiamo comprensione come di qualcosa che si pone di fronte al nostro pensiero (i barbari non lo afferrano, pur intendendo il suono materiale della voce); l'oggetto è ciò che è esterno al pensiero, in questo caso, per esempio, Dione in carne e ossa. Di queste tre cose, due sono corporee, l'espressione vocale e l'oggetto; una, la realtà significata, è invece incorporea, e prende appunto il nome di "significato". Nel significato risiede il vero e il falso, tuttavia esso non ha sempre universalmente lo stesso valore: può trattarsi di un discorso imperfetto o di un discorso compiuto; a quest'ultimo tipo appartiene quello che si chiama il giudizio, cosicché essi nelle loro trattazioni dicono: «è il giudizio che è vero o falso».

(Sesto Empirico, *Contro i logici*, II, 11, in *Stoici antichi*, cit., vol. 2, pp. 737-738)

Analisi del testo

1-5 Gli stoici distinguevano in ogni segno tre elementi: il significato, la cosa significante, l'oggetto in sé. Esempio di cosa significante è il nome "Dione"; esempio di significato è ciò che pensiamo in coincidenza con la parola "Dione" (per i barbari il nome "Dione" non ha alcun significato perché non conoscono la lingua greca); nel caso specifico, infine, l'oggetto in sé è Dione in carne e ossa.

5-10 Due di questi elementi sono materiali, cioè la cosa significante e l'oggetto, mentre il significato è immateriale. Verità e falsità riguardano il significato, che però non è vero o falso in ogni caso, potendo essere incompleto o completo; in altre parole, secondo gli stoici possono essere veri o falsi soltanto i giudizi assertivi (ad esempio, "Dione legge").

La fisica

La fisica degli stoici si impernia sull'idea di un ordine immutabile, razionale, perfetto e necessario che governa ogni cosa e che si identifica con Dio, definito «Anima del mondo» o «ragione seminale del mondo». La concezione stoica si presenta pertanto come un rigoroso panteismo, connesso a una visione finalistica e provvidenzialistica secondo la quale tutte le cose sono preordinate al proprio fine perfetto.

T3 > I principi del mondo

Fisica e teologia nel pensiero stoico sono strettamente intrecciate. Dio non è separato dal mondo, bensì immanente in esso, principio attivo che plasma dall'interno la materia inerte (principio passivo). Dall'azione divina sulla materia derivano prima di tutto i quattro elementi: fuoco, acqua, aria, terra. Nel brano che segue Diogene Laerzio accenna anche alla cosiddetta "conflagrazione universale", cioè all'idea stoica che il mondo, trascorso un lungo periodo di tempo, si disintegri per una grande esplosione, dopo la quale comincerà un nuovo ciclo uguale al precedente.

Sembra loro che vi siano due principi del tutto, il principio attivo e quello passivo. Quello passivo è la sostanza senza proprietà, la materia, e quello attivo è la ragione che si trova in essa, la divinità; quest'ultima, che è eterna, scorrendo per la materia foggia tutte le realtà. Sostengono questa dottrina Zenone di Cizio nel *Della sostanza*, Cleante nel *Degli atomi*, Crisippo nella *Fisica*, verso la fine del libro I, Archedemo nel *Degli elementi*, Posidonio nel libro II della *Trattazione fisica*. Dicono che sono diversi fra loro principi ed elementi: i principi sono ingenerati e indistruttibili, gli elementi si distruggono nella conflagrazione. Inoltre i principi sono incorporei e privi di forma, mentre gli elementi hanno determinate forme.

[...]

Dicono che una sola cosa è la divinità, il destino, Zeus; anche se viene indicato con molti altri appellativi. Originariamente raccolto in sé, egli ha fatto poi volgere tutta la realtà di aria in acqua; e come nella generazione si effonde il seme, così anche questo, essendo la ragione seminale dell'universo, resta insito con tale facoltà creativa nell'umidità, rendendo la materia simile a lui nella potenza generativa in vista della formazione delle cose; in seguito genera poi i quattro elementi, fuoco, acqua, aria, terra. (Diogene Laerzio, *Vite dei filosofi*, VII, 134-136, in *Stoici antichi*, cit., vol. 2, pp. 782-783)

Analisi del testo

1-8 L'universo è composto da un principio passivo, cioè la materia informe, e da un principio attivo, cioè la ragione, ovvero la divinità immanente alla materia che essa plasma perennemente dando vita agli esseri particolari. Gli stoici specificano che mentre i due principi universali sono eterni, gli elementi particolari si disintegrano quando avviene la grande conflagrazione con la quale si chiude un ciclo cosmico e se ne apre un altro uguale al precedente. Inoltre i principi sono incorporei e informi, mentre gli elementi sono corporei e hanno forme particolari (ma occorre notare che secondo altre fonti gli stoici sono rigorosamente materialisti, ovvero non ammettono altra realtà che quella corporea).

10-15 Il politeismo tradizionale tende a lasciare il posto nello stoicismo al monoteismo: per gli stoici la divinità è unica, è il principio attivo, anche se essa viene chiamata con molti altri nomi per la sua universalità. La divinità è concepita anche come la ragione seminale del mondo, ossia come il seme universale che contiene i semi di tutte le cose particolari che derivano dalla materia prima fecondata dalla divinità. Dalla materia prima scaturiscono in tal modo fuoco, acqua, aria, terra.

T4 > LA PERFEZIONE DEL COSMO

Dalla prospettiva panteistica gli stoici deducono l'esistenza di una provvidenza divina che regge ogni cosa. Tutto ciò che esiste e accade non è casuale, ma rientra in un disegno benefico e razionale che viene da Dio. Gli stoici respingono nettamente l'obiezione, formulata ad esempio dagli epicurei, secondo la quale l'esistenza del male nel mondo proverebbe che non esiste alcuna provvidenza e affermano che non ci può essere il bene senza il male, la verità senza l'errore, perché ogni cosa è necessariamente connessa con il suo contrario.

Quelli che non credono che il mondo sia stato foggiato per la divinità e per l'uomo né che le cose umane siano rette da provvidenza, ritengono di avere in mano una valida prova col dire: «se ci fosse la provvidenza, non ci sarebbe il male». Dicono infatti che nulla è tanto contrario alla provvidenza quanto il fatto che in questo mondo, che si dice essere stato fatto da essa per gli uomini, ci sia così gran copia di dolori e di mali. Crisippo, argomentando contro di essi nel libro IV del *Della provvidenza*, «nulla» disse «è più stolto di questi, i quali ritengono che possano esservi dei beni senza che insieme vi siano anche dei mali. Essendo infatti il bene contrario al male, è necessario che l'uno e l'altro sussistano in opposizione reciproca e quasi sostenendosi a vicenda con sforzo insieme scambievole e contrario: non vi è alcun contrario senza che sussista anche il suo contrario. A qual patto si potrebbe sentire la giustizia se non ci fosse il torto? E che cos'è la giustizia se non la mancanza di ingiustizia? Chi potrebbe capire che sia la forza se non dal confronto con la viltà? La continenza se non dal confronto con l'intemperanza? Come potrebbe esservi prudenza, se non volgendosi contro l'imprudenza? Perciò» conclude «quegli uomini stolti perché non chiedono anche che vi sia la verità senza che vi sia la menzogna? Insieme nascono bene e male, fortuna e sfortuna, dolore e piacere. Sono legati l'uno all'altro, come dice Platone, per le punte contrarie fra loro: se abolisci l'uno, sopprimi anche l'altro».

(Aulo Gellio, *Notti attiche*, VII, I, 1 ss., in *Stoici antichi*, cit., vol. 1, p. 389)

Analisi del testo

1-5 Viene esaminata l'obiezione alla tesi stoica secondo la quale il mondo è stato fatto in funzione dell'uomo e la storia è guidata dalla provvidenza divina: se davvero ci fosse la provvidenza, non ci sarebbe il male.

5-16 Aulo Gellio riferisce che la risposta di Crisippo, la quale riecheggia la dottrina eraclitea dei contrari, è che si tratta di un'obiezione stolta perché nulla può esistere senza il suo contrario e dunque neanche il bene senza il male. Gli esempi di coppie di contrari sono volti a ribadire la necessità, e dunque la razionalità, del male. Crisippo conclude appoggiandosi all'autorità di Platone, che nel *Fedro* aveva sostenuto l'indissociabilità dei contrari.

L'etica

Tutta la ricerca razionale dello stoicismo è diretta a individuare quale sia il comportamento morale corretto. Tale è il comportamento "conforme a ragione", mediante il quale l'uomo, in quanto essere dotato di ragione, tende a conciliare le proprie azioni con le leggi della razionalità cosmica.

T5 > BENI, MALI E COSE INDIFFERENTI

L'uomo è davvero virtuoso quando adempie sistematicamente ai doveri indicatigli dalla ragione. La virtù coincide con il bene, il vizio con il male. Nel loro rigorismo morale gli stoici affermano che parecchie cose, come la ricchezza, la gloria ecc., alle quali la gente dà molta importanza, non sono realmente dei beni e non sono necessarie per essere felici. Tuttavia nell'ambito di queste cose, dette «indifferenti», gli stoici concedono che alcune sono preferibili ad altre (la ricchezza alla miseria, la gloria alla cattiva fama ecc.) in quanto contribuiscono a vivere secondo natura. I beni e le cose degne di essere scelte, pur non essendo in se stesse beni, sono chiamate dagli stoici «valori».

I beni dunque sono le virtù, la saggezza, la giustizia, il valore, la temperanza e le altre simili; i vizi le cose opposte a queste, la stoltezza, l'ingiustizia ecc. Né l'uno né l'altro sono quelle cose che né giovano né danneggiano, come la vita, la salute, il piacere, la bellezza, la forza, la ricchezza, la buona fama, la buona nascita, e le opposte a queste, la morte, la malattia, la sofferenza, la vergogna, la debolezza, la povertà, l'oscurità, l'umile nascita e tutte le cose simili [...] non beni sono questi, ma indifferenti, preferibili secondo la specie. Come è proprio del calore riscaldare e non raffreddare, così del bene lo è giovare e non danneggiare; ma la ricchezza e la salute non portano giovamento più di quanto non portino danno; la ricchezza e la salute non sono quindi beni. Inoltre, dicono, ciò di cui ci si può valere anche per cattivo uso, non può essere un bene; ma della ricchezza e della salute si può fare cattivo uso, quindi esse non sono beni [...]. Nemmeno il piacere dicono essere un bene Ecatone [...] e Crisippo: vi sono anche piaceri turpi, ma niente di ciò ch'è turpe può essere un bene. Giovare significa agire o trovarsi in stato di virtù, danneggiare [significa] agire o trovarsi in stato di vizio.

Gli indifferenti si dividono in due tipi: in un caso quelli che non hanno nessun effetto in ordine alla felicità o all'infelicità, come la ricchezza, la fama, la salute, la forza e altre cose analoghe; è possibile infatti esser felici anche se non le si possieda, poiché il possesso di esse può apportare felicità o infelicità. In altro modo indifferenti si dicono quelle cose che non suscitano alcun moto di attrazione o repulsione, come per esempio l'avere un numero pari o dispari di capelli in testa, o lo stendere il dito o ritirarlo; quelli che abbiamo chiamato poc'anzi indifferenti non sono di questo tipo, essi suscitano attrazione o repulsione, sì che di essi alcuni vengono scelti di preferenza e altri no, mentre questi altri sono del tutto equivalenti rispetto al problema della scelta o della non scelta. Degli indifferenti alcuni si dicono preferibili e altri da non preferirsi: preferibili sono quelli che hanno in sé un certo valore e da non preferirsi quelli che rappresentano un disvalore. Dicono che valore è ciò che in qualche maniera contribuisce a una vita coerente con se stessa, il che per essi è in ogni caso un bene: ma valore può essere anche una capacità o utilità di tipo medio che contribuisce in qualche modo alla vita secondo natura, il che vale a dire che anche la ricchezza o la salute portano un certo contributo alla vita secondo natura.

(Diogene Laerzio, *Vite dei filosofi*, VII, 102-105, in *Stoici antichi*, cit., vol. 2, pp. 1091-1092)

Analisi del testo

1-13 I beni coincidono con le virtù e i mali con i vizi opposti a esse. Né beni, né mali sono tutte quelle cose che né giovano, né nuocciono all'uomo e che quindi si possono dire indifferenti. Per gli stoici, infatti, mentre l'autentico bene giova sempre all'uomo, le cose indifferenti come, ad esempio, la ricchezza e la salute, di per se stesse possono procurare tanto utilità quanto danno; inoltre che non siano beni si desume anche dal fatto che di esse si può fare un cattivo uso. Lo stesso piacere in sé non è un bene, dal momento che vi sono anche piaceri turpi. In questo contesto, vantaggio e danno non significano tornaconto e perdita economica o materiale, bensì virtù e vizio.

14-24 Gli stoici danno una prima classificazione delle cose indifferenti, distinguendone due tipi: quelle ininfluenti sulla felicità o infelicità, come, ad esempio, la ricchezza, che non è necessaria per essere felici; e quelle che non suscitano alcuna attrazione o repulsione e sono del tutto insignificanti dal punto di vista morale, come avere un numero pari o dispari di capelli.

Su questa distinzione gli stoici innestano quella tra gli indifferenti preferibili e quelli non preferibili: i primi hanno un certo valore e suscitano attrazione (la ricchezza, la salute ecc.), i secondi non hanno alcun valore e suscitano repulsione (la miseria, la malattia ecc.).

24-28 Sono proprio gli stoici a introdurre nel linguaggio morale la parola "valore" per designare ciò che serve a vivere coerentemente con la ragione, ovvero secondo natura.

T6 > La città comune

La ragione accomuna tutti gli uomini e li rende diversi e superiori rispetto agli altri esseri. Essi formano in questo modo una sola grande famiglia insieme agli dei. La ragione universale fonda la legge naturale (*ius naturae*), uguale per tutti e immutabile in ogni tempo e in ogni luogo. Gli uomini, dunque, devono considerarsi non già cittadini di uno Stato particolare, bensì cittadini di un unico Stato, cioè del mondo. Il giusnaturalismo e il cosmopolitismo stoici hanno avuto grande eco nella filosofia romana, ad esempio presso Cicerone, che ha adottato entrambe le dottrine.

Questo animale previdente, sagace, di molteplici attitudini, intelligente, pieno di ragione e di riflessione, che chiamiamo uomo, sappiamo che è stato generato dalla divinità suprema in una condizione privilegiata. Solo, fra tanti generi di esseri viventi, egli è partecipe di natura razionale e capacità di pensare, mentre tutti gli altri esseri ne sono privi. E che cosa ci può essere di più divino, non dico nell'uomo, ma in tutto il cielo e la terra? E questa ragione, quando è diventata adulta ed è giunta alla sua perfezione, giustamente si può chiamare sapienza. Perciò, poiché nulla è superiore alla ragione, e questa si trova nell'uomo e nella divinità, la prima associazione fra uomo e divinità è quella che proviene dalla comune ragione. Ma quelli fra cui è comune la ragione hanno anche comunanza di retta ragione; e poiché quest'ultima si identifica con la legge, ecco che noi uomini siamo associati con gli dei per mezzo della legge. Ma fra quelli fra i quali vige una comunanza di legge vige anche una comunanza di diritto; e quelli cui sono comuni queste cose, hanno anche fra loro comunanza di città; tanto più se obbediscono allo stesso comando, allo stesso potere. Essi in realtà obbediscono a questo nostro ordine celeste, e all'intelligenza divina, e alla divinità che ha potere superiore: sì che tutto questo nostro universo può essere considerato una sola comune città degli dei e degli uomini.

(Cicerone, *Sulle leggi*, I, 7, 22-23, in *Stoici antichi*, cit., vol. 2, pp. 1215-1216)

Analisi del testo

1-8 Cicerone, facendo proprio il punto di vista stoico, afferma che l'uomo ha ricevuto da Dio la ragione, bene prezioso e privilegiato di cui gli altri esseri sono privi. Poiché non c'è niente di superiore alla ragione, la prima comunanza tra gli uomini e gli dei risiede proprio nel fatto che gli uni e gli altri possiedono la ragione.

8-13 Poiché la ragione è anche legge, noi siamo in un'associazione con gli dei fondata sulla legge. E dunque tra uomini e dei vi è comunanza di diritto e di città, tanto più se si obbedisce alla stessa autorità.

13-15 In sostanza, si obbedisce all'ordinamento celeste, all'intelligenza divina e al suo potere superiore e così tutto l'universo può essere considerato un'unica città comune degli dei e degli uomini.

CAPITOLO 3
L'epicureismo

1. Epicuro

La vita

Epicuro, figlio di Neocle, nacque nel 341 a.C. a Samo, dove passò la giovinezza. Cominciò a occuparsi di filosofia a 14 anni. A Samo ascoltò le lezioni del platonico Pànfilo e poi del democriteo Nausìfone. Da quest'ultimo fu probabilmente iniziato alla dottrina di Democrito, del quale, per qualche tempo, si ritenne discepolo; solo in seguito affermò la completa indipendenza del proprio pensiero rispetto a quello del suo ispiratore, che più tardi credette di poter designare con il nome contraffatto di "Lerocrito" (chiacchierone). A 18 anni Epicuro si recò ad Atene. Non è dimostrato che abbia frequentato le lezioni di Aristotele o quelle di Senocrate, che era a quel tempo a capo dell'Accademia. Nel 321 si traferì a Colofone, in Asia Minore. Cominciò la sua attività di maestro a 32 anni, a Mitilene, nell'isola di Lesbo, dove tuttavia si scontrò con l'ostilità della popolazione. Si spostò quindi a Lampsaco, dove costituì il primo gruppo di discepoli, e dopo alcuni anni ad Atene (307-306 a.C.), dove rimase fino alla morte (271 a.C.).

Gli scritti

Epicuro fu autore di numerosi scritti, circa 300. A noi restano però soltanto tre lettere conservateci da Diogene Laerzio (libro X): la prima, ***A Erodoto***, è una breve esposizione di fisica; la seconda, ***A Meneceo***, è di contenuto etico; la terza, ***A Pitocle***, di attribuzione dubbia, tratta di questioni meteorologiche. Diogene Laerzio ci ha inoltre conservato le ***Massime capitali*** e il ***Testamento***, mentre in un manoscritto vaticano è stata trovata una raccolta di ***Sentenze*** e nei papiri ercolanesi sono stati rinvenuti alcuni frammenti dell'opera ***Sulla natura***.

2. La scuola epicurea

L'autorità di Epicuro

La scuola ateniese di Epicuro aveva sede nel giardino del filosofo, sicché i suoi seguaci si chiamarono "**filosofi del Giardino**". L'autorità di Epicuro sui suoi discepoli era grandissima. Come le altre scuole, anche quella epicurea costituiva un'associazione di carattere religioso, ma la "divinità" a cui essa faceva riferimento era il suo stesso fondatore. «Le grandi anime epicuree – dice Seneca (*Epistole*, 6) – non le fece la dottrina, ma l'assidua compagnia di Epicuro».

Sia durante la vita, sia dopo la morte del filosofo, gli scolari e gli amici gli tributarono onori quasi divini e cercarono di modellare la loro condotta sul suo esempio. «Compòrtati sempre come se Epicuro ti vedesse» era il precetto fondamentale della scuola.

Tra apertura e conservatorismo

Il più notevole dei primi discepoli di Epicuro fu **Metrodoro di Lampsaco** (331-278 a.C.), i cui scritti furono in massima parte di contenuto polemico. Ma **i seguaci e gli amici di Epicuro furono numerosissimi**, e tra essi non mancarono le **donne**, come Temistia, o come l'etera Leontina, che scrisse contro Teofrasto. Anch'esse potevano infatti partecipare alle lezioni della scuola, giacché quest'ultima era fondata sulla solidarietà e sull'amicizia dei suoi membri. Inoltre, le amicizie epicuree furono famose in tutto il mondo antico per la loro nobiltà.
Tuttavia, **nessuno dei discepoli di Epicuro apportò un contributo originale alla dottrina del maestro**. Questi esigeva dai suoi seguaci la stretta osservanza dei suoi insegnamenti e a tale osservanza la scuola epicurea si mantenne fedele per tutta la sua durata (che fu lunghissima, fino al IV secolo d.C.). Vanno ricordati perciò, tra i numerosi discepoli, solo quelli attraverso i quali ci sono giunte ulteriori notizie intorno alla dottrina epicurea.

Filodemo

Di **Filodemo di Gadara**, (110-35 a.C. circa), i papiri ercolanesi ci hanno restituito alcuni frammenti che trattano numerosi problemi dal punto di vista epicureo e che presentano la polemica che si svolgeva in quel tempo all'interno della stessa scuola di Epicuro e tra questa e le altre scuole.

Lucrezio

Tito Lucrezio Caro ci ha lasciato nel suo ***De rerum natura*** (Sulla natura) non solo un'opera di grande valore poetico, ma anche un'esposizione fedele dell'epicureismo. Poco si sa della vita di Lucrezio. Egli nacque probabilmente nel 96 a.C. e morì nel 55 a.C. La notizia, tramandataci da scrittori cristiani, che egli sia stato pazzo e che abbia scritto il proprio poema nei brevi intervalli di lucidità può essere un'invenzione dovuta all'esigenza polemica di screditare il massimo rappresentante latino dell'ateismo epicureo, e in ogni caso è resa poco verosimile dalla causa che viene addotta della follia del poeta: un filtro amoroso.

Il *De rerum natura*

I sei libri dell'opera di Lucrezio (che è incompiuta) si dividono in tre parti, dedicate rispettivamente alla **metafisica**, all'**antropologia** e alla **cosmologia**, ognuna delle quali comprende due libri. Nel primo e nel secondo libro si tratta dei principi di tutta la realtà, della materia, dello spazio e della costituzione dei corpi sensibili. Nel terzo e nel quarto libro si tratta dell'uomo. Nel quinto e nel sesto dell'universo e dei più importanti fenomeni fisici. L'opera fu edita da Cicerone, che dovette un po' riordinarla, dopo la morte di Lucrezio.
Lucrezio vede in Epicuro colui che ha **liberato gli uomini dal timore del soprannaturale e della morte**. Questo compito gli appare così grande e importante che egli non esita a esaltare il filosofo come una divinità e a riconoscerlo come il fondatore della vera sapienza.

3. La filosofia come quadrifarmaco

Il valore strumentale della filosofia

Epicuro vede nella **filosofia** la via per raggiungere la **felicità**, intesa come **liberazione dalle passioni**. Il valore della filosofia è dunque puramente strumentale, in quanto il suo fine è la felicità. Mediante la filosofia l'uomo si libera da ogni desiderio irrequieto e molesto, oltre che dalle opinioni irragionevoli e vane e dai turbamenti che ne derivano.

La ricerca scientifica diretta a investigare le cause del mondo naturale non ha un fine diverso:

> Se non fossimo turbati dal pensiero delle cose celesti e della morte e dal non conoscere i limiti dei dolori e dei desideri, non avremmo bisogno della scienza della natura.
>
> (Epicuro, *Massime capitali*, 11)

Le quattro "medicine" della filosofia

Il ruolo della filosofia consiste pertanto nel fornire all'uomo un «**quadruplice farmaco**» o **quadrifarmaco**, capace di:

1) liberare gli uomini dal **timore degli dei**, dimostrando che questi ultimi, per la loro natura beata, non si occupano delle faccende umane;
2) liberare gli uomini dal **timore della morte**, dimostrando che essa non è nulla per l'uomo: «quando ci siamo noi la morte non c'è, quando c'è la morte non ci siamo noi» (*Lettera a Meneceo*, 125);
3) dimostrare l'**accessibilità** del limite **del piacere**, cioè la facile raggiungibilità del piacere stesso;
4) dimostrare la **lontananza** del limite **del male**, cioè la brevità e la provvisorietà del dolore.

360 a.C. | 350 | 340 | 330 | 320

Eventi storici

- **336** Morto Filippo il Macedone, gli succede il figlio Alessandro
- **333-331** Alessandro sconfigge i Persiani a Isso e a Gaugamela
- **329** Alessandro si proclama re di Persia
- **323** Morte di Alessandro Magno; il suo regno viene diviso tra i generali

Vita di Epicuro

- **341** Epicuro nasce a Samo dal colono ateniese Neocle e da Cherestrate
- **327** Ascolta le lezioni del platonico Pànfilo e del democriteo Nausìfone
- **323** Ad Atene forse asco[lta] le lezioni di Senocra[te]
- **321** Si trasferisce con la famigli[a] a Colofone

Filosofia e Scienza

- **347** Ad Atene muore Platone
- **342** Aristotele si reca a Pella, per fare da precettore ad Alessandro
- **335** Tornato ad Atene, Aristotele fonda il Liceo
- **323** Muore Diogene di Sinope
- **322** Muore Aristotele

Arte e Letteratura

- **351** Policleto il Giovane progetta il teatro di Epidauro
- **338** Muore l'oratore Isocrate
- **330** Demostene: orazione *Per la corona*
- **330** Lisippo scolpisce il *Ritratto di Socrate*
- **321** Rappresentat[a] la commedia *Il punitore di se stesso* di Menandro

In tal modo la dottrina epicurea manifesta chiaramente la tendenza dell'intera filosofia post-aristotelica a finalizzare la ricerca speculativa a un obiettivo pratico.

TAVOLA ROTONDA
La filosofia, p. 114

IL QUADRIFARMACO

mali	terapie
paura degli dei e dell'aldilà	> gli dei non si occupano degli uomini
paura della morte	> quando ci siamo noi, non c'è la morte; quando c'è la morte, non ci siamo noi
mancanza del piacere (della felicità)	> il piacere (la felicità) è facilmente raggiungibile
dolore fisico	> se è acuto, è provvisorio o porta alla morte; se è lieve, è sopportabile

«Se non fossimo turbati dal pensiero delle cose celesti e dalla morte e dal non conoscere i limiti dei dolori e dei desideri, non avremmo bisogno della scienza della natura»

320 — 310 — 300 — 290 — 280 — 270 a.C.

> 317 Olimpiade, madre di Alessandro Magno, fa uccidere Filippo III, fratellastro di Alessandro

316 Uccisa Olimpiade, Cassandro si proclama re di Macedonia

> 301 Con la battaglia di Ipso sorgono 4 regni: Tracia e Asia Minore (Lisimaco), Macedonia e Grecia (Cassandro), Egitto (Tolomeo), Asia minore orientale (Seleuco)

> 307-306 Torna ad Atene, dove acquista una casa con giardino che diventerà la sua scuola

> 311 Insegna a Mitilene, nell'isola di Lesbo, ma la popolazione gli mostra ostilità

> 309 Si trasferisce a Lampsaco, dove forma il primo gruppo di discepoli

> 285 Stringe buoni rapporti con la corte di Lisimaco

> 271 Epicuro muore ad Atene; Ermarco assume la direzione del "Giardino"

> 314 Polemone assume la direzione dell'Accademia platonica

> 310 A Samo nasce Aristarco, che per primo formulerà l'ipotesi eliocentrica

> 300 Zenone di Cizio fonda la *Stoá*; i matematici babilonesi scoprono il concetto di zero

> 275 Muore Pirrone di Elide, fondatore dello scetticismo

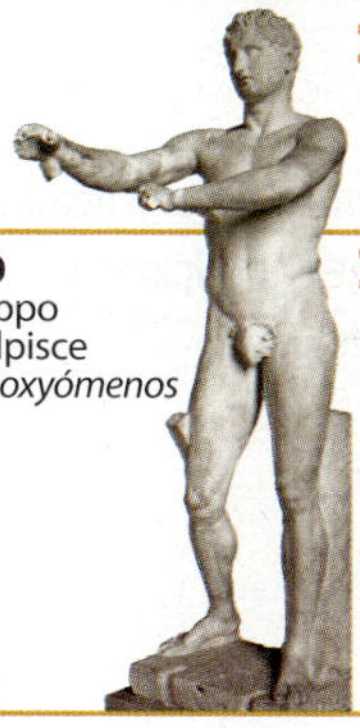

> 320 Lisippo scolpisce l'*Apoxyómenos*

> 310 A Sidone è realizzato il *Sarcofago di Alessandro*

> 295 Teocrito di Siracusa: *Idilli* e *Carmi pastorali*

> 301 Duride di Samo: *Vite dei pittori e degli scultori*

4. La canonica

Epicuro distingue tre parti della filosofia: la **canonica**, la **fisica** e l'**etica**. Ma la canonica è concepita in rapporto così stretto con la fisica che si può dire che le parti della filosofia sono per lui soltanto due: la fisica e l'etica. E, in ogni caso, in tutto il dominio della conoscenza il fine che bisogna aver presente è l'**evidenza**: «la base fondamentale di tutto è l'evidenza».

Il «canone» della verità

Epicuro chiama **canonica** la logica, o la teoria della conoscenza, in quanto la considera diretta essenzialmente a fornire il **criterio della verità**, vale a dire il «**canone**», o la regola, **capace di orientare l'uomo verso la felicità**.
Il criterio della verità è costituito per Epicuro dalle sensazioni, dalle anticipazioni e dalle emozioni.

Le sensazioni

Le **sensazioni** sono prodotte nell'uomo dal **flusso degli atomi** che si staccano dalla superficie delle cose (secondo la teoria di Democrito). Questo flusso produce **immagini** (*éidola*) che sono in tutto simili alle cose da cui sono prodotte. Da queste immagini derivano le sensazioni. ➔ T1 p. 64
Dalle sensazioni derivano, a loro volta, le **rappresentazioni fantastiche**, che risultano dalla combinazione di due o più immagini diverse (ad esempio, la rappresentazione del centauro deriva dall'unione dell'immagine dell'uomo con quella del cavallo).

Le anticipazioni

Dalle **sensazioni ripetute e conservate nella memoria** derivano anche le **rappresentazioni generiche**, o i **concetti**, che Epicuro (come gli stoici) chiama **anticipazioni**. I concetti servono infatti ad "anticipare" le sensazioni future: ad esempio, se qualcuno ci dice "sta arrivando un uomo", nella nostra mente si forma subito, sulla base dell'esperienza passata, uno schema che serve ad anticipare l'esperienza futura (l'arrivo di un uomo in carne e ossa). ➔ T2 p. 65
Ora, **la sensazione è sempre vera ed evidente**. Infatti non può essere confutata da una sensazione omogenea, che la conferma, né da una sensazione diversa, che, provenendo da un altro oggetto, non può contraddirla. La sensazione è dunque il criterio fondamentale della verità. Ma poiché anche i concetti, o le anticipazioni, derivano dalle sensazioni, anch'essi sono veri e costituiscono insieme alla sensazione il criterio della verità.

ESERCIZI INTERATTIVI ON LINE

Le emozioni

Il terzo criterio di verità è rappresentato per Epicuro dall'**emozione**, cioè dal piacere o dal dolore, che costituiscono la norma per la condotta pratica della vita e che perciò si collocano fuori del campo della logica.

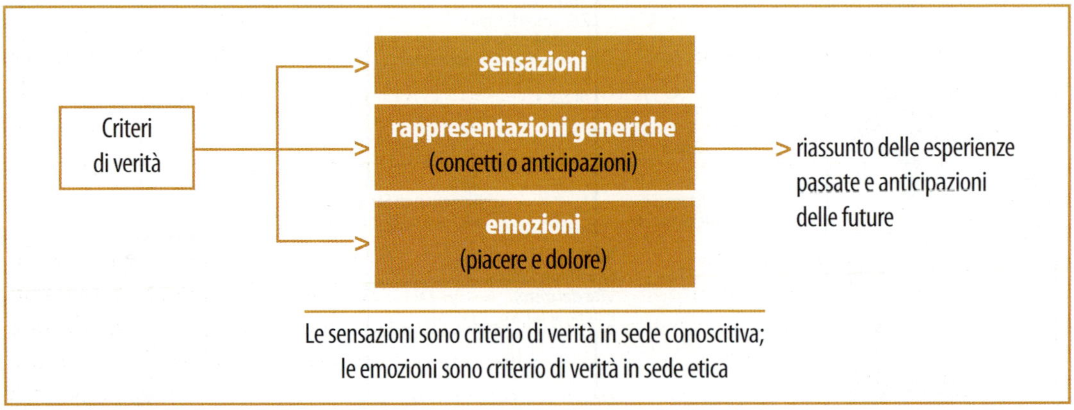

L'errore, che non può sussistere nelle sensazioni e nei concetti, può sussistere invece nell'**opinione**, la quale è vera se è confermata, o almeno non contraddetta, dalla testimonianza dei sensi, mentre è falsa in caso contrario.

L'opinione

Attenendosi ai fenomeni, quali ci sono manifestati dalle sensazioni, **si può con il ragionamento estendere la conoscenza** anche a cose che alla sensazione restano nascoste; ma la regola fondamentale del ragionamento rimane quella che prescrive il più stretto accordo possibile con i fenomeni percepiti.

Il ragionamento

5. La fisica

Il materialismo meccanicistico

La fisica di Epicuro ha lo scopo di escludere dalla spiegazione del mondo qualunque causa soprannaturale e di liberare così gli uomini dal timore di essere alla mercé di forze sconosciute e di misteriosi interventi. Per raggiungere questo traguardo, la fisica dev'essere **materialistica**, cioè escludere la presenza nel mondo di "anime" o di principi spirituali, e **meccanicistica**, cioè avvalersi nelle proprie spiegazioni unicamente del movimento dei corpi, evitando qualsiasi finalismo. Poiché la **fisica di Democrito** risponde a queste due condizioni, Epicuro la pone a fondamento del proprio modello di spiegazione della realtà, pur introducendo in essa rilevanti modifiche (v. **rapporto tra la fisica di Epicuro e quella di Democrito**).

QUESTIONE (PDF)
ON LINE Natura: finalismo o meccanicismo? (Aristotele, Epicuro)

Come gli stoici, Epicuro afferma che **tutto ciò che esiste è corpo**, perché solo il corpo può agire o subire un'azione. Di **incorporeo** egli non ammette che il **vuoto**; tuttavia il vuoto non agisce né patisce alcunché, ma solo permette ai corpi di muoversi attraverso se stesso. Se tutto ciò che agisce o subisce un'azione è corpo, ogni nascita o morte non è che aggregazione o disgregazione di corpi. Epicuro perciò ammette con Democrito che nulla viene dal nulla e che **ogni corpo è composto di corpuscoli indivisibili (atomi) che si muovono nel vuoto.** Nel vuoto infinito, gli atomi si muovono eternamente, urtandosi e combinandosi tra loro. Gli atomi hanno forme, o «figure», diverse, ma il numero di tali forme, per quanto indeterminabile, non è infinito. → T3 p. 66

Gli atomi e il vuoto

Il movimento degli atomi non obbedisce ad alcun disegno provvidenziale, ad alcun ordine finalistico: gli epicurei escludono esplicitamente la provvidenza stoica e la critica a tale provvidenza costituisce uno dei temi portanti della loro riflessione. Contro l'azione della divinità nel mondo, essi argomentano prendendo spunto dall'**esistenza del male**.

La critica al provvidenzialismo stoico: l'argomento del male

> La divinità o vuol togliere i mali e non può, o può e non vuole, o non vuole né può, o vuole e può. Se vuole e non può, è impotente, e la divinità non può esserlo. Se può e non vuole è invidiosa, e la divinità non può esserlo. Se non vuole e non può, è invidiosa e impotente, quindi non è la divinità. Se vuole e può (che è la sola cosa che le è conforme), donde viene l'esistenza dei mali e perché non li toglie? (frammento 374)

TAVOLA ROTONDA
Il male, p. 192

Secondo alcuni studiosi, il ragionamento di Epicuro, al di là della forma paradossale in cui è espresso, conterrebbe un concetto profondo, tale da esaurire tutte le possibilità dialettiche del problema del male e da distruggere in anticipo ogni "scappatoia" teologica.
Eliminata l'azione della divinità dal mondo, non rimangono, per spiegarne l'ordine, che le **leggi che regolano il movimento degli atomi**. A queste leggi nulla sfugge, secondo gli epicurei: esse costituiscono la **necessità che presiede a tutti gli eventi del mondo naturale**.

La deviazione casuale degli atomi

Un mondo è, secondo Epicuro, «un pezzo di cielo che comprende astri, terre e tutti i fenomeni, ritagliato nell'infinito». I mondi sono infiniti e soggetti a nascita e morte. Tutti si formano in virtù del movimento degli atomi nel vuoto infinito. Ma poiché Epicuro ritiene che gli atomi, a causa del loro peso, cadano nel vuoto in linea retta e con la stessa velocità, egli spiega l'urto in virtù del quale si aggregano e si dispongono nei vari mondi ammettendo una loro **deviazione (*clinámen*) casuale rispetto alla traiettoria rettilinea**.

La distanza da Democrito

La spiegazione del movimento degli atomi in forza del loro peso e la teoria del *clinàmen* segnano l'allontanamento di Epicuro dalla fisica di Democrito.
Il filosofo di Abdera, infatti, aveva considerato il **movimento** come una proprietà strutturale della materia, come un dato originario che non aveva bisogno di essere "dedotto", mentre **Epicuro lo fa dipendere dal peso**, il quale, insieme con la "figura" e la "grandezza", è anche uno dei criteri in base ai quali gli atomi si differenziano gli uni dagli altri (Democrito, invece, aveva distinto gli atomi secondo "figura", "ordine" e "posizione").
L'idea del *clinámen*, inoltre, del tutto estranea alla fisica democritea, introduce nella prospettiva dell'atomismo un **elemento di casualità**: la deviazione spontanea degli atomi rispetto alla loro traiettoria costituisce l'unico evento naturale non sottoposto a necessità e, come dice Lucrezio, «spezza le leggi del fato».

TESTO ANTOLOGICO
La "declinazione" degli atomi (Lucrezio, *De rerum natura*) ON LINE

La libertà

La dottrina del ***clinámen*** non fu elaborata solo per ragioni fisiche, ma anche (e forse soprattutto) per ragioni etiche. Una fisica come quella atomistica poteva infatti condurre al determinismo e, quindi, alla negazione di ogni forma di libertà. Invece l'ipotesi della casualità degli incontri tra gli atomi introduceva **un elemento di indeterminazione che era possibile conciliare con l'agire libero dell'uomo**.
Che tale fosse l'intenzione di Epicuro lo si rileva da un passo di Lucrezio:

> se i primi elementi, con la loro declinazione, non producessero un movimento tale da rompere le leggi del fato, sì da impedire che la concatenazione delle cause vada all'infinito, donde deriverebbe questa libera facoltà di sottrarsi al fato che vediamo propria degli esseri animati per tutta la terra, per via della quale possiamo andare ovunque la volontà ci guidi?
> (Lucrezio, *De rerum natura*, II, 255 ss.)

La corporeità degli dei e dell'anima

Gli dei

Dopo aver eliminato dal mondo tutto ciò che poteva far pensare a un disegno provvidenziale, Epicuro ammette tuttavia l'**esistenza degli dei**. E l'ammette in virtù del suo stesso empirismo: poiché gli uomini hanno l'immagine della divinità, questa, come ogni altra immagine, non può essere stata prodotta in loro se non da flussi di atomi emanati dalle divinità stesse.

Gli dei hanno **forma umana**, che è la più perfetta e, quindi, la sola degna di esseri razionali. Essi intrattengono gli uni con gli altri un'**amicizia** analoga a quella umana e **abitano gli spazi vuoti tra mondo e mondo**. Ma non si curano né del mondo, né degli uomini. Ogni cura di questo genere sarebbe infatti contraria alla loro perfetta beatitudine, giacché imporrebbe loro un obbligo, mentre essi non hanno obblighi, ma vivono liberi e beati. Il motivo per cui l'uomo saggio li onora non è pertanto il timore, ma l'ammirazione per la loro eccellenza.

ON LINE SCHEMA INTERATTIVO

CONCETTI A CONFRONTO

La divinità

negli stoici	negli epicurei
è il *lógos*, cioè la legge necessaria che **permea e regge il cosmo agendo su di esso**	è **lontana dalle cose del mondo** e **non se ne occupa**
è **unica**, perché unica è la ragione cosmica	**non è una sola**, dal momento che l'uomo possiede l'immagine di molteplici divinità
è **corporea**, poiché solo ciò che è corporeo esiste (materialismo) ed è **fuoco**, soffio caldo che vivifica e anima la materia	è **corporea** e ha **forma umana**
è **provvidente**, in quanto disegno razionale metafisico	è del tutto **indifferente** al destino degli uomini

L'anima e la morte

Anche l'anima, secondo Epicuro, è composta di **particelle corporee** che sono diffuse in tutto il corpo come un soffio caldo. Tali particelle sono più sottili e rotonde delle altre, e quindi più mobili.

Con la morte, gli atomi dell'anima si separano e ogni possibilità di sensazione viene meno: **la morte è «privazione di sensazioni»**, perciò è stolto temerla. → T4 p. 67

VERSO LE COMPETENZE
- Utilizzare il lessico e le categorie specifiche della filosofia

GLOSSARIO e RIEPILOGO

La canonica e la fisica epicuree

Quadrifarmaco p. 50 > Con il termine "quadrifarmaco" (che propriamente significa "medicina composta di quattro elementi") vengono indicate le quattro massime fondamentali in cui si articola la concezione epicurea della filosofia come "medicina dell'anima". La formulazione più concisa del quadrifarmaco è quella tramandataci dall'epicureo Filodemo di Gadara: «Il dio non incute timore, né turbamento la morte, il bene è facilmente ottenibile, il male facilmente sopportabile» (*Pap. Herc.*, 1005, col. IV, 10-14 Sbord).

Evidenza p. 52 > Per "evidenza" (in gr. *enárgheia*) gli epicurei e gli stoici (v. la voce "rappresentazione catalettica", p. 27) intendono la presenza o la manifestazione incontrovertibile delle cose alla mente. In particolare, gli epicurei identificano l'evidenza con l'azione stessa degli oggetti sugli organi di senso (Diogene Laerzio, *Vite*, X, 52).

Canonica p. 52 > Epicuro definisce "canonica" la logica, o la teoria della conoscenza, in quanto ritiene che essa sia diretta a fornire il *criterio* della verità, ossia il *canone* (la regola) atto a indirizzare l'uomo verso la felicità. Secondo Epicuro il criterio della verità è dato dalle sensazioni (v.), dalle anticipazioni (v.) e dalle emozioni, ma queste ultime, cioè il piacere e il dolore, esulano dal campo della logica, costituendo invece la norma per la condotta pratica.

Sensazioni p. 52 > Epicuro segue l'atomismo democriteo, considerando le "sensazioni" come il risultato dell'azione degli atomi che si staccano dalla superficie degli oggetti, producendo immagini del tutto simili a essi.

Anticipazioni p. 52 > Per "anticipazioni", o "prolessi", Epicuro, analogamente agli stoici, (v. la voce "prolessi", p. 27) intende i concetti generali, ossia quegli schemi della nostra mente che fungono da riassunto mnemonico delle esperienze passate e da anticipazione di quelle future.

Rapporto tra la fisica di Epicuro e quella di Democrito p. 53 > La fisica di Epicuro, che è sostanzialmente un'ontologia o una metafisica, è una forma di *atomismo*, di *materialismo* e di *meccanicismo* che si basa su di una ripresa del modello democriteo. Le differenze tra la fisica di Epicuro e quella di Democrito sono tuttavia parecchie. In primo luogo, Epicuro ritiene che gli atomi, pur essendo fisicamente o ontologicamente indivisibili, siano logicamente o mentalmente divisibili in frammenti, o "parti", di grandezza inferiore: i cosiddetti "minimi", i quali, a loro volta, non risultano più divisibili nemmeno dal punto di vista teorico. In secondo luogo, mentre Democrito aveva distinto gli atomi secondo "figura", "ordine" e "posizione", Epicuro li distingue per "figura", "peso" e "grandezza". L'introduzione del peso segna una spaccatura netta nei confronti di Democrito: infatti, mentre per quest'ultimo gli atomi avevano come proprietà strutturale il movimento, il quale rappresentava un dato originario della materia e quindi non aveva bisogno di essere "dedotto", Epicuro per spiegare il moto ricorre invece al peso, il quale fa sì che gli atomi "cadano" nel vuoto in linea retta e tutti con la stessa velocità. Da ciò la formulazione di un'idea completamente assente in Democrito: quella del *clinámen* (v.).

Clinámen p. 54 > La teoria del clinámen (termine lat. con cui Lucrezio tradusse il vocabolo gr. *parénklisis*, "deviazione", "declinazione") venne escogitata da Epicuro per rendere possibile l'urto degli atomi. Infatti, se gli atomi cadono perpendicolarmente nel vuoto alla stessa velocità, ci si può chiedere perché essi non seguano sempre traiettorie tra loro parallele, senza mai incontrarsi. Per risolvere tale difficoltà Epicuro parla di una "declinazione", o deviazione, casuale e spontanea degli atomi rispetto alla traiettoria rettilinea: grazie a questa deviazione, gli atomi possono incontrarsi e interagire gli uni con gli altri. Alla base della teoria del *clinámen* si possono individuare anche motivi etici. Mentre l'atomismo, infatti, poteva portare al determinismo e, quindi, alla negazione di ogni forma di libertà, l'ipotesi della casualità degli incontri tra gli atomi reintroduce nella realtà un elemento di spontaneità, conciliabile (almeno a prima vista) con l'agire libero e volontario dell'uomo.

6. L'etica

Il piacere

L'etica epicurea è in generale volta alla **ricerca della felicità**, la quale consiste nel **piacere**: «**il piacere è il principio e il fine della vita beata**», dice Epicuro (Diogene Laerzio, *Vite*, X, 149). Il piacere è infatti il **criterio della scelta** e dell'avversione: si tende al piacere, si sfugge il dolore. Esso è pure il criterio **mediante il quale valutiamo ogni bene**; dunque non è semplicemente un bene accanto ad altri, ma è, in ultima analisi, la vita stessa.

ECHI DEL PENSIERO
Desideri e felicità, p. 62

Il piacere e la virtù

La naturale coincidenza tra piacere e virtù

La ricerca del piacere non è intesa da Epicuro come forma di egoismo, come soddisfacimento dei propri interessi, magari a discapito degli interessi altrui. L'ordine dei piaceri naturali coincide infatti con l'ordine dei doveri naturali. In altre parole, il piacere di Epicuro non è estraneo alla virtù, ma coincide con essa nel nome della natura. Per gli epicurei, sono piuttosto le altre filosofie che, separando i piaceri dalla virtù, finiscono per rendere quest'ultima estranea all'uomo e pressoché impossibile da realizzare. E, in modo simmetrico, l'esercizio delle virtù (come la prudenza, l'onestà e la sapienza) è invariabilmente accompagnato dal piacere.

> Non è possibile vivere nel piacere senza vivere anche in modo saggio, buono e giusto indipendentemente dal piacere. Chi non ha ciò da cui deriva la possibilità di vivere in modo saggio, buono e giusto non può nemmeno avere una vita piacevole.
>
> (Epicuro, *Massime capitali*, 5)

La "semplicità" della morale epicurea

Epicuro sottolinea come tale morale sia semplice quanto alla sua sostanza, **fatta di poche regole essenziali**, anche se non sempre facile da praticare, perché richiede l'abbandono dei punti di vista e delle abitudini tipici della maggior parte degli uomini. Per invitare ad abbracciarla ugualmente, gli epicurei notano – come osserva uno dei primi di loro, Colote – che seguendo le regole morali proposte dagli altri filosofi non si potrebbe nemmeno vivere, perché esse sono troppo astratte e, soprattutto, perché conducono alla mortificazione dei primari istinti vitali dell'uomo.

Il piacere e i bisogni

La felicità come assenza di turbamento

Epicuro distingue due tipi di piacere: il **piacere stabile** (o *catastematico*), che consiste nella privazione del dolore, e il **piacere in movimento** (o *cinetico*), che consiste nella gioia e nella letizia.
La **felicità** risiede soltanto nel piacere stabile, cioè «nel non soffrire e nel non agitarsi»: per questo è definita come **atarassia** (assenza di turbamento dell'anima) e come **aponia** (assenza di dolore fisico). Il significato di questi due termini oscilla tra quello della temporanea liberazione dal dolore e quello dell'assoluta mancanza di esso. In polemica con quanti affermavano la positività del piacere, Epicuro dice dunque esplicitamente che «il culmine del piacere è la pura e semplice distruzione del dolore», esprimendo in tal modo una **concezione "negativa" del piacere**, e quindi della felicità.

TESTO ANTOLOGICO
ON LINE La vita del saggio (Diogene Laerzio, *Vite*, X)

La teoria dei bisogni

Questo carattere negativo del piacere impone la scelta e la limitazione dei bisogni. Epicuro elabora a tale scopo una vera e propria **teoria dei bisogni**, classificandoli secondo tre tipologie fondamentali:

1) i **bisogni naturali e necessari** sono quelli legati alle improrogabili richieste della carne, ovvero quelli che se non vengono soddisfatti conducono alla morte (ad esempio, la fame, la sete, il sonno ecc.);
2) i **bisogni naturali e non necessari** sono quelli che costituiscono una variante superflua dei bisogni naturali (ad esempio, il bisogno di mangiare troppo);
3) i **bisogni non naturali e non necessari** sono i bisogni "vani", cioè quelli legati a desideri artificiali come la gloria, la potenza, gli onori ecc.

Solo i bisogni naturali e necessari devono essere appagati, mentre gli altri vanno rimossi.

Il calcolo dei piaceri

L'epicureismo spinge quindi non all'abbandono al piacere, ma al «**calcolo**» **e** alla **misura dei piaceri**. In questo calcolo dei piaceri fondato sulla valutazione dei bisogni sta la novità dell'etica epicurea. Già altri, infatti, avevano formulato la richiesta di limitare i piaceri, ma **solo con Epicuro la teoria del piacere viene collegata alla teoria dei bisogni**.
Epicuro sostiene che bisogna rinunciare a quei piaceri da cui deriva un dolore maggiore e sopportare anche a lungo i dolori da cui deriva un piacere maggiore. → T5 p. 68

> Ad ogni desiderio bisogna porre la domanda: che cosa avverrà, se esso viene appagato? Che cosa avverrà se non viene appagato? Soltanto l'accorto calcolo dei piaceri può far sì che l'uomo basti a se stesso e non divenga schiavo dei bisogni e della preoccupazione per l'indomani. Ma questo calcolo può esser dovuto solo alla saggezza. La saggezza è anche più preziosa della filosofia, perché da essa nascono tutte le altre virtù e senza di essa la vita non ha né dolcezza, né bellezza, né giustizia. (Epicuro, *Lettera a Meneceo*, 132)

La saggezza

Il calcolo dei piaceri, la scelta e la limitazione dei bisogni e, di conseguenza, il raggiungimento dell'atarassia e dell'aponia si devono dunque alla **saggezza**, che è la prima e fondamentale delle virtù.

Sensismo e razionalismo nell'etica di Epicuro

In un passo famoso dello scritto *Sul fine*, Epicuro afferma esplicitamente il **carattere sensibile del bene**:

> Per mio conto, io non so concepire che cosa è il bene, se prescindo dai piaceri del gusto, dai piaceri d'amore, dai piaceri dell'udito, da quelli che derivano dalle belle immagini percepite dagli occhi e in generale da tutti i piaceri che gli uomini hanno dai sensi. Non è vero che solo la gioia della mente è un bene; giacché la mente si rallegra nella speranza dei piaceri sensibili, nel cui godimento la natura umana può liberarsi dal dolore.

È evidente dunque che **il bene è ricondotto** da Epicuro **all'ambito del piacere sensibile** – al quale appartengono anche il piacere che si ricava dalla musica (i «piaceri dell'udito») e quello che deriva dalla contemplazione della bellezza (cioè dalle «belle immagini») – e che lo stesso **piacere spirituale** è ricondotto alla **speranza del piacere sensibile**.
Forse l'impostazione polemica del frammento sopra riportato (probabilmente diretto contro il *Protrettico* di Aristotele, che platonicamente esaltava la superiorità del piacere spiritua-

le) induce Epicuro ad accentuare in queste righe la sua tesi della sensibilità del piacere; ma è comunque chiaro che essa deriva necessariamente dalla sua dottrina generale, che fa della sensazione il canone fondamentale della vita dell'uomo.
Si noti che la teoria secondo cui il vero bene non è il piacere "violento", ma quello "stabile" dell'aponia e dell'atarassia, non contraddice la tesi della sensibilità del piacere, perché l'aponia è «il non soffrire nel corpo» e l'atarassia è «il non essere turbati nell'anima» dalla preoccupazione del bisogno corporeo.

Il contributo della ragione

Tuttavia Epicuro non invita affatto ad abbandonarsi acriticamente ai sensi, poiché è convinto che la **sensazione** debba sempre essere **accompagnata dalla riflessione**, che opera un "calcolo" razionale dei piaceri (v. **razionalismo morale**).

> Poco importa al saggio della fortuna: le cose più grandi e importanti sono governate dal ragionamento, e per tutto il corso del tempo è esso che le amministra e le amministrerà.
> (Epicuro, *Massime capitali*, 16)

L'impostazione eminentemente sensistica dell'etica epicurea si stempera dunque nel riconoscimento del contributo della ragione. Rispetto al modello etico proposto da Aristotele c'è un capovolgimento: Aristotele aveva impostato la propria etica in forma intellettualistica e poi aveva riconosciuto, sia pure marginalmente, la componente edonistica; Epicuro, invece, mantiene come fondamento il piacere sensibile, ma lo fa regolare dal ragionamento. In ogni caso il sensibile resta giudice di tutto il piacere: infatti l'etica e la riflessione sono anch'esse piacere, poiché rinviano, a loro volta, alla sensibilità, in quanto sono percepite come piaceri naturali per l'uomo.

L'esaltazione dell'amicizia e il rifiuto della politica

Dopo aver esaminato la dottrina del calcolo dei piaceri e aver individuato un elemento razionalistico nell'etica epicurea, appare chiaro che il pensiero di Epicuro non può essere confuso con un volgare edonismo, vale a dire con una prospettiva che si limiti a stabilire un'equivalenza senza riserve tra il bene e il piacere dei sensi (dal greco *edoné*, "piacere").

Il culto dell'amicizia

Con un tale carattere edonistico sarebbe in contrasto anche quel **culto dell'amicizia** che è tipico della dottrina e della condotta pratica degli epicurei. Afferma infatti Epicuro: «Di tutte le cose che la saggezza ci offre per la felicità della vita, la più grande è di gran lunga l'acquisto dell'amicizia» (*Massime capitali*, 27).
L'amicizia nasce dall'utile, ma essa **è un bene per sé**. L'amico, infatti, non è né chi cerca sempre l'utile, né chi non lo congiunge mai all'amicizia, giacché il primo considera l'amicizia come un traffico di vantaggi, mentre il secondo distrugge quella fiduciosa speranza di aiuto che necessariamente fa parte dell'amicizia.

TESTO ANTOLOGICO ON LINE L'importanza dell'amicizia (Cicerone, *De finibus bonorum et malorum*)

L'esaltazione della saggezza e della giustizia

Il carattere edonistico della dottrina epicurea sarebbe contraddetto, inoltre, dall'**esaltazione della saggezza**, **indipendentemente dall'utile** che essa può comportare. Sarebbe certo meglio, secondo Epicuro, che la saggezza fosse resa anche prospera dalla fortuna; ma è sempre preferibile una saggezza sfortunata a una dissennatezza fortunata.
Coerentemente con questo convincimento – e nonostante quello secondo cui la giustizia è soltanto una convenzione che gli uomini hanno stretto tra loro per la comune utilità, cioè

per evitare di arrecarsi reciprocamente danno –, **è ben difficile che il saggio si lasci andare a commettere ingiustizia**, anche se è sicuro che il suo atto rimarrà nascosto e che perciò non avrà per lui conseguenze negative. Epicuro afferma infatti: «Chi ha raggiunto il fine dell'uomo, anche se nessuno è presente, sarà ugualmente onesto».

La solidarietà tra gli uomini

SCHEDA FILMICA *Inside I'm Dancing* ON LINE

L'atteggiamento dell'epicureo verso gli uomini in generale è definito dalla massima: «È non solo più bello ma anche più piacevole fare il bene anziché riceverlo» (frammento 544). In questa massima il **piacere** assurge addirittura **a fondamento e a giustificazione della solidarietà tra tutti gli uomini**. Infatti Diogene Laerzio ci testimonia l'amore di Epicuro per i genitori, la sua fedeltà agli amici, il suo senso di solidarietà umana.

«Vivi nascosto»

QUESTIONE **L'intellettuale deve trasformare il mondo o solo comprenderlo?**, p. 118

APPROFONDIMENTO L'epicureismo nella storia ON LINE

Quanto alla vita politica, Epicuro riconosce i vantaggi che essa procura agli uomini, vincolandoli a leggi che impediscono loro di nuocersi a vicenda, ma consiglia al saggio di rimanerne estraneo. Il suo precetto è: **vivi nascosto** (frammento 551). L'**ambizione politica** non può essere, infatti, che **fonte di turbamento** e, quindi, ostacolo al raggiungimento dell'atarassia.

VERSO LE COMPETENZE
- Utilizzare il lessico e le categorie specifiche della filosofia

GLOSSARIO e RIEPILOGO

L'etica epicurea

Piacere p. 57 > Secondo Epicuro la felicità consiste nel piacere, il quale rappresenta il criterio di ogni scelta e di ogni valutazione. L'epicureismo distingue due tipi di piaceri: il piacere *stabile*, o *catastematico*, che consiste «nel non soffrire e nel non agitarsi», e il piacere *in movimento*, o *cinetico*, che consiste nella gioia e nella letizia.

Atarassia p. 57 > Con il termine "atarassia" Epicuro indica il piacere stabile in riferimento allo spirito, vale a dire l'assenza di turbamento dell'anima.

Aponia p. 57 > Con il termine "aponia" Epicuro indica il piacere stabile in riferimento al corpo, vale a dire l'assenza di dolore fisico.

Concezione "negativa" del piacere p. 57 > Epicuro manifesta una concezione "negativa" del piacere, e di conseguenza della felicità, giungendo ad affermare che quest'ultima risiede nella «pura e semplice distruzione del dolore», ovvero nel piacere stabile.

Teoria dei bisogni p. 58 > Sulla base della sua visione negativa del piacere, Epicuro distingue vari tipi di bisogni: 1. i *bisogni naturali e necessari* (ad es. la fame, la sete, il sonno ecc.); 2. i *bisogni naturali e non necessari* (ad es. il mangiare troppo, il bere troppo ecc.); 3. i *bisogni non naturali e non necessari*, o "vani" (ad es. il desiderio del lusso, della gloria, della potenza ecc.). Nel collegamento della teoria del piacere alla teoria dei bisogni risiede una delle principali novità dell'etica epicurea.

Razionalismo morale p. 59 > Il pensiero di Epicuro non è una forma di edonismo, bensì di "razionalismo morale", in quanto non predica l'abbandono smodato ai godimenti, ma il «calcolo» intelligente dei piaceri, che non è fatto solo di misura e di equilibrio, ma anche di raffinata rinuncia.

Vivi nascosto p. 60 > Il noto comandamento di Epicuro «vivi nascosto» deriva dalle premesse del suo sistema. Infatti, pur credendo fermamente nell'amicizia, il filosofo disdegna la politica e i suoi affanni, ritenendo che i beni supremi dell'uomo non risiedano negli (illusori) fasti del potere, ma nella serenità dell'animo: «La corona dell'atarassia è incomparabilmente superiore alle corone dei grandi imperi».

MAPPA

L'epicureismo

ON LINE MAPPA INTERATTIVA

La **CANONICA** (logica) degli epicurei

- fissa il **"canone"** (cioè il criterio) della **verità**
  - **sensazioni**
    - immagini prodotte dagli atomi che si "staccano" dalle cose
  - **anticipazioni**
    - rappresentazioni (o concetti) derivate da sensazioni ripetute e memorizzate
  - **emozioni**
    - piacere o dolore che guidano il comportamento

La **FISICA** epicurea

- è **materialistica e meccanicistica** (tutto ciò che esiste è corporeo)
  - gli **atomi** si muovono nel **vuoto** secondo una **legge necessaria**
    - negazione del provvidenzialismo
  - è ammesso il ***clinámen*** (deviazione casuale degli atomi), che permette di concepire la possibilità di una
    - **azione autonoma e spontanea dell'uomo**

L'**ETICA** epicurea

- è **edonistica**, cioè volta alla ricerca della **felicità** (= piacere)
  - il **piacere** può essere
    - stabile
      - atarassia e aponia
    - in movimento
      - gioia e letizia
  - i **bisogni** possono essere
    - naturali
      - necessari
      - non necessari
    - non naturali
      - non necessari

La **POLITICA** epicurea

- **esaltazione dell'amicizia**
  - nasce dalla ricerca dell'utile, ma di per sé è un bene
- **rifiuto della politica**
  - «vivi nascosto»

ECHI DEL PENSIERO

DESIDERI E FELICITÀ
L'attualità della lezione epicurea

Nella sua riflessione filosofica, **Epicuro** ha condotto un'analisi particolarmente penetrante di tre elementi essenziali dell'esperienza umana: il **piacere**, il **dolore** e il **desiderio**, che da sempre sono i poli intorno a cui l'uomo costruisce faticosamente la propria vita. Proprio riflettendo su questi temi, Epicuro ha offerto all'individuo smarrito dell'epoca ellenistica una sorta di **terapia esistenziale**, di **metodica per la felicità** che, travalicando i limiti temporali della sua epoca, si è imposta nei secoli come un paradigma culturale in un certo senso perenne.

LA "VOCE" DI EPICURO ATTRAVERSO I SECOLI

Come sappiamo, Epicuro non concepisce la virtù come uno sforzo della ragione contro l'inclinazione naturale al piacere ma, al contrario, come realizzazione ottimale della natura umana (*areté*) da conseguire mediante un avveduto "calcolo" finalizzato a selezionare i piaceri più stabili e appaganti. In altre parole, per Epicuro **è bene ciò che piace e attrae**, ed **è male ciò che dispiace e genera avversione**. E dal momento che, di volta in volta, il bene è ciò che si desidera e si desidera ciò di cui si avverte la mancanza, la vita umana è dominata da una **perenne inquietudine**, da un'**indefinita tensione** che il saggio deve imparare a conoscere e governare.

La **cultura cristiano-medievale** ha lungamente censurato questa visione dell'uomo come "animale desiderante", dominato dalla polarità piacere-dolore, opponendole un ideale di virtù ben diverso, improntato alla mortificazione degli istinti naturali, alla disciplina e alla rinuncia. Aliena da astratti moralismi e interessata a comprendere l'uomo così *com'è* (con le sue passioni e i suoi desideri) e non come *dovrebbe essere*, l'**epoca moderna** ha invece riconosciuto in Epicuro un singolare precorritore.

L'anello di congiunzione tra la censura medievale e la rivalutazione moderna è rappresentato dalla **cultura umanistico-rinascimentale**, segnata dalla riscoperta dei classici greci e latini e dal recupero, da parte di alcuni pensatori, della nozione epicurea di *areté*. Interprete esemplare di questa inversione di rotta è stato certamente **Lorenzo Valla** (1407-1457), autore di un celebre dialogo ***Sul piacere*** (pubblicato nel 1431 e in seguito intitolato *Del vero e del falso bene*) che rappresenta una sorta di **manifesto del cosiddetto "epicureismo cristiano"**.

In quest'opera Valla difende la tesi epicurea secondo cui il piacere è l'unico vero bene per l'essere umano: egli afferma che il vero **scopo della vita individuale e di quella associata**, l'**energia che muove l'umanità** è la ***voluptas***, poiché l'uomo, nel costruire le sue città e nel perseguire il sapere, tende naturalmente all'***utilitas***, cioè al vantaggio di una felicità privata e pubblica. Nonostante sia stata condannata come immorale e anticristiana, e per questo censurata e rimossa per secoli, questa dottrina secondo Valla non è affatto incompatibile con il cristianesimo. Rinunciando ai beni terreni per quelli celesti, anche il cristiano applicherebbe infatti una sorta di calcolo epicureo dei piaceri, mettendo in atto un **edonismo "raffinato"**, nel quale la rinuncia al mondo è improntata alla gioia, proprio come la rinuncia ai piaceri inautentici da parte del saggio epicureo è volta al perseguimento di quelli autentici.

Riscattato dalla censura medievale, riconciliato con la modernità e addirittura con il cristianesimo, nel **mondo contemporaneo** Epicuro ha trovato estimatori in molteplici correnti culturali: da Giacomo Leopardi agli illuministi, da Friedrich Nietzsche a Sigmund Freud, le personalità che hanno subìto il fascino e l'influsso del suo pensiero e della sua disincantata saggezza sono talmente numerose che non è possibile qui ricordarle tutte.

UN INSEGNAMENTO ANCORA ATTUALE

La ***Lettera a Meneceo*** (più comunemente nota come *Lettera sulla felicità*) è oggi tra i testi più facilmente reperibili sul mercato, a testimonianza del fatto che il messaggio epicureo non riscuote successo soltanto presso il mondo degli intellettuali. La ragione di questo fenomeno è evidente: con linguaggio chiaro e accessibile, **Epicuro indica quella che ritiene essere la strada per la felicità a *tutti* indistintamente**, facendo della filosofia non un sapere specialistico, ma un esercizio possibile e vantaggioso per chiunque, una sorta di bene democraticamente elargito a tutti gli uomini che ne vogliano usufruire:

> Né il giovane indugi a filosofare, né il vecchio di filosofare si stanchi: giacché nessuno è immaturo, nessuno troppo maturo per pensare alla salute dell'anima.
>
> (*Lettera a Meneceo*, in *Scritti morali*, p. 51)

Indicando nell'**aponia** (assenza di dolore fisico) e nell'**atarassia** (assenza di turbamento dell'anima) le chiavi dell'autentica felicità, la riflessione di Epicuro si rivela particolarmente viva per le nostre società occidentali, sempre più protese alla ricerca del benessere ma, nel contempo, attraversate dall'insidia di un edonismo senza regole, irrazionale e nichilista. È proprio a questo tipo di società che Epicuro sembra voler offrire la lezione di un "**edonismo saggio ed equilibrato**", in virtù del quale, ad esempio, il perseguimento del «piacere del ventre» non consiste in una famelica voracità, ma nella capacità di soddisfare i bisogni naturali della sete e della fame. L'articolata classificazione epicurea dei desideri («naturali e necessari», «naturali e non necessari» e «non naturali e non necessari») rivela i tratti non di un edonismo rozzo ed elementare, ma di un vero e proprio **ascetismo della ragione**, che sa orientarsi con avvedutezza ed equilibrio nel caotico pulsare delle passioni umane:

> Quando dunque diciamo che il piacere è il compimento supremo della felicità, non intendiamo i piaceri dei dissoluti o in generale quelli consistenti nella fruizione di cose esterne, come credono alcuni che ci ignorano e con noi non consentono o ci prendono in cattivo senso, ma il non soffrire dolore nel corpo e il non avere turbamento nell'anima.
>
> (*Lettera a Meneceo*, in *Scritti morali*, p. 57)

Il piacere di cui parla Epicuro non consiste tanto nella ricerca affannosa di beni, quanto nella rinuncia ad essi. Solo in questo modo è davvero possibile colmare il "vuoto" del desiderio, quella "mancanza" che ci procura sofferenza: **accontentandosi di ciò che si ha e non desiderando il superfluo.**

LABORATORIO DELLE IDEE

VERSO LE COMPETENZE
- Comprendere l'attualità dei messaggi filosofici del passato
- Leggere e interpretare un testo
- Riflettere e argomentare, individuando collegamenti e relazioni

1. La *Lettera a Meneceo* è un testo breve e semplice, oltre che (come abbiamo già detto) di facile reperibilità: procuratelo e leggilo, individuandone i nuclei concettuali principali e rintracciando quelli che ti paiono i messaggi di maggiore attualità.
2. A un'attenta analisi, l'epicureismo rivela numerose analogie con il messaggio buddista. Il «quadrifarmaco» offerto da Epicuro ai suoi discepoli è una conoscenza che libera l'essere umano da ciò che gli procura sofferenza e turbamento. Il buddismo, analogamente, indica all'uomo la via della liberazione dal dolore. E sia Epicuro sia il Buddha individuano la radice del dolore nel desiderio senza regole. Anche il "calcolo" epicureo dei piaceri trova riscontro nel concetto buddista della "via di mezzo": in entrambi i casi si tratta della ricerca di un giusto equilibrio tra gli estremi dell'edonismo e dell'ascetismo. Anche il Buddha, infatti, invita non tanto a rinunciare ai propri beni (come invece è detto nel Vangelo) quanto a saperli gestire saggiamente e senza avidità. Esponi le tue personali considerazioni a questo riguardo, specificando in particolare se ritieni effettivamente possibile, nella vita concreta, che la ragione "calcoli" e selezioni i piaceri da perseguire a seconda della loro naturalità e utilità.

I TESTI

CAPITOLO 3
L'epicureismo

La canonica

L'opera in cui Epicuro sviluppò la propria teoria della conoscenza non ci è pervenuta; sappiamo solo che si intitolava *Canonica*, dal termine greco *kánon*, con il quale si indicava il regolo del muratore e, per estensione, ciò che è criterio o regola di scelta. Il "canone" della conoscenza, secondo Epicuro, è dato dalle sensazioni, dai concetti e dalle emozioni. Le sensazioni, in particolare, costituiscono il fondamento imprescindibile del sapere.

T1 > La sensazione

Riecheggiando considerazioni analoghe di Democrito, Epicuro spiega la sensazione come il prodotto di un flusso di atomi che si distaccano dall'oggetto formando un'immagine somigliante a esso. L'errore non dipende mai dalla sensazione, che è registrazione passiva dell'oggetto, ma dal fare affermazioni prive di un adeguato fondamento empirico.

Occorre aver ben chiaro che noi vediamo le forme delle cose e ne facciamo oggetto del pensiero per il fatto che qualcosa sopravviene a noi dall'esterno. Non sarebbe possibile che le cose esterne imprimessero in noi la loro natura, la loro forma o il loro colore soltanto per mezzo dell'aria che c'è tra loro e noi, né per mezzo di raggi o correnti di qualsiasi specie che si dipartissero da noi verso di loro, mentre invece tutto ciò è ben possibile per mezzo di immagini che giungano a noi dagli oggetti esterni, di colore e di forma simile a quelli, e di grandezza proporzionata alla nostra vista e alla nostra mente. Tali immagini si muovono con velocità; per questa ragione danno la visione dell'oggetto nella sua unità e nella sua contiguità, e conservano la corrispondenza con l'oggetto da cui provengono per via del loro stesso appoggiarsi a quello con contiguità commisurata, che ha le sue radici nella vibrazione degli atomi che avviene nella profondità del corpo solido. La visione che in tal modo otteniamo, sia della forma sia delle sue affezioni, per un atto di apprensione della mente o dei sensi, è la forma stessa del corpo solido, risultante dalla presenza compatta del simulacro o dai residui di esso.
L'inganno e l'errore consistono sempre nel nostro aggiungere alcunché, con l'opinione, [a ciò che attende di] esser confermato [o di non essere smentito], e nel fatto che poi questo qualcosa non sia confermato [o riceva prova contraria].

(Diogene Laerzio, *Vite dei filosofi*, X, 48-50, in Epicuro, *Opere*, a cura di M. Isnardi Parente, UTET, Torino 1983, pp. 154-155)

Analisi del testo

1-7 I fondamenti della nostra conoscenza (sensoriale o intellettuale che sia) risiedono in qualcosa che ci viene dall'esterno. Epicuro esclude che gli oggetti impressionino direttamente il soggetto percipiente solo mediante l'aria oppure mediante un'azione del soggetto su di loro; ritiene invece che la conoscenza avvenga tramite immagini provenienti dagli oggetti, ai quali somigliano fedelmente, di grandezza adeguata alla vista e al pensiero umano.

7-13 Tali immagini scorrono velocemente (proprio per questo possiamo percepire l'oggetto nella sua unità e continuità) e mantengono la somiglianza con l'oggetto dal quale dipendono per effetto del movimento vibratorio degli atomi dell'oggetto. In questo modo i nostri sensi o la nostra mente possono cogliere la forma e le altre proprietà dell'oggetto esterno, derivanti dall'immagine (ovvero simulacro) di esso o da quello che ne resta dopo il tragitto dall'oggetto al soggetto.

14-16 L'errore, secondo Epicuro, è costituito soltanto dal giudizio con il quale aggiungiamo all'immagine della sensazione qualcosa che poi non è confermato o addirittura è smentito dalle immagini successive.

T2 > I CONCETTI

Tipicamente empiristica e analoga a quella stoica è anche la concezione epicurea dei concetti. Questi scaturiscono dalle sensazioni simili che si ripetono e si fissano nella memoria; dunque la loro validità dipende dal loro fondamento empirico. Sono detti «prolessi», ovvero «anticipazioni», perché anticipano le rappresentazioni di un oggetto prima che se ne abbia esperienza. In verità, Epicuro ammette anche una conoscenza extra-empirica, o almeno non direttamente fondata sull'esperienza, qual è la conoscenza degli atomi e del vuoto.

Dicono che l'anticipazione è un apprendimento o una opinione o un pensiero o una idea generale insita in noi, che non è poi altro se non la memoria di ciò che spesso ci si è dall'esterno mostrato. Ne è un esempio «questa tal cosa è un uomo»; quando infatti diciamo "uomo", subito, grazie all'anticipazione, ci si forma nel pensiero uno schema generale di questa realtà, per il fatto che in precedenza le sensazioni ce l'hanno mostrata. Di ogni nome, in tal modo, è chiaro subito il significato; né potremmo mai far ricerca su niente se non ne avessimo già avuto esperienza; per poterci domandare: «quello laggiù è un cavallo o un bue?» dobbiamo conoscere per anticipazione la forma del cavallo e del bue. Né potremmo mai nominare alcuna cosa, se non ne conoscessimo già prima per anticipazione i caratteri. Le anticipazioni dunque sono conoscenze evidenti.

(Diogene Laerzio, *Vite dei filosofi*, X, 33, in Epicuro, *Opere*, cit., p. 283)

Analisi del testo

1-5 Diogene Laerzio riferisce che per gli epicurei l'anticipazione (ovvero il concetto) è un'idea generale formatasi in base al ricordo di sensazioni ripetute. Ad esempio, la parola "uomo" richiama alla mente il ricordo delle esperienze precedenti riguardanti quella determinata entità.

5-9 Il significato di ogni nome è subito evidente in base all'esperienza da cui è nato; possiamo infatti distinguere un cavallo da un bue soltanto se ne abbiamo i concetti che ne anticipano le rappresentazioni sensoriali, così come il nome ha senso soltanto se siamo in grado, mediante il concetto, di anticipare mentalmente le caratteristiche della cosa a cui si riferisce. Le anticipazioni, ovvero i concetti, sono quindi conoscenze veritiere, evidenti, al pari delle sensazioni, perché derivano da esse.

La fisica

La fisica epicurea si presenta come una ripresa della filosofia atomistica di Democrito. Lo scopo di Epicuro è quello di fornire un'interpretazione dei fenomeni naturali fondata esclusivamente su spiegazioni di carattere fisico, che, escludendo il ricorso alla "provvidenza" divina o ad altre cause soprannaturali, sia in grado di liberare l'uomo dalle superstizioni, dal timore degli dei e dalle altre paure irrazionali.

T3 > Il materialismo meccanicistico

Nel brano che segue, tratto dalla *Lettera ad Erodoto*, Epicuro espone la propria concezione materialistico-meccanicistica dell'universo. Sulle orme di Democrito, egli sostiene che l'universo è costituito di atomi in perenne movimento nel vuoto. Gli atomi sono infiniti, eterni, di forme diverse, e si combinano tra loro in base alle loro somiglianze, formando infiniti corpi e infiniti mondi. In questo processo continuo di aggregazione e di disgregazione non vi è un disegno provvidenziale, finalistico, bensì tutto avviene meccanicamente, per effetto del movimento.

Il tutto è costituito [di corpi e vuoto]. Che i corpi esistano, lo attesta di per sé in ogni caso la sensazione, in base alla quale si deve poi arguire col ragionamento ciò che sfugge all'esperienza sensibile, così come si è detto all'inizio. Se poi non esistesse ciò che noi chiamiamo vuoto, o luogo, o natura intangibile, i corpi non avrebbero né dove stare né dove muoversi così come evidentemente fanno. Oltre a queste due realtà, niente è concepibile, sia direttamente sia per analogia con le cose percepite coi sensi: e tali realtà noi le intendiamo come essenze integrali, e non come quelli che diciamo essere i loro attributi, propri o accidentali che siano.

Dei corpi alcuni sono composti, altri sono gli elementi che danno origine ai composti. Questi sono corpi indivisibili e immutabili, dal momento che il tutto non può dissolversi nel nulla; essi possiedono la capacità di rimanere immutati nel corso delle dissoluzioni dei composti, avendo natura compatta né essendo in alcun modo suscettibili di dissoluzione. I principi costitutivi dei corpi sono dunque di necessità nature indivisibili.

Inoltre, il tutto è infinito, perché ciò ch'è finito ha un limite estremo, e tale limite estremo lo si determina in rapporto con qualcos'altro; [ma non è possibile conoscere il tutto in rapporto a qualcos'altro]; si deve perciò ammettere che, in quanto non ha un limite estremo, esso non ha limite in assoluto, e non avendo limite è infinito e illimitato. È infinito anche quanto a moltitudine dei corpi e grandezza del vuoto. Se il vuoto fosse infinito e i corpi limitati, i corpi non troverebbero alcun punto d'arresto, ma vagherebbero dispersi per l'infinito vuoto, non avendo niente che facesse loro da sostegno né che li rimandasse indietro di rimbalzo. Se poi il vuoto fosse finito, gli infiniti corpi non potrebbero esservi contenuti come ora vi sono.

Ancora: le parti di cui sono formati e in cui si risolvono i corpi sono indivisibili e compatte, e hanno una varietà di figure tale da non potersi abbracciare con la mente. Non è infatti possibile che tutte le differenze del reale, tante quante sono, si producano per via di figure uguali in numero delimitato. Per ciascuna figura ve ne è un'infinità di simili; tuttavia, quanto alle differenze di figura, gli atomi non sono infiniti, ma semplicemente tali da non potersi abbracciare col pensiero; a meno che non ci sia chi vuol portare all'infinito gli atomi sotto l'aspetto delle loro grandezze.

Gli atomi si muovono senza posa in eterno. Alcuni rimbalzano via lontanissimi gli uni dagli altri, altri sostengono l'urto di rimbalzo lì dove sono, e ciò quando si trovino racchiusi in un complesso intreccio di atomi oppure protetti dagli atomi di altri intrecci. Causa di ciò è il vuoto, che divide ciascun atomo dall'altro, non essendo la sua natura capace di opporre resistenza alcuna;

mentre è la solidità propria dell'atomo a causare il rimbalzo nell'urto reciproco, fino a che il verificarsi di un intreccio non arresti il rimbalzo dovuto all'urto, respingendo gli atomi indietro. Questo moto non ha inizio, dal momento che atomi e vuoto sono eterni.

(Diogene Laerzio, *Vite dei filosofi*, X, 39-45, in Epicuro, *Opere*, cit., pp. 149-152)

Analisi del testo

1-7 Tutto ciò che esiste è corpo e vuoto. L'esistenza dei corpi è verificabile empiricamente, anche se la loro composizione atomica è conoscibile solo mediante il ragionamento. L'esistenza del vuoto, invece, è dimostrata in base alla duplice considerazione che se il vuoto non esistesse non vi sarebbe posto per i corpi, né sarebbe possibile il movimento degli stessi. La fisica epicurea è rigidamente materialistica, poiché non concepisce l'esistenza d'altro all'infuori di queste due sostanze.

8-12 Epicuro teorizza poi la struttura atomica dei corpi: i corpi sono aggregati di particelle indivisibili, immutabili ed eterne. L'esistenza di tali particelle, ovvero gli atomi, non è controllabile empiricamente, ma è dedotta in base al principio fondamentale per il quale il tutto non può dissolversi nel nulla.

13-20 Come Democrito, Epicuro afferma che l'universo è infinito e composto da infiniti mondi simili o diversi dal nostro, non essendo concepibile nello spazio un limite estremo, oltre il quale vi sarebbe qualcos'altro: il tutto è per sua natura infinito. Ciò implica l'infinità congiuntamente anche degli atomi e del vuoto: lo si deduce logicamente, pena la contraddizione.

21-26 Invece per ciò che riguarda le diverse figure degli atomi (quadrati, rotondi ecc.), Epicuro non ritiene necessario considerare infinito anche il numero di tali figure, per quanto lo si ammetta elevato e incalcolabile per la mente umana. Egli appare poi scettico circa l'ipotesi (forse di Democrito) che esistano atomi di grandezza smisurata.

27-33 Gli atomi sono in perenne movimento, si urtano, rimbalzano, reagendo in modi diversi, a causa del vuoto che li separa e della loro solidità: questo movimento è eterno come eterni sono gli atomi e il vuoto.

T4 > Il timore della morte è immotivato

Epicuro affronta il tema della paura della morte nella *Lettera a Meneceo*, ma il presupposto della sua analisi critica è sviluppato nella *Lettera ad Erodoto*, là dove egli afferma la materialità e la mortalità dell'anima: poiché la morte del corpo implica la morte anche dell'anima, con essa, secondo Epicuro, viene meno qualunque sensazione. La morte, dunque, è il nulla e non c'è motivo di temerla.

Abituati a pensare che la morte non è nulla per noi, perché ogni bene e ogni male risiede nella facoltà di sentire, di cui la morte è appunto privazione. Perciò la retta conoscenza che la morte non è niente per noi rende gioiosa la stessa condizione mortale della nostra vita, non prolungando indefinitivamente il tempo, ma sopprimendo il desiderio dell'immortalità. Nulla c'è di temibile nel vivere per chi si sia veracemente convinto che nulla di temibile c'è nel non vivere più. E così anche stolto è chi afferma di temere la morte non perché gli arrecherà dolore sopravvenendo, ma perché arreca dolore il fatto di sapere che verrà: ciò che non fa soffrire quando sopravviene, è vano che ci addolori nell'attesa. Il più terribile dei mali dunque, la morte, non è niente per noi, dal momento che, quando noi ci siamo, la morte non c'è, e quando essa sopravviene noi non siamo più. Essa non ha alcun significato né per i viventi né per i morti, perché per gli uni non è niente, e, quanto agli altri, essi non sono più. Ma il volgo ora fugge la morte come il più grande dei mali, ora invece [la cerca] come cessazione [dei mali] della vita. [Il saggio, al contrario, non chiede di vivere] né teme il non vivere: non è contrario alla vita, ma neanche ritiene che la morte sia un male.

(Diogene Laerzio, *Vite dei filosofi*, X, 124-126, in Epicuro, *Opere*, cit., p. 189)

Analisi del testo

1-4 Epicuro sostiene che la morte non è nulla per noi, né un bene, né un male, perché con essa viene meno ogni sensazione, piacevole o spiacevole che sia. Chi raggiunge questa consapevolezza, senza più illusioni su una vita futura immortale, può finalmente vivere bene la propria esistenza.

4-8 Per chi si è convinto che la morte non è da temere, non c'è più nulla di terribile neanche nella vita. Ed è da stolti anche temere la morte solo perché sarebbe doloroso sapere che verrà; infatti non c'è motivo di tormentarsi nell'attesa di qualcosa che si sa non essere doloroso.

8-9 È sicuramente di grande efficacia retorica questa sorta di formula in cui viene sintetizzata la confutazione del timore della morte: quando noi ci siamo, la morte non c'è e quando poi c'è la morte, noi non ci siamo più.

10-13 In sostanza, dunque, la morte non riguarda né i vivi, né i morti: nessuno può averne esperienza perché essa è la fine di ogni esperienza. Eppure la maggior parte degli uomini a volte teme la morte, a volte la ricerca come una liberazione. Chi è saggio, invece, non desidera la vita, né teme la morte; non disprezza la vita, né considera un male la morte.

L'etica

L'etica epicurea identifica la felicità con il piacere, ma non per questo può essere risolta in una prospettiva semplicemente edonistica. Epicuro, infatti, invita l'uomo a valutare i propri desideri, in modo da accogliere solo quelli che non possono essere causa di dolore e di sofferenza. Il «calcolo» dei piaceri che egli propone introduce dunque nell'etica l'elemento della riflessione e della razionalità.

T5 > LA TEORIA DEI BISOGNI

Se il piacere dev'essere il criterio di scelta e di valutazione di ogni azione, a rendere davvero felici è tuttavia solo il piacere stabile che deriva dal soddisfacimento dei bisogni necessari. Da tale considerazione deriva la critica degli edonisti, succubi dei bisogni non necessari e proprio per questo sempre inquieti e insoddisfatti.

Bisogna anche considerare che dei desideri alcuni sono naturali, altri vani; e tra quelli naturali alcuni sono anche necessari, altri naturali soltanto; tra quelli necessari poi alcuni lo sono in vista della felicità, altri allo scopo di eliminare la sofferenza fisica, altri ancora in vista della vita stessa. Una sicura conoscenza di essi sa rapportare ogni atto di scelta o di rifiuto al fine della salute del corpo e della tranquillità dell'anima, dal momento che questo è il fine della vita beata; è in vista di ciò che compiamo le nostre azioni, allo scopo di sopprimere sofferenze e perturbazioni. Una volta che ciò sia stato raggiunto, si dissolverà ogni tempesta dell'anima, non avendo l'essere vivente altra esigenza da soddisfare né altro che possa render completo il bene dell'anima e del corpo. Abbiamo infatti necessità del piacere quando, per il suo mancarci, soffriamo; [ma quando non soffriamo più], anche il bisogno del piacere viene meno.

Per questo diciamo che il piacere è il principio e fine del vivere felicemente. [...] Poiché esso è il bene primo e innato, non cerchiamo qualsiasi tipo di piacere, ma rifiutiamo molti piaceri quando ne seguirebbe per noi un dolore maggiore; e consideriamo anche molti dolori preferibili al piacere, per il piacere maggiore che in seguito deriva dall'averli lungamente sopportati. Ogni piacere è un bene per il fatto che ha natura a noi congeniale; non tutti i piaceri sono però da ricercarsi, come non tutti i dolori da fuggirsi, anche se il dolore è di sua natura un male. Bisogna giudicare in merito di volta in volta, in base al calcolo e alla considerazione dei vantaggi e degli svantaggi: giacché certe volte un bene viene ad essere per noi un male e un male per contro un bene.

Consideriamo bene grande l'autosufficienza, non perché in ogni caso dobbiamo attenerci al poco, ma perché, se non abbiamo molto, dobbiamo saperci contentare del poco, schiettamente convinti come siamo che quelli che con maggior diletto godono dell'abbondanza sono proprio quelli che di essa hanno minor bisogno, e che tutto ciò ch'è secondo natura è facile a procacciarsi, ciò ch'è vano è difficile ad ottenersi. E i cibi frugali danno lo stesso piacere che un cibo sontuoso, una volta che sia eliminato il dolore che viene dal bisogno; una focaccia e un sorso d'acqua danno il più alto piacere a chi li gusti avendone realmente bisogno. L'abituarsi a un cibo semplice e non sontuoso da un lato dà salute, dall'altro rende l'uomo solerte nelle occupazioni necessarie della vita; e quando, di tanto in tanto, ci accostiamo a ricche mense, tale abitudine ci dispone meglio nei loro confronti e ci rende intrepidi dinanzi alla sorte.

Quando dunque diciamo che il piacere è un bene, non alludiamo affatto ai piaceri dei dissipati che consistono in crapule, come credono alcuni che ignorano il nostro insegnamento o lo interpretano male; ma alludiamo all'assenza di dolore nel corpo, all'assenza di perturbazione nell'anima. Non dunque le libagioni e le feste ininterrotte, né il godersi fanciulli e donne, né il mangiar pesci e tutto il resto che una ricca mensa può offrire è fonte di vita felice; ma quel sobrio ragionare che scruta a fondo le cause di ogni atto di scelta e di rifiuto, e che scaccia le false opinioni, per via delle quali grande turbamento s'impadronisce dell'anima.

(Diogene Laerzio, *Vite dei filosofi*, X, 127-132, in Epicuro, *Opere*, cit., pp. 190-192)

Analisi del testo

1-3 Epicuro prepara una classificazione dei desideri: desideri naturali e necessari, desideri naturali, ma non necessari, desideri né naturali, né necessari (con un'ulteriore distinzione nell'ambito dei desideri necessari).

4-10 Questi desideri vanno soddisfatti oppure repressi, a seconda che concorrano o meno alla realizzazione della felicità, che Epicuro fa coincidere con la salute fisica e la serenità interiore. Si noti la concezione "negativa" della felicità: l'essere felici consiste semplicemente nel non patire sofferenze fisiche o spirituali, non nell'accumulare piaceri, e il piacere è necessario solo nella misura in cui è rimedio alla sofferenza.

11-18 Anche qui viene raccomandato un saggio «calcolo» dei piaceri e biasimata la ricerca indiscriminata di ogni tipo di piacere. L'esortazione reiterata a decidere le azioni solo dopo un'attenta ponderazione dei vantaggi e degli svantaggi che ne possono conseguire ci fa apparire Epicuro quasi come un precursore del moderno utilitarismo.

19-28 Per Epicuro è un bene l'autosufficienza, intesa come frugalità, sobrietà, capacità di accontentarsi del poco, che è più facile da procurarsi del molto, apprezzando poi maggiormente il molto qualora se ne offra l'occasione. Per ribadire questo concetto egli si serve dell'esempio del cibo, osservando che, placata la fame, i cibi semplici danno un piacere uguale a quello dei cibi raffinati, mentre bastano una focaccia e un po' d'acqua a procurare il più grande piacere a chi è affamato. Oltretutto l'abitudine a un'alimentazione semplice è salutare e rende l'uomo attivo nel lavoro quotidiano; e questa stessa abitudine, quando capiti di frequentare mense opulente, ci rende meglio disposti verso di esse.

29-35 Consapevole che il suo pensiero potrebbe essere travisato in senso edonistico, Epicuro precisa ancor meglio di non concepire il piacere alla maniera degli edonisti in genere, bensì come *aponia* e *atarassia*. Egli raccomanda non di darsi sfrenatamente ai piaceri mondani, bensì di condurre una vita semplice e modesta, riflettendo sempre su quel che si fa.

CAPITOLO 4

Lo scetticismo

1. Caratteri generali

La tesi fondamentale

Tra le molte dottrine elaborate dai Greci ve n'è anche una, a suo modo originale, che va sotto il nome di **scetticismo**. Contrariamente alle altre filosofie, impegnate nella ricerca del vero e nella costruzione di un determinato sistema "metafisico" dell'universo, lo scetticismo dichiara che **l'uomo non può accedere alla verità ultima delle cose** e che la più alta forma di intelligenza e di saggezza consiste proprio nel riconoscere questo fatto, peraltro inequivocabilmente dimostrato, secondo gli scettici, dalla molteplicità delle filosofie e delle teologie in lotta tra loro.

Il legame con le filosofie precedenti

La critica contemporanea ha sottolineato il legame di Pirrone, il fondatore dello scetticismo, con alcuni saggi dell'India, i cosiddetti "**gimnosofisti**", che giravano seminudi e incuranti di quanto accadeva loro intorno, insegnando la vanità delle cose e l'imperturbabilità del sapiente di fronte al mondo. L'attestazione di questo influsso "orientale", non deve tuttavia far passare in secondo piano né la connessione ideale degli scettici con i **sofisti** (nonostante il giudizio negativo di Pirrone su Protagora), né il loro legame con gli **aspetti scetticheggianti del socratismo** e delle scuole socratiche minori.

La fallacia di tutti i sistemi filosofici

Come già i maestri della sofistica, e ancor più di loro, gli scettici appaiono colpiti dalla varietà sconcertante delle "visioni del mondo" diffuse tra gli uomini. Di fronte a una serie di sistemi in reciproca opposizione, ciascuno dei quali convinto di possedere l'autentica chiave di spiegazione dell'universo, da cui far dipendere la felicità e la serenità dell'animo (si pensi allo stoicismo e all'epicureismo), gli scettici traggono la conclusione che l'unica strada per raggiungere la tranquillità della mente è un'indagine volta a riconoscere come **ugualmente fallaci** (o incapaci di cogliere la verità) **tutte le dottrine**. Da qui il nome di "scetticismo", che deriva da *sképsis*, "indagine", "ricerca", "dubbio". Infatti, secondo gli scettici, la quiete dello spirito non si raggiunge accettando una qualche dottrina metafisica, ma rifiutando ogni dottrina.

Il fine della pace interiore

Parte integrante del mondo ellenistico e della sua concezione della filosofia come terapia mentale ed esistenziale, lo scetticismo, analogamente alle altre scuole, subordina l'indagine speculativa a un fine pratico: l'ottenimento della **pace interiore**, che si può raggiungere solo a partire dalla critica consapevolezza delle «vane ciance» dei "dogmatici" (dal greco *dógma*, "opinione ferma", "principio indiscutibile"), cioè di tutti coloro che pretendono di pronunciarsi con verità intorno alle varie questioni. Per questo lo scetticismo si dedica prevalentemente alla distruzione delle altre dottrine filosofiche, specialmente di quelle a esso contemporanee: lo stoicismo e l'epicureismo.

2. Interpretazione tradizionale e nuovi punti di vista

La "banalizzazione" dello scetticismo

Per opera di una lunga tradizione filosofica e storiografica, lo scetticismo (che tra l'altro ci è noto attraverso fonti quasi esclusivamente indirette) ha subito, in un certo senso, un processo di "banalizzazione", in quanto è stato tendenzialmente interpretato come una **dottrina che mette in discussione la verità di tutto ciò che esiste** e che di conseguenza **nega la validità di qualunque criterio di condotta.** Tipica, in questo senso, è la descrizione aneddotica di Pirrone, presentato come un uomo che, non credendo in alcunché, andava in giro senza guardare e senza evitare nulla, affrontando così carri, precipizi, cani ecc. Le stesse "confutazioni" classiche dello scetticismo – da quella di Agostino a quella di Hegel, a quella di Gentile – sono consistite nel dimostrare, ad esempio, che non è lecito dire che tutto è dubbio, perché chi sostiene ciò, per affermarlo, deve indubitabilmente esistere; o nel dimostrare che lo scetticismo si autocontraddice nel suo stesso assunto di base, perché, dopo aver detto che tutto è falso, presenta se stesso come vero; o ancora nel mostrare che gli scettici lasciano gli uomini senza criteri pratici di scelta.

Il "che" e il "come" dei fenomeni

In realtà[1], **gli scettici non negano**, propriamente, **la *verità* dei fenomeni, ma le *teorie* su di essi**, cioè la pretesa filosofica di spiegarne la natura profonda: «Noi ci opponiamo esclusivamente – essi dicono – all'indagine relativa alle cose non evidenti che soggiacciono ai fenomeni» (Diogene Laerzio, *Vite*, IX, 105). Tant'è che, ad esempio, Pirrone sostiene di ammettere la validità dei fenomeni perché appaiono e Timone proclama che «sempre vige il fenomeno, ovunque si manifesti». In altre parole, presso gli scettici, non è tanto il "che" dei fenomeni, cioè il fatto della loro presenza, a essere in discussione, bensì il loro "come", ossia la conoscibilità del loro genuino modo di essere. Ad esempio, che esistano il giorno e la notte, il sole e gli astri è certo; quale sia la causa ultima dell'universo è invece oscuro. Che esistano gli uomini e le loro menti è un fatto ovvio, ma che cosa siano veramente gli uomini o la loro mente è un enigma.

> Ammettiamo di riconoscere il giorno e il fatto che noi viviamo, oltre ai molti fenomeni della vita quotidiana. Ma per quel che riguarda le salde e sicure affermazioni dei dogmatici, che essi sostengono di avere definitivamente comprese, noi sospendiamo il giudizio, perché per noi rimangono oscure e incerte, e ci limitiamo a conoscere solo ciò che noi proviamo o sentiamo. Ammettiamo di vedere e riconosciamo di avere questo determinato pensiero, ma come vediamo o come pensiamo noi non sappiamo affatto [...].
>
> (Diogene Laerzio, *Vite*, IX, 103)

1 Cfr. ad esempio C. Sini, *Storia della filosofia*, Morano, Napoli 1973, pp. 233-237.

Lo scetticismo come ipotesi "aperta"

Inoltre lo scetticismo greco, nelle sue forme più raffinate, non presenta se stesso come un *dogma*, bensì come un'*ipotesi*, che deve essere anch'essa continuamente confermata tramite un'indagine "aperta":

> per quel che riguarda la nostra sentenza "Nulla io definisco" e simili, esse non hanno per noi valore dogmatico [...] quando diciamo di non definire nulla, neppure questo noi definiamo. (Diogene Laerzio, *Vite*, 103-104)

La vita pratica

Anche per quel che concerne la vita pratica, occorre osservare che lo scetticismo non lascia l'uomo totalmente privo di criteri, rendendo in questo modo impossibile l'esistenza quotidiana. Lo scettico greco infatti, anziché fuggire dal mondo, in genere continua nella vita di tutti i giorni a fare ciò che fanno tutti gli altri: o per **convenzione e utilità** (Pirrone e Sesto Empirico), oppure perché lo ritiene più **ragionevole e probabile** (Arcesilao e Carneade). Tutto ciò mostra forse come il discorso sullo scetticismo sia tuttora aperto e suscettibile di nuovi approfondimenti.

ESERCIZI INTERATTIVI ON LINE

3. Pirrone e Timone

Le tre scuole scettiche

Lo scetticismo non fu, in Grecia, una scuola a sé (come lo stoicismo e l'epicureismo), ma l'indirizzo seguito da tre scuole distinte:

- la **scuola di Pirrone di Elide**, al tempo di Alessandro Magno;
- la **media e la nuova Accademia**;
- gli **scettici posteriori**, a partire da Enesidemo, fautori di un ritorno al pirronismo.

Vita e scritti di Pirrone

Pirrone, nato a Elide, nel Peloponneso, intorno al 365 a.C., poté forse, nella sua città, venire a conoscenza della dialettica della scuola eleo-megarica, che per molti aspetti costituì un antecedente dello scetticismo. Partecipò alla campagna di Alessandro Magno in Oriente, in occasione della quale venne a contatto con la saggezza indiana. Fondò in patria una scuola che dopo la sua morte ebbe breve durata. Visse in semplicità e morì vecchissimo, nel 275 a.C.

Tra i suoi autori prediletti vi era Omero, di cui amava ripetere i versi che alludono alla **precarietà della vita umana** e alla **vanità della parola**: «Quale delle foglie la stirpe, tale anche quella degli uomini»; «Volubile è dei mortali la lingua; son molti i discorsi».

Non scrisse nulla: le sue dottrine ci sono note attraverso l'esposizione che ne fece Diogene Laerzio e attraverso i frammenti dei *Sílloi* (versi scherzosi) con i quali il suo scolaro Timone di Fliunte ne espose e difese la dottrina.

La sospensione del giudizio

Secondo Pirrone, non ci sono cose vere o false, belle o brutte, buone o cattive per natura e assolutamente, ma soltanto per convenzione e relativamente. In altri termini, **sono le abitudini degli uomini**, i loro costumi e le loro decisioni **a rendere buona o cattiva, vera o falsa, una cosa**.

Al di fuori di tali credenze e convenzioni, sempre mutevoli, non sono possibili alcun giudizio né alcuna valutazione, giacché la realtà in sé, per l'uomo, risulta inafferrabile. In questa prospettiva, l'unico atteggiamento legittimo, come diranno più tardi altri scettici, rimane la **sospensione (*epoché*) di ogni giudizio**.

L'atarassia

Secondo Pirrone solo lo scetticismo riesce a procurare l'atarassia, cioè l'**imperturbabile serenità della mente**. Infatti il sapiente, messosi il cuore in pace dopo aver compreso che al mondo non esiste la *Verità* con la lettera maiuscola (poiché, come abbiamo detto, sulla natura profonda delle cose nulla si può dire con certezza), guarda con superiorità e con un po' di compassione gli eserciti rivali dei metafisici, che continuano a battersi, con «guerre di parole», circa questioni su cui non è possibile decidere.

Una consapevolezza che non impedisce la vita pratica

Questo raffinato distacco intellettuale dalle verità e dai dogmi dei più non impedisce che lo scettico pirroniano, nella pratica, viva come tutti gli altri, facendo più o meno le stesse cose: attendere alle proprie faccende, riposarsi, svagarsi ecc. Egli, sostanzialmente, possiede però in più la lucida consapevolezza, conquistata con «l'indagine», del fatto che né la vita né le cose possiedono un significato assoluto riconoscibile dalla ragione. Questa **coesistenza tra criticità scettica e normale conduzione della vita quotidiana** è pienamente confermata dagli aneddoti che ci dipingono un Pirrone dedito alle faccende domestiche (cfr. Diogene Laerzio, *Vite*, IX, 66).

Timone

Timone di Fliunte (320-230 a.C. circa), allievo di Pirrone, afferma che l'uomo, per essere felice, dovrebbe conoscere tre cose:
1) quale sia la natura delle cose;
2) quale atteggiamento si debba assumere rispetto a esse;
3) quali conseguenze risultino da questo atteggiamento.
Ma è impossibile conoscere queste tre cose. Pertanto l'unico atteggiamento possibile è quello di **non pronunciarsi riguardo ad alcunché** (**afasia**).

4. La media e la nuova Accademia

Scetticismo e dottrina platonica

L'indirizzo scettico, dopo la fine della scuola di Pirrone, fu ripreso dai filosofi dell'Accademia platonica. Questi trovavano un appiglio allo scetticismo nella stessa dottrina di Platone, il quale aveva sempre negato che il mondo sensibile, per il suo carattere mutevole e vario, potesse essere oggetto di scienza, ritenendo che la scienza, cioè la conoscenza assolutamente vera, potesse avere per oggetto soltanto il mondo dell'essere. Ma il mondo dell'essere, o delle idee, ormai non interessava più i filosofi di questo periodo, che chiedevano alla filosofia di farsi strumento dei fini pratici della vita. Rimaneva così valida per loro soltanto la parte negativa dell'insegnamento platonico: l'**impossibilità di una conoscenza certa delle cose di questo mondo**.

Arcesilao

L'impossibilità di qualunque conoscenza

L'indirizzo scettico dell'Accademia fu iniziato da **Arcesilao di Pitane** (315-240 a.C. circa), che successe a Cratete nella direzione della scuola. Arcesilao non lasciò scritti, quindi conosciamo le sue dottrine solo da fonti indirette. Secondo una testimonianza di Cicerone, egli non espose alcuna opinione sua propria, ma si limitò a criticare le opinioni degli altri. Se Socrate aveva proclamato che nulla l'uomo può sapere, se non di non sapere alcunché, Arcesilao si spinse ancora oltre, sostenendo che **non si può affermare con sicurezza neppure**

la propria ignoranza. A ogni tesi egli contrapponeva la tesi opposta, mostrando che nessuna delle due aveva valore di verità e concludendo, quindi, che era impossibile decidersi per l'una o per l'altra. In tal modo egli difendeva la sospensione (*epoché*) dell'assenso già teorizzata da Pirrone.

La ragionevolezza come criterio di scelta

Analogamente, egli pensava che l'uomo, nell'azione, non può farsi guidare da una conoscenza assoluta: può solo agire in base a un motivo più o meno fondato e ragionevole. Così Arcesilao riteneva che **il criterio di ciò che si deve scegliere o evitare è il buon senso, o la ragionevolezza** (***eulogía***), che sta alla base della saggezza (cfr. Sesto Empirico, *Contro i matematici*, VII, 153 ss.).
I successori di Arcesilao seguirono il suo stesso indirizzo, ma di essi si conosce ben poco.

Carneade

A capo della scuola salì più tardi **Carneade di Cirene** (214/212-129/128 a.C.), che fondò la "terza", o nuova, Accademia. Egli fu uomo notevole per eloquenza e dottrina. Nel 156-155 a.C. giunse in ambasceria a Roma insieme con lo stoico Diogene e con il peripatetico Critolao. Non lasciò scritti e le sue dottrine furono raccolte dagli scolari.

I Romani e la giustizia

Durante il soggiorno a Roma, il filosofo tenne un giorno un magnifico discorso in lode della giustizia, dimostrando che essa è la base della vita civile. Ma un altro giorno tenne un altro discorso, anche più convincente del primo, dimostrando che la giustizia è diversa a seconda dei tempi e dei popoli, e che è spesso in contrasto con la saggezza. A conferma della propria tesi, egli portò l'esempio del popolo romano, che si era impadronito di tutto il mondo e che, se avesse voluto essere giusto, avrebbe dovuto restituire agli altri popoli i loro possessi e tornarsene a casa in miseria. Ma in tal caso sarebbe stato stolto: ciò dimostrava, per il filosofo, l'inconciliabilità di giustizia e saggezza.

La critica dello stoicismo

Carneade orientò molta parte della propria attività alla critica della dottrina stoica e, in particolare, di Crisippo. Egli riteneva che la **rappresentazione catalettica** non fosse un criterio sufficiente di verità e negava il valore degli argomenti con i quali gli stoici dimostravano l'esistenza di una **provvidenza** divina nel mondo.

Verità e credibilità: la rappresentazione persuasiva

Carneade però non si fermava a sostenere la necessità della sospensione dell'assenso. Riteneva infatti che, se non è possibile individuare un criterio di verità, è possibile indicare un **criterio di credibilità**, ovvero una regola che consente di **scegliere certe opinioni come più plausibili** di certe altre. Questo criterio, puramente soggettivo e quindi tale da non garantire affatto la corrispondenza della rappresentazione al suo oggetto, fu da lui chiamato «**rappresentazione persuasiva**», o probabile. Se una rappresentazione persuasiva non è contraddetta da altre rappresentazioni dello stesso genere, essa ha un grado maggiore di probabilità. Inoltre, una rappresentazione persuasiva non contraddetta da altre ed esaminata in ogni sua parte costituisce il grado più alto di verosimiglianza cui l'uomo possa giungere (cfr. Sesto Empirico, *Contro i matematici*, VII, 162 ss.). Questa forma "moderata" di scetticismo, già individuabile nel criterio della "ragionevolezza" di Arcesilao, prende il nome di **probabilismo**.
A Carneade successero nella direzione della scuola varie figure minori, che ne continuarono la dottrina, finché l'indirizzo dell'Accademia cambiò nuovamente con Filone di Larissa, fondatore della cosiddetta "quarta" Accademia.

5. Gli ultimi scettici

Quando l'indirizzo scettico fu abbandonato dall'Accademia, venne ripreso da altri pensatori che si ispirarono direttamente al fondatore dello scetticismo, Pirrone. Questi pensatori fiorirono dal I secolo a.C. al II d.C. e non costituirono una scuola. I principali di essi furono Enesidemo, Agrippa e Sesto Empirico.

Enesidemo

Enesidemo di Cnosso (80-10 a.C. circa) insegnò in Alessandria e scrisse otto libri di *Discorsi pirroniani*, che sono andati perduti. Probabilmente iniziò la sua attività dopo la morte di Cicerone (43 a.C.), il quale infatti non lo ricorda nelle sue opere, affermando anzi che il pirronismo è ormai spento. Vita e scritti

Enesidemo enumera **dieci modi, o tropi** (in greco *trópoi*), **per giungere alla sospensione del giudizio.** Si tratta in realtà di dieci argomenti per togliere alla conoscenza umana valore assoluto e considerarla come puramente relativa. Essi consistono nel riconoscere che le conoscenze variano: I dieci «tropi»

1) a seconda dei diversi animali;
2) a seconda dei diversi uomini;
3) per la loro diversità reciproca;
4) per le circostanze in cui si acquistano;
5) per gli intervalli di tempo o di luogo in cui ricorrono;
6) per le varie mescolanze in cui si trovano;
7) per la quantità e la composizione degli oggetti che le producono;
8) per la variabilità delle relazioni delle cose tra loro e con il soggetto giudicante;
9) per la diversa frequenza di incontri tra il soggetto giudicante e l'oggetto;
10) per l'educazione, i costumi, le leggi e le credenze umane.

Tutti questi elementi determinano l'enorme varietà delle conoscenze e fanno apparire lo stesso oggetto diverso da uomo a uomo e da momento a momento. È dunque impossibile giudicare e decidere se l'una o l'altra delle opinioni sia vera. **L'unico atteggiamento legittimo è l'*epoché***, la sospensione dell'assenso.

Agrippa

Ad **Agrippa**, di cui non si sa nulla, Sesto Empirico attribuisce **altri cinque modi per giungere alla sospensione dell'assenso**, modi di natura dialettica, cioè polemica:

1) il modo della **discordanza**, che consiste nel mostrare il dissidio che c'è tra le opinioni dei filosofi;
2) il modo detto "**all'infinito**", per il quale ogni dimostrazione parte da principi che vanno a loro volta dimostrati e che presuppongono altri principi, e così via di seguito;
3) il modo della **relazione**, per il quale conosciamo l'oggetto non in sé, ma solo in rapporto a noi;

4) il modo dell'**ipotesi**, per il quale si vede che ogni dimostrazione si fonda su principi che non si dimostrano, ma si ammettono per convenzione;
5) il circolo vizioso, o **diallele**, per il quale si assume come dimostrato proprio ciò che si deve dimostrare, il che chiarisce che la dimostrazione è impossibile.

Enesidemo, Agrippa e altri scettici, ai quali Sesto Empirico si riferisce genericamente, si fermano dunque tutti alla sospensione dell'assenso, secondo l'insegnamento di Pirrone.

Sesto Empirico

Vita e scritti

La fonte delle notizie sullo scetticismo antico è l'opera di **Sesto**, che, come medico, ebbe il soprannome di "Empirico" e che svolse la propria attività tra il 180 e il 210 d.C. Di lui possediamo tre scritti. Gli ***Schizzi pirroniani*** (o *Ipotiposi pirroniane*), in tre libri, costituiscono un compendio di filosofia scettica. Gli altri due sono compresi sotto il titolo improprio di ***Contro i matematici***. Ora, il *máthema* è per i Greci la scienza in quanto oggetto dell'insegnamento; "matematici" sono quindi i cultori delle scienze, cioè della grammatica, della retorica e delle scienze del quadrivio (come saranno dette nel Medioevo), che Platone nella *Repubblica* poneva come propedeutiche alla dialettica: geometria, aritmetica, astronomia e musica. Contro queste scienze sono dunque diretti i libri I-VI dell'opera. I libri VII-XI sono diretti invece contro i filosofi dogmatici.

I bersagli polemici

Gli scritti di Sesto Empirico sono importanti non solo perché rappresentano la *summa* di tutto lo scetticismo antico, ma anche perché sono fonti preziose per la conoscenza delle stesse dottrine che combattono. I bersagli più famosi delle confutazioni di Sesto sono i seguenti: la deduzione e l'induzione, il concetto di causa, la teologia stoica.

La critica della deduzione e dell'induzione

La **deduzione**, secondo Sesto Empirico, è sempre un **circolo vizioso** (**diallele**). Quando si dice: "ogni uomo è animale, Socrate è uomo, dunque Socrate è animale", non si potrebbe porre la premessa "ogni uomo è animale" se già non si ritenesse dimostrata la conclusione, ovvero il fatto che Socrate, in quanto uomo, è animale. Perciò, mentre si ha la pretesa di dimostrare la conclusione derivandola da un principio universale, in realtà la si presuppone come già dimostrata.

L'**induzione** non ha maggiore validità. Infatti, se si fonda soltanto sull'esame di alcuni casi, **non è sicura**, poiché i casi non esaminati potrebbero sempre smentirla; e se si pretende che sia fondata su tutti i casi particolari, **il suo compito è impossibile**, perché i casi che si dovrebbero osservare sono infiniti (cfr. *Schizzi pirroniani*, II, 193, 204).

La critica del concetto di causa

Si dice che la causa produce l'effetto; dunque dovrebbe precedere l'effetto e sussistere prima di esso. Ma se la causa sussiste prima di produrre l'effetto, è **causa prima di esser causa**. D'altronde la causa non può evidentemente seguire l'effetto, né essergli contemporanea, perché l'effetto non può nascere se non da qualcosa di anteriormente sussistente.

La critica della teologia stoica

Sesto ha insistito lungamente sulle contraddizioni implicite nel concetto stoico della divinità. Per gli stoici tutto ciò che esiste è **corporeo**; dunque anche Dio. Ma un corpo o è *composto* e soggetto a dissolvimento, quindi è mortale, o è *semplice* e allora è acqua o aria o terra o fuoco. Dio dunque dovrebbe essere o mortale o un elemento inanimato, il che è assurdo.

Inoltre, **se Dio vivesse**, sentirebbe, e se sentisse, **proverebbe piacere e dolore**; ma dolore significa turbamento e se Dio fosse capace di turbamento, allora sarebbe mortale. Altre difficoltà derivano dall'attribuire tutte le perfezioni a Dio. Se Dio ha tutte le virtù, ha anche il **coraggio**; ma il coraggio è la scienza delle cose temibili e non temibili: dunque ci sarebbe qualcosa di temibile per Dio, il che è assurdo.
Di tutti questi argomenti Sesto Empirico si serviva per convalidare l'atteggiamento scettico della **sospensione del giudizio**.

La vita pratica e la pura ricerca

Per quel che riguarda la vita pratica, egli riteneva che lo scettico dovesse **seguire i fenomeni**, rispettando i dettami di quattro "guide" fondamentali: le indicazioni che la natura dà all'uomo attraverso i sensi; i bisogni del corpo; la tradizione delle leggi e dei costumi; le regole delle arti. Con queste regole gli ultimi scettici cercarono di differenziarsi dal criterio, suggerito dalla media Accademia, dell'azione motivata o ragionevole. Secondo Sesto, **il vero scettico** non ammette neppure di sapere che non è possibile saper nulla, ma **si limita alla pura ricerca**, cioè a un'indagine "aperta" per principio.

APPROFONDIMENTO ON LINE Lo scetticismo nella storia

ON LINE SCHEMA INTERATTIVO

CONCETTI A CONFRONTO

La felicità (condizione interiore di assenza di turbamento)

negli stoici	negli epicurei	negli scettici
si raggiunge grazie alla **virtù**	si raggiunge grazie alla **filosofia**	si raggiunge mediante l'esercizio del **dubbio** (*sképsis*)
cioè	cioè	cioè
mediante la **sapienza**, che è conoscenza dell'ordine cosmico e adeguamento ad esso	mediante una sorta di **quadrifarmaco** che agisce contro: • il timore degli dei • il timore della morte • l'idea che il piacere sia irraggiungibile • il dolore	**liberandosi da ogni convinzione o dottrina**, perché non vi è alcuna certezza di ciò che è autenticamente vero e buono
coincide con l'esercizio del **dovere** (comportamento conforme all'ordine razionale)	coincide con il **piacere stabile**, ovvero con il raggiungimento dell'**atarassia** (assenza di turbamento nell'anima) e dell'**aponia** (assenza di dolore nel corpo)	coincide con l'esercizio dell'***epoché*** (sospensione del giudizio) e con l'**afasia** (silenzio sulle cose oscure)
implica il **distacco dalle emozioni** (apatia), perché non ci sono mali di cui ci si debba dolere	implica l'**ascolto delle emozioni** (piacere e dolore) per scegliere i bisogni e "calcolare" i piaceri	implica l'**indifferenza verso le emozioni** (atarassia)

VERSO LE COMPETENZE
- Utilizzare il lessico e le categorie specifiche della filosofia

GLOSSARIO e RIEPILOGO

Lo scetticismo

Scetticismo p. 70 > Con il termine "scetticismo" (dal gr. *sképsis*, "indagine", "ricerca", "dubbio") si indica un atteggiamento di pensiero che, nelle sue multiformi espressioni teoriche e storiche, eleva il dubbio a metodo e sistema, ritenendo che non si dia una conoscenza certa e incontrovertibile delle cose, soprattutto di quelle realtà "oscure" di cui parlano cosmologi e teologi. Lo scetticismo si oppone programmaticamente al "dogmatismo" (dal gr. *dógma*, "opinione ferma", "principio indiscutibile") di quei filosofi che pretendono di pronunciarsi con verità intorno alle varie questioni.

Epoché p. 72 > L'*epoché* (che in gr. significa "sospensione", "fermata", da *epécho*, "trattengo") è l'atteggiamento tipico dello scetticismo greco, il quale, partendo dal fatto che a ogni tesi si può opporre una tesi contraria e di uguale valore, arriva a proporre una "ragionevole" sospensione del giudizio e una prudente "afasia" riguardo alle cose "oscure". Questo procedimento, già presente in Pirrone, viene ulteriormente messo a punto da Arcesilao e dagli scettici successivi, che estendono l'*epoché* rendendola universale (*epoché perí pánton*). L'*epoché* non implica tuttavia una forma di dogmatismo alla rovescia, ma assume il valore di un'ipotesi che deve continuamente essere confermata da un'indagine "aperta" in linea di fatto e di principio.

Probabilismo p. 74 > Per "probabilismo" si intende lo scetticismo "moderato" sviluppatosi all'interno della media e della nuova Accademia, proteso a evitare gli opposti estremismi del dogmatismo da una parte, e dello scetticismo totale dall'altra. Pur negando, infatti, l'esistenza di un criterio assoluto di verità, tale forma di scetticismo ammette la possibilità di indicare criteri, o enunciati, di relativa credibilità, sufficienti a dirigere la condotta della vita. Ad esempio, per Arcesilao la decisione era possibile in base a una prudente ricognizione di ciò che fosse più o meno «plausibile» o «ragionevole» (*éulogon*), mentre Carneade riteneva che il saggio dovesse far proprio il criterio del «probabile» o del «credibile» (*pithanón*).

Tropi p. 75 > I *trópoi* (dal gr. *trópos*, "modo") sono le vie o i motivi di dubbio adoperati dagli scettici contro i dogmatici, allo scopo di arrivare all'*epoché*. Tali modi di sospensione del giudizio (*trópoi tes epochés*) erano variamente elencati dagli scettici. I tropi più antichi, attribuiti a Enesidemo, erano dieci; quelli più recenti, attribuiti ad Agrippa, erano cinque. Sesto Empirico enunciò altri due tropi, tendenti a dimostrare che non si può comprendere una cosa né in base a se stessa, né in base a un'altra cosa.

Diallele p. 76 > Con il termine "diallele" (dal gr. *diállelos lógos*, "ragionamento reciproco") gli scettici indicano uno dei modi per arrivare alla sospensione del giudizio, e precisamente quel procedimento equivoco per cui le conoscenze si provano circolarmente le une con le altre, in modo tale da assumere per dimostrato proprio ciò che si dovrebbe dimostrare (circolo vizioso). Sesto Empirico afferma che ogni sillogismo è un diallele, perché in esso la premessa maggiore, ad esempio "tutti gli uomini sono mortali", presuppone accertata la conclusione "Socrate è mortale".

Seguire i fenomeni p. 77 > Ben lontani dall'annullare ogni criterio di condotta, gli scettici, nella vita pratica, si propongono di seguire i fenomeni e la comune consuetudine (*synétheia*). Sesto Empirico, ad esempio, elegge a criterio dell'azione quattro "guide": le indicazioni che la natura dà attraverso i sensi, i bisogni del corpo, la tradizione delle leggi e dei costumi e le regole delle arti.

MAPPA

Lo scetticismo

ON LINE MAPPA INTERATTIVA

SCUOLA DI PIRRONE

per raggiungere l'**atarassia** (imperturbabile serenità della mente)

occorre l'***epoché*** (sospensione di ogni giudizio), dal momento che la realtà in sé è inafferrabile

MEDIA e **NUOVA ACCADEMIA**

- **Arcesilao**
  - **ragionevolezza** come criterio di scelta
- **Carneade**
  - **rappresentazione persuasiva** (probabilità) come criterio di scelta

ULTIMI SCETTICI

- **Enesidemo**
  - 10 tropi per giungere alla sospensione del giudizio
- **Agrippa**
  - 5 tropi per giungere alla sospensione del giudizio
- **Sesto Empirico**
  - critica di deduzione e induzione
  - critica del concetto di causa
  - critica della teologia stoica
  - «**seguire i fenomeni!**»

CAPITOLO 5
L'ultima filosofia greca e il neoplatonismo

1. L'indirizzo religioso dell'ultima filosofia greca

Motivi religiosi e orientali

Abbiamo visto (v. cap. 2, p. 37) come lo stoicismo romano si caratterizzi per l'accentuazione dell'interesse religioso. Questa tendenza costituisce il segno di un orientamento generale che, a partire dal I secolo a.C., diventa dominante: quello di raccogliere e cucire insieme gli elementi religiosi impliciti nel pensiero greco e di connetterli con la sapienza orientale, in modo da mostrare la fondamentale concordanza del primo con la seconda. Si assiste così a un'**interpretazione religiosa delle dottrine greche** e al **tentativo di conciliare queste dottrine con le credenze orientali**.

In questo clima prende forma la tradizione secondo cui l'intera filosofia dei Greci avrebbe le proprie origini in Oriente, ovvero nella "culla" della sapienza religiosa.

Gli scritti

Nel I secolo a.C. iniziarono a diffondersi alcuni scritti di incerta attribuzione volti a difendere il paganesimo e le religioni orientali: i *Detti aurei*, i *Simboli* e le *Lettere*, attribuiti a Pitagora, e uno scritto *Sulla natura del tutto*, attribuito al lucano Ocello. Alla fine del I secolo d.C. comparvero invece gli scritti attribuiti a Ermete Trismegisto, che tendevano a riportare la filosofia greca alla religione egiziana.

Nello stesso periodo, Apollonio di Tiana scrisse una *Vita di Pitagora*, nella quale la figura del fondatore del pitagorismo veniva presentata, in modo romanzesco, come quella di un profeta, di un mago e di un operatore di miracoli. Lo stesso Apollonio fu descritto come tale da Filostrato, all'inizio del III secolo d.C., nella *Vita di Apollonio*.

Numenio di Apamea

Tra i molti pensatori pitagorici di questo periodo si distinse in Siria **Numenio di Apamea**, vissuto nella seconda metà del I secolo d.C. e autore di un grandissimo numero di opere di ogni argomento. Egli era convinto che la filosofia greca derivasse dalla sapienza orientale e definiva Platone un «Mosè atticizzante».

Plutarco di Cheronea

La scuola di Platone divenne la sede preferita di questo indirizzo di pensiero, che utilizzava insieme dottrine filosofiche e scientifiche, miti e credenze religiose orientali. **Plutarco di Cheronea**, nato nel 45 d.C. e autore di una vasta produzione scritta, ne fu il rappresentante più significativo.

2. La filosofia greco-giudaica

Così come la filosofia greca tende ad avvicinarsi alla sapienza orientale, in questo periodo anche **la sapienza orientale si avvicina alla filosofia greca** e cerca di assimilarne i concetti.

Gli esseni

Un tentativo di assimilazione di questo genere è quello compiuto in Palestina nel I secolo d.C. dalla setta degli esseni, di cui ci parlano alcuni scrittori antichi. Gli esseni interpretavano allegoricamente il **Vecchio Testamento** secondo **concetti greci**: essi credevano nella preesistenza e nell'immortalità dell'anima, e ammettevano divinità intermedie tra Dio e il mondo e, sulle orme degli stoici, la possibilità di profetizzare il futuro, che in generale era riconosciuta da tutti i filosofi di questo periodo.
I cosiddetti "rotoli del Mar Morto", scoperti nel 1947 e negli anni successivi, hanno permesso di conoscere meglio le dottrine degli esseni e di scorgere in esse una serie di affinità non superficiali con la dottrina cristiana. Naturalmente si trattava di una setta, cioè di un'associazione filosofico-religiosa, riservata a gruppi ristretti di adepti. Il cristianesimo si presentò invece fin dall'inizio come una vera e propria religione universale.

Filone di Alessandria

Filone di Alessandria (30/20 a.C. – 50 d.C. circa) nel 40 d.C. fu a Roma come ambasciatore dei giudei alessandrini presso l'imperatore Caligola. Abbiamo di lui numerosissimi scritti, i più importanti dei quali costituiscono un commentario al Vecchio Testamento.
Ammiratore di Platone e della speculazione greca, e al tempo stesso fervente lettore della Bibbia, Filone pone le **basi per l'incontro simbolico tra Gerusalemme e Atene**, tra la rivelazione biblica e la filosofia greca. Superando definitivamente il politeismo greco e l'idea del divino come causa soltanto ordinatrice del mondo, Filone approda per primo, anche se con qualche incertezza, alla nozione di un **Dio unico e creatore**.

La creazione nella Bibbia

Nella Bibbia non è presente esplicitamente il concetto della *creatio ex nihilo* (creazione dal nulla), il quale rappresenta piuttosto il frutto di una laboriosa costruzione teorica, che si richiama ad alcune affermazioni dell'Antico Testamento interpretate alla luce del pensiero greco, in particolare del *Timeo* di Platone.
È vero che nel libro biblico della *Genesi* si dice: «Dio *creò* il cielo e la terra» (*Gn*, 1, 1), ma è vero anche che il verbo ebraico utilizzato per indicare tale atto (*barah*) viene tradotto in greco con il verbo *poiéin*, lo stesso usato da Platone nel *Timeo* per descrivere l'azione del demiurgo. Sempre il libro della *Genesi* fa anzi esplicito riferimento a un caos iniziale («Ora la terra era informe», *Gn*, 1, 2), ovvero a una massa caotica sulla quale si sarebbe esercitata l'azione non "creatrice", ma "ordinatrice" di Dio. Altrettanto esplicitamente nel libro della *Sapienza* si dice che Dio ha «creato il mondo da una materia senza forma» (*Sap*, 11, 17), utilizzando la medesima espressione con cui Platone (*Timeo*, 51a) indica la materia primordiale.
Solo nel secondo libro dei *Maccabei*, cioè in un testo biblico di età ellenistica, scritto in greco, si afferma con chiarezza:

> sappi che Dio ha fatto il cielo e la terra non da cose preesistenti; tale è anche l'origine del genere umano. (*2 Mac*, 7, 28)

Il Dio di Filone tra il demiurgo e il creatore

Riproducendo le oscillazioni della Bibbia, di cui è profondo conoscitore, anche Filone sembra talvolta interpretare l'azione di Dio come un'attività ordinatrice che opera su una materia preesistente ed eterna. In alcuni testi, però, egli va oltre il *Timeo* di Platone e afferma che Dio produce le cose «dal non essere»:

> Dio ha prodotto il mondo, la sua opera perfettissima, dal non essere all'essere.
> (Filone, *La vita di Mosè*, II, 267)

> Dio, quando generò tutte le cose, non le ha semplicemente rese visibili, ma produsse ciò che prima non era, essendo Egli non solamente Demiurgo, ma anche Creatore.
> (Filone, *Le allegorie delle leggi*, III, 10)

Le caratteristiche della creazione

Perché si possa parlare di "creazione" in senso proprio, il rapporto di causa-effetto tra Dio e il mondo deve presentare alcune precise caratteristiche:

- deve essere una **causazione o produzione libera**, per cui l'effetto non è necessario rispetto alla causa;
- deve essere una **causazione o produzione di un effetto inferiore** rispetto alla causa;
- deve essere una **causazione o produzione dal nulla**, cioè tale da non presupporre alcuna realtà prima dell'effetto creato: né materia, né forme, né causa materiale, né causa formale, ma solo la causa efficiente.

TAVOLA ROTONDA

Dio "principio" del mondo, p. 315

Nel *Timeo* di Platone l'opera del demiurgo risponde soltanto alle prime due condizioni. Il creazionismo di Filone, invece, poiché è strettamente collegato al suo monoteismo, presenta tutte le caratteristiche elencate. Dio, infatti, essendo principio "unico" del mondo, non opera né sulla base di una materia eterna, né sulla base di idee eterne: in questo senso la sua produzione è *creatio ex nihilo*.

Il *Lógos* come intermediario tra Dio e il mondo

Il platonico «mondo delle idee» (il «cosmo intelligibile») diventa in Filone lo stesso **«intelletto divino», o *Lógos***. In vista della creazione del mondo sensibile, Dio crea anche il suo **modello ideale**, proprio come un architetto che prima *pensa* il progetto e poi *crea* la città:

> si può dire che il cosmo intelligibile non è altro che il *Lógos* di Dio nell'atto di formare il mondo, giacché la città intelligibile non è altro che il calcolo dell'architetto che già pensa di fondare una città.
> (Filone, *La creazione del mondo*, 24)

Questa dottrina del *Lógos* come elemento intermediario tra Dio e il mondo o come "modello" della creazione è presente nell'Antico Testamento là dove si parla della "sapienza creatrice" di Dio, e sarà ripresa dal celebre "Prologo" del Vangelo di Giovanni:

> In principio era il Verbo, il Verbo era presso Dio e il Verbo era Dio. [...] tutto è stato fatto per mezzo di lui, e senza di lui niente è stato fatto di tutto ciò che esiste.
> (*Gv*, 1, 1, 3)

Una sintesi tra Platone e Aristotele

Per Platone e Aristotele, come abbiamo visto, il divino rappresentava il dominio dell'essere sovrasensibile, che è immutabile e incorruttibile: per Platone era soprattutto l'*intelligibile*, per Aristotele l'*intelligenza* che pensa se stessa. Filone porta a una sintesi queste due prospettive: Dio, in quanto principio assoluto, è **intelligenza che pensa gli intelligibili**; le «idee» non sono più forme "trascendenti", "altre" rispetto a Dio, bensì **"immanenti" al suo pensiero**. In tal modo viene meno la dualità gerarchica del divino (distinto in intelligenza e intelligibile): **Dio è principio unico e assoluto**.

3. Plotino e il neoplatonismo

Caratteristiche generali del neoplatonismo

Il neoplatonismo è l'**ultima manifestazione del platonismo nel mondo antico**. Esso riassume e porta a formulazione sistematica, e (con Proclo) addirittura scolastica, le tendenze e gli indirizzi che si erano manifestati nella filosofia greca e alessandrina dell'ultimo periodo. **Elementi pitagorici, aristotelici, stoici** vengono nel platonismo fusi in una vasta sintesi che influenzerà potentemente tutto il corso del pensiero cristiano e medievale e, attraverso di esso, anche quello del pensiero moderno. Il neoplatonismo costituisce in tal modo la manifestazione più cospicua dell'orientamento religioso prevalente nella filosofia dell'età alessandrina.

Sacca, Origene e Longino

Fondatore del neoplatonismo è **Ammonio Sacca**, vissuto tra il 175 e il 242 d.C. senza lasciare alcuno scritto. Egli era bracciante (donde il soprannome di "Sacca"); in seguito insegnò in Alessandria la filosofia platonica.
Tra i suoi scolari si annoverano **Origene** (185-253 d.C. circa), che non è da confondere con l'Origene cristiano, e **Cassio Longino** (213-273 d.C. circa), retore e filosofo sotto il cui nome ci è giunto lo scritto *Del sublime*, che però non è suo.

Plotino

La figura maggiore del neoplatonismo è **Plotino**. Nato a Licopoli, in Egitto, nel 205 d.C., nel 232 si trasferì ad Alessandria, dove rimase per 11 anni presso la scuola di Ammonio Sacca. Nel 243 prese parte alla spedizione dell'imperatore Gordiano III contro i Persiani, allo scopo di conoscere le dottrine di questi ultimi e degli Indiani; al ritorno si stabilì a Roma, dove la sua scuola ebbe tra gli uditori numerosi senatori romani. L'imperatore Gallieno e sua moglie Salonina furono tra i suoi ammiratori. Con l'ascesa al potere dell'imperatore Claudio II (269 d.C.) perse i favori imperiali e, ammalato, si trasferì in Campania, dove morì nel 270.

Porfirio

In un primo momento, fedele ai dettami di Ammonio Sacca, Plotino non scrisse nulla, ma in seguito, rompendo il patto di astensione dalla scrittura che vigeva nella propria scuola, produsse diversi trattati. Fu il suo scolaro **Porfirio di Tiro** (233-305 d.C. circa) a pubblicare tali scritti, ordinandoli in sei *Enneadi*, ossia in sei libri composti di nove parti ciascuno. Porfirio fu anche autore di numerose opere originali. Tra queste sono particolarmente importanti una *Vita di Plotino*, una *Vita di Pitagora* e l'*Introduzione alle Categorie di Aristotele*, che è un commentario in forma di dialogo allo scritto aristotelico. L'interesse fondamentale di Porfirio è pratico-religioso: dalla dottrina di Plotino egli trae infatti motivi per difendere la religione pagana.

Dai molti all'Uno

Sebbene Plotino presenti il proprio pensiero come un semplice sviluppo del platonismo («non sono certo nuove queste mie teorie, sono state enunciate già in antico»), il suo sistema costituisce in realtà una filosofia profondamente originale, in cui si compenetrano, come si è già accennato, alcuni dei motivi più tipici della riflessione greca sull'essere: da Parmenide a Eraclito, dai pitagorici a Platone, da Aristotele agli stoici.

L'unità come condizione della molteplicità

Pur prendendo le mosse dalla molteplicità delle cose, Plotino pone immediatamente, come loro condizione, l'unità. Infatti, argomenta il filosofo, **la molteplicità sarebbe impensabile senza l'unità**. Perfino il due presuppone l'uno. Anzi, ogni cosa è ciò che è solo in quanto costituisce, in qualche modo, un'unità (sia per numero, sia per costituzione), al punto che, tolta l'unità, è tolto lo stesso ente:

> Tutti gli enti sono enti in virtù dell'Uno [...] non si ha esercito se esso non sa presentarsi uno, né si ha coro né greggia, se non sono "uno" [...] niente casa o nave se non hanno unità, dal momento che la casa è una unità, e così pure la nave, tanto che se perdono l'unità, la casa non sarà più casa e la nave non sarà più nave [...] la salute stessa si ha solo allora che il corpo sia coordinato in unità; e si ha bellezza quando le parti siano tenute insieme dalla virtù dell'uno [...].
>
> (*Enneadi*, VI, 9, 1)

TESTO ANTOLOGICO
Plotino
Unità e molteplicità
(*Enneadi*, VI)
ON LINE

Ovviamente, continua Plotino, gli esseri minori hanno meno unità, mentre gli esseri maggiori ne hanno di più («meno essere, meno unità, e viceversa»), finché, di grado in grado, si giunge all'**Uno assoluto**, ovvero, come scrive spesso Plotino, a quell'«Uno primo» (o «Uno in sé» o «Uno totale» ecc.) da cui tutto deriva e grazie a cui i molti sono.

190 | 200 | 210 | 220 | 230

Eventi storici
- **201** Settimio Severo concede la cittadinanza romana agli abitanti dell'Egitto
- **211** Caracalla concede la cittadinanza romana a tutti gli abitanti dell'impero

Vita di Plotino

- **205** Plotino nasce a Licopoli, in Egitto

Filosofia e Scienza
- **214** Diogene Laerzio scrive le *Vite dei filosofi*
- **216** Nasce Mani, futuro fondatore del manicheismo
- **222** Muore Tertulliano

Arte e Letteratura

- **212-217** A Roma sono costruite le Terme di Caracalla
- **220** Mirone di Tebe scolpisce la *Vecchia Ubriaca*

L'unità come principio oltre il sensibile e l'intelligibile

Cerchiamo ora di chiarire in che modo Plotino arrivi a questa concezione del principio come assoluta unità.
Già Platone aveva specificato che il fondamento delle cose corporee è l'unità: il mondo sensibile, strutturalmente molteplice, trova la sua unità e dunque il suo fondamento nell'idea: ad esempio, i molti cavalli concreti possono essere "unificati" sotto l'idea "cavallo", che diventa così la ragione unitaria della loro esistenza e conoscibilità. Ma allora possiamo concludere (con Platone) che l'unità in senso proprio si trova nel pensiero, il quale unifica gli oggetti tramite le idee?
La risposta di Plotino è negativa: il pensiero implica una *dualità* di pensante e pensato, oltre che una *molteplicità* di idee. È pertanto necessario risalire a un'unità che stia oltre il sensibile, ma anche oltre l'intelligenza e l'intelligibile: così Plotino giunge a quello che chiama **«l'Uno in sé»**. Questo è **Dio** in senso proprio **in quanto** è **fondamento del mondo, sia di quello sensibile, sia di quello intelligibile**, trascendendo e superando entrambi:

> Il principio generatore del mondo sensibile non è dunque mondo sensibile, ma è Intelligenza e mondo intellegibile; e, allo stesso modo, il principio anteriore all'Intelligenza e suo genitore non è né Intelligenza né mondo intellegibile, ma è più semplice dell'Intelligenza

230 240 250 260 270

> **235** Con l'uccisione di Alessandro Severo inizia un lungo periodo di anarchia

> **244** Gordiano III viene ucciso dai suoi soldati; gli succede Filippo l'Arabo

> **249-253** L'impero è lacerato dalle rivolte militari

> **257** Valeriano inizia l'ottava persecuzione dei cristiani

> **260** Impero in crisi: ribellioni di molte legioni

> **269** Claudio II, detto il Gotico, uccide Gallieno e si proclama imperatore

> **232** Si stabilisce ad Alessandria, dove resterà nella scuola di Ammonio Sacca per 11 anni

> **243** Segue Gordiano III in Persia

> **244** Dopo la morte di Gordiano III ripara a Roma, dove apre la sua scuola

> **253** Rompe il patto di astensione dalla scrittura; la sua scuola si afferma presso l'aristocrazia romana

> **263** I suoi scritti sono raccolti da Porfirio

> **270** Perso con Claudio II il favore imperiale, malato, si ritira in Campania, dove muore

> **233** Nasce Porfirio

> **242** Muore Ammonio Sacca, fondatore del neoplatonismo

> **250** Il matematico greco Diofanto scrive un *Manuale di aritmetica*

> **253** Muore Origene

> **265** A Roma muore il padre della Chiesa Dionigi il Piccolo

> **240** Muore lo storico greco Erodiano, autore di una *Storia romana*

> **262** A Roma viene eretto un arco in onore di Gallieno

> e del mondo intellegibile. La molteplicità non nasce affatto dalla molteplicità, ma questa molteplicità deriva dal non-molto. Se anch'esso fosse molteplicità, questa molteplicità non sarebbe principio, ma ci sarebbe, prima di essa, un altro principio. È dunque necessario riflettere su ciò che è veramente uno, estraneo a qualsiasi molteplicità [...].
>
> (*Enneadi*, V, 3, 16)

I caratteri dell'Uno

La "diversità" e l'infinità dell'Uno

Plotino afferma che l'Uno, in quanto principio dei molti, è **radicalmente "diverso"** da tutto ciò di cui è principio. In altri termini, «Primo di tutte le cose che sono, esso non può "essere" allo stesso modo delle cose che sono» (Margherita Isnardi Parente). ➔ **T1** p. 102
Innanzitutto, l'Uno è **infinito** (*ápeiron*). Superando ogni riserva mentale circa il concetto di infinito (concetto tradizionalmente presente nella cultura greca, in cui tuttavia era stato caratterizzato solo come principio matematico o, in alternativa, come principio fisico), Plotino giunge al concetto *metafisico* dell'infinito come «**illimitatezza della potenza**» (v. **infinità dell'Uno**), precisando appunto, in antitesi rispetto a ogni visione angustamente matematica, che l'Uno

> occorre concepirlo infinito non perché sia interminabile vuoi in grandezza vuoi in numero, ma per il fatto che la sua potenza non è circoscritta. (*Enneadi*, VI, 9, 6)

La trascendenza dell'Uno

In quanto infinito, l'Uno è **privo di forma** (*ámorphos*) **e di figura** (*anéideos*). E siccome dove non c'è forma neppure c'è essere o essenza, l'Uno è «**al di là dell'essere**» e «**al di là della sostanza**». Per gli stessi motivi, l'essere è **al di fuori di ogni determinazione quantitativa e spazio-temporale**. In sintesi, in quanto infinito, l'Uno non può venir definito mediante attributi finiti.

> Mi spiego: appunto poiché l'essenza dell'Uno è la generatrice di tutte le cose, essa non è nessuna di quelle cose: essa non è pertanto "qualcosa", né è qualità, né quantità, né Spirito, né Anima; non è neppure "in movimento", né, d'altronde, "in quiete"; non è "in uno spazio"; non è "in un tempo" [...] è invece l'Ideale solitario, tutto chiuso in se stesso o, meglio, l'Informe che esiste prima di ogni ideale, prima del moto, prima della quiete [...].
>
> (*Enneadi*, VI, 9, 6)

La teologia negativa

In virtù di questa sua natura trans-finita, l'Uno risulta **inesauribile** e, ben lungi dal configurarsi come argomento di discorso e oggetto di scienza, è **impensabile** e **indicibile**, poiché il pensare riproporrebbe la relazione duale di pensante e pensato.
L'Uno appare quindi come l'"**assolutamente Altro**", del quale, a rigore, **si può dire soltanto ciò che non è**. In tal modo, Plotino dà inizio a quella che in seguito sarà chiamata **teologia negativa**, ovvero alla prospettiva secondo la quale un discorso su Dio si può fare solo per via negativa, cioè affermando ciò che Egli non è (le cose finite del mondo).

L'Uno come Bene e come Causa

Tuttavia, ispirandosi a Platone, Plotino parla dell'Uno anche in termini di **Bene**, sottolineando il fatto che esso è tale soprattutto **in relazione al mondo**, il quale non può fare a meno di rapportarvisi come a un supremo oggetto di desiderio (cfr. *Enneadi*, VI, 7, 25).
L'Uno, inoltre, può anche essere detto **Causa**, senza dimenticare che

> l'espressione vale solo per noi uomini, in quanto noi possediamo qualcosa di Lui, mentre Egli in realtà persevera in se stesso. (*Enneadi*, VI, 9, 3)

ON LINE SCHEMA INTERATTIVO

CONCETTI A CONFRONTO

Dio (o la divinità)

in Platone	in Aristotele	in Plotino
è l'essere assolutamente perfetto del **mondo delle idee** (*to theión*, divino impersonale)	è il **principio assolutamente primo e immobile** del tutto	è l'**Uno**
ma anche	cioè	cioè
(nell'ultimo Platone) è il **demiurgo** che plasma la materia (*theós*, dio personale)	**essere supremo e causa suprema del cosmo**	**assoluta unità** e **assoluta potenza** che sta **al di là dell'essere**
è definibile come **trama di pure essenze** (idee) o **divino artefice del mondo** (demiurgo)	è **definibile** come atto puro, forma pura, essere eterno, causa finale ultima	è **indefinibile** in maniera positiva, in quanto assolutamente indeterminato e assolutamente altro
è sia **intelligibile** (il divino impersonale delle idee) sia **intelligenza** (il dio personale del demiurgo)	è **intelligenza** che **pensa se stessa** (pensiero di pensiero)	non è **né intelligibile** (perché sarebbe strutturalmente molteplice) **né intelligenza** (perché implicherebbe la dualità di pensante e pensato)

Dall'Uno ai molti

I due problemi fondamentali della filosofia di Plotino

Se Dio è l'"assolutamente Altro" rispetto al mondo e sfugge a ogni presa conoscitiva (al punto che Plotino rischia di contraddirsi tutte le volte che ne parla o pretende di fornirne una qualche determinazione positiva), com'è possibile filosofare sull'Uno e sui suoi rapporti con il mondo? Plotino, che vuole salvare al tempo stesso la trascendenza ineffabile dell'Uno e la possibilità di spiegare il mondo tramite l'Uno, ricorre a un linguaggio allusivo e metaforico[1], mediante il quale cerca di dare risposta ai due interrogativi di fondo che scaturiscono dalla sua filosofia:

- ***perché* dall'Uno derivano i molti?**
- ***come* avviene tale derivazione?**

L'emanazione dall'Uno. Circa il primo interrogativo, Plotino afferma che l'Uno, nella sua perfezione, non ha certo bisogno del mondo: «chi è principio non può aver bisogno di ciò che gli tien dietro; il principio del Tutto non ha affatto bisogno di questo Tutto». Ma allora perché l'Uno non rimane unico?

1 Si noti però che un tale linguaggio non elimina, ma sposta soltanto la contraddizione. Sostenere che Plotino, quando riferisce all'Uno caratterizzazioni positive, in realtà non si contraddice perché usa un linguaggio analogico significa infatti occultare il fatto che l'utilizzo dell'analogia, in Plotino, non risulta affatto giustificato.

La sovrabbondanza dell'Uno

Plotino risolve la questione proponendo l'immagine figurata di una «**sovrabbondanza**» (*hyperpléres*) **d'essere** che non può fare a meno di «traboccare» e di «generare». Questo non significa che l'Uno "voglia" liberamente il mondo. L'Uno di Plotino è sì Libertà (o Volontà che si "auto-vuole"), ma una Libertà che, ponendo se stessa, pone *necessariamente* il mondo, il quale, quindi, non è una realtà intenzionalmente voluta, ma un prodotto che scaturisce *inevitabilmente* dall'essere "ridondante" dell'Uno.

Le metafore plotiniane dell'emanazione

Al secondo interrogativo, Plotino risponde con i concetti-metafora di *perílampsis* (**irradiazione**) e di *apórroia* (**emanazione**, o, come alcuni preferiscono, **processione**[1], ma tutti i termini sono ugualmente inadeguati). Tali concetti vengono espressi dal filosofo con una serie di immagini famose. La più celebre è certamente quella in cui il procedere del reale da un principio supremo è identificato con **l'irradiarsi della luce** da una fonte luminosa centrale. Altrettanto note sono le immagini del **fuoco** che emana calore, della **sostanza odorosa** che emana profumo, della **neve** che produce il gelo, della **sorgente** da cui zampillano le acque e discendono i fiumi, del **vivente** che, raggiunta la maturità del suo essere, genera un altro individuo, dell'**albero** che si forma dalle radici, dei **cerchi concentrici** che si originano da un punto centrale ecc.
Tradurre queste metafore in concetti filosofici non è facile. In generale, possiamo dire che l'emanazione plotiniana si configura come un processo in virtù del quale **dall'Uno derivano necessariamente i molti**, **attraverso** una serie di **gradi d'essere sempre meno perfetti** mano a mano che ci si allontana dal principio iniziale. Tale vicenda ha le caratteristiche di un **processo ideale e non cronologico**. Infatti, come il calore procede dal fuoco, ma non è posteriore a esso, così l'emanato, pur procedendo dal principio, non è posteriore a esso. In altri termini, la cosiddetta "emanazione" (in mancanza di convincenti alternative useremo il termine tradizionale) non si compie nel tempo, ma è eterna.

TESTO ANTOLOGICO
Plotino
La metafora della luce
(*Enneadi*, V)
ON LINE

La necessità dell'emanazione. Per comprendere il pensiero di Plotino occorre chiedersi come vada intesa la necessità dell'emanazione. Più precisamente: Plotino vuol dire soltanto che l'emanazione *deve aver luogo*, oppure che *non può accadere in modo diverso* da come accade?
Nel primo caso avremmo a che fare con una necessità cieca, analoga a quella che porta alla formazione del mondo negli stoici, ma in questo modo verrebbe contraddetta l'intelligenza dell'Uno. Nel secondo caso, invece, l'Uno non potrebbe operare diversamente da come opera, ma così verrebbe contraddetto il fatto che l'Uno è potenza assoluta, al di sopra di tutte le cose.
Nelle *Enneadi* vi sono innumerevoli passi illuminanti in proposito. Ne ricordiamo tre:

> *Non deve esistere* soltanto l'Uno, oppure tutte le cose rimarrebbero nascoste, non possedendo nell'Uno alcuna forma distinta, né esisterebbe cosa alcuna se l'Uno rimanesse immobile in se stesso; non esisterebbe la pluralità di questi esseri che sono generati dall'Uno.
>
> (*Enneadi*, IV, 8, 6)

> Il termine anteriore rimane eternamente nella sua sede propria, ma quello che viene dopo è come generato da una potenza ineffabile, come quella che esiste negli esseri superiori, la quale *non poteva arrestarsi* come se fosse delimitata dall'invidia: essa *deve procedere perennemente* fino a che tutte le cose raggiungano l'ultimo grado ai limiti estremi del possibile.
>
> (*Enneadi*, IV, 8, 6)

1 Il termine "processione" (*próodos*) è di Proclo.

> *È necessario* che ciascun essere dia del suo a un altro, altrimenti il Bene non sarebbe il Bene, né l'Intelletto sarebbe l'Intelletto, né l'anima sarebbe la stessa. (*Enneadi*, II, 9, 3)

In realtà, come ha messo in luce la critica recente, **non si tratta di una necessità estrinseca che condiziona l'Uno**. Le domande da cui siamo partiti si riassumono allora in un'unica domanda: "perché l'Uno è così come è?" È Plotino stesso a rispondere:

> Egli è cioè assolutamente determinato [*orisménon*], e dico determinato in quanto è unico, e non per necessità: la necessità infatti non ci fu allora, poiché la necessità esiste soltanto nelle cose che vengono dopo il principio. (*Enneadi*, VI, 8, 9)

La volontà incondizionata dell'Uno

Ecco la risposta che cerchiamo: la necessità dell'esistenza dell'Uno è diversa dalla necessità che caratterizza l'esistenza delle altre cose, che dall'Uno procedono. La volontà dell'Uno è già da sempre determinata, in quanto esso è onnicomprensivo: essendo la totalità, l'Uno **non può volere nulla al di fuori di se stesso**, e **non può essere costretto da nulla al di fuori di se stesso**. Perciò non dobbiamo intendere la volontà dell'Uno in modo antropomorfico: mentre l'uomo manca di tante cose e la sua è una scelta tra differenti alternative, l'Uno, appunto in quanto è la totalità, non può né volere qualcosa che sia posto al di fuori di lui, né optare tra alternative preesistenti. Si tratta, insomma, di una **volontà non tanto libera** (nel senso in cui noi parliamo della libertà umana come scelta tra opzioni possibili), **quanto incondizionata**. Solo in questo senso si può dire che il processo emanatistico sia metafisicamente libero.
Al contrario, le entità poste mediante emanazione hanno una necessità che le costringe a essere come sono. Ma tale necessità, come si è visto, non è altro che l'Uno stesso.

ON LINE ESERCIZI INTERATTIVI

L'originalità dell'emanatismo...

La novità della prospettiva di Plotino. In virtù delle sue caratteristiche, l'emanazionismo, o emanatismo, plotiniano si differenzia nettamente sia dallo schema dualistico (ovvero dalla concezione di Dio come causa ordinante), sia dallo schema creazionistico (ovvero dalla concezione di Dio come causa creante), sia dallo schema panteistico (ovvero dalla concezione di Dio come causa immanente). Vediamo in che senso.

... rispetto al dualismo,

- Secondo il modello dualistico di Platone e di Aristotele, il mondo non deriva da Dio, ma esiste di per sé e Dio si limita semplicemente a dargli ordine e forma. Invece, secondo l'emanazionismo, **il mondo esiste solo come effetto**, o risultato, **della processione divina**.

... al creazionismo...

- Secondo il modello creazionistico, Dio crea liberamente e consapevolmente il mondo. Invece, per l'emanazionismo, il mondo, come sappiamo, non esiste per un atto d'amore dell'essere supremo (amare l'inferiore, o semplicemente occuparsene, per il greco Plotino sarebbe stato «indegno» per il superiore!), bensì come **conseguenza necessaria della sua sovrabbondanza d'essere**. Inoltre, a differenza di quanto accade nella cristiana *creatio ex nihilo*, l'emanato non è tratto dal nulla e non ha propriamente un "inizio", ma "defluisce" eternamente dalla Causa emanante.

... e al panteismo

- Secondo il panteismo classico (v. gli stoici), Dio è dentro il mondo e si identifica con il principio fisico dell'universo. Invece, secondo l'emanatismo, **Dio esiste al di sopra del mondo e in modo non corporeo**. Tant'è vero che Plotino può essere considerato come «il fondatore della prima vera e propria forma di metafisica trascendentistica» della storia (Margherita Isnardi Parente) e come il teorico dell'infinito «nella dimensione dell'immateriale» (Giovanni Reale).

Le ipostasi e la materia

ECHI DEL PENSIERO
L'uno come potenza attiva, p. 100

Il processo di emanazione del mondo dall'Uno si concretizza, secondo Plotino, in una serie di **ipostasi**, cioè di **realtà sostanziali per sé sussistenti.** → T2 p. 103
La prima ipostasi è l'**Uno stesso**, concepito come *pánton dýnamis*, ovvero come «potenza di ogni cosa».

L'Intelletto

La seconda ipostasi è l'**Intelletto**, che sorge da un atto di contemplazione dell'Uno, ma che, rispetto all'assoluta semplicità di quest'ultimo, implica già uno sdoppiamento tra soggetto pensante e oggetto pensato. Ma che cosa pensa l'Intelletto? Plotino, rifacendosi alla concezione aristotelica di Dio, risponde che esso **pensa tutti gli infiniti pensieri pensabili**, ossia quei **modelli eterni delle cose** che sono le idee platoniche. In tal modo, se l'Uno è la potenza di tutte le cose, l'Intelletto è l'esplicazione, in un cosmo ideale, di tutte le forme primordiali dell'essere (tanto che Plotino chiama l'Intelletto anche con il nome di Essere).

L'Anima

La terza ipostasi è l'**Anima**. Quest'ultima da un lato guarda all'Intelletto, da cui riceve la "luce" delle essenze archetipe, e con ciò pensa; dall'altro lato guarda a ciò che viene dopo di sé e lo ordina tramite le idee, considerate non solo come modelli o archetipi (Platone), ma anche come forme plasmatrici (Aristotele) e forze vivificanti (stoici). Così, l'Anima ha una **parte superiore**, **rivolta all'Intelletto**, e una **parte inferiore**, **rivolta al corpo** che da essa emana.
Unendosi a quest'ultimo, diviene **Anima del mondo** e **Provvidenza**. La nozione plotiniana di "provvidenza" è assai diversa da quella cristiana, in quanto non indica un'azione divina intenzionale, «bensì solo l'ordine che, automaticamente, si stabilisce ai livelli inferiori, per il fatto stesso che essi riproducono a loro modo l'unità dei livelli superiori e ne sono l'immagine, in forma sempre più dispersa» (Vittorio Mathieu).

I rapporti tra le ipostasi

Come si può notare, ogni ipostasi "nasce" da un **atto di contemplazione rivolto all'ipostasi precedente** e costituisce l'esplicazione o la realizzazione, a un livello ontologico inferiore, di qualche sua caratteristica, o potenza. Ad esempio, l'Intelletto nasce dalla contemplazione dell'Uno e si configura come l'esplicazione, in forma ideale, di tutto l'essere. Analogamente, l'Anima nasce dalla contemplazione dell'Intelletto e rappresenta la realizzazione, nel mondo corporeo, delle idee. In altre parole, come scrive Plotino, l'Intelletto è verbo e atto dell'Uno, mentre l'Anima è verbo e atto dell'Intelletto. Il loro rapporto è simboleggiato dalla luce, dal sole e dalla luna. L'Uno è la luce, l'Intelletto il sole, l'Anima la luna (che trae la luce dal sole).

La materia e il male

L'Uno, l'Intelletto e l'Anima universale costituiscono il mondo intelligibile. Il mondo corporeo, che deriva dall'Anima, implica anche, per la sua formazione, un altro principio. Questo principio è la **materia**, che Plotino concepisce negativamente, ossia come **privazione del positivo**. La materia si trova all'estremità inferiore della scala alla cui sommità c'è l'Uno. Se quest'ultimo è ineffabile per eccesso di potenza, la materia, al contrario, risulta impredicabile per mancanza di determinazioni.
Essa è l'oscurità che comincia là dove termina la luce. Come tale, la materia è **non essere e male**, dove con questi termini si intende non l'opposto dell'essere e del bene, ma la loro assenza o privazione (per i problemi critici connessi al concetto di materia e a quello correlativo di male, v. "Glossario", p. 98).

TESTO ANTOLOGICO
Plotino
Il male - La materia
(*Enneadi*, I; *Enneadi*, II)
ON LINE

L'armonia del mondo

Le anime singole sono parti, o meglio "immagini", o riflessi, dell'Anima del mondo. Quest'ultima penetra e vivifica la materia, ma rimane in se stessa unica e indivisibile. Essa produce l'unità e la simpatia di tutte le cose, giacché queste, avendo un'unica anima, si richiamano a vicenda come le membra di uno stesso animale. Dominato com'è dall'**Anima universale**, il mondo – ripete ottimisticamente Plotino con gli stoici – ha un **ordine e** una **bellezza perfetti**. Per scoprire quest'ordine bisogna guardare al Tutto, nel quale trova il proprio posto e la propria funzione ogni singola parte, anche quella apparentemente imperfetta o cattiva.

Il tempo

Per quanto concerne **la temporalità**, Plotino (che ha presente la definizione platonica del tempo come «immagine mobile dell'eternità») afferma che essa **nasce dall'attività dell'Anima del mondo**, la quale, distribuendosi nella materia, pone in una successione di prima e di poi ciò che nell'eterno (ossia nel mondo delle idee) è tutto insieme e simultaneo.

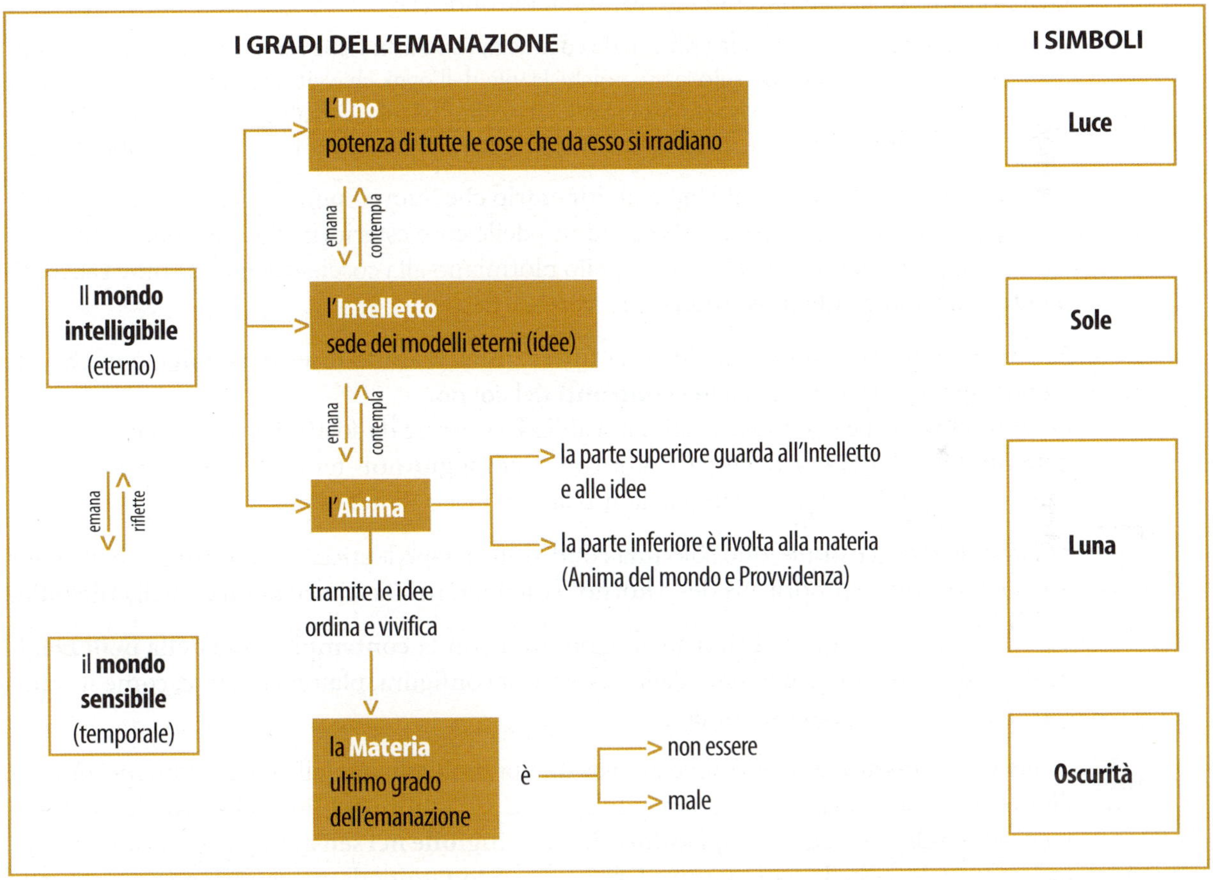

Il "ritorno" all'Uno

Il desiderio di ciò che si è perduto

La nostalgia e il viaggio in se stessi. Iniziato con la discesa dell'Uno nei molti, il circolo cosmico termina con il **ritorno dei molti all'Uno**. La saldatura dei due semicerchi del reale avviene attraverso quel punto nodale del Tutto che è l'uomo, il quale, simile a un pellegrino tormentato dal **sentimento di quanto è andato perduto**, ha il **desiderio di ritornare alla «casa del Padre»**, ovvero alla condizione dell'anima prima della sua "caduta" nei "lacci" del corpo.

La duplice colpa dell'anima

Tale caduta, pur derivando dalla necessità dell'emanazione cosmica, risulta aggravata da una duplice colpa dell'anima. La prima consiste nel suo **desiderio di "appartenere" e di legarsi all'individualità corporea**, tramite un distacco dal mondo intelligibile. La seconda consiste nel fatto che «l'anima, una volta entrata nel corpo, si prende **eccessiva cura del corpo** stesso, con le conseguenze che ne derivano, ossia con il mettersi al servizio delle cose esteriori e quindi con il dimenticare se stessa» (G. Reale).

La vita come esilio

Collocate tra l'Uno e la materia, le anime, se da un lato sono attirate dal gorgo dell'inautenticità corporea, dall'altro non possono fare a meno di avvertire il richiamo dell'«Essere donde nacquero» (*Enneadi*, IV, 8, 4). Tanto che la "**nostalgia**" si configura come la **cifra metafisica di tutto il plotinismo**, il quale si riferisce alla vita come a una sorta di esilio che trova nell'*Odissea* omerica la propria rappresentazione metaforica. ➔ T3 p. 104
Con prosa vibrante e religiosamente ispirata, Plotino scrive:

> Francamente il vivere quaggiù e tra le cose della terra non è che "crollo" ed "esilio" e "perdita d'ali" [...] la vita vera è solo lassù; poiché la vita dell'oggi, ch'è vita senza Dio, è solo un'orma di vita che va imitando la vita suprema [...] siccome ella è, sì, qualcosa di diverso dal Dio, ma da Lui deriva, l'anima è innamorata di Lui, necessariamente [...]. (*Enneadi*, VI, 9, 9)

Il viaggio interiore

Secondo Plotino, il ritorno all'Uno è un itinerario che l'uomo può iniziare e percorrere solo attraverso il ritorno a se stesso e l'abbandono delle cose esteriori: «*áphele pánta*», "togli via ogni cosa", esorta il filosofo. Da ciò l'appello plotiniano alla coscienza, intesa come **raccoglimento e auto-auscultazione interiore**.

La condizione preliminare

La prima tappa del ritorno all'Uno è la **liberazione, tramite le «virtù civili», o etiche, da ogni rapporto di dipendenza nei confronti del corpo**.
Con l'**intelligenza** e la **sapienza** l'anima si abitua a operare da sola, senza l'aiuto dei sensi; con la **temperanza** si libera dalle passioni; con il **coraggio** non teme di separarsi dal corpo; con la **giustizia** fa sì che comandi soltanto la ragione, o l'intelletto.

Le "vie" del ritorno

Tuttavia, le virtù costituiscono solo una condizione propedeutica, o preparatoria, dell'ascesa verso Dio: le vere e proprie vie del "ritorno" risiedono nell'**arte**, nell'**amore** e nella **filosofia**.

La bellezza e l'arte. Il ritorno all'Uno inzia con la **contemplazione della bellezza**, la quale, essendo forma emergente dalla materia, si configura, platonicamente, come il tralucere dell'idea nella realtà sensibile.

La bellezza come luce

La bellezza consente di ricondurre la disordinata molteplicità delle cose mondane all'Uno. Plotino la paragona alla luce, definendola come il **bagliore dell'idea che risiede nei fenomeni sensibili**, ossia come lo **splendore dell'intelligibile nel sensibile** (cfr. *Enneadi*, V, 8, 1). In quanto tale, la bellezza fa intravedere nel mondo l'unità di quella forma che, operando sulla materia indistinta, le fa perdere il carattere indeterminato e inerte e le fa acquisire l'anima. La bellezza risiede dunque non nella materia, o in un qualche aspetto sensibile dei corpi, bensì nel loro essere posseduti dall'idea. Plotino usa l'immagine della luce in quanto essa è un elemento semplice, non un composto, e quindi simboleggia la forma indivisibile e unificante che costituisce l'unità del molteplice sensibile.

La bellezza e la sensibilità

Che il bello non abbia nulla a che fare con i tratti sensibili degli oggetti è mostrato da Plotino in contrapposizione alla concezione aristotelica della bellezza, vista come proporzione e simmetria delle parti. Se fosse questo il significato della bellezza, non si capirebbe come mai il

medesimo oggetto possa apparirci a volte più bello, altre meno. In realtà, la nostra ricerca del bello è ricerca non di tratti esteriori, ma dell'anima che vivifica l'oggetto. Noi percepiamo una cosa come bella quando riusciamo a ravvisare in essa la **forma**, elemento **intelligibile e non sensibile**, che **conferisce unità alla molteplicità**, per cui non vediamo una mera somma di parti accostate, ma un qualcosa di strutturalmente unitario.
Nella **musica**, ad esempio, procedendo oltre i suoni sensibili, cerchiamo di cogliere il rapporto e la misura a essi sottostanti, per sollevarci all'armonia intelligibile.

La bellezza e l'ascesa dell'anima all'Uno

Il riconoscimento della presenza dell'idea all'interno dei corpi permette all'anima dell'uomo di tornare all'Uno. Ma l'**uomo** è una creatura posta a metà strada tra la fisicità e l'idealità, è **somma di corpo e anima**, e pertanto attrazione per le cose empiriche e insieme nostalgia per l'Uno. La bellezza lo eleva verso l'Uno, ma attraverso quanto è fisico, cioè attraverso l'*éros*.
Plotino reinterpreta qui la dottrina del *Simposio*, in cui Platone aveva ravvisato nell'*éros* una forma superiore di conoscenza, una tensione verso le idee: è contemplando il mondo sensibile che l'uomo si rende conto della bellezza invisibile e ideale; l'accesso al mondo ideale non può che essere provocato e mediato dalla corporeità, ma da questo punto di partenza l'anima umana prende coscienza della propria unità, scopre la propria componente ideale e inizia l'ascesa verso l'Uno.
Riprendendo, ancora una volta, la gerarchia del *Simposio*, Plotino afferma che l'uomo è così in grado di elevarsi **dal bello sensibile al bello intelligibile**. Ma se in Platone la bellezza era l'equilibrio che disciplinava la tensione erotica conferendole forma razionale, in Plotino essa supera la dimensione dell'ordine e della forma, facendosi tramite verso l'incommensurabilità dell'Uno. Nel pensiero di Plotino, cioè, rispetto a quello di Platone, si accentua la componente mistica.

TESTO ANTOLOGICO ON LINE Plotino
La bellezza suprema dell'Uno (*Enneadi*, I)

Il sublime

Se la bellezza testimonia l'incommensurabile, che non ha forma e non può essere inteso mediante la ragione, e quindi si distacca dalla classica concezione greca del bello come proporzione e simmetria, essa dovrà essere indicata da un altro termine: «**sublime**». Già adottato, in una diversa accezione, nel trattato *Del sublime* dal cosiddetto pseudo-Longino (v. p. 83), ora esso indica precisamente l'**incarnazione sensibile di ciò che è senza forma**: si tratta di un'esperienza estetica del tutto peculiare rispetto a quelle ordinarie, che si fermano invece alla superficie delle cose.

QUESTIONE MULTIMEDIALE ON LINE Le forme del bello
Il sublime

Bellezza naturale e bellezza artistica

Per quanto riguarda l'**arte**, Plotino ritiene che essa non coincida pienamente con la bellezza. La sua riflessione prende le mosse dal giudizio avverso alla mimesi artistica formulato da Platone, ma tende poi a superarlo. L'arte appartiene alle tecniche e, come ogni tecnica, anch'essa deve attuare un compromesso tra il modello ideale e la realizzazione concreta.
Nelle arti visive e nella musica si persegue la traduzione sensibile dell'idea, ravvisando dunque nelle produzioni artistiche una traccia dell'Essere, così come una traccia dell'Essere viene identificata negli oggetti naturali che giudichiamo belli. Questo porta al capovolgimento del giudizio sull'arte da parte di Plotino: mentre la **bellezza naturale** nasce da un processo spontaneo di emanazione, e pertanto risulta **irriflessa e inconsapevole**, il **bello artistico**, frutto di una precisa determinazione creativa, trasferisce intenzionalmente nella materia l'idea colta dall'intelligenza, e pertanto risulta **mediato e consapevole**.

L'amore

L'amore, la filosofia e l'estasi. In un processo analogo a quello considerato a proposito del bello sensibile, e del bello artistico in particolare, nell'**amore** l'uomo si solleva gradualmente (nel modo già descritto da Platone nel *Fedro*) **dalla contemplazione della bellezza corporea a quella incorporea**, la quale è immagine o riflesso del Bene.

La filosofia

Infine, attraverso la **filosofia**, o «dialettica», l'uomo procede **verso la fonte stessa della bellezza**, ossia **verso l'Uno in sé**.

L'estasi

All'Uno, tuttavia, egli non può arrivare tramite l'intelligenza, poiché questa è condizionata dal dualismo tra soggetto pensante e oggetto pensato, mentre Dio è assoluta unità, che sfugge, come sappiamo, a ogni presa conoscitiva. All'Uno-Dio l'uomo può giungere solo tramite l'**estasi**, ossia per mezzo di un **amoroso contatto** (*prosbolé*) e di una **sovrarazionale immedesimazione con l'Ineffabile**, ottenuta mediante un'"uscita da sé" e dai limiti del finito. → T4 p. 105

> Ed ecco la vita degli dei e degli uomini divini e beati: separazione dalle restanti cose di quaggiù, vita cui non aggrada più cosa terrena, fuga di solo a solo [*phyghé mónou pros mónon*].
>
> (*Enneadi*, VI, 9, 11)

Con queste parole si chiudono le *Enneadi*. → T5 p. 107
Si noti come l'estasi, che a detta dello stesso Plotino costituisce un avvenimento eccezionale nella vita di un uomo, **non** implichi una **fuga** claustrale dal mondo e **dalle cure della vita ordinaria**.
Inoltre, pur presentando alcune affinità con la religiosità orientale e con la mistica del *Mahabarata* e delle *Upanishad*, l'estasi plotiniana è il **punto di arrivo di un pensiero razionalista di stampo tipicamente greco**, è «la visione intellettuale di Platone rivissuta con lo spirito dell'uomo e del filosofo di età tardo-imperiale, in cui il senso del divino si è acuito, la religiosità si è impregnata di nuovo misticismo, la concezione dell'infinito e del trascendente ha assunto una dimensione fortemente dilatata» (M. Isnardi Parente).
Infine, la religiosità di Plotino, a differenza di quella cristiana, non **fa affidamento** su aiuti "dall'alto" e su "intermediari" tra uomo e Dio, ma **solo sull'uomo**.

L'estasi come conoscenza

L'estasi è per definizione **conoscenza dell'Uno**. Abbiamo appena sottolineato come essa non implichi una fuga dal mondo, anche perché l'Uno stesso, se da un lato trascende il mondo, dall'altro vi è immanente. Nel contempo, però, l'Uno non coincide con il mondo, e nemmeno con le ipostasi più elevate, mantenendo una sua specificità, un suo «distacco» (*chorís*) da tutto il resto: ciò significa che i gradi intermedi possono servire all'elevazione all'Uno, ma che dev'essere escluso in Plotino ogni panteismo.

Ritrovarsi perdendosi nell'Uno

L'estasi viene descritta come un **perdersi nell'Uno**, come un'identificazione che fa andare perduto il sé finito dell'uomo. Eppure l'anima che si unisce all'Uno resta tale; così come le voci di un coro all'unisono producono un'unica nota, ma non per questo qualcuno direbbe che si tratta di una sola voce, allo stesso modo nessuna parte dell'anima, nemmeno quelle inferiori, è cancellata dall'estasi, nella quale, pertanto, l'anima stessa non si cancella, ma permane:

> L'anima contemplando si raccoglie in unità ed è una perché una è con Lui.
>
> (*Enneadi*, VI, 9, 3)

La religiosità "filosofica" di Plotino

Come abbiamo visto, l'epoca di Plotino è contraddistinta da profondi e radicali fermenti religiosi: entrano in crisi i vecchi culti, inizia a diffondersi il cristianesimo, si affermano credenze orientali di sapore mistico. Anche Plotino appare come uno spirito profondamente religioso ed è innegabile che la sua filosofia approdi a una forma di **misticismo**, ma ciò è vero in un senso particolare. La fortissima aspirazione alla trascendenza che caratterizza la riflessione plotiniana non implica né una fede in senso tradizionale, né una prassi rituale o una liturgia, e nemmeno conduce alla fondazione di una comunità esoterica di credenti. Quella di Plotino è una **religiosità inscritta per intero nell'alveo della razionalità filosofica**. L'autentica e più elevata vita religiosa consiste infatti per Plotino nella **contemplazione dell'Uno**.

La filosofia come "luogo" della rivelazione divina

A differenza di quanto accadeva nell'Accademia platonica, alcuni membri della quale consideravano la prassi religiosa tradizionale come il complemento della loro meditazione teologica, Plotino esclude ogni partecipazione alla vita religiosa del suo tempo e nega qualsiasi ruolo alla preghiera. Secondo un aneddoto tramandato da Porfirio, una volta un amico di Plotino, Amelio, lo invitò ad andare con lui a compiere sacrifici agli dei. Il filosofo però rispose: «Sono gli dei che devono venire da me, non io da loro», intendendo che il **rapporto tra l'uomo e il divino** è **possibile solo in quanto il divino si rivela all'uomo**, il che avviene proprio e solo **nella meditazione filosofica**.
Le credenze della religiosità classica e quelle dei culti misterici ellenistici sono definite da Plotino come *ainíttesthai*, ossia come un **indicare mediante enigmi**. Ma la filosofia svela che quegli enigmi non sono altro che allegorie: Urano rappresenta l'Uno, il mondo delle idee si incarna nella figura di Crono, mentre suo figlio Zeus è l'Anima del mondo e così via. In Plotino vi è perciò una sorta di svalutazione della religiosità tradizionale, ritenuta inferiore alla filosofia e allo stesso ambito etico.

APPROFONDIMENTO ON LINE Plotino e il neoplatonismo nella storia

4. La scuola di Atene

L'ultima fase del neoplatonismo è dedicata prevalentemente al **commento delle opere di Platone e di Aristotele**.

Plutarco e Siriano

Al principio del V secolo d.C., capo della scuola ateniese è **Plutarco di Atene**, figlio di Nestorio, che muore molto vecchio (401-402) e che commenta Platone e Aristotele. La speculazione metafisica viene invece coltivata da **Siriano** (il maestro di Proclo), il quale si rifà specialmente a Platone, che ritiene superiore allo stesso Aristotele e che intende conciliare con i pitagorici e con i neoplatonici.

Proclo

Proclo è il maggior rappresentante dell'indirizzo ateniese. Nato a Costantinopoli nel 410 e educato in Licia, a 20 anni si reca ad Atene, dove resta fino alla morte (485). Le sue opere più importanti sono i *Commentari* al *Timeo*, alla *Repubblica*, al *Parmenide*, all'*Alcibiade I* e al *Cratilo*, e due scritti sistematici, l'*Istituzione teologica* e la *Teologia platonica*.
Proclo dà alla filosofia neoplatonica la sua forma definitiva. A lui succedono infatti numerosi pensatori che seguono le sue orme, ma che non offrono contributi originali alla sua dottrina.

Simplicio

All'ultima generazione di neoplatonici appartiene **Simplicio**, i cui commenti a molti scritti aristotelici, oltre a rappresentare una notevole opera di pensiero, hanno per noi la massima importanza come fonti di tutta la riflessione antica.

La chiusura della scuola

Nell'anno **529** Giustiniano vietò l'insegnamento della filosofia ad Atene e confiscò l'ingente patrimonio della scuola platonica. Damascio, che ne era il capo, e sei compagni, tra cui Simplicio, si rifugiarono in Persia; ma di lì tornarono presto disillusi. Il pensiero platonico oramai non sussisteva più come tradizione indipendente: esso era stato assorbito e assimilato dal pensiero cristiano.

La dottrina di Proclo

Il punto fondamentale della filosofia di Proclo è l'illustrazione di quel **principio triadico** che è proprio del neoplatonismo.
Ogni processo si compie per via di una **somiglianza** delle cose che procedono con ciò da cui procedono. Un essere che ne produce un altro rimane in se stesso immutato, ma la cosa prodotta necessariamente gli somiglia. Ora il prodotto, in quanto ha qualche cosa di identico al producente, resta in esso; in quanto ha qualche cosa di diverso, procede da esso. Ma essendo simile è in qualche modo identico e diverso, dunque rimane e procede insieme, e non fa alcuna delle due cose senza l'altra.
Inoltre, ogni essere che procede da una cosa ritorna, per sua natura, verso di essa. Vi ritorna in quanto non può fare a meno di aspirare alla propria causa, che per esso è il bene, e ogni essere desidera il bene. Questo ritorno, o conversione, si compie per la somiglianza di chi ritorna con ciò a cui ritorna.

I tre momenti del processo di emanazione

Proclo distingue dunque nel processo di emanazione di ogni essere tre momenti:
- il **permanere** (*moné*) immutabile della causa in se stessa;
- il **procedere** (*próodos*) dalla causa dell'essere derivato, che per la sua somiglianza con essa le rimane attaccato e insieme se ne allontana;
- il **ritorno** o conversione (*epistrophé*) dell'essere derivato alla sua causa originaria.

In tal modo il processo dell'emanazione, che Plotino aveva illustrato in termini metaforici con l'esempio della luce e dell'odore, viene giustificato da Proclo con il **rapporto dialettico** tra la causa e la cosa prodotta, rapporto per cui esse nello stesso tempo si connettono, si separano e si ricongiungono in un **processo circolare**, nel quale il principio e la fine coincidono.

Le fasi dell'emanazione secondo Proclo

Il punto di partenza dell'intero processo è l'**Uno**, Causa prima e Bene assoluto, che Proclo, come Plotino, ritiene inconoscibile e inesprimibile.
Dall'Uno procede una molteplicità di Unità, o «**Enadi**», che sono anch'esse Beni supremi e Divinità e che fanno da intermediarie tra l'Uno originario e il mondo dell'Intelletto.
L'**Intelletto**, che è la terza fase dell'emanazione, è diviso da Proclo in tre momenti: l'**intelligibile** (l'oggetto dell'Intelletto), che è l'essere; l'**intelligibile-intellettuale**, che è la vita; l'**intellettuale** (l'Intelletto come soggetto), che è l'Intelletto. L'essere e la vita vengono a loro volta divisi in vari momenti, a ognuno dei quali Proclo fa corrispondere una divinità della religione popolare.
Il quarto momento dell'emanazione è l'**Anima**, divisa in tre specie: la **divina**, la **demoniaca** e l'**umana**; le prime due vengono ancora suddivise e identificate con divinità o esseri della religione popolare.

Il mondo è organizzato e governato dall'Anima divina. Il male non deriva dalla divinità, ma dall'imperfezione dei gradi medi e bassi della scala del mondo e dalla loro deficiente accettazione del bene divino. La materia, infatti, non può essere la causa "positiva" del male, perché è stata creata da Dio come necessaria per il mondo.

L'armonia del mondo

Oltre alle facoltà distinte nell'anima da Platone e da Aristotele, Proclo ammette in essa una facoltà superiore a tutte, **l'Uno nell'anima**, che **corrisponde all'Uno nel mondo** ed è la **facoltà adatta a conoscerlo**. Il processo dell'elevazione morale e intellettuale dell'anima culmina nel congiungimento estatico con l'Uno. I gradi ultimi di questo processo sono l'**amore**, la **verità** e la **fede**. L'amore porta l'uomo fino alla visione della bellezza divina; la verità fino alla sapienza divina e alla conoscenza perfetta della realtà. Ma solo la fede lo porta, al di là della conoscenza e di ogni divenire, al **riposo** e al **mistico congiungimento con ciò che è inconoscibile e inesprimibile**.

Il ricongiungimento dell'anima con l'Uno

VERSO LE COMPETENZE
- Utilizzare il lessico e le categorie specifiche della filosofia

GLOSSARIO e RIEPILOGO

Plotino

Uno p. 84 > Con il termine "Uno" («Uno primo», «Uno in sé», «Uno totale», «Uno reale») Plotino indica la fonte da cui derivano i molti, ossia tutto ciò che esiste. Secondo Plotino l'Uno è radicalmente "diverso" da ciò di cui è principio. Innanzitutto, esso è infinito (v.). In quanto tale, è privo di forma e di figura e risulta "al di là" dell'essere e della sostanza e, in generale, di ogni determinazione finita.

Infinità dell'Uno p. 86 > Plotino distingue l'infinità del numero, che è "inesauribilità", da quella dell'Uno, che invece è «illimitatezza della potenza», pervenendo a un concetto teologico di infinito che, preparato da Filone, rappresenta una novità nel pensiero greco, soprattutto se si pensa che l'Uno plotiniano non è un principio fisico, ma un'entità metafisica e metacorporea: «Già Platone aveva posto l'Uno al vertice del mondo ideale, ma l'aveva concepito come limitato e limitante. Plotino concepisce invece l'"Uno" come infinito. Solo i fisici avevano parlato di un principio infinito, ma lo avevano concepito in dimensione fisica. Plotino scopre l'infinito nella dimensione dell'immateriale e lo caratterizza come illimitata potenza produttrice» (Giovanni Reale).

Teologia negativa p. 86 > Con l'espressione "teologia negativa" (che è successiva a Plotino, ma che si applica bene al suo pensiero) si indica la teoria secondo la quale ogni discorso su Dio può essere fatto solo per via negativa (*Deus melius scitur nesciendo*), ossia affermando non ciò che Egli *è*, ma ciò che Egli *non è* (ovvero le realtà finite del mondo).

Emanazione p. 88 > Per "emanazione", o "irradiazione", o "processione", si intende il processo meta-temporale tramite cui dall'Uno scaturiscono necessariamente i molti, attraverso una serie di gradi d'essere ontologicamente sempre meno perfetti mano a mano che ci si allontana dal principio iniziale. In virtù di queste caratteristiche, l'idea di emanazione (che Plotino presenta in modo più metaforico-allusivo che concettuale-filosofico) manifesta una propria originalità nei confronti delle teorie dualistiche, creazionistiche e panteistiche. Secondo l'emanazionismo, infatti, il mondo esiste solo come effetto della processione divina (e non esiste di per sé, come attesta invece la prospettiva dualistica) ed è conseguenza necessaria della sovrabbondanza d'essere dell'Uno (e non è "volontariamente" e "liberamente" creato con un atto d'amore, come attesta la prospettiva creazionistica). Infine, l'Uno esiste al di sopra del mondo e in modo non corporeo (e non pervade il mondo come afferma il panteismo classico).

Ipostasi p. 90 > Per "ipostasi" (in gr. *hypóstasis*, "sostanza", da *hypó*, "sotto", e *stásis*, "stare") si intendono le tre realtà sostanziali divine che formano il mondo intelligibile: l'Uno (v.), l'Intelletto (v.) e l'Anima (v.). Ogni ipostasi deriva da quella precedente mediante un atto di contemplazione e rappresenta l'esplicazione, a un livello ontologico inferiore, di qualche sua caratteristica o potenza.

Intelletto p. 90 > L'Intelletto (o lo Spirito, come qualcuno traduce) è la seconda ipostasi. Esso nasce da un atto di contemplazione dell'Uno, ma, rispetto all'assoluta semplicità dell'Uno, sottintende già uno sdoppiamento tra soggetto pensante e oggetto pensato. L'attività propria dell'Intelletto è il pensare, mentre l'oggetto del suo pensiero è tutto il pensabile, ossia il mondo platonico delle idee. Pertanto, se l'Uno è la potenza delle cose, l'Intelletto è l'esplicazione, su di un piano ideale, di tutte le forme primordiali dell'essere.

Anima p. 90 > L'Anima è la terza ipostasi. Da un lato l'Anima guarda all'Intelletto e alle idee, e, tramite queste, all'Uno. Dall'altro lato guarda al corpo che da essa emana, plasmandolo e ordinandolo mediante le idee (intese non solo come modelli delle cose, ma anche come forze dinamiche e vivificatrici). Da questo punto di vista l'Anima si configura come Anima del mondo e come Provvidenza. In virtù di queste sue caratteristiche, essa risponde all'esigenza di una mediazione tra intelligibile e sensibile, e rappresenta il principio da cui, attraverso un processo d'individuazione (in parte "necessario" e in parte "colposo") derivano le anime particolari.

Materia p. 90 > La materia per Plotino non è una realtà sostanziale, ma una *x* indeterminata e indefinita che rappresenta il limite estremo dell'emanazione cosmica. Come tale, la materia è l'oscurità che comincia là dove termina la luce dell'intelligibile, cioè la negatività pura che si trova agli antipodi dell'Uno. Infatti, se quest'ultimo è ineffabile per eccesso di potenza, la materia risulta impredicabile per difetto di determinazioni. Per questi suoi caratteri, la materia è *non essere*, dove con questo termine si intende non l'opposto dell'essere, bensì la sua assenza o privazione. La concezione plotiniana della materia, comunque, è ben lungi dall'essere univoca e priva di aporie. Innanzitutto, accanto alla materia sensibile, Plotino pone anche una materia "intelligibile", che funge da sostrato delle varie ipostasi. In secondo luogo, egli sembra oscillare tra una visione della materia come *privazione* di forma e di essere e una visione della materia come *opposizione* originaria alla forma, cioè come entità avente una propria specifica consistenza (in questo secondo caso, Plotino finirebbe per approdare, al di là del monismo, a un nuovo tipo di dualismo).

Male p. 90 > Plotino tende a riportare il male alla materia (cfr. *Enneadi*, I, 8, 5), che, essendo privazione di essere, risulta nel contempo privazione di bene. Tuttavia, come dall'Uno-Bene possa scaturire, a un certo punto, il male, è qualcosa che la metafisica teologica di Plotino non riesce a spiegare in maniera convincente: «A che cosa è imputabile la presenza del male nell'universo, Plotino non sa né può dirlo. La sua teologia si arresta a questo punto là dove si arrestano tutte le teologie fondate su una prospettiva rigorosamente monistica: il male che non è principio e che non può derivare dal supremo principio, ch'è nella sua essenza Bene, resta in realtà senza spiegazione causale, oscuro nella sua origine» (Margherita Isnardi Parente).

Ritorno dei molti all'Uno p. 91 > Le vie del ritorno all'Uno sono le tappe che l'uomo, intraprendendo alla rovescia il cammino dell'emanazione, deve percorrere per ricongiungersi nuovamente con l'Assoluto. Tali vie trovano la loro condizione preliminare nelle virtù civili, o etiche (tramite le quali l'anima si libera dalla dipendenza nei confronti dei sensi e del corpo), e si concretizzano da un lato nell'arte e nell'amore (che dalla bellezza sensibile si elevano a quella intelligibile) e dall'altro nella filosofia, o dialettica (che studia l'intelligibile). Tuttavia, poiché all'Uno non si può arrivare tramite la pura conoscenza intellettuale, che risulta condizionata dal dualismo tra soggetto pensante e oggetto pensato, occorre un passo ulteriore, rappresentato dall'estasi (v.).

Bellezza p. 92 > Secondo Plotino la bellezza è il carattere della realtà sensibile attraverso cui traluce l'idea. Sebbene mediata dalla corporeità, tanto da richiedere i sensi per essere colta, la bellezza implica dunque il superamento dell'immediatezza. Tant'è che la bellezza visibile delle cose fa da tramite alla bellezza invisibile delle idee e aiuta l'uomo nella sua risalita verso l'Uno.

Arte p. 93 > Nell'arte Plotino vede la realizzazione consapevole della bellezza. L'artista trasferisce intenzionalmente l'idea colta dalla sua intelligenza nella materia; pertanto il bello artistico risulta per certi versi superiore al bello naturale e al suo carattere immediato e inconsapevole.

Estasi p. 94 > Con il termine "estasi" (in gr. *ék-stasis*, "stare fuori da") Plotino indica la tappa suprema del ritorno all'Uno: essa si identifica con l'"uscita" dell'uomo da sé, in direzione di una sovrarazionale immedesimazione dell'anima con Dio.

Misticismo p. 95 > La filosofia, in Plotino, mette capo al "misticismo" (dal gr. *mystikós*, "mistico", "degli iniziati", da *mýstes*, "iniziato"), ossia all'ideale di un contatto immediato o diretto con Dio. Ovviamente, tale misticismo non rappresenta la negazione della ricerca razionale, ma il suo consapevole culmine.

MAPPA

Il neoplatonismo

ON LINE MAPPA INTERATTIVA

I CARATTERI dell'UNO di PLOTINO

- **infinito** → privo di limiti
- **informe** → privo di qualunque forma
- **indeterminato** → privo di determinazioni spazio-temporali
- **assolutamente "Altro"** → al di là di ogni essere e di ogni sostanza

→ **teologia negativa**

L'EMANAZIONE dall'UNO alla MOLTEPLICITÀ

- **Uno**, **Intelletto**, **Anima** → mondo intelligibile
- **Materia** → mondo sensibile

Il RITORNO dell'UOMO all'UNO

- è mosso dalla **nostalgia** per ciò che si è perduto
- si sviluppa come **viaggio in se stessi**
- passa attraverso
  - le **virtù civili**
  - l'**arte**
  - l'**amore**
  - la **filosofia**
- culmina nell'**estasi**

L'UNO COME POTENZA ATTIVA
Dall'emanazione in Plotino al Big Bang

La **filosofia di Plotino**, mentre effettua una grandiosa sintesi di motivi presenti in tutta la filosofia greca precedente, introduce **alcune innovazioni veramente notevoli**. Tra queste, importantissima e destinata ad avere una lunga storia, è la concezione del primo principio, e cioè dell'**Uno, come *dýnamis***.

LA *DÝNAMIS* COME POTENZA ATTIVA

Uno dei teoremi fondamentali della metafisica aristotelica è quello dell'**anteriorità e priorità dell'atto (*enérgeia*) sulla potenza (*dýnamis*)**. Per Aristotele, infatti, la *dýnamis* è la possibilità che una cosa ha di "muoversi", cioè di trasformarsi o di cambiare posizione. Ad esempio, un pezzo di legno è *in potenza* un tavolo, ma questa "potenzialità" è per Aristotele secondaria, perché nessun pezzo di legno diventa un tavolo senza un'azione esterna che lo faccia diventare tale, cioè senza un "atto" o un'*enérgeia* che produca tale passaggio:

> l'essere in atto deriva dall'essere in potenza sempre ad opera di un altro essere già in atto.
>
> (*Metafisica*, 1049b 24-28)

Possiamo quindi dire che, per Aristotele, un pezzo di legno ha, in quanto legno, una forma, ma in quanto tavolo è ancora solo in potenza, e quindi è informe, indeterminato. **Tutte le cose sono** perciò **nello stesso tempo in atto** (relativamente a ciò che sono attualmente) **e in potenza** (relativamente a ciò che possono diventare). Ecco perché, da un lato, se si risale di potenza in atto si arriva a un **atto o motore primo** che è assolutamente privo di potenzialità, ovvero a **Dio**, e, dall'altro lato, se si discende di atto in potenza si perviene a una **potenzialità che è priva di attualità**, cioè alla **materia bruta**, che è pura passività, in quanto può solo *ricevere* le forme ma non ne ha alcuna propria.

Con il neoplatonismo, questa dottrina aristotelica subisce un'inversione radicale. Plotino arriva infatti ad affermare in maniera netta la **priorità della *dýnamis* sull'*enérgeia***. In realtà, questa affermazione trova un appiglio già nella filosofia di Platone, il quale nel *Sofista*, definendo l'essere come «potenza» (*dýnamis*), aveva specificato che si trattava della capacità di patire ma anche di agire (247e, 248b). Questa distinzione viene ripresa da Plotino, che identifica la capacità di patire con la *dýnamis* aristotelica (cioè con l'"essere in potenza") e attribuisce invece al principio primo la *dýnamis* attiva, ovvero la potenza di produrre, di essere causa attiva di qualcos'altro.

In sostanza, alla concezione aristotelica della *dýnamis* come carattere proprio di ciò che è passivo, e quindi come "essere in potenza", Plotino affianca quella di una **potenza attiva, di cui l'atto vero e proprio è solo una conseguenza**: è la ***pánton dýnamis***, la "**potenza di ogni cosa**". La differenza consiste nel fatto che il primo principio non è per Plotino "*in* potenza", ma è "potenza", **la potenza del produrre**:

> infatti, l'essere in potenza ha la sua attualità da qualcosa di diverso da sé, mentre per la potenza l'atto è ciò di cui essa è capace a partire da se stessa.
>
> (Plotino, *Enneadi*, II, 5, 1, 33-34)

DALLA METAFISICA ALLA FISICA

Facendo della *dýnamis* attiva il carattere fondamentale del primo principio, Plotino ne rivoluziona il concetto. Essendo potenza e non atto, l'Uno si vede infatti rivestito di attributi che fino ad allora erano "impossibili" per la mentalità greca: ***ámorphos***, cioè senza forma; ***ápeiros***, cioè infinito, senza limiti; ***álogos***, cioè indicibile. Sotto la figura dell'Uno, viene totalmente cambiata la stessa idea della divinità e, dopo Plotino, sarà più semplice per il pensiero filosofico concepire **Dio** come siamo abituati a concepirlo oggi, e cioè come **onnipotente, immateriale, infinito, ineffabile**.

Ma se questo è l'esito metafisico della rivoluzione concettuale di Plotino, altrettanto interessante è un altro aspetto che, contraddicendo la facile identificazione dell'Uno plotiniano con il Dio cristiano, spinge il neoplatonismo in una direzione del tutto nuova e carica di conseguenze. Si tratta del concetto di "emanazione", che altro non è se non la conseguenza della concezione dell'Uno come *pánton dýnamis*: proprio perché **l'Uno è potenza attiva di tutto, tutto emana da esso come espressione di questa potenza**. La metafora del sole utilizzata da Plotino illustra molto bene questo concetto e consente inoltre un confronto con una delle più famose teorie contemporanee sull'origine dell'universo: quella del **Big Bang**.

Secondo la teoria del Big Bang, l'universo è nato da una grande esplosione originaria, da **un punto in cui la materia che oggi costituisce l'universo era talmente concentrata da essere pura energia**. Così il premio Nobel Steven Weinberg descrive una tale esplosione:

> In principio ci fu un'esplosione: non un'esplosione come quelle che si possono vedere sulla Terra, che partono da un centro determinato e che si estendono inglobando un volume crescente dell'aria circostante, ma un'esplosione che si verificò contemporaneamente ovunque, riempiendo tutto lo spazio fin dall'inizio, poiché ogni particella fuggiva da tutte le altre.
>
> (S. Weinberg, *I primi tre minuti. L'affascinante storia dell'origine dell'universo*, pp. 14-15)

L'analogia tra la metafisica plotiniana e la teoria del Big Bang si basa essenzialmente su due aspetti:

- l'idea che il "punto" iniziale dell'universo sia un momento dotato di un'energia potenziale enorme, in cui la stessa materia è energia (anzi a rigore non esiste ancora);
- l'idea che l'universo non si sia formato per un intervento esterno, ma si sia prodotto da sé, per "esplosione" (o "emanazione"), con una sorta di «creazione spontanea».

Al di là delle discussioni che la teoria del Big Bang ha suscitato, soprattutto per la sua radicale alternatività rispetto all'idea di "creazione" della tradizione teologica ebraico-cristiana, il suo significato appare insospettatamente simile al modo in cui Plotino descrive il processo emanativo, ovvero come una "**necessità intrinseca**", un'esigenza interna allo stesso Uno, effetto della sua potenza attiva:

> ciò che esiste già prima, pur restando sempre nel suo proprio luogo, genera ciò che viene dopo di sé mediante una sorta di potere indicibilmente grande; tale è il potere in quelle nature, un potere che non doveva arrestarsi, come recingendo se stesso, geloso della propria natura, ma doveva continuamente avanzare, fino a che tutte le cose non avessero raggiunto i limiti del possibile, grazie ad un potere immenso che si diffonde su tutto e non lascia nulla fuori di sé.
>
> (Plotino, *Enneadi*, IV, 8, 6, 9-15)

LABORATORIO DELLE IDEE

VERSO LE COMPETENZE
- Comprendere le radici concettuali e filosofiche dei principali problemi della contemporaneità
- Riflettere e argomentare, individuando collegamenti e relazioni

1. La nozione plotiniana di *pánton dýnamis* è all'origine del concetto di "onnipotenza", cioè dell'idea secondo cui Dio può tutto, anche far sì che ciò che è successo non sia successo, o che 2+2 sia uguale a 5. Che cosa pensi che comporti quest'idea sul piano filosofico, fisico e perfino logico? Dio può trasformare la verità in falsità? E, se non può, significa che c'è qualcosa che limita la sua onnipotenza? Prendendo spunto da questi interrogativi e ricollegandoti alla riflessione plotiniana, prova a esplicitare quelle che ti sembrano le conseguenze o le difficoltà più importanti del concetto di "onnipotenza".
2. In Plotino la creazione "a partire da sé" è l'effetto non di una legge fisica, ma del Bene, il quale è per sua natura "effusivo", cioè portato a espandersi (non essendo «geloso della propria natura») pur restando se stesso. Questa idea di una "necessità intrinseca", non costretta dall'esterno (che Plotino deriva dall'etica stoica ed eleva a principio metafisico), in molte filosofie successive sarà intesa come la vera idea di "libertà". Diversamente da quanto affermato nella concezione cristiana – in cui la libertà è piuttosto un atto di scelta tra alternative, e cioè frutto della volontà –, quella dell'Uno è "spontaneità" pura, un'azione che segue solo la propria legge interna, senza alcun condizionamento.
Rifletti su queste due idee di libertà e su che cosa esse comportino per quel che riguarda l'etica: libertà è scegliere un modello di vita "estrinseco", oppure essere "se stessi"?

I TESTI

CAPITOLO 5
L'ultima filosofia greca e il neoplatonismo

Dall'unità assoluta alla molteplicità

La filosofia di Plotino ruota interamente intorno all'idea dell'Uno come principio supremo della realtà. In quanto fondamento sia del mondo intelligibile, sia del mondo sensibile, l'Uno plotiniano è Dio, infinito, perfetto, trascendente e ineffabile, da cui tutte le cose scaturiscono, secondo un processo discendente che dà origine a gradi d'essere, o «ipostasi», via via meno perfetti.

T1 > I caratteri dell'Uno

Plotino può essere considerato un precursore della cosiddetta "teologia negativa", in quanto ritiene che il principio assoluto, essendo radicalmente diverso da tutte le cose di cui è principio, non possa essere definito per quello che è realmente, ma soltanto per quello che non è. A rigor di termini, esso è ineffabile e indefinibile, sebbene Plotino non rinunci completamente a parlare dei suoi caratteri fondamentali.

In definitiva, ciò che ha precedenza su quanto v'è di più prezioso nel regno dell'essere, dal momento che è indispensabile che ci sia qualcosa prima dello Spirito, il quale vorrebbe, sì, essere uno ma non lo è ed è appena Uniforme – voglio dire che lo Spirito ha la forma dell'Uno perché per Lui non c'è affatto sbandamento ma Egli è davvero raccolto in se stesso, senza interruzioni e scissioni perché sta vicino all'Uno, immediatamente dopo di Lui, ed ebbe l'ardire di staccarsi, non so come, dall'Uno! –; quel prodigio, insomma, che è anteriore allo Spirito, si è proprio l'Uno; Egli non è "Ente" altrimenti anche qui l'Uno sarebbe predicato di un altro essere; a Lui, in verità, non s'addice nome alcuno; ma dal momento che è inevitabile dargli un nome, Egli potrebbe pure esser volgarmente detto, con certa qual convenienza, "Uno", non però nel senso ch'Egli sia prima qualcosa d'altro e in un secondo momento sia "Uno". Dura cosa, s'intende, ch'Egli sia conosciuto per questa via; ma egli è piuttosto conoscibile per mezzo della sua creatura: l'essere, ed è lo Spirito che adduce all'essere; la natura dell'Uno, poi, è così ricca da farsi fonte delle cose più nobili e potenza generatrice degli esseri: una potenza che persevera in se stessa e non risulta sminuita neppure nelle cose che nascono da essa, poiché esiste prima di loro. Noi uomini usiamo questo termine "Uno" per additarcela, vicendevolmente, giacché con tal nome suggeriamo una idea indivisa e vogliamo unificare l'anima nostra; noi diciamo "Uno" e "indivisibile" non nel senso in cui applichiamo tali attributi al punto geometrico o all'unità aritmetica; poiché l'uno preso in tal senso è radice del quantitativo, il quale non potrebbe sussistere se non gli preesistesse l'essenza e Ciò che precede l'essenza.

(Plotino, *Enneadi*, VI, 9, 5, a cura di V. Cilento, Laterza, Bari 1948, vol. 3, pp. 426-427)

Analisi del testo

1-7 Lo Spirito (ovvero l'Intelletto, vale a dire la seconda delle ipostasi, nel processo di emanazione del mondo dall'Uno, v. **T2**) è certamente ciò che ha maggior valore nel regno dell'essere, tuttavia esso non possiede una piena unità, per quanto sia vicino all'Uno e abbia una forma unitaria. Al di sopra dello Spirito, dunque, deve esserci l'Uno, che non è un ente, ma il fondamento della molteplicità degli enti.

7-13 Per la sua radicale diversità, Egli non può essere determinato in alcun modo mediante attributi finiti, tuttavia potrebbe essere definito, con una certa fondatezza, sia pure in modo approssimativo, come "Uno", nel senso che Egli è l'unità originaria e il principio della molteplicità. L'Uno non è conoscibile di per se stesso, bensì, indirettamente, attraverso gli esseri che Egli, nella sua pienezza, genera, a cominciare dallo Spirito, senza che si esaurisca mai la sua infinita potenza generatrice.

14-18 Usando il termine "Uno" per la natura divina noi alludiamo a un'idea assolutamente indivisa, semplice, e intendiamo concentrare la nostra anima nell'unità. Infine Plotino precisa che i predicati prima ricordati, quando sono riferiti a Dio, perdono il loro significato originario; essi sono usati soltanto per analogia con l'unità aritmetica e con il punto geometrico; infatti l'uno matematico-geometrico è fondamento della quantità e questa implica la preesistenza dell'essenza e di ciò che precede l'essenza.

T2 > I GRADI DELL'ESSERE

Per la sua abbondanza e la sua perfezione, l'Uno genera necessariamente il mondo, secondo un processo discendente articolato in vari gradi. Prodotti dell'emanazione divina sono l'Intelletto, o lo Spirito, e l'Anima, che compongono il mondo intelligibile. Lo Spirito è concepito da Plotino come immagine di Dio e l'Anima come immagine dell'Intelletto; l'Anima, inoltre, si riflette nelle anime individuali del mondo corporeo.

[...] perfetto com'è, giacché nulla ricerca, nulla possiede, di nulla ha bisogno, Egli trabocca, per così esprimerci, e la sua esuberanza dà origine a una realtà novella; ma l'essere così generato si rivolge appena a Lui ed eccolo già riempito; e, nascendo, volge il suo sguardo su di se stesso ed eccolo Spirito. Precisiamo ancora: il suo fermo orientamento verso l'Uno crea l'Essere; la contemplazione che l'essere volge a se stesso crea lo Spirito. Ora, poiché lo Spirito, per contemplarsi, deve pur stare orientato verso se stesso, Egli diviene simultaneamente Spirito ed Essere.

Così, dunque, l'Essere è un "secondo Lui" e perciò crea ciò che gli è simile, versando fuori la sua forza esuberante; ma, immagine, anche questa, dell'Essere corrisponde a Colui che già prima dell'Essere s'effuse. E questa forza operante che sgorga dall'Essere è "Anima" che diviene quello che è, mentre lo Spirito è fermo; poiché anche lo Spirito sorse mentre "Ciò che era prima di Lui" perseverava nell'immobilità.

L'Anima però non è immobile nel suo creare; tutt'al contrario, ella generava la sua immagine, allorché aveva già subìto il movimento. Ora, finché ella guarda lassù donde nacque, si riempie di Spirito; ma se avanza su un'altra ed opposta direzione, genera – immagine di se stessa – la sensibilità e, nelle piante, la potenza vegetativa. Nulla, peraltro, è separato, nulla è scisso da ciò che precede. Sotto questo rispetto, sembra persino che l'anima umana s'inoltri, pur essa, sino alle piante: vi si inoltra, intendiamoci, in questo senso che la potenza vegetativa ch'è nelle piante appartiene all'Anima; certo, ella non è, tutta quanta, nelle piante, ma se è nelle piante è in questo senso ch'ella è proceduta sino a tal punto, nel basso, da creare un essere novello in quel suo processo e in quella sua premura del "peggiore". Del resto, anche la sua parte superiore, quella sospesa allo Spirito, lascia che se ne stia quieto e fermo lo Spirito che è in essa.

(Plotino, *Enneadi*, V, 2, 1, cit., vol. 3, pp. 20-21)

Analisi del testo

1-6 Come avviene il passaggio dal semplice al molteplice? Poiché nulla era nell'Uno, tutto deve sgorgare da lui. L'Uno non è l'essere, ma il principio primo dell'essere; Egli è pienamente autosufficiente e la sua perfezione trabocca, per così dire, dando origine in tal modo alla prima ipostasi, la quale da un lato è rivolta all'Uno e ha il nome di Essere, dall'altro è rivolta a se stessa e ha il nome di Spirito. In questa duplice contemplazione, dunque, essa è allo stesso tempo Spirito ed Essere.

7-11 Anche l'Essere, che è immagine dell'Uno, genera, per la sua sovrabbondanza, un'immagine di sé, l'Anima, la quale è priva del privilegio dell'immobilità, che invece l'Essere ha mutuato dall'Uno.

12-21 L'Anima per un verso è rivolta allo Spirito e conosce le idee universali, per un altro è rivolta in basso, verso il mondo corporeo che emana da essa. Essa si fa allora anima sensitiva e vegetativa, esercita premurosamente un'azione ordinatrice e vivificatrice nella materia; mentre la sua parte superiore, a contatto con lo Spirito, lascia immobile lo Spirito che ha in sé.

Il "ritorno" all'Uno

Il processo discensivo della realtà dal proprio principio unitario e assoluto non si presenta solo come un "allontanamento" da esso: l'emanazione, infatti, in qualche modo contiene già in se stessa il momento del ritorno e lascia aperta all'anima umana la possibilità di risalire i gradi della realtà per ricongiungersi con l'Uno. Tale ritorno a Dio può seguire diverse "vie" (che si concretizzano nell'arte, nell'amore e nella filosofia), ma si realizzerà compiutamente solo nell'estasi, ovvero nel contatto mistico dell'anima con Dio.

T3 > LA CADUTA DELLE ANIME E LA NOSTALGIA DELL'UNO

Le anime individuali sono immagini dell'Anima universale del mondo. Come Platone, anche Plotino concepisce l'incarnazione delle anime come una caduta e la loro vita nei corpi come una prigionia. Esse però non dimenticano la loro vita precedente, ne hanno nostalgia e aspirano a ritornare presso Dio.

Così, le anime particolari sono dotate di un impulso di natura spirituale in quel loro rivolgersi all'Essere donde nacquero, ma posseggono altresì un potere che si esercita su quanto è sulla terra; proprio come la luce, sospesa, pel vertice superiore, al Sole, ma che pure non lesina la sua elargizione a ciò che le tien dietro. Finché esse restano nel mondo dello Spirito in compagnia dell'Anima universale, è data loro un'esistenza libera dall'affanno; unite, allora, nel cielo, all'Anima universale, sono associate ad essa nel governo del mondo a guisa di re che stian presso il supremo Signore e partecipino al suo governo senza discendere, ancor essi, dai loro seggi regali; così, voglio dire, le anime se ne stanno insieme, in questa prima fase, nella stessa sede. Ma esse trapassan dalla totalità sino a farsi singole anime parziali e ad appartenersi; e, quasi stanche della comunanza di vita con altrui, si ritraggono, ad una ad una, nella individualità. Ora, se l'anima fa questo per lunghe durate, e fugge quell'unità totale e attraverso la distinzione si allontana e non guarda più verso il mondo dello Spirito, ridottasi ormai ad essere una parte, s'isola, s'illanguidisce, s'affaccenda nel campo pratico e guarda solo esseri parziali; e nella scissione della moltitudine calata in un solo qualsiasi essere e fuggitiva da ogni altra realtà, s'incammina diretta verso codesto suo unico oggetto esposto agli urti della totalità e di ogni singola cosa; allontanatasi dall'universo, regge, tribolando, l'essere individuale; ed eccola già in contatto, anzi al servizio delle cose esteriori; eccola non solo presente, ma finanche calata per gran tratto ben addentro del singolo essere!

In questa fase le occorre quel che si esprime così: le "cadder le ali" e "cadde nei ceppi del corpo"; poi ch'ella si giocò la sua inviolabilità – nella cura di più alti valori – quella inviolabilità la quale "era" presso l'Anima universale. Beninteso, lo stato anteriore a questo "era" è migliore, da ogni punto di vista, di quello dell'anima risalita.

Ond'è ch'ella, caduta, è imprigionata e regge la sua catena; il suo atto si esercita solo attraverso il senso, poiché è impedita di agire mediante la sua pura spiritualità agli inizi, almeno, di questa nuova vita; così ella è, come si dice, "nel sepolcro" e "nella caverna"; ma se si volge al pensare, ella è sciolta dalle catene e risale, appena abbia preso dalla reminiscenza lo scatto iniziale alla contemplazione dell'Essere verace; poiché ella serba qualcosa, sempre: qualcosa che, nonostante tutto, resta pur sempre in alto.

(Plotino, *Enneadi*, IV, 8, 4, cit., vol. 2, pp. 338-339)

Analisi del testo

1-8 Le anime individuali sono caratterizzate da una duplicità analoga a quella dell'Anima universale, della quale sono i riflessi. Plotino, come altre volte, illustra tale duplicità con la similitudine della luce. Le anime hanno vissuto originariamente con l'Anima universale, prima di separarsene, avendo l'onore di collaborare, per così dire, al governo del mondo, in comunione.

9-18 Ma subentra poi il distacco delle anime, per una sorta di tedio e per un'inclinazione individualistica. Ognuna volta le spalle al mondo intelligibile, si isola, si indebolisce, si orienta verso interessi pratici e particolari. Questa individualizzazione, secondo Plotino, è un degradarsi nel mondo del particolare; rinnegando l'universalità e la spiritualità, l'anima sprofonda inesorabilmente nell'individualità e nell'esteriorità.

19-28 Riecheggiando in modo esplicito la terminologia di Platone, Plotino afferma che l'anima perde le ali, cade nelle catene del corpo dopo aver compromesso la purezza di cui godeva quando viveva in comunione con l'Anima universale. L'anima, dopo la caduta, vive come in una prigione o in un sepolcro o in una caverna, ed è capace, inizialmente, solo della rozza conoscenza sensoriale. Essa, tuttavia, conserva un legame con la realtà superiore da cui proviene e, mediante l'impulso prodotto dalla «reminiscenza» della precedente vita spirituale, si libera delle catene e inizia la risalita.

T4 > Il contatto mistico con l'Uno

Articolato in varie fasi (le «virtù civili», l'arte, l'amore, la filosofia), il ritorno dell'uomo a Dio può realizzarsi compiutamente soltanto trascendendo la ragione discorsiva, mediante una sorta di intuizione. Solo in questo modo si riesce a superare quel dualismo tra soggetto conoscente e oggetto conosciuto che condiziona la conoscenza intellettuale e ad entrare in contatto con Dio, assoluta unità.

Ma la via di uscita ci è preclusa soprattutto perché l'intelligenza di Lui non si ottiene né sulla via della scienza né su quella del pensiero, come per i restanti oggetti dello Spirito, ma solo per via di una presenza che vale ben più della scienza. Eppure, l'anima sperimenta un allontanamento dalla sua unità e non resta completamente una, allorché acquista la conoscenza scientifica di qualche cosa; la scienza, difatti, è un processo logico; ma il processo logico è molteplice. Quindi essa valica l'unità, poiché è caduta nel numero e nel molteplice. Urge pertanto oltrepassare di corsa la scienza e non deviare giammai dal nostro essere unitario; è necessario frattanto allontanarsi sia dalla scienza sia dallo scibile sia da ogni altro spettacolo per quanto bello; poiché ogni bellezza è posteriore a Lui e da lui deriva come la luce diurna deriva tutta quanta dal sole. Gli è per questo che di Lui non si può né parlare né scrivere, come fu detto. Frattanto noi parliamo e scriviamo per indirizzare verso di Lui, per destare dal sonno delle parole alla veglia della visione, e quasi per additare la strada a colui che desidera contemplare un tantino. Francamente, il magistero non va oltre questo limite di additare cioè la via e il viaggio; ma la visione è già tutta un'opera personale di colui che ha voluto contemplare.

Pure, se uno non giunge alla visione, se l'anima sua non sa nemmeno comprendere lo splendore di lassù, se essa non sperimenta e non serra in sé il travaglio amoroso – sorgente dalla visione – dell'amante che si riposa in colui che ama; se, pur accogliendo la luce vera e precingendone l'anima interamente per una maggiore vicinanza raggiunta, quegli sale tuttavia ma risulta appesantito alle spalle da qualcosa che gli inceppa la visione; se, insomma, sale non solitario ma in compagnia di qualcosa che lo separa da Lui o non ancora si è raccolto nell'unità [...] – in verità non è lontano da nessuno, Lui, eppure è lontano da tutti; sicché Egli, presente, non è presente se non a coloro che sono in grado di accoglierlo e sono predisposti in modo da aggiustarglisi accanto ed entrare in contatto e toccarlo addirittura per via di somiglianza e in virtù di quella potenza ch'è in Lui, congeniale a ciò che deriva da Lui stesso, qualora tale potenza si serbi tale com'era quando uscì da Lui, ecco, allora, che essi sono capaci di contemplarlo in maniera ond'Egli secondo la sua natura è visibile –; [...] se, dicevamo, costui non si trova ancora lassù ma se ne sta al di fuori per gli ostacoli ora menzionati o per la mancanza di una concezione razionale che lo governi e gli sappia installare una convinzione intorno a Lui, allora attribuisca pure a se stesso la colpa per tutto il resto e si studii di starsene solo lontano da tutti [...].

(Plotino, *Enneadi*, VI, 9, 4, cit., vol. 3, pp. 424-425)

Analisi del testo

1-6 L'uomo non può intendere l'Uno finché rimane nell'ambito del pensiero logico-razionale, anziché trascenderlo con l'intuizione. La scienza (o meglio, la filosofia) consiste in un procedimento logico, dunque caratterizzato dalla molteplicità, e quindi l'anima si allontana dall'unità, propria e divina.

6-14 Bisogna allora andare oltre la scienza e i suoi oggetti e non uscire in alcun modo dal nostro io unitario, bisogna andare oltre la contemplazione della bellezza che è inferiore a Dio e deriva da Dio come la luce del giorno dal sole. Come affermava Platone, Dio non è realmente definibile. Ciò che si dice e si scrive serve solo a indicare la via che conduce a Lui; la contemplazione di Dio può essere solo opera di chi ne ha la ferma volontà.

15-29 L'anima, tuttavia, può non giungere a quella visione; può non riuscire nemmeno a intendere lo splendore divino; può non avvertire e non trattenere in sé quella passione amorosa che scaturisce dalla visione di Dio e che porta a trovar pace nell'amato. Può succedere che un individuo, pur ricevendo la vera luce e avendone l'anima interamente illuminata per la vicinanza a Dio, sia ancora ostacolato da qualcosa nella sua ascesa; oppure può capitare che egli non si sia ancora raccolto in se stesso. Chi sia ostacolato da questi impedimenti, o chi non possieda una sufficiente razionalità personale, deve incolpare se stesso e ritirarsi il più possibile in sé. Plotino precisa (rr. **20-21**) che Dio, in verità, è vicino e lontano allo stesso tempo, ossia è presente solo a coloro che sono disposti ad accoglierlo, a farsi simili a Lui in virtù di una potenza che viene da Lui e a Lui li accomuna e che quando tale potenza si conserva com'era in origine costoro sono in grado di ammirarlo nei limiti in cui ciò è possibile.

T5 > L'ESTASI

L'esito mistico della speculazione metafisica di Plotino risulta evidente nel seguente brano, con cui si chiudono le *Enneadi*. Il filosofo afferma che l'elevazione graduale dell'uomo verso Dio culmina nell'uscita dal mondo e da se stessi (cioè nell'"estasi") e nell'immedesimazione in Dio, nell'unione mistica con Lui. Si tratta di un'esperienza ardua da compiere, che dopo la realizzazione può venir meno, ma alla quale l'uomo può e deve sempre tendere.

Dunque, se alcuno si veda già trasformato in Lui, questi possiede in se stesso una similitudine di Lui e se trapassa da sé, copia, all'originale, ha oramai toccato il termine del suo viaggio. Ma se decade dalla contemplazione, egli può ridestare di bel nuovo la virtù ch'è in lui e meditando sul suo essere così perfettamente adorno, ritroverà la sua leggerezza e salirà allo Spirito su la via della virtù e a Lui mediante la saggezza.

Ed ecco la vita degli dei e degli uomini divini e beati: separazione dalle restanti cose di quaggiù, vita cui non aggrada più cosa terrena, fuga di solo a solo.

(Plotino, *Enneadi*, VI, 9, 11, cit., vol. 3, pp. 437-438)

Analisi del testo

1-5 Se uno si vede trasformato in Dio, ha in sé un'immagine di Dio e se si immedesima con Dio ciò significa che ha completato la sua ascesa. Se poi questa esperienza si interrompe, egli può risvegliare la virtù che è in lui e, meditando sul proprio ordine interiore, risollevarsi allo Spirito mediante la virtù e a Dio mediante la saggezza.

6-7 La vita degli dei e degli uomini fattisi divini è distaccata dalle cose mondane, incurante di ogni cosa terrena, fuga di uno verso l'Uno.

UNITÀ 5

Le filosofie ellenistiche e il neoplatonismo

ON LINE VERIFICA INTERATTIVA

1. Società e cultura nell'età ellenistica

1 La crisi delle *póleis* nell'età ellenistica ha come effetto:

a la trasformazione del suddito in cittadino

b il disinteresse dell'individuo per la politica

c la crisi dell'istituto della schiavitù

d la diffusione dei classici greci in Oriente

2 Nell'età ellenistica si impone una nuova concezione del sapere perché:

a il filosofo è anche scienziato

b nascono molteplici discipline specialistiche

c il filosofo tende a estraniarsi dalla vita sociale

d nascono tante scuole filosofiche

3 In riferimento all'età ellenistica, indica se le affermazioni seguenti sono vere o false.

a. La Grecia perde il suo ruolo di culla della cultura V F

b. Diminuisce l'importanza della metafisica V F

c. Viene potenziata la ricerca sull'etica e sull'uomo V F

d. Gli interrogativi esistenziali diventano dominanti V F

e. Permane l'interesse per la politica V F

f. La filosofia risponde alle inquietudini dell'uomo V F

4 Utilizza le espressioni e i termini elencati di seguito per completare il passo riportato sotto.

epicurea - indifferenza - saggio - scetticismo - scuola - stoica - tranquillità - umani

Tre sono i principali orientamenti filosofici del periodo ellenistico: quello della scuola ...., fondata da Zenone di Cizio, quello della scuola ...., che prende il nome dal suo fondatore, e lo ...., che non costituisce una .... in senso stretto, ma caratterizza scuole diverse.
Questi indirizzi filosofici perseguono l'obiettivo di garantire la .... dello spirito e pongono l'ideale del .... nell'............ rispetto ai motivi propriamente .... dell'esistenza.

5 Collega gli studiosi (colonna di sinistra) con le rispettive teorie astronomiche (colonna di destra).

a. Eraclide Pontico	**1.** elaborazione del primo modello eliocentrico
b. Aristarco di Samo	**2.** correzione del modello geocentrico con sfere eccentriche ed epicicli
c. Ipparco	**3.** sistemazione definitiva del modello geocentrico
d. Claudio Tolomeo	**4.** correzione del modello geocentrico con orbite di Mercurio e Giove intorno al Sole

6 Perché Alessandria d'Egitto può essere considerata un esempio significativo della nuova situazione politica e socio-culturale? (max 6 righe)

7 In che cosa consistono, rispettivamente, le tendenze all'"orientalismo" e al "cosmopolitismo", diffuse presso le scuole filosofiche dell'età ellenistica? (max 6 righe)

8 Spiega in che modo e per quali motivi in età ellenistica viene a crearsi una frattura tra scienza e filosofia e tra scienza e tecnica. (max 15 righe)

9 Spiega perché e in che senso, durante l'età ellenistica, la filosofia, che per Aristotele era disinteressato esercizio teorico e per Platone sapere finalizzato alla politica, diventa "terapia" esistenziale. (max 15 righe)

2. Lo stoicismo

10 La rappresentazione catalettica è:

- [a] l'atto con cui l'intelletto afferra un oggetto nella sua evidenza
- [b] la scienza del discutere
- [c] l'azione dell'oggetto che imprime la sua immagine nei sensi
- [d] il criterio del bene e del male

11 Per gli stoici la libertà del sapiente consiste:

- [a] nell'opporsi al destino
- [b] nel conformarsi all'ordine necessario del mondo
- [c] nel poter scegliere tra le cose "indifferenti"
- [d] nel sottrarsi al controllo della ragione

12 Indica se le affermazioni seguenti sono vere o false.

a. La dottrina stoica è una forma di materialismo [V] [F]

b. Per gli stoici l'anima è una sostanza incorporea [V] [F]

c. Per gli stoici l'anima è principio d'azione del corpo [V] [F]

d. Tra le sostanze incorporee è compreso Dio [V] [F]

e. Il destino è l'ordine necessario del mondo [V] [F]

f. La prolessi indica la capacità retorica [V] [F]

13 Utilizza le espressioni e i termini elencati di seguito per completare il brano riportato sotto.

concetti - connessioni razionalmente deducibili - premesse categoriche - premesse ipotetiche - proposizioni - relazioni empiricamente verificabili - validità - verità

Mentre il sillogismo di Aristotele si fonda sui ...., il ragionamento anapodittico fa leva sulle .... Inoltre, mentre il sillogismo aristotelico rinvia a delle .... tra la sostanza e le sue proprietà, il ragionamento anapodittico rimanda a delle .... tra due o più fatti. Infine, mentre il sillogismo aristotelico parte da .... espresse mediante specifici quantificatori, il ragionamento anapodittico parte da .... o disgiuntive, in quanto è volto a stabilire non la ...., ma la .... del ragionamento.

14 Collega le affermazioni (colonna di sinistra) con il pensatore a cui sono attribuite.

a. La filosofia insegna a fare, non a dire.

b. Guarda dentro di te: dentro di te è la fonte del bene.

c. La divinità ti sta vicino, è con te, è dentro di te.

d. Essa [la natura] c'ispirò l'amore reciproco e ci fece socievoli.

e. Il corpo è prigione e tomba dell'anima.

f. Sopporta e astieniti.

g. Il saggio è l'educatore del genere umano.

1. Seneca

2. Epitteto

3. Marco Aurelio

15 Quale origine ha, per gli stoici, la conoscenza umana? (max 6 righe)

16 Perché quella stoica è definita come un'"etica del dovere"? (max 6 righe)

17 Illustra i principali paradossi o «discorsi insolubili» analizzati dagli stoici. Soffermati in particolare su quello del "mentitore" e sulla soluzione che di esso hanno dato i logici moderni. (max 15 righe)

18 Confronta la metodologia, gli obiettivi e i traguardi della fisica degli stoici con quelli dell'indagine sulla natura condotta dai filosofi presocratici e da Aristotele, mettendone in luce affinità e differenze. (max 20 righe)

3. L'epicureismo

19 Tra i piaceri Epicuro distingue quelli:

- [a] stabili e quelli in movimento
- [b] dello spirito e quelli dei sensi
- [c] limitati e quelli smisurati
- [d] che danno gioia e quelli che danno dolore

20 Tra i bisogni Epicuro distingue quelli:

- [a] naturali e spirituali, quelli naturali e fisici, quelli non naturali
- [b] naturali e necessari, quelli naturali e non necessari, quelli non naturali e non necessari
- [c] spirituali e necessari, quelli fisici e necessari, quelli non necessari
- [d] naturali e necessari, quelli necessari ma non naturali, quelli non necessari

21 In riferimento all'etica di Epicuro, indica se le affermazioni seguenti sono vere o false.

a. L'amicizia nasce dall'utile [V] [F]

b. L'amicizia non è un bene per sé [V] [F]

c. Per il saggio è meglio fare il bene che riceverlo [V] [F]

d. È da saggi regolarsi sempre su ciò che è utile e produce benessere [V] [F]

e. È bene che il saggio si dedichi alla politica [V] [F]

f. È cosa buona che la vita degli uomini sia regolata dalle leggi [V] [F]

22 Utilizza le espressioni e i termini elencati di seguito per completare il brano riportato sotto.

accessibilità - lontananza - male - piacere - quadrifarmaco - timore degli dei - timore della morte

Il valore della filosofia per Epicuro sta nel fatto che essa fornisce all'uomo un ...., capace di liberare gli uomini dal .... – dimostrando che essi, per la loro natura beata, non si occupano delle faccende umane – e dal ...., provando che essa non è nulla per l'uomo; e di dimostrare l'........................ del limite del ...., cioè la facile raggiungibilità di esso, e la .... del limite del ...., cioè la brevità e la provvisorietà del dolore.

23 Collega i termini (colonna di sinistra) con le rispettive definizioni (colonna di destra).

a. canonica	**1.** assenza di turbamento
	2. assenza di dolore
b. anticipazioni	**3.** teoria diretta a fornire il criterio della verità, ossia la regola capace di orientare l'uomo verso la felicità
c. *clinámen*	
d. atarassia	**4.** deviazione casuale dell'atomo rispetto alla sua traiettoria rettilinea
e. aponia	**5.** sensazioni ripetute e conservate nella memoria

24 Qual è l'oggetto della logica epicurea?

25 Quali sono per Epicuro i criteri di verità e in che cosa consistono? (max 6 righe)

26 Esponi brevemente la concezione atomistica di Epicuro, evidenziandone le principali differenze rispetto al modello democriteo. (max 15 righe)

27 È invalso nell'uso popolare l'epiteto di "epicureo" per indicare chi sa godersi la vita perseguendo tutti i piaceri possibili. È fuorviante un'interpretazione del genere? Motiva la tua risposta. (max 15 righe)

4. Lo scetticismo

28 Lo scetticismo antico, in generale, rappresenta la negazione:

[a] della realtà esterna

[b] della verità delle cose come appaiono, cioè dei «fenomeni»

[c] della capacità di spiegare la natura dei fenomeni

[d] di qualunque regola su cui basare la condotta pratica

29 Il termine *trópoi* per gli scettici indica:

[a] i modi o i motivi di dubbio usati contro i dogmatici

[b] le figure retoriche del discorso

[c] i modi dell'argomentazione scettica

[d] i modi o i motivi per cui dubitare della realtà

30 In riferimento al pensiero di Pirrone, indica se le affermazioni seguenti sono vere o false.

a. Il buono, il bello, il vero e i loro contrari sono tali relativamente e per convenzione [V] [F]

b. Lo scetticismo rende inquieta la mente [V] [F]

c. La realtà è conoscibile [V] [F]

d. La ragione può cogliere il significato della vita [V] [F]

e. Lo scetticismo rinnega la quotidianità della vita [V] [F]

31 Utilizza le espressioni e i termini elencati di seguito per completare il brano riportato sotto.

che - come - conoscibilità - convenzione - presenza - probabile - teorie - verità - vita pratica

Gli scettici non negano, propriamente, la .... dei fenomeni, quanto le .... su di essi: non è tanto il "............" dei fenomeni, cioè il fatto della loro ...., a essere in discussione, bensì il loro "....................", ossia la .... del loro genuino modo di essere.
Anche per quel che concerne la ...., gli scettici, anziché fuggire dal mondo, in genere continuano a fare ciò che fanno tutti gli altri: o per .... e utilità, oppure perché lo ritengono più ragionevole e ....

32 Collega i termini (colonna di sinistra) con le rispettive definizioni (colonna di destra).

a. *sképsis*	**1.** sospensione di ogni giudizio
b. *epoché*	**2.** circolo vizioso, in cui si assume come dimostrato ciò che si deve dimostrare
c. atarassia	**3.** non pronunciarsi riguardo ad alcunché
d. afasia	**4.** imperturbabile serenità della mente
e. diallele	**5.** indagine, ricerca, dubbio

33 Secondo la filosofia scettica, come si può raggiungere la quiete dello spirito? (max 6 righe)

34 Perché, secondo Sesto Empirico, ogni sillogismo è un diallele? (max 6 righe)

35 Nell'opera *Contro i matematici* Sesto Empirico confuta alcune delle principali dottrine dei filosofi antichi. Riassumi i punti salienti di tali confutazioni. (max 15 righe)

36 L'adesione allo scetticismo non rende impossibile l'esistenza pratica quotidiana, tanto che i filosofi scettici continuano, in genere, a fare ciò che fanno tutti gli altri. Esamina in che modo i principali esponenti dello scetticismo antico giustificano un tale atteggiamento. (max 15 righe)

5. L'ultima filosofia greca e il neoplatonismo

37 Per Plotino l'Uno è condizione dell'essere perché:

[a] tutte le cose sono create dall'Uno

[b] ogni cosa è ciò che è in quanto è "una" cosa

[c] l'Uno produce tutte le cose per amore

[d] l'essere è sempre unico

VERIFICA

38 Per Plotino la materia è:

- a creata dall'Uno
- b privazione di essere
- c il principio del male opposto all'Uno
- d il nulla assoluto

39 Indica se le affermazioni seguenti sono vere o false.

a. Il pensiero di Plotino è un semplice sviluppo del platonismo V F

b. Plotino riprende il concetto di infinito dalla tradizione della cultura greca V F

c. L'Uno plotiniano è al di là dell'essere e della sostanza V F

d. Dell'Uno si può dire soltanto ciò che non è V F

e. I molti derivano dall'Uno per una sua sovrabbondanza d'essere V F

40 Utilizza le espressioni e i termini elencati di seguito per completare la tabella riportata sotto.

al di sopra del mondo - consapevolmente - conseguenza necessaria - dal nulla - defluisce eternamente - dentro il mondo - di per sé - effetto - ordine e forma - processione divina

DUALISMO (PLATONE E ARISTOTELE)	EMANAZIONISMO
Il mondo non deriva da Dio, ma esiste .... e Dio si limita a dargli	Il mondo esiste solo come .... della ....
CREAZIONISMO (CRISTIANESIMO)	**EMANAZIONISMO**
Dio crea il mondo .... liberamente e	Il mondo esiste come .... della sovrabbondanza d'essere dell'Uno e .... dalla Causa emanante.
PANTEISMO (STOICISMO)	**EMANAZIONISMO**
Dio è .... e si identifica con il principio fisico dell'universo.	Dio esiste .... e in modo non corporeo.

41 Collega i termini (colonna di sinistra) con le rispettive definizioni (colonna di destra).

a. emanazione	**1.** realtà sostanziali per sé sussistenti
b. ipostasi	**2.** processo attraverso il quale dall'Uno derivano necessariamente i molti
c. materia	**3.** Beni supremi e Divinità intermediarie tra l'Uno e il mondo dell'Intelletto
d. estasi	**4.** privazione del positivo
e. Enadi	**5.** amoroso contatto con l'Uno e immedesimazione con l'Ineffabile

42 In che senso il concetto di "creazione dal nulla" trova la sua prima formulazione in Filone d'Alessandria? (max 6 righe)

43 Che cosa si intende per "teologia negativa" in riferimento a Plotino? (max 6 righe)

44 Il rapporto tra Dio e l'uomo viene valutato in modo antitetico da Epicuro e da Plotino. Rileva le differenze tra queste due concezioni, anche in riferimento alla loro diversa collocazione storico-culturale. (max 15 righe)

45 Esponi le idee sviluppate da Plotino intorno alla bellezza e all'arte e prova a confrontarle con le dottrine esposte da Platone nel *Simposio*. (max 15 righe)

LABORATORIO DELLE IDEE

VERSO LE COMPETENZE
- Leggere, comprendere e interpretare un testo
- Riflettere e argomentare, individuando collegamenti e relazioni

Tempo ed eternità

Nella sua vasta opera poetica e letteraria, lo scrittore argentino **Jorge Luis Borges** (1899-1986) ha esplorato con fervida immaginazione anche i grandi temi della metafisica. In particolare, in uno scritto del 1936 intitolato ***Storia dell'eternità***, Borges traccia una storia filosofica di questa nozione, constatando amaramente che, mentre per i filosofi antichi l'eternità era un concetto originario ed evidente, e il tempo una sua pallida imitazione, noi, al contrario, viviamo nell'evidenza del tempo e l'eternità ci appare «un gioco o una stanca speranza». Nel brano qui proposto, l'autore esprime questa idea prendendo le mosse dal seguente passo plotiniano: «Anzitutto bisogna esaminare che cosa sia l'eternità [...], infatti, una volta conosciuta l'eternità immobile del modello, forse diventerà più chiara anche l'idea della sua immagine, che si dice essere il tempo» (*Enneadi*, III, 1).

> In quel passo delle *Enneadi* che vuole indagare e definire la natura del tempo si afferma che per farlo è indispensabile conoscere prima l'eternità, la quale – come tutti sanno – è modello e archetipo del tempo. Questa avvertenza preliminare, tanto più grave se la crediamo sincera, sembra distruggere qualsiasi speranza di intenderci con l'uomo che l'ha scritta. Il tempo è per noi un problema, un tremulo ed esigente problema, forse il più importante della metafisica; l'eternità un gioco o una stanca speranza. Leggiamo nel *Timeo* di Platone che il tempo è immagine mobile dell'eternità; e ciò è soltanto un accordo che non distoglie nessuno dalla convinzione che l'eternità è un'immagine fatta con sostanza di tempo [...]. Invertendo il metodo di Plotino comincerò col ricordare le oscurità inerenti al tempo: mistero metafisico, naturale, che deve precedere l'eternità, figlia degli uomini.
>
> (J.L. Borges, *Storia dell'eternità*, in *Tutte le opere*, vol. 1, p. 523)

Comprensione del testo

1. Perché per Plotino era scontato che l'eternità fosse «modello e archetipo del tempo»?

2. Oltre a Plotino, quali sono gli autori o le correnti del pensiero filosofico antico a cui Borges fa riferimento in questo passo?

3. A tuo avviso, quali aspetti della concezione odierna dell'eternità intende evocare l'autore quando afferma che essa è per noi «un gioco o una stanca speranza»?

4. Che cosa significa la frase «l'eternità è un'immagine fatta con sostanza di tempo»?

5. In che senso l'autore dichiara di voler invertire il metodo di Plotino?

Riflessione

6. Ritieni che per noi, uomini del terzo millennio, il tempo sia davvero un «problema»? E perché, secondo te, Borges definisce tale problema «tremulo ed esigente»?

7. Come ci ricorda Borges, quasi tutti i filosofi greci (da Parmenide ad Agostino) mostrano una naturale predilezione e inclinazione per l'eternità, interpretando invece il tempo come la "corruzione" di questa. Anche per Aristotele, che pure rivaluta la dimensione sensibile, empirica e temporale dell'esistenza, l'esperienza del tempo implica qualcosa che al tempo si sottrae e che del tempo è condizione e fondamento. Illustra questo aspetto, esprimendo la tua personale opinione in proposito.

TAVOLA ROTONDA

La filosofia tra teoria e prassi

Partecipanti: **Platone**, **Aristotele**, **Epicuro**

Moderatore La parola "teoria" (dal verbo greco *theoréin*, "guardare") significa "contemplazione" e indica una conoscenza "pura", senza scopi. Non a caso, il filosofo è fin dalle origini colui che osserva con stupore e disinteresse il "teatro" (termine che ha la stessa radice di "teoria") del mondo, al solo fine di comprenderlo. Intesa in questo senso, la filosofia si oppone alla "prassi" (dal greco *práxis*, "azione"), ovvero a un'attività che ha come scopo la concreta trasformazione della realtà, nell'intento di ricavarne dei vantaggi. I Latini hanno formulato la medesima opposizione distinguendo l'*otium* (il tempo libero da urgenze pratiche, che si può dedicare alla conoscenza e alla crescita spirituale) dai *negotia* (dagli "affari" concreti), ovvero la speculazione (in latino *speculactio*, che nella radice riprende l'originario riferimento al "guardare", *spectare*) dall'azione (*actio*). Ma davvero la filosofia è sguardo disinteressato, che "non serve a niente"? Com'è possibile concepire un'attività, seppure di tipo teorico, o spirituale, che non abbia un suo "uso", una sua destinazione specifica?
Giriamo la domanda ai protagonisti della riflessione filosofica antica.

Platone

A partire da Talete, la superiorità della "vita contemplativa" (*bíos theoretikós*) rispetto a ogni forma di "vita attiva" (*bíos praktikós*) è stata una convinzione universalmente condivisa da coloro che si sono definiti "filosofi". Eppure, a mio avviso, la filosofia

> consiste in un possesso di scienza [...] che possa esserci utile. (*Eutidemo*, 288d)

Il filosofo non deve chiudersi nell'egoistica contemplazione della verità, ma **deve assumere un impegno pratico, di tipo educativo e politico**. La figura del *sapiente*, cioè di colui che "sa" perché "ha visto" le idee, coincide a mio avviso con quella del *saggio*, che è colui che sa dirigere la propria vita e quella della comunità. Ho cercato di spiegarlo attraverso il ben noto mito della caverna, in cui ho mostrato come il percorso della conoscenza, che è anche un percorso di formazione, non finisca con la visione della verità, cioè con la contemplazione della luce delle idee e dell'idea del Bene quale ordine del mondo, ma con il **ritorno nella caverna** da parte del filosofo, il quale, liberato dalle "catene" dell'errore, può finalmente affrontare l'impegno politico. In altre parole, colui che sa deve in un certo senso "sporcarsi le mani" con le "tenebre" degli affari terreni in cui sono avvolti gli uomini, smarriti, disorientati e ignari del vero e del bene. In quanto educatore dei futuri governanti ed egli stesso reggitore della città, il filosofo deve mettere il proprio sapere a disposizione del bene comune:

Ciascuno di voi deve a sua volta discendere nella dimora comune e abituarsi a contemplare gli oggetti nelle tenebre: perché abituandosi a queste, vedrà assai meglio di quelli che sono rimasti sempre laggiù e riconoscerà i caratteri e l'oggetto di ciascuna immagine, perché ha visto i veri esemplari della bellezza, della giustizia e del bene. (*Repubblica*, VII, 520c)

Moderatore Questo significa che la verità deve essere al servizio della giustizia?

Platone

Esattamente. Il sapere filosofico deve servire al governo degli uomini. In questa **identificazione di contemplazione e azione, sapienza e saggezza**, ho seguito l'insegnamento del mio maestro, Socrate. È stato proprio Socrate a insegnarci che la virtù, cioè la "vita buona" perseguita dal saggio, coincide con la conoscenza posseduta dal sapiente. Ora, se il bene coincide con il conoscere, allora dovrà valere anche l'implicazione reciproca, secondo cui la conoscenza non può che produrre il bene del singolo e della comunità:

la più alta e di gran lunga la più bella [forma di saggezza] è quella che si occupa degli ordinamenti politici e domestici e a cui si dà il nome di prudenza e giustizia. (*Simposio*, 209a)

Moderatore Il rapporto di reciproca implicazione tra vita contemplativa e vita attiva che caratterizza la concezione platonica della filosofia viene meno nel più brillante e innovatore tra gli scolari dell'Accademia di Platone: Aristotele.

Aristotele

In effetti, io sono del tutto convinto che si debba riaffermare il **valore puramente teorico della filosofia**, la quale ricerca il sapere per il semplice piacere che ne deriva, e non per fini pratici o politici. Ma andiamo con ordine.

La *ragione teoretica* o teorica (che osserva il mondo solo per comprenderlo) ha per oggetto il dominio della "necessità", ovvero la natura intesa come insieme di fenomeni che sottostanno a leggi immutabili e indipendenti dalla volontà umana. La *ragione pratica* ha invece per oggetto ciò che dipende dall'uomo, ossia le sue deliberazioni e le azioni che ne conseguono: essa concerne dunque il regno del "possibile". La sapienza e la saggezza sono quindi cose diverse, forse addirittura opposte: essendo finalizzata alla trasformazione del mondo e all'agire secondo scopi, la saggezza concerne le faccende umane, mutevoli e incerte; la **sapienza**, al contrario, essendo **conoscenza di ciò che è necessario ed eterno** (cioè della struttura immutabile dell'essere, che si può solo contemplare), è **la forma di conoscenza più alta, salda e perfetta che sia possibile all'uomo**. In un certo senso, la sapienza è "scienza dell'inutile", perché non si cura dei bisogni umani, ma è anche **l'unica attività "libera"** a cui l'uomo possa dedicarsi, in quanto si affranca dall'affanno di dover deliberare, perché non c'è nulla da decidere sulle cose che non possono essere diversamente da come sono.

la sapienza è insieme scienza e intelletto delle cose più eccelse per natura. Perciò si dice che Anassagora e Talete e siffatti uomini sono sapienti e non saggi, giacché si vede che non conoscono ciò che giova a loro stessi, mentre si dice che conoscono cose eccezionali, meravigliose, difficili e sovraumane, ma inutili, giacché essi non indagano intorno ai beni umani. Invece la saggezza riguarda le cose umane e ciò intorno a cui è possibile deliberare; e diciamo che compito dell'uomo saggio è soprattutto deliberare bene; e nessuno delibera intorno alle cose che non possono essere altrimenti, né intorno a quelle di cui non vi è un dato fine, tale che sia un bene realizzabile.

(*Etica nicomachea*, VI, 1140a 28 - 1141b 9)

Moderatore La "filosofia", intesa come amore (*philía*) libero e disinteressato della conoscenza, coincide dunque con la "sapienza" (*sophía*)?

Aristotele

Proprio così. Del resto, fin dalla sua genesi la riflessione filosofica risponde a un bisogno primario dell'uomo, ovvero quello di *vedere* e *capire* lo stupefacente spettacolo del mondo, ancor prima di soddisfare qualunque altra necessità pratica:

gli uomini hanno cominciato a filosofare, ora come in origine, a causa della meraviglia [...]. Ora, chi prova un senso di dubbio e di meraviglia riconosce di non sapere [...]. Cosicché, se gli uomini hanno filosofato per liberarsi dall'ignoranza, è evidente che ricercano il conoscere solo al fine di sapere e non per conseguire qualche utilità pratica. E il modo stesso in cui si sono svolti i fatti lo dimostra: quando già c'era pressoché tutto ciò che necessitava alla vita ed anche all'agiatezza ed al benessere, allora si incominciò a ricercare questa forma di conoscenza. È evidente, dunque, che noi non la ricerchiamo per nessun vantaggio che sia estraneo ad essa; e, anzi, è evidente che, come diciamo uomo libero colui che è fine a se stesso e non è asservito ad altri, così questa sola, tra tutte le altre scienze, la diciamo libera: essa sola, infatti, è fine a se stessa.

(*Metafisica*, I, 2, 982b 29)

Lo ripeto, la filosofia è l'unica attività autenticamente libera: essa non "serve" a niente, nel senso che non è "serva" di niente, in quanto non è subordinata a nulla, neanche al bene comune dello Stato; pertanto:

tutte le altre scienze saranno più necessarie di questa, ma nessuna le sarà superiore.

(*Metafisica*, I, 2, 982b 28)

La stessa **saggezza**, essendo guida nelle relazioni umane, **esige un rapporto con gli altri**:

[il saggio] ha ancora bisogno di persone che egli possa trattare giustamente e con le quali possa essere giusto.

(*Etica nicomachea*, X, 1177a 30)

Il sapiente, al contrario, **basta a se stesso** ed è intimamente appagato in un'autosufficienza e in una beatitudine che lo rendono «simile agli dei».

Moderatore Quindi è vero ciò che i filosofi greci da sempre insegnano, ovvero che la "vita buona" e la "vita felice" consistono nell'esercizio della ragione?

Aristotele

Sì, ma la ragione da una parte conosce, e dall'altra orienta la volontà. Per questo la virtù più alta non è quella "etica", che concerne il comportamento (il calcolo del bene, la scelta del meglio), bensì quella "dianoetica", che concerne l'esercizio stesso della conoscenza (la contemplazione del bene, che è l'ordine del mondo).

Moderatore Relegata da Aristotele a virtù di secondo piano rispetto alla sapienza, la saggezza torna in auge con le scuole post-aristoteliche, nelle quali prevale l'idea che la filosofia debba essere guida all'azione, e non esercizio di sapere fine a se stesso. È la convinzione, tra gli altri, di Epicuro.

Epicuro

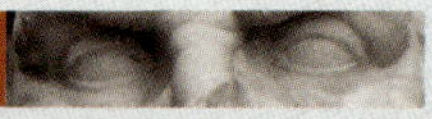

Concordo con i filosofi che mi hanno preceduto: solo nella filosofia c'è salvezza. Ma che cosa si intende con la parola "salvezza"? Per Platone la filosofia "salva" gli uomini nel senso che li libera dal caos anarchico del relativismo, mette ordine nella vita associata e consente di costruire uno Stato giusto. Per Aristotele la filosofia ci "salva" nel senso che ci apre la strada alla massima forma di beatitudine, quella che deriva dall'esercizio della conoscenza. Per me **la filosofia ci "salva"** nel senso che **ci libera dal dolore e dall'afflizione**. È un farmaco benefico, una preziosa cura per i mali dell'anima, l'unico strumento di guarigione dall'ignoranza, che è la principale fonte di dolore.

Per questo la saggezza è anche più pregevole della filosofia [intesa come sapienza disinteressata], e da essa hanno origine anche tutte le altre virtù, perché insegna come non è possibile una vita felice che non sia una vita saggia, bella e giusta, e non è possibile una vita saggia, bella e giusta che non sia felice. (*Lettera a Meneceo*, 132)

Felicità! Nome sublime e grande! Il suo possesso è l'unica cosa che interessi non solo il filosofo, ma ogni uomo. Ma quando parliamo di felicità, non intendiamo l'abbandono al piacere più dissoluto e scomposto, bensì un «sobrio calcolo che esamini le motivazioni di ogni scelta e rifiuto, e recisamente respinga le false opinioni, da cui deriva il maggior turbamento che prende le anime» (*Lettera a Meneceo*, 132). Facendoci comprendere la natura umana, e le ragioni del dolore e del piacere, la **filosofia (intesa come saggezza)** è l'unico **farmaco** di cui disponiamo **per conseguire l'imperturbabilità dell'anima**. Con la saggezza possiamo infatti operare una selezione dei piaceri, limitare i bisogni e governare i desideri.

Moderatore E la politica? È fonte di benessere o di inquietudine? Ha ragione Aristotele, con la sua idea di felicità come contemplazione autarchica e solitaria, oppure Platone, secondo il quale non si può essere felici se non impegnandosi per una comunità giusta?

Epicuro

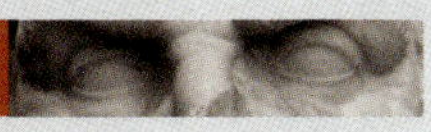

Una vita felice, certamente, esige l'amicizia, la solidarietà tra gli uomini e la condivisione dello stesso piacere della conoscenza, che non può essere un fatto solitario. Ma, se vogliamo essere felici, dobbiamo tenerci lontani dalla politica. Per quanto la vita associata sia necessaria per regolamentare le azioni dell'uomo, il saggio deve mentenere le distanze dal tumulto perturbante delle dispute politiche. Proprio per questo nella mia scuola, il Giardino, ho diffuso il precetto: «**vivi nascosto**».

Moderatore Tra il motto epicureo «vivi nascosto» e l'impegno politico richiesto al sapiente da Platone, tra l'isolamento di una vita dedicata allo studio e alla contemplazione e l'impegno pratico si è svolto l'intero destino della filosofia, considerata fin dai suoi albori come uno sguardo disinteressato, ma anche come un'attività trasformatrice del mondo e degli uomini: «Di questa ambiguità che segna la sua origine, la filosofia non si è forse mai liberata del tutto. Il filosofo non cessa di oscillare tra due atteggiamenti, di esitare tra due tentazioni contrarie. A volte afferma di essere il solo qualificato per dirigere lo Stato e, sostituendosi orgogliosamente al re divino, pretende, in nome del "sapere" che lo eleva al di sopra degli uomini, di riformare tutta la vita sociale e di ordinare sovranamente la città. A volte si ritira dal mondo per ripiegarsi in una sapienza puramente privata» (J.-P. Vernant, *Le origini del pensiero greco*, trad. it. di F. Codino, Editori Riuniti, Roma 1997, pp. 55-56). L'intera avventura del pensiero umano sembra ruotare intorno a due parole: "verità" e "felicità", che risuonano alte e nette anche nel messaggio cristiano: «la verità vi renderà liberi» (*Vangelo di Giovanni*, 8, 32) e, dunque, felici. Tuttavia, se per il cristianesimo la verità si fonda sulla rivelazione di Dio, che si deve accettare per fede, per la filosofia essa è il frutto della libera ricerca della ragione umana.

Ma la fede non ha bisogno della filosofia per rendere "ragione" di se stessa, ovvero per comunicare le sue "ragioni" anche a chi non crede? Da questa domanda appare chiaro in che senso la riflessione filosofica, con l'irruzione del cristianesimo nella storia, abbia assunto un valore strumentale: essa è diventata mezzo di intelligenza della fede, volto a dimostrarne la ragionevolezza e la comunicabilità universale. Per quanto autonoma nel suo dominio, la filosofia ha così finito per assumere una funzione "ancillare" rispetto alla teologia, perdendo quel carattere di disinteresse, o di "inutilità", che Aristotele aveva con forza cercato di salvaguardare.

QUESTIONE

L'intellettuale deve trasformare il mondo o solo comprenderlo?

Platone, Aristotele, Epicuro

Partiamo da due testi

1927 - Per denunciare il comportamento deludente di molti intellettuali che durante la Prima guerra mondiale si erano gettati nella contesa politica, il filosofo francese **Julien Benda** (1867-1956) pubblica ***Il tradimento dei chierici***, un *pamphlet* in cui rimprovera agli uomini di cultura di aver tradito la vocazione alla conoscenza disinteressata e di essere venuti meno alla loro funzione di guide "neutrali" dell'umanità.

Il *clericus* a cui Benda fa riferimento è l'uomo di cultura del Medioevo, distinguibile negli abiti e nel comportamento dal «gregge laico», dedito agli impegni pratici. Con questa metafora Benda intende dire che **l'uomo di pensiero** deve distinguersi dall'uomo pratico anteponendo la ricerca degli "universali" (la ragione, la verità) alla parzialità della politica. In altre parole, non deve cedere alla battaglia partigiana per un'idea o per l'altra, né tanto meno deve mettere il proprio sapere al servizio del governo degli Stati, ma piuttosto **deve farsi osservatore neutrale delle dinamiche del mondo** e riservare ad altri (i politici, gli uomini d'azione) il compito di trasformarle. A partire dalla fine del XIX secolo, secondo Benda i filosofi si sono invece confusi con il «gregge laico», asservendo perfino i valori del pensiero filosofico all'*engagement* (all'impegno):

La cosa più stupefacente del chierico moderno, in questa volontà di inserire la passione politica nella propria opera, è di essere riuscito a farlo con la filosofia, e più precisamente con la metafisica. Si può dire che fino al XIX secolo la metafisica era rimasta la cittadella inviolata della speculazione disinteressata; tra tutte le forme del lavoro intellettuale era quella a cui poteva essere reso il mirabile omaggio che un matematico rendeva alla teoria dei numeri tra le varie branche della matematica, quando diceva: "Questa è la branca veramente pura della nostra scienza, voglio dire non contaminata dal contatto con le applicazioni".

(J. Benda, *Il tradimento dei chierici*, a cura di S. Menzella, Einaudi, Torino, 1976, pp. 116-118)

1947 - Appena qualche anno dopo la fine della Seconda guerra mondiale, un altro filosofo francese, **Jean-Paul Sartre** (1905-1980), risponde a Benda con una tesi radicalmente opposta. Nel saggio ***Che cos'è la letteratura?*** Sartre afferma che l'uomo di pensiero è fatalmente chiamato all'impegno etico-politico, dal momento che **la neutralità è impossibile, se non addirittura immorale**. Il vero intellettuale non deve cedere alla «tentazione dell'irresponsabilità», ma deve dare il proprio contributo al cambiamento del mondo. In tal modo Sartre sottolinea con forza la **funzione morale e politica del sapere filosofico**, che deve «concorrere a produrre cambiamenti nella società che ci circonda»:

> Viene un giorno in cui la penna è costretta a fermarsi, e allora lo scrittore deve impugnare le armi. Così, comunque siate arrivati, quali che siano le opinioni che avete professato, la letteratura vi spinge alla mischia, scrivere è un certo modo di volere la libertà; una volta che si è cominciato, per amore o per forza ci si trova impegnati. Impegnati in che cosa? Si fa presto a dire: a difendere la libertà. Nel senso, forse, di farsi guardiani dei valori ideali, come il chierico di Benda prima del tradimento, oppure di proteggere la libertà concreta e quotidiana, prendendo partito nelle lotte politiche? Se lo scrittore ha scelto, come vuole Benda, di fare discorsi senza senso, può costruire periodi bellissimi per parlare della libertà eterna alla quale si appellano a un tempo il nazionalsocialismo, il comunismo stalinista e le democrazie capitaliste. Non darà fastidio a nessuno, non si rivolgerà a nessuno; gli è stato concesso in precedenza tutto quanto chiede. Ma questo è un sogno astratto; lo voglia o no, lo scrittore, anche se aspira dentro di sé agli allori eterni, parla ai suoi contemporanei, ai suoi compatrioti, ai suoi fratelli di razza o di classe.

(J.-P. Sartre, *Che cos'è la letteratura*, trad. it di L. Arano-Cogliati, Il Saggiatore, Milano 2004, pp. 50-51)

Il *clericus* di Benda e l'intellettuale *engagé* (impegnato) di Sartre rappresentano due modi opposti di intendere il **rapporto tra filosofia e impegno politico**. Tu che cosa ne pensi? Con Benda, **ritieni che il sapere debba essere disinteressato e neutrale, oppure**, con Sartre, **sei convinto che esso debba costituire la necessaria premessa dell'azione politica**? La questione, articolata e complessa, si riduce a una domanda basilare:

VERSO LE COMPETENZE
- Sviluppare la riflessione personale, il giudizio critico e l'attitudine alla discussione razionale

L'intellettuale deve trasformare il mondo o solo comprenderlo?

Sulla base delle tue convinzioni personali, rispondi a questo interrogativo scegliendo tra le opzioni che seguono.

1. L'intellettuale deve **mettere il proprio sapere al servizio della comunità**, promuovendo un progetto politico e assumendo una vera responsabilità di governo.

2. L'intellettuale trova la sua missione più alta nell'essere un **osservatore neutrale e disinteressato** delle dinamiche del mondo. Egli deve comprendere la realtà, ma spetta ad altri il compito di trasformarla o dirigerla verso il meglio.

3. L'intellettuale deve tenersi **lontano dal tumulto della politica e dall'agone pratico** in cui gli uomini rivaleggiano, poiché ogni impegno pubblico turba la capacità di comprendere adeguatamente la realtà.

Illustra brevemente le ragioni che ti hanno indotto a prendere questa posizione.

____

____

Approfondiamo la questione

Dal senso comune alla filosofia

1. Nella storia della filosofia, il primo a teorizzare l'esistenza di uno stretto legame tra ricerca filosofica e progetto politico è **Platone**. Dal momento che la filosofia «consiste in un possesso di scienza [...] che può esserci utile» (*Eutidemo*, 288d), i filosofi devono porsi al servizio del governo dello Stato.

2. Contro la commistione tra vita contemplativa e vita attiva si schiera **Aristotele**, il quale afferma il valore puramente teorico o contemplativo della filosofia. Essa, infatti, ricerca il sapere per il semplice piacere che ne deriva, non per fini pratici o politici.

3. Se Aristotele afferma la distinzione tra filosofia e politica, **Epicuro** teorizza la loro assoluta opposizione. In quanto "terapia" o "tecnica" individuale per la felicità, la filosofia richiede isolamento, un ripiegamento nel privato, una presa di distanza dai conflitti della vita pratica.

1. La filosofia come progetto politico: Platone

Tra contemplazione...

Seguendo i pensatori a lui precedenti, anche Platone **identifica la vita filosofica con quella contemplativa**. Egli è convinto che, per diventare filosofi, occorra differenziarsi dagli uomini comuni, i quali sulla *terra* si impegnano nei tribunali e nelle botteghe muovendosi tra gli affari e gli obblighi della vita pratica, e imparare a "guardare" il *cielo* sconfinato delle idee o delle essenze universali:

> i veri filosofi, fin da giovani, non conoscono la via che conduce alla piazza; non sanno dov'è il tribunale, dov'è il consiglio, o altro luogo di adunanze pubbliche della città [...]. E il vero è che il corpo del filosofo soltanto si trova nelle città e ivi dimora, ma non la sua anima, la quale, tutte codeste reputandole cose da poco e avendole in dispregio grande, trasvola [...] da ogni parte, e ora scende giù nel profondo della terra, ora ne misura la superficie, ora sale su nel cielo studiando a mirare le stesse cose, e tutta quanta investiga in ogni punto la natura degli esseri, ciascuno nella sua universalità, senza mai abbassare se stessa a niente in particolare di ciò che le è vicino.
>
> (Platone, *Teeteto*, 173d-174a)

... e impegno concreto

Tuttavia, è proprio l'idea della superiorità della vita "teoretica" rispetto a quella "pratica" a portare Platone ad affermare che, una volta giunto a contemplare la verità, il sapiente non può "tenersela per sé": egli deve superare la tentazione di ritirarsi in una conoscenza beata e disinteressata, e scegliere di contribuire concretamente al perseguimento del bene della comunità. Soltanto i filosofi, tra tutti gli uomini, arrivano a vedere con gli occhi della mente l'essere autentico: per questo essi soli sono in grado di "custodire" l'ordine pubblico e l'integrità della città. Poiché le idee («ciò che sempre permane invariabilmente costante») devono tradursi in norme di comportamento e principi di organizzazione dello Stato, la **conoscenza filosofica** deve farsi **strumento di governo**.

La filosofia al servizio della giustizia

Nella ***Lettera VII***, Platone spiega le ragioni che lo hanno condotto a coniugare così strettamente filosofia e impegno politico. Dopo essersi tenuto a lungo lontano dalla vita pubblica, egli aveva vissuto la morte di Socrate come il segno estremo della crisi della società ateniese e aveva compreso che un rinnovamento della politica doveva necessariamente tradursi in una **riforma radicale condotta attraverso la filosofia**, cioè attraverso la sola forma del sapere capace di stabilire che cosa significhi **essere "giusti" e vivere in una comunità "giusta"**:

> fui costretto a dire che solo la retta filosofia rende possibile di vedere la giustizia negli affari pubblici e in quelli privati, e a lodare solo essa. Vidi dunque che mai sarebbero cessate le sciagure delle generazioni umane, se prima al potere politico non fossero pervenuti uomini veramente e schiettamente filosofi, o i capi politici delle città non fossero divenuti, per qualche sorte divina, veri filosofi.
>
> (Platone, *Lettera VII*, 342b)

2. | La filosofia come pura contemplazione: **Aristotele**

Un sapere completamente "libero"

La commistione tra vita contemplativa e vita attiva che caratterizza la concezione platonica viene meno in **Aristotele**, il quale afferma che la **filosofia** è **l'unica attività autenticamente libera**, perché non ha altro scopo che se stessa:

> È evidente [...] che noi non la ricerchiamo per nessun vantaggio che sia estraneo ad essa; e, anzi, è evidente che, come diciamo uomo libero colui che è fine a se stesso e non è asservito ad altri, così questa sola, tra tutte le altre scienze, la diciamo libera: essa sola, infatti, è fine a se stessa.
>
> (Aristotele, *Metafisica*, I, 2, 982b 29)

Per indicare un tale **sapere libero e puramente teorico**, Aristotele usa due termini: "**sapienza**" (*sophía*) e "**filosofia**" (*philosophía*). Ma per lui l'etimologia di questo secondo termine non indica (socraticamente) l'aspirazione mai compiuta al sapere, bensì il carattere di pura teoreticità dell'indagine filosofica, il fatto, cioè, che **l'intellettuale ricerca la sapienza esclusivamente per *amore* della *sapienza* stessa**.

Filosofia, politica e saggezza

In quanto sapienza affrancata da qualunque scopo pratico, la filosofia si distingue per Aristotele sia dalla **politica**, sapere volto a governare lo Stato, sia dalla **saggezza** (*phrónesis*), sapere destinato a orientare la volontà e le scelte dell'individuo. Sappiamo, del resto, che la saggezza per Aristotele riguarda l'agire umano (mutevole e incerto) poiché concerne il regno del "possibile", ovvero di ciò che può accadere o meno, mentre la filosofia è **scienza del "necessario"**, ovvero di ciò che, costituendo la struttura dell'essere, non può essere diversamente da com'è, e quindi può essere solo contemplato e non modificato dall'uomo: infatti «nessuno delibera intorno alle cose che non possono essere altrimenti» (*Etica nicomachea*, 1140a 30b 5). **La sapienza**, in questo senso, **è scienza dell'inutile**, perché non si cura dell'uomo e dei suoi bisogni.

Lo "scopo" della filosofia

Se è vero che per Aristotele la filosofia, in quanto contemplazione pura, è l'attività più alta a cui l'uomo possa dedicarsi, è altrettanto vero che anche questa forma di sapere, per quanto inoperosa e disinteressata, tende a uno scopo: la **realizzazione dell'uomo in quanto essere razionale**. Essa risponde infatti a un bisogno primario dell'uomo, quello di **vedere** (*theoréin*) e **capire** lo spettacolo del mondo, prima ancora di cercare di rispondere a qualunque necessità pratica. È nella ricerca filosofica che l'essere umano raggiunge la **perfezione massima** e la **più alta felicità**, perché dispiega compiutamente la propria natura di "animale dotato di ragione".

3. | La filosofia come anti-politica: **Epicuro**

La filosofia esige isolamento

Per Epicuro la **filosofia** è una **medicina dell'anima**, grazie alla quale si possono estirpare le due cause principali della sofferenza umana: il desiderio, che procura dolore perché si desidera ciò che non si ha, e le credenze erronee e ingannevoli, che producono paure immotivate. Ma l'unico modo per riconoscere questi mali e liberarsene è quello di **allontanarsi dal tumulto della vita pubblica e dell'impegno politico**, che sono fonte di inquietudine e disagio. La pratica della filosofia richiede infatti l'isolamento e il ripiegamento nel privato. Solo la **distanza** dalle lotte e dai conflitti della società consente di guardare le cose con **obiettività** e di estirpare da sé ogni turbamento fisico e spirituale, per conseguire l'assenza di dolore (*aponía*) e l'assenza di inquietudine (*atarassía*).

L'individualismo epicureo

La **sensibilità individualistica** di Epicuro è quanto di più lontano possa esserci dalla sensibilità politica di Platone. Questi aveva affermato un legame necessario tra filosofia e politica, fondandolo su un ordine gerarchico che teneva insieme cosmo, Stato e individuo. In Epicuro quest'ordine si spezza: il **bene** non è più un principio oggettivo o cosmico, ma l'**esito di un impegno individuale**.
Epicuro, inoltre, nega che la **giustizia** sia qualcosa di sussistente in sé o che l'ingiustizia sia di per sé un male. Da suprema virtù dell'individuo e dell'organismo statale (quale era in Platone), la giustizia diventa il **frutto di un "contratto"** stipulato allo scopo di non recare o subire danni, e dunque fondato non su un ordine ontologico, bensì sull'**utile individuale**:

> La giustizia non è qualcosa che esista per sé, ma solo nei rapporti reciproci, e in quei tempi e luoghi dove esista un patto di non recare o ricevere danno.
>
> L'ingiustizia non è per sé un male, ma per il timore che sorge dal sospetto di non riuscire a sfuggire a coloro cui compete punire tali azioni.
>
> (Epicuro, *Massime capitali*, XXXIII e XXXIV, in *Opere, frammenti, testimonianze sulla vita*, p. 40)

Il saggio e lo Stato

Epicuro, dunque, mette in atto una radicale **svalutazione dello Stato**, dal momento che la vita associata della *pólis* non si fonda sulla suprema virtù della giustizia (come riteneva Platone) e nemmeno sulla naturale socievolezza dell'uomo (come riteneva Aristotele), bensì è il frutto di una **convenzione in vista dell'utile** e si regge sulla **forza**.
Nella prospettiva epicurea, il bene maggiore o la suprema virtù è il «**bastare a se stesso**» (*autárcheia*). Se tutti fossero saggi, lo Stato e le leggi non avrebbero ragione d'esistere; essi sono necessari perché gli uomini hanno la tendenza a danneggiarsi a vicenda. È dunque soprattutto la minoranza dei saggi ad aver bisogno della forza dello Stato per difendersi dagli stolti e per tutelare lo spazio privato di una individuale pratica della saggezza:

> Le leggi sono promulgate per i saggi, non perché non commettano ingiustizia, ma perché non sia loro fatta. (Epicuro, *Frammenti*, 101, in op. cit., p. 111)

La filosofia, faccenda privata

Polverizzato l'ideale platonico della "repubblica" governata dai filosofi, per Epicuro **la filosofia diventa faccenda privata, terapia personale**, e al filosofo viene negata qualsiasi missione educativa o politica. Il saggio deve liberarsi della famiglia, della ricchezza e della vita politica, e vivere nella solitudine. «**Vivi nascosto**» è il motto a cui deve ispirarsi il filosofo epicureo.

Dalla politica all'amicizia

Occorre ricordare, tuttavia, che l'epicureismo non invita a rompere ogni legame umano (alla maniera dei cinici), ma a non ricercare nella vita pubblica quella felicità e quell'autosufficienza che solo i **legami di amicizia** possono assicurare. Nell'amicizia, intesa come **rapporto disinteressato e libero**, Epicuro ravvisa infatti **il più grande dei beni**. Essa si realizza pienamente nella piccola cerchia della scuola filosofica, al riparo dalle tempeste dell'impegno politico.

VERSO LE COMPETENZE

- Saper argomentare una tesi dopo aver ascoltato e valutato le ragioni altrui

Hai cambiato opinione?

Ora che hai ascoltato le ragioni dei filosofi, decidi se intendi rimanere fedele alla tua idea iniziale o se preferisci cambiarla, e indica in sintesi gli argomenti che ti hanno indotto a questa decisione.

Una questione aperta...

Quella del rapporto tra intellettuale e impegno politico è una questione ampiamente dibattuta nel corso della storia della filosofia, soprattutto in epoca contemporanea. Nel XIX secolo, il filosofo tedesco **Karl Marx** affermerà: «Finora i filosofi hanno solo *compreso* il mondo, ora si tratta anche di *trasformarlo*» (*Tesi su Feuerbach*, XI). E, a cavallo tra XIX e XX secolo, sul ruolo dell'intellettuale «organico» a un progetto politico (figura per certi versi assimilabile a quella dell'intellettuale *engagé* di Sartre) rifletterà anche il filosofo e politico italiano **Antonio Gramsci**, secondo il quale l'uomo di cultura deve mettersi al servizio del partito e contribuire alla "lotta di classe" per trasformare la società.

Nel 1919, in una celebre conferenza tenuta a Monaco sul tema *Il lavoro intellettuale come professione*, il sociologo tedesco **Max Weber** criticherà invece questa visione della cultura, affermando che il detentore del sapere ha una precisa missione o vocazione da rispettare: cercare di capire la realtà *così com'è*, senza impegnarsi in funzione di *come dovrebbe essere*.

In tempi a noi più vicini, una posizione forse più equilibrata tra questi due estremi sarà quella assunta dal filosofo e politologo italiano **Norberto Bobbio**, il quale al ruolo degli intellettuali dedicherà molte interessanti pagine. Facendo riferimento al patriota ottocentesco Carlo Cattaneo, Bobbio delineerà l'ideale dell'«**intellettuale civile**», che non è né il «filosofo monastico» distaccato dalla realtà e chiuso nella torre d'avorio dei suoi studi, né l'«intellettuale organico» gramsciano che mette i suoi studi al servizio della prassi rivoluzionaria. **L'intellettuale**, per Bobbio, **deve vivere in sintonia con il suo tempo e occuparsi di politica, tenendosi però a una certa distanza** e conservando sempre la capacità di un giudizio autonomo e indipendente. Solo in questo modo egli potrà dare il suo contributo alla società in cui vive.

Etica

QUESTIONE

Vivere è un dovere o una scelta?

Platone, Seneca

Partiamo da una lettera

Io amo la vita, Presidente. [...] Io non sono né un malinconico, né un maniaco depresso; morire mi fa orrore, ma purtroppo ciò che mi è rimasto non è più vita, è solo un testardo e insensato accanimento nel mantenere attive delle funzioni biologiche. Il mio corpo non è più mio... è lì, squadernato davanti a medici, assistenti, parenti. [...] Starà pensando, Presidente, che sto invocando per me una "morte dignitosa". No, non si tratta di questo. E non parlo solo della mia, di morte. La morte non può essere "dignitosa"; dignitosa, ovvero decorosa, dovrebbe essere la vita, in special modo quando si va affievolendo a causa della vecchiaia o delle malattie incurabili e inguaribili. La morte è altro. Definire la morte per eutanasia "dignitosa" è un modo di negare la tragicità del morire. [...] l'eutanasia non è "morte dignitosa", ma morte opportuna [...]. "Opportuno" è ciò che "spinge verso il porto" [...]. Quando affrontiamo le tematiche legate al termine della vita, non ci si trova in presenza di uno scontro tra chi è a favore della vita e chi è a favore della morte: tutti i malati vogliono guarire, non morire. [...] Sua Santità, Benedetto XVI, ha detto che «di fronte alla pretesa, che spesso affiora, di eliminare la sofferenza, ricorrendo perfino all'eutanasia, occorre ribadire la dignità inviolabile della vita umana, dal concepimento al suo termine naturale». Ma che cosa c'è di "naturale" in una sala di rianimazione? [...] Che cosa c'è di naturale in un corpo tenuto biologicamente in funzione con l'ausilio di respiratori artificiali, alimentazione artificiale, idratazione artificiale, svuotamento intestinale artificiale, morte-artificialmente-rimandata?

(Il testo integrale della lettera è consultabile sul sito: www.lucacoscioni.it)

Queste drammatiche e toccanti parole sono tratte dalla lettera che nel settembre 2006 **Piergiorgio Welby** scrisse e indirizzò al Presidente della Repubblica Giorgio Napolitano. Giornalista e attivista politico, Welby si trovava allora immobilizzato a letto, afflitto da distrofia muscolare progressiva, legato a un respiratore artificiale che lo teneva in vita contro la sua volontà. Interpellando direttamente il pontefice Benedetto XVI, Welby fa riferimento alla posizione ufficiale della **Chiesa cattolica**, la quale tuttora distingue tra il "**lasciar morire**", inteso come sospensione del cosiddetto "accanimento terapeutico", e l'"**eutanasia**" (letteralmente "buona morte", dal greco *eu*, "bene", e *thánatos*, "morte"), intesa come azione diretta o indiretta volta a determinare la morte di un essere umano: mentre il primo è ritenuto moralmente plausibile (se il paziente lo richiede), la seconda è considerata moralmente illegittima.

Un'azione oppure un'omissione che, da sé o intenzionalmente, provoca la morte allo scopo di porre fine al dolore, costituisce un'uccisione gravemente contraria alla dignità della persona umana e al rispetto del Dio vivente, suo Creatore. L'errore di giudizio nel quale si può essere incorsi in buona fede non muta la natura di questo atto omicida, sempre da condannare e da escludere. L'interruzione di procedure mediche onerose, pericolose, straordinarie o sproporzionate rispetto ai risultati attesi può essere legittima. In tal caso si ha la rinuncia all'"accanimento terapeutico". Non si vuole così procurare la morte: si accetta di non poterla impedire. Le decisioni devono essere prese dal paziente, se ne ha la competenza e la capacità, o, altrimenti, da coloro che ne hanno legalmente il diritto, rispettando sempre la ragionevole volontà e gli interessi legittimi del paziente.

(*Catechismo della Chiesa cattolica*, 2277-2278)

In realtà non è sempre facile tracciare una linea di confine tra il "**lasciar accadere**" e il "**fare**", ovvero tra il **rispetto del corso della natura** e l'**intervento artificiale su di esso**, così come è difficile individuare un criterio univoco per distinguere l'«interruzione di procedure mediche ... straordinarie o sproporzionate» dall'interruzione di mezzi che siano invece "proporzionati", ovvero obbligatori per il medico, il cui dovere assoluto è quello di curare. Il caso particolare di Welby suscitò un lungo dibattito che divise bioeticisti e giuristi, coinvolgendo anche le pubbliche istituzioni. Il 20 dicembre 2007, l'équipe medica che lo seguiva decise di esaudire i suoi desideri e staccare il respiratore artificiale. Si trattò di **eutanasia** (cioè di sospensione di una cura dovuta) o della rinuncia a una forma di **accanimento terapeutico**. È questo un interrogativo al quale è particolarmente difficile rispondere. Lasciato alla sua generalità e riportato a una prospettiva filosofica, esso assume un carattere ancora più dilemmatico e drammatico: **la morte è un *fatto* (naturale o soprannaturale) di cui l'uomo non può disporre, o è l'esito di una *scelta* che va lasciata alla volontà dell'individuo?**

VERSO LE COMPETENZE

- Sviluppare la riflessione personale, il giudizio critico e l'attitudine alla discussione razionale

La vita è un dovere o una scelta?

Sulla base delle tue convinzioni personali, rispondi a questo interrogativo scegliendo tra le opzioni che seguono.

1. Vivere è un dovere assoluto, non negoziabile, né violabile. La vita è sacra, sempre e comunque. Essa ci è data, per così dire, "in usufrutto" (dalla natura, da Dio, da Qualcosa o Qualcuno che ci sovrasta), ma noi non ne siamo i legittimi proprietari. Mettere fine alla propria vita è pertanto contro natura e contro ragione. Secondo il linguaggio della bioetica contemporanea, questo paradigma di matrice religiosa si fonda sul principio della "**sacralità della vita**".

2. Vivere è un diritto, di cui ci si può avvalere o meno. La vita non è sacra in sé e appartiene interamente al singolo individuo, il quale può disporne come di un bene di sua esclusiva proprietà. Poiché il fine ultimo di ogni azione umana devono essere la dignità dell'individuo e il suo diritto alla felicità e alla libertà, la cessazione della vita può essere intesa come un mezzo per salvaguardare questo fine. Si tratta del paradigma di matrice laica che insiste sul principio della "**qualità della vita**" e dell'"**autonomia dell'individuo**".

Illustra brevemente le ragioni che ti hanno indotto a prendere questa posizione.

____

____

Approfondiamo la questione

Dal senso comune alla filosofia

1. Il primo a sostenere che «all'uomo non è lecito privarsi della vita spontaneamente» (*Fedone*) è **Platone**. Anticipando l'idea cristiana di una remunerazione del bene e del male dopo la morte, egli condanna il suicidio come atto empio e afferma che la vera vita non è quella terrena, ma quella oltremondana, in previsione della quale l'uomo deve sopportare le pene che gli sono date in sorte, senza poter disporre della propria esistenza.

2. Il paradigma della "qualità della vita" trova per certi versi un antecedente nell'etica stoica, soprattutto nella versione formulatane da **Seneca**, per il quale «il bene non consiste nel vivere, ma nel vivere bene»: non la "vita in sé", come fatto biologico, è un bene, ma la "vita buona", cioè degna di essere vissuta. E deve essere l'individuo a decidere se la sua vita sia, davvero tale e a poterne disporre come crede. Ecco perché il suicidio è lecito, e talvolta opportuno.

1. Il modello della sacralità della vita: **Platone**

Platone anticipa l'idea cristiana secondo cui la vita è "sacra" perché dono di Dio, al quale va restituita "integra", come un prestito prezioso. **L'uomo** non può decidere di anticipare la scadenza "naturale" della sua fine, **non può violare l'ordine naturale delle cose** voluto da Dio; è quanto il filosofo fa affermare al suo maestro Socrate nel *Fedone*:

L'uomo non è padrone della propria vita

«Socrate, ma in che senso dicono che non è lecito darsi la morte?»
[...] «Anzitutto, è probabile che quello che ti sto per dire ti sembrerà strano, anche se, in effetti, è semplice, che cioè vi sono degli uomini che desidererebbero morire piuttosto che vivere e, tuttavia, non possono procurarsi questo beneficio con le loro stesse mani se non vogliono macchiarsi di empietà e, quindi, devono aspettarlo da mani altrui.»
«Se Giove ci capisce è bravo» commentò Cebete, sorridendo, nel suo dialetto.
«Veramente la cosa, così com'è, può anche sembrare irragionevole» replicò Socrate «eppure, una sua logica ce l'ha. A questo proposito c'è una frase nei Misteri che dice: "In una sorta di prigione siamo rinchiusi noi uomini, e non è lecito liberarsi da soli, né evaderne". Una frase, per me, tanto profonda quanto oscura. Ma una cosa tuttavia è chiara, Cebete, che cioè gli dei si prendono cura di noi e, noi uomini, siamo un po' come un loro possesso. Non ti pare?» (Platone, *Fedone*, 62a-c)

2. Il modello della qualità della vita: **Seneca**

Seneca ritiene che le nostre azioni vadano valutate non alla luce della *sacralità* della vita, ma alla luce della sua *qualità*, o *dignità*. Non è importante vivere, o vivere a lungo, ma **vivere bene**: nel momento in cui si raggiunga la consapevolezza di non poter più garantire dignità alla propria esistenza, è naturale, lecito e utile decidere di porre fine alla propria vita.

Il saggio cerca di vivere bene e di morire bene

La vita non sempre va conservata: il bene infatti non consiste nel vivere, ma nel vivere bene [*non vivere est bonum, sed bene vivere*]. Perciò il saggio vivrà quanto deve, non quanto può. Osserverà dove gli toccherà vivere, con chi, in che modo e che cosa dovrà fare. Egli bada sempre alla qualità della vita, non alla sua lunghezza. Se gli capitano molte avversità che turbano la sua serenità, se ne va: e non soltanto in condizioni di estrema necessità, ma non appena comincia a dubitare del favore della sorte, considera attentamente se sia il caso di farla finita [...]. Non importa morire presto o tardi, importa morire bene; morire bene significa sfuggire al pericolo di vivere male. Pertanto giudico molto vile il detto di quel Rodiese [Telesforo di Rodi] che, gettato dal tiranno in una gabbia e nutrito come una fiera, a chi gli consigliava di astenersi dal cibo, rispose: «Finché c'è vita c'è speranza». Anche ammettendo che sia vero, non ci deve comprare la vita a qualunque prezzo [...]. Se una morte è accompagnata da tormenti, mentre l'altra è agevole e facile, perché non dovrei decidere per quest'ultima? Come per viaggiare per mare sceglierò una nave e per abitare una casa, così sceglierò un tipo di morte per uscire dalla vita. Inoltre, se non è vero che una vita più lunga è sempre la migliore, è vero che è sempre la peggiore una morte che si prolunga. [...] Ognuno deve rendere conto della vita anche agli altri. Ma per la morte non occorre che il proprio consenso: la migliore è quella che si preferisce [...]. Questo è l'unico motivo per cui non possiamo lamentarci della vita: non trattiene nessuno. La condizione umana è buona: nessuno è infelice se non per propria colpa. La vita ti piace? Vivi. Non ti piace? Puoi ritornare là donde sei venuto. (Seneca, *Lettera a Lucilio*, 70, 4-15)

Hai cambiato opinione?

Ora che hai ascoltato le ragioni dei filosofi, decidi se intendi rimanere fedele alla tua idea iniziale o se preferisci cambiarla, e indica in sintesi gli argomenti che ti hanno indotto a questa decisione.

VERSO LE COMPETENZE

- Saper argomentare una tesi dopo aver ascoltato e valutato le ragioni altrui

Una questione aperta...

Sulla base di quanto abbiamo visto fin qui, possiamo concludere che Platone è contrario all'eutanasia, mentre Seneca è un suo sostenitore? In realtà sarebbe un'affermazione anacronistica e fuorviante, poiché **nella riflessione filosofica antica non esiste una discussione consapevole su questo tema "bioetico"**.

Inoltre le argomentazioni di **Platone** sulla questione non sono univoche: è vero che nel passo del *Fedone* appena riportato egli fa dichiarare a Socrate che il suicidio è assolutamente illecito, ma è anche vero che nella *Repubblica* gli fa affermare che «nessuno può concedersi il lusso di restare malato e di curarsi per tutta la vita». Analogamente, neppure **Seneca** può essere considerato un sostenitore dell'eutanasia nel senso moderno del termine. Per la cultura latina, infatti, i motivi che potevano spingere un individuo alla "buona morte" erano legati non tanto alla malattia, quanto al desiderio di preservare il proprio onore (ad esempio, evitando di cadere nelle mani del nemico). Quando parla di «morire bene», Seneca non si riferisce dunque a un "suicidio terapeutico", ma a un gesto di libertà "politica", come quello con cui egli stesso si liberò dall'oppressione di Nerone.

In sostanza **l'idea precristiana di una morte "volontaria" e "ragionevole" non ha niente a che vedere con quella cristiana del suicidio inteso come crimine o peccato**. Per i filosofi pagani, infatti, "morire bene" è il primo compito a cui ci si deve educare, giacché la morte è un fatto naturale, su cui l'individuo deve esercitare la propria scelta: la nozione di "eutanasia" è dunque una nozione greca per eccellenza. Per il cristiano, al contrario, la morte non può essere né "buona", né "amica", né opportuna, né ragionevole, essendo piuttosto un "incidente" innaturale introdotto dal peccato dell'uomo nell'ordine perfetto della creazione di Dio.

I TEMPI E I LUOGHI DELLA FILOSOFIA

L'età tardo-antica e medievale

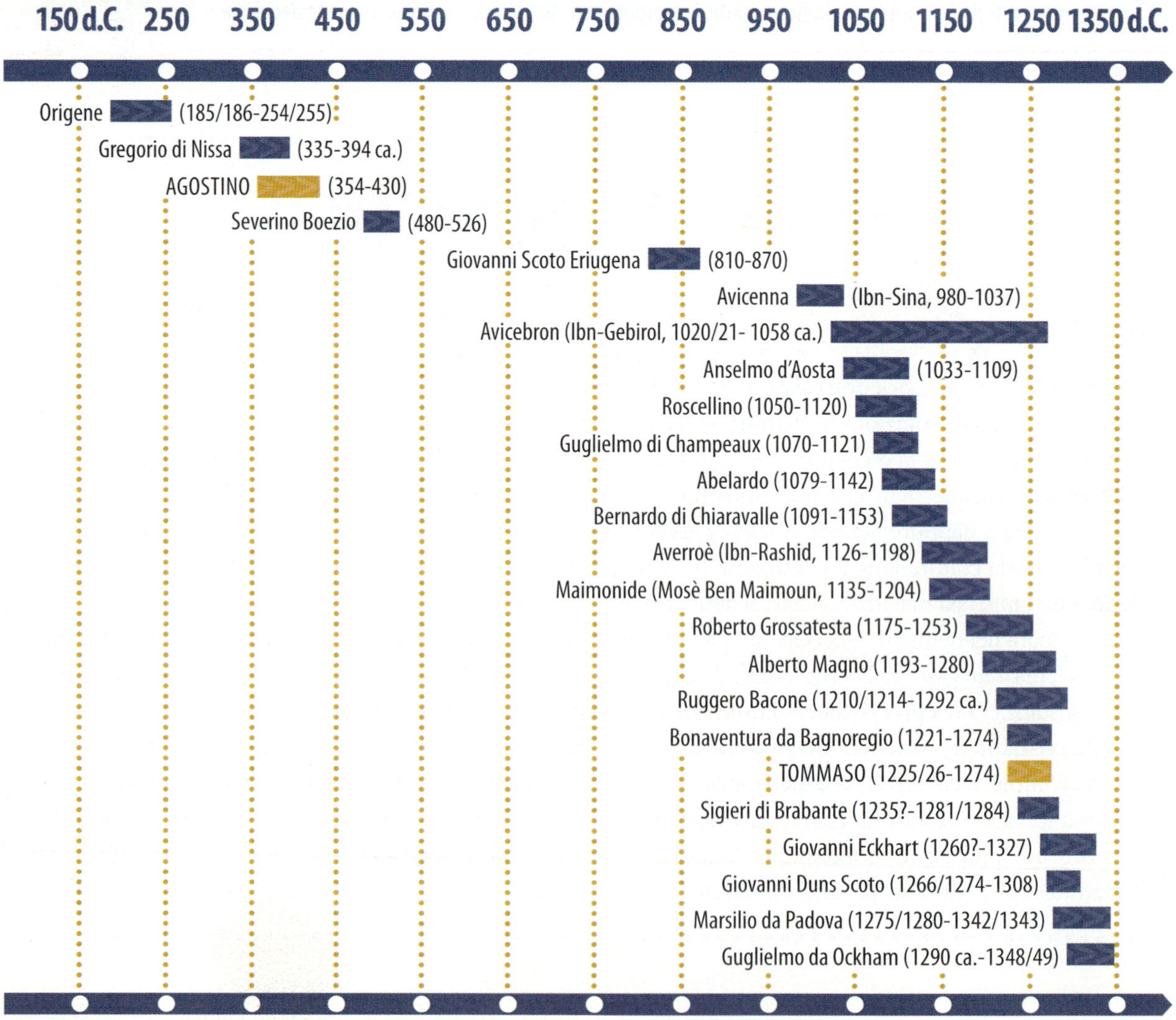

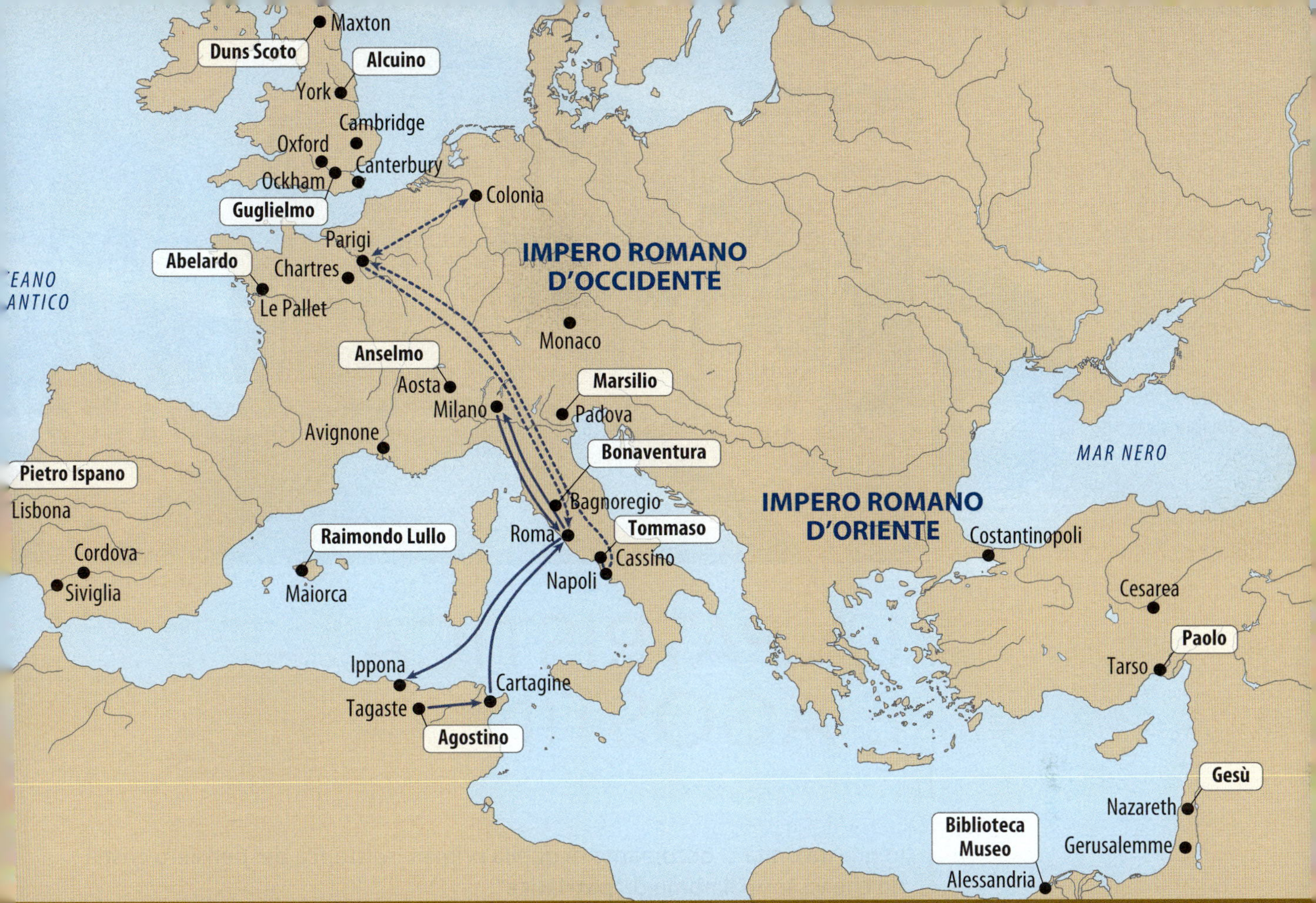

I due secoli che intercorrono tra la lenta deriva anarchica dell'Impero romano e la deposizione di Romolo Augustolo, ultimo imperatore d'Occidente, sono dominati dall'affermarsi della filosofia cristiana e della Chiesa di Roma, nuovo centro culturale e politico. A tentare una mediazione tra la filosofia pagana e l'annuncio cristiano è la cosiddetta "patristica", che trova il proprio culmine in Agostino.

Il periodo successivo, che va dalla fine dell'Impero romano d'Occidente (476) alla scoperta dell'America (1492), è indicato convenzionalmente come "età medievale". Si tratta di un millennio complesso e variegato, in cui è difficilmente rintracciabile un senso unitario. La chiusura della Scuola d'Atene nel 529 d.C., ovvero nello stesso anno in cui Benedetto da Norcia fonda il monachesimo cristiano, segna l'inizio simbolico di quest'era, in cui si frantuma l'unità politica e culturale del Mediterraneo.

Durante il cosiddetto "basso Medioevo", che va dalla lotta per le investiture (XI secolo) alla crisi del Trecento, si assiste a una profonda trasformazione del sapere, che trova il suo centro propulsore non più nel monastero feudale, ma nella *schola* urbana, una struttura culturale organizzata, attenta alle richieste di un pubblico laico e insofferente verso l'*auctoritas* e verso la tradizione.

UNITÀ 6

LA PATRISTICA E AGOSTINO

In questa unità ci occupiamo di quella prima fase storica del pensiero cristiano che va sotto il nome di "**patristica**".

Nel primo capitolo analizzeremo i caratteri distintivi del **messaggio evangelico** rispetto alla **filosofia greca** ed esamineremo i primi contatti tra la nuova religione e la cultura pagana, ovvero la nascita di quella **nuova sintesi teorica** che è la "**filosofia cristiana**". Quest'ultima sottintende alcuni tratti di continuità e nello stesso tempo di rottura nei confronti della speculazione precedente.

Nel secondo capitolo studiamo il pensiero del cosiddetto "Platone cristiano", **Agostino**, mostrando come nella sua figura si concretizzi la **congiunzione decisiva tra pensiero greco e pensiero cristiano**. Il fascino di Agostino consiste soprattutto nella capacità di coinvolgere direttamente il lettore, rendendolo partecipe delle questioni affrontate grazie anche alla ricchezza sempre attuale dei testi. Anche la modalità espositiva è originale: al dialogo interpersonale, di stampo socratico, si sostituisce il **dialogo interiore**, sviluppato secondo i canoni della razionalità, ma non per questo meno forte sotto il profilo dell'impatto emotivo.
Filosofia e verità rivelata vengono presentate da Agostino come due **vie che si rafforzano a vicenda**, all'insegna di una suggestiva trama di pensiero che spazia su tutti i grandi temi: dal problema della conoscenza umana a quello della natura di Dio, dalla questione del tempo a quella del male, dal tema della libertà a quello del significato complessivo della storia.

CAPITOLO 1

La nascita della filosofia cristiana

1. Cristianesimo e filosofia

L'avvento e il successivo prevalere del cristianesimo nel mondo occidentale determinano un nuovo indirizzo filosofico, che in epoca medievale si impone come dominante.

Il cristianesimo come religione rivelata

Ogni religione implica un insieme di credenze che non sono frutto di ricerca, perché consistono nell'accettazione di una rivelazione. La **religione** è infatti l'**adesione a una verità che l'uomo accetta in virtù di una testimonianza superiore**. Tali sono anche i tratti del cristianesimo. Ai farisei che gli dicono: «Tu testimoni di te stesso, quindi la tua testimonianza non è valida», Gesù risponde: «Io non sono solo, ma siamo io e Colui che mi ha mandato» (*Gv*, 8, 13 e 16), identificando il proprio insegnamento con la testimonianza della voce del Padre e fondandone in tal modo il valore.

Verità religiosa e ricerca filosofica

La religione sembra dunque escludere nel suo stesso principio la ricerca, e consistere anzi nell'atteggiamento opposto dell'**accettazione di una verità testimoniata dall'alto** e indipendente da qualsiasi indagine. Tuttavia, non appena l'uomo si chiede il significato della verità rivelata e si domanda per quale via egli possa veramente intenderla per farne "carne della propria carne" e "sangue del proprio sangue", **l'esigenza della ricerca rinasce**. Una volta riconosciuta la verità quale viene rivelata e testimoniata da una potenza trascendente, cioè nel suo valore assoluto, per ogni uomo si determina immediatamente la necessità di avvicinarsi a essa e di comprenderla nel suo significato autentico, per vivere veramente "con" essa e "di" essa.
A questa esigenza solo la ricerca filosofica può rispondere. La ricerca rinasce dunque dalla stessa religiosità, per il bisogno dell'uomo religioso di avvicinarsi, per quanto è possibile, alla verità rivelata. Rinasce con un compito specifico, impostole dalla stessa natura della verità e dalle possibilità che essa può offrire all'effettiva comprensione umana, ma rinasce con tutti i caratteri che le sono propri e con tanta più forza quanto maggiore è il valore attribuito alla verità in cui si crede e che si vuole far propria.

Filosofia cristiana e tradizione greca

Proprio in virtù di questa esigenza di comprensione, dalla ***religione*** **cristiana nasce la** ***filosofia*** **cristiana**, la quale si assume il compito di condurre l'uomo al significato autentico della **verità rivelata da Cristo**.
Gli strumenti indispensabili per questo compito vengono in parte rintracciati nella **filosofia greca**, e in particolare nelle **dottrine dell'ultimo periodo** della speculazione ellenica, che

per il loro carattere prevalentemente religioso si prestano a esprimere in modo accessibile all'uomo il significato della rivelazione cristiana.

La comprensione del messaggio di Cristo nella Chiesa delle origini

La filosofia cristiana delle origini non ha dunque lo scopo di scoprire nuove verità, né quello di sviluppare in nuove direzioni la verità originale del messaggio di Cristo, ma solamente quello di trovare la via migliore attraverso la quale gli uomini possano **comprendere e far propria la rivelazione**. Tutto ciò è necessario perché l'uomo possa risollevarsi dalla dimensione di peccato nella quale vive e perché possa in tal modo raggiungere la salvezza, secondo quanto Cristo stesso ha insegnato e suggellato con il proprio martirio.
Ma all'uomo da solo, o all'uomo che si affidi unicamente alla propria ragione, non è dato di scoprire il significato essenziale della rivelazione di Cristo. La filosofia cristiana delle origini e del Medioevo non solo muove a **chiarire una verità che è già nota fin dall'inizio**, ma muove a chiarirla nell'ambito della **dimensione collettiva della Chiesa**, nella quale ciascun individuo trova una guida e un limite: è dunque la stessa comunità cristiana a individuare, nelle assemblee solenni dei suoi vescovi (**Concili**), quelle dottrine che esprimono il significato fondamentale della rivelazione (**dogmi**).

I limiti della filosofia cristiana

Da ciò deriva il carattere proprio della filosofia cristiana, nella quale la ricerca individuale trova anticipatamente segnati i propri limiti. A differenza della filosofia greca, infatti, **la filosofia cristiana non è una ricerca completamente autonoma**, volta in primo luogo a fissare i termini e il significato del proprio problema: i termini e la natura di tale problema le sono già dati. Ciò, tuttavia, non diminuisce il suo significato vitale: è proprio attraverso la ricerca filosofica che il messaggio cristiano, nell'immutabilità del suo significato fondamentale, ha rinnovato e conservato attraverso i secoli la forza e l'efficacia del proprio magistero spirituale.

2. Il testo sacro della religione cristiana

Il **testo sacro** delle religioni cristiane, come di quella ebraica, è la **Bibbia**. Nell'ottica del credente essa ha Dio stesso per autore, mentre gli uomini ne sono gli estensori materiali, che operano dietro ispirazione. Per gli **ebrei** la Bibbia è costituita dal **solo Antico Testamento**, mentre i **cristiani** vi includono **anche** il **Nuovo Testamento**.

L'Antico Testamento

L'Antico Testamento fu redatto pressoché per intero in lingua ebraica attraverso un enorme accumulo di testi stratificati, dal 1300 al 100 a.C. Comprende i cinque libri della "Legge" (la *Toráh*), ossia il **Pentateuco**, la cui paternità fu per lungo tempo attribuita a Mosè, quindi una serie di **libri storici, sapienziali e profetici**. Racconta della creazione del mondo, del paradiso terrestre e del diluvio universale, e quindi espone la storia di Israele a partire dal trasferimento di Abramo in Palestina fino all'epoca delle guerre ellenistiche e romane.

Il Nuovo Testamento

Il Nuovo Testamento, redatto in greco, fu presumibilmente completato verso la fine del I secolo, con alcune inserzioni e interpolazioni successive. Comprende i **quattro Vangeli** (Marco, Matteo, Luca e Giovanni), gli **Atti degli Apostoli** (attribuiti all'evangelista Luca), le **Lettere** (di Paolo, Pietro, Giovanni, Giacomo e Giuda Taddeo) e l'**Apocalisse** di Giovanni.

Tra questi i Vangeli, che narrano la vita del Cristo, sono da intendere, nonostante l'innegabile storicità di Gesù di Nazareth (attestata in alcune brevi testimonianze di storici latini come Giuseppe Flavio, Tacito, Plinio il Giovane e Svetonio), soprattutto come testi catechetici e teologici.

I testi apocrifi

Vi sono inoltre alcuni testi ai quali è sempre stata negata la canonicità, cioè il carattere sacro consistente nell'ispirazione divina. Si tratta dei cosiddetti "**Vangeli apocrifi**", di cui fanno parte numerosi "**Vangeli dell'infanzia**", che narrano gli anni infantili di Gesù, e di vari altri **Atti degli Apostoli, Lettere e Apocalissi** scritti in copto e in altre lingue orientali, ma anche in greco, in latino e in paleoslavo, e infine di una raccolta di detti di Gesù chiamata ***Lógia***.

L'esistenza di canoni diversi

È importante osservare che le diverse confessioni cristiane e l'ebraismo riconoscono **canoni differenti** sia per il Nuovo, sia per l'Antico Testamento: ad esempio, secondo gli ebrei sono privi dell'ispirazione divina tutti i libri veterotestamentari scritti dopo i tempi di Esdra (cioè verso la fine del VI secolo a.C.), mentre per ragioni teologiche i luterani escludono dal canone neotestamentario la Lettera di Giacomo.

3. La novità del messaggio cristiano

La nuova parola

La predicazione di Cristo, se da un lato si collega alla tradizione ebraica, dall'altro lato la innova profondamente.

La tradizione ebraica

L'ebraismo insegnava la credenza in un **Dio unico, puro spirito e garante dell'ordine morale nel mondo degli uomini**, in un Dio che aveva eletto come proprio popolo il popolo ebraico e che lo sorreggeva nelle difficoltà, così come lo puniva inesorabilmente per le sue aberrazioni religiose e per le sue mancanze morali. L'ultima tradizione ebraica, quella dei profeti, annunciava inoltre, dopo un periodo di sventure e di punizioni tremende, il rinnovamento del popolo ebraico e il suo risorgere a una potenza materiale e morale che ne avrebbe fatto lo strumento diretto di Dio per il suo dominio nel mondo.

L'universalità del messaggio di Cristo

All'annuncio di questo rinnovamento, che avrebbe dovuto verificarsi attraverso l'opera di un "messia" direttamente inviato e investito di questo compito da Dio, si ricollega la predicazione di Gesù Cristo. Tale predicazione allarga però immediatamente l'orizzonte dell'annuncio profetico, estendendolo dal solo popolo eletto a tutti i popoli della terra cioè, **a tutti gli uomini «di buona volontà»**, indipendentemente dalla loro razza, dalla loro civiltà e dal loro grado sociale.

Il regno di Dio è dentro il cuore dell'uomo

Il messaggio di Cristo, inoltre, toglie all'annunciato rinnovamento ogni carattere temporale e politico, trasformandolo in un **rinnovamento spirituale** che deve realizzarsi nell'interiorità delle coscienze. Il «regno di Dio» annunciato da Gesù non esige un mutamento politico: «Date a Cesare quel che è di Cesare e a Dio quel che è di Dio» (*Mt*, 22, 21; *Lc*, 20, 25). Esso è piuttosto una realtà invisibile e interiore all'uomo: «Non si potrà dire "eccolo qui" o "eccolo là" perché, ecco, il regno di Dio è dentro di voi» (*Lc*, 17, 21). Il regno di Dio è simile al granello di senape, che, pur essendo il più piccolo di tutti i granelli, diventa un albero grande; è simile al lievito che si spande nella farina e la fa lievitare (*Mt*, 13, 31 ss.; *Mc*, 4, 30 ss.; *Lc*, 13, 18 ss.); è cioè "vita spirituale" che si sviluppa e si espande gradualmente negli uomini.

L'abbandono dei legami terreni

Il regno di Dio esige l'abbandono radicale da parte dell'uomo di tutti gli interessi mondani. Gesù afferma esplicitamente di non essere venuto a portare la pace, ma la spada (*Mt*, 10, 34): accettare il suo messaggio significa infatti **spezzare definitivamente tutti i legami terreni e affidarsi totalmente a Dio**. Perciò egli dice: «Chi avrà trovata la sua anima la perderà, e chi avrà perduta la sua anima per me la troverà» (*Mt*, 10, 39).

La legge dell'amore

Che cosa implichi per l'uomo questa rottura totale con il mondo e con il proprio io, questo totale rivolgersi a Dio, Gesù lo specifica nel "Discorso della montagna", nel quale afferma che il regno dei cieli è per i poveri di spirito, per coloro che soffrono, per i mansueti, per quelli che desiderano la giustizia, per quelli che sono perseguitati. Alla legge del Vecchio Testamento, sintetizzata un po' semplicisticamente nel detto "Occhio per occhio, dente per dente", Gesù oppone dunque la **nuova legge cristiana dell'amore**:

> Amate i vostri nemici e pregate per coloro che vi perseguitano, affinché siate figli del Padre vostro che è nei cieli, che fa spuntare il sole sui malvagi e sui buoni e piovere sui giusti e sugli ingiusti. Giacché, se amate solo coloro che vi amano, che merito avete? Non fanno questo anche i pubblicani? E se avete cari solo i vostri fratelli, che cosa fate di straordinario? Non fanno lo stesso anche i pagani? Siate dunque perfetti, come è perfetto il vostro Padre celeste.
> (*Mt*, 5, 44-48)

Dio come padre amorevole

Dio, nella predicazione di Gesù, più che signore dell'universo, è **padre di tutti gli uomini**, e più che ministro di quella giustizia inflessibile e vendicativa che gli attribuivano gli ebrei, è **fonte inesauribile di amore**. Per questo Egli comanda a tutti gli uomini, come primo e fondamentale dovere, proprio l'amore, e per questo le stesse comunità cristiane sorte per seguire la predicazione di Gesù dovranno essere fondate sull'amore.
Anche il rapporto tra l'uomo e Dio deve essere essenzialmente un rapporto d'amore: **l'uomo deve abbandonarsi con fiducia al proprio Padre celeste**: «Cercate prima di tutto il regno di Dio e la sua giustizia, e tutto il resto vi sarà dato per sovrappiù» (*Mt*, 6, 33).

La preparazione al regno di Dio

Ma questo abbandono non deve essere un'attesa inerte. «Vigilate – dice Gesù – perché non sapete in qual giorno il vostro Signore verrà» (*Mt*, 24, 42): attendere il regno di Dio significa prepararsi incessantemente per esso. Nulla è concesso senza sforzo: «Chiedete e vi sarà dato; cercate e troverete; bussate e vi sarà aperto» (*Lc*, 11, 9). Tutto l'insegnamento di Gesù è volto a comunicare l'esigenza di questa **attesa attiva e preparatoria**, di questa ricerca senza la quale non è possibile rendersi degni del regno di Dio. Per questo Gesù si rivolge di preferenza agli umili e a coloro che soffrono («Io sono stato mandato soltanto alle pecore sperdute della casa d'Israele», *Mt*, 15, 24), mentre ritiene che il proprio appello risuoni invano per coloro che sono soddisfatti di sé e che non hanno nulla da chiedere alla vita: «È più facile che un cammello passi attraverso la cruna di un ago anziché un ricco entri nel regno di Dio» (*Mt*, 19, 24). Soltanto dal dolore, dall'inquietudine e dal bisogno nasce nell'uomo quell'aspirazione alla giustizia, alla pace e all'amore che porta al regno di Dio.

TAVOLA ROTONDA
La religione ON LINE
Dio e il male.
I problemi della teodicea

Le Lettere paoline

Le Lettere scritte da **Paolo di Tarso** (5-15/64-67), indirizzate occasionalmente a varie comunità cristiane, contengono, oltre ai richiami alla dottrina fondamentale di Cristo, ammonimenti, consigli e prescrizioni rituali. In esse si trova però soprattutto la chiara espressione di quei **capisaldi concettuali della nuova religione** che dovevano servire, nei secoli successivi, come costanti punti di riferimento per le dispute teologiche e per le interpretazioni filosofiche degli scritti evangelici.

I capisaldi della fede cristiana

Tali capisaldi sono i seguenti:

- la tesi della **conoscibilità naturale di Dio**: Dio è conoscibile attraverso le sue opere, nelle quali Egli stesso si è rivelato e dalle quali appaiono in modo evidente la sua potenza e la sua gloria (*Rm*, 1, 18-25); di conseguenza, non conoscere Dio costituisce per l'uomo una vera e propria colpa;
- la dottrina del **peccato originale** e l'affermazione della **possibilità per l'uomo di riscattarsi** da tale condizione **mediante la fede in Cristo**: «Come attraverso un solo uomo il peccato entrò nel mondo e attraverso il peccato la morte, così allo stesso modo la morte trapassò a tutti gli uomini, perché tutti peccarono» (*Rm*, 5, 12); «Dio è giusto e giustifica chi ha fede in Gesù. Dov'è dunque la ragione di vantarsi? È stata esclusa. Attraverso quale legge? Forse quella delle opere? No, ma attraverso la legge della fede. Siamo convinti che l'uomo sarà giustificato con la fede, senza le opere della legge» (*Rm*, 3, 26-28);
- il concetto della **grazia** come azione salvifica di Dio attraverso Cristo: «Come avvenne per la trasgressione, così non fu per la grazia; che se per la trasgressione di uno solo, tutti morirono, molto più sovrabbondò la grazia di Dio e la gratuità della grazia di un solo uomo: Gesù Cristo» (*Rm*, 5, 15);
- il contrasto tra la vita secondo la carne e la **vita secondo lo spirito**: «Se vivete secondo la carne, precipiterete nella morte; se con lo spirito fate morire gli atti del corpo, vivrete. Giacché tutti quelli che seguono lo spirito di Dio sono suoi figli» (*Rm*, 8, 13-14);
- l'identificazione del regno di Dio con la vita e con lo spirito della comunità dei fedeli, cioè con la Chiesa: secondo Paolo, infatti, **la Chiesa è il corpo di Cristo**, e i cristiani ne sono le membra, diverse l'una dall'altra, ma tra loro armonizzate e concordi (*Rm*, 12, 5 ss.).

IL CONCETTO E L'IMMAGINE
La morte nell'iconografia greca e cristiana, p. 146

TAVOLA ROTONDA
ON LINE
La religione
Paganesimo e cristianesimo

Le diverse vocazioni

Nella comunità cristiana vi è posto per i compiti più diversi, perché tutti concorrono all'unità dell'insieme; ma ognuno deve scegliere quello per il quale è chiamato. Domina nelle Lettere paoline il tema della "**vocazione**", attraverso la quale la grazia divina opera in ciascun individuo chiamandolo alla funzione carismatica che più è conforme alla sua natura:

> V'è diversità di carismi, ma uno solo è lo Spirito; v'è diversità di servizi, ma uno solo è il Signore; v'è diversità di operazioni, ma uno solo è Dio che opera tutto in tutti. In ciascuno lo Spirito si manifesta in quel modo che torna più utile. (*1 Cor*, 12, 4-7)

Così, a uno è data la sapienza, a un altro la scienza, a un altro la fede, a un altro il dono della profezia e così via, ma tutti sono come le membra di un unico corpo che è lo stesso corpo di Cristo, la comunità dei cristiani.

L'*agápe*

Proprio tale ricchezza di funzioni rende necessaria l'**armonia spirituale** dei membri della comunità, e questa armonia è garantita soltanto dall'***agápe***, ovvero dall'**amore**, inteso nell'accezione del termine latino *caritas*. L'amore è la condizione di ogni vita cristiana. Tutti gli altri doni dello spirito (la profezia, la scienza, la fede) sono nulla senza di esso:

> La carità sopporta tutto, ha fede in tutto, spera tutto, sostiene tutto [...]. Ci sono, ora, la fede, la speranza, la carità, queste tre cose; ma la carità è la maggiore di tutte. (*1 Cor*, 13, 7 e 13)

La comunità cristiana come comunità storica

Il posto centrale che il concetto di "vocazione" occupa nelle Lettere paoline e l'accentuazione del valore della carità dimostrano con tutta evidenza che i cristiani, ai tempi di Paolo, costituiscono ormai una comunità ben precisa e storicamente definita, che non solo cerca il significato autentico dell'insegnamento di Cristo, ma si propone di realizzarlo nella vita concreta.

Il quarto vangelo

L'interpretazione filosofica del Cristo

Nei vangeli sinottici (di Matteo, di Marco e di Luca) la predicazione di Cristo appare strettamente legata alla sua persona e al suo comportamento. Gesù dà testimonianza della verità di ciò che insegna non solo appellandosi al Padre celeste che lo ha mandato tra gli uomini, ma anche attraverso i miracoli che opera e, soprattutto, attraverso la propria resurrezione. Il **Vangelo di Giovanni** (nel quale la figura di Gesù è ancor più centrale di quanto non sia nei tre sinottici) costituisce invece **il primo tentativo di intendere filosoficamente la figura di Cristo** e il principio del suo insegnamento.

Il Cristo-*Lógos*

Il prologo del quarto vangelo vede in Gesù il *Lógos*, o Verbo, divino:

> In principio era il Verbo, e il Verbo era presso Dio e il Verbo era Dio. Egli era in principio presso Dio: tutto è stato fatto per mezzo di Lui, e senza di Lui niente è stato fatto di tutto ciò che esiste. In Lui era la vita e la vita era la luce degli uomini: la luce splende, ma le tenebre non l'hanno accolta. (*Gv*, 1, 1-5)

Con queste parole Giovanni definisce per la prima volta la natura del Cristo attraverso il concetto di ***Lógos***, che era già entrato nella tradizione giudaica con il libro biblico della *Sapienza*. Al Cristo-*Lógos* l'evangelista attribuisce la funzione di **mediatore tra Dio e il mondo**, affermando che tutto è stato creato attraverso di Lui.

Cristo come Figlio di Dio, inviato dal Padre per la salvezza dell'uomo

Giovanni riconosce inoltre la **diretta filiazione** e derivazione di Cristo **da Dio** e gli attribuisce chiaramente il ruolo di **salvatore di tutti gli uomini**. La sera della sua ultima cena con i discepoli, prima di essere catturato, Gesù rivolge questa preghiera al Padre celeste:

> Non prego solo per questi [i discepoli], ma anche per quelli che per la loro parola crederanno in me; perché tutti siano una sola cosa. Come tu, Padre, sei in me e io in te, siano anch'essi in noi una cosa sola, perché il mondo creda che tu mi hai mandato. (*Gv*, 17, 20-21)

La rinascita spirituale dell'uomo

Nel Vangelo di Giovanni l'opposizione tra legami terreni e regno di Dio viene espressa come opposizione tra la vita secondo la carne e la vita secondo lo spirito, e presentata come l'alternativa cruciale dell'essere umano. La **vita secondo lo spirito** è una **nuova vita**, che implica una nuova nascita dell'uomo. In un dialogo con Nicodemo, un capo dei Giudei, Gesù afferma:

> «In verità, in verità ti dico, se uno non rinasce dall'alto, non può vedere il regno di Dio». Gli disse Nicodemo: «Come può un uomo nascere quando è vecchio? Può forse entrare una

> seconda volta nel grembo di sua madre e rinascere?». Gli rispose Gesù: «In verità, in verità ti dico, se uno non nasce da acqua e da spirito, non può entrare nel regno di Dio. Quel che è nato dalla carne è carne e quel che è nato dallo Spirito è Spirito. Non ti meravigliare se t'ho detto: dovete rinascere dall'alto. Il vento soffia dove vuole e ne senti la voce, ma non sai di dove viene e dove va: così è di chiunque è nato dallo Spirito». (*Gv*, 3, 3-8)

Rinascere nello spirito significa dunque nascere alla vera vita.

> «È lo Spirito che dà la vita, la carne non giova a nulla; le parole che ivi ho dette sono Spirito e vita». (*Gv*, 6, 63)

4. La patristica: caratteri generali

Il cristianesimo come culmine della filosofia greca

Quando il cristianesimo, per difendersi dagli attacchi polemici e dalle persecuzioni, nonché per garantire l'unità delle proprie dottrine contro la possibilità di sbandamenti ed errori, dovette chiarire i propri presupposti teorici e organizzarsi in un sistema coerente di insegnamenti, si presentò come l'espressione compiuta e definitiva della verità che la filosofia greca aveva cercato, ma solo imperfettamente e parzialmente raggiunto. In altre parole, una volta postosi sul terreno della filosofia, il cristianesimo affermò la propria **continuità con il pensiero greco** e si propose come **l'ultima e la più compiuta manifestazione di esso**.
Per giustificare una tale prospettiva di continuità, la dottrina cristiana si richiamò all'unità della ragione (*lógos*), che Dio aveva creato identica in tutti gli uomini di tutti i tempi e alla quale la rivelazione cristiana aveva dato l'ultimo e più sicuro fondamento.

La reciproca riconducibilità di filosofia greca e filosofia cristiana

In tal modo si affermava implicitamente l'**unità della filosofia e della religione**. Del resto, questa unità non costituiva un problema per gli scrittori cristiani dei primi secoli, ma piuttosto un dato, o un presupposto, che guidava e sorreggeva tutta la loro ricerca. E anche quando essi stabilirono un'antitesi polemica tra la dottrina pagana e quella cristiana (come nel caso di Taziano), tale antitesi si pose sul terreno comune della filosofia, presupponendo quindi la continuità di questa con il cristianesimo.
In una simile prospettiva era dunque naturale, da un lato, tentare di **interpretare la dottrina cristiana mediante concetti desunti dalla filosofia greca**, riconducendo così la prima alla seconda, e, dall'altro, **riportare il significato del pensiero greco a quello della riflessione cristiana**. Questo duplice tentativo, che in realtà è uno solo, costituisce l'essenza dell'elaborazione dottrinale di cui il cristianesimo fu oggetto nei primi secoli dopo Cristo e nella quale i pensatori cristiani furono frequentemente aiutati e ispirati, com'era inevitabile, dalle dottrine delle grandi scuole filosofiche pagane, e specialmente dallo stoicismo, da cui attinsero molte delle loro ispirazioni, spingendosi talvolta (come accadde a Tertulliano) fino ad accettare tesi apparentemente incompatibili con i dogmi cristiani (come quella della corporeità di Dio).

La patristica e i padri della Chiesa

Il periodo di questa elaborazione dottrinale viene indicato con il nome di "patristica": i "padri" della Chiesa sono infatti quegli scrittori cristiani dell'antichità che hanno contribuito all'**elaborazione dottrinale del cristianesimo** e la cui opera è stata accettata e fatta propria dalla Chiesa.

I periodi della patristica

La parabola della patristica si può considerare chiusa, per la Chiesa greca, con la morte di Giovanni Damasceno (754 circa) e, per la Chiesa latina, con la scomparsa di Beda il Venerabile (735). In essa si possono individuare tre periodi:

- il primo, che va fino al 200 circa, è dedicato alla **difesa del cristianesimo** contro i suoi avversari pagani e gnostici;
- il secondo, che va dal 200 fino al 450 circa, è dedicato alla **formulazione dottrinale delle credenze cristiane**;
- l'ultimo, che va dal 450 fino alla fine della patristica, è dedicato alla **rielaborazione e sistemazione delle dottrine già formulate**.

5. Gli apologisti cristiani e gli gnostici

I padri del I secolo e le Lettere

I padri del **I secolo** sono autori di Lettere che illustrano singoli punti della dottrina cristiana e che regolano questioni di ordine pratico e religioso. Essi sono: l'autore della cosiddetta "Lettera di Barnaba", Clemente Romano, Erma, Ignazio d'Antiochia e Policarpo. Ma questi scrittori ancora non affrontano problemi filosofici.

I padri apologisti

La vera attività filosofica cristiana comincia con i padri del **II secolo**, detti "apologisti" perché scrivono **in difesa (in greco *apologhía*) del cristianesimo**. In questo periodo, infatti, «i cristiani sono osteggiati dagli ebrei come stranieri e sono perseguitati dai pagani» (*Epistola a Diogneto*, 5, 17): essi sono oggetto della satira e del dileggio di numerosi scrittori pagani, e costituiscono il principale bersaglio dell'odio delle plebi pagane e delle persecuzioni sistematiche dello Stato. Da queste condizioni di fatto nascono le apologie.

L'apologia più antica

La più antica apologia di cui si abbia notizia è la **difesa presentata da Quadrato**, discepolo degli apostoli, **all'imperatore Adriano**: di essa, che risale al 124 circa e che fu scritta in occasione di una persecuzione di cristiani, abbiamo solo un frammento, conservatoci da Eusebio.

L'apologia di Marciano Aristide

Nel 1878 è stata invece ritrovata l'apologia del filosofo Marciano Aristide, diretta all'imperatore Antonino Pio (138-161). In essa si afferma già esplicitamente il principio secondo cui **soltanto il cristianesimo è la vera filosofia**: solo i cristiani, infatti, hanno quella nozione di Dio che deriva necessariamente dalla considerazione della sua natura. Marciano Aristide utilizza concetti platonici: l'ordine del mondo, quale appare nei cieli e sulla terra, fa pensare che tutto sia mosso con necessità e che Dio sia colui che muove e governa tutto.
Il filosofo insiste sull'irraggiungibilità e sull'ineffabilità dell'essenza divina, per contrapporre il monoteismo rigoroso del cristianesimo alle credenze dei "barbari" (che adorano elementi materiali), dei Greci (che attribuiscono alle divinità dell'Olimpo debolezze e passioni umane) e dei Giudei (che, pur ammettendo un solo Dio, servono piuttosto gli angeli che Lui).

Giustino: l'elaborazione filosofica della fede

La prima grande figura di padre apologista è quella di **Giustino**, a ragione considerato il **fondatore della patristica**.

Vita e scritti

Giustino nacque, probabilmente, nel primo decennio del II secolo a Flavia Neapolis, l'antica Sichem, ora Nablus, in Palestina. Figlio di genitori pagani, frequentò i rappresentanti delle varie scuole filosofiche (stoici, peripatetici e pitagorici) e professò a lungo le dottrine dei platonici. Infine trovò nel cristianesimo ciò che cercava e da allora, con la parola e con gli scritti, lo difese come l'unica vera filosofia. Visse molto tempo a Roma, dove fondò una scuola e dove subì il martirio, tra il 163 e il 167.
Delle opere rimasteci attribuite a Giustino, solo tre sono sicuramente autentiche: il ***Dialogo con Trifone giudeo*** e due ***Apologie***. La prima e la più importante di queste è diretta all'imperatore Antonino Pio e probabilmente fu composta negli anni 150-155. La seconda, che costituisce un supplemento o un'appendice della prima, fu redatta in occasione della condanna di tre cristiani, rei soltanto di professarsi tali. Il *Dialogo con Trifone giudeo* riferisce invece di una disputa che ebbe luogo a Efeso tra Giustino e Trifone, ed è volto sostanzialmente a dimostrare che la predicazione di Gesù di Nazareth realizza e completa il messaggio dell'Antico Testamento.

Il cristianesimo come «sola filosofia sicura»

La tesi fondamentale di Giustino è che **il cristianesimo è «la sola filosofia sicura ed utile»** (*Dialogo con Trifone giudeo*, 8) e che esso è il **risultato ultimo e definitivo al quale la ragione deve giungere nella sua ricerca**, giacché la ragione non è che il Verbo di Dio, cioè il Cristo, *Lógos* fatto uomo, del quale partecipa tutto il genere umano. Nella prima delle sue apologie, Giustino afferma:

> Noi imparammo che il Cristo è il primogenito di Dio e che è la ragione [*lógos*] della quale partecipa tutto il genere umano. E coloro che vissero secondo ragione sono cristiani, anche se furono creduti atei: come tra i Greci Socrate, Eraclito e altri come loro, e tra i barbari Abramo e Anania e Azaria e Misael ed Elia. Sicché anche quelli che nacquero prima e vissero senza ragione erano malvagi e nemici del Cristo e uccisori di coloro che vivono secondo ragione; ma quelli che vissero e vivono secondo ragione sono cristiani impavidi e tranquilli.
> (*Apologia prima*, 46)

Il "seme" della verità nel pensiero degli antichi filosofi

Giustino ritiene dunque che Socrate, Eraclito e tutti quei pensatori i quali ricercarono la legge razionale che sta alla base dell'intera realtà fossero "cristiani *ante litteram*". Essi tuttavia non conobbero la verità nella sua interezza. C'erano in loro dei **"semi" di verità**, che però non poterono essere pienamente intesi. Questi pensatori, infatti, furono in grado di intravedere la verità mediante quel seme di ragione che era innato in loro, ma una cosa sono il seme della ragione e l'imitazione della realtà, ben altra sono lo sviluppo compiuto della ragione e la realtà nella sua interezza, dai quali il seme e l'imitazione si generano.
In Giustino la dottrina stoica delle ragioni seminali viene dunque utilizzata per fondare la continuità del cristianesimo rispetto alla filosofia greca, per riconoscere nei maggiori filosofi greci gli anticipatori del cristianesimo e per giustificare l'opera della ragione mediante l'identificazione di quest'ultima con Cristo. In altre parole, la dottrina delle ragioni seminali consente a Giustino di **identificare completamente la verità cristiana con la verità filosofica**.

Lo gnosticismo

La conoscenza come via di salvezza

Il II secolo d.C. vede anche il pullulare di numerosissime sette che, come ricorda lo stesso Giustino, prendono il nome dai loro fondatori: Marcione, Valentino, Basilide, Satornilo, tutti uomini di forte personalità. Nonostante le differenze dottrinali e organizzative, i vari gruppi concordano nel conferire grande rilievo alla **conoscenza** (in greco *gnósis*, da cui il nome "**gnosticismo**" utilizzato per indicare il movimento di questi pensatori nel suo complesso) come via eminente di salvezza religiosa. L'equilibrio tra filosofia e religione cristiana raggiunto dal martire Giustino si spezza dunque in favore della ragione, o della filosofia. Contro le dottrine degli gnostici si concentrerà l'opera di altri padri apologisti, come Ireneo e Ippolito.

La prospettiva dualistica

Le origini dello gnosticismo non risultano del tutto chiare. Alcuni suoi precedenti sono stati rintracciati in **certe tendenze del pensiero orientale** e in certe filosofie greche, come il **platonismo** e lo **stoicismo**, che, orientandosi verso una concezione dualistica, secondo la quale all'origine dell'universo starebbe l'azione di **due principi opposti** (uno positivo e di ordine spirituale, l'altro negativo e di natura materiale), individuano nel contrasto chiaroscuro, o luce-tenebre, la chiave per comprendere la realtà.

L'incontro "strumentale" con la dottrina cristiana

Sono comunque nel giusto quanti hanno intuito che le diverse espressioni di sincretismo gnostico miravano a incontrarsi con la religione cristiana per svuotarla dall'interno e, quindi, per assimilarla e strumentalizzarla. Questo spiega come mai inoltrarsi nel mondo degli gnostici conduca a scoprire un universo popolato da entità astratte: gli «**eoni**», distribuiti in una gerarchia che al vertice ha Dio e che, nel suo complesso, costituisce il «**pleroma**»; il «**demiurgo**» e il suo opposto intrinsecamente cattivo, la «**materia**»; quell'eone particolarissimo che è **Gesù Cristo**; il principio spirituale imprigionato nel corpo, cioè l'**anima**. In un universo del genere ovviamente non c'è posto per il Verbo che si fa carne e che muore in croce. Ecco perché ai racconti evangelici gli gnostici accordano, al massimo, un valore simbolico.

Il primato della conoscenza sulla fede e sulla virtù

D'altra parte, gli gnostici muovono dalla fede nella rivelazione, ma considerano la **fede** come una **scelta provvisoria, propedeutica**, o preparatoria, **alla conoscenza intellettiva**, la sola in grado di elevare l'uomo fino all'unione salvifica con Dio.
D'altra parte, neppure la salvezza dell'anima è fatta dipendere da un comportamento etico virtuoso, dato che le sregolatezze deturpano solo il corpo: per conseguirla, sarà più che sufficiente l'elevazione alla conoscenza del pleroma.

I risvolti socio-politici

È abbastanza facile intuire il risvolto socio-politico delle dottrine gnostiche. Non tutti disponevano del tempo, della preparazione, degli strumenti e delle capacità necessari per conseguire un tipo di conoscenza tanto complicata e astratta: alla salvezza, dunque, poteva effettivamente aspirare la solita **minoranza di aristocratici** privilegiati, una sorta di "*élite* della mente". Almeno così sembrerebbe, se non si ricordasse che nell'antica società ellenica e romana una tale "selezione" era per così dire "naturale", poiché chi non disponeva di denaro e di potere non disponeva neppure dell'*otium*, cioè del tempo libero e della tranquillità indispensabili per coltivare le risorse dello spirito.

Tertulliano: la condanna della filosofia

Caratteri dell'apologetica occidentale

Rispetto agli apologisti orientali, che cercano di stabilire la continuità del cristianesimo con la filosofia greca e che presentano la dottrina cristiana come la vera filosofia, condotta al proprio compimento dalla rivelazione di Cristo, gli apologisti occidentali tendono invece a rivendicare l'**originalità della rivelazione cristiana nei confronti della sapienza pagana** e a fondare tale convinzione sulla natura pratica e immediata della fede, anziché sulla speculazione. Questo carattere è presente soprattutto nel maggiore rappresentante dell'apologetica latina: Tertulliano.

La vita e le conversioni

Quinto Settimio Fiorente Tertulliano (150/160 - 220/230) nacque a Cartagine da genitori pagani. Ricevette un'educazione eccellente e probabilmente esercitò in Roma la professione di avvocato. Tra il 193 e il 197 si convertì al cristianesimo e fu ordinato sacerdote. Svolse allora un'intensa attività polemica in favore della nuova fede. In seguito però entrò a far parte della setta dei montanisti[1] e cominciò a polemizzare contro la Chiesa cattolica con violenza poco minore di quella che aveva adoperato contro gli eretici. Infine, fondò una setta sua propria: i "tertullianisti".

La filosofia come fonte di eresia

L'attività letteraria di Tertulliano è vastissima, ma esclusivamente polemica. Il punto di base del suo pensiero è la **condanna della filosofia**: mentre la verità della religione si fonda sulla tradizione ecclesiastica, dalla filosofia nascono soltanto le eresie e nulla vi è di comune tra il filosofo e Cristo, ovvero tra chi è "allievo della Grecia" e chi è "allievo dei cieli".
I filosofi sono dunque per Tertulliano i «patriarchi degli eretici» (*Sull'animo*, 3) e la radice di tutte le eresie è rintracciabile proprio nel pensiero greco: Valentino, lo gnostico, era discepolo di Platone e Marcione era discepolo degli stoici; gli epicurei negavano l'immortalità dell'anima e tutti i filosofi erano concordi nel negare la resurrezione della carne; Eraclito, poi, parlava di un Dio-fuoco e la dialettica del "disgraziato" Aristotele era il più inutile degli strumenti, utilizzabile sia per edificare sia per distruggere, e adattabile a tutte le opinioni.

Fede e ricerca

In questa prospettiva, qual è il valore che assume il detto di Cristo «Cercate e troverete»? Secondo Tertulliano, esso significa che **bisogna cercare la dottrina di Cristo** finché non la si è trovata, cioè finché non si è giunti a credere in essa. La ricerca esclude il possesso e il possesso esclude la ricerca: **cercare dopo che si è giunti alla fede significa precipitare nell'eresia**. Nulla è più estraneo alla mentalità di Tertulliano dell'esigenza di una ricerca che nasca dalla fede e che di essa si alimenti, cioè nulla gli è più estraneo di quell'anelito che, come vedremo, si incarnerà nella grande figura di Agostino, il quale, "misurato" secondo il criterio di Tertulliano, sarebbe stato giudicato incredulo, o addirittura eretico.

ON LINE ESERCIZI INTERATTIVI

1 Il montanismo fu un movimento di carattere profetico sorto in Frigia intorno al II secolo a opera di Montano, il quale annunciava l'imminente venuta dello Spirito Santo e richiamava i credenti e la Chiesa al rigore dell'ascesi.

6. La patristica nel III e nel IV secolo

Caratteri generali del periodo

L'accresciuta importanza della filosofia

L'elaborazione dottrinale del cristianesimo, che gli apologisti avevano avviato nell'intento di difendere la comunità ecclesiastica dai suoi persecutori e di preservarla dall'eresia, prosegue e si approfondisce nei secoli successivi come risposta a una necessità interna alla stessa Chiesa. In questa fase i motivi polemici sono meno rilevanti e si avverte come più urgente l'**esigenza di costituire la dottrina ecclesiastica in un organismo unico e coerente**, fondato su una solida base logica.

In questa prospettiva, alla filosofia spetta un ruolo sempre più importante e la continuità che gli apologisti orientali, a cominciare da Giustino, avevano stabilito tra il cristianesimo e il pensiero greco si rinsalda e si approfondisce. Il **cristianesimo** si presenta quindi come la **filosofia autentica**, che **assorbe e porta alla verità il sapere antico**, del quale può e deve servirsi per trarre gli elementi e i motivi della propria giustificazione.

La sistemazione delle dottrine cristiane

Le dottrine fondamentali del cristianesimo trovano così, negli anni che vanno dal 200 al 450 circa, la loro sistemazione definitiva. Le speranze escatologiche delle numerose sette cristiane, che nel periodo precedente erano state dominanti, erano infatti venute meno: se di fronte all'imminente ritorno del Cristo, il lavoro lungo e paziente della ricerca dottrinale sembrava pressoché inutile e prevalevano i riti preparatori e propiziatori, ora, venuta meno la speranza di questo ritorno, **l'elaborazione dottrinale diventa la prima e fondamentale esigenza della Chiesa**, quella che deve garantirne l'unità e la solidità nella storia.

Clemente Alessandrino

La scuola di Alessandria

Il primo impulso alla fondazione dell'edificio dottrinale del cristianesimo fu dato dalla **scuola catechetica di Alessandria**: questa esisteva già da tempo quando, nel 180, ne divenne capo **Panteno**, che le diede il carattere di un'**accademia cristiana** nella quale l'intera sapienza greca veniva utilizzata per gli scopi apologetici del cristianesimo. La scuola raggiunse il suo massimo splendore con **Clemente** e **Origene**. Quando però, nel 233, Origene fu costretto a fuggire in Palestina e aprì a Cesarea una nuova scuola, questa soppiantò l'altra e divenne la sede della grande biblioteca che fu la più ricca di tutta l'antichità cristiana.

La ripresa della dottrina di Giustino

Flavio Clemente, nato in Atene intorno al 150 e capo della scuola di Alessandria, ci ha lasciato tre opere: il *Protrettico* (cioè "esortazione") *ai Greci*, il *Pedagogo* e i *Tappeti* (cioè "tessuti" di dottrine diverse). Clemente si rifà direttamente a Giustino: **in tutti gli uomini**, ma specialmente in quelli che si sono dedicati alla filosofia, **è presente una «scintilla del *Lógos* divino»**, che ha fatto loro scoprire una parte della verità, per quanto non li abbia resi capaci di raggiungere la verità intera, la quale viene rivelata solo da Cristo.

In Clemente Alessandrino troviamo la prima esplicita affermazione cristiana dell'**infinità di Dio**: «l'Uno è indivisibile e, perciò, infinito, in quanto è senza dimensioni e senza limiti».

Origene

Il primo grande sistema di filosofia cristiana è quello di **Origene**.

Vita e scritti

Nato nel 185 o 186, probabilmente ad Alessandria, Origene fu a capo della scuola catechetica della città e quando per le persecuzioni di Caracalla fu costretto a fuggire, si rifugiò a Cesarea, dove fondò la nuova scuola, che divenne presto fiorentissima. Subì il martirio e morì durante la persecuzione di Decio nel 254 o 255. La sua produzione letteraria fu enorme: gli si attribuiscono da 800 a 6000 scritti; ma l'editto di Giustiniano emesso contro di lui (543) e il giudizio del quinto Concilio ecumenico (553), che lo includeva tra gli eretici, provocarono la perdita di buona parte di questi scritti. Ci rimangono un'apologia *Contro Celso*, un trattato *Sui principi*, giunto a noi solo in una traduzione latina rimaneggiata, e ampi frammenti del suo vastissimo *Commentario* alla Bibbia, tra i quali ben nove libri, non consecutivi, di commento al Vangelo di Giovanni.

Il compito del cristiano

Secondo Origene, gli apostoli ci hanno tramandato le dottrine fondamentali del cristianesimo, ma non si sono fermati a delineare anche quelle accessorie. Chiarire queste ultime è pertanto il compito del cristiano che abbia ricevuto da Dio la grazia della scienza e della parola: egli dovrà **interpretare le dottrine fondamentali e derivarne le altre**.

La nozione di Dio

Delle dottrine bibliche Origene tenta un'interpretazione prevalentemente allegorica, che gli consente di correggere o, quando è necessario, rigettare gli antropomorfismi del Vecchio Testamento, e di avallare così una **concezione puramente spirituale e trascendente di Dio**. Dio è superiore all'essere, alla sostanza, alle idee: è il Bene nel senso platonico, giacché a Lui solo appartiene la bontà assoluta. Il *Lógos* è l'immagine della bontà di Dio, ma non è il bene in sé. Dio è eterno; l'eternità del Figlio dipende dalla volontà del Padre. Dio è la vita, il Figlio riceve la vita dal Padre. Quanto allo Spirito Santo, esso è inteso da Origene come una forza puramente religiosa, che non ha una funzione specifica nella formazione del mondo.

La formazione del mondo

Quest'ultima è dovuta alla **caduta** e alla **degenerazione delle sostanze intellettuali che costituiscono il mondo intelligibile**. Origene riprende qui la dottrina esposta nel *Fedro* di Platone. Per colpa o per pigrizia, ma in ogni caso per un atto libero, imputabile a essi soltanto e non a Dio, gli esseri sovrasensibili, a eccezione del solo Figlio di Dio, si sono volti al male, dando in tal modo inizio alla loro "caduta" nel mondo. Da "intelligenze" che erano, sono divenuti "anime", destinate ad abitare in un corpo più o meno luminoso a seconda della gravità della colpa originaria. Con la "discesa" delle anime nei corpi è apparso il mondo visibile, nella varietà degli esseri che lo costituiscono. Alcune intelligenze sono diventate le anime dei corpi celesti; altre quelle degli angeli; altre ancora quelle degli uomini; mentre le più perverse sono diventate le anime dei diavoli.

Il ritorno delle anime a Dio e al mondo intelligibile

Tutte le anime, tuttavia, sono destinate a ritornare alla loro condizione originaria di intelligenze e a rientrare nel mondo intelligibile. Questo ritorno avviene attraverso una **lunga espiazione**, che esse subiscono vivendo in un numero indeterminato di mondi, che si succedono l'uno all'altro, finché le anime non siano giunte alla purificazione e non possano essere restituite alla condizione originaria («**apocatastasi**»).

Anche l'anima dell'uomo segue questo destino. Perciò al messaggio cristiano spetta l'azione educatrice che riconduce gradualmente alla vita spirituale. La Ragione, o *Lógos*, che si è incarnata in Cristo, illumina progressivamente gli esseri umani e li sollecita a intraprendere la via del **ritorno al mondo intelligibile**. L'uomo rinascerà in un altro o in tanti altri mondi, finché non avrà espiato la propria colpa e non sarà di nuovo degno dell'eternità; ma questo ritorno dipende dalla sua libertà. Alla fine, comunque, tutti gli esseri si saranno risollevati e saranno ritornati a Dio; e Dio sarà tutto in tutti.

Gregorio di Nissa

La questione della natura del Figlio

Gli avversari di Origene gli rimproverarono soprattutto il posto subordinato che egli aveva assegnato al Figlio rispetto al Padre; in seguito lo ritennero addirittura responsabile della dottrina di Ario, secondo cui il *Lógos*, o il Figlio di Dio, è stato creato dal nulla come tutte le creature e, quindi, non è eterno. Questa tesi fu condannata dal **Concilio di Nicea** (325), nel quale venne ribadita la **perfetta divinità del Figlio di Dio**, identico al Padre nella sostanza e nella perfezione.

La dottrina approvata a Nicea fu difesa da tre luminari di Cappadocia: Basilio il Grande, Gregorio di Nazianzo e Gregorio di Nissa.

La produzione più rilevante da un punto di vista filosofico fu quella di **Gregorio di Nissa** (335-394 circa), fratello di Basilio il Grande e di parecchi anni più giovane di lui. La sua opera maggiore è il *Discorso catechetico*, ma egli fu autore anche di numerosi altri scritti, tra i quali è notevole quello intitolato *Sull'anima e sulla resurrezione*.

L'unità di Dio e il dogma della Trinità

Secondo Gregorio, **la Trinità di Dio deriva dalla sua stessa perfezione**. Nell'uomo la ragione è limitata e mutevole, e quindi non ha sostanza né forza proprie; ma in Dio è immutabile ed eterna, e quindi sussiste come persona, ovvero come *Lógos*, o come Figlio di Dio. Lo stesso vale per lo Spirito. Nell'uomo lo spirito fa da mediatore tra il pensiero e la parola; in Dio invece la parola non è un suono, ma fa parte della sua stessa essenza e procede dal Padre e dal Figlio come un'altra persona che ha la loro medesima sussistenza e la loro medesima eternità.

L'unità di Dio si giustifica con l'unità della sostanza delle tre persone. Infatti la **sostanza**, o meglio ogni sostanza (quella divina come quella umana), è una **realtà unica e semplice**, **che non viene moltiplicata dal numero delle persone** (o "ipostasi") **che ne partecipano**.

I principali padri latini del periodo

Il contributo della patristica latina alla speculazione cristiana, prima di Agostino, è piuttosto scarso. Tra le figure più notevoli ci sono: **Ilario di Poitiers**, morto nel 366, difensore dell'ortodossia contro l'arianesimo; il famoso vescovo di Milano **Ambrogio** (nato verso il 340 e morto nel 397), grande come uomo di azione e notevole come scrittore moralista; **Girolamo**, nato a Stridone, in Dalmazia, nel 342 e morto a Betlemme nel 420, famoso per aver corretto la versione latina già in uso del Nuovo Testamento e per aver tradotto dall'ebraico in latino il Vecchio Testamento (a eccezione di pochi libri della cui autenticità dubitava).

ESERCIZI INTERATTIVI ON LINE

MAPPA

La nascita della filosofia cristiana

ON LINE MAPPA INTERATTIVA

Le **NOVITÀ** della predicazione del **CRISTO**

- **universalità** del messaggio
- regno di Dio come **rinnovamento spirituale**
- invito a **rinunciare ai legami terreni**
- nuova legge dell'**amore**
- **Dio** come **padre amorevole**

I primi **SCRITTI FILOSOFICI** cristiani

Lettere di Paolo

- conoscibilità di Dio attraverso le sue opere
- dottrina del peccato originale e della grazia
- contrasto tra spirito e carne
- Chiesa come corpo di Cristo
- tema della vocazione
- concetto di *agápe*

Vangelo di Giovanni

- identificazione del Cristo con il *Lógos*
- Cristo figlio di Dio, salvatore dell'uomo

I **PADRI APOLOGISTI** del I-II secolo

Giustino

- cristianesimo come unica filosofia vera
- "seme" della verità nel pensiero filosofico antico

Tertulliano

- condanna della filosofia

I **PADRI APOLOGISTI** del II-III secolo

Clemente Alessandrino

- *Lógos* divino in tutti gli uomini

Origene

- assoluta spiritualità e trascendenza di Dio
- mondo sensibile formato per "caduta" da quello intelligibile
- espiazione e "apocatastasi"

Gregorio di Nissa

- concetto di Trinità

La morte nell'iconografia greca e cristiana

Un evento in cerca di senso

Nella sua lunga storia, l'umanità è stata costantemente scossa e interrogata dall'**esperienza della morte**. La fine della vita di un individuo è infatti un evento biologico ineluttabile, con il quale le diverse culture si confrontano da sempre, per attribuirvi in qualche modo un senso e mitigarne la tragicità.
Il pensiero greco e quello cristiano, in particolare, hanno delineato due opposte prospettive in cui collocare la morte: **per la grecità** essa è un **evento "naturale", da accettare con serenità** perché fa parte dell'ordine delle cose, oppure un **"ritorno a casa" dell'anima**, la quale abbandona la "prigione" del corpo per tornare alla forma più autentica di vita; **per il cristianesimo**, invece, la vita è un dono di Dio, sacro e inviolabile, e di conseguenza la morte è **lo scandalo per eccellenza**, il «nemico di Dio» e della creazione, di fronte al quale l'uomo non può che ribellarsi.
Queste due diverse concezioni si riflettono, come vedremo, nelle rispettive produzioni artistiche.

Le steli funerarie del Ceramico

Nel "**Ceramico**", l'**antico cimitero di Atene**, sono state rinvenute **numerose steli funerarie risalenti al V-IV secolo a.C.** Oltre che di pregevole qualità artistica, questi monumenti funebri sono di particolare interesse in quanto espressioni dell'idea che l'uomo greco aveva della morte o, meglio, della vita oltre la morte.
Nella maggior parte dei casi, l'immagine scolpita in rilievo è il ritratto del defunto, che viene raffigurato da solo o nell'atto di congedarsi dalle persone a lui più vicine. Talvolta sulla tomba si può leggere il nome dell'uomo o della donna, in certi casi seguito dal patronimico, dal luogo di nascita e dall'età. Ma il dato più interessante è che spesso le iscrizioni si concludono con il saluto "*káire!*", che potremmo tradurre con "rallegrati!", chiaro indizio della concezione della morte diffusa in quell'epoca.

Il composto addio ad Ampharete e Hegeso

Serenità e quiete trasmettono certamente le immagini di **Ampharete** e di **Hegeso**. Le due giovani donne sono ritratte nella naturalezza dei loro gesti quotidiani: Ampharete con in grembo un piccolo, probabilmente un nipote, che culla teneramente mostrandogli un uccellino (nella mano destra); Hegeso nell'atto di riporre i propri gioielli con l'aiuto di un'ancella. Compostezza, non disperazione; forse malinconico struggimento, non orrore e disperazione. La morte non è che fatalità innocente, un destino universale che lega tutti i viventi, un' "increspatura" nel mare della vita, naturale e "morbida" come i drappeggi delle vesti.

Stele di Ampharete, fine V sec. a.C., bassorilievo in marmo, Atene, Museo Archeologico Nazionale

Stele di Hegeso, fine V sec. a.C., bassorilievo in marmo, Atene, Museo Archeologico Nazionale

Il congedo di Panaitios

Stele di Panaitios, inizio IV sec. a.C., Atene, Museo Archeologico Nazionale

Di impostazione abbastanza diversa è la stele funeraria del giovane **Panaitios**, dove sono raffigurati i vasi che venivano posti nelle tombe come offerte votive. La vita del defunto è richiamata dalle scene che decorano le anfore: su quella di sinistra, in particolare, si può osservare il giovane che corre con un cerchio, gesto in cui sembrano condensarsi simbolicamente la leggerezza e la spensieratezza di una giovinezza perduta e malinconicamente rievocata.
Nel vaso centrale, Panaitios è invece raffigurato nel suo ruolo di efebo, accanto al suo cavallo, con in mano una lancia e, secondo un'usanza abbastanza comune, in una sorta di **congedo dal mondo dei vivi**, simbolicamente rappresentato con la stretta di mano data dal giovane a un vecchio e in presenza di un bambino. Tutti gli elementi iconografici concorrono a determinare un'atmosfera di composta serenità.

Il Cristo crocifisso di Grünewald

Tra le molte opere d'arte che possono esemplificare la concezione cristiana della morte, abbiamo scelto, seguendo una suggestione del teologo luterano Oscar Cullmann (1902-1999), la ***Crocifissione*** dipinta dall'artista tedesco **Matthias Grünewald** intorno al 1515 per la pala dell'altare di Isenheim.

VERSO LE COMPETENZE
- Individuare i nessi tra la filosofia, le altre forme del sapere e gli altri linguaggi

Se nelle steli greche i corpi delle persone defunte sono "rarefatti" nella calma dignitosa della loro vita quotidiana, qui la morte è sentita come un **terribile oltraggio nei confronti del corpo**. La carne livida e verdastra del Cristo è deformata e gonfia di dolore. Il suo corpo nodoso e lacerato è come ingoiato da una potenza macabra e terribile.
A sinistra della croce, anche la postura di **Maria** (ritratta in piedi, sorretta dall'apostolo Giovanni) e quella della **Maddalena** non hanno nulla di composto e rassegnato. La morte è un'offesa che provoca dolore e sdegno. Al senso squisitamente ellenico dell'accettazione del destino "naturale" di tutti gli uomini, con il cristianesimo subentra la tensione drammatica della ribellione per qualcosa di orrendo, che atterrisce e angoscia perché decompone e trasfigura il corpo. La morte è male estremo, al quale solo l'estremo rimedio di un intervento divino può portare consolazione.

Matthias Grünewald, *La Crocifissione*, 1512-1515, olio e tempera su tavola, pannello centrale dalla pala d'altare di Isenheim, Colmar, Musée d'Unterlinden

CAPITOLO 2
Agostino

1. L'uomo, il pensatore, il cristiano

La formazione classica

Aurelio Agostino nacque nel 354 a Tagaste, nell'Africa romana. Suo padre Patrizio era pagano; sua madre Monica era cristiana ed esercitò su di lui una profonda influenza. Agostino trascorse la fanciullezza e l'adolescenza tra Tagaste e Cartagine; di temperamento ardente, insofferente ai freni, condusse in questo periodo una vita disordinata e dispersa, di cui si accusò aspramente nelle ***Confessioni***. Nel contempo, tuttavia, egli coltivò gli studi classici, specialmente latini, e si occupò con passione di grammatica, fino a ritenere (come confessò con orrore) un'improprietà lessicale o sintattica più grave di un peccato mortale.

La scoperta della filosofia

Verso i 19 anni la lettura dell'*Ortensio* di Cicerone lo trasse alla filosofia. L'opera di Cicerone (andata perduta) era un'esortazione alla filosofia che seguiva da vicino le tracce del *Protrettico* di Aristotele. In virtù di essa Agostino, dall'entusiasmo per le questioni formali e grammaticali, passò all'entusiasmo per i problemi del pensiero e per la prima volta si indirizzò alla ricerca filosofica.

L'adesione al manicheismo e i primi dubbi

Nel 374 aderì alla setta dei manichei. Iniziò a insegnare retorica a Cartagine e continuò fino ai 29 anni, tra amori di donne e affetti di amici di cui si sarebbe accusato e pentito in seguito. A 26 o 27 anni compose il suo primo libro, *Sul bello e sul conveniente* (*De pulchro et apto*), andato perduto. Il suo pensiero si andava maturando: lesse e intese da sé il libro di Aristotele *Sulle categorie* e altri scritti, formulando nel frattempo i primi dubbi sulla verità del manicheismo, dubbi che si confermarono quando vide che neppure Fausto, il più famoso manicheo dei suoi tempi, sapeva risolverli.

Da Cartagine a Roma, da Roma a Milano

A 29 anni, nel 383, Agostino si recò a Roma, con l'intenzione di tenere là il proprio insegnamento di retorica, mosso dalla speranza di trovare una scolaresca meno turbolenta e più preparata di quella cartaginese e forse anche dall'ambizione di conseguire successo e denaro. Ma le sue speranze non si realizzarono e dopo un anno si spostò a Milano, per tenervi l'insegnamento ufficiale di retorica che aveva ottenuto dal prefetto Simmaco.

Qui l'esempio e la parola del vescovo Ambrogio lo persuasero della verità del cristianesimo e divenne catecumeno. A Milano lo aveva raggiunto la madre, la cui influenza ebbe un'importanza decisiva nella sua crisi spirituale. La lettura degli scritti di Plotino (nella traduzione di Mario Vittorino, un famoso retore che si era convertito al cristianesimo) fornì ad Agostino l'orientamento definitivo. Nei libri dei neoplatonici il filosofo non trovò né l'incarnazione del Verbo, né, di conseguenza, la via dell'umiltà cristiana, ma l'affermazione chiara dell'incorporeità e dell'incorruttibilità di Dio, e ciò lo liberò definitivamente dal materialismo al quale era rimasto fino ad allora legato, portandolo alla convinzione che l'universo è pieno di Dio al modo di una gigantesca spugna che occupi il mare.

L'avvicinamento alla dottrina cristiana e la lettura di Plotino

Nell'autunno del 386 Agostino lasciò l'insegnamento e si ritirò, con una piccola schiera di parenti e di amici, nella villa di Verecondo, a Cassiciaco, presso Milano. Dalla meditazione in questa villa e dalle conversazioni con gli amici nacquero le sue prime opere: ***Contro gli Accademici***, ***Sull'ordine***, ***Sulla beatitudine***, ***Soliloqui***.

La meditazione e le prime opere

Il 25 aprile del 387 ricevette il battesimo dalle mani di Ambrogio. Egli si persuase allora che la sua missione fosse quella di diffondere nella propria patria la sapienza cristiana e cominciò a pensare al ritorno in Africa. A Ostia, in attesa dell'imbarco, trascorse con la madre momenti d'intenso godimento spirituale, discorrendo con lei di questioni religiose; proprio in quei giorni Monica morì.

Il battesimo e il ritorno in Africa

Da quel momento la vita di Agostino fu una continua ricerca della verità e una continua lotta contro l'errore. Dopo una nuova permanenza a Roma, ritornò a Tagaste, dove nel 391 fu ordinato sacerdote; nel 395 fu consacrato vescovo di Ippona. La sua attività teoretica si volse allora non solo alla **difesa** e al **chiarimento dei principi della fede**, ma anche alla **lotta contro i nemici del cristianesimo e della Chiesa**: il **manicheismo** (v. "La polemica contro il manicheismo e il problema del male", p. 162), il **donatismo** (v. "La polemica contro il donatismo", p. 164) e il **pelagianesimo** (v. "La polemica contro il pelagianesimo", p. 164).

Dopo il sacco di Roma, Agostino compose ***La città di Dio***. Intanto l'invasione dei Vandali si abbatté nel 428 sull'Africa romana. Già da tre mesi le truppe di Genserico assediavano Ippona, quando, il 28 agosto del 430, Agostino morì.

La morte

Le sue opere principali sono le ***Confessioni*** (scritte tra il 397 e il 401) e ***La città di Dio*** (scritta tra il 413 e il 426). Da ricordare, inoltre, ***La Trinità***, ***Contro Felice Manicheo***, ***La vera religione***, ***Il libero arbitrio***, ***La natura del bene***, ***La dialettica*** (che contiene la teoria agostiniana del linguaggio) e ***La dottrina cristiana***.

Le opere principali

2. I tratti principali del pensiero agostiniano

Per la prima volta, con Agostino, la speculazione teologica perde il carattere di oggettività che aveva conservato anche nel pensiero delle più potenti personalità della patristica greca, per saldarsi alla **dimensione soggettiva** dell'uomo che la sviluppa. Il **problema teologico** è in Agostino il **problema dell'uomo-Agostino**: il problema della sua dispersione e della sua inquietudine, il problema della sua crisi e della sua redenzione, della sua ragione speculante e della sua opera di vescovo. Ciò che Agostino ha offerto ai suoi lettori è ciò che egli ha conquistato per se stesso.

Il carattere soggettivo

SCHEDA FILMICA
ON LINE *Into the Wild*

Il programma filosofico

Il centro della speculazione di Agostino coincide veramente con l'esplicitazione della sua personalità. L'**atteggiamento della confessione** (di cui parleremo più diffusamente nei prossimi paragrafi) non è tipico soltanto del suo famoso scritto dal titolo omonimo (*Confessioni*), ma è l'atteggiamento costante del pensatore e dell'uomo d'azione, che, qualsiasi cosa dica o intraprenda, non ha altro scopo che quello di chiarire sé a se stesso e di essere quello che deve essere.

Perciò egli dichiara di **non volere conoscere altro che l'anima e Dio**, e si mantiene costantemente fedele a questo programma:

- l'anima è per lui l'«uomo interiore», ovvero l'io nella semplicità e nella verità della sua natura;
- Dio è l'essere nella sua trascendenza e nella sua normatività, senza il quale non è possibile riconoscere la verità dell'io.

Le radici: neoplatonismo...

Certamente, anche in questa radicale interiorizzazione della ricerca filosofica, Agostino ha dei predecessori: i "platonici", ai quali spesso il filosofo si richiama nelle sue opere, e tra questi in modo particolare **Plotino**. Tuttavia, mentre per i neoplatonici il ritorno a se stesso, ovvero l'atteggiamento dell'introspezione, era privilegio solo del saggio, per Agostino può essere fatto proprio da ogni uomo.

340 — 350 — 360 — 370 — 380

Eventi storici

- 362 Giuliano l'Apostata imperatore: restaurato il paganesimo
- 366 Damaso vescovo di Roma
- 374 Ambrogio vescovo di Milano
- 379 Teodosio I imperatore d'Oriente

Vita di Agostino

- 354 Aurelio Agostino nasce a Tagaste
- 372 Legge l'*Ortensio* di Cicerone e scopre la filosofia; ha un figlio, Adeodato
- 374 Aderisce al manicheismo e insegna retorica a Cartagine

Filosofia e Scienza

- 358 Mario Vittorino: *Adversus Arium*
- 361 Nasce Pelagio
- 367 Muore Ilario di Poiters
- 375 Damaso afferma il primato del vescovo di Roma: nasce la "sede apostolica"

Arte e Letteratura

- 359 A Roma è realizzato il sarcofago per il prefetto Giunio Basso
- 362 Giuliano l'Apostata: *Inno alla madre degli dei*
- 378 Ammiano Marcellino: *Rerum gestarum libri XXXI*
- 380 A Costant Teodosio fa costrui Porta Aur

… e patristica

Agostino raccoglie anche il meglio della **patristica a lui precedente**: i concetti teologici fondamentali, ormai acquisiti dalla speculazione filosofica e difesi dalla Chiesa, non subiscono per opera sua sostanziali sviluppi, anche se da rigidi concetti diventano elementi di vita interiore (poiché tali sono per lo stesso Agostino), arricchendosi di un calore e di un significato che prima non avevano. Il filosofo riesce infatti a saldarli alle inquietudini e ai dubbi, al bisogno di amore e di felicità che contraddistinguono l'essere umano: riesce, cioè, a fondarli nella "ricerca", ovvero in ciò che costituisce la dimensione essenziale dell'uomo nella sua totalità.

La dimensione religiosa della ricerca

Tutto l'uomo ricerca: ogni elemento della sua natura, nell'inquietudine della finitezza che lo caratterizza, muove verso l'Essere che solo può dargli consistenza e stabilità. Tale ricerca trova dunque nella ragione la propria disciplina e il proprio rigore, ma non è esigenza di pura ragione. Agostino ripropone, nel contesto della speculazione cristiana, l'istanza della ricerca con la stessa forza con cui Platone l'aveva presentata alla filosofia greca. Ma, a differenza di quella platonica, la ricerca agostiniana si radica nella religione. Fin dall'inizio Agostino la affida all'iniziativa di Dio, perché solo Dio determina e guida la ricerca umana, sia come speculazione, sia come azione: così la **speculazione**, nella sua verità, assume i tratti della **fede nella rivelazione**, e **l'azione**, nella sua libertà, diviene **grazia concessa da Dio**.

380 — 390 — 400 — 410 — 420 — 430

380 Editto di Tessalonica: il cristianesimo è religione ufficiale

384 Il vescovo di Roma Silicio assume per la prima volta il titolo di "papa"

392 Teodosio I riunifica l'impero

395 Muore Teodosio I e l'impero è nuovamente diviso

397 Muore Ambrogio

402 I Visigoti invadono l'Italia; Onorio trasferisce a Ravenna la capitale dell'impero d'Occidente

410 Sacco di Roma

423 Valentiniano III imperatore d'Occidente sotto la tutela della madre Galla Placidia

383 A Roma

384 A Milano; cattedra di retorica

386 *Contro gli Accademici*; *Soliloqui*

387 Battesimo e morte della madre

391 Ordinato sacerdote a Tagaste

395 Vescovo di Ippona

397 Inizia a scrivere le *Confessioni*

411 Inizia la disputa con Pelagio

413 Dopo il sacco di Roma, inizia la stesura de *La città di Dio*

430 A Ippona, sotto assedio da 3 mesi, Agostino muore

385 A Roma inizia la costruzione della basilica di S. Paolo fuori le Mura

391 Girolamo inizia la traduzione in latino dell'Antico Testamento

392 Girolamo: *De viris illustribus*

412 A Licia nasce il filosofo neoplatonico Proclo

425 A Costantinopoli Teodosio fonda una scuola cristiana in opposizione a quella di Atene

425 ca. Chiesa di S. Croce a Ravenna, cui viene aggiunto il mausoleo di Galla Placidia

La polemica anti-pelagiana (v. "La polemica contro il pelagianesimo", p. 164) offre ad Agostino l'occasione per esprimere nella forma più estrema ed energica le proprie convinzioni, ma non costituisce una frattura nella sua personalità, una vittoria dell'uomo di Chiesa sul pensatore, giacché in Agostino **il pensatore vive tutto nella sfera della religiosità**, la quale necessariamente riconosce soltanto a Dio l'iniziativa della ricerca, perché soltanto Dio è la possibilità dell'uomo.

3. Ragione e fede

Cercare Dio nella propria anima

Nei *Soliloqui*, che sono tra le sue prime opere, Agostino dichiara lo scopo della propria ricerca: «Io desidero conoscere Dio e l'anima» (*Deum et animam scire cupio*). E alla domanda «Nient'altro dunque?» risponde: «Nient'altro, assolutamente» (I, 2). E tali sono in realtà i termini verso i quali costantemente si indirizza la sua speculazione, dal principio alla fine. Ma Dio e l'anima non richiedono per Agostino due indagini parallele o diverse. **Cercare l'anima significa cercare Dio**, nella commossa persuasione che «Tu, o Dio, ci hai fatti per te e il nostro cuore è inquieto, finché non trovi riposo in te» (*Confessioni*, I, 1).

«Credi per capire» e «capisci per credere»

Ora, in quel continuo sforzo verso Dio che è l'esistenza dell'uomo, **ragione e fede sono strettamente unite** e in grado di collaborare e di rafforzarsi a vicenda. La teoria agostiniana dei rapporti tra ragione e fede è sintetizzata nella duplice formula ***crede ut intelligas*** (credi per capire) e ***intellige ut credas*** (capisci per credere). Con queste celebri affermazioni Agostino intende dire che per capire, ossia per far filosofia in modo corretto e per trovare la verità, è indispensabile credere, cioè possedere la fede, la quale è simile alla luce che indica il cammino da seguire. Viceversa, per avere una fede salda è indispensabile comprendere ed esercitare l'intelletto, cioè filosofare. Ragione e fede si configurano dunque come facce diverse di quella medesima realtà esistenziale che è il rapporto dell'uomo con Dio.

L'uomo come oggetto della ricerca agostiniana

E proprio tale realtà Agostino, da un capo all'altro della propria opera, cerca incessantemente di chiarire a se medesimo: «Io stesso ero diventato per me un grosso problema» (*Factus eram ipse mihi magna quaestio*, *Confessioni*, IV, 4). Infatti, come si è già detto, l'oggetto della ricerca agostiniana non è il cosmo, ma l'uomo, o l'io, ossia la **persona** nella sua **singolarità irripetibile** e nella sua **apertura a Dio** (da ciò il carattere marcatamente esistenziale delle *Confessioni*).

4. Dal dubbio alla verità

Gli argomenti contro lo scetticismo

La certezza del proprio esistere

Contro lo scetticismo, che interpreta come teoria del dubbio universale, Agostino sostiene che non è possibile dubitare e ingannarsi su tutto, perché la nostra esistenza, ad esempio, è indubitabile, in quanto **se anche dubitiamo** e ci inganniamo su di essa, **dobbiamo per forza esistere.** → T1 p. 180

> Se m'inganno vuol dire che sono [*si enim fallor, sum*]. Non si può ingannare chi non esiste: se dunque m'inganno, per ciò stesso io sono [*nam qui non est, utique nec falli potest: ac per hoc sum, si fallor*]. Poiché dunque esisto, dal momento che m'inganno, come posso ingannarmi a credere che esisto, quando è certo che io esisto dal momento che m'inganno? Poiché dunque, anche nell'ipotesi che mi inganni, esisterei pur ingannandomi, non mi inganno certamente nel conoscere che esisto. (*La città di Dio*, XI, 26)

Il rapporto dell'uomo con la verità

Inoltre, **per dubitare della verità**, continua Agostino nella sua ferma polemica anti-scettica, **si deve in qualche modo già essere nella verità**:

> Se non comprendi bene quello che io dico, e se dubiti che ciò sia vero, guarda almeno se tu non sei sicuro di un tale tuo dubitare e se ne sei sicuro cerca donde mai ti derivi tale sicurezza. Chiunque comprende di essere in dubbio, vede una cosa sicura della quale è certo [...]. Pertanto chiunque dubita se la verità esista, ha in sé alcunché di vero di cui non può dubitare; ora il vero non è tale se non in forza della verità. È necessario adunque che più non dubiti della verità chi ha potuto in qualche modo dubitare. (*La vera religione*, 39, 73)

In altri termini, il dubbio presuppone, per sua stessa natura, un rapporto dell'uomo con la verità. Tuttavia, pur essendo *nella* verità, l'uomo non è, egli stesso, *la* verità. Infatti l'uomo, semplice ricercatore della verità, è imperfetto e mutevole, mentre la verità assoluta è immutabile e perfetta e possiede totalmente se medesima: «Confessa di non essere tu ciò che è la verità, poiché essa non cerca se stessa». Di conseguenza, **la verità non può essere che Dio.** → **T2** p. 182

TESTO ANTOLOGICO
ON LINE La verità (Agostino, *La vera religione*)

CONCETTI A CONFRONTO
ON LINE SCHEMA INTERATTIVO

Il dubbio

negli scettici	in Agostino
investe **qualunque dottrina o sistema filosofico** poiché **non è possibile accedere ad alcun tipo di verità**	investe la **conoscenza sensibile**, ma **il fatto che dubitiamo è garanzia della nostra esistenza** e, dunque, di una **verità**
pertanto	pertanto
legittima l'***epoché*** (sospensione del giudizio) e l'***ataraxía*** (assenza di turbamento)	apre la strada alla **ricerca di Dio** (Verità assoluta), in quanto presuppone un rapporto dell'uomo con la verità

La teoria dell'illuminazione

Se l'uomo non è la verità, ma solo colui che ne accoglie una parte come dono, come avviene questo dono? A questa domanda Agostino risponde con la cosiddetta **teoria dell'illuminazione**, secondo la quale l'essere umano, non essendo e non possedendo di per sé la verità, la riceve da **Dio**, che, simile a una vivida luce, **«illumina» la nostra mente**, permettendole di apprendere.

Cristo come fonte di ogni conoscenza

Il Cristo, infatti, per Agostino è **Maestro interiore, Luce, Verità e Vita**: egli è *dator intelligentiae*, ossia **artefice dell'umana capacità conoscitiva**. Spiega Michele Federico Sciacca: «Se il nostro pensiero è illuminato, significa che esso è luce che si accende ad un'altra luce. Il pensiero è la *mia* luce, ma non sono io l'origine del mio lume. I lumi degli uomini si accendono e si affievoliscono, ora brillano e ora sembrano spegnersi; la mia luce, come quella dei miei simili, non è dunque *la* luce. Per conseguenza, la mia intelligenza e la mia ragione, ogni individuale intelligenza e ragione creata, sono testimonianza dell'esistenza della luce assoluta».

Agostino e Platone

La dottrina agostiniana dell'illuminazione, nonostante la sua forte valenza religiosa, ha un presupposto filosofico ben preciso, senza il quale non potrebbe essere adeguatamente intesa: la teoria platonica della conoscenza. Analogamente a Platone, Agostino ritiene infatti che nell'uomo esistano delle verità, o dei criteri di giudizio (ad esempio la Giustizia, il Bene, l'Uguaglianza ecc.), che non possono derivare dalla mutevole percezione dei sensi, cioè dall'esperienza. Tuttavia, mentre Platone, con la teoria della reminiscenza, faceva derivare tali verità dal mondo delle idee, Agostino, con la teoria dell'illuminazione, le fa cristianamente provenire da Dio, in base al principio secondo cui **la verità immutabile non è la ragione, cioè l'uomo, ma è la legge della ragione**. Infatti, se la ragione è superiore alle cose di cui giudica, la legge in base alla quale essa giudica è superiore alla ragione, poiché scaturisce da quella Legge o Ragione suprema che è Dio.

Il ritorno in se stessi

Ciò che si è detto rende comprensibile il famoso monito di Agostino con cui si è spesso riassunta, attraverso i secoli, la sua filosofia:

> Non uscire da te, ritorna in te stesso, nell'interno dell'uomo abita la verità; e se troverai mutevole la tua natura, trascendi anche te. (*La vera religione*, 39, 72)

Infatti **la verità non sta nelle cose, ma nell'uomo che giudica**, anche se, come si è visto, la verità non si identifica con la mutevole natura umana, bensì con l'immutabile luce divina che le permette di conoscere. Ritornare a se stessi e rinchiudersi nella propria **interiorità** significa pertanto, di fatto, aprirsi alla verità e a Dio. In conclusione, il **rinserrarsi dell'esistenza in se stessa** è per Agostino la **via maestra per giungere all'apertura più radicale**: quella verso l'Essere e verso l'Assoluto. E poiché la verità di Dio trascende l'uomo, essa non è mai pienamente posseduta, ma rimane sempre, in qualche misura, un mistero che in questa vita non è dato svelare, ma solo riconoscere e amare.

ESERCIZI INTERATTIVI ON LINE

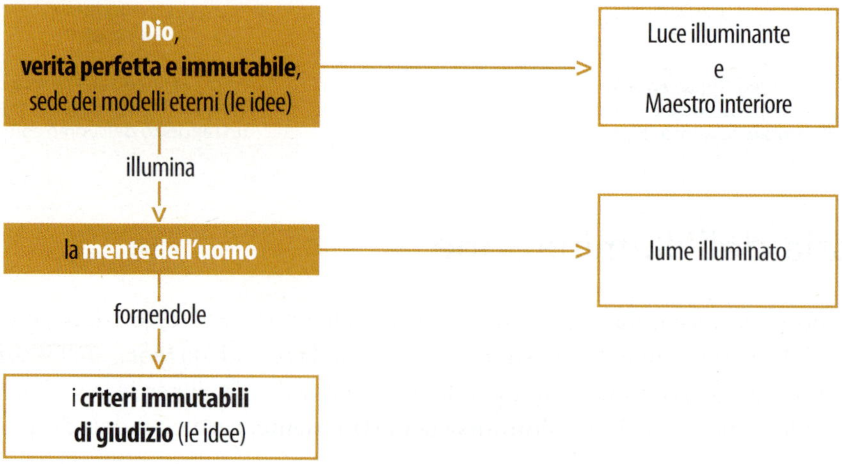

La verità divina è la "misura" di tutte le cose. L'intelletto umano è "misurato" rispetto a essa

Una forma di misticismo? Sebbene a prima vista possa indurre a considerarla come tale, la teoria agostiniana dell'illuminazione non è, né presuppone, alcuna forma di misticismo. Vediamo perché.

Tra nozioni ideali e sensazione

Da un lato, Agostino sottolinea come la **verità** non sia stabilita dall'uomo, ma sia a lui **esterna e superiore**. Dio è il luogo in cui sono inscritte tutte le verità, e ciò spiega l'oggettività di alcune nozioni che ogni uomo riconosce e che sa bene non essere mere opinioni personali (come ad esempio il fatto che 2 +2 fa 4).
Dall'altro lato, però, Agostino si rende conto che il punto di partenza della conoscenza umana è dato dalla **sensazione**, che egli interpreta non come passività di fronte al dato esterno, ma come reazione a esso da parte dell'anima. La **ragione** interviene poi a giudicare secondo criteri assoluti e ciò spiega, ad esempio, perché noi, vedendo delle forme geometriche imperfette, siamo in grado di elaborarne le forme ideali, o perfette.

La naturalità dell'illuminazione

L'**illuminazione** è appunto la capacità di cogliere tali oggetti perfetti in Dio, in quanto Egli ne è il principio.
Non si tratta però di una facoltà divinatoria, o mistica, riservata ai credenti, ma di uno **strumento presente nella ragione naturale dell'uomo**. Infatti anche l'ateo sa che 2 + 2 fa 4 e riconosce che non si tratta di un'opinione o di una nozione che possa variare nel tempo, ma non si rende conto di quale sia la sede autentica di queste verità. Una cosa è dunque per Agostino la possibilità di pervenire ad alcune verità (capacità che contraddistingue ogni essere razionale, indipendentemente dalla sua fede); un'altra cosa è invece la capacità di riconoscere in Dio il fondamento di queste nozioni, ed è solo tale capacità a essere riservata al credente e a distinguerlo dagli altri uomini.

CONCETTI A CONFRONTO

ON LINE SCHEMA INTERATTIVO

Le idee

in Platone	in Agostino
sono **realtà uniche, immutabili e perfette,** modelli eterni delle cose molteplici e imperfette	sono **modelli eterni** delle cose e **criteri immutabili di giudizio**
hanno sede **nell'iperuranio,** cioè in una zona dell'essere diversa da quella in cui siamo noi e le cose	hanno sede **in Dio,** Legge o Ragione suprema
si colgono mediante una **visione intellettuale,** resa possibile dal fatto che l'anima, prima di incarnarsi nel corpo, ha vissuto nel mondo delle idee	sono **"date" alla mente umana dall'azione illuminante di Dio** (teoria dell'illuminazione)

5. Dio come Essere, Verità e Amore

Dall'ontologia alla teologia

Studi recenti hanno messo in luce come in Agostino, accanto alla riflessione gnoseologica, antropologica e teologica, sia presente anche un abbozzo di ontologia, intesa come classificazione dei vari aspetti della realtà.

L'ontologia agostiniana

Agostino riconosce vari tipi di "essere", o meglio di "realtà":

- innanzitutto ci sono i **corpi**, ovvero le entità fisiche poste nello spazio e nel tempo;
- quindi c'è la **natura**, che è l'insieme delle cose create e che, in quanto tale, comprende non solo i corpi fisici, ma anche le entità spirituali.

Agostino usa la nozione generalissima di "**sostanza**" in riferimento sia agli enti corporei, sia a quelli spirituali. Quella della sostanza è una categoria che accoglie in sé *tutte* le sostanze, e dunque anche Dio; questi però è sostanza in un significato improprio in virtù della sua assoluta semplicità, laddove le altre lo sono perché possono "ospitare" altre caratteristiche; per definire Dio Agostino utilizza anche il concetto di "**essenza**", intendendo in questo caso la sostanza autosufficiente, ovvero quella che per esistere non ha bisogno di appoggiarsi a nient'altro e che di conseguenza è increata, a differenza di tutte le altre sostanze.

Dio come essere sommo

Riprendendo la dottrina platonica della **gerarchia dell'essere**, Agostino afferma che le cose possiedono l'essere in misura diversa, in un crescendo che va dalla materia inorganica a Dio, passando attraverso vegetali, animali, uomini e angeli. L'essere è di per sé bene, e dunque tutto il creato è in qualche misura buono, sebbene lo sia in maniera proporzionale al grado d'essere che lo contraddistingue: in questo senso **Dio è l'essere sommo, l'essere nella sua pienezza**, immutabilità e bontà.

Gli attributi di Dio

Dio come Essere e Verità

Abbiamo già visto come l'identificazione di Dio con la Verità sia il principio fondamentale della teologia di Agostino. Ma in base alla sua prospettiva ontologica, Dio è anche Essere al sommo grado. Per l'uomo, dunque, che ricerca Dio nell'interiorità della propria **coscienza**, Dio è **Essere e Verità, Trascendenza e Rivelazione, Padre e *Lógos***. Egli si rivela come trascendenza all'uomo che incessantemente e amorosamente lo cerca nella profondità del proprio io: ciò vuol dire che Dio non è Essere se non in quanto è insieme manifestazione di sé come tale, cioè Verità; che non è Trascendenza se non in quanto è insieme Rivelazione; che non è Padre se non in quanto è insieme Figlio, o *Lógos*, o Verbo, che muove incontro all'uomo per trarlo a sé.

Dio come Amore

Se le prime due persone della Trinità si manifestano all'uomo che ricerca, lo stesso vale per lo Spirito Santo, che è Amore. Dio è dunque Amore, oltre che Essere e Verità; del resto amore e verità vanno congiunti, perché **non ci può essere amore se non per la verità e nella verità.** Amare Dio significa amare l'Amore, ma non si può amare l'Amore se non si ama. Non è amore quello che non ama nessuno. L'uomo perciò non può amare Dio, che è l'Amore, se non ama l'altro uomo. **L'amore fraterno tra gli uomini «non solo deriva da Dio, ma**

è Dio stesso» (*La Trinità*, VIII, 12). In altre parole, così come Dio si rivela come Verità solo a chi cerca la verità, allo stesso modo si offre come Amore solo a chi ama: la ricerca di Dio non è dunque soltanto intellettuale, ma si concretizza anche come bisogno di amore.

Dio in se stessi

Si arriva così alla domanda fondamentale: «Che cosa amo, o Dio, quando amo te?» (*Confessioni*, X, 6). Questo è il nodo che orienta la ricerca agostiniana all'anima e a Dio, il nodo che sta al centro della stessa personalità di Agostino. Si è detto che non è possibile cercare Dio se non entrando nella propria interiorità, se non "confessandosi" e riconoscendo il proprio autentico "sé"; ma questo riconoscimento è lo stesso riconoscimento di Dio come verità e trascendenza. **Se l'uomo non cerca se stesso, non può riconoscere Dio.** L'intera esperienza della vita di Agostino si esprime in questa formula, poiché solo al di là di se stessi, oltre la parte più alta dell'io, si intravede, per la stessa impossibilità di raggiungerla, la realtà dell'essere trascendente.

Dio come condizione della ricerca e dell'amore umani

Se da un lato le determinazioni di Dio si radicano nella ricerca, poiché Dio si rivela come trascendenza e verità solo nella ricerca, dall'altro lato la ricerca si fonda sulle determinazioni della trascendenza divina. Certo, **l'uomo** non può riconoscere la trascendenza se non cerca, ma **non può cercare se la trascendenza non lo chiama a sé** e non lo sorregge rivelandoglisi nella sua imperscrutabilità. Dio, nella sua trascendenza, è dunque la condizione della ricerca da parte dell'uomo.
Allo stesso modo, **Dio** è la condizione dei rapporti interumani, in quanto è Amore e in quanto, come Amore, **condiziona e rende possibile ogni amore**. Ma non è possibile riconoscerlo come Amore, e quindi amarlo, se non si ama; e l'uomo non può amare che l'altro uomo. Perciò l'Amore divino, o lo Spirito Santo, è la condizione che porta l'uomo non solo verso se stesso e verso Dio, ma anche verso l'altro uomo.

6. La struttura trinitaria dell'uomo e il peccato

L'uomo è immagine di Dio

La possibilità di cercare Dio e di amarlo è radicata nella stessa natura dell'**uomo**. Se fossimo animali, potremmo amare soltanto la vita carnale e gli oggetti sensibili. Se fossimo alberi, non potremmo amare nulla di ciò che ha movimento e sensibilità. Ma siamo uomini, creati a immagine del nostro creatore, il quale è vera Eternità, eterna Verità, eterno e vero Amore: abbiamo dunque la possibilità di ritornare a Lui, nel quale il nostro essere non avrà più morte, il nostro sapere non avrà più errori, il nostro amore non avrà più offese (cfr. *La città di Dio*, XI, 28).
Come si è detto, questa possibilità di ritornare a Dio è inscritta nella natura stessa dell'uomo, il quale presenta una **struttura trinitaria** che lo fa essere, per così dire, "in minuscolo" ciò che Dio è "in maiuscolo". Infatti l'uomo *è*, *conosce* e *ama*, proprio come Dio è *Essere* (il Padre), *Intelligenza* (il Figlio) e *Amore* (lo Spirito Santo).

TESTO ANTOLOGICO ON LINE L'uomo come immagine di Dio (*Agostino, La città di Dio*)

Memoria, intelligenza e volontà

In altri termini ancora, **l'uomo è composto di tre facoltà**, che riproducono altrettanti aspetti di Dio:

- la prima è la **memoria**, che è l'esistenza, o la presenza dell'anima a se stessa;
- la seconda è l'**intelligenza**;
- la terza è la **volontà**, o l'amore.

Queste tre facoltà insieme, e ognuna per sé, costituiscono una sola vita, una sola mente e una sola essenza, ossia un'unica realtà che funge da immagine impari (ma pur sempre immagine) della Trinità divina (la quale, in se stessa, rimane ovviamente un mistero):

> Io sono, io conosco, io voglio. *Sono* in quanto so e voglio; *so* di essere e di volere; *voglio* essere e sapere. Veda chi può come in queste tre cose ci sia una vita inseparabile, un'unica vita, un'unica mente, un'unica essenza e come la distinzione sia inseparabile e, tuttavia, ci sia.
> (*Confessioni*, XIII, 11)

La possibilità del peccato

La struttura stessa dell'uomo interiore rende dunque possibile la ricerca di Dio. Che l'uomo sia fatto a immagine di Dio significa infatti che egli può cercare Dio, amarlo e rapportarsi all'Essere di Lui. Dio crea l'uomo affinché egli sia, giacché, come abbiamo visto, l'essere, in qualunque grado si realizzi, è sempre un bene, e il supremo Essere è il supremo bene; ma l'uomo può allontanarsi e decadere dall'essere, e in tal caso pecca. Ciò accade perché **la costituzione dell'uomo** come immagine di Dio, **se gli dà la *possibilità* di rapportarsi a Dio, non *garantisce* che questa possibilità si realizzi.**

La possibilità di una rinascita spirituale dell'uomo

L'uomo è infatti, innanzitutto, un «**uomo vecchio**», **esteriore**, o **carnale**, che nasce e cresce, invecchia e muore. Ma può essere anche un «**uomo nuovo**», **interiore**, o **spirituale**, poiché può rinascere spiritualmente e riuscire ad aggiogare l'anima alla legge divina. Anche l'uomo nuovo ha dunque le proprie "età", che però non sono date dal trascorrere del tempo, ma dal suo progressivo avvicinarsi al divino.

Se, come si è detto, ogni individuo è per sua natura un uomo vecchio che deve diventare un uomo nuovo, egli deve **rinascere alla vita spirituale**. La possibilità di questa rinascita gli si presenta come possibilità di scelta tra due opposte alternative:

- o **vivere secondo la carne**, indebolendo e rompendo il proprio rapporto con l'essere, cioè con Dio, e cadendo nella menzogna e nel **peccato**;
- o **vivere secondo lo spirito**, rinsaldando il proprio rapporto con Dio e preparandosi a partecipare della Sua stessa eternità.

Il peccato come "non-scelta" e come rinuncia

La scelta della prima alternativa non è però veramente una scelta, né una vera decisione. **L'unica scelta autentica è quella con cui l'uomo decide di aderire all'essere**, cioè di rapportarsi a Dio. E la causa del peccato (sia degli angeli ribelli a Dio, sia degli uomini) è in realtà la rinuncia a tale adesione.

> La causa della beatitudine degli angeli buoni è che essi aderiscono a ciò che veramente è; mentre la causa della miseria degli angeli cattivi è che essi si sono allontanati dall'essere e si sono rivolti a se stessi, che non sono l'essere. Il loro vizio fu dunque quello della superbia.
> (*La città di Dio*, XII, 6)

Il **peccato** è proprio questa "**superbia della volontà**", la quale si distoglie dall'essere e si attacca a ciò che è meno dell'essere. Perciò il peccato non ha una causa *efficiente*, ma soltanto una causa *deficiente*; non è una *realizzazione*, ma una *defezione*. È **rinuncia a ciò che è sommo per adattarsi a ciò che è inferiore.** Voler trovare le cause di tale defezione è come voler vedere le tenebre o udire il silenzio: esse non si possono conoscere se non ignorandole, mentre conoscendole si ignorano. → T4 p. 184

7. Il problema della creazione e del tempo

La creazione dal nulla

In quanto *Essere* (maiuscolo), Dio è il fondamento di tutto ciò che è, e dunque è il creatore di tutto. Per Agostino è la stessa mutevolezza del mondo a dimostrarci come questo sia *essere* (minuscolo) e come debba essere stato creato dal nulla e per opera di un Essere eterno.

Il concetto di creazione dal nulla

Che nel libro biblico della *Genesi* si trovi l'esplicito e inequivocabile riferimento al concetto di **creazione dal nulla** è questione criticamente controversa. Tant'è vero che alcuni studiosi ritengono che il termine ebraico *barah* con cui si apre il racconto della creazione («In principio Dio creò il cielo e la terra», *Gn*, 1, 1) e che nella versione greca dei Settanta è reso con il verbo *epóiesen*, "fece", non significhi "creò", ma soltanto "formò", "ordinò", con riferimento al demiurgo di Platone, che non *crea*, ma *ordina* la materia. Comunque si giudichi in proposito, è un fatto che per una definizione rigorosa del concetto di creazione bisogna attendere la filosofia e la teologia dei padri della Chiesa. In questo senso, una delle voci più importanti è proprio quella di Agostino, il quale, in antitesi alla filosofia antica – ferma al principio eleatico secondo cui "nulla deriva dal nulla" –, afferma esplicitamente, sulle orme di Filone di Alessandria e della patristica greca, che **Dio crea il mondo "dal nulla"** (*ex nihilo sui et subiecti*, come si dirà in seguito, cioè senza nulla di sé [di Dio] e senza nulla del sostrato materiale). Ecco uno dei passi agostiniani più significativi in proposito:

> Ciò che uno fa, o lo fa dalla sua sostanza o da un qualcosa fuori di sé o dal nulla. L'uomo, che non è onnipotente, dalla sua sostanza genera il figlio e, come artefice, dal legno fa l'arca, ma non il legno; ha potuto fare il vaso, ma non l'argento. Nessun uomo può fare qualcosa dal nulla, cioè fare che sia ciò che assolutamente non è. Dio invece, perché onnipotente, e dalla sua sostanza ha generato il Figlio, e dal nulla ha creato il mondo, e dalla terra ha plasmato l'uomo.
> (*Contro Felice Manicheo*, 2, 18)

L'esclusione del dualismo e dell'emanatismo

Nel brano appena citato Agostino richiama le tre ipotesi sull'origine del mondo elaborate dalla ragione filosofica: l'emanatismo, il dualismo e il creazionismo. Il dualismo di tipo platonico va scartato, perché implica che Dio, come un artigiano, operi sulla base di un sostrato materiale originario, il che è assurdo, poiché al di fuori di Dio, Essere eterno, non possono esservi altri enti che ne limiterebbero la potenza. Dunque il mondo non può che avere due origini: o Dio lo crea dal nulla (*ex nihilo*), o lo trae dalla propria sostanza (*ex sese*), come afferma l'emanatismo. In questo secondo caso, però, si arriverebbe al panteismo: il mondo sarebbe esso stesso divino, in quanto identico a Dio. Il rapporto tra Dio e il mondo sarebbe allora paragonabile al rapporto che intercorre tra il Padre e il Figlio, in cui quest'ultimo è «generato, non creato» (secondo l'espressione del *Credo*), nel senso che è un effetto coeterno alla causa, della sua stessa sostanza o materia e non inferiore a essa. Ma per Agostino anche questa ipotesi va esclusa:

> Hai creato il cielo e la terra, ma non dalla tua sostanza, perché in tal caso sarebbero stati uguali al tuo Unigenito, e quindi a te.
> (*Confessioni*, XII, 7)

La creazione attraverso il *Lógos*

Una volta accertato che Dio ha creato il mondo dal nulla, Agostino passa a considerare le modalità di tale creazione. **Dio crea il mondo attraverso la parola**:

> Dio *disse*: «Sia la luce!». E la luce fu. [...] Dio *disse*: «Sia il firmamento in mezzo alle acque per separare le acque dalle acque». [...] E così avvenne. (*Gn*, 1, 3 ss.)

Ma la parola di cui parla il racconto del libro della *Genesi* non è la parola sensibile, bensì il ***Lógos***, ovvero il Figlio di Dio, che a Dio è coeterno. Il Figlio, infatti, **ha in sé le idee**, cioè le forme o ragioni immutabili delle cose, anch'esse eterne, ed è in conformità con tali forme o ragioni che tutte le cose che nascono e muoiono vengono create. Queste forme, o idee, non costituiscono dunque, come voleva Platone, un mondo intelligibile, ma **l'eterna e immutabile ragione per la quale e attraverso la quale Dio ha creato il mondo**. Separare il mondo intelligibile da Dio significherebbe ammettere che Dio sia privo di ragione nella creazione del mondo o prima di essa.
In Agostino, che si rifà a una tendenza filosofica già presente nei platonici dei primi due secoli, in Plotino, in Filone e nella patristica greca, le **idee platoniche** cessano di essere entità esistenti di per sé per divenire i **pensieri eterni di Dio**, ovvero i "modelli sovratemporali" tramite i quali Dio crea il mondo. Da ciò l'equazione cristiana "iperuranio = mente di Dio o *Lógos*".

Le idee come ragioni seminali

Le idee divine sono avvicinate da Agostino alle **ragioni seminali** di cui parlavano gli stoici. L'ordine del mondo, che dipende dalla divisione delle cose in generi e specie, è garantito appunto dalle ragioni seminali, che, implicite nella mente divina, **determinano, a partire dall'atto della creazione, la divisione e l'ordinamento delle singole cose**.

Il tempo e l'eternità

La Scrittura afferma: «*In principio* Dio ha creato il cielo e la terra» (*Gn*, 1, 1). Ma che cosa vuol dire "in principio"? Indica un *inizio* del mondo nel tempo? Se così fosse, allora ci sarebbe un tempo anteriore all'esistenza del mondo e un momento in cui Dio ha voluto produrlo. Ma se Dio è immutabile e perfetto, come si può immaginare un mutamento nella sua volontà, per cui *prima* vuole qualcosa che non ha e *poi* la realizza?

Il tempo è stato creato con il mondo

Il problema si presenta anche ad Agostino, il quale si chiede: «Che cosa faceva Dio *prima* di creare il cielo e la terra?».
In realtà, per Agostino **Dio è l'autore non solo di ciò che esiste nel tempo, ma del tempo stesso.** Prima della creazione non c'era il tempo, che implica il mutamento delle cose create o il movimento degli astri; non c'era dunque un "prima" e non ha senso domandarsi che cosa Dio facesse "allora". L'eternità è al di sopra di ogni tempo: **in Dio nulla è passato e nulla è futuro perché il suo essere è immutabile**, e l'immutabilità è un presente eterno, in cui nulla trapassa.

PERCORSO DISCIPLINARE
L'universo fisico ON LINE
L'esplorazione dell'universo e delle sue leggi

L'eternità del mondo: la posizione di Origene e dei platonici

Supposto che il mondo sia sempre esistito, in quanto non è concepibile un tempo anteriore all'esistenza del mondo, questo non significa che sia eterno come Dio o coeterno a Dio. Questa era l'idea di **Origene** e di alcuni platonici, i quali, per conciliare l'idea dell'eternità del mondo con quella della creazione, usavano una metafora che Agostino stesso riporta: «Se un piede è stato sempre, dall'eternità, nella polvere, sempre ci sarà stata, sotto di esso, l'orma, indubitabilmente prodotta dal piede calcante; allo stesso modo **il mondo ci fu sempre perché ci fu sempre chi lo creò**» (*La città di Dio*, X, 31). In tal caso **la causa creatrice non è *anteriore* all'effetto nel tempo, ma solo ontologicamente *superiore* a esso**.

La posizione di Agostino

Agostino non condivide questa tesi e ritiene che la **nozione di "creatura coeterna"** sia **contraddittoria**, perché significa confondere l'essere immutabile di Dio, che implica l'eternità intesa come *assenza di tempo*, con l'essere mutevole delle cose, che implica una *durata nel tempo*:

> non vi è un tempo eterno con te, poiché tu sei stabile, mentre un tempo che fosse stabile non sarebbe tempo.
> (*Confessioni*, XI, 14)

La metafora dei platonici, secondo Agostino, nasconde un sofisma: ammettiamo che il mondo sia esistito *da sempre* nel passato; ciò significa che il tempo è esistito da sempre; ma da ciò non consegue che il mondo sia eterno, perché un tempo che si distende infinitamente nel passato non è l'eternità. Tra Dio e le creature (anche quelle che esistono da sempre, come il cielo e la terra con i loro movimenti, o la sostanza degli angeli) esiste una differenza ontologica che vieta di attribuire a entrambi una forma di durata omogenea. Il **tempo**, per quanto infinito nel passato e nel futuro, presuppone il mutamento e rimane **estraneo all'immutabilità di Dio**, che è assenza di tempo, o eternità:

> poiché il tempo passa a causa della sua mutabilità, non può essere coeterno all'eternità immutabile.
> (*La città di Dio*, XII, 15)

La natura fuggevole del tempo

TESTO ANTOLOGICO
ON LINE Il tempo non è sostanza (Agostino, *Le confessioni*)

Bisogna distinguere, pertanto, tra "**eternità**", che è **realtà permanente**, cioè eterno presente senza passato e futuro, e "**tempo**", che **implica il mutamento**.
Ma che cos'è, si domanda a questo punto Agostino, il tempo? Esso certamente non è una realtà permanente, in quanto è costituito da un passato che non è più, da un futuro che non è ancora e da un presente che trapassa continuamente dal futuro al passato, perché se fosse sempre presente non si tratterebbe di tempo, ma di eternità.

Il tempo come *distensio animi*

Nonostante questa "fuggevolezza" del tempo, noi riusciamo a misurarlo e parliamo di un tempo "breve" o "lungo", sia passato sia futuro. Come e dove effettuiamo questa misura? Agostino risponde: **nell'anima.** Non si può certo misurare il passato (perché esso non è più) o il futuro (perché esso non è ancora), ma noi conserviamo la memoria del passato e siamo in attesa del futuro. Il futuro non c'è ancora, ma c'è nell'anima **l'attesa delle cose future**; il passato non c'è più, ma c'è nell'anima **la memoria delle cose passate**; il presente è privo di durata e trapassa in un istante, ma nell'anima dura **l'attenzione per le cose presenti.** → T3 p. 183
Il tempo trova quindi nell'anima la propria realtà: nel **distendersi** (*distensio*) **della vita interiore dell'uomo attraverso la memoria, l'attenzione e l'attesa**, nella continuità interiore della coscienza che conserva dentro di sé il passato e si protende verso il futuro.
Partito alla ricerca della realtà oggettiva del tempo, Agostino giunge invece a chiarirne la soggettività. Ancora una volta il ripiegarsi della coscienza su se stessa appare come il metodo risolutivo di un problema fondamentale.

QUESTIONE

Il tempo è un fatto oggettivo o un'esperienza soggettiva?, p. 196

8. La polemica contro il manicheismo e il problema del male

Il problema

Agostino è uno dei filosofi occidentali che hanno vissuto con maggior tormento il problema del **male**. Tra i pensatori della Chiesa, egli è stato il primo a cimentarsi sistematicamente con esso e ad offrirne il più celebre tentativo di soluzione in senso cristiano.

La soluzione manichea e il suo superamento

Il temperamento sensibile, la vivida intelligenza e l'esperienza esistenziale di uomo di mondo portano molto presto Agostino a capire che il mondo e l'uomo, al di là di un primo sguardo superficiale, celano una somma sconcertante di mali fisici e morali. Riluttante a far coesistere la credenza in un Dio buono con la convinzione della reale esistenza del male, Agostino abbraccia in un primo tempo la soluzione professata dal principe persiano Mani (III secolo d.C.), che ammetteva nel mondo **due princìpi opposti**, uno del Bene e l'altro del Male, in lotta eterna e necessaria tra loro.
In un secondo tempo Agostino abbandona il manicheismo, ritenendolo filosoficamente insostenibile, poiché, presupponendo uno scontro cosmico della divinità del Bene con quella del Male, esso mette in forse l'incorruttibilità di Dio. Infatti, come scrive Agostino nelle *Confessioni*, se il principio negativo può nuocere a Dio, Dio non è incorruttibile, in quanto può subire un'offesa; e se non può nuocergli, allora non c'è alcun motivo perché Dio debba combattere (cfr. *Confessioni*, VII, 2).

La drammaticità del problema del male per il cristiano

La conversione al cristianesimo non elimina il problema, semmai lo rende ancor più drammatico e urgente. Infatti, se vi è un Dio, cristianamente inteso come Bene, Amore e Provvidenza, perché esiste il male nel mondo? **Se esiste Dio, da dove deriva il male?** (*Si Deus est, unde malum?*) Per rispondere non si può certo riproporre la dottrina platonica (esposta nel *Timeo*) secondo cui il male dipende dalla materia primordiale di cui è costituito il mondo, poiché la materia, nella prospettiva cristiana, è anch'essa creatura di Dio, e dunque è un bene.
Conscio del fatto che in gioco sono la fede stessa e la visione religiosa delle cose, Agostino si risolve, come vedremo tra poco, a negare la realtà sostanziale del male utilizzando lo schema neoplatonico secondo cui il male è una forma di non essere del bene.

La soluzione agostiniana: la non sostanzialità del male

Il male come "privazione" di bene

Poiché Dio ha creato tutte le cose – sostiene Agostino – tutto ciò che è, in quanto è, è bene. **Essere e bene coincidono**: alla luce di questo presupposto, il **male** non può configurarsi che come **privazione di bene**. Infatti le cose del creato, per poter essere corruttibili, devono essere in qualche modo "bene", poiché altrimenti non avrebbero in sé nulla che possa corrompersi. E se l'essere si identifica con il bene, poiché ogni sottrazione di essere è nel contempo una sottrazione di bene e viceversa, **il male, metafisicamente parlando, non ha una realtà sua propria**. Ciò significa che il male non è un essere sostanziale autonomo, in quanto è sempre male *di* qualcosa, ovvero è sempre l'accidente *di* un soggetto che di per sé è bene. Tant'è vero che un male assoluto sarebbe un non essere assoluto e quindi non potrebbe neanche esistere:

> il male di cui cercavo l'origine non è una sostanza, perché, se fosse una sostanza, sarebbe un bene. E invero o sarebbe una sostanza incorruttibile e perciò senz'altro un bene grande, o una sostanza corruttibile e perciò un bene, ché, altrimenti, non potrebbe andar soggetto a corruzione. Perciò vidi chiaramente come Tu facesti buone tutte le cose. (*Confessioni*, VII, 12)

TESTO ANTOLOGICO
ON LINE La non sostanzialità del male (Agostino, *Le confessioni*)

Una precisazione lessicale

Agostino ritiene che questa teoria della non sostanzialità del male costituisca una grande e liberatoria scoperta, poiché in virtù di essa si può sostenere che Dio non crea il male (perché se così fosse creerebbe il non essere), ma solo il bene, di cui il male è semplice carenza, o privazione, cioè una sorta di parassita accidentale. Per questo motivo, se è corretto, a proposito di Agostino, parlare di "**teoria metafisica del male**", non lo è altrettanto parlare di "**male metafisico**". Questa espressione non è specificamente agostiniana e deriva piuttosto dal filosofo seicentesco Gottfried W. Leibniz, la cui teoria del male metafisico, fisico e morale, date le forti analogie con quella di Agostino, viene spesso confusa con questa, la quale a sua volta viene talora riduttivamente presentata in chiave plotiniano-leibniziana. Secondo quest'ultima prospettiva, il male sarebbe per Agostino il non essere della perfezione di Dio e sarebbe dovuto al fatto che la creatura, non essendo il Creatore, è per forza limitata. In realtà, come abbiamo visto e come ribadiremo tra poco, il discorso di Agostino è assai più complesso e specifico.

TAVOLA ROTONDA
ON LINE La religione Dio e il male. I problemi della teodicea

Mali fisici e mali morali

La negazione della realtà metafisica del male, ovvero della sua autonoma sussistenza, non toglie che nel mondo esista una somma verificabile di **mali fisici** e di **mali morali** (poiché quella "privazione di bene" in cui consiste il male si può trovare sia nell'ordine delle realtà naturali, sia nell'ordine delle azioni umane).

I mali fisici

Per quanto riguarda le "imperfezioni" della natura, Agostino afferma che esse non sono veramente tali, se pensate dal punto di vista dell'ordine universale delle cose. Utilizzando schemi di derivazione stoica e neoplatonica, il filosofo sostiene infatti che **i cosiddetti mali di natura**:

- o **derivano dalla struttura gerarchica dell'universo**, il quale per la sua completezza richiede non solo gli esseri superiori, ma anche quelli inferiori;
- o **fungono da elementi necessari per l'armonia cosmica**, esattamente come le ombre sono indispensabili per dar risalto alle luci di un quadro, o come i silenzi e le dissonanze sono indispensabili per una sinfonia.

In ognuno di questi casi il male fisico, come tale, non esiste, poiché è semplicemente il momento o la funzione di una totalità che di per sé è bene.
I **mali fisici che affliggono l'uomo** (le malattie, le sofferenze, la morte...) costituiscono invece la **giusta pena per il peccato originale** e quindi anch'essi, nell'economia della salvezza dell'umanità, hanno un significato positivo.

I mali morali

Per quanto riguarda invece il male morale, esso risiede nel **peccato**, che, come si è visto, consiste nella deficienza della volontà, che rinuncia a Dio e si volge a ciò che è inferiore. Così come non è un male l'acqua, mentre è male precipitarsi in essa, allo stesso modo nessuna cosa creata, per quanto umile sia, è un male, ma è un male l'attaccarsi a essa come se fosse Dio. → T4 p. 184

L'ottimismo teologico di Agostino

In conclusione, per Agostino **il male non esiste**, in quanto o è parte di un ordine cosmico che, globalmente considerato, è bene, oppure è dovuto all'uomo. Partito dalla tesi manichea che faceva del male non soltanto una realtà, ma un principio sostanziale del mondo, Agostino giunge dunque alla tesi opposta, che nega totalmente la sostanzialità e la realtà del male. L'inquietudine esistenziale e filosofica di fronte allo spettacolo del male nel mondo finisce dunque per risolversi in un assoluto **ottimismo teologico**: «Non ha una mente sana, o Signore, colui che trova a ridire della tua creazione, così come non era sano il mio giudizio quando mi dispiacevano molte cose fatte da Te» (*Confessioni*, VII, 14).

TAVOLA ROTONDA
Il male, p. 192

9. La polemica contro il donatismo

La seconda grande polemica teologica di Agostino è quella contro il donatismo. L'importanza di tale polemica risiede nel fatto che essa condusse il filosofo a chiarire alcuni punti fondamentali della propria dottrina.

I capisaldi del donatismo

Nel 395, quando Agostino fu consacrato vescovo, il donatismo dilagava nell'Africa romana già da circa un secolo. Si trattava di un movimento scismatico che prendeva il nome dal vescovo Donato di Case Nere, suo fondatore, e che basava la propria dottrina sul principio dell'**assoluta intransigenza della Chiesa nei confronti dello Stato**. In quanto assemblea di perfetti, la comunità ecclesiastica non solo non doveva sottostare alle autorità civili, ma neppure avere contatti con esse: i fedeli potevano pertanto giudicare i propri ministri religiosi che non si fossero attenuti a tale regola ed eventualmente scegliere di non rispettarne più l'autorità e di non reputare più validi i sacramenti da loro amministrati.

La posizione agostiniana

Contro il donatismo Agostino afferma la validità dei sacramenti, indipendentemente dalla persona che li amministra. Egli è convinto che, attraverso la figura del sacerdote, sia Cristo a operare direttamente sul fedele e che dunque l'efficacia del sacramento non sia da mettere in discussione.
Riguardo inoltre all'elitaria concezione di Donato della comunità religiosa, Agostino osserva che questa non può essere considerata come una minoranza di persone che si isolano dal resto dell'umanità.

10. La polemica contro il pelagianesimo

A influenzare maggiormente la formulazione della dottrina di Agostino fu però la polemica contro il **pelagianesimo**, che indusse il filosofo a fissare con straordinaria energia e chiarezza il proprio pensiero sul problema del libero arbitrio e della **grazia**.

Pelagio

Il **monaco irlandese Pelagio** viveva a Roma nei primi anni del V secolo. Lì ebbe per la prima volta sentore della dottrina agostiniana della grazia, espressa nella famosa invocazione a Dio: «Concedi quel che comandi e comanda pure ciò che vuoi» (*Da quod iubes et iube quod vis*). In seguito si trasferì a Cartagine con l'amico Celestio e con le molte famiglie romane che si rifugiavano in Africa di fronte all'avvicinarsi dei Goti, e le sue critiche all'agostinismo si diffusero, soprattutto a opera di Celestio, nello stesso gregge del vescovo Agostino.

Il punto di vista di Pelagio consisteva essenzialmente nel negare che la colpa di Adamo avesse indebolito radicalmente la libertà originaria dell'uomo e quindi la sua capacità di fare il bene. Il **peccato di Adamo** costituiva per Pelagio solo un "**cattivo esempio**", che sebbene pesi sulla nostra capacità di scelta rendendoci più difficile il compito di operare il bene, tuttavia non lo rende impossibile e, soprattutto, non toglie all'uomo la possibilità di reagire e di decidere per il meglio. In altre parole, **Pelagio era convinto che l'uomo**, sia prima del peccato di Adamo, sia dopo, **fosse capace di operare virtuosamente senza bisogno del soccorso straordinario della grazia**.

La tesi di Pelagio e la sua problematicità

Questa dottrina conduceva a ritenere **inutile l'opera redentrice di Cristo**. Infatti, se il peccato di Adamo non aveva posto l'uomo nell'impossibilità di salvarsi con le sue sole forze, l'uomo non aveva evidentemente bisogno dell'aiuto soprannaturale offertogli dall'incarnazione del Verbo, né di essere reso partecipe di questo aiuto dall'opera mediatrice della Chiesa e dai sacramenti che essa amministrava.

Di fronte a una dottrina che si prospettava così rovinosa per la dogmatica cristiana e per la sopravvivenza della Chiesa, Agostino reagì energicamente, affermando che con Adamo e in Adamo aveva peccato tutta l'umanità e che quindi il **genere umano** era una «**massa dannata**», nessun membro della quale poteva sottrarsi alla *dovuta* punizione, se non grazie alla misericordia e alla *non dovuta* grazia di Dio.

La reazione di Agostino

Per spiegare la trasmissione del peccato da Adamo a tutto il resto dell'umanità, Agostino fu inoltre indotto a difendere, riguardo all'origine dell'anima, non il creazionismo (giacché non si può ammettere che Dio crei un'anima dannata), ma il **traducianesimo**, per il quale **l'anima viene trasmessa di padre in figlio attraverso la generazione del corpo**.

Il traducianesimo

La vigoria con la quale Agostino difese queste tesi lo portò a non esitare dinnanzi ad alcuna delle conseguenze di esse. Egli inclinò quindi a un **pessimismo radicale riguardo alla natura dell'uomo** e alla sua capacità di compiere anche il più piccolo passo sulla via dell'elevazione spirituale e della salvezza, e fu portato a insistere sul **carattere imperscrutabile della scelta divina**, che sembra predestinare alcuni uomini alla salvezza ed escluderne implicitamente altri.

Il pessimismo agostiniano

Per quanto queste conclusioni possano apparire paradossali (e la stessa Chiesa cattolica dovette mitigarne il rigore), non c'è dubbio che il principio sul quale Agostino le fondò rivesta all'interno della sua dottrina un valore del tutto indipendente rispetto alla polemica antipelagiana. Questo principio è quello secondo cui la libertà umana si identifica con la grazia divina: **la volontà**, secondo Agostino, **è libera soltanto quando non è asservita al vizio e al peccato**, ed è questa libertà che può essere restituita all'uomo solo dalla grazia divina (cfr. *Confessioni*, XIV, 11). In altri termini, il primo libero arbitrio, quello che fu dato al primo uomo, Adamo, consisteva nel «poter non peccare» (*posse non peccare*). Perduta, con la colpa originaria, questa libertà, l'uomo è costretto a «non poter non peccare» (*non posse non peccare*), ed essendosi infiacchita la sua volontà, **l'individuo può vincere il peccato solo mediante l'aiuto della grazia divina** (concessa in virtù dei meriti di Cristo).

La libertà umana coincide con la grazia divina

QUESTIONE MULTIMEDIALE
ON LINE Il bene e il male
Autorità e scelta

Una libertà diversa, che Dio concederà come premio ai beati, è quella di «non poter peccare» (*non posse peccare*). Questa è in tutto e per tutto un dono divino, giacché non appartiene alla natura umana, che in virtù di essa sarà resa partecipe dell'impeccabilità propria di Dio. Ma poiché la prima libertà (di poter non peccare), detta anche «libertà minore», fu data

«Dio stesso è la nostra possibilità»

all'uomo affinché egli si procurasse l'ultima e la più compiuta, detta anche «libertà maggiore», è evidente che solo questa esprime ciò che l'uomo veramente *deve* e *può* essere. Il **non poter peccare**, la **liberazione totale dal male**, è dunque una **possibilità dell'uomo interamente fondata su un dono divino**: «Dio stesso è la nostra possibilità» dice Agostino (*Soliloqui*, II, 1).

11. Libertà, grazia e predestinazione: gli spinosi interrogativi sollevati dalla teoria agostiniana della salvezza

La dottrina agostiniana della grazia dà luogo a una serie di complessi interrogativi, che hanno diviso gli studiosi e che sono esplosi in tutta la loro forza dirompente con la Riforma protestante. Cerchiamo di vedere con obiettività quali sono.

Il problema della grazia

In generale, con l'espressione "problema della grazia" si intende la seguente questione: **in relazione alla salvezza dell'uomo, la grazia divina è un fattore determinante o solo concomitante?** Di fronte a questo problema non ci sono, evidentemente, che due soluzioni possibili, e due in effetti sono le dottrine tipiche della grazia:

- **la grazia è determinante**, il che significa che gli "abiti", o le disposizioni, che renderanno l'uomo giusto e che lo porteranno alla salvezza dipendono da Dio, cioè dal Suo conferirgli o meno la grazia;
- **la grazia non è determinante**, nel senso che la concessione di essa da parte di Dio, pur essendo condizione necessaria per la salvezza dell'uomo, non è sufficiente a determinarla, in quanto esige il concorso o la cooperazione dell'uomo.

L'ambiguità della posizione agostiniana

Ora, l'ambiguità della posizione agostiniana consiste nel fatto che essa offre appigli per **entrambe le soluzioni**. Inoltre, posto che la grazia divina è in ogni caso indispensabile, sorge la domanda: la grazia è concessa a tutti indistintamente o solo ad alcuni? Anche in questo caso Agostino oscilla tra due esigenze opposte: da un lato quella di ammettere che **Dio concede a tutti la grazia sufficiente alla salvezza, pur lasciando a tutti la possibilità di perdersi**; dall'altro lato quella di esaltare la potenza della grazia quale **dono gratuito, concesso solo ad alcune anime**. Tant'è vero che talvolta il filosofo parla di una grazia che non viene distribuita a tutti, ma solo agli «eletti», che Dio ha «predestinato» *ab aeterno* alla salvezza.

Un Dio che oscilla tra bontà e giustizia

Agostino è indotto a tale posizione teorica dalla considerazione di alcuni dati di fatto: l'esistenza di numerosi bambini che muoiono senza battesimo, ad esempio, o di milioni di individui ai quali, per ragioni storico-geografico-culturali, non è mai giunta alcuna notizia di Cristo, e che quindi sono stati "esclusi" dalla Chiesa (fuori della quale «non c'è salvezza»). Ma perché, ci si può allora chiedere, Dio, che pure lo potrebbe, non concede a tutti indistintamente una grazia efficace? «Agostino risponde: Mistero. Forse perché la giustizia esige che almeno alcuni incorrano nella condanna dovuta per la colpa di Adamo (e una colpa non punita sarebbe contraria all'ordine). E certo è, secondo Sant'Agostino, che nessuno ha diritto di lagnarsi per essere stato abbandonato alla sua trista sorte: tutti

gli uomini formano una "massa dannata", una "massa di peccato". **Dio avrebbe potuto non trar via da essa nessuno; l'ha fatto per alcuni: è bontà; non lo fa per gli altri: è giustizia**» (Eustachio Paolo Lamanna).

La lettura protestante e quella cattolica

Mentre il filone ortodosso del cattolicesimo insisterà (come si vedrà meglio nelle prossime righe) sulla prima alternativa (Dio concede la sua grazia a tutti indistintamente), il filone protestante, a cominciare dal monaco agostiniano Lutero, preferirà insistere sulla seconda (la grazia divina è concessa solo ad alcuni), fino a giungere, con Calvino, alla teoria della cosiddetta "predestinazione doppia", secondo cui Dio predestina alcuni alla salvezza e altri alla perdizione.
Sintetizzando quanto si è detto finora, si può quindi affermare che **in Agostino non esiste una teoria univoca sulla salvezza** (come si potrebbe evincere da alcune interpretazioni unilaterali di stampo cattolico o di stampo protestante). In Agostino c'è piuttosto un **ambiguo oscillare tra sistemi concettuali opposti** e talora contraddittori, con un'oggettiva prevalenza, nella fase anti-pelagiana, di uno schema teorico propenso ad affidare a Dio, più che all'uomo o alla cooperazione tra uomo e Dio, l'impresa della salvezza.
Proprio su questo punto **la Chiesa si sforzerà di "mitigare" il dettato di Agostino**, allo scopo di salvaguardare quello che, soprattutto in antitesi alla Riforma, ha finito per imporsi come uno dei principi vitali e irrinunciabili del cattolicesimo, ossia la teoria della **cooperazione tra l'uomo e Dio**, teoria che si fonda sulla persuasione che, se la grazia è la condizione che rende fruttuoso il libero arbitrio, quest'ultimo è la condizione in virtù della quale la grazia è davvero un dono e non una costrizione o una necessità.

VERSO LE COMPETENZE
- Utilizzare il lessico e le categorie specifiche della filosofia

GLOSSARIO e RIEPILOGO

L'ontologia e la teologia di Agostino

Confessione p. 150 > La parola "confessione" indica, in generale, il riconoscimento di una cosa per quella che è. Pertanto essa viene adoperata da Agostino per riferirsi sia al riconoscimento di Dio come Dio (della Verità come Verità), sia al riconoscimento dei propri peccati come tali. Questa distinzione, che consente di comprendere i due usi del termine abitualmente identificati dagli studiosi, permette anche di spiegare: 1. la composizione delle *Confessioni*, che solo in parte contengono l'esposizione delle vicende biografiche di Agostino, in quanto dal X libro in poi sono puramente "teoretiche", cioè dedicate al riconoscimento della Verità attraverso la soluzione dei dubbi e delle difficoltà che ostacolano tale riconoscimento; 2. la coincidenza dell'atteggiamento di chi si confessa, cioè riconosce in se stesso la verità, con l'atteggiamento del ripiegamento dell'uomo su se stesso (v. "interiorità" e "coscienza").

Crede ut intelligas e intellige ut credas p. 152 > Le formule "credi per capire" e "capisci per credere" riassumono la posizione agostiniana circa i rapporti tra fede e ragione. Nel libro biblico di *Isaia* (così almeno suona la traduzione inesatta dei Settanta) si legge: «Se non avrete creduto, non capirete» (*Nisi credideritis, non intelligetis*, 7, 9). Agostino, a sua volta, non smette di raccomandare: *crede ut intelligas* (*La vera religione*, 5, 24; *Discorsi*, 43, 9; *Sull'ordine*, II, 9 ecc.), convinto che «l'intelligenza è ricompensa della fede». Nello stesso tempo, respingendo il principio secondo cui *credo quia absurdum* e difendendo la correlazione e la complementarità tra fede e ragione, egli sostiene l'importanza della ricerca, ossia dell'*intellige ut credas*: «noi ciò che crediamo vogliamo anche conoscerlo e comprenderlo», «a coloro che già credono [il Signore] disse: "cercate e troverete". Perciò, obbedendo al comando di Dio, cerchiamo senza posa; e ciò che, spinti da Lui, cerchiamo, con la sua guida troveremo» (*Il libero arbitrio*, II, 2, 16-17).

Teoria dell'illuminazione p. 153 > Con il termine "illuminazione" Agostino intende quella specifica azione divina che, a suo parere, risulta indispensabile per spiegare il dinamismo della conoscenza umana. Il ragionamento agostiniano, che ha una manifesta matrice platonica e una specifica valenza anti-scettica, può essere riassunto nel modo seguente (cfr. *Il libero arbitrio*, II, 12, 34). Nella nostra anima (come ci ha insegnato Platone) esistono delle verità, o dei criteri immutabili di giudizio, mediante i quali valutiamo le cose sensibili. Tali sono, ad esempio, i principi matematici ed etici (le idee di uguaglianza, di giustizia, di bene ecc.). Ora, tali criteri immutabili e perfetti non possono derivare dalla nostra ragione, che è mutevole e imperfetta. Agostino afferma quindi che derivano da Dio, inteso come Verità o Luce che illumina la nostra mente, permettendole di conoscere. In altri termini, alla teoria platonica della reminiscenza Agostino sostituisce la teoria dell'illuminazione, «o, se si vuole, la teoria dell'illuminazione è l'interpretazione agostiniana della teoria platonica della reminiscenza» (Sofia Vanni Rovighi).

N.B. L'illuminazione di cui parla Agostino in relazione a Dio (*lumen verum quod illuminat omnem hominem venientem in hunc mundum*) appartiene all'ordine *naturale* e non va confusa con l'aiuto *soprannaturale* della grazia (v.).

Interiorità p. 154 > Agostino è il filosofo dell'interiorità e della coscienza (v.), poiché predica il ritorno dell'uomo al ripiegamento in se stesso, secondo il celebre monito: «Non uscire da te, ritorna in te stesso, nell'interno dell'uomo abita la verità» (*La vera religione*, 39, 72).

Coscienza p. 156 > Per "coscienza" (in lat. *conscientia*, da *conscìre*, "essere consapevole") si intende quel rapporto interiore dell'anima con se stessa che, per il suo carattere immediato e privilegiato, costituisce per l'uomo la via primaria di apertura alla verità divina e, di conseguenza, la forma più certa di conoscenza: «niente – scrive Agostino – la mente conosce così bene come ciò che le è più accessibile e niente è alla mente così vicino come essa a se stessa».

Uomo p. 157 > Secondo l'antropologia agostiniana l'uomo, essendo uno e triplice al tempo stesso, costituisce una riproduzione, sia pure imperfetta, della vita una e trina di Dio. Infatti l'uomo *esiste*, *conosce* e *ama* proprio come Dio è *Essere* (il Padre), *Intelligenza* (il Figlio) e *Amore* (lo Spirito Santo). Detto altrimenti, nell'uomo esistono tre facoltà, che corrispondono ognuna a un aspetto della vita divina: la *memoria* (che è la presenza dell'anima a se stessa), l'*intelligenza* e la *volontà*.

Peccato p. 158 > Per Agostino il peccato (preso nella sua accezione più profonda) risiede in una "defezione" della volontà umana, la quale, andando contro «la legge eterna di Dio», che prevede una subordinazione gerarchica dell'inferiore nei confronti del superiore, antepone le creature (l'inferiore) al Creatore (il superiore).

Creazione dal nulla p. 159 > In antitesi rispetto alla filosofia antica – legata al principio eleatico "nulla deriva dal nulla" –, Agostino sostiene, sulle orme di Filone di Alessandria e della patristica greca, che Dio crea il mondo "dal nulla". Dio, cioè, non opera in base a un sostrato materiale esistente al di fuori di Lui (come per il dualismo di stampo platonico), né trae il mondo dalla sua stessa sostanza (come per l'emanatismo). Secondo Agostino, Dio crea il mondo attraverso il *Lógos*, cioè il Figlio, che è a lui coeterno e che ha in sé le idee di tutte le cose.

Idee p. 160 > In Agostino, che si rifà a una tradizione che collega i platonici dei primi due secoli, Plotino, Filone di Alessandria e la patristica greca, le "idee" platoniche cessano di essere entità esistenti di per sé e costituenti un mondo intelligibile, per diventare i pensieri eterni e immutabili di Dio, ossia i "modelli sovratemporali" tramite i quali Dio crea il mondo. Da ciò l'equazione cristiana "iperuranio = mente di Dio o *Lógos*".

Ragioni seminali p. 160 > Con l'espressione "ragioni seminali" (in lat. *rationes seminales*) Agostino indica le virtualità impresse da Dio nelle cose al momento della creazione: «Il mondo è come una donna incinta: porta in sé la causa delle cose che verranno alla luce nel futuro» (*La Trinità*, III, 9, 16). Questa dottrina è oggetto di interpretazioni discordanti da parte dei critici. Alcuni hanno perfino visto, in essa, una maniera anticipata di conciliare il creazionismo con l'evoluzionismo. In verità, sottolineando la predeterminazione della realtà nelle sue strutture essenziali, tale teoria mal si concilia con l'evoluzionismo (almeno con quello di marca darwiniana).

Tempo p. 161 > Agostino riporta la struttura del tempo alla coscienza, definendolo *extensio* (o *distensio*) *animi*. Con tale formula egli intende dire che passato, presente e futuro non esistono di per sé, ma solo in relazione all'anima, la quale *intuisce* il proprio presente, *ricorda* il proprio passato (il presente che è stato) e *attende* il proprio futuro (il presente che sarà). Il teorema fondamentale che sta alla base di questa dottrina, la quale finisce per ridurre il tempo al presente della coscienza, è stato enunciato dallo stesso Agostino: «È inesatto dire che i tempi sono tre: passato, presente e futuro. Forse sarebbe esatto dire che i tempi sono tre: presente del passato, presente del presente, presente del futuro» (*Confessioni*, XI, 20).

Male p. 162 > Secondo Agostino il male non ha una consistenza ontologica autonoma, ma è semplice "privazione" di essere, ovvero di bene. Infatti, il male è sempre la corruzione di qualcosa che esiste e che pertanto è bene (visto che per il filosofo cristiano vale l'equazione "essere = bene"). Questo non toglie che nel mondo vi sia una somma impressionante di mali fisici e morali: ciò porta Agostino ad affermare che i *mali fisici* fanno parte integrante di un ordine universale che nella sua globalità è bene, mentre il *male morale* risiede nella deficienza della volontà, ossia nel peccato (v.). In sintesi, il male per Agostino o non esiste (poiché è parte di un ordine cosmico che è di per sé bene), oppure è dovuto all'uomo. Di conseguenza, secondo l'ottimismo teologico del filosofo, coloro che trovano «a ridire» della creazione non hanno «una mente sana». Gli stessi mali fisici che affliggono l'uomo (ad esempio, la malattia o la morte) sono effetti del peccato originale.

Pelagianesimo p. 164 > Per "pelagianesimo" si intende la dottrina del monaco irlandese Pelagio, che, agli inizi del V secolo, insegnò a Roma e a Cartagine. Secondo tale dottrina, il peccato di Adamo non ha indebolito la capacità umana di fare il bene, ma è solo un "cattivo esempio" che rende più difficile e gravoso il compito dell'uomo. A partire dal 412, Agostino combatté con molti scritti questa tesi, sostenendo la tesi opposta: con Adamo e in Adamo ha peccato tutta l'umanità, e quindi il genere umano è una sola «massa dannata», nessun membro della quale può essere sottratto alla dovuta punizione se non dalla misericordia e dalla non dovuta grazia di Dio.

Grazia p. 164 > Nel linguaggio teologico, per "grazia" si intende il dono gratuito che Dio fa all'uomo della salvezza o di qualche condizione essenziale della salvezza. Il problema della portata e dei limiti della grazia è sempre stato fondamentale nel cristianesimo e, dopo le innumerevoli discussioni medievali, ha segnato uno dei punti di maggior contrasto tra le tesi della Riforma e quelle del cattolicesimo post-tridentino. In Agostino la teoria della grazia presenta sfumature diverse e dà luogo a tutta una serie di problemi teologici e filosofici (v. "Libertà, grazia e predestinazione...", p. 166).

Traducianesimo p. 165 > Per "traducianesimo" (dal lat. *traducere*, "trasmettere") si intende la dottrina secondo cui l'anima dei figli deriva dall'anima dei padri, anziché da una creazione *ex novo* da parte di Dio (creazionismo). Il fatto che Agostino, anche qui non senza qualche oscillazione, si sia sentito più vicino al traducianesimo (o "generazionismo") che al creazionismo deriva dalla difficoltà di conciliare quest'ultimo con il dogma della trasmissione del peccato originale. Tuttavia, secondo alcuni studiosi, a proposito di Agostino sarebbe più appropriato parlare di "creazionismo traducianista": «Nessun dubbio che Dio crei le singole anime; resta la questione se le crei traendole dall'anima del progenitore (per via di generazione) o dal nulla [...]. L'alternativa è: *creazione dal nulla*, come per Adamo, o *creazione dall'anima* di Adamo, fermo restando che chi "traendo" crea è sempre Dio» (Michele Federico Sciacca).

12. *La città di Dio*

Le due città

Il sacco di Roma, perpetrato nel 410 dai Goti di Alarico, aveva ridato attualità alla vecchia tesi secondo cui la sicurezza e la forza dell'Impero romano erano legate al paganesimo, mentre il cristianesimo rappresentava per esso un elemento di debolezza e di dissolvimento. Contro questa tesi e contro il timore dei cristiani di essere travolti da una catastrofe di portata storica, Agostino compone, tra il 413 e il 426, il suo capolavoro: ***La città di Dio***.

La città terrena e la città celeste

In quest'opera egli afferma che la stessa **alternativa fondamentale** che domina la vita dell'uomo singolo, quella tra il **vivere secondo la carne** e il **vivere secondo lo spirito**, domina anche la **storia** dell'umanità. Quest'ultima si svolge a partire dalla lotta di due "città", o "regni": il regno della carne e il regno dello spirito, la **città terrena** o città del diavolo, che è la società degli empi, e la **città celeste** o città di Dio, che è la comunità dei giusti. → T5 p. 186

> L'amore di sé portato fino al disprezzo di Dio genera la città terrena; l'amore di Dio portato fino al disprezzo di sé genera la città celeste. Quella aspira alla gloria degli uomini, questa mette al di sopra di tutto la gloria di Dio testimoniata nella coscienza [...]. I cittadini della città terrena sono dominati da una stolta cupidigia di predominio che li induce a soggiogare gli altri; i cittadini della città celeste si offrono l'uno all'altro in servizio con spirito di carità e rispettano docilmente i doveri della disciplina sociale. (*La città di Dio*, XIV, 28)

L'intreccio inestricabile delle due città

Le due città non si spartiscono mai nettamente il campo d'azione nella storia: infatti nessun periodo storico e nessuna istituzione sono dominati esclusivamente dall'una o dall'altra delle due città. Ed esse non si identificano mai neppure con i particolari elementi da cui la storia degli uomini è costituita, giacché dipendono soltanto da ciò che ogni singolo uomo decide di essere. In altre parole, nessun contrassegno esteriore distingue le **due città**, che sono **mescolate insieme fin dall'inizio della storia umana e** che lo saranno **fino alla fine dei tempi**.

Solo interrogando se stesso ognuno potrà scorgere a quale delle due città appartiene. Ecco perché «Non è possibile attribuire al vescovo di Ippona una identificazione tra città terrena e Stato, da un lato, e tra città celeste e Chiesa, dall'altro. Egli è assai esplicito, nell'indicare nella grazia divina l'elemento che rende membri della città di Dio [...]. La nozione stessa di città, nel senso in cui viene utilizzata da Agostino, è fortemente segnata da un carattere mistico o ideale, come le immagini utilizzate dalla tradizione platonica antica. Il dato storico, la realtà effettiva in cui si muovono gli uomini è come una situazione intermedia tra i due estremi ideali e dà quindi luogo ad una commistione inestricabile delle due città» (Maria Teresa Fumagalli Beonio Brocchieri - Massimo Parodi).

TESTO ANTOLOGICO
Lo sviluppo delle due città (Agostino, *La città di Dio*) ON LINE

Le epoche e i periodi della storia

Sulla base del suo schema teologico, Agostino, in corrispondenza dei sei giorni della creazione, distingue **sei epoche storiche**. La prima va da Adamo al diluvio universale, la seconda da Noè ad Abramo, la terza da Abramo a Davide, la quarta da Davide fino alla cattività babilonese, la quinta da quest'ultima fino alla nascita di Cristo, la sesta dalla prima venuta di Cristo fino al suo ritorno alla fine del mondo.

Accanto a questa divisione in sei epoche, ne troviamo un'altra in **tre periodi, secondo i gradi del progresso spirituale**. Nel primo periodo gli uomini vivono **senza leggi** e non lottano ancora contro i beni mondani; nel secondo vivono **sotto la legge** e perciò combattono contro i beni materiali, ma ne sono vinti. Il terzo periodo è invece il **tempo della grazia**, in cui gli uomini combattono e vincono le tentazioni del mondo.

I mali di Roma

Questi periodi sono individuati da Agostino nella storia del popolo d'Israele, mentre per quanto riguarda Atene e Roma, il filosofo le giudica soprattutto attraverso il politeismo della loro religione. **Roma**, in particolare, è la **Babilonia dell'Occidente**. Alla sua origine c'è un fratricidio, quello di Romolo, che riproduce il fratricidio di Caino, dal quale è nata la città terrena. Le **virtù** stesse dei cittadini di Roma sono solo **apparenti**: in realtà sono vizi, perché la virtù senza Cristo non è possibile (cfr. *La città di Dio*, XIX, 25). Così, all'idea secondo cui le sventure di Roma sono conseguenze dell'abbandono del culto degli dei tradizionali, Agostino risponde ritorcendo l'accusa, ossia mostrando come i mali fisici e morali abbiano funestato Roma anche quando il paganesimo era in fiore e il cristianesimo non esisteva ancora. Infine, per quanto concerne la costruzione dell'Impero, il filosofo afferma che essa non deriva dal volere delle false divinità della mitologia, ma dai disegni superiori della Provvidenza.

I filosofi pagani

Il libro VIII della *Città di Dio* è dedicato all'esame della filosofia pagana. Agostino si sofferma soprattutto su **Platone**, che chiama «il più meritatamente famoso tra i discepoli di Socrate». Platone ha riconosciuto la spiritualità e l'unità del divino, ma non ha glorificato e adorato Dio come tale; anzi, come gli altri filosofi pagani, ha ammesso il culto politeistico. Le coincidenze della dottrina platonica con quella cristiana sono spiegate da Agostino con il riferimento ai viaggi di Platone in Oriente, durante i quali egli potè conoscere il contenuto dei libri sacri (cfr. *La città di Dio*, VIII, 11 e 12).
Quanto al **neoplatonismo**, si è visto come Agostino fosse stato indirizzato al cristianesimo dagli scritti di Plotino. I filosofi neoplatonici avevano insegnato la dottrina del Verbo, ma non avevano compreso che il Verbo si è incarnato e si è sacrificato per gli uomini (cfr. *Confessioni*, VII, 9). Questi filosofi avevano indubbiamente intravisto, sia pure oscuramente, il fine dell'uomo, la sua «patria» celeste; ma non avevano potuto additare la via che porta a essa, come invece aveva fatto l'apostolo Giovanni, scorgendola nell'incarnazione di Cristo.

La nuova concezione cristiana del tempo e della storia

Come ha sostenuto Karl Löwith, *La città di Dio* risulta importante anche in relazione agli sviluppi posteriori della filosofia della storia. Vediamo in che senso.

Il tempo "circolare" dei Greci

Presso i Greci, che pure hanno anticipato molti temi della filosofia europea, non troviamo ancora una filosofia della storia in senso stretto: «La chiarezza intuitiva – scrive Iring Fetscher – improntava a tal punto tutto il loro pensiero e la loro sensibilità che il mutamento storico parve loro solo una deviazione accidentale da una pura forma paradigmatica. La loro conoscenza filosofica era rivolta solo alla forma permanente; **verità e puro essere stavano per loro solo in ciò che permane sempre identico**, mentre il divenire e il morire riguardavano solo un mondo superficiale, a cui la conoscenza più alta si sentiva superiore.

Ciò valeva anche nei confronti del mondo politico. È vero che Platone e Aristotele hanno esposto una specie di tipologia del variare delle forme di governo, ma era loro convinzione che ogni forma particolare costituisse solo una deviazione dall'unica forma di governo vera e giusta, da ristabilire di volta in volta. La figura in cui veniva colto l'accadere sia naturale che umano era quella del **cerchio**: ai Greci appariva come decorso circolare anche la vicenda degli Stati, nel cui svolgimento ritornano sempre le stesse forme».

Il tempo "lineare" dei cristiani

Con la dottrina cristiana irrompe nella coscienza occidentale un nuovo modo di rapportarsi al tempo e agli accadimenti storici. Rifiutando la «teoria atea degli inutili cicli», il cristianesimo sostiene infatti che Cristo è nato e ha sofferto sulla croce una sola volta (*semel*), esattamente come una sola volta è dato a ognuno di noi di vivere e di morire, e che dopo la morte e la resurrezione di Gesù si è aperto per l'umanità un futuro di speranza e di salvezza. Questo schema, implicando il rigetto della pagana ripetizione dell'identico, comporta una **sostituzione della visione ciclica del tempo con una visione lineare**.

TAVOLA ROTONDA ON LINE
La storia
La memoria e l'attesa

La storia come universale e dotata di significato

Insistendo sul legame che unisce tutti gli uomini, il cristianesimo giunge all'idea di **un'unica storia universale condivisa da tutte le genti**: idea che, pur essendo già stata preparata dall'Impero romano e dallo stoicismo, viene elaborata e diffusa in modo decisivo solo dai pensatori cristiani, i quali si rapportano alla **storia** non come a una successione di avvenimenti senza senso, ma come a una **totalità dotata di significato e di scopo**.

La storia come storia della salvezza

Questa serie di presupposti, che hanno in Agostino il loro maggior filosofo, o meglio teologo, costituiscono la base di ogni ulteriore filosofia (o metafisica) della storia. Infatti, «**La storia ha un significato** se, nonostante l'indipendenza e l'eterogeneità apparenti degli episodi che entrano in essa talvolta a distanze enormi di tempo e di spazio, essa costituisce un'unica totalità; se questa totalità ha un ordine o un disegno complessivo che subordina a sé tutti gli episodi; se quest'ordine o disegno complessivo ha un unico scopo, un termine ultimo immanente o trascendente; e se infine l'uomo può, sia pure approssimativamente o genericamente, comprendere questo scopo»[1]. Ora, in ambito cristiano il principio unificatore degli avvenimenti è dato dalla nozione di "**Provvidenza**" (intesa come forza che oltrepassa le intenzioni degli uomini) e dallo **schema triadico "Eden - caduta - redenzione"**. Tant'è vero che proprio basandosi su tali concetti Agostino riesce a fornire un quadro globale della storia, intesa biblicamente come **storia della salvezza** e concludentesi nell'*éschaton*, cioè in un momento "finale" o "estremo" (v. **escatologia** e **provvidenzialismo**).

ESERCIZI INTERATTIVI ON LINE

La secolarizzazione del modello cristiano

Tuttavia, mentre Agostino si basa esplicitamente sulla fede (senza la quale la sua costruzione non avrebbe senso), buona parte della successiva filosofia della storia (soprattutto di tipo ottocentesco) non ha fatto che "secolarizzare" (secondo la tesi di Löwith) lo schema escatologico ebraico-cristiano, sostituendo alla Provvidenza divina la Ragione, lo Spirito, le Nazioni, le Classi ecc. e concependo la "salvezza", o il compimento finale della storia, in termini immanentistici anziché trascendentistici. Da ciò la messa in discussione, da parte della cultura novecentesca, delle grandi filosofie della storia della modernità, accusate di essere delle teologie mascherate, o delle pseudo-fedi prive di valore scientifico. In altri termini, l'equivoco delle filosofie (metafisiche) della storia consisterebbe nel trasformare in una presunta conoscenza "razionale" e "scientifica" (Hegel, Marx ecc.) ciò che invece è solo oggetto di fede, ossia che la storia abbia un "compimento finale" coincidente con la "salvezza" (comunque intesa) dell'uomo.

1 N. Abbagnano, *Per o contro l'uomo*, Rizzoli, Milano 1968, p. 247.

13. Il linguaggio e l'educazione

La teoria del linguaggio

Per alcune posizioni teoriche che anticipano temi del pensiero novecentesco, la filosofia del linguaggio di Agostino è stata recentemente al centro di un notevole interesse.

La teoria del segno

Nello scritto *La dialettica* Agostino formula il principio secondo cui **ogni conoscenza è mediata dai segni**. Un **segno** è qualunque elemento che veicoli un contenuto. Vi sono **segni naturali** (come gli esantemi, che "significano" il morbillo) e **segni intenzionali**, finalizzati consapevolmente dall'uomo all'espressione di un certo messaggio. Tra questi, i più importanti sono le **parole**, le quali trasferiscono i concetti dall'animo di chi parla all'animo di chi ascolta. Per Agostino, però, i segni non si limitano a indicare dei concetti, ma si riferiscono direttamente anche alle cose, in quanto denotano entità che stanno all'esterno del linguaggio stesso. Questo vuol dire che l'enunciato "la penna è rossa", se da un lato comunica al mio interlocutore una mia conoscenza, dall'altro si riferisce all'oggetto "penna".

Linguaggio e realtà

Rispetto alla teoria platonica esposta nel *Cratilo*, che Agostino riprende, è qui presente una significativa novità: per Agostino la **parola** non significa in quanto riproduce mimeticamente l'essenza della cosa, ma in quanto ne comunica il **concetto**, che a sua volta corrisponde a un **oggetto reale**. Pertanto la conoscenza non si esaurisce all'interno dell'ambito linguistico, ma si può conseguire solo "uscendo" nel campo delle entità reali. Ciò è dimostrato dal fatto che, se qualcuno pronuncia una parola e io ignoro quale oggetto vi corrisponda, io non sono in grado di capire ciò che egli vuole comunicare.

La pedagogia

Agostino elaborò anche alcune riflessioni pedagogiche, che la critica odierna tende sempre più a considerare come parte integrante della sua filosofia.

La conoscenza di Dio come fine educativo

Per Agostino il **fine dell'educazione** è la **conoscenza di Dio**, tanto che un percorso educativo si giustifica solo in quanto risulta utile a tale conoscenza. Nello scritto *Sull'ordine* il filosofo mostra di apprezzare le discipline liberali, ma nel successivo *La dottrina cristiana* specifica che la cultura deve servire solo al **corretto intendimento delle Scritture**. Egli ammette pertanto la legittimità di studiare le lingue bibliche, un po' di storia, di geografia, di astronomia e di matematica; riconosce una limitata utilità alla dialettica, nel caso in cui sia applicata alla confutazione delle eresie, e alla retorica, se utilizzata per argomentare in maniera più convincente nello stesso ambito. Ma al di là di tale fine "teologico" della cultura, ci sono solo vana curiosità e una sterile passione per nozioni che non servono a nulla: insomma, se non è volta a Dio, la scienza non fa che "gonfiare" l'uomo, senza offrirgli alcunché di veramente utile.

L'educazione come formazione

Chiarito l'assunto di fondo della pedagogia agostiniana, si comprende meglio in che senso, per il filosofo, l'educazione non sia trasmissione di un insieme di nozioni, ovvero non sia "informazione", ma "**formazione**". E il protagonista di questo processo di maturazione non è e non può essere il maestro, ma il discepolo. Infatti il maestro può offrire dei contenuti, ma se il discepolo non li utilizza facendoli propri, interiorizzandoli, essi rimangono lettera morta e non contribuiscono alla sua crescita intellettuale e morale. In questo senso l'educazione è sempre, in un certo senso, **auto-educazione**.

Dio come maestro

Colui che insegna non possiede la verità, nel senso che non ne è l'artefice, poiché la verità è Dio stesso. **Autentico maestro**, pertanto, secondo Agostino è solo **Dio**, il **Maestro interiore** che si avvale del **maestro umano** come di un **tramite**. E poiché la verità è immutabile ed eterna, il sapere non consiste nell'ampliamento delle conoscenze, nel "progresso", ma nella capacità di contemplare quell'unica e perennemente fissa verità.

Dio e la parola

APPROFONDIMENTO Agostino nella storia ON LINE

Il maestro umano si serve soprattutto del linguaggio. Anche Dio si serve della parola. Ma gli **insegnamenti divini** sono **formulati nel linguaggio dell'interiorità**, una lingua che nessun uomo parla e che risulta ben più universale delle lingue umane: proprio in quanto Maestro interiore, Dio è l'unico che riesce a farsi capire da tutti.

14. L'ultima patristica e Boezio

A partire dalla seconda metà del V secolo la patristica perde la propria vitalità speculativa. In Oriente la sua attività sopravvive nelle dispute teologiche, che però passano sempre più al servizio della politica ecclesiastica, perdendo così il loro valore filosofico.
In Occidente, invece, la civiltà romana è ormai andata in frantumi sotto i colpi dei barbari e non si è ancora formata una nuova civiltà europea: il **sonno del pensiero filosofico** è in realtà il sonno di questa nuova civiltà. La cultura vive a spese del passato, in quanto il potere di creazione è venuto meno; **rimane solo l'attività erudita**, che si esplica nella compilazione di estratti di testi antichi o di commentari, e che parte da una preliminare **rinuncia a ogni ricerca originale**.

Dionigi l'Areopagita

Nel **mondo orientale**, la più notevole manifestazione filosofica di questo periodo è costituita da alcuni scritti il cui autore parve essere Dionigi, il discepolo di Paolo che, secondo gli *Atti degli apostoli*, fu convertito al cristianesimo dall'orazione tenuta dall'apostolo davanti all'Areopago (cfr. *At*, 17, 34).
Poiché la fonte di questi scritti è Proclo (V secolo), la loro attribuzione a Dionigi l'Areopagita (I secolo) è certamente falsa. In ogni caso, essi insistono sulla **superiorità e trascendenza di Dio** inteso come **assoluta unità**, e quindi sull'**impossibilità di determinarne positivamente la natura**.

Boezio

Nel **mondo occidentale**, l'opera di **Severino Boezio** (480-526) contribuì a far sopravvivere nel Medioevo una parte della filosofia antica. Boezio, infatti, tradusse in latino tutte le opere logiche di Aristotele, ne commentò alcune e compose numerosi opuscoli teologici e uno scritto intitolato ***La consolazione della filosofia***, che lo rese famoso per tutto il Medioevo.

Le opere divulgative

Le traduzioni e i commenti di Boezio assicurarono la sopravvivenza della logica aristotelica e ne fecero un elemento fondamentale della cultura e dell'insegnamento medievale.
Per quanto riguarda invece il *De consolatione philosophiae*, esso si ispira a concetti neoplatonici e stoici. La **filosofia** vi è **presentata allegoricamente**, attraverso la figura di un'augusta matrona che consola Boezio (che era stato imprigionato per volere di Teodorico) mostrandogli come la felicità dell'uomo consista non già nei beni del mondo, ma in Dio. "Donna Filosofia" discute con Boezio anche il problema della provvidenza e del fato, e della loro conciliazione con la libertà umana.
Il punto di vista di Boezio è quello di un **platonismo eclettico**. Da Platone il filosofo attinge il concetto della divinità come sommo bene; da Aristotele la concezione di Dio come primo motore immobile; dagli stoici l'ammissione dell'esistenza di un disegno provvidente. Sebbene sia cristiano, Boezio traduce dunque nella propria filosofia il neoplatonismo dell'epoca, e la sua figura rappresenta il passaggio dall'antichità al Medioevo: egli è **l'ultimo romano e il primo scolastico**.

La decadenza della patristica

Isidoro di Siviglia

Nel VII secolo comincia il periodo più oscuro della storia medievale. La cultura si mantiene viva soltanto grazie a qualche solitario erudito, che l'attinge dalle opere del passato e la trasmette in rozzi e disordinati compendi. Uno di questi è **Isidoro di Siviglia** (570 circa - 636), autore di una serie di opere che dovevano servire alle scuole abbaziali ed episcopali per la formazione dei chierici.
La più celebre di queste opere è intitolata *Le etimologie*, o *Le origini*: si tratta di una sorta di enciclopedia in venti libri, nei quali è condensato tutto il sapere, dalle arti liberali all'agricoltura, alle altre arti manuali.
Isidoro è anche autore di un saggio *Sulla natura*, che è un compendio di astronomia, di meteorologia e di geografia.

Beda il Venerabile

Un analogo compendio fu composto da **Beda il Venerabile**, nato nel 674 in Inghilterra e morto nel 735. Il suo *De rerum natura* attinge largamente alla *Storia naturale* di Plinio il Vecchio. Con la morte di Beda, il periodo della patristica si può considerare chiuso.

VERSO LE COMPETENZE

- Utilizzare il lessico e le categorie specifiche della filosofia

GLOSSARIO e RIEPILOGO

La politica, la storia e la pedagogia in Agostino

Storia p. 170 > Secondo Agostino la storia è costituita dalla lotta di due "città", o regni: il regno della carne e il regno dello spirito, la città terrena o città del diavolo, che è la società degli empi, e la città celeste o città di Dio, che è la comunità dei giusti. Queste due città non si identificano con alcuna istituzione umana (ad es. con lo Stato o la Chiesa) e non si dividono mai in modo netto il campo d'azione nella storia. Solo alla fine dei tempi si avrà il completo trionfo della città celeste.

Escatologia p. 172 > Il termine "escatologia" (dal gr. *éschaton*, "fine ultimo", "punto estremo") serve a indicare quella parte della teologia che considera le fasi "finali" o "estreme" della vita e della storia: la morte, il giudizio universale e la fine del mondo.

Provvidenzialismo p. 172 > Per "provvidenzialismo" si intende una visione della storia che individua in essa un ordine di tipo provvidenziale. Il provvidenzialismo rappresenta una costante di tanta parte della filosofia della storia, non solo di tipo religioso, ma anche laico (v. "La nuova concezione cristiana del tempo e della storia", p. 171).

Segno p. 173 > Per "segno" Agostino intende un qualsiasi elemento che veicoli (o significhi) un contenuto. I segni possono essere *naturali* o *intenzionali*. I secondi, a differenza dei primi, sono consapevolmente finalizzati dall'uomo all'espressione di un messaggio; i più importanti tra essi sono le parole, le quali svolgono una duplice funzione: *trasmettono* i concetti presenti nell'animo di chi parla all'animo di chi ascolta e *indicano* le cose esterne. Hanno perciò un ruolo sia comunicativo, sia denotativo.

Educazione p. 173 > Per Agostino l'educazione è un processo che conduce alla conoscenza di Dio e che, per tale scopo, si serve di un certo numero di nozioni culturali. Il "motore" dell'educazione è il maestro, ma in realtà il suo lavoro non produrrebbe alcun risultato se il discepolo non interiorizzasse i contenuti. Pertanto, l'educazione è sempre una forma di auto-educazione.

Maestro interiore p. 174 > Il "Maestro interiore", secondo Agostino, è Dio stesso, visto come principio di ogni verità e di ogni conoscenza. Poiché il luogo autentico dell'educazione è l'interiorità, Dio parla un linguaggio che trascende le lingue umane e che risulta comprensibile da tutti gli uomini.

MAPPA

Agostino

ON LINE MAPPA INTERATTIVA

Il PROGRAMMA FILOSOFICO

- **Dio si conosce conoscendo se stessi** (la propria anima)
- unità di fede e ragione
  - credi per capire, capisci per credere
- superamento dello scetticismo
  - se dubito, certamente sono
  - **teoria dell'illuminazione**

La TEOLOGIA e l'ANTROPOLOGIA

- **Dio**
  - Essere (Padre)
  - Verità (Figlio)
  - Amore (Spirito Santo)
  - condizione di **ricerca** e garanzia di **verità**
- l'**uomo**
  - immagine della Trinità (memoria, intelligenza, volontà)
  - opposizione di **uomo vecchio** (vita secondo la carne) e **uomo nuovo** (vita secondo lo spirito)

Gli ENIGMI

- il **tempo**
  - non è una dimensione oggettiva ma soggettiva: ***distensio animi***
    - memoria del passato
    - attenzione per il presente
    - attesa del futuro
- il **male**
  - non è qualcosa di sostanziale ma è **privazione di bene**
    - distinzione tra mali fisici e morali
    - peccato come deficienza della volontà

La STORIA è dominata dalla "lotta" tra

- **città terrena**
- **città celeste**

che si intrecciano indissolubilmente verso uno scopo (concezione lineare ed escatologica)

ECHI DEL PENSIERO

LA "SCOPERTA" DELL'AUTOCOSCIENZA
Da Agostino a Proust e Dalì

Le ***Confessioni* di Agostino** rappresentano un'assoluta novità nel contesto del pensiero antico: fin dal termine utilizzato per il titolo, "confessioni", individuano infatti una strategia narrativa del tutto nuova, in cui l'**io** si pone nello stesso tempo come **soggetto e oggetto dell'indagine**, analizzando e raccontando l'esperienza che fa di se stesso. Si tratta di **un intimo «guardarsi in faccia»**, come lo stesso autore afferma, per **gettare luce su quel «grande enigma»** (*magna quaestio*) **che ciascuno è «per se stesso».**
Con la filosofia agostiniana, dunque, nel teatro del pensiero irrompe l'orizzonte nuovo di una **soggettività** in cui l'uomo si riconosce come mente e cuore, intelligenza e volontà, razionalità ed emozione. In tal senso, **Agostino anticipa il soggettivismo tipico della modernità**, nonché la curvatura esistenzialistica di una parte del pensiero novecentesco.

LA "VOCE" DI AGOSTINO

L'attenzione agostiniana per il soggetto è chiaramente espressa nei *Soliloqui*: «**Dio e l'anima: questo desidero conoscere.** – Nulla più? Assolutamente nulla» (I, 2, 7). La realtà esterna è programmaticamente esclusa dalla sfera dell'indagine filosofica. La **via dell'interiorità** è **l'unica che può farci conoscere la verità e Dio**. Anzi, per Agostino l'indagine sull'uomo finisce per coincidere con quella su Dio: è quest'ultimo, infatti, in quanto verità oggettiva, a rivelarsi o svelarsi nell'anima umana: «Non andare fuori di te, ritorna in te stesso. La verità abita nell'uomo interiore» (*La vera religione*, XXXIX, 72). La filosofia di Agostino segna quindi la **conquista definitiva e irreversibile del traguardo della coscienza**.

Tuttavia, si tratta di un guadagno teorico che svela elementi di ambiguità e di drammatica tensione: il pensiero agostiniano, infatti, appare teso e conteso tra la **coscienza di sé** e la **fede in Dio**, tra **antropocentrismo e teocentrismo**, tra l'impossibilità di superare il **"cerchio" della coscienza**, in cui ogni verità si svela, e la necessità di infrangerlo per attingere un **Dio trascendente**, che non sia un semplice "idolo", cioè una rappresentazione della coscienza stessa.
Se la coscienza è il luogo infinito (senza limiti) di ogni esperienza e di ogni idea, essa precede ogni rappresentazione, anche quella di **Dio**, il quale infatti **esiste solo nella sua relazione con l'uomo che lo pensa**:

> "Grande è la potenza della memoria, qualcosa di terrificante la sua profonda e infinita complessità. Tutto questo è la mente, tutto questo sono io. Cosa sono, dunque, Dio mio? Qual è la mia natura? [...] Elevandomi attraverso la mia mente fino a te fisso sopra di me, supererò anche questa mia facoltà, cui si dà il nome di memoria, nell'anelito di coglierti da dove si può coglierti, e di aderire a te da dove si può aderire a te. [...] Supererò anche la memoria, ma per trovarti dove, o vero bene, o sicura dolcezza, per trovarti dove? Trovarti fuori della mia memoria significa averti scordato."
>
> (*Confessioni*, X, 17, 26)

Attingere Dio, pur nella sua trascendenza, *con* coscienza e consapevolezza: in ciò risiede, sostanzialmente, la difficoltà della ricerca teologica agostiniana. E il fatto che l'**uomo** sia in qualche modo **"prigioniero" di questa «presenza della coscienza»** viene ribadito da Agostino anche nella sua celebre e penetrante analisi dell'**«intricato enigma» del tempo**. Abbandonando la prospettiva naturalistica o fisica e inaugurandone una soggettivistica, Agostino afferma che il presente o l'"adesso" che fa da limite tra il passato e il futuro non è un punto geometrico, un limite fisico, ma è la presenza dell'anima: **il "presente" della coscienza** che **distingue e separa le cose passate** (in quanto le ricorda) **da quelle future** (in quanto le attende o spera). Ciò che sostiene l'avvicendarsi di passato e futuro è dunque il permanere dell'io, del soggetto umano. Il **tempo** non è estensione o movimento "spaziale", ma **estensione o movimento "della coscienza"** (*distensio animi*). In altre parole: il tempo passa non solo e non tanto perché le cose mutano e si muovono, ma perché **"io" lo sento passare**. E questo è possibile **perché "io" non passo e non muto**, ma sono sempre "presente" a me stesso, cioè in un certo senso non sono nel tempo:

> Un fatto è ora limpido e chiaro: né futuro né passato esistono. È inesatto dire che i tempi sono tre: passato, presente e futuro. Forse sarebbe esatto dire che i tempi sono tre: presente del passato, presente del presente, presente del futuro. Queste tre specie di tempi esistono in qualche modo nell'animo e non vedo altrove: il presente del passato è la memoria, il presente del presente la visione, il presente del futuro l'attesa.
>
> (Agostino, *Confessioni*, XI, 20)

DA AGOSTINO ALL' ARTE CONTEMPORANEA

Con il richiamo alla centralità dell'interiorità umana e del pensiero che è «presente a se stesso», il sapere filosofico guadagna un nuovo punto di vista, rivelando in Agostino il lontano precursore della "**modernità**", intesa come **celebrazione della forza dell'io in quanto autocoscienza**. Si tratta di una conquista con la quale la riflessione filosofica successiva non potrà fare a meno di misurarsi. Una conquista che influenza la nostra stessa quotidianità, il nostro **modo di essere, di pensare, di percepirci e raccontarci**, anche grazie alle suggestioni che nel Novecento ci sono giunte dalla letteratura e dall'arte.

Tra i tanti artisti, scrittori e pensatori che, direttamente o indirettamente, si sono ispirati ad Agostino e alla sua analisi dell'io e del tempo, possiamo citare lo scrittore francese **Marcel Proust** (1871-1922), che nel monumentale romanzo intitolato ***Alla ricerca del tempo perduto*** tralascia ogni prospettiva realistica e naturalistica, per narrare una vicenda che si snoda attraverso l'esplorazione di un tempo dell'anima, e che trasforma gli eventi esterni in segni e simboli di movimenti puramente interiori.

Particolarmente suggestivo è poi il surrealismo del pittore spagnolo **Salvador Dalì** (1904-1989), che con i suoi **orologi "molli" o "liquefatti"** sembra dare forma proprio alla concezione agostiniana del tempo, ovvero di questa realtà così familiare – come lo stesso Agostino aveva affermato – ma insieme così misteriosa e inafferrabile per l'uomo.

LABORATORIO DELLE IDEE

VERSO LE COMPETENZE

- Comprendere le radici concettuali e filosofiche dei principali problemi della contemporaneità
- Riflettere e argomentare, individuando collegamenti e relazioni

1. In alcune movenze argomentative, Agostino anticipa il filosofo francese Cartesio (René Descartes, 1596-1650), che è considerato il fondatore della modernità. Nel tentativo di confutare lo scetticismo, Agostino (come farà Cartesio) invoca la certezza che l'io ha di se stesso in quanto soggetto che pensa: per quanto io possa dubitare di tutto – egli afferma – non posso mettere in dubbio il fatto che dubito, cioè che penso, e che, dunque, esisto come pensiero. Egli dice: «chiunque dubita se la verità esista, ha in sé alcunché di vero di cui non può dubitare» (*La vera religione*, XXXIX, 73). Detto in altri termini: se posso ingannarmi circa qualunque contenuto della mia mente, tuttavia non posso ingannarmi sulla mia esistenza come soggetto che pensa: «Se m'inganno vuol dire che sono. Non si può ingannare chi non esiste: se dunque m'inganno, per ciò stesso io sono» (*La città di Dio*, XI, 26).
Prova a commentare questo importante passaggio concettuale, mettendo in evidenza la sue ricadute rispetto alla prospettiva scettica.
2. Al di là dello strumento comunicativo utilizzato e delle molteplici sfumature possibili, i protagonisti del pensiero, dell'arte e della letteratura del Novecento che hanno in qualche modo reinterpretato l'analisi agostiniana del tempo convergono tutti su un punto: la critica all'idea che esso sia solo una grandezza fisica *oggettiva* (come ritiene la scienza a partire da Galilei e da Newton), indipendente dalla percezione o valutazione del *soggetto*.
Prova ad analizzare, a grandi linee, i punti di contatto che questa prospettiva presenta con la teoria della relatività formulata da Albert Einstein ed esprimi la tua personale opinione al riguardo.

I TESTI

CAPITOLO 2
Agostino

Dal dubbio alla Verità

Se per alcune questioni (come quelle riguardanti il tempo, il male, la storia, che vedremo più avanti) Agostino si presenta come un pensatore sostanzialmente originale, per altri problemi (di carattere ontologico e gnoseologico) egli appare invece più legato al socratismo e al platonismo. Così come la filosofia socratico-platonica nasceva dal superamento del relativismo e del nichilismo dei sofisti (Protagora e Gorgia), allo stesso modo la nuova filosofia cristiana (agostiniana) nasce dal superamento dello scetticismo radicale e moderato degli accademici (Pirrone e Carneade), e in entrambi i casi si ricorre alla rivendicazione dell'autocoscienza e dell'interiorità, che, mentre in Platone si collega alla teoria della reminiscenza, in Agostino si collega alla teoria dell'illuminazione.

T1 > Il superamento del dubbio

Partendo da una riflessione sulla natura dell'errore, Agostino giunge ad affermare un principio indubitabile, e cioè che l'uomo non può ingannarsi nella conoscenza della propria esistenza. Questa verità assolutamente certa fonda la validità dello stesso processo conoscitivo, che avrà il suo punto di arrivo nella verità piena dell'essere di Dio.

Prescindiamo da ciò che nell'anima è apporto dei sensi; in questo campo la realtà è così spesso diversa dall'apparenza che l'insensato, avendo l'anima troppo ingombra di queste false apparenze, si ritiene pieno di buon senso; per questo la filosofia dell'Accademia ha preso vigore fin al punto che, dubitando di tutto, è caduta in una follia più miserevole.

Prescindendo dunque da ciò che si trova nell'anima come apporto dei sensi, c'è, fra quelle che ci restano, una conoscenza ugualmente certa di quella che abbiamo di vivere? In questo caso non abbiamo timore alcuno che ci accada di essere ingannati da qualche falsa apparenza, perché è certo che anche colui che si inganna, vive.

Qui non accade come nel caso della vista degli oggetti esterni, in cui l'occhio si può ingannare, come si inganna quando un remo appare spezzato nell'acqua, quando una torre sembra muoversi a coloro che navigano, e mille altri casi in cui la realtà è differente da ciò che appare, perché questo non si vede con l'occhio della carne. È con una scienza interna che noi sappiamo di vivere, cosicché un filosofo dell'Accademia non può neppure obiettare: «Forse tu dormi senza saperlo, e quello che tu vedi lo vedi in sogno». Chi non sa infatti che le cose viste in sogno sono assai simili alle cose viste in stato di veglia? Ma colui che, con scienza certa, sa di vivere, non dice: «So di essere sveglio», ma: «So di vivere», dunque che dorma o che sia sveglio, vive. Si tratta di un sapere che il sonno non può rendere illusorio, perché sia dormire che vedere in sogno sono proprietà di uno che vive.

Né contro questa scienza l'Accademico può obiettare: «Forse sei pazzo senza saperlo», perché è vero che anche le visioni dei folli sono estremamente simili alle visioni dei sani di mente, ma colui che è folle, vive. E contro gli Accademici non afferma: «So di non essere pazzo», ma: «So di vivere ». Non si può dunque sbagliare, né può mentire colui che dice che sa di vivere. Si possono dunque opporre innumerevoli esempi di errori dei sensi a colui che afferma: «So di vivere», non ne temerà alcuno, perché colui stesso che si inganna, vive.

Ma se la scienza umana si limita a queste conoscenze, sarebbero ben poche, a meno che non si moltiplichino in ogni direzione, in modo tale che non soltanto divengano più numerose, ma si estendano all'infinito. Infatti colui che afferma: «So di vivere», afferma di sapere una cosa; ma se dice: «So che so di vivere» sa già due cose; il fatto poi che egli sa queste due cose, significa che ne conosce una terza; procedendo così ne può aggiungere una quarta, una quinta, e innumerevoli, se ne è capace. Ma, poiché non può con un'addizione sempre rinnovata di singole unità, né comprendere un numero innumerevole né esprimerlo con una ripetizione indefinita, comprende almeno e dice con assoluta certezza che questa affermazione è vera e che può ripeterla un numero così grande di volte che veramente il numero infinito di essa non si può comprendere, né esprimere.

Altrettanto si può affermare quando si tratta delle certezze proprie della volontà. Non sarebbe prenderlo in giro rispondere: «Ti inganni» a qualcuno che dicesse: «Voglio essere felice»? E se egli dice: «So che voglio questo e so di saper questo», può aggiungere una terza certezza alle due prime, cioè che egli sa queste due verità e poi una quarta: che sa di sapere queste due verità e così continuare all'infinito. Così se qualcuno dice: «Non voglio sbagliare», non sarà forse vero che, sia che sbagli, sia che non sbagli, in ogni caso è vero che non vuole sbagliare? Chi avrà l'impudenza di dirgli: «Forse ti inganni?» perché è fuori dubbio che, sebbene si inganni su tutte le altre cose, non si inganna su questa: che non vuole ingannarsi. E se dice che sa questa verità, aumenta il numero delle sue conoscenze, quanto vuole, sino a ottenere un numero infinito. Infatti colui che dice: «Non voglio ingannarmi e so che non lo voglio e so di sapere questo» può già, sebbene sia difficile esprimerlo, mostrare che vi è là la fonte di un numero infinito.

(*La Trinità*, XV, 12, 21, trad. it. di G. Beschin, Città Nuova, Roma 1973, pp. 657-659)

Analisi del testo

1-4 Per superare il dubbio degli accademici Agostino cerca una conoscenza certa, che non possa essere messa in discussione; non si affida pertanto alla conoscenza sensibile, contro cui può facilmente esercitarsi la critica degli scettici; si basa invece su una conoscenza dell'anima libera dall'apporto dei sensi.

L'Accademia a cui fa riferimento Agostino è la "nuova" o "terza" Accademia, che seguì a quella "antica" o "prima" (Cratete) e a quella "media" o "seconda" (Arcesilao). Nella nuova Accademia trovò accoglienza lo scetticismo radicale di Pirrone: tra i suoi esponenti è da ricordare Carneade, sostenitore di uno scetticismo moderato (o probabilismo). Della nuova Accademia fu seguace all'inizio Agostino, il quale ne divenne in seguito un critico deciso.

5-8 La certezza con cui Agostino supera il dubbio scettico è legata al vivere, e si articola su due piani: dell'intelletto (rr. **9-32**) e della volontà (rr. **33-43**).

9-32 Sul piano dell'intelletto Agostino afferma che certamente anche colui che s'inganna vive ed è «con una scienza interna che noi sappiamo di vivere» (r. **12**), e chi sa di vivere sa anche che sa di vivere e così via (rr. **26-32**).

33-43 Sul piano della volontà Agostino afferma che chi vive non solo sa di sapere questo, ma lo vuole anche, e quindi sa anche di sapere di volere e così via, aumentando in modo infinito le sue conoscenze (rr. **40-41**).

T2 > Dio come verità presente e trascendente

Secondo Agostino, per poter dubitare della verità occorre essere già in qualche modo nella verità, poiché la natura stessa del dubbio presuppone il rapporto dell'uomo che dubita con la verità. Tuttavia l'uomo non è, egli stesso, la verità. La ricerca agostiniana si conclude con il riconoscimento di Dio come Verità suprema e perfetta, che è da sempre presente nell'anima dell'uomo, ma che ciascuno deve scoprire. Agostino precisa che Dio non è nell'anima umana come se fosse in un "luogo": si tratta piuttosto di una "comunione" esistenziale, attraverso la quale soltanto l'uomo può superare l'ineliminabile trascendenza del divino.

Da quando ho appreso a conoscere te, giammai mi sono dimenticato di te. Dove, invero, ho trovato la verità, ivi ho trovato il mio Dio, che è la stessa Verità; e da quando l'ho appresa, giammai più me ne sono dimenticato. Pertanto, da quando ho appreso a conoscere te, tu dimori nella mia memoria, e colà ti ritrovo, quando mi sovvengo di te, e in te trovo mia delizia. Questa è la santa mia delizia, che tu mi hai donato nella tua misericordia, volgendo i tuoi sguardi di misericordia alla mia povertà.

Ma dove tu dimori nella mia memoria, o Signore, dove in essa tu dimori? Quale abitacolo in essa ti sei costruito? Quale santuario ti sei elevato? Tu hai concesso questa degnazione alla memoria mia, di rimanere in essa, ma in quale parte di essa rimani, io vado considerando.

Quando il mio pensiero si è rivolto a te, son passato oltre le parti della memoria, che anche le bestie posseggono, perché in esse non certo trovavo te, tra le immagini delle cose formate di corpo, e son passato alle parti della mia memoria, dove ho riposto gli affetti dell'anima mia, e neppure colà ti ho trovato.

Allora io sono entrato nella sede che è propria dell'anima mia, che è riservata ad essa nella memoria mia, perché l'anima conserva ricordo anche di sé, ma neppure colà tu eri, perché, come tu non sei immagine di cose fornite di corpo, né attaccamento di essere vivente, come accade quando noi proviamo gioia, tristezza, desiderio, timore o ci ricordiamo o ci dimentichiamo o proviamo un sentimento qualsiasi di questa fatta, allo stesso modo non puoi essere l'anima, ché anzi tu sei Signore e Dio dell'anima. Tutto quanto prima ho detto è, del resto, soggetto a mutamento; tu, invece, ne rimani al di sopra immutabile. Eppure ti sei degnato di prendere sede nella mia memoria, dal giorno in cui ho avuto nozione di te.

Ma perché vado cercando in qual luogo della memoria tu abiti, come se in realtà nella memoria fossero luoghi distinti? Tu in essa certamente hai sede, poiché di te conservo ricordo, dal giorno in cui ho avuto nozione di te, ed in essa ti rinvengo, quando di te mi ricordo.

Ma dove, dunque, ti ho trovato per avere nozione di te? Tu non eri, già, nella mia memoria, prima che io avessi nozione di te. Ma dove dunque ti ho trovato per avere nozione di te, se non soltanto in te, al di sopra di me?

In realtà, non è questione di spazio: ci allontaniamo e ci avviciniamo a te, ma non è questione di spazio.

Tu sei la Verità e sovrasti dovunque, per rispondere anche a tutti quelli che ti consultano, e a un tempo a tutti tu rispondi, per quanto ti si consulti su argomenti diversi. Tu rispondi chiaramente, ma non chiaramente tutti ti ascoltano. Tutti ti consultano su ciò che vogliono, ma non sempre ottengono la risposta che vogliono.

Ottimo servo tuo può dirsi colui che non tanto è tutt'orecchi, per ascoltare da te ciò che egli vuole, ma piuttosto è pronto a volere ciò che da te ha ascoltato.

(*Le confessioni*, X, 24, 25 e 26, trad. it. di A. Marzullo, Zanichelli, Bologna 1968)

Analisi del testo

1-6 Avendo chiarito che la verità abita nell'intimo dell'uomo, e che l'uomo non è la verità in quanto la ricerca, Agostino conclude che la verità è Dio, e Dio pertanto è nell'uomo, nell'anima dell'uomo, nella sua memoria.

7-24 Dio è nell'anima, ma non in una sua parte: né in quella inferiore (rr. **10-13**) né in quella superiore (rr. **14-19**); Dio è «Signore dell'anima» (r. **19**), e abita nella memoria (anche se non si può parlare di «luoghi» della memoria) (rr. **22-24**).

25-35 La presenza di Dio nell'uomo non è una questione spaziale, è invece un problema di relazione: rapportarsi a Dio significa riconoscerlo assolutamente superiore. Di fronte a questa presenza trascendente il compito dell'uomo è quello di volere ciò che gli viene detto da Dio.

Il problema del tempo

Come altre questioni affrontate da Agostino, il problema del tempo, a cui il filosofo dedica l'undicesimo libro delle *Confessioni*, nasce con una motivazione teologica (che cosa faceva Dio prima di creare il mondo? Dio è stato condizionato dal tempo?), ma suscita una riflessione dalla valenza anche filosofica.

T3 > Il tempo è distensione dell'anima

La realtà del tempo è nell'anima dell'uomo, il quale nella propria interiorità fa esperienza del fluire temporale. L'anima si presenta così, nella riflessione di Agostino, come la dimensione stabile che permette di dare un significato unitario ai momenti vari e dispersi che costituiscono lo scorrere del tempo.

Se, in verità, futuro e passato sono, voglio sapere dove sono.

Che se non ancora da me valgo a saperlo, so tuttavia che, dovunque essi siano, colà non v'è né futuro né passato, ma soltanto presente. Se, infatti, colà qualcosa vi è come futuro, esso non ancora vi *è*, e del pari se qualcosa vi è come passato, esso più non vi *è*. Essi, dunque, dovunque siano, di qualsiasi natura siano, non *sono* che come presente. [...]

Ciò che ormai appare chiaro ed evidente è che né il futuro né il passato *sono*, e che non si può dire con proprietà: i tempi sono tre, passato, presente e futuro; ma v'è da ritenere che con proprietà si dovrebbe dire: i tre tempi sono il presente del passato, il presente del presente, il presente del futuro. Sono questi tre determinati momenti che io vedo nell'anima nostra, e altrove non li vedo: presente delle cose passate è la memoria, presente delle cose presenti è quanto noi vediamo, presente delle cose future è quanto attendiamo. [...]

In quale estensione, dunque, noi misuriamo il tempo quando trascorre? Forse nell'estensione che ha da venire, donde esso trascorre? Ma ciò che ancora non è, non lo possiamo certo misurare. O forse nel presente attraverso cui trascorre? Ma se non vi è estensione alcuna, non lo possiamo certo misurare. O forse nel passato, verso cui trascorre? Ma ciò che ormai non è più, non lo possiamo certo misurare. [...]

Ma il vero è che il tempo noi lo misuriamo, ma non si tratta di quello che ancora non è, né di quello che ormai non è più, né di quello che non ha estensione di durata, né di quello che non ha limiti. Per conseguenza, noi non misuriamo né il tempo che ha da venire, né quello passato, né quello presente, né quello che va passando, e tuttavia noi misuriamo del tempo. [...]

In te, anima mia, misuro il tempo. Non darmi la voce addosso, col dirmi ciò che la realtà è. Non darmi la voce addosso con tutti i travagli delle tue impressioni. In te, lo ripeto, misuro il tempo. L'impressione che le cose, mentre passano, suscitano in te, e che poi, quando quelle sono passate, dura, questa impressione io la misuro mentre è presente: non misuro le cose che sono passate in modo da lasciare un'impressione, ma misuro questa impressione, quando misuro il tempo. Per conseguenza, o il tempo consiste in queste impressioni, o io non riesco a misurare il tempo. [...]

Ma in qual modo va diminuendo o addirittura si disperde quello che ha da venire, che ancora non è, o in qual modo s'accresce il passato, che ormai più non è, se non perché nell'anima nostra, che elabora questi momenti, vi sono tre fasi? Infatti l'anima aspetta, pone attenzione e ricorda; tanto che ciò che aspetta, attraverso ciò cui rivolge l'attenzione, si trasforma in ciò che ricorda.

(*Le confessioni*, XI, 18, 20, 21, 27 e 28, cit.)

Analisi del testo

1-30 Solo impropriamente si parla di tre tempi (passato, presente e futuro), perché il tempo si dovrebbe definire come "distensione" dell'anima. È l'anima che misura il tempo, e lo misura attraverso le facoltà della memoria, dell'attenzione e dell'attesa: essa misura il passato, il presente e il futuro in quanto presenti come memoria del passato, attenzione del presente e attesa del futuro.

In tal modo si può affermare che il tempo non è reale in sé, ma esclusivamente in rapporto all'anima.

Il problema del male

Il problema del male è fortemente sentito da Agostino, che lo affronta a più riprese, additandolo come questione centrale in una riflessione sull'uomo che voglia essere effettivamente aderente alla condizione umana, senza per questo prescindere dalla prospettiva cristiana.

T4 > Il male fisico e il male morale

Partendo dal presupposto che essere e bene coincidono, e cioè che tutte le cose, in quanto create da Dio, sono buone, Agostino conclude che il male non ha una realtà sostanziale propria, ma è soltanto "privazione" di bene. Tuttavia, negare la sostanzialità del male non significa negarne la presenza nel mondo e nell'uomo sotto forma di *mali fisici* e di *mali morali*. Per quanto riguarda i primi (a cui è dedicato il primo dei passi riportati di seguito, tratto dalle *Confessioni*), Agostino ritiene che essi rientrino nell'ordine complessivo dell'universo, il quale, considerato nella sua globalità, è bene. Per quanto riguarda i secondi (argomento del secondo passo, tratto dalla *Città di Dio*), sostiene invece che consistano in una "perversione" della volontà, la quale rinuncia a Dio per orientarsi verso ciò che a Lui è inferiore.

Rispetto a te non può essere affatto il male, non solo rispetto a te, ma neppure rispetto alla creazione tua nella sua universalità, perché non vi può essere al di fuori di questa creazione qualcosa che vi irrompa e corrompa l'ordine che tu hai imposto ad essa.

In tutte le cose create, però, alcuni particolari, in quanto non convengono con altri, vengono considerati come mali; ma questi stessi particolari, in quanto convengono con altri, perciò, e sono buoni, e in se stessi sono un bene. [...]

Attraverso l'esperienza compresi che non v'è da meravigliarsi che a un palato non sano riesca di pena persino il pane, che pure è delizioso a un palato sano, e agli occhi ammalati odiosa la luce, che ad occhi integri è amabile.

Perciò la tua giustizia non piace ai malvagi: tanto meno piacciono la vipera e il vermiciattolo, che tu creasti buoni e confacenti alle parti inferiori della tua creazione, cui si confanno anche gli esseri iniqui, quanto sono più dissimili da te, si confanno invece alle parti superiori quanto più sono simili a te.

(*Le confessioni*, VII, 13, 15 e 16, cit.)

Il male [...] non è ciò verso cui si cade, ma riguarda l'atto del cadere; non si cade cioè verso nature cattive, ma si cade in modo cattivo, poiché si agisce contro l'ordine naturale, volgendosi dall'essere sommo verso l'essere inferiore.

Così l'avidità non è una corruzione dell'oro, ma dell'uomo che ama l'oro in modo perverso, calpestando la giustizia, che è incomparabilmente superiore; la lussuria non è una corruzione dei corpi belli e piacevoli, ma dell'anima che ama in modo perverso le passioni del corpo, trascurando la temperanza, che ci introduce a realtà più belle spiritualmente e più piacevoli incorruttibilmente; la presunzione non è una corruzione dell'umana lode, ma dell'anima che ama in modo perverso di essere lodata dagli uomini, contro la testimonianza della coscienza; l'orgoglio non è una corruzione di chi dà il potere o del potere in sé, ma dell'anima che ama in modo perverso il proprio potere, avendo disprezzato quello più giusto, proprio di chi è più potente. Questo è il motivo per cui colui che ama in modo perverso il bene di una natura qualsiasi, anche se l'ottiene, diviene egli stesso cattivo nel bene e infelice, perché privo di un bene superiore.

(*La città di Dio*, XII, 8, cit., p. 571)

Analisi del testo

1-13 Ciò che diciamo male in senso fisico è il rapporto di non convenienza che può instaurarsi tra le cose del mondo. Ciò che ai nostri occhi appare come disordine nel mondo rientra in realtà nell'armonia dell'universo considerato nella sua globalità. In altre parole, se nella creazione qualcosa appare male, ciò non significa che sia male oggettivamente, ma solo soggettivamente, nel senso che dipende da chi valuta, ovvero dalla sua incapacità di cogliere l'ordine stabilito dalla divina sapienza creatrice.

14-26 Il male morale consiste invece, per Agostino, non nel cadere verso nature cattive (tutto ciò che è, è bene), bensì nel cadere in modo cattivo: esso è dunque un traviamento della volontà, un amore male orientato, o disordinato. Per chiarire questa affermazione Agostino fa l'esempio di alcuni peccati (rr. **17-24**): dall'avidità alla lussuria, alla presunzione, all'orgoglio, i quali consistono nel modo in cui l'anima ama, ovvero distogliendo lo sguardo da Dio e orientandolo invece verso qualcosa di inferiore.

Il problema della storia

Il problema di una filosofia, o teologia, della storia (ossia di individuare un significato metafisico o escatologico nella storia dell'uomo nel mondo) si sviluppa a partire dal cristianesimo, che sulla scorta di una concezione lineare (e non più ciclica) del tempo pone la questione del senso del divenire storico. Agostino è il primo pensatore a dedicare a questo argomento una specifica riflessione, che svolge nel *De civitate Dei*.
L'opera nasce con una precisa motivazione religiosa: quella di difendere la dottrina cristiana dall'accusa, mossa dalla cultura pagana del tempo, di aver indebolito la comunità civile e aver introdotto un elemento distruttivo nell'Impero romano, duramente colpito proprio in quegli anni dal "sacco" compiuto dai Goti di Alarico (410). Ancora una volta, però, la riflessione di Agostino ha un valore non solo religioso, ma anche speculativo, poiché fornisce una concezione filosoficamente ricca di elementi e di implicanze di carattere antropologico e sociale.

T5 > La città di Dio e la città terrena

All'interno della riflessione sulla storia e sul suo significato, Agostino espone la dottrina delle due città: la *città di Dio*, che è la comunità dei giusti, e la *città terrena*, abitata da quanti vivono chiudendosi nell'egoismo e nella superbia, pretendendo di rompere ogni legame con il Creatore.

Chiamiamo città di Dio quella di cui parla la Scrittura, che ha sottomesso a sé ogni genere d'umano ingegno, e non per casuali movimenti degli animi ma per la suprema disposizione della provvidenza, elevandosi con la sua divina autorità al di sopra di ogni letteratura umana. [...] Abbiamo appreso che esiste una città di Dio di cui ci fa desiderare ardentemente d'essere cittadini quell'amore che ci ha ispirato il suo fondatore. I cittadini della città terrena antepongono invece a questo fondatore della città santa i propri dei, ignorando che Egli è il Dio degli dei, ma non degli dei falsi, cioè empi e superbi, che, privi della luce immutabile e comune a tutti e perciò ridotti a un ben povero potere, cercano di inseguirne in ogni modo uno personale, esigendo doni divini dai fedeli loro schiavi. Egli è Dio invece di dei devoti e santi, che trovano la loro gioia più nel sottomettersi a Dio che nel ricevere la sottomissione di molti, più nel venerare Dio che nell'esser venerati al posto suo. [...]

Due amori quindi hanno costruito due città: l'amore di sé spinto fino al disprezzo di Dio ha costruito la città terrena, l'amore di Dio spinto fino al disprezzo di sé la città celeste. In ultima analisi, quella trova la gloria in se stessa, questa nel Signore. Quella cerca la gloria tra gli uomini, per questa la gloria più grande è Dio, testimone della coscienza. Quella solleva il capo nella sua gloria, questa dice al suo Dio: «Tu sei mia gloria e sollevi il mio capo». L'una, nei suoi capi e nei popoli che sottomette, è posseduta dalla passione del potere; nell'altra prestano servizio vicendevole nella carità chi è posto a capo provvedendo, e chi è sottoposto adempiendo. La prima, nei suoi uomini di potere, ama la propria forza; la seconda dice al suo Dio: «Ti amo, Signore, mia forza» [dai *Salmi*].
Nella prima città, perciò, i sapienti, che vivono secondo l'uomo, hanno cercato i beni del corpo o dell'anima o tutti e due; oppure quanti hanno potuto conoscere Dio «non gli hanno dato gloria né gli hanno reso grazie come a Dio, ma hanno vaneggiato nei loro ragionamenti e si è ottene-

brata la loro mente ottusa. Mentre si dichiaravano sapienti (cioè gonfiandosi nella loro sapienza sotto il potere dell'orgoglio), sono diventati stolti e hanno cambiato la gloria dell'incorruttibile Dio con l'immagine e la figura dell'uomo corruttibile, di uccelli, di quadrupedi e di rettili (nella pratica di questa idolatria essi sono stati alla testa dei popoli o li hanno seguiti). Hanno venerato e adorato la creatura al posto del Creatore, che è benedetto nei secoli» (*Rm*, 1, 21 e ss.). Nell'altra città invece non v'è sapienza umana all'infuori della pietà, che fa adorare giustamente il vero Dio e che attende come ricompensa nella società dei santi, uomini e angeli, che «Dio sia tutto in tutti» (*1 Cor*, 15, 28).

(*La città di Dio*, XI, 1 e XIV, 28, trad. it. di L. Alici, Rusconi, Milano 1984, pp. 515 e 691-692)

Analisi del testo

1-11 Com'è suo costume, Agostino richiama la parola della Bibbia (mediante una serie di citazioni tratte dai *Salmi*, qui non riportate), attraverso la quale individua le due città: quella *divina*, a cui appartengono tutti coloro che vivono secondo l'amore divino, e quella (antitetica) *terrena*, abitata da coloro che vivono secondo l'amore egoistico. Ricordiamo che il peccato, cioè il male morale, consiste in un amore "perverso", ossia orientato in modo sbagliato alle creature anziché al Creatore (v. **T4**).

12-13 Le identità delle due città sono definite dal diverso amore che anima gli uomini: «l'amore di sé spinto fino al disprezzo di Dio» e «l'amore di Dio fino al disprezzo di sé».

13-31 Da questi amori antitetici scaturiscono opposti atteggiamenti: la *città terrena* cerca la gloria umana, è superba, è caratterizzata dalla passione per il potere, si basa sulla forza dei governanti e sull'orgoglio dei sapienti che porta all'idolatria e alla divinizzazione dell'uomo; invece la *città celeste* cerca la gloria di Dio, è umile, è caratterizzata dallo spirito di carità, fa affidamento sulla forza di Dio, si fonda sulla pietà e quindi sull'adorazione del vero Dio, seguendo l'esempio dei santi (gli «dei devoti» a cui si fa riferimento alla r. **9**).

UNITÀ 6

La patristica e Agostino

ON LINE VERIFICA INTERATTIVA

1. La nascita della filosofia cristiana

1 Rispetto alla religione ebraica, l'annuncio cristiano ha carattere universale perché:

a non si rivolge al popolo ebraico ma ai pagani

b annuncia non un messia ebraico ma un liberatore politico

c si rivolge a tutti i popoli della terra

d esige la diffusione del Vangelo tramite la ragione universale

2 In Origene, l'«apocastatasi» è:

a la fine del mondo con il successivo giudizio universale

b la resurrezione finale dei corpi

c il ritorno delle anime al mondo intelligibile

d l'espiazione delle anime attraverso la caduta nei corpi

3 In riferimento al pensiero di Paolo, indica se le affermazioni seguenti sono vere o false.

a. La ragione umana può conoscere Dio attraverso le opere della creazione V F

b. Non conoscere Dio non è una colpa perché la sua rivelazione storica è graduale V F

c. Solo la fede in Cristo salva l'uomo corrotto dal peccato originale V F

d. La grazia indica l'azione salvifica di Dio mediante Cristo V F

e. Il regno di Dio è soltanto la condizione dell'uomo dopo la morte V F

f. La fede ha un primato sulla carità V F

4 Utilizza le espressioni e i termini elencati di seguito per completare il testo riportato sotto.

azione salvifica - carne - Chiesa - conoscibilità naturale - fede in Cristo - grazia - peccato originale - regno di Dio - spirito

I capisaldi della fede cristiana sono: la tesi della .... di Dio; la dottrina del .... e l'affermazione della possibilità per l'uomo di riscattarsi da tale condizione mediante la ....; il concetto della .... come .... di Dio attraverso Cristo; il contrasto fra la vita secondo la .... e la vita secondo lo ....; l'identificazione del .... con la ....

5 Collega gli autori (colonna di sinistra) con le loro dottrine (colonna di destra).

a. Paolo di Tarso
b. Giovanni evangelista
c. Giustino
d. Tertulliano
e. Origene

1. il cristianesimo è il risultato ultimo a cui deve giungere la ragione
2. la grazia divina opera negli individui per mezzo della vocazione
3. la filosofia è fonte di eresia
4. la vita secondo lo spirito è una nuova vita che implica una nuova nascita
5. il mondo nasce in seguito alla "caduta" delle sostanze intellettuali

6 Quale rapporto intercorre tra religione cristiana e filosofia cristiana? (max 6 righe)

7 Perché i padri apostolici del II secolo furono detti "apologisti"? (max 6 righe)

8 Che cos'è lo gnosticismo? (max 6 righe)

9 L'incontro tra cristianesimo e filosofia greca determina due esiti in un certo senso opposti: da una parte un processo di "ellenizzazione" della fede cristiana, che viene interpretata come l'ultimo risultato della ricerca filosofica greca; dall'altra il rifiuto radicale della ragione filosofica. Con riferimento agli autori che hai studiato, illustra queste due diverse tendenze della filosofia cristiana dei primi secoli. (max 15 righe)

2. Agostino

10 Per Agostino la teoria del dubbio universale degli scettici è insostenibile perché:

- [a] non garantisce alcuna certezza
- [b] se si dubita di tutto, si è in realtà certi di dubitare e di esistere
- [c] l'uomo sa che dentro di sé abita la verità
- [d] si rivela come una falsa domanda di verità

11 Secondo Agostino, il male, dal punto di vista metafisico, è:

- [a] il peccato in quanto danneggia la perfezione della creazione
- [b] la malvagità in quanto connaturata all'uomo
- [c] la mancanza di pienezza d'essere propria di ogni creatura
- [d] il difetto che limita l'essere fin dalla creazione

12 In riferimento alla filosofia agostiniana, indica se le affermazioni seguenti sono vere o false.

a. Dio è Essere, Verità e Amore [V] [F]

b. Si possono amare i nostri simili senza amare Dio [V] [F]

c. Che l'uomo sia immagine di Dio è garanzia di successo nella ricerca della Verità [V] [F]

d. In Adamo l'intero genere umano ha peccato [V] [F]

e. L'anima umana è creata direttamente da Dio [V] [F]

f. Il peccato di Adamo è un "cattivo esempio" a cui si ispira l'uomo che pecca [V] [F]

13 Utilizza le espressioni e i termini elencati di seguito per completare il testo riportato sotto.

ama - Amore - conosce - è - Essere - "in maiuscolo" - "in minuscolo" - Intelligenza - intelligenza - memoria - volontà

Secondo Agostino l'uomo ha una struttura trinitaria, che lo rende .... ciò che Dio è .... Infatti l'uomo ...., ... e ...., proprio come Dio è .... (il Padre), ... (il Figlio) e .... (lo Spirito Santo). In altri termini, l'uomo ha tre facoltà che corrispondono ad altrettanti aspetti di Dio: la ...., l'.................... e la ....

14 Collega le diverse forme di libertà (colonna di sinistra) con le relative condizioni dell'uomo (colonna di destra).

a. non può non peccare	**1.** l'uomo prima del peccato originale
b. non può peccare	**2.** l'uomo dopo il peccato originale
c. può non peccare	**3.** l'uomo che ha conseguito la beatitudine

15 In che cosa consiste l'atteggiamento della "confessione" che caratterizza l'intera opera di Agostino? (max 6 righe)

16 Come può l'uomo apprendere e riconoscere la verità? (max 6 righe)

17 Quali sono, secondo Agostino, le caratteristiche della città celeste e della città terrena? (max 6 righe)

VERIFICA

18 Illustra la soluzione agostiniana al problema del male seguendo nella tua esposizione i passaggi elencati di seguito.

a. concezione cristiana di Dio;

b. rapporto tra essere e bene;

c. conseguenze relative alla nozione di male;

d. portata liberatrice della soluzione agostiniana.

(max 20 righe)

19 Spiega brevemente quali sono i concetti utilizzati da Agostino per fornire un quadro globale della storia e in che cosa essi si differenziano rispetto a quelli della filosofia greca. (max 15 righe)

LABORATORIO DELLE IDEE

VERSO LE COMPETENZE

- Leggere, comprendere e interpretare un testo
- Riflettere e argomentare, individuando collegamenti e relazioni

Una donna che consola e guarisce

Nell'età ellenistica la filosofia assume una funzione consolatrice e "terapeutica", offrendosi come "farmaco" o strumento di salvezza di fronte ai turbamenti e alle minacce del mondo. Questa idea del sapere filosofico come terapia esistenziale influenza profondamente il pensiero dei secoli successivi. Esemplare, in questo senso, è l'opera di **Severino Boezio**.

Accusato di tradimento da Teodorico, re degli Ostrogoti, presso i quali aveva cercato di diffondere la cultura romana e la fede cristiana, Boezio venne esiliato a Pavia e incarcerato da Eusebio, prefetto della città, negli edifici annessi al battistero della cattedrale, per poi essere giustiziato. Tra il 523 e il 524, in carcere, ormai prossimo alla morte, Boezio scrisse ***La consolazione della filosofia***, uno dei testi più letti, tradotti e imitati in tutto il Medioevo, apprezzato particolarmente da Dante Alighieri, che ne esaltò l'autore collocandolo tra le anime del Paradiso.

Nella sua opera, Boezio racconta di come, in carcere, gli sia apparsa una donna dagli occhi «sfolgoranti e penetranti oltre la comune capacità degli uomini» e dall'aspetto giovanile anche se «di antica età»: si tratta di **Donna Filosofia**, la nutrice della sua giovinezza, ed egli la riconosce non appena ella si china su di lui per asciugargli le lacrime. Di seguito sono riportati alcuni passi particolarmente suggestivi tratti dall'opera di Boezio.

Nel lembo inferiore del vestito si poteva leggere, ricamata, una π[1], in quella superiore, invece, la lettera θ[2] e tra le due lettere apparivano disegnati in figura di scala alcuni gradini per mezzo dei quali era possibile risalire dalla lettera inferiore a quella superiore [...]. La donna reggeva nella mano destra dei libri, nella sinistra uno scettro.

[...]

Che cosa è, dunque, uomo, che ti ha precipitato nell'afflizione e nel pianto? Hai riscontrato, immagino, qualcosa di strano e insolito. Tu ritieni che la fortuna abbia cambiato il suo atteggiamento nei tuoi confronti. Sbagli. Questa è da sempre la sua caratteristica, questa la sua natura. A tuo riguardo, piuttosto, essa, nella sua stessa mutabilità, ha mantenuto la propria coerenza; tale era quando ti lusingava, quando ti faceva balenare allo sguardo le attrattive di una ingannevole felicità. Ora hai scoperto le facce ambigue di questa cieca potenza. [...] Se abbandonassi le vele ai venti, avanzeresti non già nelle direzione voluta, ma là dove i venti ti spingono; se affidassi la semente al terreno arato, metteresti in conto la possibilità

1 Lettera greca corrispondente alla nostra "p":
2 Lettera greca corrispondente al suono "th".

che l'annata sia di volta in volta feconda o sterile. Ti sei affidato al governo della fortuna: devi sottostare agli umori della tua padrona. Tu ti sforzi, invece, di fermare il movimento impetuoso della ruota che gira? Ma, o stolidissimo tra i mortali, se principia a star ferma, la sorte cessa di essere.

[...]

Allora io dissi: le cose che tu, o nutrice di tutte le virtù, richiami sono vere e non posso negare di aver goduto di un fugacissimo periodo di prosperità. Ma è proprio questo che quando ci ripenso mi tormenta vivamente; nei momenti di avversità l'esser stati felici costituisce la forma più straziante di dolore.

(S. Boezio, *La consolazione della filosofia*, I, 1; II, 1; II, 3, trad. it. di O. Dallera, Rizzoli, Milano 1991)

Boezio con la Filosofia e le Arti liberali, XV sec., miniatura dal *De consolatione Philosophiae*, Bl. 86v., Berlino, Staatsbibliothek

Comprensione del testo

1. La lettera π è l'iniziale della parola greca *práxis*, mentre la lettera θ è l'iniziale del termine greco *theoría*: il sapere filosofico è dunque saggezza pratica e sapienza teorica e le scale indicano il passaggio dall'una all'altra. Lo scettro evoca il carattere regale della filosofia, "regina" delle scienze, mentre i libri sono gli strumenti della sua comunicazione. Sulla base di queste indicazioni prova a illustrare il significato della descrizione boeziana della filosofia.

2. Secondo Donna Filosofia (le cui parole sono riportate nel secondo passo), che cosa ha riscontrato di «strano e insolito» Boezio?

3. In che senso, secondo Filosofia, la fortuna è insieme "mutevole" e "coerente"?

4. Quali sono (e per quale motivo) le immagini usate da Filosofia per descrivere la fortuna?

5. Qual è, secondo Boezio, «la forma più straziante di dolore»?

Riflessione

6. Nell'opera di Boezio, gli ammaestramenti di Donna Filosofia si articolano in un discorso lungo e ricco, che culmina nella trattazione della questione del male e della felicità. Boezio interloquisce con la sua consolatrice alternando momenti di ossequiosa adesione a perplessità e dubbi, mostrando così la sua umanità fragile e pensosa. L'ultimo dei tre passaggi riportati è una suggestiva esemplificazione di questo aspetto: il ricordo della felicità perduta rende ancora più dolorosa la sorte avversa. Di questa fine notazione psicologica si trova un'interessante eco nelle amare parole pronunciate da Francesca nel V canto dell'*Inferno* dantesco: «Nessun maggior dolore / che ricordarsi del tempo felice / nella miseria» (*Inferno*, V, 121-123). Rifletti su questa considerazione, esponendo la tua personale opinione al riguardo.

Etica

TAVOLA ROTONDA

Il male da sostanza a volontà

Partecipanti: **Platone**, **Epicuro**, **Agostino**

Moderatore Da sempre, di fronte al male, l'uomo si angoscia, si stupisce, si interroga: il male sfida la ragione, che cerca di comprenderne il senso, e sgomenta il sentimento, che di fronte a esso si indigna. Dietro la malvagità del carnefice, così come dietro il dolore della vittima, si nasconde l'identico oscuro volto del "negativo", che getta la sua ombra sull'uomo e sul mondo.
Ma che cos'è veramente il male? Qual è la sua origine? Perché l'uomo è malvagio? E perché si soffre? Una prima risposta, complessa e articolata, alla questione del male la fornisce Platone.

Platone

Qualcuno ha visto nei miei scritti la prima formulazione di quella che la filosofia moderna ha chiamato "**teodicea**" (dal greco *theós*, "dio", e *dikaióo*, "giustifico", "assolvo"), ovvero della difesa della divinità dall'accusa di essere responsabile del male che affligge il mondo. Il "capo d'accusa" è evidente: **come può un Dio essere innocente, se è all'origine di un mondo in cui è presente il male?** Per difendere la divinità da questa accusa c'è una sola strada, ovvero affermare che essa non è l'unica causa del mondo:

> La divinità, dato che è buona, non sarà causa di tutto, come dice la gente comune [...] e mentre per i beni non occorre pensare ad altro autore che la divinità, le cause dei mali si devono cercare *altrove* che in lei. (*Repubblica*, II, 379a - 380c)

Nel *Timeo* ho cercato di individuare questo "altrove" da cui derivano l'imperfezione e la negatività del mondo illustrando l'opera di una divinità che ho chiamato "demiurgo" (letteralmente "artefice", "artigiano"). Il demiurgo costruisce l'universo a partire da una materia che si oppone alla sua azione: in altre parole, io penso che **Dio** sia **buono, ma non onnipotente**, poiché la sua potenza "cosmica", cioè ordinatrice, trova un limite nella materia "caotica" che egli deve plasmare.
Il mondo, dunque, ha una sorta di imperfezione d'origine, un difetto di fabbricazione: è il migliore mondo possibile (tenendo conto del limite necessario costituito dalla materia), ma non è perfetto. Questo significa che il male va compreso in un orizzonte metafisico, in quanto concerne la struttura stessa della realtà. Non è solo l'uomo a essere lacerato tra il bene e il male, ma l'essere stesso, che è attraversato da un vero e proprio "**dramma cosmico**": la **lotta tra un'intelligenza buona e un principio ontologico negativo, la materia**.

Moderatore A offrire una chiara e netta alternativa all'idea di Platone è Epicuro, con la sua disincantata visione del mondo e degli dei.

Epicuro

Nel mio ragionamento sono partito dalla considerazione che **un Dio non onnipotente**, come quello platonico, **non può essere veramente un Dio. E altrettanto si deve dire di un Dio malvagio.** Eppure la presenza del male nel mondo è incontestabile e, almeno a prima vista, inspiegabile.

La divinità o vuol togliere i mali e non può, o può e non vuole, o non vuole né può, o vuole e può. Se vuole e non può è impotente, e la divinità non può esserlo. Se può e non vuole è invidiosa, e la divinità non può esserlo. Se non vuole e non può è invidiosa e impotente, quindi non è la divinità. Se vuole e può (che è la sola cosa che le è conforme), donde viene l'esistenza dei mali e perché non li toglie?
(frammento 374)

L'unica strada per "assolvere" la divinità dall'accusa di essere l'origine del male, senza per questo considerarla non onnipotente o malvagia, è quella di ammetterne la **totale estraneità alle vicende del mondo e al dolore che lo abita**: gli dei non sono all'origine del mondo, né lo governano, anzi non se ne occupano affatto. Per quanto il male spaventi, indigni e angosci, non è lecito darne una spiegazione teologica, o metafisica. In un certo senso si potrebbe dire che **il male è "innocente"**, poiché non richiede, come sua spiegazione, né un Dio impotente di fronte un principio a lui opposto (come ritiene Platone), né un uomo colpevole di fronte a Dio (come ritengono i filosofi cristiani). Esso è piuttosto un fatto "fisico", un **evento "naturale"** che va compreso in una **prospettiva rigidamente materialistica**: gli uomini sono enti corporei e, in quanto tali, sono parti di un sistema meccanico fondato su atomi e movimento, di cui la negatività e il dolore sono componenti essenziali e ineliminabili. In questa prospettiva il male è il ***limite* naturale del bene**, ma anche la **sua *condizione* necessaria**: il dolore è condizione del piacere, la morte è condizione della vita, la malattia della salute. Il male risponde a una fatale e incolpevole necessità.

Moderatore Ma allora in che senso la filosofia è un "farmaco" che ci libera dal male?

Epicuro

Il male, inteso come **infelicità dell'individuo**, dipende in gran parte dall'**ignoranza**: l'uomo si lascia vincere dalla paura – e in particolare dalla paura degli dei e della morte – poiché ignora quale sia l'autentica struttura del mondo. Il saggio, invece, avendo compreso che il male è condizione naturale e necessaria del bene, non si accanisce nel vano e doloroso tentativo di liberarsene, o di redimersene, ma lo affronta con onestà e coraggio.

Moderatore Il pensiero pagano ha dunque elaborato due principali soluzioni al problema del male: una è quella platonica, detta "dualistica" perché rimanda a due principi ontologici (intelligenza ordinatrice e materia caotica) reciprocamente irriducibili; l'altra è quella socratica, alla quale a ben vedere si rifà anche la prospettiva di Epicuro e che si può definire "intellettualismo etico" perché riconduce il male a un difetto della conoscenza.
Una radicale alternativa a entrambe queste spiegazioni è offerta dal monoteismo biblico, e in particolare da una delle voci più autorevoli del pensiero cristiano: quella di Agostino.

Agostino

In realtà, da giovane anch'io ho aderito a una soluzione dualistica del problema del male, e cioè a quella proposta dal "manicheismo", la religione fondata dal principe persiano Mani. Nella prospettiva manichea, il mondo è il teatro della lotta tra due opposti principi: la Luce e le Tenebre, irriducibili l'uno all'altro e rispettivamente fonti della vita e della morte, del bene e del male, dell'anima e del corpo, in una lotta perenne e irrisolvibile. Ben presto, però, la soluzione manichea (simile per certi versi a quella platonica) mi è parsa poco persuasiva, e ciò per due principali ragioni:

1. in primo luogo perché mette in discussione l'onnipotenza di Dio (ovvero del principio positivo), il quale non può sconfiggere la forza del male (principio negativo, o materia);

2. in secondo luogo perché mortifica la libertà e la responsabilità dell'uomo, facendone il mero "strumento", o "frutto", di un necessario conflitto tra principi trascendenti. Al contrario, nella prospettiva biblica il male non è "innocente", non può essere interpretato come mancanza di conoscenza, o come involontaria ignoranza, ma rivela una drammatica colpevolezza dell'uomo come libero artefice della propria esistenza.

Una volta abbandonato il dualismo manicheo, però, l'adesione al cristianesimo non mi ha offerto una soluzione più facile al problema. Anzi, la questione mi si è riproposta in modo addirittura più drammatico: **se Dio**, come insegna la Bibbia, **è l'unico creatore del mondo ed è buono, allora da dove deriva il male?** Nella prospettiva biblica, infatti, l'idea platonica secondo cui il male è riconducibile alla materia risulta assurda:

Poiché ogni bene è ad opera di Dio, nessuno deve dubitare che anche questa materia, se è qualcosa, non possa essere se non da Dio.
(*La natura del bene*, 18)

A indicarmi la via della soluzione è stato Plotino, con la sua concezione del male come "non essere": un'indicazione preziosa, che tuttavia, a mio avviso, andava interpretata secondo una nuova prospettiva. Infatti il "non essere" di Plotino coincideva (platonicamente e dualisticamente) con la materia informe, caotica e priva di misura, sostrato indeterminato delle cose e grado infimo della gerarchia degli enti; per me invece **il male è "non essere"** nel senso che **non ha una realtà**, una sostanzialità sua propria. Se Dio, che è buono, ha creato tutte le cose, allora tutto ciò che esiste, in quanto è essere, è bene. Dall'equivalenza tra *essere* e *bene* deriva quella tra *non essere* e *male*: il male "non esiste" come una qualunque altra cosa, bensì come "privazione", o come **"deficienza" di essere**. Non è sostanza, ma l'accidentale corruzione di una sostanza, esattamente come la cecità non è qualcosa di sostanziale, ma l'accidentale corruzione della vista, cioè di qualcosa che, in quanto è, è buono.

La mia teoria della non sostanzialità del male si adatta in modo perfetto al creazionismo biblico: Dio crea solo il bene, di cui il male è accidentale privazione. Del resto, per potersi corrompere, le cose create devono essere buone, altrimenti come potrebbero perdere una parte del loro essere e del loro bene?

Dunque tutto ciò che esiste è bene e *il male*, di cui cercavo l'origine, *non è una sostanza*, perché se fosse tale, sarebbe bene: infatti o sarebbe una sostanza incorruttibile, e allora sarebbe inevitabilmente un grande bene; o una sostanza corruttibile, ma questa non potrebbe corrompersi senza essere buona. (*Le confessioni*, VII, 12)

Moderatore Ma come è possibile che, pur non essendo qualcosa di "sostanziale", il male sia così attivo e distruttivo?

Agostino

Per chiarire questo punto dobbiamo prima individuare un secondo senso da dare alla formula "il male è non essere": le cose create, per quanto siano buone, partecipano in certa misura anche del non essere da cui Dio le ha tratte e ne conservano la traccia. Si potrebbe dire che **le creature "non sono" l'essere** perché **"hanno" l'essere**. In altre parole, l'essere delle creature è diverso dall'essere del Creatore: poiché provengono dal nulla, le creature presentano un'*imperfezione ontologica*, una *mancanza d'essere* che a quello stesso nulla le espone. Proprio grazie a questa idea di una distinzione gerarchica tra l'essere di Dio e l'essere delle creature è possibile spiegare in che senso **l'uomo compie il male**: ciò avviene non quando egli sceglie qualcosa di cattivo (abbiamo visto che nulla di ciò che esiste è cattivo in senso assoluto), ma **quando preferisce i beni inferiori** (delle creature) **al bene superiore** (Dio). Questo è il "**peccato**": una rottura nell'ordine dell'essere che Dio ha conferito al mondo, una **"per-versione" della volontà**, la quale si rivolge alle creature anziché a Dio (*aversio a Deo* e *conversio ad creaturam*).

Ricercando poi l'essenza della malvagità, trovai che non è una sostanza, ma la *perversione della volontà*, la quale si distoglie dalla sostanza suprema, cioè da te, Dio, per volgersi alle cose più basse. (*Le confessioni*, VII, 16)

Il male infatti non è *ciò* verso cui si cade, ma riguarda l'*atto* del cadere; non si cade cioè verso *cose cattive*, ma si cade *in modo cattivo*, poiché si agisce contro l'ordine naturale, volgendosi dall'essere sommo verso l'essere inferiore. (*La città di Dio*, XII, 8)

I male dunque è "non essere", cioè mancanza o privazione di essere, nel senso che è la **mancata realizzazione di un bene** (***privatio boni***) dovuto a Dio e voluto da Dio. Partito dalla tesi *sostanzialistica* del manicheismo, sono pervenuto alla tesi *volontaristica*, secondo cui il male non è una "cosa", un "fatto", bensì un "atto" della volontà. Esso, pertanto, non trova la sua origine prima nella materia, per poi contaminare, attraverso il corpo, l'anima. È vero piuttosto il contrario: il male trova la sua **origine nell'anima** e, attraverso il peccato, contamina tutto il resto, compreso il creato. Quindi il "luogo" del male, se così si può dire, è l'anima umana, lacerata tra la volontà del bene e la volontà del male.

Moderatore Se il male non è una realtà metafisica, ma un atto morale, una "colpa" dell'uomo, allora come vanno intese la morte e la malattia, cioè i mali fisici?

Agostino 

Il **male fisico** è la **giusta punizione (o remunerazione) per il male commesso**, ovvero è il castigo, o la "pena" (*malum poenae*) per il peccato dell'uomo.

Moderatore Questo però non spiega perché anche l'uomo giusto, colui che non pecca, soffra esattamente come l'uomo malvagio.

Agostino 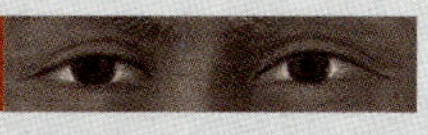

Oltre che alla personale responsabilità del singolo («peccato attuale»), il male va ricondotto anche a un **peccato originario**, commesso dal primo uomo e **trasmesso ereditariamente all'intera specie umana**: poiché tutti abbiamo peccato in Adamo, tutti siamo esposti al dolore e alla morte. E se qualcuno obietta che Dio non avrebbe dovuto creare l'uomo (Adamo) capace di fare il male, cioè capace di ribellarsi al suo volere, la mia risposta è che Dio ha ritenuto cosa migliore creare un essere libero (anche di scegliere il male), piuttosto che un essere necessitato a compiere solo il bene. La possibilità del male come condizione della libertà rientra quindi nella bontà della creazione.

Moderatore I tre modelli di spiegazione del male che abbiamo visto (quello *dualistico* di matrice platonica, quello *naturalistico* di matrice epicurea e quello *volontaristico* di matrice cristiana) si avvicendano e si intrecciano nella storia del pensiero antico, senza approdare a una reale soluzione. Anche l'idea agostiniana (e, in generale, cristiana) secondo cui è l'uomo che, peccando e ribellandosi al proprio Creatore, introduce il male in un mondo che Dio ha voluto e creato buono porta in realtà a un'ulteriore domanda: da dove deriva, o chi ha introdotto la "possibilità" del male, che poi l'uomo ha liberamente scelto? Se da una parte Agostino sembra risolvere la questione affermando che l'uomo non sceglie "il male", ma sceglie "male" (sconvolgendo l'ordine ontologico voluto da Dio), dall'altra parte rimane intatto il carattere aporetico e sfuggente del male, presente già nel racconto della *Genesi*, in cui il serpente tentatore simboleggia paradossalmente una possibilità che precede l'uomo, rendendolo *colpevole* e insieme *vittima* del male.
La nostra libertà è dunque una libertà "condizionata", ovvero una libertà che si muove dentro un'alternativa già data? È quanto sembra affermare anche l'apostolo Paolo: «io non compio il bene che *voglio*, ma il male che *non voglio*. Ora, se faccio quello che *non voglio*, non sono più io a farlo, ma il peccato che abita in me» (*Rm*, 7, 15-20). Anche la spiegazione volontaristica del male risulta dunque aporetica: il male è riconducibile al libero *volere* dell'uomo, eppure l'uomo *non vuole* il male, che sembra imporsi a lui come un'inclinazione invincibile. Da dove viene allora il male? La nostra domanda di partenza si ripropone con tutta la sua forza angosciosa.

QUESTIONE

Il tempo è un fatto oggettivo o un'esperienza soggettiva?

Aristotele, Agostino

Partiamo da un'opera d'arte

Salvador Dalì, *La persistenza della memoria*, 1931, olio su tela, New York, Museum of Modern Art

Tra le opere del pittore spagnolo **Salvador Dalì** (1904-1989), questa è sicuramente una delle più raffigurate, con i suoi celeberrimi **orologi "molli" o "liquefatti"**.
L'orologio è lo strumento meccanico più diffuso per misurare il tempo in modo oggettivo. Esso indica il movimento di un corpo, e cioè lo spostamento delle lancette sul quadrante, movimento che a sua volta riproduce, su scala minore, quello della Terra su se stessa e intorno al Sole. Il passaggio dal "prima" al "poi", più che una *successione* nel tempo, è dunque un *movimento* nello spazio: da un punto a un altro del quadrante (per le lancette) o del cosmo (per i corpi celesti).
Questo **legame tra tempo e movimento** trova espressione anche nel linguaggio comune, quando

diciamo di voler "fermare" il tempo. "Deformando" gli orologi e appoggiandoli a diverse superfici (dallo spigolo di un gradino a un ramo secco), Dalì sembra voler **andare al di là di questa dimensione fisica e spaziale del tempo**, per far scorgere, oltre essa, la possibilità di una **percezione soggettiva e psicologica**.
In effetti, il tempo "spazializzato" – misurato sul movimento uniforme della Terra – non rende conto, ad esempio, della **memoria**, che dello scorrere del tempo dà una rappresentazione diversa e, in un certo senso, deformata, rispetto a quella dell'orologio. La memoria, infatti, strappa le cose al nulla, cioè al loro "non essere più" e le fa persistere nella coscienza, in cui vivono non come *passato*, ma come tracce *presenti*. Con il suo dipinto (non a caso intitolato *La persistenza della memoria*) Dalì sembra quindi volerci suggerire che **per afferrare l'autentica natura del tempo l'orologio non è sufficiente**.

Proviamo a chiarire ulteriormente questo discorso con un esempio banale:

1. Sono le 6.00 e stai aspettando l'autobus per raggiungere una ragazza o un ragazzo che ti piace particolarmente, o un amico con cui andare a ballare. Per un disguido, l'autobus non arriva e tu controlli ripetutamente il tuo orologio...
Alle 7.00, esasperato, decidi di tornare a casa: è passata "solo" un'ora, eppure sei stanco come dopo un'intera serata. Quando si aspetta qualcuno o qualcosa, il tempo sembra scorrere molto più lentamente del solito.

2. Sono le 6.00 e stai con i tuoi amici, o con la tua ragazza. A un certo punto guardi l'orologio e ti accorgi con sorpresa che sono "già" le 7.00. È passata un'ora e quasi non te ne sei accorto. Il tempo del divertimento fugge via rapidamente...

In entrambi i casi è trascorsa un'ora: ma **è davvero passato lo stesso tempo?** Il tempo trascorso è ***oggettivamente* e *quantitativamente* lo stesso**, ma **diversa è la percezione *soggettiva*** di esso. Questo significa che, se come punto di riferimento non si assume il movimento degli astri, ma il **vissuto della coscienza** di ognuno, allora si può affermare che il tempo scorre secondo **parametri assolutamente personali e variabili**: è "lento" quando ci si annoia, "veloce" quando ci si diverte. Sembra quindi del tutto legittimo interrogarsi sulla vera natura del tempo:

VERSO LE COMPETENZE

- Sviluppare la riflessione personale, il giudizio critico e l'attitudine alla discussione razionale

Che cos'è il tempo?

Sulla base delle tue convinzioni personali,
rispondi a questo interrogativo scegliendo tra le opzioni che seguono.

1. Il tempo è una **grandezza fisica**, una **misura oggettiva e convenzionale**. Soltanto facendo riferimento al tempo fisico, che è scandito dal movimento della Terra e del Sole, siamo in grado di comprendere il tempo anche come esperienza soggettiva. Se nulla fuori di noi mutasse, la nostra coscienza non potrebbe sperimentare lo scorrere del tempo.

2. Il tempo è prima di tutto un'**esperienza soggettiva o psicologica**. Per comprenderne la vera natura dobbiamo volgerci alla nostra coscienza, perché solo dentro di noi possiamo trovare il "luogo" per "spostarci" verso il passato o il futuro, grazie al "movimento" della memoria o dell'attesa.

Illustra brevemente le ragioni che ti hanno indotto a prendere questa posizione.

____

____

Approfondiamo la questione

Dal senso comune alla filosofia

1. La concezione "oggettiva" del tempo è vicina a quella *naturalistica* di **Aristotele**: egli intende il tempo come grandezza fisica, mediante la quale l'uomo misura il movimento delle cose.

2. La concezione "soggettiva" del tempo è vicina a quella *spiritualistica* di **Agostino**: egli intende il tempo come "movimento" o "distensione" dell'anima, la quale si estende come memoria verso il passato e si protende come attesa verso il futuro.

1. Il modello naturalistico: **Aristotele**

La misura del movimento

Secondo Aristotele, il tempo non è riducibile al movimento, ma è strettamente in relazione con esso: esiste infatti un rapporto inscindibile tra il *movimento* di un corpo, lo *spazio* che esso percorre e il *tempo* che impiega a percorrerlo. **Tempo e movimento** sono **grandezze matematiche che si corrispondono.** Il tempo, dunque, pur non essendo movimento in senso stretto, costituisce la **misurazione del movimento**:

> Questo, in realtà, è il tempo: *il numero del movimento secondo il prima e il poi*. Il tempo non è movimento, se non in quanto il movimento ha un numero. (*Fisica*, IV, 11, 219b 1-2)

Un punto tra passato e futuro

In questa prospettiva spaziale, o geometrica, il tempo può essere paragonato a una retta divisa da un punto in due semirette: il passato, che per sua natura è ciò che *non è* più, e il futuro, che *non è* ancora. Essi sono separati dall'«**istante**», ovvero da un punto che è il limite (*péras*) di entrambi. Per svolgere la sua funzione di confine tra passato e futuro, l'istante deve essere **indivisibile**, e per essere indivisibile deve essere un punto **privo di estensione**, cioè non essere tempo, perché ogni porzione di tempo, per quanto piccola, è sempre divisibile in passato e futuro.

> Infatti noi diciamo "prima" e "poi" secondo la distanza dall'istante presente, e quest'ultimo è il limite del passato e del futuro. (*Fisica*, IV, 223a 5)

I tre "elementi" del tempo

Oltre all'«istante presente», per pensare il tempo è necessario anche un **soggetto «numerante»**, ovvero una coscienza che percepisca e misuri il movimento: se l'istante è il presente che fa da discrimine tra il prima e il poi, tra il passato e il futuro, l'**anima** è ciò che percepisce e misura questa distinzione.
Riassumendo, per Aristotele **il tempo è un "numero"** e, in quanto tale, implica **tre elementi**: un **"numerato" o "numerabile"**, cioè il *movimento*; un **"numerante"**, cioè l'*anima*; una **"unità di misura"**, la quale è data dal movimento circolare, uniforme e costante dei corpi celesti.
Si può dunque affermare che nella prospettiva aristotelica **il tempo esiste come dato oggettivo fuori del soggetto che lo percepisce, ma trova la sua misurazione nella coscienza umana**.

2. Il modello spiritualistico: **Agostino**

I limiti della concezione aristotelica

Pur sviluppando il richiamo di Aristotele all'anima numerante, Agostino ritiene che il tentativo del filosofo di Stagira di definire il tempo collegandolo al movimento conduca a un'aporia. Se infatti ci chiedessimo che cos'è il movimento, dovremmo rispondere che esso è ciò per cui un corpo che "prima" è in un punto, "poi" è in un altro. Ma il prima e il poi indicano una successione nel tempo: dunque **il movimento è riducibile al tempo, che tuttavia abbiamo definito con il movimento.** Torniamo così al punto di partenza, secondo il più disarmante circolo logico.

Ma c'è di più. Dietro il senso comune che sembra avvalorarla, la rappresentazione fisica del tempo finisce per dissolverlo proprio nel momento in cui cerca di definirlo. Vediamo perché. Se ragioniamo in termini spaziali, dobbiamo ricorrere alla geometria e assimilare il tempo, come abbiamo visto, a una retta divisa da un punto in due semirette:

istante presente

passato — non essere (più)

futuro — non essere (ancora)

La "linea" del tempo risulterebbe così composta di porzioni di spazio che, a ben vedere, non hanno alcuna effettiva consistenza: il **presente**, che, come abbiamo già detto, è un **punto inesteso e inafferrabile**; il **futuro**, che **"non è" ancora**; il **passato**, che **"non è" più**.
Ma, se il tempo è la somma del presente (che non ha estensione) e del passato e del futuro (che "non sono"), allora come può essere "qualcosa"? Scrive Agostino:

> il passato e il futuro come esistono, dal momento che il primo non è più, il secondo non è ancora? E quanto al presente, se fosse sempre presente, senza tradursi in passato, non sarebbe più tempo, ma eternità. Se dunque il presente, per essere tempo, deve tradursi in passato, come possiamo dire anche di lui che esiste, se la ragione per cui esiste è che non esisterà? Quindi non possiamo parlare con verità di esistenza del tempo, se non in quanto tende a non esistere.
> (*Le confessioni*, XI, 14)

Il tempo della coscienza

Il paradosso del tempo secondo Agostino può essere sciolto solo chiamando in causa l'**anima**. Viste spazialmente, come parti di una linea, le tre dimensioni del tempo non hanno effettiva consistenza, ma la acquistano nella coscienza, come presente memoria del *passato*, presente attesa del *futuro* e presente attestazione del *presente*. Non esistono (più) le cose passate, non esistono le cose presenti (che immediatamente passano), non esistono (ancora) le cose future, ma esiste **l'io** che, **rimanendo presente a se stesso e sottraendosi al tempo**, le **ricorda**, le **intuisce** e le **spera**. Alla fine di una lucida e sottile analisi, Agostino approda così a una concezione soggettivistica e spiritualistica, secondo la quale il tempo è un **"estendersi e distendersi" della coscienza** (*extensio et distensio animi*), la quale *si contrae* verso il passato quando ricorda e *si protende* verso il futuro quando attende o spera. Solo in questo consiste "il fluire" del tempo e solo nell'anima può essere afferrato.

> Forse sarebbe esatto dire che i tempi sono tre: presente del passato, presente del presente, presente del futuro. Queste tre specie di tempi esistono in qualche modo nell'animo e non vedo altrove: il presente del passato è la memoria, il presente del presente la visione, il presente del futuro l'attesa.
> (*Le confessioni*, XI, 20, cit.)

VERSO LE COMPETENZE

- Saper argomentare una tesi dopo aver ascoltato e valutato le ragioni altrui

Hai cambiato opinione?

Ora che hai ascoltato le ragioni dei filosofi, decidi se intendi rimanere fedele alla tua idea iniziale o se preferisci cambiarla, e indica in sintesi gli argomenti che ti hanno indotto a questa decisione.

Una questione aperta...

L'*implicatissimum aenigma* del tempo, per quanto attraversato dall'indagine acuta di Aristotele e Agostino, conserva tuttora un volto sfuggente e problematico. In effetti, anche a secoli di distanza, nessuna delle concezioni di questi due pensatori sembra essersi rivelata davvero risolutiva.

Aristotele è il primo a comprendere che bisogna ammettere qualcosa "al di fuori" del tempo (l'anima "numerante") per poterlo pensare come passaggio dal passato al futuro: passato e futuro acquistano consistenza solo in relazione all'istante, che è il limite di entrambi. Ma questa concezione **"schiaccia" e "annulla" il presente**, riducendolo a un punto inesteso e inconsistente, a un impalpabile confine. In questa prospettiva nulla di presente è afferrabile, perché nel momento stesso in cui pensiamo di afferrarlo, esso è già scivolato nel passato.

Agostino risolve in parte questo problema: egli è convinto che il presente che fa da limite tra il passato e il futuro non sia un punto geometrico, un limite fisico, ma piuttosto la "presenza" dell'anima, il presente della coscienza che distingue le cose passate (in quanto le ricorda) dalle cose future (in quanto le attende o spera):

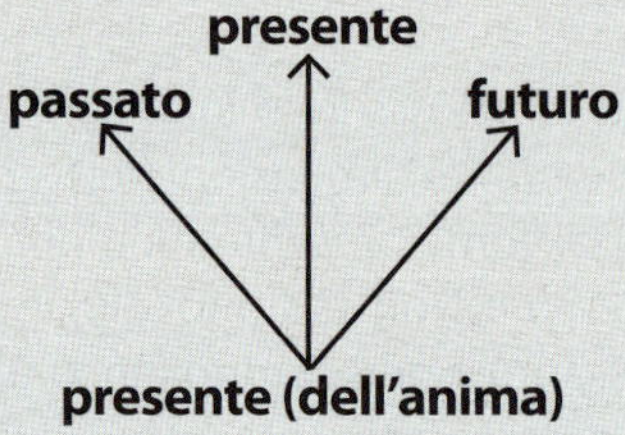

Ma il presente mantiene la propria ambiguità anche nella prospettiva agostiniana, poiché per un verso è uno dei tre termini in cui si articola il processo del tempo (passato, presente, futuro), mentre per un altro verso è la condizione unitaria della sussistenza di tale processo: in altre parole, è **contemporaneamente una parte e il tutto che contiene quella parte** (sia la coscienza *presente* che ricorda, intuisce e spera, sia il *presente* quale oggetto della coscienza).

Così, se **nella rappresentazione oggettiva e spaziale (aristotelica)** del tempo **era il presente a "dissolversi", in quella soggettiva e spirituale (agostiniana) sono il futuro e il passato a perdere consistenza.**

Che cos'è dunque il tempo? La nostra domanda di partenza si ripropone in tutta la sua irriducibile forza. Del tempo parliamo comunemente e nel tempo ci "orientiamo" misurandolo con strumenti meccanici "oggettivi"; la difficoltà sorge quando cerchiamo di pensarne la natura, di indicarne il fondamento. Un'indagine affascinante, che non ha mai trovato risposte definitive e che non ha mai smesso di alimentare la riflessione di grandi filosofi e scienziati come Kant, Einstein, Bergson, Heidegger, e la fantasia di grandi artisti come Proust, Borges, Dalì.

UNITÀ 7

LA SCOLASTICA E TOMMASO

In questa unità ci occupiamo di quella seconda fase storica del pensiero cristiano che va sotto il nome di "**scolastica**".

Nel primo capitolo, dopo aver messo in luce come il problema dominante sia quello del **rapporto tra fede e ragione**, ci soffermiamo sulle origini e sui primi sviluppi di tale filosofia, rappresentati soprattutto da autori come **Anselmo d'Aosta** (il quale propone una nuova dimostrazione dell'esistenza di Dio) e **Abelardo** (uno dei pensatori più brillanti del Medioevo). Particolare rilievo viene dato al **problema degli universali** (tra i più dibattuti dell'epoca), ai caratteri generali della **filosofia islamica** e alla ricezione del **pensiero aristotelico in Occidente**.

Nel secondo capitolo affrontiamo il pensiero del rappresentante emblematico della scolastica: Tommaso, il quale si impegna a **conciliare fede e ragione** attraverso un'originale rielaborazione del **pensiero aristotelico**, da lui concepito come la **massima espressione della razionalità umana**.

Nel terzo capitolo seguiamo gli sviluppi dell'aristotelismo nella cultura medievale e la progressiva crisi della scolastica. Oltre che a **Duns Scoto** (che insiste sul carattere teoretico della metafisica, ma sulla natura pratica della teologia) e a **Marsilio da Padova** (che anticipa alcune posizioni della successiva problematica politica e giuridica), particolare attenzione viene riservata a **Guglielmo da Ockham**, figura-ponte tra il Medioevo e l'età moderna, che chiude il ciclo storico della scolastica, iniziato con il progetto di trovare un accordo tra filosofia e rivelazione cristiana, e terminato con la crisi e l'abbandono di tale progetto.

CAPITOLO 1

La scolastica e il rapporto fede-ragione

1. La scolastica nella società e nella cultura del Medioevo: caratteri generali

Filosofia e *scholae*

Scolastica e insegnamento

La parola "scolastica" designa la filosofia cristiana medievale. Il nome ***scholasticus*** indicava nei primi secoli del Medioevo l'**insegnante delle arti liberali**, cioè di quelle discipline che costituivano il "**trivio**" (grammatica, logica o dialettica e retorica) e il "**quadrivio**" (geometria, aritmetica, astronomia e musica). In seguito si chiamò *scholasticus* anche il **docente di filosofia o di teologia**, il cui titolo ufficiale era *magister* (*magister artium* o *magister in theologia*) e che teneva le sue lezioni dapprima nella scuola del chiostro o della cattedrale, poi nell'università (*studium generale*). L'origine e lo sviluppo della scolastica si collegano quindi strettamente alla **funzione dell'insegnamento**, la quale determinò anche la forma e il metodo dell'attività letteraria degli scrittori scolastici.

IL SAPERE NEL MEDIOEVO

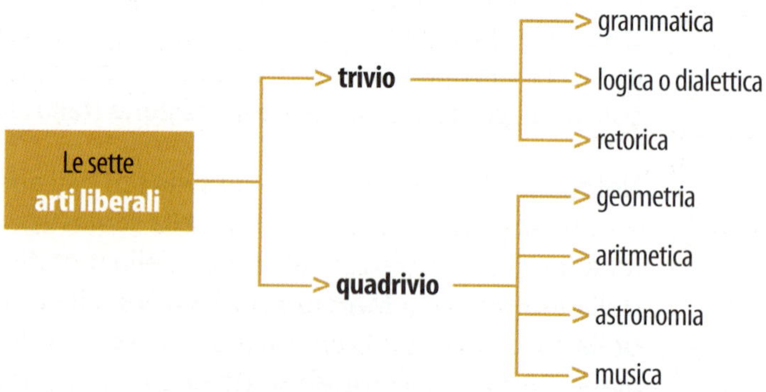

Poiché le forme fondamentali dell'insegnamento erano due, la ***lectio***, che consisteva nel commento di un testo, e la ***disputatio***, che consisteva nell'esame di un problema attraverso

la considerazione di tutti gli argomenti che si potevano addurre a favore e contro (*pro e contra*) di esso, l'attività letteraria degli scolastici assunse prevalentemente la forma dei "**commentari**" (alla Bibbia, alle opere di Boezio, alla logica di Aristotele e, in seguito, alle *Sentenze* di Pietro Lombardo e alle altre opere di Aristotele) o di **raccolte di questioni**. Raccolte di questo genere erano i ***quodlibeta***, che comprendevano le questioni che gli aspiranti alla laurea in teologia dovevano discutere due volte all'anno (prima di Natale e prima di Pasqua) su temi qualsiasi (*de quolibet*). Le ***quaestiones disputatae*** erano invece il risultato delle *disputationes ordinariae*, che i professori di teologia tenevano durante i loro corsi sui più importanti problemi filosofici e teologici.
Il legame con la funzione dell'insegnamento non è un carattere accidentale ed estrinseco della scolastica, ma è intimamente legato alla natura stessa di tale filosofia. Ogni movimento filosofico, infatti, è determinato nei suoi tratti essenziali dal problema che costituisce il centro della sua ricerca, e il problema della scolastica era quello di **portare l'uomo alla comprensione della verità rivelata**. E questo era un **problema di "scuola", cioè di "educazione"**: il problema della **formazione dei chierici**.

Scolastica e tradizione religiosa

La coincidenza tipica e totale del problema speculativo con quello educativo, oltre a giustificare pienamente l'attribuzione del nome "scolastica" alla filosofia medievale, ne spiega i tratti fondamentali.
In primo luogo, la scolastica non è, come la filosofia greca, una ricerca autonoma che affermi la propria indipendenza critica nei confronti della tradizione. Anzi, la tradizione religiosa costituisce per il pensiero scolastico il fondamento e la norma della ricerca. La verità, infatti, è stata rivelata all'uomo attraverso le **sacre scritture**, attraverso le **definizioni dogmatiche** che la comunità cristiana ha posto a fondamento della propria dottrina e attraverso la **parola dei padri e dei dottori della Chiesa**, ispirati o illuminati da Dio. Si tratta dunque di accedere a questa verità e di comprenderla, per quanto è possibile, mediante le proprie naturali facoltà e con l'aiuto della grazia divina.
Ma anche in questo compito, che è quello proprio della ricerca filosofica, l'uomo non può e non deve affidarsi alle sole sue forze, ma deve essere aiutato dagli organi della Chiesa, che costituiscono una guida illuminatrice e una garanzia contro l'errore. In questa prospettiva, la filosofia non è un'opera *individuale*, nella quale l'individuo singolo possa muoversi con autonomia, bensì un'opera *comune*, che può e deve ricorrere all'aiuto degli altri, specialmente di coloro che la Chiesa riconosce come particolarmente ispirati e sorretti dalla grazia divina. Manifestazione tipica del **carattere comune e sovraindividuale della ricerca scolastica**, nella quale il singolo deve continuamente sentirsi appoggiato e sorretto, è il **riferimento costante all'"autorità" (*auctoritas*)**, ovvero alla decisione di un Concilio, a un detto biblico, alla *sententia* di un padre della Chiesa.

Scolastica e tradizione filosofica

Di qui deriva l'altro carattere fondamentale della ricerca scolastica, la quale non si propone di formulare *ex novo* dottrine e concetti: il suo scopo non è quello di *trovare* la verità, ma piuttosto quello di ***comprendere*** **la verità già data nella rivelazione**. Perciò, così come assume dalla tradizione religiosa la norma della ricerca, allo stesso modo la scolastica assume dalla tradizione filosofica gli strumenti e il materiale di tale ricerca, che individua prima nella dottrina platonico-agostiniana, e poi in quella aristotelica. La **filosofia** è dunque soltanto un mezzo per i pensatori scolastici: essa è ***ancilla theologiae*** (ancella della teologia).

Naturalmente, le dottrine e i concetti filosofici che vengono adoperati dalla scolastica subiscono una trasformazione più o meno radicale del loro significato originario. Ma si tratta di una trasformazione che non è intenzionale e, il più delle volte, neppure consapevole, poiché **al pensiero scolastico è estraneo il senso della storicità**. Dottrine e concetti vengono tolti "di peso" dai complessi teorici di cui fanno parte e considerati in modo indipendente rispetto ai problemi a cui rispondono e alla personalità del filosofo che li ha elaborati. Il Medioevo mette tutto sullo stesso piano e considera anche i pensatori più lontani come pensatori contemporanei, ai quali è lecito sottrarre i frutti più caratteristici per adattarli alle proprie esigenze.

Il problema dominante

Il problema del rapporto tra ragione e fede

Su questi caratteri è fondata la definizione della filosofia scolastica come "**problema del rapporto tra ragione e fede**", così come sul diverso modo di risolvere tale problema è basata la sua periodizzazione. È chiaro che, dal punto di vista appena delineato, il problema del rapporto tra ragione e fede non è *soltanto* un problema speculativo, ma *anche* un problema speculativo, che è possibile affrontare partendo dal confronto tra testi filosofici e testi religiosi, e dall'analisi delle loro interpretazioni e implicazioni, ma non solo. Infatti si tratta soprattutto del **problema del ruolo che può e deve avere l'iniziativa razionale del singolo uomo nella ricerca della verità** – e quindi nella direzione della vita individuale e associata – e, per contro, del ruolo che in tale ricerca spetta all'ordine cosmico e alle gerarchie che lo rappresentano. In altre parole, si tratta del **problema della libertà che l'uomo può rivendicare per sé e delle limitazioni che tale libertà deve incontrare nelle gerarchie che governano il mondo**. Infine, il problema del rapporto tra ragione e fede è anche il problema dei nuovi campi d'indagine (la natura, la società) che si aprono all'uomo nella misura in cui egli rivendichi per la propria ragione una maggiore autonomia.

Il carattere non omogeneo della scolastica

Se inteso in questi termini, il "problema scolastico" può costituire un'agevole **chiave di lettura** per la continuità, la varietà, le concordanze e le polemiche che percorrono tutto il pensiero medievale. Solo in riferimento a questo problema è possibile rendersi conto del fatto che di tale pensiero fanno legittimamente parte tanto l'ortodossia quanto l'eterodossia religiose, così come le speculazioni politiche e i sopravvissuti o risorgenti interessi per la natura e per la scienza, e che le tendenze ereticali, le ribellioni filosofiche o teologiche o politiche che, seppure in varia misura, lo caratterizzano ne costituiscono aspetti storici fondamentali allo stesso titolo delle grandi sintesi dottrinali in cui l'iniziativa razionale dell'uomo e le esigenze della fede e della gerarchia ecclesiastica sembrano aver trovato un riuscito compromesso.

Un'interpretazione erronea

Ciò che il richiamo al "problema scolastico" invece esclude è il tentativo di **considerare la scolastica nel suo insieme come una sintesi dottrinale omogenea**, in cui si siano unificati e fusi i contributi individuali. Questa nozione della scolastica è stata suggerita dalla volontà di privilegiare l'aspetto per cui essa è (o presume di essere) concordanza piena e definitiva di ragione e fede (aspetto caratteristico della sintesi tomistica). Ma una tale scelta non ha alcuna base storica e non avrebbe altro effetto se non quello di escludere dalla scolastica, considerata come la sola filosofia vivente del Medioevo, un buon numero di pensatori. Una preferenza ideologica e storiograficamente insostenibile è alla base di questa scelta, in quanto la filosofia medievale, come la filosofia di qualsiasi altro periodo, può essere descritta e caratterizzata soltanto sulla base del problema in essa dominante, e non di una delle soluzioni date al problema in questione.

La periodizzazione

Se la continuità del pensiero scolastico può essere rintracciata solo nell'unitarietà del suo problema, indipendentemente dalla varietà di soluzioni che di questo sono state proposte, la periodizzazione della scolastica può essere effettuata solo sulla base della prevalenza dell'una o dell'altra di tali soluzioni.

Le quattro fasi della scolastica

La periodizzazione tradizionale distingue quattro fasi della scolastica:

- la prima, detta **pre-scolastica**, è quella della rinascita carolingia, nella quale è presupposta e ammessa senz'altro l'identità di ragione e fede;
- nella seconda, detta **alta scolastica**, che va dalla seconda metà dell'XI secolo alla fine del XII, comincia ad affacciarsi il problema del rapporto tra ragione e fede, e ad essere chiaramente affermata la potenziale antitesi dei due termini;
- nella terza, che va dal 1200 ai primi anni del 1300, si hanno i grandi sistemi, che costituiscono ciò che si dice la **"fioritura" della scolastica**. In tale periodo ragione e fede, pur continuando a essere considerate distinte, vengono concepite come armonicamente conducenti agli stessi risultati;
- nella quarta, che comprende il XIV secolo, si assiste al **dissolvimento della scolastica** per la riconosciuta insolubilità del problema che ne è a fondamento. In questa fase si ritiene che ragione e fede costituiscano domini eterogenei.

L'attualità della scolastica

Conclusa come periodo storico, la scolastica mantiene tuttavia una certa attualità in quanto espressione di un'esigenza che si ripresenta frequentemente nella storia della filosofia: quella dell'uomo che, vivendo all'interno di una tradizione religiosa e nutrendosi di essa, voglia intenderla e giustificarla razionalmente.

2. Le origini della scolastica

I secoli VIII e IX vedono il concentrarsi delle forze superstiti della cultura nei grandi imperi dell'Occidente: l'Impero carolingio e l'Impero arabo, ai quali si deve la rinascita intellettuale del periodo.

La rinascita carolingia

La promozione degli studi da parte di Carlo Magno

Per quanto riguarda l'Impero carolingio, fu la necessità di garantirne l'unità e l'amministrazione (che richiedevano l'impiego di numerosi funzionari dotati di una certa cultura) a indurre **Carlo Magno** a promuovere e incoraggiare gli studi. Nel periodo precedente questi erano stati coltivati solo nelle regioni periferiche: da un lato nelle città dell'Italia meridionale – in particolare a Napoli, ad Amalfi e a Salerno – e dall'altro nei monasteri inglesi e irlandesi. Nell'epoca carolingia lo **studio** divenne invece il **patrimonio delle grandi abbazie**, che esercitarono la funzione che prima era stata delle città.

Alcuino di York

L'inizio della ricostruzione intellettuale dell'Europa è segnata, alla fine dell'VIII secolo, dall'opera di **Alcuino**. Nato nel 730 in Inghilterra, Alcuino si formò nella scuola episcopale di York; nel 781 fu chiamato dall'imperatore Carlo Magno a dirigere la Scuola Palatina e a riordinare gli studi sul territorio dell'impero. Morì nell'804.
Alcuino fu il grande **organizzatore dell'insegnamento nel regno franco**. Da lui gli studi vennero ordinati secondo le **7 discipline del trivio e del quadrivio**, che egli chiamò le «sette colonne della sapienza». La sua opera fu continuata da altri maestri, tra cui ricordiamo Rabano Mauro, Servato Lupo, Pascasio Radberto, Godescalco, Enrico e Remigio di Auxerre. Tutti questi autori non presentano però originalità di pensiero.

Giovanni Scoto Eriugena

Grande poi è la figura di **Giovanni Scoto** (810-870), detto **"Eriugena"** dalla sua regione nativa (Eriu, l'attuale Erin, in Irlanda). Posto da Carlo il Calvo a capo della Scuola Palatina, Giovanni tradusse in latino i trattati dello pseudo-Dionigi l'Areopagita e altri scritti patristici.

La «divisione della natura»

L'opera principale di Scoto Eriugena, ***La divisione della natura***, rispecchia già nel titolo la metafisica del filosofo, il quale infatti individua **quattro nature fondamentali**:

- la prima natura crea e non è creata, ed è la causa di tutto: essa è **Dio Padre**;
- la seconda natura è creata e crea, ed è l'insieme delle cause primordiali: essa è il ***Lógos*** o il **Figlio**;
- la terza natura è creata e non crea, ed è l'insieme di tutto ciò che si genera nello spazio e nel tempo: essa è costituita dal **mondo**;
- la quarta natura non crea e non è creata, ed è **Dio stesso come fine ultimo della creazione**, come termine finale al quale tutte le cose devono ritornare.

Le quattro nature costituiscono il circolo della vita divina, che parte da Dio Padre, muove attraverso il *Lógos* verso il mondo e, infine, ritorna a Dio. Il **mondo** è dunque considerato come **un momento della vita divina**: esso è una "**teofania**", cioè una "manifestazione di Dio".

Dio e il creato

L'**esistenza delle creature** è dovuta alla loro **partecipazione all'essere divino**, partecipazione che si configura come un dono. Secondo Scoto Eriugena, **il mondo è assolutamente identico a Dio, ma Dio non è assolutamente identico al mondo**. Egli trascende il mondo e, nonostante viva nel mondo (che infatti non ha realtà se non come manifestazione divina), non si identifica mai con esso:

> Dio solo è l'essenza di tutte le cose, perché egli solo è; ma pur essendo tutto in tutte, non cessa di essere tutto al di fuori di tutte. (*La divisione della natura*, IV, 5)

Il creato, pertanto, non gode della presenza piena e diretta di Dio ai vari gradi dell'essere, altrimenti Dio sarebbe tutto, ma perderebbe la sua unitarietà. Ma Dio non coincide neppure con la totalità della natura, perché in tal caso sarebbe immanente. Infine, le creature devono essere soltanto una parte di Dio, altrimenti si avrebbe una forma di panteismo.

Per evitare queste conseguenze inammissibili, Eriugena ricorre al concetto di "divisione", ossia a una delle figure-chiave della dialettica platonica. La **dialettica** non è tanto un'operazione mentale o un metodo per conoscere, quanto la stessa **articolazione del reale**. La dialettica opera mediante divisione e composizione: la prima produce gli individui suddividendo il genere, la seconda crea i generi sommando gli individui ai generi.

L'ineffabilità di Dio

Secondo Eriugena **Dio è ineffabile**. Il nostro pensiero e il nostro linguaggio, infatti, sono costituiti da predicati particolari, adatti a essere applicati a creature finite, ma del tutto inefficaci nel descrivere Dio, che è infinito. Egli è al di là dell'essere – almeno come lo intendiamo noi uomini – e pertanto è impossibile parlarne e averne alcuna conoscenza.

L'eredità di Scoto Eriugena

Molti motivi della speculazione di Eriugena verranno recuperati dalla scolastica posteriore e, soprattutto, dal pensiero rinascimentale. Quest'ultimo riprenderà in particolare il tema, su cui Scoto Eriugena spesso insiste, della **superiorità dell'uomo su tutte le creature**: l'uomo – dice Scoto – «intende come l'angelo, ragiona come uomo, sente come l'animale irragionevole, vive come il germe, consiste di anima e corpo e non è privo di alcuna cosa creata», considerazioni che saranno fatte proprie da Pico della Mirandola.
Il concetto della **deificazione dell'uomo**, cioè del suo congiungersi con Dio nell'estasi, sarà ripreso dalla mistica medievale, mentre la negazione della tesi aristotelica secondo cui i cieli sono composti di una sostanza ingenerabile e incorruttibile (l'etere) si troverà di nuovo in Niccolò Cusano, nel XV secolo. Infine, il sistema astronomico di Scoto, per il quale la terra sta immobile, ma gli altri pianeti girano intorno al sole, troverà sostenitori anche nel secolo di Copernico.

3. Dialettici e antidialettici

Gerberto di Aurillac

La dissoluzione dell'Impero carolingio arrestò quasi interamente, nel X secolo, la ripresa intellettuale dell'Occidente. Solo quando, con Ottone il Grande, l'unità dell'impero venne ristabilita, il movimento della cultura poté ricominciare. È di questo periodo la grande figura di Gerberto di Aurillac, che nel 999 divenne papa con il nome di **Silvestro II** e che morì nel 1003. Gerberto coltivò tutte le scienze, ma soprattutto la meccanica e la matematica, e scrisse numerosi commenti alle opere logiche di Aristotele e di Boezio.

Ragione e autorità

In questi anni la cultura e lo studio cessarono di essere il patrimonio delle abbazie e l'insegnamento cominciò a organizzarsi nella forma che avrebbe assunto nel XIII secolo con le università. Fu allora che nacque la prima e vera "scolastica", dominata dalla **polemica tra dialettici e antidialettici**: i primi si affidavano alla ragione per intendere le verità della fede, mentre i secondi si appellavano all'autorità dei santi e dei profeti, limitando il compito della filosofia alla difesa delle dottrine rivelate.
Tra i dialettici spicca la figura di **Berengario di Tours** (morto nel 1088), il quale affermava che chi non ricorre alla ragione, per la quale l'uomo è immagine di Dio, abbandona la propria dignità e non rinnova in sé di giorno in giorno l'impronta divina.
Tra gli antidialettici si distinse **Pier Damiani**, nato a Ravenna nel 1007 e morto a Faenza nel 1072: egli negava ogni valore al ragionamento e affermava che Dio è superiore non solo alle leggi della natura, ma anche a quelle della logica, e che quindi a Lui è possibile anche ciò che alla ragione appare contraddittorio.

4. Anselmo d'Aosta

Il contrasto esasperato tra fede e ragione non ebbe molta fortuna presso i pensatori del Medioevo, i quali preferirono attenersi all'esigenza di individuare una via per armonizzarle. Il maggior rappresentante di questa prospettiva fu **Anselmo d'Aosta**, il quale, pur insistendo sulla superiorità indiscutibile della fede, riteneva che essa non potesse contrastare con la ragione.

Vita e opere

Nato ad Aosta nel 1033, Anselmo fu abate del monastero di Bec, in Normandia, e poi, dal 1093 fino al 1109, anno della morte, arcivescovo di Canterbury. Come tale si trovò implicato nelle vicende della Chiesa inglese del tempo, che difendeva i suoi privilegi contro le pretese del re. Nulla, tuttavia, gli impedì mai di dedicarsi alla speculazione. Le sue opere principali sono: il ***Monologion*** o "soliloquio", il ***Proslogion*** o "discorso rivolto ad altri" e un gruppo di quattro dialoghi su argomenti vari (*La verità*, *Il libero arbitrio* ecc.).

Credo per capire

Il motto di Anselmo è ***credo ut intelligam***, cioè "credo per capire": non si può intendere nulla se non si ha fede. Ma occorre confermare e dimostrare la fede con motivi razionali. Anselmo ritiene insomma l'accordo tra la ragione e la fede intrinseco ed essenziale. Certo, se un contrasto ci fosse, bisognerebbe dar torto alla ragione e rimaner fermi alla fede; ma Anselmo è intimamente persuaso che un tale contrasto non possa manifestarsi, perché anche la ragione, come la fede, deriva dall'illuminazione divina.

L'esistenza di Dio: la prova *a posteriori* e l'argomento ontologico

La verità fondamentale della religione, l'**esistenza di Dio**, è secondo Anselmo una **pura verità di ragione**, il che significa che la ragione può dimostrarla con le sole sue forze.

L'argomento dei gradi

Nel *Monologion* il filosofo dimostra che Dio esiste con l'argomento dei gradi: **vi sono molte cose buone nel mondo**, ma tutte sono buone più o meno, non assolutamente, e dunque **presuppongono un bene assoluto** che sia la loro misura e dal quale possano trarre il grado di bontà che posseggono; **questo bene assoluto è Dio**. Lo stesso ragionamento si può fare per ogni valore o perfezione esistente nel mondo, e anche per l'essere delle cose, che tutte "sono" in grado maggiore o minore e, dunque, presuppongono un essere unico e sommo da cui traggono il loro grado di essere.

L'argomento ontologico

Nel *Proslogion* Anselmo ricorre invece a un'argomentazione che **muove dal *concetto* di Dio per giungere a dimostrarne l'*esistenza***. Tale argomento, detto "**prova ontologica**", è rivolto a chi nega risolutamente che Dio esista, come fa lo «stolto» del salmo 13, il quale «dice in cuor suo: Dio non c'è». Evidentemente anche lo stolto, per negare l'esistenza di Dio, deve possedere il concetto di Dio, giacché è impossibile negare la realtà di qualcosa che non si pensi. Ora, il concetto di Dio è il concetto di un essere «di cui non si può pensare nulla di maggiore» (*quo maius cogitari nequit*). Ma **ciò di cui non si può pensare nulla di maggiore non può esistere nel solo intelletto**, poiché se fosse nel solo intelletto, lo si potrebbe pensare anche come esistente nella realtà, e cioè come maggiore, ma in tal caso ciò di cui non si può pensare nulla di maggiore sarebbe qualcosa di cui si può pensare qualcosa di maggiore. È dunque impossibile che ciò di cui non si può pensare nulla di maggiore, ovvero Dio, esista nel solo intelletto e non nella realtà.

QUESTIONE MULTIMEDIALE
La religione ON LINE
Esiste Dio?

L'argomento ontologico si fonda su due punti:

I presupposti della prova ontologica

- sull'assunzione del fatto che ciò che esiste nella realtà sia "maggiore", cioè "più perfetto", di ciò che esiste solo nell'intelletto;
- sulla conseguente convinzione secondo cui negare che ciò di cui non si può pensare nulla di maggiore esista nella realtà significhi contraddirsi, perché vorrebbe dire ammettere nello stesso tempo che si può pensarlo maggiore, cioè esistente nella realtà. → T1 p. 233

L'argomento ontologico nella storia del pensiero

La prova ontologica dell'esistenza di Dio fu rifiutata dalla maggioranza dei filosofi, anche se non mancò un nutrito drappello di pensatori, anche illustri, che la difesero e accettarono.

L'obiezione di Gaunilone

Già un contemporaneo di Anselmo, il monaco Gaunilone, del monastero di Marmoutier, nel suo *Libro a difesa dell'insipiente*, affermò sostanzialmente che, anche ammesso di possedere il concetto di Dio come "essere perfettissimo", da questo concetto non può dedursi l'esistenza di Dio più che non possa dedursi dal concetto di un'isola perfettissima la reale esistenza di tale isola. Anselmo replicò dicendo, nel ***Libro apologetico***, che il discorso di Gaunilone non poteva reggere, perché l'idea di un'isola "fortunata" non coincide con quella della perfezione assoluta, che risiede unicamente nell'idea di Dio. In realtà, nella sua risposta, Anselmo "aggira" di fatto il problema, non rendendosi conto che l'obiezione sollevata da Gaunilone è molto più profonda, filosoficamente parlando, di quanto possa sembrare a prima vista. Infatti Gaunilone intendeva dire che **un conto è il piano del pensiero** e delle possibilità logiche, e **un altro conto è il piano della realtà effettiva**, per cui dalla possibilità concettuale dell'esistenza di Dio non deriva, per ciò stesso, la sua realtà.

Tommaso

Le intuizioni di Gaunilone furono inoltre sviluppate da due grandi filosofi come Tommaso d'Aquino (v. cap. 2) e Immanuel Kant (1724-1804). Tommaso (sul cui pensiero si modellò il parere della Chiesa) sostenne ad esempio che l'argomentazione anselmiana era valida solo a patto di presupporre già, "sottobanco", ciò che si intendeva dimostrare, cioè che l'essere perfettissimo esiste: dopo di che, si poteva ben dire che tale essere perfettissimo non può fare a meno di esistere. Ma il problema non è di sapere se l'essere perfettissimo, in quanto tale, non possa fare a meno di esistere, ma di sapere se esso realmente esista.
Per chiarire l'argomentazione tomistica: dicendo che, se nel Partenone di Atene esiste un quadrato d'oro, esso deve per forza avere quattro lati, è ovvio che non ci si sbaglia. Il vero problema rimane però quello di sapere se tale quadrato d'oro esista realmente. Analogamente, è chiaro che se si fosse già in Paradiso, al cospetto della perfezione assoluta di Dio, si capirebbe che Egli non può non esistere. Il problema, tuttavia, è di sapere se esistano un Dio e un Paradiso.

Kant

Anche Kant rifiutò l'argomento ontologico, ritenendolo o *tautologico*, in quanto già presupponente l'esistenza di Dio, oppure *impossibile*, in quanto fondato sulla pretesa di derivare, mediante una specie di "salto mortale" metafisico, una realtà da un'idea.

I pensatori favorevoli all'argomento anselmiano

Alla linea Tommaso-Kant si contrappose un altro filone critico, che, come abbiamo anticipato, era invece favorevole alla prova. Nel Medioevo quest'ultima fu accettata da parecchi dottori (Enrico di Gand, Alberto Magno, Bonaventura ecc.). Nel mondo moderno fu accolta da Cartesio, da Spinoza, da Leibniz e da Hegel. E anche ai nostri giorni, nell'ambito del pensiero filosofico-teologico, non mancano alcuni tentativi di rivalutazione dell'argomento anselmiano: tentativi che, pur avendo in genere scarso seguito, testimoniano come la questione non possa dirsi completamente chiusa.

Teologia e antropologia

Il pensiero teologico di Anselmo segue da vicino la falsariga agostiniana, arrivando tuttavia ad alcuni importanti chiarimenti.

Le proprietà di Dio

Significativa, ad esempio, è la terminologia proposta da Anselmo per esprimere il fatto che le proprietà attribuite a Dio assumono, riferite a Lui, un carattere diverso da quello che possiedono quando sono riferite alle cose. Il filosofo sostiene infatti che le proprietà sono **predicate di Dio "quidditativamente", e non "qualitativamente"**: esse, cioè, vanno considerate come **aspetti della *quidditas*, della sostanza divina.** In tal senso si dirà non che Dio è *giusto*, ma che è *giustizia*, intendendo con ciò che la giustizia fa parte della sua essenza. E così per le altre qualità.

La libertà umana

Da Agostino invece Anselmo si allontana nel ritenere che la **libertà** sia stata **conservata all'uomo nonostante il peccato originale**. Per "libertà" Anselmo intende la **capacità positiva di conservare la giustizia originaria** che l'uomo ha ricevuto da Dio. Così come, quando un oggetto scompare alla vista di chi lo guarda, questi conserva la capacità di vederlo, e il fatto che egli non lo veda dipende dalla lontananza dell'oggetto e non dalla perdita della vista, allo stesso modo la capacità di essere giusto permane nell'uomo anche quando, con il peccato, la giustizia si è allontanata da lui. Evidentemente, in questo caso, l'uomo non può riacquistare la giustizia se non con la grazia divina e perciò **solo la grazia divina restituisce l'uomo all'esercizio effettivo della sua libertà. Ma questa libertà non gli può essere tolta.**
La libertà dell'uomo, secondo Anselmo, non è limitata neppure dalla **prescienza divina.** Dio prevede, è vero, se l'uomo peccherà o non peccherà; ma prevede che egli peccherà o non peccherà senza necessità, e così l'una o l'altra scelta sarà libera, perché questa libertà è prevista da Dio stesso.
Allo stesso modo, Dio non predestina l'uomo alla salvezza facendo violenza sulla sua volontà, ma lascia la salvezza in potere del predestinato: dunque neppure la **predestinazione** toglie o diminuisce la libertà.

Il programma filosofico di Anselmo

Da un biografo di Anselmo sappiamo che egli, quando morì, stava cercando di chiarire la natura e l'origine dell'anima. Aveva iniziato la propria speculazione con la ricerca intorno a Dio e la concludeva con la ricerca intorno all'anima, mantenendosi in tal modo fedele al programma agostiniano.

5. La disputa sugli universali

L'importanza e il significato storico del problema

A partire dal **XII secolo**, uno dei più frequenti temi di discussione tra gli scolastici medievali fu il cosiddetto "problema degli universali".

La natura del problema...

In filosofia, per "**universali**" si intendono quei concetti generali che possono venir riferiti a più individui o cose, come ad esempio i **generi** (animale) o le **specie** (uomo). Per "**problema degli universali**" si intende la questione relativa allo *status* ontologico di tali concetti, cioè al loro ipotetico corrispettivo reale. In altri termini, poiché gli enti che ci circondano sono individuali e i concetti sono universali, sorge il problema della validità e verità di questi ultimi, ossia l'**interrogativo circa l'esistenza o meno di realtà universali**.
La diatriba fu impostata a partire da un passo dell'*Isagoge* (introduzione) di Porfirio alle *Categorie* di Aristotele e secondo i relativi commenti di Boezio:

> Intorno ai generi e alle specie non dirò qui se essi sussistano oppure siano posti soltanto nell'intelletto; né, nel caso che sussistano, se siano corporei o incorporei, se separati dalle cose sensibili o situati nelle cose stesse ed esprimenti i loro caratteri comuni. (*Isagoge*, 1)

Tra le alternative indicate da Porfirio, una sola non trova riscontro nella storia della disputa: quella secondo la quale gli universali sarebbero realtà corporee. In compenso, i dottori medievali si chiesero:

- gli universali esistono come *conceptus mentis*, ossia come concetti, o nozioni, della nostra mente;
- oppure esistono anche nella realtà?

E in quest'ultimo caso:

- esistono separati dalle cose, in modo analogo alle idee platoniche;
- oppure esistono "dentro" le cose, alla maniera delle forme aristoteliche?

TESTO ANTOLOGICO
ON LINE Il problema degli universali (Abelardo, *Glosse a Porfirio*)

... e la sua importanza

Alcuni storici del passato hanno sopravvalutato il problema degli universali, tanto da fare di esso "il" problema per eccellenza della filosofia del Medioevo. Altri studiosi lo hanno invece considerato, per reazione, come qualcosa di secondario, o di marginale. Come succede spesso in questi casi, la verità sta probabilmente nel mezzo. In altri termini, la disputa sugli universali, pur non esaurendo tutta la problematica filosofica del Medioevo, ne costituisce pur sempre un elemento basilare e imprescindibile.

La logica come problema

La nascita, o meglio la formulazione esplicita, del problema degli universali (già presente in modo implicito nel pensiero precedente) non derivò semplicemente dal fatto che i testi filosofici a disposizione nel Medioevo erano soprattutto testi di logica, ma da una ragione più profonda, e cioè dal ripiegamento critico della logica su se stessa, ovvero dal passaggio dallo *studio* della logica al *problema* della logica, consistente nella domanda intorno al valore della conoscenza razionale. In altri termini, interrogarsi sul problema degli universali significa **interrogarsi sui poteri stessi della ragione e sulla validità degli strumenti intellettuali di cui essa si serve** per parlare del mondo.

Il significato storico del problema degli universali

Storicamente parlando, questo atteggiamento può essere assunto come un segno del nuovo spirito che cominciò a pervadere la scolastica a partire dagli ultimi decenni dell'XI secolo. Anteriormente a questo periodo nessun pensatore aveva potuto dubitare del fatto che i generi e le specie fossero idee archetipiche presenti nella mente divina e forme impresse alle cose da questa stessa mente. In questa prospettiva, il problema degli universali non aveva senso. Porlo significava infatti ammettere la possibilità di risolverlo anche in modo difforme rispetto alle dottrine che la prima scolastica aveva desunto dalla patristica facendone il patrimonio della speculazione teologica. Significava, in altre parole, assumere un punto di vista non più soltanto teologico, ma filosofico, che vedeva negli universali non più soltanto gli strumenti dell'azione creatrice di Dio, ma anche e soprattutto gli strumenti, o le condizioni, delle operazioni conoscitive dell'uomo. In questo senso la formulazione del problema degli universali rappresentò l'**instaurazione di un punto di vista che guardava più all'uomo che a Dio**.

La nuova intraprendenza dell'uomo

Anche le innumerevoli sottigliezze a cui il problema dette luogo possono essere considerate come l'espressione della nuova libertà con cui l'uomo guardava a se stesso. Questa nuova libertà, che si manifestò anche (come vedremo più avanti) attraverso la rinnovata attenzione che i filosofi prestarono al mondo della natura, accompagnò e sorresse la rinascita economica e sociale dell'epoca, che si espresse nella formazione o nel consolidamento delle repubbliche marinare e dei comuni, negli scambi, nei viaggi, nell'economia mercantile e, in generale, nella ripresa di uno spirito laico e intraprendente.

Le principali soluzioni al problema

Le due soluzioni fondamentali

Nel corso della plurisecolare disputa sugli universali, le soluzioni proposte, che talora si distinguevano tra loro solo per un minimo particolare, furono parecchie. Purtroppo di alcune di esse possediamo soltanto documenti incompleti o ragguagli frammentari, peraltro di oppositori. Ma, in generale, le soluzioni fondamentali furono quelle del "**realismo**" (o formalismo) e del "**nominalismo**" (o terminismo), la prima delle quali affermava che gli universali esistono in qualche modo fuori dell'anima, mentre la seconda lo negava. Realismo e nominalismo si divisero a loro volta in due tendenze, una moderata e l'altra radicale, secondo lo schema riportato di seguito.

- **realismo**
  - → **estremo** (es. Guglielmo di Champeaux)
  - → **moderato** (es. Tommaso)
- **nominalismo**
  - → **estremo** (es. Roscellino)
  - → **moderato** (es. Ockham)

Il realismo estremo

Per "realismo estremo" si intende la tesi secondo cui gli universali, oltre che sussistere fuori della mente, godono anche di una consistenza ontologica propria, la quale fa sì che essi esistano separatamente (*ante rem*) rispetto alle realtà mutevoli e contingenti di cui sono gli immutabili prototipi. In altri termini, il realismo estremo è la soluzione platonico-neoplatonico-agostiniana, che identifica gli universali con le idee, o con i **modelli *ante rem* tramite i quali Dio ha creato il mondo**, e che ritiene reali, nel senso metafisicamente forte del termine, soltanto gli universali e non gli individui empirici. → T2 p. 236

Nel Medioevo questa posizione fu variamente presente in autori come **Scoto Eriugena** e **Anselmo d'Aosta**, e nei pensatori della **scuola di Chartres**. Tra l'XI e il XII secolo essa venne ripresa e difesa, in modo originale, da **Guglielmo di Champeaux** (1070-1121), il quale, secondo la testimonianza del suo allievo (e poi fiero avversario) Abelardo, affermava la **realtà "sostanziale" (cioè ontologicamente autonoma) dei generi e delle specie**, scorgendo negli individui la manifestazione accidentale e variabile di una preesistente essenza o entità metafisica per sé sussistente. In altri termini, Guglielmo riteneva che, ad esempio, la specie "uomo" rappresentasse una realtà essenzialmente identica per tutti gli uomini, i quali erano moltiplicati e diversificati tra loro solo da qualità accidentali. Guglielmo, anche per effetto delle critiche di Abelardo, finì ben presto per abbandonare tale concezione, a favore di una

QUESTIONE (PDF)
I concetti universali sono reali? (Anselmo, Tommaso, Ockham)
ON LINE

prospettiva realistico-moderata più consona allo spirito dei tempi, ormai propensi a una rivalutazione filosofica e sociale degli individui.

Il realismo moderato

Per "realismo moderato" si intende invece la dottrina secondo cui gli universali, pur avendo una certa consistenza, non esistono *ante rem*, ma soltanto ***in re***, ossia individualizzati e incorporati nelle cose singole, a titolo di **principi organizzatori immanenti** (nel senso aristotelico). In altre parole, per il realismo moderato i generi e le specie non esistono "separatamente" rispetto agli individui, ma soltanto come loro forma o essenza intrinseca. Di conseguenza, a differenza di quello estremo, **il realismo moderato riconosce pienamente la realtà degli individui**, pur scorgendo in essi la presenza di un'essenza universale.

Dal platonismo all'aristotelismo

Se il realismo estremo caratterizza soprattutto la prima fase della scolastica (cioè i secoli IX-XII, dominati dal verbo di Platone), il realismo moderato impronta soprattutto la seconda fase di essa (il XIII secolo, dominato dal verbo di Aristotele). Perciò la transizione di Guglielmo di Champeaux dal realismo estremo a quello moderato non è riconducibile a un semplice voltafaccia personale, ma esprime in modo emblematico un **cambiamento di concezione effettivamente avvenuto nella scolastica del Medioevo in seguito a una maggiore conoscenza di Aristotele**.
La vittoria del realismo moderato e dell'aristotelismo non coincise tuttavia con la totale sconfitta del realismo estremo e del platonismo. I realisti moderati, infatti, pur credendo che gli universali, nel nostro mondo, esistessero soltanto *in re*, nel contempo ritennero che essi, nella mente di Dio, esistessero sotto forma di idee archetipiche *ante rem*: questi pensatori conciliarono in tal modo le istanze più profonde dell'aristotelismo con quelle del platonismo.

Il nominalismo estremo

Al realismo estremo si oppone, quale antitesi radicale, il "nominalismo estremo". Infatti, se il primo ai concetti universali fa corrispondere realtà universali, il secondo afferma che **l'essere esiste solo in forma individuale** (*nihil est praeter individuum*) e che i cosiddetti "universali" sono soltanto dei "nomi" privi di qualunque corrispettivo reale. → T3 p. 237
Tale posizione viene tradizionalmente riferita a **Roscellino** (1050-1120). Sembra infatti che quest'ultimo, secondo quanto ci dice il suo avversario Anselmo d'Aosta, avesse ridotto gli **universali** a semplici ***flatus vocis***, cioè a pure emissioni fisiche di voce, rifiutandosi di riconoscere a essi qualsiasi altro valore. Purtroppo, le poche (e per di più tendenziose) notizie che possediamo riguardo al pensiero di Roscellino non ci consentono di attribuire un significato preciso e incontrovertibile alla tesi da lui sostenuta. Questa tesi, in ogni caso, sembra mettere **in discussione** non solo la **realtà ontologica** degli universali, ma anche la loro **consistenza logico-mentale**.
Essa, in aggiunta, ha una grave **implicazione teologica**, perché se non esiste un universale che in qualche modo "raccolga" gli individui, risulta inesplicabile l'unità della stessa Trinità. Infatti, se Padre, Figlio e Spirito Santo sono tre persone distinte, esse non possono costituirsi nell'unità di Dio e risultano pertanto tre divinità indipendenti: ne segue una forma di "triteismo", per il quale Roscellino fu contestato al Concilio di Soissons del 1093, tanto che poi rinnegò le sue teorie.

Il nominalismo moderato

Infine, per "nominalismo moderato" si intende la dottrina secondo cui gli **universali** non esistono nelle cose, ma soltanto ***in intellectu***, essendo nient'altro che **"segni" mentali**, atti a raccogliere in una stessa classe una serie di individui aventi tra loro caratteristiche affini.

Questa soluzione, che è sostanzialmente una ripresa della teoria cinico-stoica del concetto (attinta il più delle volte da Boezio e da Cicerone), afferma che l'universale, pur non possedendo consistenza ontologica, manifesta una specifica **validità logico-gnoseologica**.
La più compiuta espressione di tale dottrina, già embrionalmente presente in Enrico di Auxerre (841-876) e alimentata dalla traduzione dall'arabo del *De aspectibus* di Alhazen (Ibn Al Haitham, 965-1039), si deve, alla fine della scolastica, a **Guglielmo di Ockham** (v. cap. 3, p. 293).

I tentativi di compromesso tra realismo e nominalismo

La disputa tra realisti e nominalisti diede luogo, nel Medioevo, ad alcuni tentativi di compromesso tra le due posizioni.

L'intenzionalità del concetto

Abelardo. Il più caratteristico di tali tentativi fu il **"concettualismo" di Abelardo** (1079-1142, v. p. 220), il quale delineò **una sorta di "terza via"** tra le istanze del nominalismo estremo e quelle del realismo moderato.
Secondo Abelardo, **il concetto, o l'universale, non può essere una realtà**, giacché una realtà non può essere il predicato di un'altra realtà. **Non può essere** neppure, come voleva Roscellino, **un puro nome**, perché anche il nome è una realtà particolare e non può essere il predicato di un'altra. Esso **è piuttosto un *sermo*, un discorso**, ovvero qualcosa che implica sempre un riferimento alla cosa significata, ossia che tende a significare o a indicare qualche cosa. ➔ T4 p. 238
La scolastica posteriore chiamerà "**intenzionalità**" questo riferirsi del concetto alla cosa significata e, di conseguenza, chiamerà il concetto stesso "**intenzione**" (*intentio*).

L'oggettività del concetto

C'è tuttavia un elemento oggettivo che giustifica, secondo Abelardo, il riferimento di un concetto a un gruppo di cose particolari piuttosto che a un altro. Ad esempio, se il concetto "uomo" viene adoperato per indicare gli uomini e non gli asini, ciò accade perché gli uomini hanno in comune il loro "essere uomini". Questo *status*, che non denota una realtà sostanziale oppure un'essenza comune, ma la **condizione uniforme** in cui si trovano tutti gli enti individuali designati da un unico concetto, è ciò che costituisce la **realtà oggettiva del concetto** stesso e che giustifica la sua validità.

Concettualismo e realismo

Nella dogmatica cristiana è però presente una curvatura platonica (e cioè realistica), a cui neppure Abelardo si sottrae. A suo giudizio, se l'uomo non ha accesso diretto a Dio, e di conseguenza per la conoscenza umana è del tutto inutile ipotizzare l'esistenza *ante rem* dell'universale, **nella mente di Dio è innegabilmente presente l'universale come *res***. Ciò mostra che nello stesso Abelardo il concettualismo convive, almeno a un certo livello, con il vecchio realismo.

Tommaso e Duns Scoto. Un altro tentativo di compromesso tra realismo e nominalismo è quello di **Tommaso d'Aquino** (1225/26-1274, v. cap. 2), il quale, all'interno del proprio realismo moderato, sostiene che l'universale è ***in re***, ossia nella cosa, come sostanza di essa; ***post rem***, dopo la cosa, come concetto elaborato sulla base dell'esperienza; ***ante rem***, prima della cosa, nella mente divina, a titolo di idea, o modello, delle cose create.

QUESTIONE (PDF)
I concetti universali sono reali? (Anselmo, Tommaso, Ockham)
ON LINE

Un po' meno noto, ma non meno importante, è invece il tentativo di **Giovanni Duns Scoto** (1266/1274-1308, v. cap. 3, p. 284), il quale identifica l'universale con una «**natura comune**» **che non è né un'entità autonoma** (realismo estremo), **né un puro *sermo* della mente** (nominalismo), bensì una **sostanza che da un lato si individualizza nei singoli esseri e dall'altro si universalizza nel concetto**.

La strutturale inconciliabilità di realismo e nominalismo

Di fronte a queste soluzioni di compromesso, nelle quali l'apparente opposizione sembra risolversi in una sostanziale conciliazione, ottenuta tramite una graduazione armonica delle diverse posizioni, alcuni storici (si pensi ad esempio a Guido De Ruggiero) sono giunti a considerare la "lotta" tra realisti e nominalisti come un semplice "equivoco" di cui sarebbero responsabili gli stessi dottori medievali. Questi, infatti, avrebbero unilateralmente accentuato, secondo il loro gusto platonico o aristotelico, questa o quella tesi, trascurando di porla in relazione con le altre. In realtà, un'ipotesi interpretativa di questo tipo tradisce una grave incomprensione della strutturale inconciliabilità tra la via realistica e quella nominalistica, le quali, al di là dei tentativi di giustapposizione, non solo partono da **differenti presupposti teorici** (platonico-aristotelici da un lato e cinico-stoici dall'altro), ma conducono anche a **risultati profondamente diversi**.

ON LINE ESERCIZI INTERATTIVI

Le conseguenze della disputa sugli universali

Quella che all'inizio poté sembrare un'innocua questione linguistico-grammaticale relativa ai termini generali si rivelò ben presto un problema di notevole portata gnoseologica, logica e metafisica, tale da investire (come si è già accennato) il valore e il fondamento della conoscenza stessa. Esso, inoltre, portò a una serie di conseguenze inaspettate anche nel campo più strettamente teologico.

Le conseguenze gnoseologiche

Come sappiamo, sul piano gnoseologico e logico la soluzione dominante della **filosofia greca** era stata quella di tipo realistico, basata sul presupposto secondo cui **il pensiero è** sostanzialmente **la riproduzione dell'essere, o della realtà**. Solo la linea sofistico-scettica aveva radicalmente messo in discussione tale postulato, ma nel mondo antico non aveva avuto molta fortuna. Tant'è vero che la nuova filosofia cristiana aveva continuato per secoli a pensare in un **orizzonte totalmente realistico**.
Il problema degli universali tornava dunque a proporre la vecchia questione sollevata per la prima volta dai sofisti: **il pensiero e il linguaggio hanno davvero la prerogativa di rispecchiare l'essere e le sue strutture reali?** I nostri concetti e i nostri termini sono davvero la controparte logico-linguistica delle essenze metafisiche delle cose?

Le conseguenze metafisico-teologiche

Ovviamente, un problema di questo tipo aveva un'inevitabile ripercussione anche in campo ontologico-metafisico, poiché il realismo, sottintendendo un sostanziale parallelismo tra *voces* e *res*, ovvero una stretta **corrispondenza tra pensiero, linguaggio e realtà**, implicava la possibilità, da parte del pensiero, di porsi come "fotografia" della realtà, ovvero di coglierne le forme o strutture, e quindi di far metafisica. Al contrario, il nominalismo, rifiutando la sostanzialità delle forme e assimilando i concetti generali a simboli astratti di realtà puramente individuali, sottintendeva un potenziale **divorzio tra il pensiero e la realtà**, destinato a mettere in forse la validità dello stesso discorso metafisico.

Analogamente, mentre il realismo, grazie ai concetti di sostanza, specie, atto ecc., si prestava a giustificare filosoficamente sia il dogma trinitario, sia il discorso teologico nella sua globalità, il nominalismo sembrava minare entrambe le cose.
La portata antimetafisica e antiteologica del nominalismo diventerà esplicita soprattutto nella tarda scolastica, allorquando Ockham, riducendo il pensiero astratto a pura catalogazione dell'esperienza e anteponendo alla ragione la conoscenza sensibile (**empirismo**), finirà per minare la possibilità di qualsiasi discorso meta-empirico, cioè condotto oltre i limiti dell'esperienza immediatamente accessibile.

Un'opposizione inconciliabile

Tutto ciò portò l'antagonismo tra realismo e nominalismo a tradursi ben presto, al di là della sottigliezza delle dispute e della consapevolezza degli stessi autori, in un **antagonismo di fondo** capace di far "saltare" qualsiasi tentativo di composizione. Infatti, mentre le correnti realistiche della scolastica continuarono a difendere la tradizionale concezione metafisica e teologica del mondo, quelle nominalistiche finirono per schierarsi contro la metafisica e contro la teologia, pervenendo talvolta a posizioni ardite, che costituirono le premesse delle concezioni rinascimentali e moderne. In conclusione, la posta in gioco nella disputa sugli universali si rivelò, a lungo andare, la sopravvivenza della stessa scolastica.

APPROFONDIMENTO
La questione degli universali nella storia del pensiero
ON LINE

6. La riflessione medievale sul linguaggio

Con la questione degli universali si intrecciano a volte altre due tematiche, che pure rimangono da essa distinte e indipendenti: quella sulla natura del linguaggio, o meglio sul **modo in cui le parole si correlano alle cose**, e quella sulle **forme del ragionamento corretto e capzioso.** Si tratta di tematiche che, ancora una volta, percorrono tutto il Medioevo, trovando nei vari autori soluzioni molto diverse.

Segni e significati

I pensatori medievali assumono per buono lo spostamento del problema che aveva avuto luogo nel passaggio da Platone ad Aristotele: mentre il primo si era chiesto (soprattutto nel *Cratilo*) se i nomi fossero naturali o artificiali, il secondo aveva dato per scontato che fossero artificiali, o meglio che si conformassero non alle cose, ma ai concetti che l'uomo si forma delle cose. Come risultato, nel Medioevo il **linguaggio** è concepito come un vasto **sistema di segni artificiali, dotati di intenzionalità**, ossia della capacità di riferirsi in qualche modo agli oggetti indicandone non la natura, ma il significato che possiedono in riferimento alla conoscenza e alle nozioni umane.

Segno e linguaggio in Agostino

Agostino – la cui filosofia del linguaggio è già stata presa in esame (v. unità 6) – è il primo ad abbozzare il concetto generale della **semiotica**, ovvero di quella disciplina che studia i segni, la loro classificazione e le leggi che ne regolano l'uso. Già gli stoici (v. unità 5) si erano concentrati sulla dimensione semantica dei segni (ossia sul rapporto segno-realtà); tuttavia lo studio dei segni era rimasto separato da quello dei termini del linguaggio verbale (i nomi, le parole). È Agostino il primo a riconoscere il segno come genere di cui il linguaggio verbale è una specie. Ne *La dialettica* egli afferma infatti che ogni conoscenza è mediata dai segni, i

quali sono tutto ciò che riesce a significare qualcosa. La **lingua** è il più elevato sistema di segni perché qualsiasi altro sistema di segni può essere tradotto in essa.
L'elemento minimo dotato di significato è per Agostino la **parola** (*verbum*), non l'enunciato completo, e gli elementi che nell'insieme compongono il sistema segnico sono tre:
1) il **suono** (l'elemento fisico che costituisce la parola pronunciata);
2) il **significato** (che risiede nell'anima);
3) la **cosa** (l'oggetto indicato dalla parola).

Termini denominativi, verità e *rectitudo* in Anselmo

Ne *Il grammatico* **Anselmo** studia con particolare attenzione i cosiddetti «**termini denominativi**» (chiamati anche "paronimi"). Si tratta di quei termini che si riferiscono a un oggetto concreto, ma derivano da un termine astratto, come "coraggioso" (che viene utilizzato in riferimento a un individuo concreto, pur derivando dal termine astratto "coraggio"). In questo caso Anselmo si domanda se il termine "coraggioso" sia sostanza o qualità, e risponde che esso indica in modo diretto la qualità (l'essere coraggioso) e solo in modo indiretto la sostanza (l'uomo che è coraggioso).
Interessato anche alla **verità del linguaggio**, Anselmo osserva che essa non coincide con l'uso sintatticamente corretto dei termini. Un enunciato come "tutte le balene non sono mammiferi" rispetta le regole grammaticali, ma è falso. Infatti tale enunciato, pur essendo sintatticamente in ordine, non è dotato di ***rectitudo***, perché non riflette la situazione reale, dal momento che le balene sono mammiferi. La *rectitudo* non è stabilita convenzionalmente dagli uomini, ma riflette l'ordine delle cose, stabilito da Dio.

Riferimento e significato in Abelardo

Per **Abelardo** (v. p. 214 e pp. 220 ss.) il ruolo del nome consiste nel produrre un concetto. Ma i nomi si riferiscono anche alle cose, e dunque svolgono un duplice compito:
a) i **termini singolari** (come "Socrate") da un lato **denominano** (cioè indicano) le cose singolari, gli individui concreti, e dall'altro **significano** dei concetti; il concetto di Socrate contiene sia nozioni dell'idea generale di uomo, sia nozioni particolari su ciò che distingue Socrate dagli altri individui;
b) i **termini generali** (come "animale", o "uomo"), indicano invece semplicemente una condizione comune a tutti gli individui, che tuttavia non esiste come entità a sé. Sappiamo infatti che Abelardo è un concettualista, e dunque non ammette l'esistenza separata degli universali. Di conseguenza, i termini generali **significano, ma non denominano.**
Quando **Abelardo** sottolinea che, se in un primo momento i nomi sono stati attribuiti alle cose considerandone la natura, successivamente il loro compito è diventato quello di far nascere in chi li sente dei concetti, allora è chiaro che egli **inizia a delineare consapevolmente la differenza tra il riferimento e il significato**. Non a caso, noi comprendiamo anche il significato di nomi privi di riferimento, come "chimera" o "ippogrifo". Si affaccia così, sebbene in forma non chiara, un'importante novità: l'**autonomia della logica rispetto all'ontologia** (assente, ad esempio, in Anselmo, il quale tendeva a adeguare la prima alla seconda).

La teoria della supposizione

Da quanto detto fin qui, appare chiaro come nel XIII secolo sia ormai universalmente accettato (pochi filosofi dissentono da questa posizione) che le parole non indicano le cose in modo diretto, ma indiretto, mediante i concetti. Nasce così la teoria della supposizione.
È detto «**supposizione**» l'**uso di un termine per indicare qualcosa di diverso dal termine stesso.** Ma agli studiosi del Duecento è ovviamente noto che uno stesso termine può avere supposizioni diverse, in quanto – anche a seconda del contesto – assume significati differenti. Conoscere l'esatto significato di un termine, pertanto, serve anche a evitare errori di ra-

gionamento. Ad esempio, il paralogismo "Tutti i galli vivono nei pollai; Vercingetorige è un gallo; Vercingetorige vive in un pollaio" deriva dall'ambiguità del termine "gallo", che può indicare sia un animale, sia un abitante della Gallia. Una corretta analisi della supposizione del termine metterà al riparo da errori di questo tipo.

Riferimento e metafisica in Ockham

A semplificare la concezione del riferimento a lui precedente è **Guglielmo di Ockham** (che studieremo in dettaglio più avanti, v. cap. 3, p. 293). A suo avviso, i **concetti** sono semplicemente dei **sostituti mentali delle cose**. Infatti, se fossero elementi intermedi posti tra le cose e l'intelletto, si riproporrebbe qualcosa di simile all'argomento del terzo uomo: noi saremmo in grado di confrontare i concetti solo con altri concetti e mai con le cose, restando in tal modo sempre incerti sulla loro correttezza.
Secondo Ockham un termine può "stare per" un individuo empirico (cosa o persona), un concetto mentale o un segno scritto. Se invece non ha alcun riferimento a individui concreti, esso non indica alcunché ed è privo di significato; di conseguenza, gli enunciati che contengono termini di questo tipo sono falsi. Secondo Ockham molte delle tradizionali **proposizioni della metafisica** sono precisamente di questo tipo: parlano di cose che non esistono, **non vogliono dire nulla**. Anche sotto il profilo strettamente logico-linguistico si annuncia dunque in Ockham quella critica radicale alla metafisica e alla teologia scolastica che analizzeremo nella sezione a lui dedicata.

TESTO ANTOLOGICO
Ockham ON LINE
Singolare e universale
(*Somma dell'intera logica*)

La "via moderna" della logica

La concezione medievale della logica come ambito in rapporto strettissimo con la grammatica e, quindi, come dottrina dei termini, cioè delle parole, è detta ***via moderna*** e contrapposta alla concezione tradizionale della logica, designata come *via antiqua*.

La logica terministica di Pietro Ispano

Il sistematore della nuova logica fu **Pietro Ispano**, nato a Lisbona nel secondo decennio del XIII secolo e divenuto papa con il nome di **Giovanni XXI**. Le *Piccole somme di logica* di Pietro Ispano – che non sono la traduzione, come per molto tempo è stato creduto, bensì l'originale della *Sinossi della logica aristotelica*, che, scritta in greco e attribuita al filosofo bizantino Psello, è in realtà una traduzione dell'opera di Pietro Ispano risalente al XV secolo – sviluppano, accanto alle parti più generali della logica aristotelica, la **logica terministica, o nominalistica, di derivazione stoica e di ispirazione empiristica**.

L'arte combinatoria di Raimondo Lullo

Nella storia della logica medievale occupa un posto a parte **Raimondo Lullo**, nato a Palma di Maiorca nel 1232 o 1235, e morto nel 1315. Lullo scrive poemi, romanzi filosofici, opere di logica e di metafisica, trattati mistici. Contro i filosofi arabi, e specialmente contro l'averroismo, egli ritiene che tutte le credenze della fede possano essere dimostrate razionalmente. La sua maggiore originalità è rintracciabile nella concezione, esposta nel trattato intitolato *Ars magna et ultima* (L'arte grande e ultima), della **logica come scienza universale**, fondamento di tutte le scienze. Poiché ciascuna scienza ha principi propri, diversi dai principi delle altre scienze, vi deve essere una scienza generale, nei cui principi i principi delle scienze particolari siano impliciti e contenuti, come il particolare è contenuto nell'universale, e mediante la quale le altre scienze possano facilmente essere apprese.
Questa scienza non può essere la metafisica, giacché non considera l'essere, ma soltanto quei termini dalla cui composizione risultano i principi di tutte le scienze. Lullo enumera questi termini,

che sono parole di significato generale (ad esempio, "bontà", "grandezza", "differenza", "concordanza", "Dio", "angelo", "uomo" ecc.) dalle quali dovrebbero risultare, mediante composizione, tutte le verità naturali a cui l'intelletto umano può giungere. L'*ars magna* è dunque veramente l'**arte della combinazione dei termini semplici**, volta alla scoperta sintetica dei principi delle scienze.
Questo concetto dell'arte combinatoria susciterà nel Rinascimento entusiasti seguaci, tra i quali Giordano Bruno. Lo stesso Leibniz, più tardi, riprenderà il concetto lulliano di un'arte combinatoria come fondamento di una logica "inventiva", cioè diretta a scoprire, per via sintetica, le verità delle scienze.

Verso la logica formale

Alla **fine del XIII secolo** gli studi gnoseologici e logici arrivano a concordare tutti su un punto fondamentale: la **logica** non ha e non deve avere per oggetto la realtà (ad esempio, gli uomini o le piante), né i concetti detti "di prima intenzione", ossia quelli immediatamente derivanti dalle cose (ad esempio, l'idea di uomo o di pianta), ma soltanto quelli "di seconda intenzione", cioè i concetti dei concetti. A questo ambito appartengono il genere, la specie, l'universale e così via. Ciò conferma l'intuizione di Abelardo, secondo il quale, come abbiamo visto (v. p. 214), la **logica** era ***scientia sermocinalis***. Si è ormai fatta chiara la **distinzione tra il piano dell'ontologia e quello della logica**, sebbene per tutto il Medioevo gli studiosi continuino a preoccuparsi non solo della validità formale delle argomentazioni, ma anche della loro verità (non sarà più così nella logica moderna).

Gli studi sul sillogismo

I logici medievali approfondiscono lo studio dei sillogismi, nel tentativo di stabilirne con esattezza i modi validi e quelli non validi. A tal fine individuano e formulano con rigore alcuni principi, come il ***dici de omne*** (tutto quello che spetta al soggetto spetta anche al predicato) e il ***dici de nullo*** (tutto quello che non spetta al soggetto non spetta nemmeno al predicato).
Ma la graduale emancipazione della logica dall'ontologia si percepisce soprattutto nell'ambito dello studio dei **sillogismi ipotetici** (del tipo "se... allora..."), detti anche ***consequentiae***. Infatti, se in un primo tempo (già con Abelardo e altri) ci si limita a mettere in luce la differenza tra le inferenze "naturali", o "perfette" (in cui la verità dell'antecedente implica la verità del conseguente), e le inferenze "accidentali", o "imperfette" (in cui non esiste una relazione effettiva tra l'antecedente e il conseguente), nel Trecento alcuni studiosi (tra cui lo stesso Ockham) studiano la verità e la falsità delle *consequentiae* considerandole indipendentemente dalla corrispondenza delle loro componenti con la realtà. In tal modo, ad esempio, la conseguenza naturale o perfetta "se piove, allora la strada si bagna" e la conseguenza accidentale o imperfetta "se il triangolo ha tre lati, allora Socrate è condannato a morte" iniziano a essere entrambe considerate dal punto di vista della loro semplice forma.
Lo studio dei sillogismi è perfezionato (in particolare da Ockham) anche attraverso l'analisi di quelli che oggi chiameremmo "**operatori modali**" (come "è necessario che", "è possibile che"), i quali, anteposti a una proposizione, specificano in che "modo" essa è vera.

Argomenti invalidi o irrisolvibili

Tra gli argomenti logici che nel Medioevo suscitano maggiore interesse vanno annoverati le fallacie e gli *insolubilia*.
Le **fallacie** sono argomenti solo apparentemente validi, che però, adeguatamente analizzati, svelano errori formali. Esse vengono studiate non solo per conoscerne la natura ed evitarle, ma anche perché forniscono un'occasione per capire meglio la struttura e il funzionamento

del linguaggio naturale (quello che si parla tutti i giorni), ricco di ambiguità, imprecisioni, inesattezze e ragionamenti barcollanti sotto il profilo logico.
Gli ***insolubilia*** (letteralmente "cose irrisolvibili") altro non sono se non i paradossi già ampiamente studiati nell'antichità greca. Nel tardo Medioevo si cerca però di coglierne i meccanismi con apparati logici nuovi e con tecniche che anticipano almeno in parte quelle della logica moderna.

Le argomentazioni non sillogistiche

Oltre a studiare le forme classiche del ragionamento, i medievali ampliano la nozione di "**topica**" derivata da Aristotele. Come sappiamo, nei *Topici* Aristotele aveva analizzato le forme (i *tópoi*, "luoghi") della dialettica, ovvero di tutte quelle argomentazioni che egli classificava come convincenti, ma non dimostrative, in quanto fondate su principi non necessari (v. vol. 1A, unità 4, p. 336). Ora la topica si trasforma in una disciplina atta a scoprire argomentazioni nuove. Inoltre vengono catalogati sistematicamente i *loci* che servono a individuare i principi grazie a cui dare forza alle argomentazioni.
Tra le tecniche dialettiche analizzate in questo periodo ricordiamo le ***obbligationes*** usate nei dibattiti, in prevalenza quelle in cui un interlocutore (l'*opponens*) cerca di sconfiggere l'altro (il *respondens*) portandolo a contraddirsi. Al di là degli aspetti più immediati e tecnici, la ricerca sulle *obbligationes* porta ad analizzare la valenza del principio di non-contraddizione e, di conseguenza, gli eventuali limiti dell'onnipotenza divina. Ci si domanda infatti: Dio può fare tutto? O solo tutto ciò che non implica contraddizione? Qual è l'ambito della possibilità dell'agire divino? Insomma, la logica finisce ancora una volta per fornire nuovi mezzi al dibattito teologico.

Anacronismo e modernità della logica medievale

Nel Medioevo gli studi logici sono fortemente dominati – a seconda degli autori e dei periodi – da presupposti metafisici di matrice platonica e aristotelica. L'autonomia della logica dall'ontologia, dalla gnoseologia e dalla teologia, pur facendo capolino in parecchi filosofi e in diverse circostanze, non si afferma mai completamente. Ad esempio, viene formulata l'idea della lingua come sistema semiotico, ma poi non vengono tratte tutte le conseguenze di questa tesi.
Nonostante questi limiti, è indubbio che numerosi approfondimenti dei medievali abbiano ampliato l'ambito degli studi logici, forgiando strumenti nuovi e tecniche inedite, e conferendo una più accentuata autonomia alla logica. Tant'è che lo stesso rilievo teologico, etico o gnoseologico di tante analisi non produce mai l'asservimento della logica ad altre discipline.
La modernità degli studi logici medievali appare tanto più evidente ai nostri giorni, nei quali la semiotica, la logica e la filosofia del linguaggio sono ormai da qualche decennio al centro di un ampio e approfondito interesse.

7. Abelardo

Il significato di fondo dello scontro tra dialettici e antidialettici (v. p. 207) sulla legittimità di ricorrere alla dialettica per comprendere le verità della fede sta nel rapporto che la scolastica intende istituire tra ragione e fede. Anche la complessa discussione sugli universali testimonia la compresenza nel Medioevo di due atteggiamenti contrastanti: l'abbandono fiducioso al soprannaturale (o meglio alla metafisica) e il ricorso attento al rigore del ragionamento filosofico. In questa prospettiva, **Abelardo** testimonia lo strenuo **impegno della ragione per affrontare i motivi della fede** e per portare tutti i problemi sul piano di un'effettiva comprensione da parte dell'uomo.

La vita

Quella di **Pietro Abelardo** (Pierre Abelard) è una delle più grandi figure del Medioevo. Nato nel 1079 a Le Pallet, presso Nantes, Abelardo insegnò dapprima dialettica in varie località della Francia e poi, dal 1113, teologia presso la Scuola Cattedrale di Parigi. Dotato di grande potenza comunicativa, convinto del valore altissimo della ricerca filosofica, ottenne come maestro un enorme successo, che per tutta l'epoca successiva contribuì alla celebrità della scuola di Parigi e dette il primo grande impulso all'Università che doveva nascere da essa. L'avventura con la giovane Eloisa, la vivacità dialettica e l'intemperanza polemica gli procurarono persecuzioni e condanne: la sua dottrina trinitaria, in particolare, fu condannata nel Concilio di Soissons (1120). Abelardo morì a 63 anni, nel 1142, e fu sepolto nell'oratorio detto il "Paracleto" (o Spirito Santo) presso Nogent-sur-Seine, dove aveva per molti anni insegnato; accanto a lui fu sepolta Eloisa.

Le opere

Le sue opere principali sono: il ***Sì e no***, il ***Trattato sull'Unità e Trinità divina***, l'***Introduzione alla teologia***, la ***Teologia cristiana*** e l'***Etica***, o ***Conosci te stesso***. Notevoli anche le *Lettere* sue e di Eloisa, con la quale il filosofo ebbe la storia d'amore più famosa del Medioevo: una delle lettere di Abelardo porta il titolo "Storia delle mie disgrazie" ed è la sua autobiografia.

Ragione e autorità

Intelligo ut credam

Abelardo è un assertore risoluto dei diritti della ragione. Egli ritiene che non si possa credere se non a ciò che si intende (*intelligo ut credam*) e che in ogni caso si debba **discutere sull'opportunità o meno di prestar fede a qualcosa**, giacché se non si dovesse discutere su ciò che si deve o non si deve credere, non rimarrebbe che prestar fede sia a quelli che dicono il vero, sia a quelli che dicono il falso. All'autorità bisogna aderire solo finché non si è scoperto il motivo razionale, o la dimostrazione, di ciò che essa insegna; ma essa diventa inutile quando la ragione ha modo di accertare da sé la verità.

Il metodo del *sic et non*

La ricerca filosofica è impostata da Abelardo per la prima volta su nuove basi. Nella sua opera *Sì e no* egli raccoglie le opinioni dei padri della Chiesa e le ordina in modo da mettere in luce come, a uno stesso problema, esse diano spesso risposte contrarie. Lo scopo di Abelardo è quello di mostrare la necessità di **adoperare la ragione per risolvere il contrasto delle opinioni**.
Il metodo di Abelardo diventerà in seguito proprio di tutti gli scolastici e si manterrà fino alla fine della scolastica stessa. Esso consiste nello stabilire una ***quaestio***, nell'enunciare gli **argomenti favorevoli e contrari** sia alla risposta positiva sia a quella negativa e, infine, nello **scegliere una delle due soluzioni**, confutando la soluzione opposta.

La rivalutazione della filosofia greca

L'importanza che Abelardo assegna alla ricerca razionale lo inclina ad attribuire il massimo valore ai filosofi pagani, i quali hanno anch'essi cercato e trovato la verità: perciò Abelardo è convinto che tra il loro insegnamento e quello del cristianesimo debba esserci un accordo fondamentale. A tale proposito egli sottolinea come i filosofi greci avessero già conoscenza della Trinità: Platone, in particolare, aveva riconosciuto che l'Intelligenza divina nasce da Dio ed è a Lui coeterna, e aveva considerato l'Anima del mondo come una terza "persona", che procede da Dio ed è per il mondo vita e salvezza. Dunque Dio, Intelligenza e Anima del mondo, che costituiscono anche la Trinità cristiana.

Le dottrine teologiche e l'antropologia

La Trinità e i suoi attributi

Le dottrine teologiche di Abelardo si fondano sul seguente presupposto: egli ritiene che la distinzione delle tre persone divine sia fondata sulla distinzione dei loro attributi. Perciò con il nome di "Padre" si indica la **potenza** della maestà divina, per la quale essa può fare tutto ciò che vuole; con il nome di "Figlio", o "Verbo", si designa la **sapienza** di Dio, per la quale Egli può conoscere tutto con assoluta verità; con il nome di "Spirito Santo" si esprime la **carità**, o benignità, divina, per la quale Dio vuole che tutto sia disposto nel modo migliore e indirizzato al miglior fine.
Questa interpretazione di Abelardo fu combattuta da Bernardo di Chiaravalle, al quale pareva compromettere la realtà delle persone divine, ridotte ad "aspetti", o "modi" (modalismo) di una divinità unica: di qui derivò la condanna di Abelardo.

Il necessitarismo e l'ottimismo di Abelardo

Per quanto riguarda **l'azione di Dio nel mondo**, essa per Abelardo **è necessaria**, perché è sempre quale deve essere e tutto ciò che deve essere. Poiché Dio non può volere che il bene, e il bene non può essere in alcun caso tralasciato da Lui, tutto ciò che Dio fa è quello che Egli poteva fare. Ammettere che Dio avrebbe potuto fare altrimenti da come ha fatto e che anche agendo altrimenti avrebbe fatto bene significherebbe infatti togliere all'azione di Dio ogni fondamento e alla sua scelta ogni motivo, perché in tal caso non ci sarebbe alcuna ragione del fatto che Dio ha creato il mondo in questo modo anziché in un altro e la volontà divina sarebbe un cieco arbitrio.
Di qui Abelardo deriva il proprio ottimismo metafisico: **tutto ciò che accade è bene**, dal momento che accade per volontà di Dio, il quale non può volere altro che il bene. Anche il tradimento di Giuda rientra nell'ordine provvidenziale, perché senza di esso non sarebbe stata possibile la redenzione dell'umanità. E, come il tradimento di Giuda, tutti i mali del mondo hanno la loro ragione e la loro finalità, anche se l'una e l'altra rimangono tendenzialmente nascoste.

L'uomo come immagine della Trinità

L'uomo porta in sé l'**immagine della Trinità** divina. Ciò che nella Trinità è la persona del Padre, nell'anima è la **sostanza**; ciò che nella Trinità è il Figlio, nell'anima è **virtù e sapienza**; ciò che nella Trinità è lo Spirito Santo, nell'anima è la **capacità di vivificare**.

L'etica

L'uomo è libero, perché può agire in base al proprio giudizio razionale. Tuttavia egli rinuncia a tale libertà quando la sua azione non è determinata da un giudizio di questo genere, ma gli è come "imposta" da una forza estranea, ad esempio da un istinto, come nel caso degli animali. La moralità o l'immoralità dell'agire dell'uomo si radicano dunque nella sua libertà, ovvero nella sua **capacità di vincere le proprie inclinazioni naturali**, quando queste non rispettino il volere divino.

Vizio, peccato e virtù

In piena coerenza con questa prospettiva volontaristica, Abelardo distingue tra il "**vizio**", inteso come **propensione al male**, e il "**peccato**", che è il **cedimento della volontà al vizio**. Di conseguenza la "**virtù**" non consiste nell'evitare le tentazioni schierandosi fin dall'inizio, in modo "indolore", con i valori della fede, ma nella lotta e nella vittoria contro di esse.

Desideri e intenzioni

L'uomo, infatti, è portato dalla natura a desiderare: per questo il **desiderio** è ritenuto da Abelardo **pre-morale**; esso non è né buono, né cattivo, ma è un semplice dato di fatto, una caratteristica oggettiva e ineliminabile dell'uomo. Da ciò consegue anche che la corporeità non è, di per sé, qualcosa di peccaminoso, né l'aspetto negativo dell'essere umano, da contrapporre alla sua dimensione spirituale.
È invece **morale** l'ambito delle **intenzioni**, cioè del modo con cui noi scegliamo di assecondare o meno i nostri desideri. Basta l'*intenzione* a determinare il peccato: l'*azione* che ne segue non aggiunge nulla di peggiore a tale cedimento dell'uomo. Ad esempio, per Abelardo chi desidera la donna di un altro di per sé non pecca, almeno finché non accondiscende a questa volontà distorta e malvagia; al contrario, egli acquisisce un merito se riesce a vincere la propria inclinazione. Rigettata dall'etica cattolica, la tesi secondo cui non è l'azione nel suo compiersi a essere peccato, ma l'intenzione da cui tale azione sgorga, fu condannata già nel Concilio di Sens (1141).

Dio come unico arbitro del bene e del male

Le cattive azioni possono anche essere involontarie, o coatte, il che significa che la sfera del male è più ampia di quella del peccato. E, poiché ciò che contraddistingue il peccato è l'intenzione, **l'uomo non è in grado di giudicare** le azioni degli altri uomini, perché non sa vedere nel loro animo le intenzioni che ne hanno guidato l'azione; egli si limita alla constatazione dell'esteriorità, la quale però dice e conta poco. Neppure la Chiesa, fatta di uomini, sa leggere nell'animo umano: solo Dio è in grado di farlo; solo Dio, pertanto, conosce perfettamente i moventi dei nostri atti.
Agli occhi divini un'azione esteriormente riprovevole può essere "innocente", mentre un'azione cattiva mai compiuta può causare la dannazione di un uomo, se in lui era presente un'intenzione malvagia che solo per motivi accidentali non è stata portata a compimento. Simmetricamente, una buona intenzione che resta inattuata per cause esterne è comunque meritevole di fronte a Dio.

Interiorità e oggettività

Profondamente rivolta verso l'**interiorità individuale**, l'etica di Abelardo tende a svuotare di autentico significato ogni formalismo religioso, ogni manifestazione esteriore, ogni liturgia. La sfera dell'intimità sfugge a qualunque tentativo di penetrarla e di conoscerla dall'esterno, così come può essere oggetto di espressioni sincere, ma anche mendaci. Questo non significa però che Abelardo professi una morale individualistica e soggettivistica, poiché i valori a cui l'uomo deve attenersi nel suo comportamento sono, al contrario, quanto vi è di più oggettivo: si tratta infatti della **legge divina**, che, nella sua eternità e immutabilità, trascende l'individuo imponendogli un insieme di regole certe e tassative.

ON LINE ESERCIZI INTERATTIVI

8. La mistica

Mentre la scolastica rappresenta il tentativo dell'uomo di avvicinarsi a Dio mediante la speculazione filosofica, la **mistica** consiste nello **sforzo di "transumanarsi"**, cioè di vincere, o annullare, la finitezza della natura umana per congiungersi a Dio, il che è reso possibile dall'esercizio di poteri conferiti all'uomo direttamente dalla grazia divina.

Mistica e scolastica

Nel Medioevo la via mistica e la ricerca scolastica sono per lo più ritenute complementari e dirette a perseguire lo stesso scopo, sebbene per strade diverse. Talvolta, però, la mistica viene polemicamente contrapposta alla ricerca dottrinale, che è accusata di smarrirsi in sottigliezze e di sopravvalutare le deboli forze della ragione. In ogni caso, la via mistica è quella in cui l'uomo si affida, più che alla ragione, allo **slancio d'amore verso Dio**.

Bernardo di Chiaravalle e i gradi della via mistica

Il fondatore della mistica medievale è **Bernardo di Chiaravalle**, nato in Francia nel 1091 e morto nel chiostro di Clairvaux nel 1153. A Bernardo la ricerca scolastica appare inutile: egli definisce le discussioni dei filosofi come «loquacità piena di vento» e individua l'obiettivo più alto della filosofia nel «conoscere Gesù e la sua crocifissione». Questa conoscenza si raggiunge soltanto percorrendo la via mistica, che presenta vari gradi:

- il primo grado è quello della «**considerazione**», cioè dell'*intenzione* dell'anima di avvicinarsi alla verità;
- il secondo grado è quello della «**contemplazione**», cioè dell'*intuizione* vera e certa della verità da parte dell'anima.

Il momento della contemplazione si articola a sua volta in due gradi:

- l'**ammirazione** della maestà divina;
- l'**estasi**, o *excessus mentis*, in cui l'anima umana si perde in Dio così «come una piccola goccia d'acqua caduta nel vino si dissolve e assume il sapore e il colore del vino». L'estasi è un processo di **deificazione**, per il quale l'uomo dimentica completamente il proprio corpo e la propria umanità.

Se Bernardo contrappone la via mistica alla ricerca scolastica, Ugo e Riccardo di San Vittore, che dopo di lui furono i più famosi mistici medievali, la considerano invece come fondamentalmente in accordo con il pensiero razionale.

9. La scuola di Chartres

La **scuola di Chartres** fu il maggior centro di riferimento, nel XII secolo, di un **rinnovato interesse per la natura**, non più considerata come inferiore e trascurabile di fronte a Dio, ma come manifestazione essa stessa della realtà divina, e pertanto degna dell'attenzione degli studiosi. Fondata presso la cattedrale di Chartres dal vescovo Fulberto sul finire del X secolo, la scuola acquisì rilevanza solo due secoli più tardi, quando, ravvivando l'interesse degli studiosi nei confronti di Platone, promosse un certo rinnovamento degli studi scientifici tentando di conciliare la fisica del *Timeo* con la narrazione del libro della *Genesi*.

La tesi di fondo

La tesi di fondo della scuola era che la **natura** è **governata da una razionalità intrinseca**, che, sebbene in ultima analisi le sia conferita da Dio, la rende indipendente da Lui nel suo funzionamento, secondo una logica che può essere studiata da un punto di vista del tutto naturalistico, prescindendo da richiami teologici.

Gli esponenti principali

I principali esponenti della scuola furono **Bernardo** (morto nel 1124/26) **e Teodorico di Chartres** (morto intorno al 1155), **Gilberto Porretano** (1076-1154), **Guglielmo di Conches** (1080-1154 circa), **Ermanno di Carinzia** e **Bernardo Silvestre** (XII secolo).

Il naturalismo di Teodorico...

Bernardo insegnò a Chartres tra il 1114 e il 1124, ma fu il fratello Teodorico a sviluppare con maggior ampiezza e vigore il nuovo punto di vista naturalistico. Uno dei suoi scritti più importanti, l'***Hexaémeron*** (conosciuto anche come *L'opera dei sei giorni*), si presenta come un ampio commento al libro della *Genesi*, condotto con un metodo interpretativo del tutto

nuovo rispetto ai criteri utilizzati dai teologi fino a quel momento. Per Teodorico, infatti, la **natura** va **studiata *iuxta propria principia*** (per usare un'espressione del filosofo cinquecentesco Bernardino Telesio), poiché gli eventi naturali hanno cause naturali e si sviluppano seguendo leggi naturali. Dio crea la materia originaria con una tendenza a svilupparsi secondo determinate direttive, e in seguito la sua azione non ha più bisogno di manifestarsi. Se Dio è "causa prima", le dinamiche naturali si sviluppano seguendo una serie di "cause seconde" che sono esse stesse naturali e che possono essere studiate dalla ragione umana. Sulla base di queste convinzioni, Teodorico stigmatizza coloro i quali, per spiegare la natura, ricorrono continuamente all'onnipotenza divina, finendo per non spiegare in effetti nulla. Rifacendosi al *Timeo* platonico, il filosofo ritiene inoltre che la matematica fornisca gli strumenti più appropriati per affrontare la fisica.
Tutti questi elementi fanno pensare a Teodorico e alla scuola di Chartres come ai propugnatori di un atteggiamento profondamente innovatore rispetto a quello della maggior parte dei pensatori a loro contemporanei, sia riguardo ai temi affrontati, sia riguardo ai metodi seguiti.

... e i suoi limiti

Tuttavia sarebbe sbagliato, da un punto di vista metodologico, valutare gli autori del XII secolo secondo prospettive teoriche successive e considerarli anticipatori di esiti possibili solo alcuni secoli più tardi.
Non è un caso che in tutta la cultura medievale i pensatori della scuola di Chartres non abbiano avuto seguaci. Ciò si spiega per almeno due ordini di ragioni:

- in primo luogo, **mancano** a Teodorico – così come agli altri – **un metodo rigoroso** e **un carattere sistematico**; alcuni dei trattati dei membri della scuola e dei suoi simpatizzanti sono poemi, libere espressioni prive dei tratti dell'autentica letteratura scientifica;
- in secondo luogo, nel tentativo di produrre una **sintesi di scienza e mistica**, questo indirizzo snatura entrambi gli ambiti, scoraggiando sia gli scienziati, sia i mistici.

Scienza e filosofia

Con il graduale imporsi dell'aristotelismo, la prospettiva chartriana (di impianto platonico) perse forza e incisività. Se Platone era il "filosofo" per eccellenza e Aristotele lo "scienziato" (in quanto metodologo autore dell'*Órganon*), quando il *corpus* degli scritti aristotelici venne conosciuto nel suo insieme non si ebbe più bisogno di produrre una conciliazione di filosofia e scienza, perché in Aristotele si trovava già tutto: logica, scienza e filosofia. Le opere dei pensatori di Chartres vennero avvertite come inutili e improbabili.

10. Aspetti della filosofia islamica ed ebraica

La cultura islamico-araba

Tra le condizioni che più efficacemente stimolarono l'attività culturale dell'Occidente nel XII secolo bisogna ricordare i rapporti con il mondo orientale e, soprattutto, con gli Arabi.

I punti di forza della cultura araba

Il mondo arabo aveva infatti già assimilato, nei secoli precedenti, l'**eredità della filosofia e della scienza greche**, che invece rimanevano ancora in gran parte ignote alla cultura occidentale. Quest'ultima conosceva di esse solo quanto aveva potuto "filtrare" attraverso l'opera degli autori latini e dei padri della Chiesa. Inoltre, e forse appunto per questo, la filosofia araba appariva ai pensatori occidentali come la manifestazione stessa della ragione e quindi come una **possibile via di liberazione dalle pastoie della tradizione**. Adelardo di Bath, ad esempio, non esitava a contrapporre ciò che egli aveva appreso «dai maestri arabi, sotto la guida della ragione» alla «cavezza dell'autorità» da cui erano trascinati coloro che seguivano la tradizione (*Questioni naturali*, 6). In terzo luogo, la filosofia occidentale aveva in comune con le filosofie orientali la natura del problema dominante: anche la filosofia araba era infatti una **scolastica**, cioè costituiva il tentativo di trovare una via d'accesso razionale alla verità rivelata, e la verità rivelata cui cercava di accedere, quella stabilita nel Corano, presentava molti caratteri di somiglianza con quella cristiana. Infine, così come la filosofia cristiana, anche la scolastica araba viveva "a spese" della filosofia greca, specialmente del neoplatonismo e dell'aristotelismo.

Le tendenze fondamentali della filosofia araba

La cultura araba aveva cominciato a svilupparsi a partire dal califfato di Haroun El Rashid (785-809) con la traduzione (il più delle volte dal siriaco) di numerose opere di scienziati e filosofi greci. Tra l'XI e il XII secolo essa ebbe una grande fioritura, durante la quale apportò contributi originali sia alla scienza, sia alla filosofia.
Nella filosofia araba, in particolare, si possono distinguere **due tendenze fondamentali**: quella **neoplatonica** e quella **aristotelica**. Della prima il massimo esponente è **Avicenna**; della seconda **Averroè**. Ma il neoplatonismo, prima di Avicenna, ebbe altri notevoli rappresentanti, tra i quali ricordiamo Al Kindi (morto nell'873) e Al Farabi (morto nel 905).

Avicenna. **Ibn-Sina**, che gli scolastici latini conobbero con il nome di Avicenna, era persiano e fu famoso come medico, oltre che come filosofo. Il suo *Canone di Medicina* fece testo per molto tempo. Morì a 57 anni, nel 1037. La sua opera principale è il ***Libro della guarigione*** (diviso in quattro parti: logica, fisica, matematica e metafisica), del quale nel XII secolo furono tradotte la *Logica*, la *Fisica* e la *Metafisica*.

Il principio della necessità dell'essere

È Avicenna a formulare nel modo più chiaro, che diverrà "classico", il principio che caratterizza la filosofia araba nel suo insieme, vale a dire l'affermazione della necessità dell'essere, cioè l'affermazione che **tutto ciò che è o accade, è o accade necessariamente e non potrebbe essere o accadere in modo diverso**. Avicenna esprime questo principio come segue:

> Se una cosa non è necessaria in rapporto a se stessa, bisogna che sia *possibile* in rapporto a se stessa, ma *necessaria* in rapporto a una cosa diversa. (*Metafisica*, II, 1, 2)

La necessità del mondo naturale

L'essere che è necessario in rapporto a se stesso è **Dio**; l'essere che è possibile in rapporto a se stesso, ma necessario rispetto ad altro, cioè rispetto a Dio, è la **natura**. Le cose naturali, in quanto esistono, sono necessarie perché derivano necessariamente da Dio, essere necessario. Perciò **la creazione non è un atto libero, ma un processo che ha la sua prima origine in Dio e che si svolge necessariamente**. Tutto quello che esiste nel mondo naturale è quindi necessitato a esistere.

La dottrina dell'intelletto e il problema dell'immortalità dell'anima

Tutti i filosofi arabi si interessarono al problema, derivante dalla dottrina aristotelica, dell'intelletto attivo, che essi in generale identificarono con Dio e dal quale perciò distinsero altre specie di intelletto. Già Al Kindi aveva distinto l'**intelletto attivo**, cioè quello divino; l'**intelletto potenziale o materiale**, che è quello umano e che riceve dal primo i principi in base ai quali può ragionare e dedurre; e l'**intelletto acquisito**, che è quello che ragiona e astrae i concetti dalle immagini, producendo così l'insieme delle conoscenze umane.

Questa dottrina, derivante dai commentatori antichi di Aristotele e in particolare da Alessandro di Afrodisia, venne ripresa da Avicenna. Essa interessò molto gli scolastici latini, perché sembrava mettere in dubbio l'immortalità dell'anima, in quanto poneva come **immortale il solo intelletto attivo**, che non ha bisogno del corpo per funzionare, mentre sia l'intelletto potenziale sia l'intelletto acquisito hanno bisogno del corpo, perché operano mediante immagini che derivano dalla sensibilità. Lo stesso Avicenna affermò che l'anima dell'uomo, dopo la morte, ritorna all'intelletto universale ed è quindi immortale solamente come attività intellettuale.

Averroè. Il più celebre dei filosofi arabi è **Ibn-Rashid**, che gli scolastici chiamarono Averroè. Nato a Cordova, in Spagna, nel 1126, Averroè subì l'esilio per le sue idee filosofiche e morì il 10 dicembre del 1198, all'età di 72 anni. Compose un ***Commento grande***, un ***Commento medio*** e una parafrasi delle opere di Aristotele. Scrisse anche una confutazione dell'opera di Al Gazali (1059-1111) intitolata *La distruzione dei filosofi*. Questa era diretta contro Avicenna, e in generale contro tutti i filosofi, in difesa dell'idea della libertà della creazione e, quindi, della non necessità del mondo. Lo scritto di risposta redatto da Averroè si intitola ***La distruzione della distruzione dei filosofi di Al Gazali***.

La dottrina di Aristotele come espressione della verità

Per Averroè, Aristotele è «la regola e l'esemplare che la natura creò per dimostrare l'ultima perfezione umana»: **la dottrina di Aristotele è la verità stessa** e Averroè non si propone che di esporla e chiarirla. Egli è convinto che la filosofia aristotelica sia in **fondamentale accordo con la religione musulmana** e che anzi non faccia che esprimere meglio, cioè in forma scientifica e dimostrativa, la verità che la religione insegna nella forma semplice e primitiva adatta agli uomini incolti.

L'ordine necessario del mondo

L'insegnamento fondamentale di Aristotele, secondo Averroè, è la necessità di tutto ciò che esiste. Il mondo è necessario perché creato necessariamente da Dio. Questi è perfetto, e dunque tutto ciò che fa deve seguire in modo necessario dalla sua perfezione. Ecco perché il mondo non può aver avuto un inizio, ma deve essere eterno come Dio stesso. Inoltre, per la sua necessità, il mondo è tale che tutto ciò che in esso accade *deve* accadere proprio nel modo in cui accade. **L'ordine del mondo non può essere modificato, o infranto, ma dirige la stessa azione dell'uomo, il quale** pertanto **non ha alcuna libertà di iniziativa**.
Questo principio della necessità dell'ordine del mondo si rivelerà importante per l'indagine scientifica, che nel Rinascimento verrà incoraggiata proprio dalla fiducia di poter scoprire, in tutti i fatti naturali, un ordine necessario.

L'eternità del mondo

Un corollario della dottrina della necessità dell'essere è la dottrina dell'eternità del mondo. Averroè ammette, come Avicenna, che il mondo è stato creato, giacché l'essere del mondo è un essere possibile, che non verrebbe alla realtà senza l'azione creatrice di Dio. Ma egli vede nella **creazione** non un atto libero di Dio, bensì una sua necessaria manifestazione, che, come tale, non ha avuto inizio nel tempo. Dacché c'è Dio, cioè *ab aeterno*, ci deve essere il mondo, perché **il mondo deriva dalla natura stessa di Dio come sua manifestazione necessaria**.

La dottrina dell'intelletto

Oltre a quelle della necessità dell'essere e dell'eternità del mondo, la terza dottrina tipica dell'averroismo è quella dell'intelletto. Già la precedente filosofia araba, da Al Kindi ad Avicenna, aveva separato l'intelletto attivo dall'uomo, attribuendolo a Dio. **Averroè separa dall'uomo anche l'intelletto potenziale** (che per i pensatori precedenti costituiva l'anima razionale), per la ragione che, se l'intelletto potenziale può trasformarsi in intelletto attivo, è perché ne

condivide la natura. **L'uomo**, quindi, **non fa che *partecipare* dell'intelletto divino**: da tale partecipazione nasce la disposizione umana ad astrarre le forme intelligibili dalle cose, formando i concetti e i principi di cui è costituita la conoscenza.
Per illustrare la propria dottrina, Averroè riprende e modifica la metafora aristotelica della luce e dei colori: come il sole illumina l'aria, portando all'atto i colori delle cose, così l'intelletto attivo illumina l'intelletto potenziale, disponendo l'anima umana (che partecipa di quest'ultimo) ad astrarre dalle rappresentazioni sensibili i concetti e le verità universali. **L'intelletto è quindi unico per tutti gli uomini, ed è separato dalla loro anima**.

La doppia verità

Le due dottrine dell'eternità del mondo (che ne escludeva la libera creazione da parte di Dio) e della separazione dell'intelletto dall'anima (che escludeva l'immortalità dell'anima) erano in evidente contrasto sia con le credenze maomettane, sia con quelle cristiane. A questo proposito, Averroè affermava che è l'attività razionale del filosofo a dover costituire la sua fede, mentre le sue credenze religiose rappresentano un "sostituto" di tale attività. In ogni caso, verità filosofica e verità religiosa, pur essendo diverse per quanto concerne la forma (poiché l'una rimanda alla dimostrazione e l'altra al Corano), non sono tra loro in contrasto. Questa convinzione fu (erroneamente) interpretata dagli scolastici cristiani come dottrina della "doppia verità": una **verità di ragione**, cui l'uomo giunge con la filosofia, e una **verità di fede**, rivelata e imposta dall'autorità religiosa. In seguito parecchi filosofi del Medioevo e del Rinascimento fecero appello a questa dottrina.

La filosofia ebraica

La filosofia ebraica del Medioevo è rappresentata da un lato dalla Cabala, dall'altro da interpretazioni personali della dottrina platonico-aristotelica.

La Cabala

La **Cabala** (termine che letteralmente significa "tradizione") è una dottrina segreta che fu prima trasmessa oralmente e poi esposta da alcuni rabbini in un certo numero di trattati di cui due ci sono giunti interi, o quasi: il *Libro della creazione* e il *Libro dello splendore*. Questi trattati espongono una **dottrina emanatistica** simile a quella dei neoplatonici e dei neopitagorici dei primi secoli.

Avicebron e la composizione ilomorfica dell'universo

La speculazione ebraica vera e propria comincia con Isacco Ben Israeli, medico e filosofo neoplatonico, vissuto in Egitto tra l'845 e il 940, che però è un puro compilatore. Figura assai più notevole è invece quella di Avicebron.
Ibn-Gebirol, detto Avicebron, nacque a Malaga tra il 1020 e il 1021 e fu celebre anche come poeta. La sua opera, intitolata ***Fons vitae*** e tradotta in latino nel XII secolo, è scritta in forma di dialogo.
Il principio fondamentale del pensiero di Avicebron è quello della **composizione ilomorfica universale**: tutto ciò che esiste è composto di materia e forma. A differenza di Aristotele, Avicebron ritiene però che tutte le materie costituiscano un'unica materia e tutte le forme costituiscano un'unica forma. La **materia**, infatti, per Avicebron non è soltanto corpo, in quanto esiste una materia anche delle sostanze spirituali: sicché essa è in generale la sostanza, cioè la prima delle dieci categorie aristoteliche. La **forma** unica e universale è invece costituita dalle altre nove categorie aristoteliche. La materia e la forma tendono a unirsi l'una all'altra grazie a un desiderio o amore reciproco, comunicato a esse dallo stesso creatore.

Maimonide e il rifiuto del necessitarismo

Il più importante dei filosofi ebrei è **Mosè Ben Maimoun**, detto Maimonide. Nato a Cordova il 30 marzo 1135, fu famoso come medico e morì in Egitto il 13 dicembre 1204. La sua opera fondamentale è la ***Guida dei perplessi***, indirizzata a coloro che respingono tanto l'irreligiosità quanto la fede cieca, e che pertanto restano dubbiosi tra le esigenze della fede e quelle della ragione.
La filosofia di Maimonide è un ingegnoso tentativo di eliminare quella necessità che l'aristotelismo arabo aveva introdotto nella concezione del mondo. Maimonide ritiene che la tesi della necessità e dell'eternità del mondo non sia stata dimostrata e che, anzi, abbia migliori ragioni a suo favore la tesi opposta, che ammette la contingenza e l'inizio nel tempo del mondo. Il filosofo è convinto di poter mostrare che **l'azione creatrice di Dio non è necessaria**, cioè rigorosamente determinata, ma contingente e libera. Infatti come si spiega la grande varietà degli esseri che esistono nel mondo naturale? I filosofi arabi l'attribuivano all'azione delle sfere celesti. Ma quest'azione è uniforme e quindi non può spiegare ciò che è variabile e molteplice. Di questa varietà non si può addurre altra causa che la volontà di Dio. Ma ciò vuol dire che **la volontà di Dio agisce liberamente e contingentemente**, e che se essa crea in un modo le cose, ciò non esclude che potrebbe benissimo crearle in un altro modo o in tanti altri modi diversi.

ON LINE ESERCIZI INTERATTIVI

11. Aristotele in Occidente

Le prime reazioni

A partire dal XII secolo, le opere filosofiche e fisiche di Aristotele (del quale prima si conosceva soltanto la logica) e quelle dei suoi commentatori arabi e giudaici cominciarono a essere tradotte in latino e ad essere studiate e commentate nelle università.

L'iniziale rifiuto di Aristotele

La prima reazione verso l'aristotelismo fu di **ostilità**. Gli interpreti arabi, dai quali in un primo tempo non venne sufficientemente distinta la dottrina originale dello Stagirita, avevano accentuato quei caratteri dell'aristotelismo che lo facevano apparire in contrasto con le credenze fondamentali del cristianesimo. Tali erano le dottrine della necessità e dell'eternità del mondo, che risultavano contrarie alle idee della creazione e della libertà dell'uomo. E tale era la tesi dell'unità dell'intelletto, che pareva escludere l'immortalità dell'anima umana. Il primo degli scolastici a prendere posizione contro l'aristotelismo fu **Guglielmo di Alvernia**, che fu maestro di teologia all'Università di Parigi e vescovo della stessa città, e che morì nel 1249.

Il mantenimento delle posizioni platonico-agostiniane

Ma l'aristotelismo si diffondeva sempre più tra gli studiosi e a nulla valevano le proibizioni delle autorità ecclesiastiche. Il primo effetto di questa crescente diffusione fu l'irrigidirsi della scolastica nella sua posizione tradizionale, che era quella platonico-agostiniana. Su questa posizione gli scolastici cercarono di innestare alcuni principi dell'aristotelismo, ma respinsero l'insieme del sistema, rimanendo in tal modo fedeli all'indirizzo agostiniano che era stato fino ad allora dominante. Tale fu il compito che si assunse **Alessandro di Hales**, inglese, nato tra il 1170 e il 1180, che fu il primo rappresentante dell'ordine francescano nell'Università di Parigi. La sua ***Somma di tutta la teologia*** è un'opera vastissima, che ha la pretesa di riassumere l'intera tradizione della scolastica latina per farne un argine contro le nuove correnti aristoteliche.

Roberto Grossatesta

Il **ritorno all'agostinismo** come metodo per conservare e riformare la tradizione originaria della scolastica contro l'aristotelismo fu utilizzato anche da **Roberto Grossatesta**, che nacque nel 1175 in Inghilterra, fu maestro e cancelliere dell'Università di Oxford e poi vescovo di Lincoln, e morì nel 1253.
La parte più originale dell'opera di Roberto è quella che concerne la filosofia naturale. Egli afferma che **lo studio della natura deve essere fondato sulla matematica** e riduce l'intera fisica a una **teoria della luce**. La luce è la forma prima dei corpi, cioè la loro stessa essenza corporea. Poiché si diffonde da sé in tutte le direzioni, essa si identifica con la corporeità, la quale è appunto l'estensione della materia nelle tre dimensioni dello spazio.

Bonaventura

Vita e opere

Il ritorno ad Agostino culmina nella dottrina di **Bonaventura da Bagnoregio**. Giovanni Fidanza, detto Bonaventura nell'ordine francescano, nacque a Bagnoregio (Viterbo) nel 1221. Fu maestro presso l'Università di Parigi e amico di Tommaso. Morì nel 1274. Il suo scritto fondamentale è il ***Commentario alle Sentenze di Pietro Lombardo***, mentre il suo capolavoro mistico è l'***Itinerario della mente verso Dio***.

La dottrina della conoscenza

Contro Aristotele, Bonaventura afferma che **non tutte le conoscenze derivano dai sensi**: infatti l'anima conosce Dio e se stessa senza l'aiuto della sensibilità. Dai sensi derivano le specie, o similitudini, delle cose, intese come "immagini", o "pitture", delle cose stesse. Ma di tali specie sensibili l'anima non potrebbe fare uso, se non le fosse dato da Dio un lume direttivo che la guida nell'organizzarle. Bonaventura accetta così la **dottrina agostiniana dell'illuminazione divina**.
Così come è la norma della conoscenza umana, Dio è pure la norma dell'essere delle cose, delle quali infatti costituisce il modello. L'idea, o l'esemplare, di una cosa nella mente di Dio si identifica con l'essenza divina e si moltiplica solo in riferimento alle cose create, ma non in Dio stesso.

L'esistenza di Dio

Per ciò che riguarda l'esistenza di Dio, Bonaventura accetta l'**argomento ontologico** di Anselmo. «La verità dell'essere divino – egli dice – è tale che non si può credere effettivamente che egli non sia, se non per ignoranza di ciò che il suo stesso nome significa» (*Commentario*, I).

La non eternità del mondo

Per quanto riguarda l'eternità del **mondo**, Bonaventura afferma che quest'ultimo, essendo stato creato dal nulla, **non può essere eterno**, perché prima di essere era appunto nulla. Ritenendo impossibile affermare l'eternità del mondo, Bonaventura riconosce invece valore dimostrativo a quegli argomenti che Maimonide (come poi Tommaso) considera soltanto probabili.

L'anima e la libertà d'azione

L'anima è per Bonaventura il motore del corpo. Essa non è pura forma (come volevano gli aristotelici), ma ha una materia sua propria; quindi **è sostanza**, nel senso perfetto del termine: **separabile dal corpo, incorruttibile e immortale**.
Così come riconosce all'uomo la capacità di iniziativa nel campo della conoscenza, allo stesso modo Bonaventura gli riconosce la libertà nel campo dell'azione, e così come la

conoscenza è guidata dalla luce divina, da questa stessa luce è guidata la condotta umana. La luce che guida l'uomo è la «**sinderesi**», cioè una "scintilla" nella coscienza: un criterio naturale di giudizio che orienta l'uomo al bene, esattamente come i principi dell'intelletto, che derivano anch'essi dall'azione illuminatrice di Dio, lo orientano alla verità.

Gli "occhi" dell'anima e i sei tipi di "visione"

Nell'opera *Itinerario della mente verso Dio*, Bonaventura distingue (come Ugo di San Vittore) **tre "occhi" o facoltà della mente**, o dell'anima, umana: quello rivolto alle cose esterne, che è la **sensibilità**; quello rivolto a se stesso, che è lo **spirito**; quello rivolto al di sopra di sé, che è la **mente.**
Ognuna di queste facoltà può vedere Dio *per speculum*, cioè attraverso l'immagine che le cose hanno in sé di Dio, o *in speculo*, cioè nell'orma che le cose hanno dell'essere e della bontà di Dio. Si hanno così **sei "potenze" dell'anima**, a seconda di quale facoltà dell'anima e di quale modalità di "visione" si prendano in considerazione: **senso e immaginazione, ragione e intelletto, intelligenza e sinderesi**, che costituisce il culmine della conoscenza umana.

I gradi dell'ascesa verso Dio

A queste sei potenze dell'anima corrispondono sei gradi dell'ascesa verso Dio:
- la considerazione dell'ordine e della bellezza delle cose;
- la considerazione delle cose quali sono nell'anima umana, che nell'apprenderle le astrae dalle condizioni sensibili;
- la contemplazione dell'immagine di Dio attraverso i poteri naturali dell'anima: memoria, intelletto e volontà;
- la contemplazione di Dio nell'anima illuminata e perfezionata dalla fede, dalla speranza e dalla carità;
- la contemplazione di Dio direttamente nel suo primo attributo, che è l'essere;
- la contemplazione di Dio nella sua massima potenza, che è il Bene, per il quale Dio si diffonde e si articola nella Trinità.

L'estasi

Dopo questo sesto grado bisogna abbandonare le operazioni intellettuali e affidarsi alla grazia, perché sollevi l'anima a Dio. **Attraverso la grazia l'anima raggiunge l'estasi**, definita da Bonaventura come uno stato di «ignoranza dotta», nel quale l'oscurità dei poteri umani diventa luce soprannaturale.

Alberto Magno

Di fronte all'aristotelismo, giunto nel mondo latino attraverso la filosofia araba, l'irrigidirsi degli scolastici sulle posizioni platonico-agostiniane della tradizione non rappresenta che una delle due risposte possibili. L'uomo che sa dare alla filosofia aristotelica il diritto di cittadinanza nella scolastica latina è **Alberto Magno** (1193-1280).

L'aristotelismo come filosofia perfetta

Egli dichiara di non voler far altro che esporre le opinioni di Aristotele e dei peripatetici, esprimendo con questo atteggiamento la convinzione che la **filosofia di Aristotele** sia "la" filosofia, cioè **l'opera più perfetta a cui la ragione umana è potuta giungere**. Egli distingue nettamente la ricerca filosofica dalla teologia. La filosofia deve servirsi esclusivamente della ragione e procedere per via di dimostrazioni necessarie. La teologia invece si serve di principi ammessi per fede.

MAPPA

La scolastica

ON LINE MAPPA INTERATTIVA

I CARATTERI GENERALI

- centralità dell'**insegnamento**
- riferimento alle ***auctoritates***
- problema del rapporto **fede-ragione**
- **filosofia** come ***ancilla theologiae***

Le FIGURE PRINCIPALI

- **Giovanni Scoto "Eriugena"**
  - *La divisione della natura*
- **Anselmo d'Aosta**
  - prova *a posteriori* e argomento ontologico per dimostrare l'esistenza di Dio
- **Abelardo**
  - *intelligo ut credam*
  - metodo del *sic et non*
  - necessitarismo ottimistico
  - libertà come azione razionale

La disputa sugli UNIVERSALI

- **realismo**
  - estremo
    - sono reali solo gli universali e non gli individui concreti
  - moderato
    - gli universali non esistono "separatamente" dagli individui
- **nominalismo**
  - estremo
    - gli universali sono "nomi" privi di corrispettivo reale
  - moderato
    - gli univerali sono "segni" ed esistono *in intellectu*

La CULTURA ISLAMICO-ARABA

- **Avicenna**
  - necessità dell'essere
  - intelletto attivo, potenziale e acquisito
- **Averroè**
  - ordine necessario ed eternità del mondo
  - intelletto unico per tutti gli uomini e separato dall'anima

La FILOSOFIA EBRAICA

- **Avicebron**
  - composizione ilomorfica dell'universo
- **Maimonide**
  - rifiuto del necessitarismo

Le prime REAZIONI ALL'ARISTOTELISMO

- **Bonaventura**
  - rifiuto e ritorno ad Agostino
- **Alberto Magno**
  - piena accoglienza

I TESTI

CAPITOLO 1
La scolastica e il rapporto fede-ragione

Anselmo d'Aosta

Per dimostrare l'esistenza di Dio, Anselmo scrive il *Monologion* (1076), in cui presenta molteplici prove che non presuppongono la fede, e il *Proslogion* (1077), in cui espone una prova soltanto, per dimostrare ciò che già si crede per fede. La prova del *Proslogion* (di cui di seguito è riportata la sola parte argomentativa) è preceduta dall'invocazione a Dio e dall'esortazione a contemplarlo. Mentre il senso del *Monologion* è quello della meditazione, il senso del *Proslogion* è dunque quello della contemplazione, che è forma più alta della meditazione: infatti, se l'oggetto della meditazione è scelto da chi medita, l'oggetto della contemplazione non dipende da chi contempla, in quanto può manifestarsi o no a chi lo ricerca. Per questo l'argomentazione di Anselmo è preceduta dall'invocazione a Dio, affinché Egli mostri il suo «volto».

T1 > LA PROVA ONTOLOGICA DELL'ESISTENZA DI DIO

L'argomento ontologico di Anselmo è incentrato sulla definizione di Dio come «ciò di cui non si può pensare nulla di maggiore» e si basa su due presupposti: a) ciò che esiste nella realtà è "maggiore", cioè "più perfetto", di ciò che esiste soltanto nell'intelletto; b) ritenere che ciò di cui non si può pensare nulla di maggiore non esista nella realtà significa ammettere, contraddittoriamente, che si può pensarlo maggiore, cioè esistente nella realtà.

Non tento, o Signore, di penetrare la tua profondità, poiché non posso neppur da lontano paragonarle il mio intelletto; ma desidero intendere almeno fino a un certo punto la tua verità, che il mio cuore crede e ama. Non cerco infatti di capire per credere, ma credo per capire. Poiché credo anche questo: che «se non avrò creduto non potrò capire» (*Is*, 7, 9).

Dunque, o Signore, che dai l'intelligenza della fede, concedimi di capire, per quanto sai che possa giovarmi, che tu esisti, come crediamo, e sei quello che crediamo.

Ora noi crediamo che tu sia qualche cosa di cui nulla può pensarsi più grande. O forse non esiste una tale natura, poiché «lo stolto disse in cuor suo: Dio non esiste» (*Sal*, 13, 1; 52, 2)? Ma certo quel medesimo stolto, quando ode ciò che dico, e cioè la frase «qualcosa di cui nulla può pensarsi più grande», intende quello che ode; e ciò che egli intende è nel suo intelletto, anche se egli non intende che quella cosa esista. Altro infatti è che una cosa sia nell'intelletto, altro è intendere che la cosa sia. Infatti, quando il pittore si rappresenta ciò che dovrà dipingere, ha nell'intelletto l'opera sua, ma non intende ancora che esista quell'opera che egli ancora non ha fatto. Quando invece l'ha già dipinta, non solo l'ha nell'intelletto, ma intende pure che l'opera fatta esiste. Anche lo stolto, dunque, deve convincersi che vi è almeno nell'intelletto una cosa della quale nulla può pensarsi più grande, poiché egli intende questa frase quando la ode, e tutto ciò che si intende è nell'intelletto.

Ma certamente ciò di cui non si può pensare il maggiore non può esistere solo nell'intelletto. Infatti, se esistesse solo nell'intelletto, si potrebbe pensare che esistesse anche nella realtà, e questo sarebbe più grande. Se dunque ciò di cui non si può pensare il maggiore esistesse solo nell'intelletto, ciò di cui non si può pensare il maggiore sarebbe ciò di cui si può pensare il maggiore. Il che è contraddittorio. Esiste dunque senza dubbio qualche cosa di cui non si può pensare il maggiore e nell'intelletto e nella realtà.

E questo ente esiste in modo così vero che non può neppure essere pensato non esistente. Infatti si può pensare che esista qualche cosa che non può essere pensato non esistente; e questo è maggiore di ciò che può essere pensato non esistente. Onde se ciò di cui non si può pensare il maggiore può essere pensato non esistente, esso non sarà più ciò di cui non si può pensare il maggiore, il che è contraddittorio. Dunque ciò di cui non si può pensare il maggiore esiste in modo così vero, che non può neppure essere pensato non esistente.

E questo sei tu, o Signore Dio nostro. Dunque esisti così veramente, o Signore Dio mio che non puoi neppure essere pensato non esistente. E a ragione. Se infatti una mente potesse pensar qualcosa di meglio di te, la creatura ascenderebbe sopra il creatore, e giudicherebbe il creatore, il che è assurdo. Invero tutto ciò che è altro da te può essere pensato non esistente. Tu solo dunque hai l'essere nel modo più vero, e quindi più di ogni altra cosa, poiché ogni altra cosa non esiste in modo così vero, e perciò ha meno essere.

Perché dunque «disse lo stolto in cuor suo: Dio non esiste», quando è così evidente alla mente razionale che tu sei più di ogni altra cosa? Perché, se non perché è stolto e insipiente?

Ma come disse in cuor suo ciò che non poté pensare? O come non poté pensare ciò che disse in cuor suo, quando è la stessa cosa dire nel proprio cuore e pensare? E se pensò veramente, anzi poiché pensò veramente ciò che disse in cuor suo, e non disse in cuor suo poiché non poteva pensarlo, vuol dire che non c'è un modo solo di dire nel proprio cuore o di pensare. In altro modo infatti si pensa una cosa quando si pensa la parola che la significa, e in altro modo quando si pensa ciò che è la cosa. Ora, nel primo modo si può pensare che Dio non esista, nel secondo modo no. Nessuno infatti che intenda ciò che è Dio può pensare che Dio non esista, anche se dice in cuor suo queste parole, o senza dar loro significato o dando loro un significato diverso. Dio infatti è ciò di cui non si può pensare il maggiore. Ora chi intende bene questo, capisce che egli esiste in tal modo da non poter neppure essere pensato non esistente. Chi dunque capisce che Dio è tale, non può pensare che egli non esista.

E ti ringrazio, buon Signore, ti ringrazio, poiché quel che prima ho creduto per tuo dono, ora lo intendo grazie al tuo lume, sì che anche se non volessi credere che tu esisti, non potrei non capirlo con l'intelligenza.

(Anselmo d'Aosta, *Proslogion*, 3, 5, in *Opere filosofiche*, trad. it. di S. Vanni Rovighi, Laterza, Bari 1969, pp. 89-91)

Analisi del testo

1-6 Le righe che aprono il testo sono la parte conclusiva dell'invocazione a Dio ed esprimono bene la posizione di Anselmo, sintetizzabile con le sue stesse parole: «non far passare la fede in primo luogo è presunzione, ma non far appello in seguito alla ragione è negligenza». L'argomentazione razionale che segue risulta così collocata entro l'orizzonte della fede: Anselmo riconosce il limite dell'intelletto umano (rr. **2-3**), ma insieme riconosce l'intelligenza della fede (r. **5**), e attraverso la ragione intende cercare quella verità che già possiede per fede (r. **3**), cioè come dono di Dio (r. **5**). La posizione anselmiana non comporta alcuna rinuncia all'esercizio della razionalità, ma dà a questa un significato religioso e dei limiti precisi: l'impossibilità della ragione di penetrare la profondità di Dio e l'obiettivo di capire quanto può giovare all'uomo.

7-35 La prima parte dell'argomentazione si sviluppa in quattro momenti logici.

a) *Dio è l'essere perfettissimo*: ciò di cui nulla può pensarsi di più grande (ossia di più importante, di più potente) (r. **7**). Si noti che Anselmo prende le mosse da un atto di fede («noi crediamo»: r. **7**), per poi utilizzare la ragione.

b) *Il concetto di Dio è universale*: tutti considerano Dio l'essere perfettissimo, anche l'ateo, altrimenti la sua negazione non avrebbe senso. L'ateo intende Dio come ciò di cui nulla può pensarsi di più grande (rr. **8-10**), quindi anche se non intende che questo qualcosa esista davvero (rr. **10-11**) non può negare l'idea nella propria mente.

c) *L'esistenza di Dio è reale*: dato che l'esistenza è una perfezione, avere l'esistenza mentale e reale è più che avere l'esistenza solo mentale, pertanto se ciò di cui nulla può pensarsi di maggiore avesse solo l'esistenza mentale (cioè fosse solo inteso dalla mente) e non quella reale, non sarebbe il maggiore e si dovrebbe ammettere qualcosa di maggiore (rr. **24-29**).

d) *L'esistenza di Dio è reale e necessaria*: se «*id quod maius cogitari non potest est quo maius cogitari potest*» (cioè se negare l'esistenza reale a ciò di cui non si può pensare nulla di maggiore porta a dover concludere che egli non è ciò di cui non si può pensare nulla di maggiore), Dio deve esistere necessariamente; Dio ha l'essere nel modo più vero (r. **34**), tutto ciò che è altro da Dio ha meno essere (r. **35**).

È da sottolineare nello sviluppo del ragionamento il procedimento squisitamente classico dell'argomentare per *confutazione*: dal momento che Dio è «*quod nihil maius cogitari potest*», e che tutti intendono questo, anche chi ne nega l'esistenza, Dio deve essere affermato esistente in quanto negarlo significa cadere in contraddizione; infatti, se ciò di cui non si può pensare il maggiore può essere pensato non esistente, o «esso non sarà più ciò di cui non si può pensare il maggiore, il che è *contradditorio*» (rr. **27-28**) o «se una mente potesse pensar qualcosa di meglio di Dio, la creatura ascenderebbe sopra il creatore, e giudicherebbe il creatore, il che è *assurdo*» (rr. **31-33**).

36-48 Nella seconda parte dell'argomentazione Anselmo si chiede come mai possa dunque accadere che Dio sia negato, vista la logicità dell'affermazione relativa alla sua esistenza. La risposta è trovata distinguendo due modalità di pensiero: pensare una cosa pensando la parola (rr. **41-42**) e pensare una cosa *pensando ciò che è* (rr. **42-43**). Ebbene, solo «nel primo modo si può pensare che Dio non esista, nel secondo modo no» (rr. **43-44**), ma allora l'ateo è «stolto e insipiente» (r. **37**) perché non pensa effettivamente ciò che è Dio quando lo nega (rr. **44-46**); in realtà non lo nega se non a parole.

49-51 La conclusione è un ringraziamento a Dio per aver permesso di giungere con l'intelligenza della ragione a capire ciò che era già creduto con l'intelligenza della fede. In tal modo l'esistenza di Dio risulta essere oggetto di fede, e dunque *creduta*, e oggetto di ragione, e dunque *dimostrata*: il che comporta per un verso la convinzione che la fede è intelligibile e che pertanto è legittimo esercitare la ragione per chiarire la fede, e per un altro verso che l'esistenza di Dio, proprio perché dimostrabile con la ragione, deve essere affermata anche a prescindere dalla fede.

Abelardo: la disputa sugli universali

La disputa intorno alla natura degli universali nacque nella scolastica in seguito alla traduzione – realizzata da Boezio – dell'*Isagoge* di Porfirio, un testo introduttivo allo studio delle *Categorie* di Aristotele (dal greco *eisagoghé*, "introduzione"). Porfirio (Tiro, 233 - Roma, 305 circa) aveva esposto il problema della natura dei termini universali "genere" e "specie", ma non aveva avanzato alcuna ipotesi di soluzione. I logici medievali cercarono di colmare tale lacuna imboccando due diverse vie: quella realistica e quella nominalistica.

T2 > LA SOLUZIONE REALISTA

Il passo che segue, tratto da un testo di Abelardo, illustra la soluzione realista data al problema degli universali da Guglielmo di Champeaux: gli universali sono la «sostanza» comune di molteplici realtà individuali.

Taluni, di fatto, assumono come esistenza reale di entità l'universale in questo modo: tali entità universali costituirebbero essenzialmente la sostanza (comune) di realtà singole, le quali differirebbero fra di loro solo per forme e per accidenti; una siffatta entità universale verrebbe perciò a costituire l'essenza di tutte le singole realtà nelle quali entra e rimarrebbe in se stessa una, unica e identica, diversificata nelle singolarità soltanto per forme e aspetti secondari. E invero, se si spogliassero le cose singolari di tutti questi aspetti secondari, risulterebbe non esservi alcuna differenza e distinzione fra di esse; la diversità o distinzione dell'una cosa singola rispetto alle altre riposerebbe infatti interamente su quegli aspetti secondari, mentre una, unica o medesima è essenzialmente la materia di cui esse son costituite. Ad esempio: una, unica, medesima è l'essenza "*homo*" in tutti e per tutti i numerosi singoli uomini; una tal essenza una ed unica in tutti si riveste di accidenti e, in grazia di questi, "qui è Platone", mentre in grazia di altri accidenti "là è Socrate". Porfirio sembra dar pienamente ragione a costoro quando afferma: «la partecipazione alla specie comune rende una quella che è la pluralità degli uomini»; e, di nuovo, quando afferma: «gli individui son detti così perché ognuno di essi consta di aspetti e di proprietà, il cui insieme non si ritrova identico in altri». In modo perfettamente simile si assume che, nei singoli animali, che differiscono fra di loro per *species*, sussiste un'unica, essenzialmente identica in tutti, sostanza "*animal*", nel seno della quale sorgono poi *species* fra di loro diverse, per opera di quelle "differenze specifiche" di cui si riveste il comune *genus* "*animal*". Insomma, tutto procede come se da questa massa di cera io modellassi una figura di uomo da una parte, una figura di bue dall'altra, manipolando così, con forme e aspetti diversi, una materia che rimane in sé una, unica ed essenzialmente identica. La differenza sarebbe semmai questa, che da questa massa di cera tante statuette non potrebbero provenire tutte nello stessissimo tempo, mentre si pensa che così accada invece della materia che è l'universale reale: «l'universale comune a più – scrive Boezio – è comune a più, in modo tale che è tutto e identicamente *nello stesso tempo* in entità differenti, delle quali costituisce la sostanza comune o materia unica». E poiché l'universale è tale in se stesso, esso rimane identico anche quando le forme e gli aspetti secondari lo determinano, facendone questo determinato singolare, e sussiste in sé benissimo senza queste determinazioni che vi sopraggiungono e vi si sovrappongono.

(Abelardo, *Glossae super Porphyrium. Ingredientibus notis*, trad. it. di F. Alessio, in *Filosofie e società*, Zanichelli, Bologna 1992^3, pp. 570-575)

Analisi del testo

1-18 Nella prospettiva realistica, gli universali si riferiscono a nature che sussistono indipendentemente dagli individui che le possiedono, i quali, pertanto, differiscono tra loro solo per forma e aspetti secondari.

18-27 L'esempio (rr. **18-20**) della massa di cera (natura comune) modellata a figura d'uomo e di bue (gli individui particolari) è valido solo fino a un certo punto, visto che la cera viene modellata in tempi diversi, mentre l'universale è comune a più individui nello stesso tempo (rr. **20-24**). A parte ciò, l'esempio serve ad Abelardo per sottolineare che l'universale «rimane identico anche quando le forme e gli aspetti secondari lo determinano» e sussiste «anche senza queste determinazioni» (rr. **25-27**).

T3 > La soluzione nominalista

I nominalisti negano che gli universali siano entità reali: pertanto non possono essere altro che "voci", prive di qualunque corrispettivo concreto.

Altri avanzano sull'universale tutt'altra veduta, più aderente al mondo reale: e dicono che le singole entità non differiscono fra loro soltanto per forme e aspetti secondari, quanto invece proprio nelle individue loro irriducibili essenze singolari; e che ciò che vi è in una individualità (materia o forma che sia) non è identicamente ciò che vi è anche in altra; e che, per quanto rimuoviamo dalle entità singole gli aspetti o forme secondarie, le entità singole non cessano per questo di distinguersi ciascuna da ogni altra in modo essenziale, per la loro propria essenza distinta. Questo perché non dipende minimamente da forme, da accidenti, o da aspetti secondari il fatto che ogni individualità sia distinta in modo netto e radicale da ogni altra; questa distinzione dipende solo ed esclusivamente dal fatto che distinta e inconfondibile è in sé e per sé l'essenza propria di ciascuna entità reale. [...] In questa prospettiva, tutte le entità reali sono radicalmente ed essenzialmente distinte, ciascuna da ogni altra, in modo che nessuna si trova identificata con altra o con altre entro un'essenza reale comune, identica per molte singole entità, cioè in forza della partecipazione reale a un'unità universale reale.

[...] Resta solo questo: l'universale o, che è lo stesso, l'universalità come predicazione, possiamo ascriverlo perentoriamente solo all'ordine delle *voces*. Al modo stesso che i grammatici distinguono, fra i nomi, i nomi comuni (*nomina appellativa*) e i nomi propri (*nomina propria*), così i logici devono distinguere, fra i termini che entrano come predicati nella proposizione, i termini universali e i termini particolari e individuali. Cioè: universale è solo questa o quella parola (*vocabulum*) che è originariamente e costitutivamente atta a venir usata come predicato comune di più, come ad esempio la parola "*homo*" ha attitudine a esser predicata di più, in ragione della natura propria dei soggetti a cui è attribuita come predicato. Un termine singolare, come ad esempio "Socrate", non è invece nella stessa situazione e non ha la stessa attitudine, cosicché è nome di una singola, individua entità soltanto.

(Abelardo, *Glossae super Porphyrium. Nostrorum petitioni sociorum*, trad. it. di F. Alessio, in *Filosofie e società*, cit., pp. 570-575)

Analisi del testo

1-13 Secondo la prospettiva nominalista, gli universali sono solo delle «*voces*», dei «*nomina*»: reali sono solo le entità singole, le quali sono tra loro diverse non per aspetti secondari, ma per essenza.

14-23 In questo secondo passo (posteriore al precedente) Abelardo ripropone la concezione nominalista. Dopo aver ribadito che «si deve negare che sussistano delle entità universali reali, tali da costituire predicato comune di più entità singolari», afferma che quindi i predicati universali si possono ascrivere solo all'ordine delle «*voces*», dei «*vocabula*». In questo ambito, però, occorre distinguere linguisticamente tra termini universali e termini particolari, analogamente alla distinzione grammaticale tra nomi comuni e nomi propri.

T4 > La soluzione concettualista

Nel tentativo di conciliare nominalismo e realismo, Abelardo propone una "terza via". La sua posizione, nota come "concettualismo", vede l'universale come un "discorso" (*sermo*), cioè come un "concetto" che per convenzione è posto come predicato di più individui.

Vi è un'altra teoria sugli universali, ancor più razionale, la quale non attribuisce l'universale né alle *res* né alle *voces*, ma assegna al *sermo* la funzione predicativa (singolare o universale). Cosa che, del resto, Aristotele, primo fra i logici, apertamente suggerisce nella sua definizione di universale, là dove afferma: «Universale è ciò che, *nativamente*, è atto ad essere predicato di più individui». Questa proprietà gli deriva dalla stessa *origine* e cioè dal fatto di essere una "istituzione". Infatti in cos'altro consiste la *natività* dei termini o dei nomi se non nell'istituzione umana? Tutto ciò che viene denominato *nomen* o *sermo* ha origine nell'umana "istituzione". Infatti, la *nativitas* della *vox* o della *res* che cos'altro è se non creazione di natura, essendo proprio della *res* o della *vox* il consistere nella sola operazione di natura?

Pertanto l'origine della *vox* e del *sermo* è diversa, benché identiche esse siano nella loro essenza, cosa che si può più esattamente chiarire con un esempio. Infatti, pur essendo questa pietra e questa statua intimamente la stessa cosa, tuttavia occorre che questa pietra sia opera di qualcuno e questa statua opera di qualche altro. Infatti l'esistenza della pietra può fondarsi solamente sulla sostanza divina, mentre il fatto di essere statua può generarsi solo da una operazione umana.

E così noi chiamiamo universali quei termini (*sermones*) i quali, nativamente, e cioè per umana "istituzione", sono posti a essere predicati di più individui. Le *voces*, invece, o le *res* in nessun modo possono essere universali, sebbene ogni *sermo* consti di *voces*. Se infatti una *res* si potesse predicare di più individui, la stessa si potrebbe reperire in più individui.

(Abelardo, *Glossae super Porphyrium. Nostrorum petitioni sociorum*, trad. it. di F. Alessio, in *Filosofie e società*, cit., pp. 570-575)

Analisi del testo

1-18 Abelardo presenta la propria concezione come né realista, né nominalista, in quanto considera gli universali non come «*res*» e nemmeno come «*voces*», bensì come «*sermones*». L'universale non è dunque entità comune a più individui, né è *flatus vocis*, ma è termine: con ciò Abelardo fa (con il nominalismo) riferimento alle «*voces*», in quanto il «*sermo*» consta di «*voces*», ma (a differenza del nominalismo) ritiene che il «*sermo*» sia pur sempre universale, di una universalità che però non è considerata ontologica (come nel realismo), bensì frutto di convenzione umana. In tal modo i «*sermones*» si collocano come le «*voces*» su un piano linguistico e come le «*res*» su un piano universale, ma, a differenza delle «*voces*» e delle «*res*» (tali per natura), i «*sermones*» per «umana "istituzione"» (r. **7**), cioè per convenzione, sono posti a essere predicati di più individui (r. **16**). Gli universali insomma hanno realtà, ma solamente su un piano logico.

CAPITOLO 2

Tommaso

1. L'Aristotele cristiano

La vita

Tommaso dei conti d'Aquino nacque a Roccasecca (presso Cassino) nel 1225 o 1226. Ricevette la sua prima educazione nel chiostro di Montecassino. Nel 1243 entrò, a Napoli, nell'ordine dei domenicani e di lì fu mandato a Parigi, dove divenne scolaro di Alberto. Nel 1248, quando Alberto passò a insegnare a Colonia, Tommaso lo seguì e non ritornò a Parigi che nel 1252; allora commentò la Bibbia e le *Sentenze* di Pietro Lombardo (1065-1160 circa), un compendio della dottrina cristiana divenuto uno dei testi fondamentali della cultura medievale. Il successo del suo insegnamento si profilò subito. Ma nel frattempo i maestri secolari dell'Università parigina avevano iniziato la lotta contro i frati mendicanti, ritenuti «falsi apostoli precursori dell'anticristo», e pretendevano che fosse loro negata la facoltà di insegnare. Contro il loro libello *Sui pericoli degli ultimi tempi* e contro il loro organizzatore Guglielmo di Sant'Amore, Tommaso scrisse l'opuscolo *Contro coloro che contrastano il culto e la religione di Dio*. Il papa sembrò dapprima dar ragione ai maestri secolari, ma in seguito risolse la disputa in favore degli ordini mendicanti. Tommaso, insieme con il suo amico Bonaventura, fu allora nominato maestro presso l'Università parigina (1257), mentre il libro di Guglielmo fu condannato.

Nel 1259 Tommaso lasciò Parigi e ritornò in Italia, dove nel 1265 gli fu affidato l'incarico di ordinare gli studi dell'ordine domenicano a Roma. A questo periodo di permanenza in Italia risalgono le sue opere maggiori: la *Somma contro i Gentili*, il secondo *Commentario alle Sentenze*, la prima e la seconda parte della *Somma teologica*. Nel 1269 tornò a Parigi, dove per un triennio tenne la cattedra di maestro di teologia. Nuove polemiche lo impegnarono in questi anni: i professori secolari, con Gerardo di Abeville e Nicola di Lisieux, avevano ripreso la lotta contro gli ordini mendicanti ed egli compose allora *Sulla perfezione della vita spirituale*. Inoltre, contro il diffondersi dell'aristotelismo averroistico, per opera soprattutto di Sigieri di Brabante, scrisse *Sull'unità dell'intelletto contro gli averroisti*. Le *Questioni su temi vari*, che risalgono appunto a questo periodo, dimostrano l'attività polemica di Tommaso anche contro l'altra corrente della scolastica, l'agostinismo.

Nel 1272 Tommaso ritornò in Italia per insegnare all'Università di Napoli. Ma nel gennaio del 1274, designato da Gregorio X, partì per recarsi al Concilio di Lione. Durante il viaggio si ammalò. Si fece trasportare nel chiostro cistercense di Fossanova (presso Terracina) e qui morì il 7 marzo 1274.

La personalità: il "bue muto"

Di Tommaso d'Aquino abbiamo tre antiche biografie; della sua vita si occupò ampiamente il suo scolaro Bartolomeo da Lucca; e dagli atti del processo di canonizzazione (18 luglio 1323) si possono ricavare numerose testimonianze sul carattere e sulla vita del santo. Tommaso era grande, bruno, un po' calvo e aveva l'aria pacifica e mite dello studioso sedentario. Per il suo carattere chiuso, a Parigi lo chiamavano il "bue muto". Alberto Magno, parlando di lui con profetica consapevolezza, disse: «Questi, che noi chiamiamo bue muto, un giorno muggirà così forte da farsi sentire nel mondo intero». Guglielmo di Tocco lo definì «*vir modo contemplativus*», ed effettivamente **Tommaso dedicò all'attività intellettuale l'intera sua vita**.

Gli scritti

Alla sua morte, Tommaso aveva solo 48 o 49 anni, ma la sua opera era già vastissima. Gli atti del processo per la sua canonizzazione ci offrono un catalogo di scritti che enumera 36 opere e 25 opuscoli; ma con tutta probabilità questo catalogo non è completo. Al periodo della prima permanenza a Parigi appartengono ***Dell'ente e dell'essenza*** (1254-1256), il ***Commentario alle Sentenze*** e altri scritti. Ma l'attività principale è quella che Tommaso svolse negli anni del ritorno in Italia e della seconda permanenza a Parigi (1259-1272): a questo

1210 — 1220 — 1230 — 1240

Eventi storici

- **1220** Federico II incoronato imperatore
- **1226** Muore Francesco d'Assisi
- **1228** Federico II parte per la VI crociata
- **1231** "Costituzioni di Melfi" di Federico II: sono la base per una monarchia assoluta e accentrata
- **1238** Gli Arabi fondano il regno di Granada

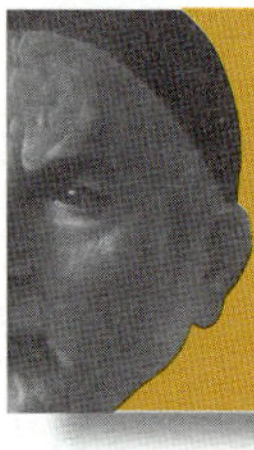

Vita di Tommaso

- **1225-1226** Tommaso nasce a Roccasecca da Landolfo d'Aquino e da Teodora
- **1239 ca.** Si reca a Nap... dove studia le arti liberal...

Filosofia e Scienza

- **1229** Prima cattedra domenicana all'Università di Parigi
- **1235** Alessandro di Hales è il primo francescano maestro di teologia a Parigi

Arte e Letteratura

- **1210** Inizia la costruzione della cattedrale di Reims
- **1224** Francesco d'Assisi: *Cantico delle creature*
- **1231** Guillaume de Lorris: *Roman de la Rose*
- **1238** A Granada inizi... la costruzione dell'Alhambra

periodo appartengono il ***Commentario ad Aristotele***, il ***Commentario al Libro sulle cause***, il ***Commentario a Boezio*** e le opere maggiori: la ***Somma della verità della fede cattolica contro i Gentili*** (1259-1264), il ***Secondo commentario alle Sentenze*** e la ***Somma teologica***, il suo capolavoro.
A queste opere vanno aggiunte le *Questioni*, che riflettono specialmente l'attività politica di Tommaso contro gli averroisti e i teologi agostiniani. Tra i numerosissimi opuscoli, i più famosi sono il già citato ***Sull'unità dell'intelletto contro gli averroisti*** e ***Sul governo dei principi***. Il secondo può essere attribuito a Tommaso solo per quanto riguarda il I libro e i primi 4 capitoli del II libro; il resto è opera di Bartolomeo da Lucca.

L'importanza e l'originalità del pensiero di Tommaso

L'opera di Tommaso d'Aquino segna una tappa decisiva nella storia della scolastica. Il lavoro iniziato da Alberto Magno trova nella speculazione tomistica la propria continuazione e il proprio compimento. L'**aristotelismo**, con Tommaso, diventa flessibile e docile alle esigenze del **pensiero cristiano**, e non per mezzo di espedienti occasionali o di adattamenti artificiosi (secondo il metodo di Alberto), ma in virtù di una riforma radicale

1240 **1250** **1260** **1270** **1280**

1245 Papa Innocenzo IV dichiara Federico II decaduto dalla dignità imperiale

1249 Pier delle Vigne, segretario di Federico II, muore suicida in carcere

1250 Muore Federico II

1260 A Montaperti i ghibellini sconfiggono i guelfi

1261 Michele VIII Paleologo riconquista Costantinopoli e ricostituisce l'Impero bizantino

1270 VIII e ultima crociata

1271 Marco Polo inizia il suo viaggio in Oriente

1274 Concilio di Lione: riunificazione tra Chiesa greca e Chiesa romana

1243 Entra nell'ordine domenicano e si reca a Parigi

1248-1252 È a Colonia, alla scuola di Alberto Magno

1252-1256 Insegna a Parigi, dove scrive il *De ente et essentia* (1253) e il *Commentario alle Sentenze di Pietro Lombardo*

1256-1259 È *magister* di teologia a Parigi; scrive le *Quaestiones disputatae de veritate*

1259-1268 Ritorna in Italia; termina la *Summa contra Gentiles* e inizia la *Summa theologiae*

1269-1272 Secondo magistero parigino; continua la *Summa theologiae*, che resta incompiuta

1274 Mentre si reca a Lione per partecipare al Concilio, muore nell'abbazia cistercense di Fossanova

1245-1248 Alberto Magno insegna teologia a Parigi

1248 Alberto Magno fonda a Colonia lo Studio generale, centro della scolastica latina

1255 Alberto Magno: *Metafisica*

1260 Guglielmo di Moerbeke traduce in latino le opere di Aristotele

1259 Bonaventura: *Itinerarium mentis in Deum*

1274 Raimondo Lullo: *Ars magna seu ars compendiosa inveniendi veritatem*; muore Bonaventura

1242 Luigi IX inizia la costruzione della Sainte-Chapelle

1250 Terminato il Castel del Monte, voluto da Federico II

1260 Nicola Pisano: pulpito del battistero di Pisa

1265 Nasce Dante

1267 Nasce Giotto

dell'intero sistema filosofico-teologico. Tale riforma non esclude peraltro l'apporto di altre fonti (da Platone agli arabi) e presenta, complessivamente considerata, una sua indubbia originalità.

2. Il rapporto tra ragione e fede

Ragione e rivelazione

Il sistema tomistico ha la propria base nella determinazione rigorosa del rapporto tra **ragione e fede**. All'uomo (che ha come proprio fine ultimo Dio, il quale eccede la comprensione razionale) **non basta la sola ricerca filosofica fondata sulla ragione**. Infatti, quelle stesse verità cui la ragione può giungere da sola, non a tutti è dato di raggiungerle, e la via che conduce a esse non è scevra di errori. Per questo **è stato necessario che l'uomo fosse** convenientemente e con più certezza **istruito dalla rivelazione divina**. Ma la rivelazione non annulla, né rende inutile la ragione: «la grazia non elimina la natura, ma la perfeziona».

TESTO ANTOLOGICO ON LINE
Tommaso
Il filosofo e il credente
(*Somma contro i Gentili*)

I "servizi" che la ragione può rendere alla fede

La ragione naturale si subordina alla fede, come nel campo pratico l'inclinazione naturale si subordina alla carità. Certo, la ragione non può dimostrare ciò che è di pertinenza della fede, perché se così fosse la fede perderebbe ogni merito. Ma può servire alla fede in tre modi diversi:

- in primo luogo **dimostrando i preamboli della fede**, cioè quelle verità la cui dimostrazione è necessaria alla fede stessa. In particolare, non si può credere a ciò che Dio ha rivelato, se non si sa che Dio c'è: perciò la ragione naturale dimostra che Dio esiste, che è uno, e che ha quei caratteri e quegli attributi che possono essere ricavati dalla considerazione delle cose da Lui create;
- in secondo luogo **chiarendo mediante similitudini le verità della fede**;
- in terzo luogo **controbattendo le obiezioni** mosse alla fede, dimostrando che sono false o, almeno, che non hanno forza dimostrativa.

La fede, regola per la ragione

ECHI DEL PENSIERO
Un'appassionata difesa della ragione, p. 268

È pur vero che **la ragione ha una propria verità**. I principi che le sono intrinseci, e che sono verissimi in quanto è impossibile pensare che siano falsi, le sono stati infusi da Dio stesso, che è l'autore della natura umana. Questi principi derivano dunque dalla sapienza divina e sono costitutivi di essa. Per questo la verità di ragione non può venire in contrasto con la verità rivelata: la verità non può contraddire la verità. E quando si manifesta un contrasto, è segno che non si tratta di verità razionali, ma di conclusioni false, o almeno non necessarie: **la fede è la regola del corretto procedere della ragione.** → T1 p. 270

La **ragione** è **utile alla fede** in quanto

- > **dimostra** i preamboli della fede (ad esempio, l'esistenza di Dio)
- > **chiarisce**, tramite analogie e similitudini, i misteri della rivelazione (ad esempio, la Trinità)
- > **combatte** le argomentazioni contrarie alla fede

La ragione è **autonoma**, ma quando entra in contrasto con la fede significa che, in qualche punto delle sue dimostrazioni, sta sbagliando (**la fede è norma della ragione**)

3. La metafisica

Ente, essenza ed esistenza

Il pensiero di Tommaso si configura come una **filosofia dell'essere** che si colloca nell'ambito di una tradizione di pensiero che va dai Greci agli Arabi. Il centro architettonico di tale sistema si trova esposto nell'opuscolo giovanile ***Dell'ente e dell'essenza***. In tale scritto[1], composto tra il 1254 e il 1256, Tommaso si propone di mettere a fuoco alcuni termini molto utilizzati dai pensatori di quel periodo (specialmente in seguito alla traduzione della *Metafisica* realizzata da Avicenna), termini che rischiavano di essere usati con significati diversi e di essere perciò forieri di equivoci. Tali erano in particolare i concetti di "ente" ed "essenza".

Ente reale ed ente logico

L'**ente** (*ens*) e l'**essenza** (*essentia*), afferma Tommaso rifacendosi ad Avicenna, «sono **le prime cose che l'intelletto concepisce**» (Proemio). L'**ente** può essere **reale** o **logico**. Nel primo caso, l'ente è ciò che è presente nella realtà e che si divide nelle dieci categorie enumerate da Aristotele. Nel secondo caso, l'ente è tutto ciò che viene espresso, tramite la copula, in una proposizione affermativa, «anche se questa non pone alcunché nella realtà» (*etiam si illud in re nihil ponat*, cap. I), ossia senza che alla proposizione debba necessariamente corrispondere qualcosa di reale, come quando ad esempio diciamo che la cecità è nell'occhio, mentre è chiaro che non esiste la cecità, ma solo occhi non vedenti.

L'**ente**, ossia *ciò che è*, può essere
- **reale** (ciò che è presente nella realtà) → sostanza + categorie
- **logico** (ciò che viene espresso in una proposizione affermativa) → non necessariamente presente nella realtà

L'essenza

Lasciando da parte il significato logico del termine "ente", Tommaso si sofferma sull'ente reale, a proposito del quale soltanto ha senso parlare di "essenza". L'***essentia*** è ciò che una cosa è, ovvero la sua ***quidditas***, ciò che risponde alla domanda *quid est?*, "che cos'è?". L'essenza, che Tommaso chiama anche «**natura**», comprende non solo la forma, ma anche la materia delle cose, giacché include tutto ciò che è espresso nella **definizione** della cosa. Ad esempio, l'essenza dell'uomo, definito "animale ragionevole", contiene in sé non solo la "ragionevolezza" (**forma**), ma anche l'"animalità" (**materia**).

TESTO ANTOLOGICO ON LINE Tommaso
I modi d'essere dell'essenza
(*L'ente e l'essenza*)

L'essere, o atto d'essere, ovvero l'esistenza

Dall'essenza così intesa si distingue l'**essere** (*esse*), o **atto d'essere** (***actus essendi***), ovvero, come si può anche tradurre, l'**esistenza**. Infatti, puntualizza Tommaso, noi possiamo ad esempio capire «che cosa è l'uomo o la fenice, e tuttavia non sapere se esistano in natura» (cap. IV). Sostanze come l'uomo e la fenice risultano perciò composte di essenza e di esistenza, le quali, pur essendo tra loro inseparabili, sono realmente distinte l'una dall'altra.

1 Cfr. V.G. Galeazzi (a cura di), "*L'ente e l'essenza*" *di Tommaso d'Aquino e il rapporto fede-ragione nella scolastica*, Paravia, Torino 1991.

Essenza ed esistenza negli esseri finiti

Negli esseri finiti, essenza ed esistenza stanno tra loro in un **rapporto di potenza e atto**, in quanto l'esistenza rappresenta l'atto grazie a cui le essenze, che hanno l'essere solo in potenza, di fatto esistono. ➔ T2 p. 272

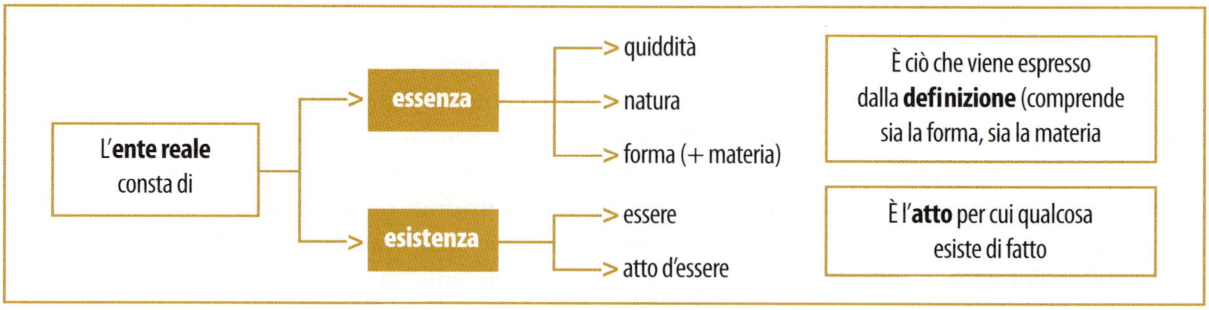

Gli esseri finiti e contingenti postulano un Essere infinito e necessario

Ora, ogni realtà in cui si distinguano l'essenza e l'esistenza, ossia ogni realtà che *abbia* l'essere ma non *sia* l'essere (e tale, come abbiamo detto, è la condizione di ogni essere **finito** e **contingente**), deve per forza aver ricevuto l'essere da altro, e precisamente da un essere che sia esso stesso l'Essere: tale è la condizione dell'essere **infinito** e **necessario**, cioè di Dio. In altri termini, quegli esseri che *hanno* la vita, ma non *sono* la vita, devono averla ricevuta da un Essere che sia la Vita e che perciò rappresenti la causa prima di tutte le vite e di tutte le esistenze.

> Necessariamente dunque ogni realtà, il cui essere è altro dalla sua natura, riceverà l'essere da un'altra realtà. E poiché tutto ciò che è per mezzo di un'altra realtà si riporta a ciò che è per sé come alla causa prima, dovrà esservi una qualche realtà che sia causa dell'essere per tutte le cose, in quanto essa stessa è essere soltanto; diversamente si andrebbe all'infinito nella ricerca delle cause. (*Dell'ente e dell'essenza*, cap. IV)

In altre parole, **l'"aggiunta" dell'esistenza all'essenza**, cioè il passaggio, da parte delle cose finite, dalla potenza all'atto, **esige l'intervento di un Essere** che, avendo l'esistenza per essenza o natura, risulti in grado di renderne partecipi altri esseri. Tale è il caso specifico di **Dio**, il quale, secondo la nota definizione che Egli stesso ha dato di sé nel libro dell'*Esodo* («Io sono colui che sono», *Ego sum qui sum*), si configura come **l'essere per antonomasia**.

Un breve riepilogo

Riepilogando, vi sono due modi in cui l'essenza può essere nelle sostanze:

- nella **sostanza divina** l'essenza è la medesima esistenza. Dio è perciò necessario ed eterno, ovvero esistente per definizione da sempre;
- nelle **sostanze finite** l'esistenza è "aggiunta" dall'esterno e il loro essere è quindi creato e contingente.

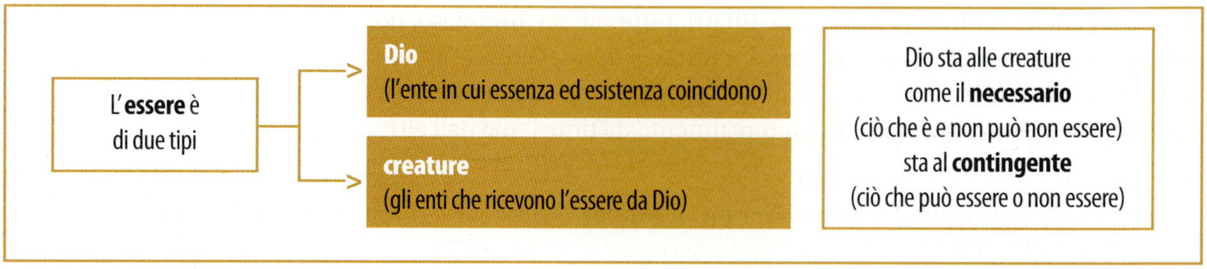

CONCETTI A CONFRONTO

ON LINE SCHEMA INTERATTIVO

L'essere

in Aristotele

- ha **molteplici significati "analoghi"**, che rimandano alle **categorie**, che a loro volta hanno come riferimento unico il concetto di **sostanza**
  - la quale è
    - sia **l'essenza dell'essere** ▶ cioè la forma, che fa in modo che il sinolo sia quello che è
    - sia **l'essere dell'essenza** ▶ cioè l'individuo, sinolo di materia e forma
- in quanto **sostanza**, è **necessario ed eterno**
  - e
    - non c'è distinzione tra **l'essere di Dio, l'essere dell'uomo e l'essere delle cose**, perché **tutti sono ugualmente sostanze**

in Tommaso

- in quanto **esistenza o atto d'essere** si distingue dall'**essenza**
  - la quale è
    - la **natura** o la **quiddità** di una cosa, risultante dalla sua forma unita alla materia (essere in potenza)
- in quanto **sostanza divina**, è **necessario ed eterno**
  - e
    - si distingue dalle **sostanze finite** (non necessarie e non eterne) perché **solo nella sostanza divina l'essere coincide con l'essenza**
      - quindi
        - solo **Dio** è l'essere in senso proprio, mentre le **creature** non *sono* l'essere ma *hanno* l'essere in quanto lo ricevono da Dio

Nella condizione delle sostanze finite si trovano non solo gli uomini e le cose del mondo, ma anche gli angeli. Infatti, secondo Tommaso, in quelle sostanze che sono pura forma senza materia (come le intelligenze angeliche) manca evidentemente la composizione di materia e forma, ma non quella di essenza ed esistenza. Pertanto anche il loro essere risulta il frutto di una creazione divina.

I vari tipi di sostanze

Le **sostanze** possono essere
- > **composte** (sinoli di forma e materia)
- > **semplici** (forme pure senza materia)
  - > create (le anime, gli angeli)
  - > increate (Dio)

Tommaso, Aristotele e gli Arabi

La distinzione tra essenza ed esistenza rappresenta il principio riformatore di cui Tommaso si serve per accordare l'aristotelismo con la visione cristiana del mondo. Infatti Aristotele, identificando l'esistenza in atto con la forma, aveva stabilito che dovunque c'è forma c'è realtà in atto, e che perciò la forma è di per sé indistruttibile e ingenerabile, e

La riforma dell'aristotelismo

quindi necessaria ed eterna come Dio stesso. Con ciò egli garantiva la necessità e l'eternità della struttura formale dell'universo (generi, specie, forme e, in generale, sostanze). Dall'universo aristotelico erano quindi esclusi sia la creazione, sia qualunque intervento attivo da parte di Dio nella costituzione delle cose. Per questo motivo il sistema di Aristotele appariva (e di fatto era) irriducibilmente contrario al cristianesimo e poco adatto a esprimerne i dogmi fondamentali. Affermando il principio della **distinzione tra essenza ed esistenza**, Tommaso fa invece scaturire l'**esigenza della creazione** dalla stessa costituzione delle sostanze finite.

Il raffinamento dell'eredità araba

Tale principio, tuttavia, non è una "scoperta" di Tommaso, ma deriva, come si è già accennato, dalla filosofia araba. Ciò non toglie che, anche su questo punto, Tommaso sia pervenuto a esiti più consoni alle credenze cristiane. In primo luogo, contro Avicenna (ma forse il rilievo vale più per Maimonide) Tommaso afferma che l'**esistenza** non rappresenta un "accidente" accessorio dell'essenza, ma una **perfezione** che, accanto all'essenza, è **costitutiva dell'ente**:

> L'essere di una cosa, pur non essendo la sua essenza, non va considerato qualcosa di sopraggiunto alla maniera degli accidenti, ma va posto al livello dei principi dell'essenza.
> (*Commento alla Metafisica di Aristotele*, libro 4, lezione 2, n. 11)

In secondo luogo, mentre in Avicenna il principio della distinzione tra essenza ed esistenza serviva a ribadire nella forma più rigorosa la necessità di tutto l'essere (anche di quello finito) e a sostenere la derivazione-emanazione causale e necessaria delle cose da Dio, in Tommaso esso ha la funzione di **motivare metafisicamente il concetto di creazione**. Del resto, ragiona il filosofo cristiano, l'emanazione, implicando un rapporto necessario tra Dio e il mondo, renderebbe Dio dipendente dal mondo. Ma un Dio che dipende dal mondo non sarebbe più Dio, cioè la causa prima e incondizionata del mondo stesso.

Partecipazione e analogia

La partecipazione

Dire che gli esseri finiti sono stati "creati" da Dio equivale a dire, secondo la filosofia tomistica, che essi hanno la loro esistenza per **partecipazione**. Con questo termine Tommaso intende **l'atto con cui le creature, grazie a Dio, «prendono parte» all'essere**, nel senso che da Dio ricevono, in modo parziale, l'essere, che a Lui appartiene in modo totale.

> allo stesso modo che quanto è infocato e non è fuoco, è infocato per partecipazione, così ciò che ha l'essere e non è l'essere, è ente per partecipazione. (*Somma teologica*, I, q. 3, a. 4)

L'analogia dell'essere delle creature rispetto all'essere di Dio

La dottrina della partecipazione implica che il termine "essere", riferito alle creature, abbia un significato non identico, ma solo simile o corrispondente a quello dell'essere di Dio. È questo il **principio dell'analogicità dell'essere**, che Tommaso desume da Aristotele, ma che acquista in lui un valore del tutto diverso.

Aristotele, lo ricordiamo, aveva distinto vari significati dell'essere, ma soltanto rispetto alle categorie, e li aveva poi riportati tutti all'unico significato fondamentale della sostanza (*ousía*), cioè dell'essere in quanto essere, oggetto della metafisica. Egli perciò non distingueva, né poteva distinguere, tra l'essere di Dio e l'essere delle altre cose: per lui, ad esempio, Dio e la mente erano sostanze proprio nello stesso senso.

Tommaso, invece, in virtù della distinzione tra essenza ed esistenza, può distinguere l'**essere delle creature**, separabile dall'essenza e quindi creato e contingente, dall'**essere di Dio**, identico con l'essenza e quindi necessario. Questi due significati dell'essere non sono "univoci", cioè identici, e neppure "equivoci", cioè semplicemente diversi: sono "analoghi", cioè simili, ma di proporzioni diverse. **Dio solo è l'essere per essenza, le creature hanno l'essere per partecipazione**: esse, in quanto sono, sono simili a Dio, che è il primo principio universale di tutto l'essere; ma Dio non è simile a esse. Questo rapporto è l'**analogia**.

Il rapporto analogico si estende a tutti i predicati che si attribuiscono nello stesso tempo a Dio e alle creature, perché è evidente che nella causa prima devono sussistere in modo indivisibile e semplice quei caratteri che negli effetti sono divisi e moltiplicati. → T3 p. 274

QUESTIONE (PDF) ON LINE Ci si può fare un'immagine di Dio? (Tommaso, Eckhart)

L'essere di Dio (infinito) e l'essere delle creature (finite) sono **analoghi** ovvero
- > **né univoci** (cioè totalmente simili)
- > **né equivoci** (cioè totalmente diversi)

ma in parte identici e in parte differenti, cioè simili, ma di proporzioni diverse

Il rifiuto del panteismo

La tesi della diversità, pur nella somiglianza, tra l'essere del mondo e l'essere di Dio consente a Tommaso di salvare l'**assoluta trascendenza di Dio rispetto al mondo** e di **tagliare la via a ogni forma di panteismo** che in qualche modo identifichi l'essere di Dio con l'essere del mondo. A due forme di panteismo, apparse alla fine del XII secolo, allude esplicitamente, per confutarle, Tommaso. La prima è quella di **Amalrico di Bène**, il quale considera Dio come «il principio formale di tutte le cose», cioè come l'essenza o la natura di tutti gli esseri creati. La seconda è quella di **Davide di Dinant**, che identifica Dio con la materia prima. A questa seconda forma di panteismo, come alla prima, di origine stoica, secondo cui Dio è l'Anima del mondo, Tommaso oppone il principio per cui **Dio non può essere in alcun modo un elemento, o un componente, delle cose del mondo**.

L'essere come perfezione e la dottrina dei trascendentali

L'esistenza è la perfezione massima

Come si è visto, l'ontologia tomistica implica un esplicito primato dell'esistenza (o dell'*actus essendi*) rispetto all'essenza: «Prima di avere l'essere, l'essenza è un puro nulla» (*De potentia*, 3, 5, ad 3)[1]. Anzi, **l'esistenza, o l'essere**, configurandosi come quella «**spinta vittoriosa mediante la quale anche la più umile cosa trionfa sul nulla**» (Maritain), appare a Tommaso come una perfezione, e precisamente come la **perfezione massima**. Su questo punto – che secondo alcuni interpreti odierni (cfr. ad esempio gli studi di Battista Mondin) rappresenterebbe la parte più originale di tutta la metafisica tomistica – i testi sono particolarmente eloquenti:

> Fra tutte le cose l'essere è la più perfetta (*esse est inter omnia perfectissimum*).
> (*De potentia*, 7, 2, ad 9)

> Ciò che chiamo essere è l'attualità di tutti gli atti, e quindi la perfezione di tutte le perfezioni.
> (*De potentia*)

1 Questo primato dell'esistenza sull'essenza ha spinto alcuni studiosi a parlare, a proposito di Tommaso, di «ontologia esistenziale» (Étienne Gilson) e di «esistenzialismo *sui generis*» (Jacques Maritain).

> Tra le cose, l'essere è la più perfetta, perché verso tutte sta in rapporto di atto. Niente infatti ha l'attualità se non in quanto è: perciò l'essere stesso è l'attualità di tutte le cose, anche delle stesse forme. (*Somma teologica*, I, 4, 1 ad 3)

> L'essere [...] è ciò che nelle cose vi è di più intimo e di più profondamente radicato, poiché [...] l'essere è l'elemento formale rispetto a tutti i principi e i componenti che si trovano in una data realtà. (*Somma teologica*, I, 8, 1)

La dottrina dei trascendentali

Questa concezione dell'essere costituisce anche il presupposto della dottrina dei **trascendenti, o trascendentali**. Mentre le categorie sono gli aspetti che distinguono l'essere in diversi generi (qualità, quantità ecc.), i trascendentali sono **quei caratteri che, trascendendo le stesse categorie, qualificano l'essere in quanto tale** e che per ciò stesso competono a ogni ente.
Tommaso enumera cinque proprietà trascendentali: *res*, *unum*, *aliquid*, *verum*, *bonum*. Tuttavia, poiché *res* indica l'ente in quanto "cosa" e poiché *aliquid* (qualcosa) implica *unum* (qualcosa è sempre "una" cosa), i trascendentali si riducono a tre: ***unum*** («l'uno»), ***verum*** («il vero»), ***bonum*** («il bene»).

Ogni ente è uno

Dire che ogni ente è uno significa dire che **ogni ente è indiviso in sé e distinto da qualsiasi altro**. In altri termini, per Tommaso «una realtà in tanto può dirsi realtà, ente, in quanto ha una certa unità e quindi tanto più è reale (ente) quanto più è una. Ad esempio, un mucchio di sassi in tanto può dirsi una realtà, un ente, in quanto ha una certa indivisione in sé (è *un* mucchio, i sassi son dunque riuniti) e una certa distinzione dalle altre cose che lo circondano. Se, in quel mucchio, considerassi solo la pluralità, i tanti sassi, senza considerare la loro, sia pur labile, unione, non potrei più parlare del mucchio di sassi come di una realtà» (Sofia Vanni Rovighi).

Ogni ente è vero

Dire che ogni ente è vero significa dire che **ogni ente corrisponde all'intelletto divino che lo ha creato** (o progettato) e risulta quindi intrinsecamente intelligibile e razionale (verità ontologica), cioè in grado di farsi cogliere da un'intelligenza e di configurarsi come fondamento dell'adeguatezza del pensiero (verità logica o gnoseologica).

Ogni ente è buono

Dire che ogni ente è buono significa dire che **ogni ente corrisponde a una ben precisa volontà divina**, o ad un ben preciso progetto divino, e per questo costituisce una perfezione appetibile o desiderabile anche dall'uomo:

> ogni ente, in quanto ente, è in atto, e in qualche modo perfetto [...]. Ora, il perfetto ha ragione di appetibile e di bene. (*Somma teologica*, I, q. 5, a. 3, 4)

Il rapporto tra essere, verità e bontà

L'essere, secondo Tommaso, presenta quindi un indubbio primato metafisico rispetto al vero e al bene. Tant'è che la verità e la bontà di un ente risultano proporzionali al grado di essere che esso possiede (fino ad arrivare al caso di Dio, che è somma Verità e sommo Bene in quanto sommo Essere). Ciò non toglie, tuttavia, che il vero e il bene siano così inseparabili dall'essere da convertirsi con l'essere stesso. Infatti per Tommaso **non c'è nulla, nell'essere, che non sia vero e buono**, esattamente come **non c'è alcuna verità, né alcun bene, che non sia essere**. Ciò che le nozioni di vero e di bene contengono in più rispetto alla nozione di essere è la relazione all'intelletto e alla volontà: «La convenienza dunque dell'essere con l'appetito è espressa dal nome *bene* e la convenienza dell'essere con l'intelletto è espressa dal nome *vero*» (*Sulla verità*, q. 1, a. 1).

L'ottimismo metafisico

Da questa teoria dei trascendentali – che scorge ovunque perfezione, verità e bene – scaturisce **una delle più radicali forme di ottimismo metafisico della storia**.

4. Il discorso intorno a Dio

Le cinque «vie»

Sebbene la filosofia dell'essere di Tommaso sia tutta una dimostrazione dell'esistenza di Dio, egli raccoglie e articola le sue prove in cinque argomenti di fondo, che chiama «vie».

L'esistenza di Dio va dimostrata *a posteriori*

Secondo Tommaso, se Dio è primo nell'ordine dell'essere, non lo è nell'ordine delle conoscenze umane, che cominciano dai sensi. Una **dimostrazione dell'esistenza di Dio** è dunque **necessaria**, e deve muovere da ciò che è primo per l'uomo, cioè dagli effetti sensibili: essa sarà dunque ***a posteriori***.
Tommaso respinge esplicitamente la prova ontologica di Anselmo (v. cap. 1, p. 208): anche se si intende Dio come «ciò di cui non si può pensare nulla di maggiore» non ne segue che egli esista nella realtà (*in rerum natura*) e non solo nell'intelletto.
Le vie di Tommaso, già esposte nella *Somma contro i Gentili*, trovano la loro formulazione classica nella *Somma teologica*. ➔ T4 p. 275

IL CONCETTO E L'IMMAGINE

La cattedrale gotica, p. 280

La via *ex motu*

La prima via è la **prova cosmologica**, desunta dalla *Fisica* e dalla *Metafisica* di Aristotele. Essa parte dal principio secondo cui "tutto ciò che si muove è mosso da altro". Ora, se ciò da cui è mosso a sua volta si muove, bisogna che anch'esso sia mosso da un'altra cosa, e questa a sua volta da un'altra. Ma non è possibile procedere così all'infinito, altrimenti non ci sarebbe un motore primo e, dunque, neppure gli altri muoverebbero (esattamente come, ad esempio, il bastone non muove se non è mosso dalla mano). È quindi necessario giungere a un primo motore che non sia mosso da null'altro: e per esso tutti intendono Dio. Questo argomento era stato ripreso nella scolastica latina per la prima volta da Adelardo di Bath; vi avevano poi insistito Maimonide e Alberto Magno.

La via *ex causa*

La seconda via è la **prova causale**. Nell'ordine delle cause efficienti non si può risalire all'infinito, altrimenti non vi sarebbe una causa prima, o ultima, e, quindi, neppure tutte le cause intermedie: vi deve essere dunque una causa efficiente prima, che è Dio. Questa prova, desunta da Aristotele, era stata riesposta da Avicenna.

La via *ex possibili et necessario*

La terza via è desunta dal **rapporto tra possibile e necessario**. Le cose possibili esistono solo in virtù delle cose necessarie: ma queste hanno la causa della loro necessità o in sé o in altro. Quelle che hanno la causa in altro rinviano a quest'altro, e poiché non è possibile procedere all'infinito, bisogna risalire a qualcosa che sia necessario di per sé e sia causa della necessità di ciò che è necessario per altro: questo è Dio. Questa prova è desunta da Avicenna.

La via *ex gradu perfectionis*

La quarta via è quella dei **gradi di perfezione**. Nelle cose si trovano il "meno" e il "più" del vero, del bene e di tutte le altre perfezioni: vi sarà dunque anche il grado massimo di tali perfezioni e sarà esso la causa dei gradi minori, così come il fuoco, che è massimamente caldo, è la causa di tutte le cose calde. Ora, la causa dell'essere, della bontà e di ogni perfezione è Dio. Questa prova, di origine platonica, è desunta da Aristotele.

La via *ex fine*

La quinta via è quella che si desume dalla **finalità delle cose**. Le cose naturali, sebbene siano prive di intelligenza, appaiono tuttavia dirette a un fine, e questo non potrebbe accadere se

QUESTIONE
Dio è oggetto di conoscenza o di fede?, p. 324

non fossero governate da un essere dotato di intelligenza, come la saetta non può essere diretta al bersaglio se non dall'arciere. Vi è dunque un essere intelligente che ordina tutte le cose naturali in vista di un fine: un tale essere è Dio. In questa prova, che è la più antica e venerabile tra tutte, l'esposizione tomistica segue probabilmente quella di Giovanni Damasceno e di Averroè.

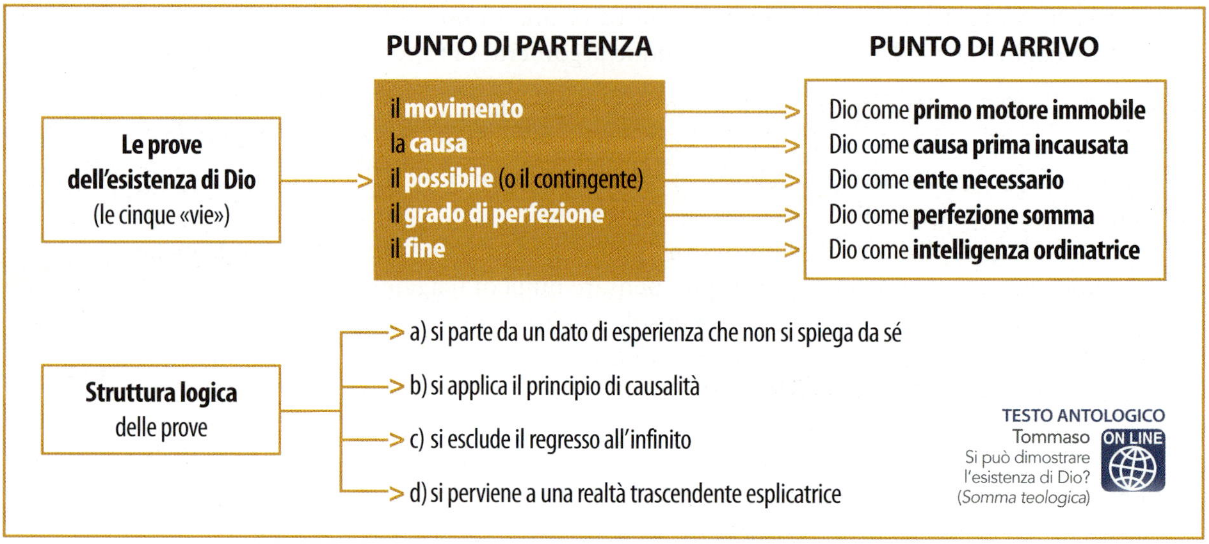

Gli attributi di Dio e il metodo analogico

QUESTIONE MULTIMEDIALE
La religione
Esiste Dio?
ON LINE

Le cinque vie pervengono a qualificare Dio come motore immobile, causa prima, essere necessario, perfezione somma e intelligenza ordinatrice. Procedendo su questa strada, la ragione può arrivare a scoprire anche altri attributi, sia per via negativa, sia per via positiva.

La via negativa

La via negativa (o *via remotionis*) consiste nel **negare riguardo a Dio tutte le imperfezioni delle creature**, giungendo in tal modo all'idea della semplicità, dell'unità, della spiritualità ecc. come attributi divini.

La via positiva

La via positiva consiste invece nel **conoscere Dio attraverso le «perfezioni che egli comunica alle creature**, le quali perfezioni si ritrovano in Dio in grado ben più eminente che nelle creature» (*Somma teologica*, I, q. 13, a. 3). In concreto, la via positiva si articola nella ***via causalitatis*** e nella ***via eminentiae***. La prima consiste nel derivare dall'effetto, cioè dal mondo, informazioni sulla causa che lo ha prodotto (ad esempio, dall'ordine finalistico del creato si deduce che il creatore ha l'attributo dell'intelligenza). La seconda consiste nel liberare l'attributo in questione dai limiti che esso possiede nelle creature e nel pensarlo al superlativo, cioè secondo una modalità compatibile con l'essere perfetto di Dio (ad esempio, si dirà che il creatore è intelligenza somma e sempre in atto, e che conosce tutto in modo simultaneo).

Gli attributi del mondo sono analoghi agli attributi di Dio

Ora, poiché tali attributi sono affermati da Dio in modo eminente, essi non sono predicati di Dio e delle creature in modo univoco. D'altra parte, poiché ogni perfezione mondana (come si è visto) ha un rapporto di partecipazione e di somiglianza con Dio, essi non sono neppure predicati in modo puramente equivoco, cioè ponendo sotto lo stesso nome realtà

completamente differenti. Imboccando una terza strada tra l'univocità assoluta (che, trascurando la distanza tra creatore e creature, conduce all'antropomorfismo e al panteismo) e l'equivocità pura (che, trascurando le affinità tra creatore e creature, conduce all'agnosticismo e allo scetticismo, minando alla base la possibilità stessa del discorso teologico), Tommaso sostiene che tra gli attributi delle creature e quelli di Dio esiste **analogia**, ossia **parziale somiglianza e parziale dissomiglianza**.
Ecco un testo emblematico in materia:

> nessun nome si attribuisce in senso univoco a Dio e alle creature. Ma neanche in senso del tutto equivoco, come alcuni hanno affermato. Perché in tal modo niente si potrebbe conoscere o dimostrare intorno a Dio partendo dalle creature; ma si cadrebbe continuamente nel sofisma chiamato "equivocazione". E ciò sarebbe in contrasto sia con i filosofi, i quali dimostrano molte cose su Dio, sia con l'Apostolo, il quale in *Romani* 1, 20 dice: «le perfezioni invisibili di Dio, comprendendosi dalle cose fatte, si rendono visibili». Si deve dunque concludere che tali termini si affermano di Dio e delle creature secondo analogia, cioè proporzione. (*Somma teologica*, I, q. 13, a. 5)

Dio è conoscibile e inconoscibile al tempo stesso

La teoria di Tommaso cerca in tal modo di dar ragione sia della conoscibilità di Dio, sia del carattere approssimativo e imperfetto di tale conoscenza: «**si sa qualcosa di Dio**, altrimenti non se ne parlerebbe, neppure per negarlo; **ma il nostro sapere di lui è un non-sapere**: Dio è il *Deus absconditus*, come ci è nascosta la struttura profonda delle cose, che pure è la loro essenza. E si capisce che ci sia chi accentua di più il carattere di *sapere* e chi accentua di più quello di *non-sapere*, anche fra gli interpreti di Tommaso» (Sofia Vanni Rovighi).
In ogni caso, secondo Tommaso, è certo che l'uomo, di fronte a Dio, si trova pur sempre (per usare una metafora aristotelica) alla stregua di un animale notturno di fronte alla luce accecante del sole. Del resto si racconta che Tommaso, poco prima di morire, all'amico Reginaldo che lo esortava a terminare la stesura della sua *Summa*, abbia detto: «non posso, poiché tutto ciò che ho scritto mi sembra paglia» (*non possumus, quia omnia quae scripsi videntur mihi paleae*). Questa frase non è, probabilmente, da intendersi nel senso di una sconfessione della fatica teologica e filosofica compiuta (fatica in cui Tommaso credette tutta la vita), ma nel senso di un'**esasperata consapevolezza del mistero ultimo di Dio**.

QUESTIONE (PDF) ON LINE Ci si può fare un'immagine di Dio? (Tommaso, Eckhart)

L'indimostrabilità dei dogmi del cristianesimo

I **dogmi** fondamentali del cristianesimo, come la Trinità, l'incarnazione e la creazione, sono secondo Tommaso **articoli di fede**, non suscettibili di dimostrazione: di fronte a essi il compito della ragione si limita, come abbiamo visto, prima a chiarire e poi a controbattere alle obiezioni. I chiarimenti di Tommaso in proposito hanno una tale lucidità ed eleganza dialettica da risultare una delle parti più rilevanti del suo intero sistema.

La Trinità e l'incarnazione. Per quanto riguarda il dogma della **Trinità**, la difficoltà è quella di intendere in che modo l'unità della sostanza divina si concili con la trinità delle persone.

La Trinità come "relazione" tra le persone divine

Per risolvere la questione Tommaso si serve del concetto di "**relazione**". La relazione da un lato **costituisce le persone divine nella loro distinzione**; dall'altro **si identifica con la stessa unica essenza divina**. Le persone divine, infatti, sono costituite dalle loro relazioni di origine: il Padre dalla paternità, cioè dalla relazione con il Figlio; il Figlio dalla filiazione, o generazione,

cioè dal rapporto con il Padre; lo Spirito dall'amore, cioè dal rapporto reciproco di Padre e Figlio. Ora, queste relazioni in Dio non sono accidentali, poiché nulla può essere accidentale in Dio, bensì reali: esse sussistono realmente nell'essenza divina. Proprio l'essenza divina, dunque, nella sua unità, implicando le relazioni implica la diversità delle persone.
Questo chiarimento basta, secondo Tommaso, a mostrare che «ciò che la fede rivela non è impossibile», il che è tutto quanto si deve fare in questi argomenti, nei quali ogni tentativo di dimostrazione è più nocivo che meritorio, giacché induce gli increduli a supporre che i cristiani si fondino, per credere, su ragioni prive di valore necessario.

Il problema posto dall'incarnazione di Cristo

Per quanto riguarda l'**incarnazione**, la difficoltà è quella di intendere la presenza, nell'unica persona di Cristo, delle due nature, la divina e l'umana.
La Chiesa aveva già condannato, nel V secolo, due opposte interpretazioni di questo dogma, giudicandole eretiche: l'eresia di Eutichio e quella di Nestorio. A tali interpretazioni Tommaso riduce tutte le altre, per poterle confutare. L'eresia di Eutichio, insistendo sull'unità della persona di Cristo, riduceva le due nature a una sola, quella divina. L'eresia di Nestorio, invece, insistendo sulla dualità delle nature, ammetteva in Cristo due persone coesistenti: la persona umana come strumento, o rivestimento, di quella divina.

Cristo, persona divina che assume natura umana

La chiave interpretativa è data a Tommaso dalla **distinzione** reale **tra l'essenza e l'esistenza nelle creature** e dalla **loro unità in Dio**. L'essenza, o natura, divina è identica con l'essere di Dio; dunque Cristo, che ha natura divina, è Dio, sussiste come Dio, cioè come persona divina, ed è dunque una sola persona, quella divina. Tuttavia, data la separabilità della natura umana dall'esistenza, Cristo può assumere la natura umana (che è anima razionale e corpo) pur senza essere una persona umana. Si intende quindi come la natura umana abbia potuto essere assunta da Cristo, che in tal modo l'ha nobilitata, sollevata e resa nuovamente degna della grazia divina.

La ragione non può dimostrare né l'inizio del mondo nel tempo…

La creazione e il tempo. La **creazione**, secondo Tommaso, è **articolo di fede solo nel senso di inizio nel tempo, non nel senso di produzione dal nulla**. Si può ammettere, dice Tommaso, che il mondo sia stato prodotto dal nulla, e parlare perciò di creazione, senza ammettere perciò che esso venga *dopo* il nulla; così ha fatto Avicenna nella sua *Metafisica*. E si può dire che se ci fosse un piede calcato nella polvere dall'eternità, nessuno dubiterebbe che l'orma fosse prodotta dal piede, ma con ciò non si ammetterebbe un inizio nel tempo dell'orma stessa. Così gli argomenti che si possono addurre in favore di un inizio del mondo nel tempo non concludono necessariamente.

… né l'eternità del mondo

D'altro lato, non concludono necessariamente neppure gli argomenti che pretenderebbero di dimostrare l'eternità del mondo. Tra questi ultimi, il più famoso tra gli aristotelici era quello fondato sull'eternità della materia prima: se il mondo ha cominciato a esistere con la creazione, vuol dire che prima della creazione "poteva" esistere, cioè era una possibilità; ma ogni possibilità è materia, che unendosi alla forma passa all'atto; ma non ci può essere una materia senza forma; e la materia e la forma insieme costituiscono il mondo; dunque se si ammette la creazione nel tempo bisogna concludere che il mondo sia esistito prima di cominciare a esistere, il che è impossibile.
A questo argomento Tommaso risponde che, **prima della creazione, il mondo era possibile solo perché Dio poteva crearlo e perché la creazione di esso non era impossibile**; da ciò non si può trarre argomento per l'esistenza di una materia.

Agli altri argomenti, tratti anch'essi da Aristotele, che i cieli sono formati di sostanza ingenerabile e incorruttibile e che perciò sono eterni, Tommaso replica che l'ingenerabilità e l'incorruttibilità dei cieli, e quindi del mondo, s'intendono rispetto ai naturali processi di formazione delle cose e non rispetto alla creazione.
Neppure gli argomenti che vorrebbero dimostrare l'eternità del mondo hanno quindi valore necessario. Tommaso conclude che non si può dimostrare né l'inizio nel tempo, né l'eternità del mondo; e che ciò lascia via libera a credere alla creazione nel tempo.

TAVOLA ROTONDA
Dio "principio" del mondo, p. 315

La teologia

Abbiamo visto come, per Tommaso, da un lato Dio sia conoscibile, perché la ragione è in grado di pervenire, ricorrendo al solo lume naturale, a numerose nozioni che Lo riguardano; ma dall'altro lato non sia conoscibile soltanto con la ragione, perché essa non può comprendere le principali verità di fede.

Dall'incertezza dell'esperienza alla certezza della rivelazione

Poiché **la conoscenza umana si basa sull'esperienza**, è facile conoscere gli oggetti empirici, che per l'uomo costituiscono il *primum cognitum*. Ma più gli oggetti sono lontani dall'esperienza, più è difficile per l'uomo conoscerli. In questo senso **Dio è l'*extremum cognitum***, ovvero l'oggetto più difficile da conoscere, in quanto non ne possiamo avere alcuna esperienza (giacché non possiamo vedere, né toccare Dio).
Ci soccorre allora la **dottrina rivelata**: grazie alla fede possiamo cogliere ciò che è irraggiungibile per la ragione. Non si tratta però di nozioni irrazionali, perché Dio è verità e razionalità somma. Al contrario, le nozioni rivelate, a differenza del sapere umano, sono assolutamente certe e pertanto ci spingono ad abbandonare il cammino incerto della ricerca per assumere il «**principio di autorità**» (*Somma teologica*, I, 1, 1c).

Teologia naturale e teologia rivelata

Quanto la ragione ci attesta su Dio rientra nella **teologia naturale**, mentre quanto proviene dalla rivelazione fa parte, a rigore, della **teologia rivelata**.
Solo la teologia naturale appartiene all'ambito filosofico (*Somma teologica*, I, 1, 1 ad 2). Ma sia la teologia naturale, sia quella rivelata hanno un punto in comune: parlando di Dio, che è il creatore del mondo, devono parlare anche di quest'ultimo. Le differenze tra le due discipline, perciò, risiedono non tanto nel loro oggetto, quanto nel **metodo** che utilizzano, o meglio nell'atteggiamento che assumono:
- la teologia naturale si rivolge innanzitutto alle **creature**, che considera quali opere divine; di conseguenza deve fondare adeguatamente i suoi presupposti con la **ragione**;
- la teologia rivelata si rivolge direttamente a **Dio**, assumendo quindi i suoi presupposti dalla **fede**, senza bisogno di giustificarli (*Somma contro i Gentili*, II, 4).

I principi della teologia naturale

Come abbiamo anticipato, la teologia naturale è una forma di filosofia e, come la filosofia, deve fondarsi su principi certi. Così come già per Aristotele, anche per Tommaso tali principi certi non possono a loro volta necessitare di una giustificazione, o si istituirebbe un regresso all'infinito: pertanto vengono assunti per la loro evidenza. In quanto **principi generali**, sono **di natura metafisica**.
Quando però Tommaso deve approfondire in che cosa consista l'evidenza dei principi razionali e che cosa ne garantisca la verità, sostiene che la risposta aristotelica è insufficiente, come insufficiente è la facoltà di intuizione dell'uomo. Infatti i principi della metafisica

QUESTIONE

Dio è oggetto di conoscenza o di fede?, p. 324

affondano le loro radici nella razionalità, ma quest'ultima ci è stata data da Dio. Per questo il «lume naturale» della ragione è definito da Tommaso come partecipazione alla luce divina (*Somma contro i Gentili*, I, 7). Questo significa che, nonostante l'autonomia assegnata da Tommaso alla razionalità dell'uomo rispetto alla fede, il suo fondamento ultimo resta di natura teologica e **la stessa metafisica finisce per culminare nella nozione di Dio.**

VERSO LE COMPETENZE

- Utilizzare il lessico e le categorie specifiche della filosofia

GLOSSARIO e RIEPILOGO

La metafisica di Tommaso

Ragione e fede p. 242 > Pur affermando la *distinzione* tra ragione e fede, Tommaso crede in una loro *armonica collaborazione*. La ragione può infatti servire alla fede in tre modi diversi: in primo luogo dimostrando i «preamboli della fede», cioè quelle verità la cui dimostrazione è necessaria alla fede stessa (come l'esistenza di Dio e la Sua unità); in secondo luogo chiarendo, mediante analogie e similitudini, i misteri della rivelazione; in terzo luogo combattendo le obiezioni mosse alla fede.

Ente p. 243 > Quella di "ente" (*ens*) è una nozione generale e indefinibile, di cui Tommaso si serve per indicare «ciò che ha l'essere» (*id quod habet esse*) o in modo *reale* o in modo *logico*. Nel primo caso, l'ente è ciò che è presente nella realtà, secondo le varie modalità specificate dalle categorie aristoteliche. Nel secondo caso, l'ente è tutto ciò che viene espresso, tramite la copula, in una proposizione affermativa (senza che a quest'ultima corrisponda necessariamente qualcosa di reale).

Essenza p. 243 > Per "essenza" (*essentia*), Tommaso intende la *quidditas*, o la «natura» di una cosa. L'essenza include sia la forma, sia la materia delle cose composte, poiché comprende tutto ciò che è espresso nella definizione della cosa. Negli esseri creati l'essenza non si identifica con l'esistenza (v.) ma è *realmente* distinta da essa, anche se si tratta della distinzione «non già di due enti propriamente, bensì di due princìpi di uno stesso ente di loro natura inseparabili» (A. Gazzana).

Esistenza, o essere, o atto d'essere p. 243 > Per "essere" (*esse*) o "atto d'essere" (*actus essendi*) Tommaso intende l'"esistenza", cioè l'atto grazie al quale le essenze che hanno l'essere solo in potenza di fatto esistono. Negli esseri finiti e contingenti essenza ed esistenza stanno tra loro in un rapporto di potenza e atto, mentre nell'essere infinito e necessario di Dio sono la stessa cosa, in quanto Dio è l'Essere per essenza. In Tommaso il concetto di essere si identifica con quello di "perfezione" (v. la voce "atto").

Potenza e atto p. 244 > Per "potenza" Tommaso intende ciò che indica incompletezza e imperfezione; per "atto" ciò che indica realizzazione, completezza e perfezione. La perfezione massima, e perciò l'atto di tutti gli atti, è l'essere.

Finito p. 244 > Per "finito" Tommaso intende tutto ciò che *ha* l'essere, ma non *è* l'essere e dunque riceve l'essere da altro e risulta circoscritta nei limiti di una determinata natura o essenza.

Contingente p. 244 > Per "contingente" (dal lat. *contingere*, "toccare", "accadere") si intende ciò che, pur esistendo attualmente, potrebbe anche non esistere, per cui, se di fatto esiste, è perché qualcosa di necessario (v.) gli ha dato l'esistenza. Il contingente è quindi associato all'idea di una dipendenza causale estrinseca, ossia al concetto di una realtà etero-dipendente (qual è appunto, secondo la scolastica cristiana, quella delle creature).

Infinito p. 244 > L'"infinito" è per Tommaso ciò il cui essere non dipende da altro e non è ristretto nei limiti di una determinata natura. L'infinito coincide quindi con Dio, inteso come «l'essere totale senza limitazioni di sorta» (Tito Sante Centi), ossia come quell'Essere al quale, secondo la cosiddetta "metafisica dell'*Esodo*" abbozzata da Agostino e ripresa da Tommaso, ben si adatta l'espressione: «Io sono colui che sono» (*Es*, 3, 14).

Necessario p. 244 e p. 249 > "Necessario", per Tommaso, è ciò che è e non può non essere, in quanto la sua essenza implica la sua esistenza. Tale è il modo di essere di Dio, grazie a cui gli enti contingenti di fatto esistono.

Partecipazione p. 246 > Per "partecipazione" Tommaso intende l'atto con cui le creature, grazie a Dio, «prendono parte» alla perfezione dell'essere. «*Est autem partecipare quasi capere partem*», scrive Tommaso, precisando che «quando qualcosa riceve in parte ciò che ad altri appartiene universalmente (cioè in modo totale) si dice che vi partecipa. Ad esempio, si dice che l'uomo partecipa all'animalità, perché non esaurisce il concetto dell'animalità in tutta la sua estensione» (*Boëthii De hebdomadibus*, c. 2).
N.B. Quando si dice che le creature, partecipando dell'essere, partecipano di Dio (o dell'Essere) non si intende dire che esse prendono parte dell'essenza di Dio (poiché in questo caso si tratterebbe di panteismo), ma che esse realizzano in misura limitata e imperfetta ciò che in Dio è dato in modo illimitato e perfetto. In altri termini, «gli enti [...] partecipano dell'Essere come una copia partecipa del proprio modello. È una partecipazione di somiglianza, non una partecipazione di essenza» (Battista Mondin).

Analogia p. 247 > Tommaso si serve del concetto di "analogia" per *distinguere* e nello stesso tempo *connettere* l'essere di Dio e l'essere delle creature, i quali, a suo parere, non sono né *univoci*, cioè totalmente *identici*, né *equivoci*, cioè totalmente diversi, bensì *analoghi*, ovvero in parte simili e in parte diversi. Secondo Tommaso, l'analogia si estende a tutti i predicati che si attribuiscono nello stesso tempo a Dio e alle creature, e rappresenta la condizione grazie alla quale risulta possibile il discorso teologico.

Trascendenti, o trascendentali p. 248 > Per "trascendenti", o "trascendentali" (come si dirà in seguito), Tommaso intende quei predicati che appartengono in modo universale a ogni ente e che perciò trascendono (per generalità) le categorie. I trascendentali individuati da Tommaso si riducono fondamentalmente a tre: l'*uno*, il *vero* e il *bene*.

Possibile p. 249 > Il "possibile" di cui parla Tommaso nel corso delle prove dell'esistenza di Dio è ciò che può essere ma anche non essere, ossia ciò la cui essenza non implica l'esistenza. Il possibile è detto anche "contingente" (v.).

5. La teoria della conoscenza

La teoria tomistica della conoscenza è ricalcata su quella aristotelica. Il suo tratto più originale è rappresentato dal rilievo attribuito al **carattere astrattivo del processo della conoscenza**.

Commentando il passo del *De anima* in cui Aristotele dice che «l'anima è in qualche modo tutte le cose» (perché tutte le conosce), Tommaso dice:

L'oggetto conosciuto è conforme al soggetto conoscente

> Se l'anima è tutte le cose, è necessario che essa o sia le *cose stesse*, sensibili o intelligibili – nel senso in cui Empedocle affermò che noi conosciamo la terra con la terra, l'acqua con l'acqua e così via – o sia le *specie* delle cose stesse. Ma certo l'anima non è le cose, giacché, ad esempio, nell'anima non c'è la pietra ma la specie della pietra.

Ora, **la specie (*éidos*) è la forma della cosa**. Dunque «l'**intelletto** è una **potenza ricettiva di tutte le forme intelligibili** e il **senso** è una **potenza ricettiva di tutte le forme sensibili**». Sicché il principio generale della conoscenza è «*cognitum est in cognoscente per modum cognoscentis*» (l'oggetto conosciuto è nel soggetto conoscente conformemente alla natura del conoscente).

Il processo astrattivo

Il processo attraverso il quale il soggetto conoscente riceve l'oggetto è l'**astrazione**. Tra i sensi corporei – che conoscono la forma unita alla **materia** delle cose particolari – e gli intelletti angelici – che conoscono la forma separata dalla materia –, l'intelletto umano tiene una via di mezzo. Esso è una virtù dell'anima, che è forma del corpo: può dunque conoscere le forme delle cose solo in quanto sono unite ai corpi, e non (come voleva Platone) in quanto ne sono separate. Ma nell'atto di conoscerle, le astrae dai corpi stessi: il **conoscere** è quindi un **astrarre la forma dalla materia individuale**, un trarre fuori l'universale dal particolare, la specie intelligibile dalle singole immagini sensibili, o **fantasmi**.

Nello stesso modo in cui possiamo considerare il colore di un frutto prescindendo dal frutto, senza perciò affermare che esso esista separato dal frutto, così possiamo conoscere le forme, o specie universali, dell'uomo, del cavallo, della pietra, prescindendo dai principi individuali a cui vanno unite, ma senza pretendere che esse esistano separatamente da questi. Dunque **l'astrazione non falsifica la realtà**. Essa non afferma la reale separazione della forma dalla materia individuale, ma consente di considerarle separatamente l'una dall'altra, e in questo tipo di considerazione sta la conoscenza intellettuale umana.

La distinzione tra materia comune e materia individuale

Si noti però che per Tommaso l'intelletto umano considera la realtà separando la forma dalla materia *individuale*, non dalla materia *in generale*, perché altrimenti non potrebbe intendere che l'uomo o la pietra o il cavallo sono costituiti anche di materia.

> La materia è duplice, cioè comune, e *signata*, o individuale; comune, come la carne e le ossa; signata, come *questa* carne e *queste* ossa. L'intelletto astrae la specie della cosa naturale dalla materia sensibile individuale, ma non dalla materia sensibile comune. Ad esempio, astrae la specie dell'uomo da queste carni e da queste ossa, che non appartengono alla natura della specie ma sono parti dell'individuo e dalle quali quindi si può prescindere. Ma la specie dell'uomo non può essere astratta per opera dell'intelletto dalle carni e dalle ossa in generale. (*Somma teologica*, I, q. 85, a. 1)

Il *principium individuationis*

Di conseguenza, per Tommaso il ***principium individuationis***, ovvero **ciò che determina il carattere proprio di ciascun individuo**, e quindi la sua diversità dagli altri, **non è la materia comune** (tutti gli uomini hanno carne e ossa, e pertanto non è questo che li diversifica), **ma la materia *signata***, o, come anche dice il filosofo, la «materia **considerata sotto determinate dimensioni**». Un uomo è diverso da un altro uomo non perché è unito a un corpo, ma perché è unito a un *determinato* corpo, differente per *dimensioni* (cioè per la sua situazione nello spazio e nel tempo) da quello degli altri uomini.

Gli universali

QUESTIONE (PDF) I concetti universali sono reali? (Anselmo, Tommaso, Ockham) ON LINE

Da questa dottrina risulta anche che **l'universale non sussiste "fuori" delle cose singole**, ma è reale solo in esse. In ciò consiste il cosiddetto "**realismo moderato**" di Tommaso, secondo il quale l'universale è ***in re***, come forma delle cose, e ***post rem***, nell'intelletto; è invece ***ante rem*** solo nella mente divina, come principio o modello (idea) delle cose create (v. cap. 1, p. 214).

L'intelletto attivo

L'**intelletto** che astrae le forme dalla materia individuale è l'**intelletto agente, o attivo**. L'intelletto umano è un intelletto finito, che, a differenza dell'intelletto angelico, non conosce in atto tutti gli intelligibili, ma ha solo la potenza (o possibilità) di conoscerli; è dunque un intelletto possibile. Ma poiché «nulla passa dalla potenza all'atto se non per opera di ciò che è già in atto», la possibilità di conoscere propria del nostro intelletto diventa conoscenza effettiva per l'azione di un intelletto agente, o attivo, il quale **fa passare all'atto gli intelligi-**

bili astraendoli dalle condizioni materiali e agendo (secondo il paragone aristotelico) **come la luce sui colori.**

Contro Averroè e i suoi seguaci, Tommaso afferma esplicitamente l'**unità di questo intelletto con l'anima umana**. Se l'intelletto agente fosse separato dall'uomo, non sarebbe l'uomo a intendere, ma il preteso intelletto separato a intendere l'uomo e le immagini che sono in lui: l'intelletto deve dunque fare parte essenziale dell'anima umana. E per questo stesso motivo l'intelletto attivo non è uno solo, ma **ci sono tanti intelletti attivi quante sono le anime umane**: contro la tesi dell'unicità dell'intelletto, quale era sostenuta dagli averroisti, è diretto il famoso opuscolo di Tommaso intitolato *Sull'unità dell'intelletto contro gli averroisti*.

TESTO ANTOLOGICO
ON LINE
Tommaso
La conoscenza intellettiva
(*Somma contro i Gentili*)

ON LINE
SCHEMA INTERATTIVO

CONCETTI A CONFRONTO

L'intelletto attivo

in Avicenna	in Averroè	in Tommaso
è l'**intelletto divino**	è l'**intelletto divino**	fa parte dell'**anima umana**
è **universale, unico** e **separato dall'uomo**	è **universale, unico** e **separato dall'uomo**	è **molteplice**, perché molteplici sono le anime umane

L'intelletto passivo

in Avicenna	in Averroè	in Tommaso
è l'**intelletto umano**, che riceve da quello divino i principi del ragionamento	è l'**intelletto umano**, che può trasformarsi in attivo, poiché ne condivide la natura	è l'**intelletto umano**, cioè possibilità di conoscere che diventa conoscenza in atto grazie all'intervento dell'intelletto attivo
è **molteplice** e **individuale**	è **universale**, unico per tutti gli individui e separato dalla loro anima	è **molteplice** e **individuale**

La verità come adeguamento dell'intelletto alla cosa

Il procedimento astrattivo dell'intelletto garantisce la **verità** della conoscenza intellettuale perché garantisce che **la specie esistente nell'intelletto è la forma stessa della cosa** e che perciò vi è corrispondenza (*adaequatio*) tra l'intelletto e la cosa. Riprendendo la definizione data da Isacco Ben Israeli nel suo *Liber de definitionibus*, Tommaso definisce infatti la verità come «l'**adeguamento dell'intelletto alla cosa**» (*adaequatio intellectus et rei*). In questa prospettiva le **cose naturali** sono la **misura del nostro intelletto**, giacché quest'ultimo possiede la verità solo in quanto si conforma a esse. ➔ T5 p. 277

Essere e conoscenza in Dio

Le **cose naturali** sono invece **misurate dall'intelletto divino**, nel quale sussistono le loro forme nel modo in cui le forme delle cose artificiali sussistono nell'intelletto dell'artefice. «L'intelletto divino è misurante, ma non misurato; la cosa naturale è misurante (rispetto all'uomo) e misurata (rispetto a Dio); ma il nostro intelletto è misurato, e non misura le cose naturali, ma solo quelle artificiali» (*Sulla verità*, q. 1, a. 1).

Dio dunque **è la verità suprema**, in quanto il suo intendere è la misura di tutto ciò che è e di ogni altro intendere (*Somma teologica*, I, q. 16, a. 5). La scienza che Egli ha delle cose è la causa di esse, esattamente come la scienza che l'artefice ha della cosa artificiale è la causa di questa. **In Dio l'essere e l'intendere coincidono**: intendere le cose significa in Dio comunicare a esse l'essere, posto che all'intendere sia congiunta la volontà creativa.

Conoscenza divina e conoscenza umana

Ciò stabilisce una differenza radicale tra l'intelletto divino e quello umano, tra la scienza divina e quella umana.
Dio intende ogni cosa mediante la semplice intelligenza della cosa stessa: con un solo atto egli afferra (e, volendo, crea) l'essenza totale e completa della cosa, anzi di tutte le cose nella loro totalità e compiutezza.
Il nostro intelletto, invece, non attinge con un unico atto la conoscenza perfetta di una cosa, ma apprende di essa dapprima qualche elemento (ad esempio, l'essenza, che è l'oggetto primo e proprio dell'intelletto), per poi passare a intendere le proprietà, gli accidenti e tutte le disposizioni o i comportamenti che sono propri della cosa. Di qui deriva che **la conoscenza intellettuale umana si svolge per atti successivi**, che si seguono nel tempo: atti di composizione o di divisione, cioè affermazioni o negazioni, che esprimono mediante proposizioni ciò che l'intelletto via via conosce della cosa stessa.

La discorsività della scienza umana

Il procedere dell'intelletto da una composizione o divisione ad altre successive composizioni o divisioni, cioè da una proposizione all'altra, è il "ragionamento"; la scienza si va quindi costituendo per successivi e concatenati atti di affermazione o di negazione: essa è scienza discorsiva. La **conoscenza umana** è dunque **conoscenza razionale** e la **scienza umana scienza discorsiva:** tali caratteri non possono invece attribuirsi alla conoscenza e alla scienza di Dio, il quale intende tutto simultaneamente in se stesso, con atto semplice e perfetto di intelligenza.

VERSO LE COMPETENZE
- Utilizzare il lessico e le categorie specifiche della filosofia

GLOSSARIO e RIEPILOGO

La teoria della conoscenza

Astrazione p. 256 > Con il termine "astrazione" (dal lat. *abstrahere*, "trarre via da") si indica il processo attraverso cui il soggetto conoscente ricava le forme, o specie (sensibili o intelligibili), delle cose, "astraendole" dai corpi con i quali sono unite. Per Tommaso l'astrazione si riferisce soprattutto alla conoscenza intellettuale, la quale è un astrarre la forma dalla materia individuale, ossia un "trarre fuori" l'universale dal particolare, la specie intelligibile dalle immagini singole, cioè dal cosiddetto "fantasma".

Materia p. 256 > Il processo astrattivo consiste nel separare la forma non dalla materia *in generale* (poiché altrimenti non potremmo intendere che l'uomo o il cavallo sono costituiti "anche" di materia), bensì dalla materia *individuale*. In altri termini, la materia è duplice, cioè *comune* (come la carne e le ossa in generale), oppure *signata*, o individuale (come *questa* carne e *queste* ossa particolari). L'intelletto, conoscendo, non astrae la forma dalla materia sensibile comune, ma solo dalla materia sensibile individuale.

Fantasmi p. 256 > Per "fantasmi" si intendono le riproduzioni degli oggetti sensibili nell'immaginazione. Il fantasma, essendo qualcosa di sensibile e di individuale, non va confuso con il "concetto", il quale è invece universale e intelligibile.

Principium individuationis p. 256 > Secondo Tommaso il "*principium individuationis*", ossia ciò che determina il carattere proprio di ciascun individuo, e quindi la sua diversità rispetto agli altri, non è né la forma (giacché ogni individuo appartiene alla specie "uomo"), né la materia comune (poiché tutti gli individui sono fatti di carne e di ossa), bensì la materia *signata*. Infatti ogni individuo è unito a un "determinato" corpo, diverso per "dimensioni" spazio-temporali da quello degli altri uomini.

Intelletto p. 256 > Per "intelletto" Tommaso intende la facoltà dell'*intus legere* (leggere dentro), cioè del penetrare fino alle essenze delle cose: si tratta di una «facoltà conoscitiva superiore che è del tutto inorganica, che cioè esercita le sue funzioni indipendentemente dalla materialità di un organo corporeo» (Tito Sante Centi).

Intelletto agente, o attivo p. 256 > L'intelletto agente, o intelletto attivo, è la facoltà che astrae le forme intelligibili dalla materia individuale, permettendo all'intelletto possibile, o potenziale, di esprimerle nei concetti. Contro Averroè e i suoi seguaci, i quali sostenevano l'unicità di tale intelletto e la sua separazione rispetto agli intelletti individuali, Tommaso sostiene che esso coincide con l'anima stessa e che ci sono quindi tanti intelletti agenti quante sono le anime umane.

Verità p. 257 > Per "verità" Tommaso intende l'adeguazione della cosa e dell'intelletto («*adaequatio rei et intellectus*», *Sulla verità*, q. 1, 1 e *S. teol.*, I, q. 16, aa. 1-2).
Il filosofo ritiene che questa formula sia in grado di esprimere «i due aspetti della verità», vale a dire sia l'aspetto *logico-gnoseologico*, consistente nella corrispondenza tra l'intelletto umano e le cose, sia l'aspetto *ontologico-trascendentale*, consistente nel fatto che ogni ente si adegua all'intelletto divino che lo ha creato, e risulta quindi intrinsecamente intelligibile e razionale. Alcuni studiosi successivi cercheranno di rendere linguisticamente più chiaro e funzionale il discorso di Tommaso, usando la formula «*adaequatio rei et intellectus*» solo per la verità in senso ontologico, preferendo invece, per la verità in senso logico-gnoseologico, la formula «*adaequatio intellectus et rei*». In modo ancor più esplicito, si può parlare, in relazione alla verità ontologica, di «*adaequatio rei ad intellectum divinum*» e, in relazione alla verità logico-gnoseologica, di «*adaequatio intellectus nostri ad rem*».

6. La teoria antropologica: l'anima

La disputa sull'anima

«La conoscenza del *De anima* di Aristotele poneva ai cristiani del XIII secolo questo problema: è possibile **pensare aristotelicamente**, cioè come forma sostanziale del corpo, **l'anima di cui parla il Vangelo**, l'anima che si salverà o si perderà in eterno, l'anima che Agostino ha insegnato a concepire come una sostanza spirituale? Più o meno tutti si posero questo problema [...] Alberto Magno non meno di Bonaventura, anche se non tutti diedero la medesima risposta » (Sofia Vanni Rovighi).

La natura autonoma e incorporea dell'anima

Intervenendo nella disputa, Tommaso afferma che la natura dell'uomo è costituita di anima e di corpo, giacché egli, oltre che intendere, sente e il sentire non è operazione dell'anima sola. **L'anima è** (secondo la dottrina di Aristotele) **l'atto del corpo**: è il principio vitale che fa sì che l'uomo conosca e si muova. Tuttavia, pur essendo naturalmente destinata a fungere da forma del corpo, **l'anima possiede un suo essere proprio**, che non riceve né dal corpo, né dalla sua unione con il corpo, ma direttamente da Dio («*Anima habet esse per se*», «*Anima habet esse subsistens*»).
La natura autonoma e incorporea dell'anima intellettiva (che nell'uomo compie anche le funzioni sensitive e vegetative) è dimostrata, secondo Tommaso, dalla sua capacità:

- di conoscere tutti **i corpi** (ciò non avverrebbe se essa fosse un corpo);
- di attingere **le realtà immateriali e i concetti universali**;
- di configurarsi come **autocoscienza.**

Argomenta infatti Tommaso: «niente può operare per se stesso se non sussiste per se stesso» (*Somma teologica*, I, q. 75, a. 2).

L'immortalità dell'anima

In quanto forma pura o sostanza per sé sussistente, l'anima è anche immortale. Infatti, noi diciamo che una cosa si corrompe quando la materia di cui è costituita perde la sua forma per acquistarne un'altra. Invece, **l'anima, in quanto forma, non può separarsi da se medesima e, quindi, corrompersi** (né di per sé, né accidentalmente), ma partecipa in modo costitutivo alla vita.

TESTO ANTOLOGICO
Tommaso ON LINE
L'anima umana
(*Somma teologica*)

Inoltre, lo stesso desiderio che l'anima ha di esistere è un indice (*signum*) della sua immortalità. L'intelletto, che conosce l'essere assolutamente, desidera naturalmente essere sempre; e un desiderio naturale non può essere vano.

L'anima e la resurrezione dei corpi

Ma com'è possibile che l'anima conservi, dopo la sua separazione dal corpo, quella individualità che le viene appunto dal corpo? Tommaso risponde che l'anima intellettiva è unita al corpo per il suo stesso essere (*esse*); distrutto il corpo, questo essere rimane, e rimane proprio com'era nella sua unione con il corpo, cioè individuale e singolo. La **persistenza dell'individualità nell'anima separata dal corpo** è anche ciò che, nel giorno della resurrezione dei corpi, consente a ogni anima di riprendere la materia nelle dimensioni determinate che le erano proprie e di ricostituire così il proprio corpo.

7. L'etica

L'agire e l'essere

Agere sequitur esse

Alla base dell'etica tomistica sta la convinzione che «**l'agire segue l'essere**» (***agere sequitur esse***), essendovi una **correlazione necessaria tra la natura di un ente e il suo modo di agire**, come suggeriscono altri due aforismi scolastici: «quale il modo di essere, tale il modo di operare» (*qualis modus essendi talis modus operandi*) e «il modo di operare segue il modo di essere» (*modus operandi sequitur modum essendi*).

La fondazione onto-teologica dell'etica

Ora, poiché l'uomo, come si è visto in sede metafisica, è una creatura di Dio, egli non potrà fare a meno di operare in modo "creaturale", ossia di tendere al creatore (causa prima e fine ultimo di tutte le cose). Infatti – argomenta Tommaso con una serie di ragionamenti che partono da Aristotele, ma che vanno oltre Aristotele – il fine ultimo cui tende l'uomo è la **felicità**, la quale, tuttavia, non può consistere in qualche bene finito (ad esempio le ricchezze, la fama, il piacere, il sapere ecc.), ma soltanto in Dio.

TESTO ANTOLOGICO
Tommaso ON LINE
La natura della felicità
(*Somma contro i Gentili*)

In Tommaso abbiamo quindi una fondazione onto-teologica dell'etica, cioè un **sistema morale che pone l'essere come norma dell'agire** e fa di Dio (cioè dell'Essere per eccellenza) il fine ultimo dell'umano operare.

Provvidenza, prescienza e libertà

Libertà e provvidenza

Secondo Tommaso tutte le cose e tutti gli uomini sono soggetti alla **provvidenza** e al governo divino. L'esistenza di un disegno provvidenziale non implica però che tutto avvenga di necessità, né esclude la **libertà** dell'uomo. Quel disegno stabilisce non solo *che* le cose accadano, ma anche *come* accadono: esso, cioè, preordina le **cause necessarie delle cose che devono accadere necessariamente** e le **cause contingenti delle cose che devono accadere contingentemente**. Ecco in che senso **l'azione libera dell'uomo fa parte della provvidenza divina**.

La libertà dell'uomo non è compromessa, secondo Tommaso, neppure dalla predestinazione alla beatitudine eterna. A questa beatitudine, che consiste nella visione di Dio, l'uomo non può giungere con le sole sue forze naturali, ma deve esservi indirizzato da Dio stesso. Ciò non significa, tuttavia, che Dio necessiti l'uomo, perché **della predestinazione**, che è un aspetto della provvidenza, **fa parte anche il fatto che l'uomo attinga liberamente quella beatitudine a cui Dio liberamente lo ha volto.**

Libertà e predestinazione

Provvidenza e predestinazione implicano la **prescienza** divina, con la quale **Dio prevede i futuri contingenti, cioè le azioni dovute alla libertà umana.** La prescienza divina è certa e infallibile, perché a essa sono presenti anche le cose future: Dio dunque vede svolgersi in atto quelle azioni libere che, non essendo necessitate dalle loro cause, sono per l'uomo imprevedibili. Ciò si spiega perché in Dio, che è l'eternità stessa, è presente tutto il tempo, e quindi anche le azioni future degli uomini. Egli le vede, ma con il vederle non toglie a esse la libertà, come non la toglie chi vi assiste nel momento in cui esse si compiono.

La prescienza divina

La **volontà** umana è dunque un **libero arbitrio** che non è eliminato né diminuito dall'ordinamento finalistico del mondo, né dalla prescienza divina, né dalla grazia, la quale è un aiuto straordinario e gratuito di Dio.

Il libero arbitrio

> Dio muove tutte le cose nel modo che è proprio di ciascuna di esse. Così nel mondo naturale Egli muove in un modo i corpi leggeri, in altro modo i corpi pesanti, per la diversa natura di essi. Perciò muove l'uomo alla giustizia secondo la condizione propria della natura umana. L'uomo ha, per propria natura, il libero arbitrio. E in quanto ha libero arbitrio, il movimento verso la giustizia non è prodotto da Dio indipendentemente dal libero arbitrio: e Dio infonde il dono della grazia giustificante in modo da muovere, insieme con esso, il libero arbitrio ad accettare il dono della grazia. (*Somma teologica*, II, 1, q. 113, a. 3)

Al libero arbitrio dell'uomo è dovuta la presenza del male nel mondo. Tommaso ammette la dottrina platonico-agostiniana della **non sostanzialità del male**: il male non è che mancanza di bene. Tutto ciò che è, è bene; ed è bene nel grado e nella misura in cui è; ma poiché l'ordine del mondo richiede la realtà anche dei gradi inferiori dell'essere e del bene, i quali appaiono (e sono) deficienti e quindi cattivi rispetto ai gradi superiori, allora può dirsi che **l'ordine stesso del mondo richiede il male.**

Tutto cio che è è bene

TAVOLA ROTONDA
ON LINE La religione
Dio e il male.
I problemi della teodicea

Quest'ultimo è di due specie: colpa e pena. **La pena è la deficienza della forma** (o realtà, o atto), cioè di una parte che è richiesta dall'integrità di una cosa: ad esempio, la cecità è la mancanza della vista. **La colpa è la deficienza di un'azione**, che non è stata fatta o non è stata fatta nel modo dovuto. Poiché tutto nel mondo è sottoposto alla provvidenza divina, il male come mancanza o deficienza di integrità è sempre pena. Ma il male maggiore è la colpa, che la provvidenza cerca di eliminare o di correggere con la pena. La colpa, o il peccato, è l'atto con cui l'uomo sceglie deliberatamente il male, cioè agisce in modo difforme rispetto all'ordine della ragione e della legge divina.

Il male come pena e come colpa

L'uomo è dotato della capacità di scorgere il bene e di tendere al bene. Infatti, così come in lui c'è la disposizione (*habitus*) naturale a intendere i principi speculativi, dai quali dipendono tutte le scienze, allo stesso modo c'è la disposizione naturale a intendere i principi pratici, dai quali dipendono tutte le azioni buone. Questo *habitus* naturale pratico è la **sinderesi**, che **ci dirige al bene e ci distrae dal male**; la facoltà che deriva da questa disposizione e che consiste nell'applicare i principi generali dell'azione a un'azione particolare è la **coscienza**.

La sinderesi

Le virtù

Sull'*habitus* generale dell'intelletto pratico sono fondate le **virtù**.

La virtù come *habitus*

A questo proposito, Tommaso chiarisce il carattere di indeterminazione e di libertà che è proprio dell'*habitus*. Le **potenze naturali** (o facoltà naturali) sono determinate ad agire in un unico modo: esse non hanno possibilità di scelta, né libertà, ma agiscono in modo costante e infallibile. Le **potenze razionali**, invece, che sono proprie dell'uomo, non sono determinate in un unico senso, ma possono agire in più sensi, a seconda della loro libera scelta; tale scelta produce una disposizione costante, ma non necessaria, né infallibile: questa è l'*habitus*. In questa prospettiva, le virtù sono *habitus*, cioè **disposizioni pratiche a vivere rettamente e a rifuggire dal male**.

Dal giusto mezzo delle virtù umane...

Tommaso accoglie da Aristotele la distinzione tra **virtù intellettuali e virtù morali**; tra queste ultime le principali, o **cardinali**, sono la giustizia, la temperanza, la prudenza e la fortezza. In generale, Tommaso riprende la teoria aristotelica delle virtù come **giusto mezzo**. Questa operazione è notevole non solo perché si colloca in un momento e in un ambiente in cui l'aristotelismo deve ancora affermarsi con forza, ma soprattutto perché implica una profonda critica a molte teorie e pratiche religiose all'epoca piuttosto diffuse. In particolare, la concezione della virtù come medietà si opponeva a quel radicalismo che esaltava, ad esempio, l'assoluta povertà o il disprezzo del corpo, o che fondava la grandezza della vita monastica sul distacco dal mondo: tutti atteggiamenti definibili come "eccessi", se valutati con l'ottica aristotelica.

... alla grazia delle virtù teologali

Le virtù intellettuali e morali sono virtù puramente umane e conducono a quella felicità che l'uomo può ottenere in questa vita con le forze naturali. Per conseguire la beatitudine eterna, però, tali virtù non bastano; sono necessarie le virtù **teologali**, direttamente infuse da Dio nell'uomo: fede, speranza e carità. Il cristiano Tommaso corregge in tal modo la visione aristotelica: l'etica naturale, quella dei valori umani e dell'equilibrio tra gli eccessi, non è autosufficiente e rimanda a un'**etica della salvezza**, che ha bisogno dell'infusione divina della grazia.

8. Il diritto e la politica

La legge e lo Stato

La base della dottrina politica di Tommaso è quella **teoria del diritto naturale** che costituisce una delle maggiori eredità lasciate dallo stoicismo alla storia della filosofia e che nell'epoca di Tommaso era stata assunta a fondamento dello stesso diritto canonico.

La legge eterna e la legge di natura

Secondo Tommaso esistono quattro tipi di **legge**: innanzitutto c'è una **legge eterna**, cioè una ragione che governa tutto l'universo e che esiste nella mente divina. Di questa legge eterna la **legge di natura**, che è negli uomini, è un riflesso, o una "partecipazione", e si concretizza in tre fondamentali inclinazioni naturali:

- quella che l'uomo ha in comune con tutti gli esistenti, ovvero l'inclinazione a perseverare nell'essere, cioè a conservare la vita;
- quella che l'uomo ha in comune con gli animali, ovvero l'inclinazione del maschio e della femmina a unirsi per procreare;

- quella che è propria dell'uomo, ovvero l'inclinazione a conoscere, a vivere in società e a non recare danno agli altri.

La legge umana e la legge divina

Oltre a questa legge eterna, che si traduce per l'uomo nella legge di natura, ci sono due altre specie di leggi: la **legge umana**, «inventata dagli uomini e per la quale si dispone in modo particolare delle cose cui già si riferisce la legge di natura» (*Somma teologica*, II, 1, q. 91, a. 3), e la **legge divina**, che è necessaria per indirizzare l'uomo al suo fine soprannaturale e che corrisponde alla legge rivelata dalle Scritture. ➔ T6 p. 278

L'origine delle leggi umane

Conformemente alla teoria del diritto naturale, Tommaso afferma che «dalla legge naturale, che è la prima regola della ragione, deve essere derivata ogni legge umana» (*ibidem*, q. 95, a. 2). Questo significa che colui che promulga le leggi, se vuole legiferare in modo giusto, deve rispettare la legge naturale, ovvero, attraverso questa, la legge eterna.
Il delicato **compito di fissare le leggi** spetta alla «**collettività**» (*multitudo*), o a chi rappresenta la collettività stessa:

> La legge ha come suo fine primo e fondamentale il dirigere al bene comune. Ora ordinare qualcosa in vista del bene comune è proprio dell'intera collettività o di chi fa le veci dell'intera collettività. Stabilire le leggi appartiene dunque all'intera collettività o alla persona pubblica che ha cura dell'intera collettività, giacché in tutte le cose può dirigere verso il fine solo colui al quale il fine stesso appartiene. (*Somma teologica*, II, 1, q. 90, a. 3)

In questo modo Tommaso afferma esplicitamente l'origine "popolare" delle leggi.

La naturalità e la necessità dello Stato

Abbiamo visto che tra le inclinazioni naturali proprie dell'uomo è annoverabile, per Tommaso, anche quella a vivere in società: questo significa che Tommaso condivide con Aristotele la concezione dello **Stato** come **società naturale**. È la stessa natura dell'uomo che lo porta a socializzare, a formare dei gruppi che sfociano in società complesse e dotate di un ordinamento politico. Lo Stato, dunque, non deriva dalla debolezza di un uomo incapace di governarsi da solo e fatalmente incline al peccato, com'era almeno in parte per Agostino. Anche se nessuno agisse non rispettando gli altri, lo Stato, con la sua visione complessiva al di là degli interessi particolari, sarebbe comunque necessario **per sovrintendere al bene comune**.
Tra le forme di governo enunciate da Aristotele, per Tommaso la migliore è la **monarchia**, in quanto è quella che meglio delle altre garantisce l'ordine e l'unità dello Stato e che è più simile allo stesso governo divino del mondo.

ON LINE ESERCIZI INTERATTIVI

Lo Stato e la Chiesa

Il fine della vita umana

Secondo Tommaso l'uomo ha un unico fine: quello soprannaturale, che consiste nel **raggiungere la salvezza eterna e contemplare Dio**. Pertanto tutti gli scopi che l'uomo si prefigge nell'aldiquà non sono autosussistenti, ma sono meri strumenti per realizzare il fine soprannaturale, il che significa, a rigore, che non esiste per l'uomo alcun fine naturale da perseguire.

Il primato della Chiesa sullo Stato

Proprio perché il fine principale della vita umana è ultraterreno, lo Stato, occupandosi esclusivamente di favorire il bene comune nell'ambito terreno, non riesce a soddisfare tutti i desideri e i bisogni dell'uomo. In altre parole, se lo Stato, prescrivendo mediante le leggi la ripetizione di determinati atti, può indirizzare gli uomini alla virtù, tutto ciò non è sufficiente per indirizzarli alla fruizione di Dio, che è il loro autentico fine ultimo. Alla guida

TAVOLA ROTONDA
Il rapporto Stato-Chiesa, p. 319

dello Stato deve sostituirsi perciò la guida della **Chiesa**, la quale, preoccupandosi di favorire il raggiungimento del **fine soprannaturale**, si rivela un'**istituzione superiore allo Stato**. Nonostante queste convinzioni, Tommaso non assume una posizione teocratica: egli, cioè, non afferma che il papato ha il diritto di indirizzare attivamente la politica, ma si limita a dire che esiste un **duplice sistema di governo**, nel quale la Chiesa persegue la missione "più alta", ovvero quella di controllare che l'operato degli Stati sia coerente con i valori della fede.

9. L'estetica

Occasionalmente, Tommaso espone anche un nucleo di dottrine estetiche desunte dallo pseudo-Dionigi, e dunque in parte di ispirazione neoplatonica, ma corrette, come ha messo in luce la critica recente, con una "iniezione" di empirismo aristotelico.

Il bello

Il **bello**, secondo Tommaso, è **identico al bene**, in quanto il bene è ciò che tutti desiderano e, quindi, è un fine, e lo stesso vale per il bello. Ma del bello ciò che si desidera è la visione (*aspectus*), o la conoscenza: a differenza del bene, il bello è pertanto in rapporto con la facoltà conoscitiva. Perciò **la bellezza concerne solo**, tra i sensi, quelli che hanno maggior valore conoscitivo, cioè **la vista e l'udito**, che servono alla ragione: per questo diciamo "belli" i suoni e le cose visibili, ma non i sapori e gli odori.
Inoltre, nella bellezza ciò che piace non è propriamente l'oggetto, ma l'apprensione (*apprehensio*) dell'oggetto.

I caratteri del bello

Seguendo lo pseudo-Dionigi, Tommaso attribuisce al bello tre caratteri, o condizioni, fondamentali:

- l'**integrità**, o perfezione, che si ha quando nel corpo sono presenti tutte le parti che servono a definirlo come tale, senza che manchi nulla, perché ciò che è diminuito o incompiuto è brutto;
- la **proporzione**, o congruenza, delle parti, che coincide con l'adeguatezza di una cosa a se stessa e, di conseguenza, con il suo essere in grado di attuare correttamente la funzione per la quale è stata creata;
- la **chiarezza**, che consiste nel trasparire della bellezza attraverso la forma concreta della cosa.

QUESTIONE MULTIMEDIALE
La religione
La bellezza di Dio
ON LINE

La bellezza sensibile

In base a quanto si è detto, appare evidente che la **bellezza** è per Tommaso la **manifestazione della più perfetta relazione tra materia e forma**. Dunque essa non concerne l'idea astratta, ma si concretizza nell'individuo, nel sinolo che incarna l'universale in un particolare fatto anche di materia.
Conseguentemente, il godimento della bellezza richiede il concorso della sensibilità: la percezione è un elemento essenziale alla manifestazione del bello e senza di essa non potrebbero attivarsi né l'elemento intellettuale, né il finale godimento. Ciò distingue l'estetica di Tommaso dalle estetiche neoplatoniche: se per queste ultime il bello era simbolo della bellezza divina, per Tommaso la bellezza sensibile ha un proprio valore autonomo.

La bellezza spirituale

Integrità, proporzione e chiarezza si ritrovano tuttavia anche nelle cose spirituali, le quali perciò hanno anch'esse una loro bellezza: se diciamo "bello" un corpo quando è proporzionato nelle sue membra e ha il dovuto colore, analogamente diciamo "bello" o "bella"un discorso o un'azione che siano ben proporzionati nelle loro parti e che presentino la spirituale chiarezza della ragione. Ed è "bella" anche la virtù, perché modera con la ragione le faccende umane.

Un'immagine, poi, si dice "bella" se rappresenta perfettamente il proprio oggetto, anche se è brutto. E in questo senso **Tommaso**, seguendo Agostino, **vede la perfetta bellezza nel Verbo di Dio**, che è l'immagine perfetta del Padre.

APPROFONDIMENTO ON LINE Tommaso nella storia

VERSO LE COMPETENZE

- Utilizzare il lessico e le categorie specifiche della filosofia

GLOSSARIO e RIEPILOGO

Antropologia, etica, diritto

Anima p. 259 > Pur essendo naturalmente destinata a fungere da forma di un corpo, l'anima possiede, secondo Tommaso, un suo essere proprio (*anima habet esse per se*), che non riceve né dal corpo, né dalla sua unione con il corpo, ma direttamente da Dio. La natura autonoma e incorporea dell'anima intellettiva è provata dalla sua capacità di operare indipendentemente dal corpo. L'anima è anche immortale poiché, in quanto forma, non può separarsi da se stessa e corrompersi.

Agere sequitur esse p. 260 > Il principio secondo cui "l'operare segue l'essere" sta alla base dell'etica tomista e deriva dal primato che Tommaso riconosce all'essere. Con tale assioma, il filosofo intende sottolineare la presenza di una correlazione necessaria tra la natura di un ente e il suo modo di agire. In concreto, se l'uomo è una creatura di Dio, ne segue che la creaturalità (e quindi il rapporto di dipendenza da Dio) per lui non è solo un *dato* ontologico, ma anche un *dover essere* morale.

Provvidenza p. 260 > Per "provvidenza" Tommaso intende il governo divino del mondo. La provvidenza, come la prescienza divina (v.), non esclude, ma implica, nel suo ordine, la libertà umana (v.).

Libertà p. 260 > Per "libertà" Tommaso intende quella specifica situazione di immunità dell'uomo da costrizioni esterne o interne che si concretizza nel cosiddetto "libero arbitrio"; essa presuppone sia la volontà (v.), sia la ragione (che giudica sul da farsi): «*radix libertatis est voluntas sicut subiectum, sed sicut causa est ratio*».

Prescienza p. 261 > La "prescienza" è l'atto con cui Dio "pre-vede" (o meglio "vede", in quanto il creatore ha tutto simultaneamente presente) i futuri contingenti, cioè le azioni dovute alla volontà e alla libertà dell'uomo.

Volontà p. 261 > Per "volontà" Tommaso intende «la facoltà con la quale si *tende* a raggiungere il bene conosciuto dall'intelletto»: pur non potendo fare a meno di tendere alla felicità, che è il suo fine necessario, il volere umano si accompagna alla libertà.

Sinderesi p. 261 > Con il termine "sinderesi" Tommaso indica la disposizione naturale a intendere i principi pratici dai quali dipendono le azioni buone. Tale disposizione era chiamata da san Girolamo *scintilla conscientiae*.

Coscienza p. 261 > La "coscienza" è la facoltà che deriva dalla sinderesi (v.) e che consiste nell'applicare i principi generali dell'agire a un'azione particolare.

Virtù p. 262 > Le virtù sono per Tommaso degli «abiti», cioè delle disposizioni pratiche, costanti ma non infallibili né necessarie, a vivere rettamente e a fuggire il male. Seguendo Aristotele, Tommaso distingue le virtù intellettuali da quelle morali; tra queste ultime le più importanti sono le virtù cardinali. Oltre a quelle menzionate, che sono virtù *umane*, vi sono poi le virtù *teologali*, che sono infuse nell'uomo da Dio.

Legge p. 262 e p. 263 > La legge (*lex*), scrive Tommaso, «è una regola o misura dell'agire, in quanto uno viene da essa spinto all'azione, o viene stornato da quella. *Legge* deriva da *legare*, poiché obbliga ad agire» (*S. teol.*, I-II, q. 90, a. 1). La **legge eterna** (*lex aeterna*) è «il piano con il quale Dio, come principe dell'universo, governa le cose» (*S. teol.*, I-II, q. 91, a. 1); la **legge di natura** (*lex naturalis*) è la «partecipazione della legge eterna nella creatura ragionevole» (*S. teol.*, I-II, q. 91, a. 2); la **legge umana** (*lex humana*) è la legge civile positiva, per la quale «si dispone in modo particolare delle cose cui già si riferisce la legge naturale». Tale legge deve sempre essere fondata sulla legge naturale, la quale, come si è detto, si fonda sulla legge eterna (in altri termini, il diritto positivo, secondo Tommaso, presuppone il diritto naturale e si basa su di esso); la **legge divina** (*lex divina*) è la legge positiva divina, che comprende la legge mosaica (*lex vetus*), la legge evangelica (*lex nova*) e la legge ecclesiastica che ne segue.

MAPPA

Tommaso

ON LINE MAPPA INTERATTIVA

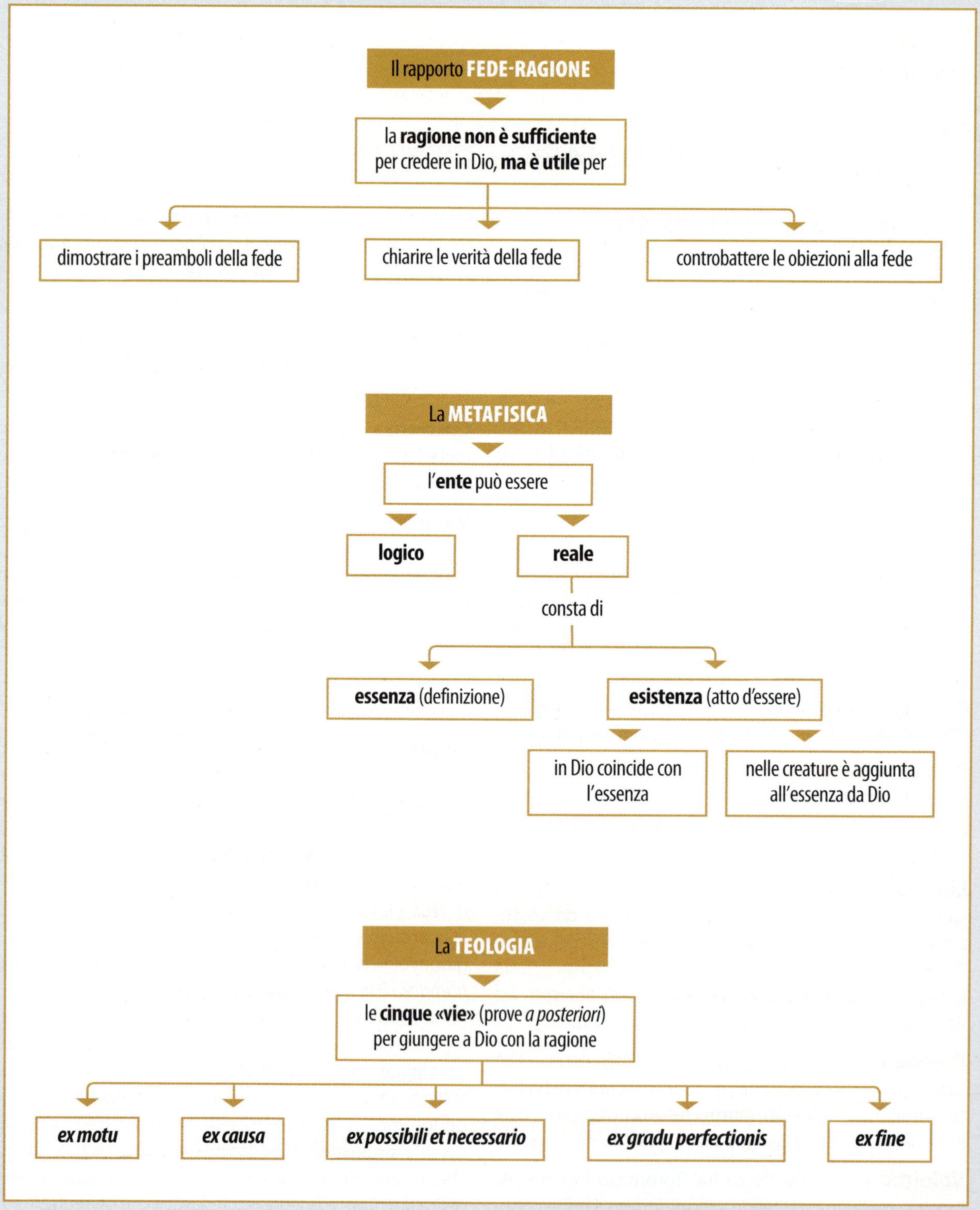

La **GNOSEOLOGIA**

- l'intelletto conosce mediante l'**astrazione della forma** dalla materia individuale
- l'**universale** esiste:
  - *in re* come forma delle cose
  - *ante rem* nella mente divina
  - *post rem* nell'intelletto umano
- la **conoscenza vera** consiste nell'adeguamento dell'intelletto alla cosa

L'**ANTROPOLOGIA**

l'**anima**

- è **autonoma** e **incorporea**
- è **atto** del corpo
- possiede un suo **essere proprio**
- è **immortale**

L'**ETICA**

- ***agere sequitur esse***
- la **felicità (Dio)** è il fine ultimo dell'agire dell'uomo
- la **volontà umana** è **libera**
- il **male** non è sostanza ma **mancanza di bene**

La **POLITICA**

- teoria del **diritto naturale**
  - distinzione tra:
    - legge eterna
    - legge positiva
    - legge divina
- **primato della Chiesa** sullo Stato

UN'APPASSIONATA DIFESA DELLA RAGIONE
Dal razionalismo di Tommaso al neotomismo

La riflessione di **Tommaso d'Aquino** è animata da un intento essenziale: superare il contrasto tra filosofia e rivelazione cristiana, ritenuto irriducibile dalle correnti dominanti nella cultura universitaria del suo tempo e **restituire alla ragione umana**, libera da ogni *auctoritas* esterna, **dignità e centralità nel processo conoscitivo.** Per questa coraggiosa fiducia nella ragione Tommaso conserva ancora oggi, nel dibattito teologico, un'inesauribile attualità.

LA "VOCE" DI TOMMASO

Intorno al 1200, nelle università europee (e soprattutto in quella di Parigi, tra tutte la più antica e celebre) irrompono gli **scritti di Aristotele** tradotti dall'arabo in latino, i quali offrono un nuovo modello di sapere, fondato sulla sola forza della dimostrazione razionale priva dell'ausilio della rivelazione. La diffusione di un tale **razionalismo "laico"** getta lo scompiglio nelle facoltà teologiche, dove per lo più si era inclini a seguire la teoria del francescano Bonaventura da Bagnoregio, secondo la quale la teologia, in quanto depositaria di un sapere sacro, era *domina* o *regina* di tutte le altre scienze, tenute quindi a "piegarsi" alle sue verità. Gradualmente, l'irruzione dell'aristotelismo negli ambienti universitari genera una svolta radicale, una **liberazione del sapere dalla sudditanza nei confronti della fede e della Chiesa** che viene operata in primo luogo dal padre domenicano Alberto Magno, e in seguito perfezionata da Tommaso, suo allievo.

Come sappiamo, per Tommaso **l'esercizio della filosofia dipende solo dalla ragione.** Gli stessi articoli di fede "presuppongono" la ragione, la quale autonomamente è in grado di attingere i cosiddetti «presupposti della fede» (*preambula fidei*), ad esempio l'esistenza di Dio, che non viene *creduta* ma *compresa* dalla ragione attraverso le celebri cinque *viae ad Deum*.

Questo non significa che Tommaso si spinga fino alla posizione degli averroisti, secondo cui non c'è nulla oltre la filosofia e la ragione. Per quanto autonoma, la ragione filosofica non può invadere il campo della teologia rivelata, perché, se così fosse, la Parola di Dio risulterebbe inferiore e subalterna alla parola della ragione o di Aristotele. Non c'è dubbio però che la lezione di Tommaso vada nel senso di un **razionalismo coraggioso, che non si sgomenta di fronte a una ragione naturale lasciata libera di indagare**.

Oltre a ereditare e perfezionare il disegno culturale di Alberto, Tommaso si assume il compito arduo e coraggioso di **trasferire la linfa vitale della ragione filosofica** (aristotelica) **nel tronco del cristianesimo**, superando il divorzio tra Atene e Gerusalemme. Dopo di lui, fede e ragione, teologia e filosofia proseguiranno insieme un lungo percorso, accidentato e pieno di conflitti, ma fecondo e duraturo. Il **tomismo** diverrà infatti il **cemento dottrinale del cattolicesimo**, che lo assumerà come pilastro del suo edificio teorico:

> la solidarietà tra l'aristotelismo e il cristianesimo sarà tale, che la filosofia peripatetica finirà, per così dire, per entrare a far parte della stabilità e dell'immutabilità del dogma. Uno stesso gioco di concetti permetterà di esprimere in un'unica sintesi tutto ciò che la rivelazione c'impone di dover credere e tutto ciò che la ragione ci permette di comprendere.
>
> (Étienne Gilson, *La filosofia nel Medioevo*, p. 102)

L'assunzione del tomismo come base dottrinale del cattolicesimo diventerà ufficiale con le encicliche *Aeterni Patris* (1879) di Leone XIII e *Pascendi* (1907) di Pio X. Questi documenti, infatti, identificheranno la filosofia cattolica con il tomismo, incoraggiandone lo studio e la diffusione presso le principali università cattoliche d'Europa, a partire dalla Pontificia Università Gregoriana di Roma e dall'Università Cattolica di Milano.

IL "NUOVO TOMISMO"

Per secoli il pensiero di Tommaso ha costituito il fondamento ufficiale dell'ortodossia cattolica, ingenerando anche la nascita del termine "**neotomismo**", a indicare la riattualizzazione della filosofia tomista, e scolastica in generale, messa in atto dalla Chiesa di Roma di fronte alle sfide culturali della modernità.

Con il Concilio Vaticano II (1962-1965), la Chiesa ha cominciato a dare voce all'esigenza di una maggiore apertura nei confronti delle correnti filosofiche moderne. Ma ancora oggi si può dire che il tomismo rappresenti la posizione ufficiale del cattolicesimo. Il ***Catechismo della Chiesa cattolica***, nel capitolo d'apertura intitolato "**L'uomo è capace di Dio**", assume la filosofia di Tommaso come proprio riferimento dottrinale:

> l'uomo che cerca Dio scopre alcune "vie" per arrivare alla conoscenza di Dio. Vengono anche chiamate "prove dell'esistenza di Dio" [...] nel senso di argomenti convergenti e convincenti che permettono di raggiungere vere certezze. Queste "vie" per avvicinarsi a Dio hanno come punto di partenza la creazione: il mondo materiale e la persona umana.
>
> (*Catechismo della Chiesa cattolica*, 31)

E nell'enciclica significativamente intitolata ***Fides et ratio*** (1998), **Giovanni Paolo II** ripropone il principio secondo il quale **la conoscenza umana si attua entro un «duplice ordine»**: quello **naturale della ragione** e quello **soprannaturale della fede**. Anche per la Chiesa di oggi, quindi, ragione e fede sono le «due ali» (*binae pennae*) con cui l'uomo si libra in volo verso la trascendenza.

LABORATORIO DELLE IDEE

VERSO LE COMPETENZE

- Comprendere le radici concettuali e filosofiche dei principali problemi della contemporaneità
- Riflettere e argomentare, individuando collegamenti e relazioni

1. Nella storia della Chiesa, il tomismo ha assunto un ruolo centrale soprattutto nel XVI secolo, quando il cattolicesimo si è trovato a dover rispondere alla sfida di Lutero e del suo fideismo radicale. Secondo Lutero, la ragione umana non può conoscere Dio con le sue sole forze, partendo dall'osservazione empirica della natura: «Non è degno di essere chiamato teologo colui che considera la natura invisibile di Dio comprensibile per mezzo delle sue opere» (*Disputa di Heidelberg*, tesi 19). La fede, per Lutero, è cieco abbandono alla grazia di Dio e la sua "follia" supera infinitamente la ragione dei filosofi: «Chi vuol filosofare in Aristotele senza pericolo, deve essere prima reso ben folle in Cristo» (*ibidem*, tesi 29). L'avversione di Lutero per Aristotele, Tommaso e, in generale, per la filosofia diventa disprezzo profondo e netto per la ragione, la quale ha un valore pragmatico poiché concerne le cose della vita terrena, ma «è il più acerrimo e pestifero nemico di Dio» (*Commentario all'epistola ai Galati*).
   Commenta questa netta opposizione tra il razionalismo di Tommaso e il fideismo di Lutero, esprimendo la tua personale opinione in proposito.
2. Se nel XVI secolo la Chiesa doveva affrontare la sfida luterana, ovvero una sfida "interna", per così dire, all'orizzonte della fede, oggi si trova a dover fare i conti con un pensiero che tende a escludere del tutto la fede. Nell'enciclica *Fides et ratio*, Giovanni Paolo II denuncia il «dramma della separazione tra fede e ragione» (45) consumatosi tra il tardo Medioevo e l'inizio della modernità e auspica il ritorno a un'«audacia della ragione» (*ibidem*) che permetta di tenere insieme ciò che si crede e ciò che si conosce, superando gli estremi opposti e unilaterali di un *razionalismo* che dimentichi la fede e di un *fideismo* che mortifichi la ragione.
   Commenta questo aspetto, esprimendo la tua opinione e chiarendo le ragioni per cui oggi, a tuo avviso, la via tracciata dal tomismo possa ancora o non possa più essere efficace.

I TESTI

CAPITOLO 2
Tommaso

Il rapporto fede-ragione

Uno dei problemi fondamentali della riflessione di Tommaso è il rapporto tra fede e ragione, affrontato, tra l'altro, nei suoi due capolavori: la *Somma teologica* e la *Somma contro i Gentili*. In questa seconda opera, da cui è tratto il primo testo di questa sezione antologica, Tommaso distingue le verità religiose, dimostrabili con la ragione, da quelle oggetto solo di fede. La sua metodologia, che potremmo definire del "distinguere per unire", è volta a riconoscere la diversità nell'unità, ovvero a rispettare la specificità sia della ragione, sia della fede, ma al tempo stesso a individuarle entrambe come dimensioni della conoscenza umana; solo tenendo presenti l'una e l'altra si può avere una visione integrale dell'uomo.

T1 > Principi naturali e verità di fede

Il passo si divide in due parti: nella prima Tommaso illustra i motivi per i quali la fede cristiana e la ragione umana non possono essere in contrasto tra loro; nella seconda sottolinea i limiti entro i quali deve mantenersi la ragione quando si cimenta con le verità della fede.

Sebbene la verità della fede cristiana superi la capacità della ragione, tuttavia i principi naturali della ragione non possono essere in contrasto con tale verità. Infatti:

1. I principi così innati nella ragione si dimostrano verissimi; al punto che è impossibile pensare che siano falsi. E neppure è lecito ritenere che possa esser falso quanto si ritiene per fede, essendo confermato da Dio in maniera così evidente. Perciò, essendo contrario al vero soltanto il falso, com'è evidente dalle loro rispettive definizioni, è impossibile che una verità di fede possa essere contraria a quei principi che la ragione conosce per natura.

2. Inoltre, le idee che l'insegnante suscita nell'anima del discepolo contengono la dottrina del maestro, se costui non ricorre alla finzione; ciò che sarebbe delittuoso attribuire a Dio. Ora, la conoscenza dei principi a noi noti per natura ci è stata infusa da Dio, essendo egli l'autore della nostra natura. Anche la sapienza divina possiede quindi questi principi. Perciò quanto è contrario a tali principi è contrario alla sapienza divina; e quindi non può derivare da Dio. Le cose che si tengono per fede, derivando dalla rivelazione divina, non possono dunque mai essere in contraddizione con le nozioni avute dalla conoscenza naturale.

3. Ragioni contrarie legano l'intelletto nostro al punto da non poter procedere alla conoscenza della verità. Perciò, se Dio ci infondesse conoscenze contrastanti, impedirebbe al nostro intelletto di conoscere la verità: il che non si può pensare di Dio.

4. Inoltre, ciò che è naturale non può essere mutato finché permane la natura. Ora, opinioni contrastanti non sono compatibili nel medesimo soggetto. Dunque non è possibile che Dio infonda nell'uomo un'opinione, o una fede, incompatibile con la sua conoscenza naturale. Di qui le parole dell'Apostolo: «il messaggio è vicino a te, nella tua bocca e nel tuo cuore, cioè il messaggio della fede che vi predichiamo» (*Rm*, 10, 8). Ma poiché le verità di fede superano la ragione, alcuni sono portati a considerarle ad essa contrarie; il che è impossibile. [...]

Da ciò si ricava con chiarezza che tutti gli argomenti addotti contro gli insegnamenti della fede non derivano logicamente dai principi primi naturali noti per se stessi. E quindi essi non hanno valore di dimostrazioni; ma, o sono ragioni soltanto dialettiche, o addirittura sofistiche, e quindi si possono sempre risolvere.

Si deve osservare che le cose sensibili, dalle quali la ragione umana desume la conoscenza, conservano in sé un certo vestigio della causalità divina, però così imperfetto da essere del tutto insufficiente a manifestare la natura stessa di Dio. Infatti gli effetti conservano in una certa misura la somiglianza con la loro causa, perché ogni agente produce una cosa a sé somigliante; ma l'effetto non sempre raggiunge una perfetta somiglianza. Perciò la ragione umana nel conoscere le verità di fede, che possono essere evidenti soltanto a coloro che contemplano l'essenza di Dio, è in grado di raccoglierne certe analogie, che però non sono sufficienti a dimostrare tali verità o a comprenderle per intuizione intellettiva. Tuttavia è proficuo per la mente umana esercitarsi in tali ragionamenti, per quanto inadeguati, purché non si abbia la presunzione di comprendere o di dimostrare.

(*Somma contro i Gentili*, I, q. 7-8, trad. it. di T.S. Centi, UTET, Torino 1975, pp. 72-74)

Analisi del testo

1-27 Il rapporto tra fede e ragione è improntato, secondo Tommaso, all'armonia tra le due forme di conoscenza. Affermare un loro contrasto comporterebbe infatti la caduta nella contraddizione, *in primo luogo* (rr. **3-7**) perché Dio, essendo l'autore sia delle verità di fede, sia dei principi innati nella ragione, non può contraddirsi; *in secondo luogo* (rr. **8-14**) perché, essendo stati infusi da Dio, questi principi sono posseduti da Dio stesso e quindi ciò che fosse contrario sarebbe contrario a Dio; *in terzo luogo* (rr. **15-17**) perché, se i principi razionali fossero contrastanti, si precluderebbe la conoscenza della verità; *in quarto luogo* (rr. **18-23**) perché il contrasto tra fede e ragione non sarebbe compatibile nello stesso soggetto.
A ben vedere, alla base delle quattro considerazioni c'è la concezione onto-teologica di Tommaso, che riconosce un unico orizzonte: quello dell'essere, che è essere *per essenza* (Dio) ed essere *per partecipazione* (gli enti). Se il fondamento di tutto è l'essere (per essenza e per partecipazione), l'ordine della ragione e l'ordine della rivelazione non possono essere in contrasto. Dalla convinzione dell'impossibilità del contrasto nasce l'impegno di Tommaso a confutare o contestare le ragioni di chi sostiene il contrario basandosi su ragionamenti dialettici o addirittura sofistici.

28-37 Dopo aver rivendicato l'armonia tra ragione e fede, Tommaso sottolinea che le verità di fede possono essere evidenti soltanto per visione diretta di Dio, mentre alla ragione è data la possibilità di cogliere solo alcune analogie. Pur entro questi limiti, è utile per la ragione esercitarsi sulle verità religiose: senza la presunzione di comprendere per dimostrazione e con la coscienza dell'inadeguatezza dei ragionamenti, la mente umana può proficuamente applicarsi a conoscere le verità di fede.

La metafisica

Con la sua concezione ontologica Tommaso si rivela come "l'Aristotele cristiano": è evidente, infatti, la ripresa della metafisica aristotelica nei suoi principi fondamentali (sostanza e accidenti, atto e potenza, materia e forma). Altrettanto evidente, però, è la grande innovazione introdotta dall'Aquinate con la distinzione, non semplicemente logica ma ontologica, tra essenza ed esistenza o, meglio, tra essenza (*potentia essendi*) ed essere (*actus essendi*): in virtù di tale distinzione, l'essere si configura come essere per essenza (cioè Dio) e come essere per partecipazione (cioè gli enti). In Dio dunque essenza ed esistenza coincidono, l'essenza di Dio è l'essere, cioè il nome di Dio è "essere", proprio come afferma la rivelazione: in tal modo la metafisica dell'essere si incontra con la teologia dell'*Esodo* (dove appunto si dice che il nome di Dio è "essere": Dio è colui che è).

T2 > L'ENTE E L'ESSENZA

Il *De ente et essentia* si suddivide in due parti: nella prima si definisce l'essenza; nella seconda la si rintraccia nelle diverse realtà.

La prima parte è composta di un solo breve capitolo, costituito quasi per intero dal brano riportato di seguito: in esso Tommaso muove dall'ente per giungere all'essenza. Vi si possono distinguere tre momenti, che trattano rispettivamente dei significati del termine "ente", dei sinonimi di "essenza" e della tipologia degli enti.

La prima nozione da acquisire pertanto è che, come dice Aristotele nel quinto libro della *Metafisica* (c. 9, 1017a, 22-35), l'ente per sé può essere espresso in due modi: *in un primo modo*, esso è ciò che si divide in dieci categorie; *in un secondo modo*, l'ente è ciò che indica la verità delle proposizioni. La differenza sta nel fatto che nel *secondo modo* si può definire ente tutto ciò su cui si può formare una proposizione affermativa, pur non essendo presente nella realtà; per questo si definiscono enti anche le privazioni e le negazioni: infatti diciamo che l'affermazione è opposta alla negazione, e che la cecità è nell'occhio. Invece, nel *primo modo* può dirsi ente soltanto ciò che è presente nella realtà, per cui la cecità e altre cose simili non sono enti.
Quindi il termine *essenza* non si fa derivare dall'ente definito nel secondo modo; infatti in tal caso vengono chiamati enti cose che non hanno essenza, come risulta evidente nelle privazioni; al contrario, dall'ente definito nel primo modo, si risale all'essenza. Per ciò il Commentatore (Averroè) nel commento al passo citato (*In Metaph.*, l.V, c. 14) dice che l'ente definito nel primo modo è quello che esprime la sostanza della cosa. Come è stato detto, secondo tale definizione l'ente si divide in dieci categorie; ne consegue che l'essenza sta a indicare qualcosa di comune a tutte le nature, per le quali i diversi enti si pongono nei diversi generi e specie: così l'umanità è l'essenza dell'uomo, e allo stesso modo si procede per le altre cose.
Ciò per cui una cosa è nel proprio genere e specie si esprime con una definizione indicante il *quid est* della cosa stessa: ecco allora che i filosofi cambiano il termine *essenza* con il termine *quiddità*; per questo motivo Aristotele (*Met.*, l.VII, c. 3, 1028b, 34) spesso usa l'espressione «ciò per cui è ciò che era», vale a dire ciò per cui qualcosa è se stesso.
Si usa anche il termine *forma*, intendendo con essa la realtà definita di ciascuna cosa, come dice Avicenna nel secondo libro della sua *Metafisica* (c. 2).
Viene usato anche il termine *natura* intendendo con esso la prima delle quattro accezioni che Boezio indica nel libro *Sulle due nature*, appunto nel senso che con natura si indica ciò che

l'intelletto può in qualsiasi modo comprendere. Infatti la realtà non è intelligibile se non per la sua definizione ed essenza: così appunto afferma Aristotele nel quinto libro della *Metafisica* (c. 5, 1014b, 35-36): che ogni sostanza è natura.

Tuttavia il termine *natura* inteso in questo modo sembra significare l'essenza della cosa in quanto ordinata alla propria condizione, poiché nessuna cosa può venir meno dalla propria condizione; mentre il termine *quiddità* si fa derivare da ciò che viene espresso nella definizione; e si dice *essenza* in quanto per mezzo di essa e in essa l'ente ha l'essere.

Il termine *ente* si usa in assoluto e in primo luogo riguardo alle *sostanze*, mentre si usa in secondo luogo e in senso particolare riguardo agli *accidenti*; per cui è evidente che l'essenza è propriamente e veramente nelle sostanze, mentre negli accidenti è frequente un certo modo e secondo un determinato aspetto. Le sostanze, poi, sono talune semplici e talune composte, e tanto nelle une quanto nelle altre è l'essenza; in quelle *semplici* in modo più vero e nobile, in quanto queste posseggono un essere più nobile; ma le essenze sono anche causa delle sostanze *composte*, almeno l'essenza prima e semplice, che è Dio.

(*L'ente e l'essenza*, I, trad. it. di A. Bettini, in "*L'ente e l'essenza" di Tommaso d'Aquino e il rapporto fede-ragione nella Scolastica*, a cura di V.G. Galeazzi, Paravia, Torino 1991, pp. 62-64)

Analisi del testo

1-16 La distinzione tra *ens per se* ed *ens per accidens* risale ad Aristotele e ricorda che la *sostanza* possiede un proprio atto d'essere e perciò è sussistente, mentre l'*accidente* non possiede un proprio atto d'essere, ma lo riceve dalla sostanza alla quale è inerente. L'ente per sé va poi distinto in: *ente reale* (colto attraverso le categorie) ed *ente razionale*, o *logico*, (colto attraverso il giudizio).
Le dieci categorie (o predicamenti) si distinguono in: sostanza (che è l'ente in sé che fa da soggetto agli accidenti) e nove accidenti (che sono nella sostanza come qualità, quantità, relazione, azione, passione, tempo, spazio, posizione e abitudine). L'ente considerato sulla base delle dieci categorie indica la realtà.
La verità è corrispondenza tra la conoscenza e la realtà, sia nel senso che la realtà è intelligibile, sia nel senso che l'uomo è intelligente (c'è qualcosa da leggere e c'è qualcuno che legge). La verità si esprime nel giudizio attraverso la copula. Dunque l'ente considerato attraverso il giudizio indica la verità. In questo secondo significato, il termine "ente" si può applicare anche a ciò che non è necessariamente presente nella realtà e che si esprime nella negazione e privazione, che pertanto non hanno essenza: sono solo contenuti di pensiero.

17-31 L'*essenza* indica l'elemento formale costitutivo di una cosa; il suo corrispettivo logico è la *definizione*, attraverso cui si coglie appunto ciò che è specifico di qualcosa (che lo delimita, lo definisce attraverso il genere e la differenza specifica). Sinonimi di "essenza" sono: *quiddità*, termine coniato dagli scolastici per indicare la risposta alla domanda «*quid est?*»; *forma*, nel senso di un tutto che è insieme materia e forma allo stato potenziale e che passa all'atto con l'esistenza (e non nel senso della sola forma, che con la materia costituisce il sinolo ilemorfico); e infine *natura*, nel senso di ciò che può essere compreso con l'intelletto. In breve, e riassumendo, possiamo dire che l'ente può essere definito come *ciò che è* o *ciò che ha l'essere*, quindi composto di essenza ed esistenza. L'esistenza non deriva dall'essenza ma non potrebbe aversi senza, in quanto il rapporto è quello tra potenza (*essenza*) e atto (*esistenza*). L'essenza risponde alla domanda *quid sit*, l'esistenza alla domanda *an sit*. I vari sinonimi di "essenza" possono caratterizzarsi nel modo seguente: *quiddità* in riferimento alla definizione; *forma* in riferimento alla perfezione; *natura* in riferimento alle operazioni: in tutti i casi "essenza" costituisce l'astratto di "ente", ciò per cui è, o ha l'essere.

32-38 Tommaso conclude ricordando la necessità di una duplice distinzione nell'uso del termine "ente": esso infatti può riferirsi alla *sostanza*, se usato in senso proprio, oppure agli *accidenti*, se usato in un senso specifico; e può riguardare le sostanze *semplici*, costituite dalle sole forme, oppure quelle *composte*, date dall'unione di materia e forma.

T3 > L'ESSERE DI DIO E L'ESSERE DELLE CREATURE

Nel passo che segue vengono individuati i due concetti-cardine dell'ontologia tomista: quello dell'«*actus essendi*», cioè dell'esistenza, che in Dio, essere perfetto, coincide con l'essenza, e quello dell'«*analogia entis*», usato per chiarire la natura dell'essere delle creature.

Ciò che chiamo essere è la massima perfezione. La cosa appare chiara considerando che l'atto è sempre più perfetto della potenza. Orbene una qualsiasi forma non la si intende in atto se non in quanto vien posto l'essere. Così la forma uomo o la forma fuoco può essere considerata esistente nella potenzialità della materia, oppure nella capacità operativa della causa, oppure anche nell'intelletto: ma essa diviene esistente in atto solo per il fatto che ha l'essere. È quindi chiaro che ciò che chiamo essere è l'attualità di ogni atto e perciò stesso la perfezione di tutte le perfezioni.
Non si deve pensare che a ciò che dico essere si possa aggiungere qualcosa di più formale, che lo determini come fa l'atto con la potenza: l'essere così inteso, infatti, è essenzialmente diverso da ciò cui si aggiunge una determinazione. Nulla infatti può aggiungersi all'essere che gli sia estraneo, dato che all'essere è estraneo solo il non-essere, che non può essere né forma né materia. L'essere non viene quindi determinato da qualcos'altro da sé, come avviene per la potenza che è determinata dall'atto, bensì come l'atto che è determinato dalla potenza. Infatti anche nella definizione delle forme ci si riferisce alla loro materia per determinarne la differenza, come quando si dice che l'anima è l'atto di un corpo fisico organico. Allo stesso modo questo essere si distingue da quell'altro essere in quanto è l'essere di questa o quella natura.

(*De potentia*, 7, 2, ne *La concezione metafisica dell'essere come somma perfezione*, trad. it. di G. Ferretti, in AA.VV., *Filosofia: i testi, la storia*, SEI, Torino 1990, vol. 1, pp. 414-415)

Analisi del testo

1-6 L'*essere*, considerato come l'atto d'essere, rappresenta la massima perfezione; in questa prospettiva l'*essenza* costituisce solo la potenza d'essere; se in Dio l'essenza coincide con l'essere, ovvero la sua essenza è essere, in tutti gli enti essenza ed essere non coincidono, ed essi divengono esistenti in atto solo se hanno l'essere.
7-15 In quanto nelle creature l'essere è l'essere di questa o quella natura, le creature non "sono" l'essere: il loro essere è la realizzazione sì, ma delle diverse essenze, pertanto è più preciso dire che le creature "hanno" l'essere, cioè sono per partecipazione dell'Essere, distribuendosi a diversi livelli. Dell'essere, dunque, si può parlare non in senso univoco né in senso equivoco, ma in senso *analogico*, ossia in modo proporzionale.

L'esistenza di Dio

L'indagine su Dio costituisce il nucleo centrale di tutta la ricerca speculativa di Tommaso. Una dimostrazione dell'esistenza di Dio risulta necessaria perché Dio, che è assolutamente primo nell'ordine dell'essere, non lo è invece rispetto alla conoscenza umana. La proposizione "Dio esiste" è di per se stessa evidente, secondo Tommaso, in quanto in essa vi è identità tra soggetto e predicato, in virtù del fatto che l'esistenza di Dio è inclusa nella sua stessa essenza. Tuttavia, tale proposizione «non è chiara per noi», perché noi non possiamo "concepire" l'essenza di Dio, cioè averne il "concetto" nel nostro intelletto, e quindi occorre spiegarla tramite i concetti che a noi sono più familiari. Da questi concetti "noti" prendono le mosse le cinque «vie» seguite da Tommaso per dimostrare l'esistenza di Dio.

T4 > Le cinque «vie»

Prima di considerare le cinque argomentazioni di Tommaso, esposte nel passo che segue, torna utile richiamare l'attenzione sul termine "via", che, come ha puntualizzato il teologo domenicano Marie-Dominique Chenu, possiede un valore psicologico e metodologico assai diverso dal termine "prova", in quanto «più che a dimostrare, racchiude un invito a meditare» (*La conoscenza di Dio nella "Somma teologica"*, Messaggero, Padova 1982, p. 39). Una seconda utile osservazione preliminare riguarda il fatto che le cinque vie, pur diversificate nei punti di partenza – il movimento, la causalità, la necessità, la perfezione e la finalità – presentano la stessa dinamica interna. Secondo Antonino Poppi esse costituiscono articolazioni diverse di un'unica prova, la quale non ha andamento assiomatico-deduttivo, ma problematico-confutatorio, poiché da vari indici di potenzialità e di contingenza della totalità dell'esperienza si argomenta la necessità del principio trascendente, confutando ogni tentativo di negarlo.

Attraverso *cinque vie si può provare l'esistenza di Dio.*
La *prima* e più evidente si deduce dal *moto*. È infatti certo, e lo constatiamo coi sensi, che nel mondo alcune cose si muovono. Ma tutto ciò che si muove è mosso da altro. Infatti, tutto si muove in quanto potenza rispetto a ciò verso cui si muove, ma qualcosa muove in quanto atto, giacché il movimento non è altro che condurre qualcosa da potenza ad atto: il che non può avvenire, se non per un essere che è in atto: come il caldo in atto, cioè il fuoco, fa sì che il legno, caldo solo in potenza, divenga caldo in atto, e in questo modo lo muove e lo trasforma. Infatti, non è possibile che una cosa sia la stessa in atto e in potenza nel medesimo stato, ma solo in stati diversi: ciò che è caldo in atto non può contemporaneamente esserlo in potenza, ma sarà invece freddo. Quindi è impossibile che una stessa cosa nella stessa condizione sia movente e mossa, ovvero che muova se stessa. Dunque, tutto ciò che si muove dovrà essere mosso da un altro; e questo da un altro ancora. Tuttavia questo non è un procedere all'infinito, perché in tal caso non vi sarebbe qualcosa che si muove per primo, e di conseguenza non vi sarebbe nemmeno qualcosa che muove qualcos'altro, in quanto provoca per secondo il movimento, lo fa solo in quanto mosso a sua volta da un primo motore, così come il bastone non si muove se non perché è mosso dalla mano. Dunque, si dovrà arrivare ad un primo motore che non è mosso da nessuno: e tutti comprendono che questo è Dio.
La *seconda via* deriva dal concetto di *causa efficiente*. Vediamo infatti che nelle cose materiali vi è un ordine delle cause efficienti, ma non si trova né è possibile qualcosa che sia causa efficiente di se stesso, poiché dovrebbe essere prima di se stesso, fatto impossibile. Né è possibile che nelle cause efficienti si proceda all'infinito, poiché in tutte le cause efficienti disposte secondo un ordine, la prima è causa di quella intermedia, e questa a sua volta, una o molteplici che siano, è causa dell'ultima; eliminata la causa, si elimina l'effetto, per cui se non vi è un primo nelle cause efficienti, non vi sarà un intermedio né un ultimo. Ma se procediamo all'infinito, eliminiamo la prima causa efficiente, per cui non vi sarà né un effetto ultimo né cause efficienti medie, e questo ovviamente è falso. Quindi si dovrà porre una prima causa efficiente, che tutti chiamano Dio.
La *terza via* è desunta dal *possibile e necessario*, ed è questa. Tra le cose troviamo quelle che possono essere e quelle che non possono, poiché si trovano cose che possono nascere e corrompersi, e quindi che possono esistere o non esistere. È impossibile che tali cose siano sempre, in quanto ciò che può non essere, in qualche tempo non è. Se pertanto tutte le cose possono non essere, una volta non ci fu nulla nella realtà. Ma se questo è vero, non vi sarebbe nulla nemmeno ora, poiché ciò che non è, comincia ad essere solo in virtù di qualcosa che è; se pertanto non vi fosse stato un ente, nulla sarebbe potuto incominciare ad essere, e nulla ora sarebbe, cosa questa evidentemente falsa. Ne conse-

gue che non tutti gli enti sono possibili, ma dovrà essere nella realtà qualcosa di necessario. Ora, ogni cosa necessaria o ha la causa della sua necessità altrove, o non l'ha; non è comunque possibile procedere all'infinito nelle cose necessarie che hanno da altro la causa della propria necessità, come nelle cause efficienti, e ne sono state date le prove. Dunque dovremo di necessità supporre un essere necessario per sé, che non abbia da altro la causa della sua necessità e che sia invece causa di necessità per le altre cose; questo essere tutti dicono che è Dio.

La *quarta via* si fa derivare dalla *gerarchia* che si riscontra nelle cose. Infatti, nella realtà si trovano il buono, il vero, il nobile in quantità diverse, ma il più e il meno si definiscono in base alla vicinanza ad un valore massimo, così come diciamo più caldo ciò che è più vicino al massimo caldo. Vi è dunque qualcosa che è verissimo, ottimo, e nobilissimo, e di conseguenza è ente supremo; infatti le realtà più vere sono enti al massimo grado, come dice Aristotele nella *Metafisica* (II, c. 1). Ora, in una categoria ciò che è al più alto livello è causa di tutte le realtà facenti parte della categoria stessa: così come il fuoco, che è il massimo calore, è causa di tutti i calori, come si afferma nel citato libro. Dunque vi è qualcosa che per tutti gli enti è causa dell'essere, della bontà e di qualsiasi perfezione: questi noi diciamo è Dio.

La *quinta via* si deduce dall'*ordine delle cose*. Vediamo infatti che alcune cose mancanti di conoscenza, cioè i corpi materiali, operano per un fine: ciò appare dal fatto che sempre o quasi operano allo stesso modo per raggiungere la perfezione, quindi è evidente che giungono al fine non per caso, bensì per un condizionamento. Ma le cose che non hanno conoscenza non tendono al fine se non dirette da qualcuno che possiede conoscenza e intelletto, come la freccia che è scagliata dall'arciere. Quindi vi è un essere intelligente, da cui tutte le cose create vengono indirizzate ad un fine: questo essere diciamo che è Dio.

(*Somma teologica*, I, q. 2, a. 3, trad. it. di A. Bettini, in *Esistenza di Dio*, ne "*L'ente e l'essenza*" *di Tommaso d'Aquino e il rapporto fede-ragione nella Scolastica*, cit., pp. 158-161)

Analisi del testo

1-17 Premesso che il *moto* può essere inteso in due modi: come moto fisico, cioè come mutamento (che può essere di quattro tipi: di corruzione e generazione, di alterazione, di traslazione e di aumento e diminuzione), e come moto metafisico, cioè come divenire (quale passaggio dalla potenza all'atto), è da dire che la *prima prova* (di origine aristotelica) è incentrata sulla natura intima del moto stesso: non solo del moto fisico, ma proprio del moto metafisico, che include il moto fisico e lo supera, rinviando a un primo motore immobile.

18-26 La *seconda prova* (di provenienza aristotelica, ma anche agostiniana) parte da una considerazione più ampia della precedente, in quanto fa riferimento alla prima causalità efficiente, dalla quale dipende non solo il divenire ma anche tutto l'essere delle cose.

27-39 La *terza prova* (che richiama Avicenna) ha l'andamento della prova *per absurdum*, e mette in evidenza la dipendenza delle cose contingenti dall'essere necessario: un universo di nature contingenti che non dipendesse da un Ente necessario non potrebbe esistere né *ab aeterno*, né nel tempo.

40-48 La *quarta prova* (di ascendenza platonica e neoplatonica, più che aristotelica) risale a Dio come Essere perfettissimo. Di questa prova nella filosofia di Tommaso si trovano diverse applicazioni: dall'intellettualità variamente partecipata nella nostra intelligenza si risale a un'Intelligenza suprema, di cui le intelligenze partecipano la virtù intellettiva; dalla verità variamente partecipata nelle singole intelligenze si risale alla Verità eterna, fonte di tutte le verità; dal bene variamente presente nelle cose che sono oggetto di desiderio per le nostre volontà si risale all'esistenza del Bene infinito, presente, almeno implicitamente, in tutti i desideri.

49-55 Nella *quinta prova* (di origine stoica) si cerca il presupposto necessario dell'ordine intelligibile del cosmo e lo si individua nell'attuale influsso di un'Intelligenza ordinatrice. In questa prova, che si può denominare "finalistica", non si fa riferimento all'ordine complessivo del mondo, ma ad alcuni casi di finalismo, e da qui si risale a Dio, come a colui che ha ordinato le cose non in modo estrinseco, ma dotandole di un fine intrinseco alla loro stessa natura.

Il problema della conoscenza

Nella questione *De veritate*, composta nel 1256, Tommaso riprende la definizione della verità attribuita a Isacco Ben Israeli: «*veritas est adaequatio rei et intellectus*» (la verità è la corrispondenza dell'essere e del pensiero). Tale definizione è da intendere sia nel senso dell'intelligibilità dell'essere, sia nel senso dell'intelligenza del pensiero, ed esprime quindi la concezione ontologica classica, secondo cui le cose hanno un rapporto con l'intelletto, e l'intelletto comprende le cose. Anche per tale questione Tommaso muove da Aristotele, e più in generale dalla filosofia greca.

T5 > La verità

Nel passo che segue si possono distinguere due parti: nella prima Tommaso chiarisce il concetto di verità come «*adaequatio*»; nella seconda presenta tre definizioni di diversi autori, per puntualizzare alcuni aspetti della questione.

L'anima, poi, esercita la potenza conoscitiva e appetitiva. Ora, il termine *bene* esprime la convenienza di un ente con l'appetito, come viene detto all'inizio dell'Etica: «Il bene è ciò a cui tutte le cose appetiscono». Mentre il termine *vero* esprime la convenienza di un ente all'intelletto. Ogni conoscenza, poi, si compie per assimilazione del conoscente alla cosa conosciuta, cosicché l'assimilazione è detta causa della conoscenza. Allo stesso modo, la vista conosce i colori, perché si modifica secondo la specie del colore.

Dunque la prima comparazione di un ente all'intelletto è questa: che quell'ente corrisponda all'intelletto. Tale corrispondenza, in cui è determinata formalmente la nozione di vero, viene chiamata «adeguazione della cosa e dell'intelletto». È questo, dunque, ciò che il vero aggiunge all'ente: ossia la conformità, o l'adeguazione, della cosa e dell'intelletto. Come si è detto, la conoscenza di una cosa è una conseguenza di questa conformità: in tal modo, dunque, l'entità della cosa precede la nozione della verità, ma la conoscenza è un certo effetto della verità.

In accordo a quanto detto, quindi, si sono trovate tre definizioni della verità e del vero.

La prima concerne ciò che precede la nozione della verità, e su cui il vero si fonda. Proprio questa è la definizione di Agostino nei *Soliloqui* : «Il vero è ciò che è»; e di Avicenna nell'undicesimo libro della *Metafisica*: «La verità di ciascuna cosa è la proprietà di quell'atto di esistere (*esse*), che è stato assegnato alla cosa»; e di altri così: «La verità è l'indivisione dell'atto di esistere (*esse*), e di ciò che è».

La seconda definizione concerne ciò che determina formalmente la nozione di vero. Così Isaac dice che «la verità è l'adeguazione della cosa e dell'intelletto»; e Anselmo nel libro *De veritate*: «La verità è la rettitudine percettibile dalla sola mente». Questa rettitudine, infatti, significa una certa adeguazione, e concorda con quanto dice il Filosofo nel quarto libro della *Metafisica*: definiamo il vero, quando diciamo che è ciò che è, o che non è ciò che non è.

La terza definizione del vero concerne l'effetto che ne consegue. Tale è la definizione di Ilario: «Il vero è ciò che manifesta e dichiara l'esistenza», e di Agostino nel libro *De vera religione*: «La verità è ciò per cui si mostra quel che è»; e nello stesso libro: «La verità è ciò quanto a cui giudichiamo riguardo alle cose inferiori».

(*La verità*, a. 1, trad. it. di M. Mamiani, Liviana, Padova 1970)

Analisi del testo

1-11 Tommaso chiarisce il concetto di «*adaequatio*» come «convenienza di un ente all'intelletto» (r. **3**), come corrispondenza (r. **7**), conformità (r. **9**) o adeguamento (r. **9**) della cosa e dell'intelletto. La conoscenza è «una conseguenza di questa conformità» (rr. **9-10**), e questa presuppone l'entità delle cose. Viene così riaffermata la

>

concezione classica incentrata sull'essere, per cui (si potrebbe sintetizzare) l'essere è ed è intelligibile, e il pensiero lo comprende e lo esprime.

12-25 Le tre definizioni riportate permettono di chiarire: a) il fondamento della verità, che è l'essere (vedi le definizioni di Agostino e di Avicenna); b) la condizione della verità, cioè la corrispondenza di essere e pensiero (vedi le definizioni di Anselmo d'Aosta e di Aristotele); c) l'effetto della verità, cioè l'esistenza (vedi le definizioni di Ilario di Poitiers e di Agostino).

La legge

Tommaso abbraccia la dottrina del diritto naturale elaborata dallo stoicismo e approfondita in ambito romano soprattutto da Cicerone – secondo la quale esiste un ordine razionale e necessario che governa tutto l'universo – rileggendola in chiave cristiana: l'ordine necessario che, come provvidenza, regge il mondo, è infatti ricondotto a Dio e al suo pensiero eterno e perfetto. Di tale "legge eterna" è partecipazione la "legge naturale" insita nell'uomo, la quale deve essere rispettata dalla "legge umana positiva", finalizzata al bene comune, cioè al bene terreno degli uomini. La "legge divina rivelata" ha invece il proprio fine nel bene ultraterreno.

T6 > LEGGE ETERNA, NATURALE, UMANA E DIVINA

Il brano proposto si articola in quattro parti, relative ai quattro tipi di legge individuati da Tommaso.

Come abbiamo già visto, la legge non è che il dettame della ragione pratica esistente nel principe che governa una società, o comunità perfetta. Ora, una volta dimostrato, come abbiamo fatto noi nella *Prima Parte* (q. 22, aa. 1 e 2), che il mondo è retto dalla divina provvidenza, è chiaro che tutta la comunità dell'universo è governata dalla ragione divina. Perciò il piano stesso con il quale Dio, come principe dell'universo, governa le cose ha natura di legge. E poiché la mente divina non concepisce niente nel tempo, essendo il suo pensiero eterno, come insegna la Scrittura; *codesta* legge dev'essere *eterna*. [...]

[...] poiché tutte le cose soggette alla divina provvidenza sono regolate e misurate, come abbiamo visto, dalla legge eterna, è chiaro che tutte partecipano più o meno della legge eterna, perché dal suo influsso ricevono un'inclinazione ai propri atti e ai propri fini. Ebbene, tra tutti gli altri esseri la creatura ragionevole è soggetta in maniera eccellente alla divina provvidenza, perché ne partecipa col provvedere a se stessa e ad altri. Perciò in essa si ha una partecipazione della ragione eterna, da cui deriva un'inclinazione naturale verso l'atto e il fine dovuto. E codesta partecipazione della legge eterna nella creatura ragionevole si denomina *legge naturale*. [...]

Come abbiamo già spiegato, la legge è un dettame della ragione pratica. Ora, nella ragione pratica e in quella speculativa si riscontrano procedimenti analoghi: infatti l'una e l'altra, come abbiamo visto, partendo da alcuni principi arrivano a delle conclusioni. Perciò, stando a codesta analogia, come in campo speculativo dai primi principi indimostrabili, naturalmente conosciuti, si producono in noi le conclusioni delle varie scienze, di cui non abbiamo una conoscenza innata; così è necessario che la ragione umana, dai precetti della legge naturale, come da principi universali e indimostrabili, arrivi a disporre delle cose in maniera più particolareggiata. E codeste particolari disposizioni, elaborate dalla ragione umana, si chiamano *leggi umane*, se si riscontrano le altre condizioni richieste per la nozione di legge [...].

Per l'orientamento della nostra vita era necessaria, oltre la legge naturale e quella umana, una *legge divina* [positiva]. E questo per quattro motivi.

Primo, perché l'uomo mediante la legge viene guidato nei suoi atti in ordine all'ultimo fine. Se egli infatti fosse ordinato solo ad un fine che non supera la capacità delle facoltà umane, non sarebbe necessario che avesse un orientamento d'ordine razionale superiore alla legge naturale e alla legge umana positiva che ne consegue. Ma abbiamo visto sopra le capacità naturali dell'uomo; era necessario che egli fosse diretto al suo fine, al disopra della legge naturale ed umana, da una legge data espressamente da Dio.

Secondo, perché a proposito degli atti umani ci sono troppe diversità di valutazione, data l'incertezza dell'umano giudizio specialmente riguardo ai fatti contingenti e particolari. Perciò, affinché l'uomo potesse sapere senza alcun dubbio quello che deve fare, od evitare, era necessario che nei suoi atti fosse guidato da una legge rivelata da Dio, in cui non può esserci errore.

Terzo, perché l'uomo si limita a legiferare su quello che può giudicare. Ora, l'uomo non può giudicare degli atti interni, che sono nascosti, ma solo di quelli esterni e visibili. E tuttavia, la perfezione della virtù richiede che l'uomo sia retto negli uni e negli altri. Quindi la legge umana non poteva reprimere, o comandare efficacemente gli atti interiori, ma per questo era necessario l'intervento della legge divina.

Quarto, come nota S. Agostino, la legge umana non è capace di punire e di proibire tutte le azioni malvagie: poiché se volesse colpirle tutte, verrebbero eliminati molti beni e sarebbe compromesso il bene comune, necessario all'umano consorzio. Perciò, affinché nessuna colpa rimanesse impunita, era necessario l'intervento della legge divina, che proibisce tutti i peccati.

(*La legge*, trad. it. di T.S. Centi, in *Somma teologica*, Salani, Firenze 1965, vol. 12, pp. 42-54 *passim*)

Analisi del testo

1-6 Dopo aver evidenziato, nelle righe precedenti, il carattere razionale della legge, Tommaso ne esamina i diversi tipi. Alla domanda se vi sia una *legge eterna*, Tommaso risponde positivamente, con un ragionamento che – muovendo dal concetto di legge come regola della ragione pratica esistente in chi governa e dalla dimostrazione che il mondo è retto dalla provvidenza – riconosce che l'universo è governato dalla ragione divina. Questa è necessariamente eterna in quanto espressione del pensiero di Dio, che non è nel tempo ma è appunto eterno, conclude l'Aquinate appellandosi all'autorità della Bibbia (*Prv*, 8, 23).

7-13 Alla domanda se vi sia, nell'uomo, una *legge naturale*, Tommaso risponde positivamente, affermando che tale legge – per cui l'uomo distingue il bene dal male – costituisce un riflesso della legge divina. Ogni cosa è regolata dalla provvidenza divina, e quindi dalla legge eterna, perciò anche l'uomo è soggetto alla provvidenza, anzi l'uomo in misura maggiore rispetto alle altre creature, poiché, essendo dotato di ragione, provvede a se stesso e agli altri; pertanto egli partecipa in maniera eccellente alla legge eterna.

14-22 Alla domanda se esistano *leggi umane*, Tommaso risponde affermativamente sulla base dell'idea di ragione pratica che, analogamente a quella speculativa, arriva a particolari disposizioni muovendo da alcuni principi della legge naturale: quindi le leggi umane (che costituiscono il diritto positivo) sono valide solo se sono tratte razionalmente dai precetti della legge naturale (la quale è riflesso della legge divina).

23-42 Alla domanda se vi sia una *legge divina positiva*, Tommaso risponde affermativamente, adducendo quattro ragioni. La rivelazione divina, infatti, presenta una legge che: a) permette all'uomo di perseguire il fine della beatitudine eterna; b) lo aiuta a sapere quello che deve fare; c) gli permette di regolare anche gli atti interiori; d) lo porta a condannare tutte le azioni malvagie.

Mentre le *leggi umane* sono indirizzate alla realizzazione del bene comune (e raggiungono questo obiettivo nella misura in cui sono rispettose della legge naturale), la *legge rivelata* nel Vangelo è finalizzata al bene soprannaturale e dunque alla felicità, che è raggiunta in modo completo solo con la visione di Dio nella vita ultraterrena.

IL CONCETTO E L'IMMAGINE

La cattedrale gotica come *itinerarium mentis in Deum*

Notre Dame de Laon

Terminata all'inizio del XIII secolo, la **cattedrale di Nostra Signora di Laon** è uno dei primi e più suggestivi esempi di architettura gotica che si possono ammirare in Francia.

La sua facciata occidentale – articolata in quattro fasce orizzontali, impreziosita da tre profondi portali ricchi di sculture che illustrano storie bibliche, e da uno straordinario rosone fiancheggiato da finestroni – servì come modello per la costruzione delle analoghe cattedrali di Chartres e di Parigi. Le due torri, che con i loro 56 metri di altezza la alleggeriscono e la slanciano verso l'alto pur senza attenuarne l'imponenza, sono curiosamente ornate con 16 sculture (2 per angolo) raffiguranti buoi, in ricordo di una leggenda secondo la quale, durante il faticoso trasporto sulla collina di Laon delle pietre per la costruzione della cattedrale, si assistette alla misteriosa comparsa di un bue.

Cattedrale di Notre Dame, 1160-1210 ca., Laon (Francia)

Le "vie" della luce

Con la sua lunghezza di 110 metri e la larghezza di 24 (pari all'altezza sotto le volte), l'edificio presenta dimensioni impressionanti. A lasciare senza fiato, tuttavia, è soprattutto l'interno: lo slancio verticale tipico dello stile gotico trionfa nella magnifica navata centrale, alta ben quattro piani e organizzata in grandi arcate sorrette da grossi pilastri in stile romanico, che aprono su navate laterali altrettanto ampie.

Il visitatore è come rapito da uno **straordinario spettacolo di linee e luci che orientano lo sguardo verso l'alto**, lungo i "percorsi" verticali delle colonne, delle lesene e delle nervature delle volte. Si tratta di un elemento tipico della cattedrale gotica: attraverso la luce materiale che si irradia dalle vetrate e che viene per così dire "catturata" e "guidata" verso il culmine delle volte, i fedeli fanno **esperienza della luce invisibile della divinità**. Lo stesso **ordine geometrico** della costruzione è **segno visibile della perfezione di Dio e strumento per "scalare" la via della trascendenza**.

VERSO LE COMPETENZE

- Individuare i nessi tra la filosofia, le altre forme del sapere e gli altri linguaggi

Interno della cattedrale

L'età delle cattedrali

Elementi peculiari dell'architettura gotica, la **luce** e la **verticalità** sono presenti anche nella teologia medievale, caratterizzata dalla medesima tensione verso la trascendenza. Definito non a caso "**età delle cattedrali**", il Medioevo ha prodotto mirabili **costruzioni architettoniche** come la cattedrale di Laon, e grandiosi "edifici" intellettuali come le ***summae***, prima fra tutte quella teologica di Tommaso d'Aquino. Da una parte, la cattedrale gotica è una sorta di *summa* filosofica fatta di marmo e di mattoni; dall'altro, la *Somma teologica* di Tommaso è una specie di cattedrale innalzata dal pensiero per poter giungere a Dio.

Tra i "monumenti" della cultura medievale, ve n'è poi un terzo, animato dalla stessa tensione verso la causa ultima del tutto: è la ***Divina Commedia*** di Dante, che descrive l'ascesa dell'uomo verso la luce di Dio attraverso i tre regni oltremondani. Con le sue tre cantiche, la *Commedia* dantesca è uno dei più poderosi e affascinanti tentativi messi in atto dall'ingegno umano per esplorare il **mistero della divinità**. La potenza evocatrice della poesia e la suggestione dei simboli, sapientemente intrecciate con un complicato armamentario filosofico, segnano l'intera opera, che assume i tratti di un **"viaggio" verso la visione del principio creatore dell'universo**, compiuto con gli strumenti della logica e insieme della mistica, con la forza del pensiero e con l'ardore del desiderio.

Si tratta di un vero e proprio ***itinerarium mentis in Deum***, che Dante descrive come un «trasumanare», un trascendere i limiti della natura umana per attingere la «gloria di colui che tutto muove» (*Pd*, I, 1).

Ad accomunare la *Divina Commedia* all'architettura gotica è anche il **motivo della luce** (di ascendenza neoplatonica), che nel *Paradiso* si fa dominante: il segno rivelatore di Dio è lo splendore della creazione e lo stesso paradiso è definito come «pura luce» (XXX, 39), come ciò che «solo amore e luce ha per confine» (XXVII, 54).

L'ascesa di Dante all'Empireo, il più luminoso dei cieli, si chiude con la visione mistica della «somma luce» (XXXIII, 67), del «vivo raggio» (77), della «luce etterna» (83): termini, espressioni e immagini con cui Dante traccia, per così dire, il percorso verso Dio, proprio come le nervature delle volte delle cattedrali gotiche accompagnano lo sguardo del fedele verso l'alto.

La cattedrale, la *summa*, la *Divina Commedia* sono dunque tre forme creative, tre linguaggi diversi attraverso i quali il Medioevo esprime il proprio anelito verso la dimensione della trascendenza.

CAPITOLO 3
La crisi e la fine della scolastica

1. Gli sviluppi dell'aristotelismo nella seconda metà del XIII secolo

L'averroismo latino e la polemica intorno al tomismo

Ragione e fede per Tommaso e per Averroè

La dottrina di **Tommaso** era sostanzialmente diretta a stabilire un accordo tra la fede e la ragione mediante la delimitazione dei rispettivi campi: la ragione era il dominio delle verità dimostrate, la fede quello delle verità rivelate. Ma Tommaso affermava anche che non ci può essere, tra questi due tipi di verità, alcuna contraddizione, proprio perché sono **entrambe verità**, e la verità, per definizione, non può escludere un'altra verità, ma solo il falso.

Tale dottrina costituiva un'importante innovazione rispetto all'aristotelismo arabo, e soprattutto rispetto ad **Averroè**, il quale riteneva che si dovesse ammettere solo ciò che è dimostrabile (perché in ciò doveva consistere la religione dell'autentico filosofo) e che la **religione rivelata** fosse **solo un modo approssimativo e imperfetto di avvicinarsi alla verità** per chi non è capace di intraprendere la via della scienza e della dimostrazione. Questo stesso punto di vista fu sostenuto nel XIII secolo da vari maestri dell'Università parigina, le opere dei quali, per le condanne ecclesiastiche cui furono sottoposte, non ci sono pervenute o sono state parzialmente ritrovate solo in tempi moderni.

Sigieri di Brabante e la dottrina della doppia verità

Il maggiore tra gli aristotelici averroisti fu **Sigieri di Brabante**, la cui nascita è stata fissata con una certa probabilità intorno al 1235. Maestro presso la facoltà delle arti dell'Università di Parigi, nel 1277 Sigieri fu accusato di eresia dall'inquisitore di Francia; internato presso la corte papale, morì a Orvieto tra il 1281 e il 1284.

Sigieri affermava la necessità e l'eternità del mondo: egli sosteneva infatti che tutte le cose percorrono un ciclo che dipende dal movimento dei corpi celesti e che tutti gli eventi del mondo, comprese le azioni umane, sono determinati necessariamente da tale movimento. Sigieri negava, in tal modo, la libertà dell'uomo; ma poiché si trattava di una tesi in contrasto con i contenuti della fede cristiana, dichiarava anche che se, come filosofo, doveva giungere a quelle conclusioni, come cristiano accettava le verità della fede. Questa dottri-

na, che fu chiamata della "**doppia verità**", è con ogni evidenza direttamente **contraria al punto di vista tomistico**, il quale ammetteva la perfetta armonia tra fede e ragione.
Le stesse tesi di Sigieri furono sostenute da un suo scolaro, il danese Boezio di Dacia, la cui opera *Sull'eternità del mondo* è stata scoperta recentemente.
La dottrina della doppia verità doveva diventare, nel XIII secolo e in quello successivo, una scappatoia molto comune tra i filosofi del tempo.

La reazione all'aristotelismo di Tommaso

Anche nella forma che aveva ricevuto da Tommaso, l'aristotelismo suscitò opposizione da parte di quei filosofi che preferivano seguire il tradizionale indirizzo agostiniano della scolastica, e diffidenza e condanne da parte delle autorità ecclesiastiche. Il 7 marzo 1277 il vescovo di Parigi Stefano Tempier condannò, tra molte proposizioni averroistiche, anche alcune proprie di Tommaso.
Pensatori di ispirazione agostiniana – come **Giovanni Peckam**, inglese, **Matteo di Acquasparta**, italiano, e altri minori – difesero contro Tommaso la **dottrina agostiniana dell'illuminazione**: l'uomo non conosce la verità attraverso i procedimenti dimostrativi della ragione, ma attraverso una specie di illuminazione che il suo intelletto riceve direttamente da Dio.
Enrico di Gand (1217 o 1223-1293) criticò l'intellettualismo di Tommaso e affermò che la volontà non segue necessariamente il giudizio della ragione, ma che questa si limita a proporre gli oggetti tra i quali la volontà fa poi la sua scelta. Inoltre la volontà è superiore all'intelletto, perché la sua disposizione è rivolta all'amore, mentre quella dell'intelletto è rivolta alla sapienza, a cui l'amore è superiore.

La difesa domenicana del tomismo

Il tomismo fu invece difeso, di regola, dall'ordine domenicano, cioè dai confratelli di Tommaso. Tra essi si può ricordare **Egidio Romano** (Colonna), morto nel 1316, il quale fu, tra l'altro, uno dei più decisi assertori della superiorità del potere papale su quello temporale dei principi della terra (v. "La filosofia giuridico-politica del Medioevo", p. 290).

La filosofia della natura e Ruggero Bacone

La diffusione dell'aristotelismo e l'impulso alla ricerca naturale

Il XIII secolo vede una grande fioritura della filosofia della natura, a cui contribuisce la diffusione dell'aristotelismo, che, presentandosi come una sorta di enciclopedia del sapere, svincola l'attività speculativa dalla considerazione unilaterale dei problemi teologici e la avvia a quella dei problemi concernenti il **mondo fisico**, riconosciuto come **dominio dell'indagine autonoma della ragione**.
Ma l'aristotelismo non fa che portare alla luce del sapere ufficiale quelle ricerche dirette a carpire i segreti del mondo naturale che non erano mai venute meno nel Medioevo, ma che costituivano un'attività d'eccezione, riservata ad alchimisti, maghi e simili dottori diabolici.
Con il nuovo spirito aristotelico, la cui influenza non si restringe a coloro che rimangono più aderenti alla lettera del sistema aristotelico, ma investe l'intero campo della cultura, **la ricerca sperimentale cessa di essere lavoro segreto riservato agli iniziati e diventa un aspetto fondamentale della ricerca filosofica**, assumendo così un posto ufficiale nell'enciclopedia delle scienze.
Già **Alberto Magno** aveva insistito sull'importanza della ricerca sperimentale, che però fu coltivata soprattutto dai francescani inglesi, tra i quali in particolare **Roberto Grossatesta** (v. cap. 1, p. 230), grande iniziatore di tale indirizzo.

Ruggero Bacone: vita e opere

Il massimo esponente dello sperimentalismo del XIII secolo è però **Ruggero Bacone**. Detto "**dottore mirabile**" (*doctor mirabilis*) per la sua vasta cultura, Ruggero Bacone nacque in Inghilterra tra il 1210 e il 1214; fu scolaro di Roberto Grossatesta e appartenne all'ordine francescano. Morì intorno al 1292. Le sue opere principali sono intitolate ***Opera maggiore***, ***Opera minore*** e ***Opera terza***.

Il significato dell'esperienza per Bacone

Bacone afferma che le fonti della conoscenza sono due, la **ragione** e l'**esperienza**, ma che **solo quest'ultima «acqueta l'anima nell'intuito della verità»**, mentre la ragione non arriva mai a eliminare del tutto il dubbio. Non si dimentichi, tuttavia, che il modo in cui Bacone intende lo sperimentalismo non ha nulla a che vedere con quello moderno, ma si apparenta piuttosto al concetto di esperienza elaborato nel mondo antico. Il filosofo, infatti, non si riferisce a esperimenti condotti in condizioni controllate e senza interferenze esterne come quelle che turbano gli eventi naturali, ma alla **semplice osservazione**, senza alcun ausilio da parte di strumenti tecnici.

Esperienza esterna ed esperienza interna

L'esperienza, secondo Bacone, è di due specie:

- l'**esperienza esterna** è quella che ci è data attraverso i **sensi**;
- l'**esperienza interna** è quella che ci è data attraverso l'**illuminazione divina**. Bacone àncora quindi il proprio sperimentalismo al caposaldo della tradizione agostiniana, la **teoria dell'illuminazione**.

Dall'esperienza esterna derivano le verità naturali, dall'esperienza interna le verità soprannaturali. Tuttavia anche alcune verità naturali, quelle di cui l'uomo è in possesso fin dall'origine, derivano da un'illuminazione "generale" comune a tutti gli uomini, diversa dall'illuminazione "straordinaria" della grazia, che Dio concede ai santi e ai profeti.

Gli esiti mistici dello sperimentalismo baconiano

L'esperienza interna è per Bacone la **via mistica**, il cui più alto grado è la **conoscenza estatica**. Lo sperimentalismo di Bacone si conclude così nel misticismo: non c'è quindi da meravigliarsi se, anche nel dominio della ricerca sperimentale, le sue ricerche siano cariche del carattere magico e religioso che gli alchimisti attribuivano alla loro scienza. Egli chiede alla scienza sperimentale l'invenzione di fatti sorprendenti e la scoperta di nuove meraviglie da aggiungere ai tesori dell'alchimia e della magia naturale.

Tuttavia, si deve riconoscere a questa strana figura di frate francescano, alchimista e mistico, sperimentatore e teologo, il carattere di precursore della scienza moderna: sia perché ha dato il massimo valore alla **ricerca sperimentale**, sia perché ha riconosciuto nella **matematica** il fondamento e la guida di tale ricerca.

2. L'aristotelismo di Duns Scoto

Il "dottor sottile"

Dopo una prima svolta della scolastica, imposta da Tommaso, se ne registra una seconda a opera di **Giovanni Duns Scoto**. Si tratta di una svolta decisiva, che condurrà rapidamente la scolastica alla fine del proprio ciclo e all'esaurirsi della propria funzione storica.

Anche la posizione di Duns Scoto è determinata dall'aristotelismo, inteso però come "lo spirito" del sistema, e non come il sistema stesso. In altre parole, se per Tommaso l'aristotelismo è una dottrina che bisogna correggere e riformare, per Duns Scoto esso è "la" filosofia, che bisogna riconoscere e far valere in tutto il suo rigore per ricondurre la scienza umana entro i suoi giusti limiti; se per Tommaso si tratta di usare l'aristotelismo per spiegare la fede cattolica, per Duns Scoto si tratta di farlo valere come principio che restringe la fede nel dominio che le è proprio, ovvero quello pratico. L'ideale di una **scienza assolutamente necessaria**, cioè interamente fondata sulla dimostrazione, e il **procedimento critico, analitico e dubitativo** scelto da Duns Scoto costituiscono l'espressione della sua fedeltà allo spirito dell'aristotelismo. L'appellativo che Duns Scoto ebbe dai suoi contemporanei, ***doctor subtilis***, esprime pertanto solo il carattere esteriore del suo filosofare: la tendenza a distinguere e a suddistinguere, l'incontentabilità analitica che cerca la chiarezza nell'enumerazione completa delle alternative possibili.

La funzione dell'aristotelismo in Duns Scoto

Giovanni Duns Scoto nacque nel 1266 o (secondo altri) nel 1274 a Maxton (oggi Littledean), in Scozia. Studiò a Oxford e a Parigi e in entrambe queste Università fu maestro. Morì l'8 settembre del 1308 a Colonia. Visse dunque solo quarant'anni circa, ma questo breve spazio di vita fu occupato da un'attività intensa, anche a giudicare dalle opere che gli si possono attribuire con certezza: *Il primo principio*; *Questioni di metafisica*; *Opera di Oxford*, che è il suo primo commento alle *Sentenze* di Pietro Lombardo, tenuto a Oxford; *Appunti delle lezioni parigine*, che è il suo commento alle *Sentenze* tenuto a Parigi. Poco probabile è invece l'autenticità de *Il principio delle cose* e dei *Teoremi*.

Vita e opere

Il teoretico e il pratico

Il primo principio si apre con una preghiera a Dio che è nello stesso tempo la professione dell'ideale scientifico di Duns Scoto:

Dio come «vero essere»

> Tu sei il vero essere, Tu sei tutto l'essere; questo io credo, questo, se mi fosse possibile, vorrei conoscere. Aiutami, o Signore, nel ricercare quella conoscenza del vero essere, cioè di Te, che la nostra ragione naturale può attingere. (*Il primo principio*, 1, n. 1)

Duns Scoto non chiede a Dio un'illuminazione soprannaturale, una conoscenza "compiuta" per verità ed estensione, ma solo quella conoscenza che è propria della ragione umana naturale. Anche se limitata, questa è la sola conoscenza possibile, la sola scienza per l'uomo.

La distinzione tra verità metafisiche e verità di fede

> Oltre gli attributi che di Te i *filosofi* dimostrano, spesso i *cattolici* Ti lodano come onnipotente, immenso, onnipresente, vero, giusto e misericorde, provvidente per tutte le creature e specialmente per quelle intelligenti. Ma di questi attributi parlerò in un altro trattato, nel quale saranno esposti gli oggetti di fede (*credibilia*), ai quali viene accattivato l'assenso della ragione e che tuttavia sono, per i cattolici, tanto più certi in quanto si fondano non sul nostro intelletto miope e vacillante, ma sulla tua solidissima verità. (*Il primo principio*, 4, n. 37)

In queste righe è evidente il contrasto tra le verità della metafisica, che sono proprie della ragione umana e quindi valide per tutti gli uomini, e le verità della fede, alla quale la ragione può essere soltanto "accattivata" e che ha una certezza solidissima solamente per i cattolici. Per Duns Scoto **la fede non ha nulla a che fare con la scienza**, in quanto appartiene interamente al dominio pratico.

Necessità e libertà

Da tale convinzione scaturiscono la separazione e l'antitesi, che dominano tutto il pensiero di Duns Scoto, tra il teoretico e il pratico. Il **teoretico** è il **dominio della necessità**, quindi della dimostrazione razionale e della scienza. Il **pratico** è il **dominio della libertà**, dunque dell'impossibilità di ogni dimostrazione e della fede. La metafisica è la scienza teoretica per eccellenza, la teologia è la scienza pratica per eccellenza.

Il carattere pratico della teologia

Lo **scopo della teologia** non è quello di fugare l'ignoranza, ma di **persuadere l'uomo ad agire per la propria salvezza.** Il suo fine, in altri termini, non è contemplativo, ma educativo. Essa ripete di frequente i propri insegnamenti affinché l'uomo sia indotto più efficacemente a metterli in pratica.

Se per "conoscenza pratica" si intende quella che condiziona necessariamente e precede la volizione retta, l'intera teologia deve essere riconosciuta come **conoscenza pratica**, in quanto **condiziona e determina la volontà e l'azione retta dell'uomo**. Anche quelle verità che apparentemente non hanno riferimento all'azione sono in realtà pratiche. Infatti, se consideriamo ad esempio "Dio è trino" e "il Padre genera il Figlio", la prima di queste verità include virtualmente la conoscenza del retto amore che l'uomo deve a Dio, amore che deve dirigersi a tutte e tre le persone divine, perché se si rivolgesse a una sola di esse escludendo le altre (come appunto accade nel caso degli infedeli) non sarebbe il retto amore di Dio; la seconda affermazione include invece la conoscenza della regola per la quale l'amore dell'uomo deve dirigersi verso il Padre e il Figlio, secondo il rapporto che essa appunto individua tra loro.

Il carattere teoretico della metafisica

Di fronte al carattere pratico della teologia, che perciò solo impropriamente e in senso molto specifico è "scienza", sta il carattere teoretico della metafisica, che è scienza nel senso più alto.

> Sono per eccellenza oggetto di scienza o le cose che si conoscono prima di tutte le altre e senza le quali le altre non possono essere conosciute, o quelle che si conoscono con la massima certezza. L'oggetto della metafisica possiede al massimo grado questo duplice carattere: la metafisica è dunque scienza nel massimo grado. (*Questioni sottilissime sulla metafisica*)

Duns Scoto desume da Aristotele e dai suoi interpreti arabi l'ideale di una **scienza necessaria**, costituita interamente da **principi evidenti** e da **dimostrazioni razionali.** Ma per primo egli si avvale di questo ideale per restringere e limitare il dominio della conoscenza umana.

Le proposizioni indimostrabili della fede

Una volta ammesso che tutto ciò che non è dimostrabile razionalmente è puro oggetto di fede (cioè "regola pratica", senza fondamento necessario), la ricerca scolastica, che da secoli rinnovava il proprio tentativo di ridurre a compattezza di dottrina logica le verità della fede, cominciò ad apparire chimerica. I ***Teoremi*** presentano un impressionante elenco di **proposizioni indimostrabili**, che come tali entrano a far parte del dominio pratico della fede: non si può dimostrare che Dio è vivo (XIV, n. 1); che è sapiente o intelligente (*ibidem*, n. 2); che è dotato di volontà (*ibidem*, n. 3); che è la prima causa efficiente (XV); che è necessario alla conservazione della natura creata (XVI, n. 5); che coopera con le creature nella loro attività (*ibidem*, n. 6); che è immutabile e immobile (*ibidem*, nn. 11 e 13); che è privo di grandezza e di accidenti (*ibidem*, nn. 14-16); che è infinito nel senso della potenza (*ibidem*, n. 17). Duns Scoto ritiene **impossibile dimostrare tutti gli attributi di Dio** e, come vedremo (v. p. 288), anche l'immortalità dell'anima umana. La certezza di queste proposizioni è dunque "pratica", cioè fondata esclusivamente sulla loro libera accettazione da parte dell'uomo. L'ideale aristotelico della scienza dimostrativa conduce Scoto a respingere, come estranei alla ricerca filosofica, gli assunti fondamentali della religione cattolica. La scolastica si avvia così a svuotare di ogni contenuto il suo stesso problema.

La conoscenza intuitiva e la dottrina della sostanza

Duns Scoto parte da una distinzione fondamentale: quella tra conoscenza intuitiva e conoscenza astrattiva:

- la **conoscenza intuitiva** è la conoscenza dell'oggetto presente nella sua esistenza reale;
- la **conoscenza astrattiva** astrae (cioè prescinde) dall'esistenza reale dell'oggetto.

La sostanza aristotelica per Duns Scoto

Sulla conoscenza intuitiva è fondata la metafisica. Ma che cos'è l'essere, o la sostanza, che è l'oggetto della metafisica? Duns Scoto presenta un'interpretazione della teoria aristotelica della sostanza che costituisce la parte più sottile e originale del suo sistema. Posto che nella realtà non esistono che cose individuali e che l'universale esiste solo nell'intelletto (v. cap. 1, p. 214), Duns Scoto si preoccupa di trovare il **fondamento comune dell'individualità della cosa reale e dell'universalità della cosa pensata**, e lo riconosce nella **sostanza**, ovvero nella **natura comune** degli esseri individuali. La sostanza "uomo", ad esempio, è la natura comune di tutti gli uomini. E questa natura comune è il fondamento sia degli uomini singoli, che sono numericamente molti, sia dell'universale, o concetto, "uomo" con cui noi pensiamo gli uomini stessi.

La sostanza comune non è né individuale, né universale

Dalla sostanza comune nascono quindi, da un lato, la cosa individuale che è nella realtà e, dall'altro, il concetto universale che è nell'intelletto. In che modo? **La sostanza comune non è** veramente **né individuale, né universale**: essa è di per sé indifferente a entrambi gli aspetti. Ma proprio in virtù di questa indifferenza non ripugna né alla cosa individuale, né al concetto universale: può così acquistare, come oggetto dell'intelletto, quell'universalità che ne fa un concetto e, come realtà fisica, quell'individualità che ne fa una cosa esterna all'anima.

Individualizzazione e astrazione

Ora, questa **sostanza comune è l'oggetto proprio della conoscenza intuitiva**. Mentre il senso coglie la realtà individuale esterna e l'intelletto astrattivo coglie l'universale, **la conoscenza intuitiva coglie la sostanza prima dell'universo**, che è indifferente all'universalità e all'individualità, ma che nello stesso tempo costituisce il fondamento di entrambe. Infatti:

- dalla sostanza comune nasce la cosa reale esterna attraverso un processo di **individualizzazione**, cioè di specificazione e determinazione, mediante il quale la sostanza comune si delimita e si concretizza in una cosa singola. Il risultato di questa delimitazione della sostanza nell'individuo è chiamata da Duns Scoto *haecceitas* (da *haec*, il pronome con cui si indica la cosa singola):
- dalla sostanza comune nasce l'universale, che è nell'intelletto, mediante un processo di **astrazione** e **universalizzazione** dovuto al concetto, o *species*. Duns Scoto dice che l'intelletto e la specie concorrono a formare l'universale come il padre e la madre concorrono a formare la prole.

Antropologia ed etica

Il rifiuto dell'analogia tra creatore e creature

Gli altri aspetti della dottrina di Duns Scoto sono sviluppi dei punti fondamentali accennati nel paragrafo precedente. In particolare, il filosofo **respinge il principio dell'analogia dell'essere** affermato da Tommaso, perché ritiene che l'essere di Dio e l'essere delle creature abbiano un significato fondamentalmente unico, sul quale poi s'innestano i rispettivi caratteri. Tra questi caratteri, quello che fa sì che l'essere proprio di Dio sia diverso dall'essere proprio delle creature è l'infinità. **L'infinità è il solo attributo intrinseco di Dio**, il che significa che Dio trascende, nella sua perfezione, tutte le creature.

L'immortalità dell'anima non è dimostrabile

Così come molti attributi di Dio cadono nell'ambito della fede (cioè si possono credere, ma non dimostrare), lo stesso vale per l'**immortalità dell'anima**, che è **indimostrabile**. L'anima, infatti, è una sostanza, ma questo non significa che sia indistruttibile, poiché, se lo fosse, non potrebbe essere creata o distrutta neppure da Dio. Né vale a dimostrare l'immortalità dell'anima l'aspirazione di questa a una beatitudine eterna e ad una giustizia che remuneri il bene e il male in un'altra vita, giacché non si può dimostrare che la beatitudine eterna sia il fine proprio dell'uomo e giacché ognuno trova la prima remunerazione della propria bontà nella bontà stessa e la prima pena per il proprio peccato nel peccato medesimo.

Volontà umana e volontà divina

L'altro fondamentale assunto dell'antropologia di Duns Scoto, nonché della sua etica, è la libertà della volontà. Questa non è determinata dalle valutazioni dell'intelletto: non è l'intelletto che sceglie il bene verso il quale la volontà deve dirigersi, ma è **la volontà** che **liberamente si determina per questa o quella cosa, la quale, conseguentemente, appare buona all'intelletto**.
Il primato della volontà non riguarda solo l'uomo, ma anche e soprattutto Dio: **la volontà divina non ha alcuna legge sopra di sé**, perché essa stabilisce ogni legge. Non c'è un bene oggettivo e assoluto che si impone alla volontà di Dio, ma è bene ciò che Dio vuole. Per questo fare il bene, per l'uomo, significa fare ciò che la volontà divina gli prescrive.

L'amore di Dio e la grazia

ESERCIZI INTERATTIVI ON LINE

Tutta la **vita morale** dell'uomo si riduce così all'**obbedienza ai voleri divini**: obbedienza che, nella sua manifestazione più alta, consiste nell'**amore di Dio**. È questa la sola azione umana che non può mai essere moralmente cattiva, così come l'odio di Dio è il solo atto veramente cattivo che in nessuna circostanza può essere buono. Ogni altro atto può invece essere buono o cattivo, a seconda delle circostanze. All'amore dell'uomo verso di Lui, Dio risponde con la **grazia**, che è l'atto con il quale Egli ama colui che lo ama.

3. La crisi storica e culturale del Trecento e la polemica giuridico-politica

Verso il dissolvimento della scolastica

Dall'impero...

La crisi del XIV secolo costituisce ancora oggi un ampio argomento di ricerca e di dibattito tra gli studiosi. Rimandando alle lezioni di storia per l'analisi specifica dei suoi aspetti strutturali e delle sue dinamiche, in questa sede ricordiamo come il Trecento – «l'**autunno del Medioevo**» di cui parla lo storico Johan Huizinga – veda il tramonto delle sue due maggiori istituzioni: il papato e l'impero. Sebbene Bonifacio VIII, a cavallo dei due secoli, tenti di restaurare integralmente la teocrazia pontificia celebrando il fastoso giubileo del 1300, e sebbene Enrico VII di Lussemburgo, nei primi decenni del secolo, cerchi di conservare all'impero l'ultima parvenza di prestigio, il fallimento di entrambi i tentativi sanziona l'irrimediabile **decadenza dei due pilastri dell'ordine politico medievale**.

... alle monarchie nazionali

I veri protagonisti e le forze trainanti della nuova storia ormai tendono a essere le **grandi monarchie nazionali europee**, che proprio nel Trecento procedono a un rafforzamento istituzionale, militare e burocratico delle proprie strutture.

La laicizzazione della cultura

Contemporaneamente si assiste all'ascesa dei ceti mercantili e finanziari protocapitalisti e protoborghesi, operanti nelle città italiane e negli Stati transalpini. Sebbene queste classi, per il momento, non esercitino funzioni di dirigenza politica ad alto livello e non presentino ancora una propria definita visione del mondo – il che accadrà solo nel Rinascimento –, la loro influenza sulla vita politica, come su quella delle idee, diviene di anno in anno più rimarchevole. Tant'è che gli intellettuali di queste classi, che cominciano a contrastare il monopolio ecclesiastico della cultura, appaiono portatori di una **tendenziale concezione laica della vita**, che li rende insofferenti alla prospettiva prevalentemente religiosa delle *scholae*. E se la loro opposizione alla vecchia cultura appare più evidente nel dibattito politico circa la natura e gli scopi della società e circa il rapporto Stato-Chiesa, essa non tarda a manifestarsi anche nel campo più strettamente speculativo, sotto forma di **contrasto tra filosofia e teologia**, e di **antitesi tra interessi naturalistico-scientifici e interessi religioso-metafisici**.
Tutto ciò contribuisce ad accelerare il processo di decadenza interna della scolastica iniziato con Duns Scoto.

La progressiva dissoluzione dell'armonia tra ragione e fede

Tra la morte di Duns Scoto e l'inizio dell'attività filosofica di Ockham (di cui parleremo tra poco) intercorrono solo pochi anni. Ma in questi anni la coscienza dei limiti che la ricerca scolastica incontra da ogni parte nel tentativo di spiegare i dogmi cattolici fa passi da gigante, rafforzandosi e approfondendosi in tutti i modi.
Per la prima volta Duns Scoto aveva fatto valere l'aristotelismo come norma di una **rigorosa scienza dimostrativa**, e quindi come criterio limitativo e negativo della ricerca scolastica. Per la prima volta egli aveva affermato l'**eterogeneità della teologia rispetto alla scienza speculativa** e aveva riconosciuto il carattere pratico, cioè arbitrario, di ogni affermazione dogmatica. Tra i due domini che la scolastica aveva cercato di avvicinare e di fondere armonicamente si profilava così una scissione sempre più profonda.
Una schiera di pensatori, nessuno dei quali presenta una personalità di prim'ordine e che perciò non fanno che esprimere l'atmosfera dominante del tempo, individua e scopre nuovi motivi di contrasto tra la ricerca filosofica e le esigenze della spiegazione dogmatica. Alcuni filosofi relativamente indipendenti (come Durando di Pourçain e Pietro Aureolo) e alcuni discepoli di Duns Scoto (come Francesco Mayrone e Tommaso Bradwardine) accentuano il carattere arbitrario delle affermazioni dogmatiche. Il nominalismo, che si profila netto nei primi due, mina ulteriormente le basi della spiegazione dogmatica e avvia a un riconoscimento del valore dell'esperienza che porterà con Ockham al capovolgimento delle posizioni tradizionali. La reviviscenza dell'averroismo fa riaffiorare quella dottrina della doppia verità che diventerà il vessillo dello scetticismo teologico del periodo successivo. Dietro l'accentuazione pura e semplice della verità di fede, si nascondono la sfiducia nel tentativo di intenderla razionalmente e la convinzione che la ricerca filosofica non debba neppure proporsi questo compito impossibile, ma debba piuttosto scegliere altre vie. Infine, le discussioni giuridiche e politiche della prima metà di questo secolo, che culminano nell'opera di Marsilio da Padova, aprono la strada a un concetto razionale e positivo del diritto e dello Stato.

La filosofia giuridico-politica del Medioevo

La prima metà del XIV secolo è caratterizzata, oltre che dalla libertà e dalla spregiudicatezza delle discussioni teologiche e metafisiche, anche dalla libertà e dalla spregiudicatezza delle discussioni giuridico-politiche. Se si dà uno sguardo all'insieme di queste discussioni (occasionalmente menzionate nelle pagine precedenti), vi si scorgono due punti costanti di riferimento, l'uno dottrinale e l'altro problematico: la teoria del **diritto naturale** e il problema dei rapporti tra **potere ecclesiastico e potere civile**.

La teoria del diritto naturale

La teoria del **diritto naturale** costituisce il quadro generale entro cui si muovono tutte le discussioni giuridiche e politiche della scolastica. Elaborata dagli stoici, divulgata da Cicerone e incorporata nel diritto romano, questa teoria è alla base di quella nuova creazione giuridica, caratteristica del Medioevo, che è il diritto canonico.
Nella forma più completa e matura che questa dottrina ha assunto in Tommaso, **la legge di natura è la stessa legge divina**, che regola con perfetta razionalità l'ordine e il corso del mondo e alla quale devono ispirarsi sia le leggi civili, sia la legge religiosa che indirizza l'uomo al suo fine soprannaturale. Accogliendo ecletticamente le due alternative che la teoria del diritto naturale aveva di volta in volta seguito (entrambe reperibili negli stoici), Tommaso ritiene che la legge di natura sia nello stesso tempo **istinto e ragione**, perché comprende sia le inclinazioni che l'uomo ha in comune con gli altri esseri naturali, sia l'inclinazione razionale, specifica dell'uomo (v. cap. 2, p. 262).

Potere ecclesiastico e potere civile

In una forma o nell'altra, la dottrina della legge naturale non viene mai messa in dubbio lungo il Medioevo (e non lo sarà ancora per parecchi secoli), tanto da costituire, come abbiamo detto, lo sfondo comune di tutte le discussioni politiche dell'epoca. Il dibattito verte invece sull'autorità che incarna meglio, o più direttamente, o eminentemente, la legge naturale, cioè sul problema se questa autorità sia quella del papa o quella dell'imperatore. Su questo punto **la polemica filosofica segue le vicende della grande lotta politica tra il papato e l'impero**. Dalla teoria delle "due spade", della quale verso la fine del V secolo si era servito papa Gelasio I per rivendicare l'autonomia della sfera religiosa nei confronti dell'autorità politica, il papato era passato gradualmente a sostenere la tesi della superiorità assoluta del potere papale su quello politico e della dipendenza di ogni autorità mondana da quella ecclesiastica, ritenuta la sola direttamente ispirata e sorretta dalla legge divina.

I sostenitori del primato della Chiesa...

Fu soprattutto con **Innocenzo III** (1198-1216), la cui opera ebbe in tutta l'Europa un'influenza enorme, che cominciò ad affermarsi in tutto il suo rigore la tesi della **superiorità del potere ecclesiastico**: da quel momento in poi le discussioni filosofiche sull'essenza del diritto e dello Stato s'imperniarono sul tema della superiorità dell'uno o dell'altro dei due poteri.
All'inizio del XIV secolo tali discussioni diventarono particolarmente vive e accanite: in questo periodo la teoria del potere ecclesiastico di **Egidio Romano**, della famiglia dei Colonna, costituisce la migliore espressione della **tesi curialistica**, nella sua accezione più estesa. Non solo l'autorità politica, ma ogni bene o possesso deriva dalla Chiesa, e la Chiesa si identifica con il papa, il quale diventa perciò la causa unica e assoluta di tutti i poteri e di tutti i beni della terra.

... e i suoi oppositori

Negli stessi anni **Giovanni di Parigi** (1269-1306) ne *Il potere regio e papale* nega il pieno potere del papa e rivendica agli individui il diritto di proprietà, attribuendo al pontefice soltanto la funzione di un amministratore responsabile dei beni ecclesiastici. Alcuni anni più tardi, ne *La monarchia*, **Dante Alighieri** si preoccupa soprattutto di difendere l'**indipendenza del potere imperiale** nei confronti di quello papale. Nella conclusione dell'opera, Dante afferma infatti:

> Così dunque è chiaro che l'autorità del monarca temporale, senza alcun intermediario, discende a lui dalla fonte dell'autorità universale: la quale, unica com'è nella rocca della sua semplicità, fluisce in molteplici alvei per l'abbondanza della sua eccellenza.
>
> (*La monarchia*, III, 16)

Il complesso imponente delle opere politiche di **Guglielmo di Ockham** mira invece a disgiungere la Chiesa dal papato, identificando la **Chiesa** con la **comunità storica dei fedeli** e attribuendo a essa il privilegio di stabilire e difendere le verità religiose: in questo senso il **papato** è ridotto a un **"principato" istituito esclusivamente per garantire ai fedeli la libertà che la legge di Cristo ha portato agli uomini** (v. pp. 303-304).

TAVOLA ROTONDA

Il rapporto Stato-Chiesa, p. 319

L'affermarsi della nuova classe borghese

Ognuno di questi scrittori anticurialisti ha una propria caratteristica, consistente nell'interesse specifico che intende difendere: per Giovanni di Parigi si tratta essenzialmente di un interesse economico-sociale; per Dante di un interesse politico; per Ockham di un interesse filosofico-religioso. Ma il complesso di questi interessi costituisce quello più generale della nuova **classe borghese**, la quale **difende la propria libertà d'iniziativa contro il monopolio del potere rivendicato dal papa**, appoggiandosi di volta in volta all'autorità civile che si dimostra più aperta o meno esigente nei suoi confronti.

Nuove teorie politiche: Marsilio da Padova

L'opera di Marsilio da Padova presenta invece un carattere più radicale, poiché riesce a mettere tra parentesi anche il fondamento comune di tutte le dispute politiche del Medioevo, cioè la dottrina del diritto naturale divino.

Vita e opere

Marsilio Mainardini nacque a Padova tra il 1275 e il 1280. Fu rettore dell'Università di Parigi dal 1312 al 1313 e partecipò alla lotta tra Ludovico il Bavaro e il papato avignonese come consigliere politico ed ecclesiastico di Ludovico. Terminò di scrivere ***Il difensore della pace*** nel 1324 e più tardi, durante il suo soggiorno in Germania alla corte di Ludovico, compose un compendio di quest'opera con il titolo *Il difensore minore*. Morì tra la fine del 1342 e i primi mesi del 1343.

La positività del concetto di legge

L'originalità dell'opera di Marsilio consiste nel **carattere positivo del concetto di "legge"**, che egli prende a fondamento della propria discussione giuridico-politica, dalla quale esclude esplicitamente la concezione della legge come inclinazione naturale, o come abito produttivo, o come prescrizione obbligante in vista della vita futura. Marsilio si limita infatti a considerare la legge come «la **scienza** o la dottrina o il giudizio universale **di quanto è giusto e civilmente vantaggioso e del suo opposto**» (*Il difensore della pace*, I, 10, 3).
Ma anche nell'ambito di questo concetto ristretto, per Marsilio la legge può essere considerata o come ciò che mostra quel che è giusto o ingiusto, vantaggioso o nocivo, e in questo senso costituisce la scienza o dottrina del diritto, oppure come un «**precetto coattivo legato a una punizione o a una ricompensa da attribuire in questo mondo**» (*ibidem*, I, 10, 4), e solo in questo secondo senso essa è propriamente detta "legge".

Le caratteristiche di questa dottrina, che è alla base dell'intera opera di Marsilio, sono dunque due:

- l'idea che **ciò che è giusto o ingiusto**, vantaggioso o nocivo per la comunità umana non è suggerito da un istinto infallibile posto nell'uomo da Dio, né dalla stessa ragione divina, ma **viene giudicato dalla ragione umana**, creatrice della **scienza del diritto**. Si può osservare in questo aspetto del pensiero di Marsilio un primo accenno del passaggio dal vecchio al nuovo giusnaturalismo, che segnerà il XVII secolo e che attribuirà alla ragione umana il giudizio su ciò che è vantaggioso o dannoso per la comunità;
- la limitazione del concetto di "**legge**" non al semplice giudizio della ragione (che di per sé costituisce solo una scienza, o dottrina), ma a quel **giudizio che è diventato precetto coattivo perché è stato collegato a una sanzione**. Questo secondo aspetto della dottrina di Marsilio fa di lui un precursore di quello che oggi si chiama "positivismo giuridico".

Il popolo come legislatore

Questi presupposti fondamentali limitano il compito di Marsilio alla considerazione «di quelle sole leggi e governi che derivano immediatamente dall'arbitrio della mente umana» (*Il difensore della pace*, I, 12, 1). Da un tale punto di vista, **il solo legislatore è il popolo**: considerato o come «l'intero corpo dei cittadini» o come la «parte prevalente» (*pars valentior*) di esso, che esprime la propria volontà nell'assemblea generale e che comanda che «qualcosa sia fatto o non fatto nei riguardi degli atti civili umani sotto la minaccia di una pena o punizione temporale».

Si noti che con l'espressione "parte prevalente" Marsilio intende riferirsi non solo alla *quantità*, ma anche alla *qualità* delle persone che hanno il compito di istituire la legge: ciò significa che la funzione legislativa può essere deferita a una o più persone, per quanto mai in senso assoluto, ma solo relativamente e fatta salva l'autorità del legislatore primo, che è il popolo.

Che sia il popolo a istituire le leggi è conveniente, secondo Marsilio, sulla base di tre considerazioni:

- il popolo, facendo le leggi per sé, non può che fare le migliori leggi possibili, perché non nuocerebbe mai a se stesso;
- il popolo osserva maggiormente una norma che esso stesso ha creato, piuttosto che una proveniente da una fonte esterna;
- dovendo stabilire sul piano legislativo il bene e il male, il popolo tenderà a istruirsi e ad acquistare consapevolezza nell'ambito etico e politico.

I limiti del potere papale

Alla legge così stabilita tutti sono ugualmente sottoposti, anche i chierici.

> Il fatto che uno sia o non sia sacerdote non ha nei confronti del giudice maggiore importanza che se fosse contadino o muratore, come non ha valore nei confronti del medico che chi può ammalarsi e guarire sia o non sia un musico. (*Il difensore della pace*, II, 8, 7)

Pertanto la **pretesa del papato di assumere la funzione legislativa** e la pienezza del potere non è che un **tentativo di usurpazione** che non produce e non può produrre altro che scissione e conflitti. Analogamente, per la definizione delle dottrine che riguardano la materia di fede (definizione indispensabile in tutti i casi lasciati dubbi dalle Scritture), allo scopo di evitare contrasti e divisioni tra i fedeli, l'autorità legittima deve essere riconosciuta non al papa, ma al Concilio convocato nelle debite forme, ovvero in modo che in esso sia presente, o direttamente o per delega, la «parte prevalente della cristianità» (*Il difensore della pace*, II, 20, 2 ss.).

TAVOLA ROTONDA
Il rapporto Stato-Chiesa, p. 319

È facile rendersi conto della validità e della modernità delle tesi del *Difensore della pace*. In base a esse, il **compito dello Stato** viene **limitato** (secondo il principio che più tardi sarà reintrodotto da Thomas Hobbes) **alla difesa della pace tra i cittadini**, cioè all'eliminazione dei conflitti, e conseguentemente il **dominio della legge, come precetto coattivo**, viene **ristretto agli atti esteriori** degli individui (restrizione importantissima, perché garantisce la libertà di coscienza). Il diritto, inoltre, viene inteso come norma razionale puramente formale, secondo un indirizzo destinato ad affermarsi in modo sempre più marcato nelle concezioni moderne.

La modernità del *Defensor pacis*

ON LINE ESERCIZI INTERATTIVI

4. Guglielmo di Ockham

La figura e l'opera di Ockham

Guglielmo di Ockham è l'ultima grande figura della scolastica e nel contempo la prima figura dell'età moderna. Dichiarando **impossibile l'accordo tra la ricerca filosofica e la verità rivelata**, Ockham per la prima volta svuota di ogni significato il problema fondamentale da cui la scolastica era sorta e della cui incessante elaborazione aveva vissuto. Con ciò la scolastica medievale chiude il proprio ciclo storico e **la ricerca filosofica si apre alla considerazione di altri problemi**, primo tra tutti quello della natura, cioè del mondo al quale l'uomo appartiene e che può conoscere con le sole forze della ragione. In altre parole, l'impossibilità di risolvere il problema scolastico implica immediatamente l'apertura di un problema diverso, nel quale la ricerca filosofica possa riconoscere il proprio specifico dominio.

Un nuovo problema per la filosofia

Detto "**dottore invincibile**", Guglielmo nacque verso il 1290 a Ockham, nel Surrey, in Inghilterra. Entrato nell'ordine francescano, studiò e poi insegnò all'Università di Oxford. Nel 1324 fu citato a comparire di fronte alla corte papale di Avignone per rispondere di alcune tesi sospette contenute nelle sue opere. Nel 1326 una commissione di sei dottori censurò 51 articoli desunti dai suoi scritti. Nel maggio del 1328 Guglielmo fuggì da Avignone insieme con Michele da Cesena, generale dell'ordine dei francescani e sostenitore della tesi (ritenuta eretica dal papato) della povertà di Cristo e degli apostoli. Rifugiatosi prima a Pisa, poi a Monaco presso l'imperatore Ludovico il Bavaro, che era in lotta con il papato avignonese, Ockham rimase in Baviera probabilmente fino alla morte, avvenuta tra il 1348 e il 1349.

Vita e opere

La prima e fondamentale opera di Ockham è il ***Commento alle Sentenze di Pietro Lombardo***. Egli scrisse anche trattati di fisica e di logica (tra i quali è di grande importanza la ***Somma dell'intera logica***), e sette libri di *Quodlibeta*. In difesa dell'imperatore e contro la pretesa di supremazia politica del papato Ockham compose numerose e vastissime opere, le più notevoli delle quali sono il *Dialogo fra maestro e discepolo* e *Sul potere degli imperatori e dei pontefici*.

L'impostazione empiristica

Per limitare, o addirittura negare, la possibilità di spiegare razionalmente i dogmi di fede, Duns Scoto si era servito dell'ideale aristotelico della scienza. Per lo stesso scopo Ockham si serve del rimando all'esperienza. Il suo punto di vista è quello di un empirismo radicale: **tutto ciò che oltrepassa i limiti dell'esperienza non può essere conosciuto, né dimostrato**

L'empirismo radicale e l'indagine del mondo naturale

dall'uomo. Le verità teologiche, che per l'appunto concernono ciò che è al di là dell'esperienza (il mondo soprannaturale e Dio), cadono perciò al di fuori della ricerca filosofica. Proprio in quanto si fonda sull'esperienza, la conoscenza umana si apre invece al **mondo della natura**, verso il quale si indirizza l'interesse prevalente di Ockham.

SCHEDA FILMICA *Il nome della rosa* ON LINE

Il fondamento dell'intera dottrina di Ockham è una **teoria dell'esperienza** che egli espone utilizzando la **distinzione di Duns Scoto tra conoscenza intuitiva e conoscenza astrattiva.**

La conoscenza intuitiva

La **conoscenza intuitiva** è quella mediante la quale **si conosce con tutta evidenza se la cosa c'è o non c'è** e che consente all'intelletto di giudicare immediatamente della realtà o dell'irrealtà di un oggetto. La conoscenza intuitiva, inoltre, è quella che fa conoscere l'inerenza di una cosa a un'altra, la distanza spaziale e qualsiasi altro rapporto tra le cose particolari.

> In generale, qualsiasi conoscenza semplice di un termine o di più termini, di una cosa o di più cose, in virtù della quale si può conoscere con evidenza una verità contingente, concernente specialmente un oggetto presente, è conoscenza intuitiva.
>
> (*Commento alle Sentenze di Pietro Lombardo*, q. 1 Z)

La conoscenza intuitiva **perfetta**, che costituisce il principio dell'arte e della scienza, è l'esperienza che ha per oggetto una **realtà attuale e presente**. Ma la conoscenza intuitiva può anche essere **imperfetta** e concernere l'oggetto di un'**esperienza passata**. Tra la conoscenza intuitiva perfetta e quella imperfetta c'è un **rapporto di derivazione**, in quanto ogni conoscenza intuitiva imperfetta deriva da un'esperienza attuale.

La conoscenza astrattiva

Lo stesso rapporto di derivazione c'è tra la conoscenza intuitiva e la **conoscenza astrattiva**, la quale **prescinde dalla realtà o dall'irrealtà del suo oggetto**. La conoscenza astrattiva, in altre parole, deriva da quella intuitiva in quanto si può avere solo di ciò di cui si è precedentemente avuto una conoscenza intuitiva.

Conoscenza intuitiva sensibile e intellettuale

Oltre che di tipo sensibile, la conoscenza intuitiva può essere di tipo intellettuale. L'intelletto, infatti, non adempie soltanto alla funzione astrattiva, ma può conoscere anche in modo intuitivo quelle stesse **cose singole che sono oggetto della conoscenza sensibile**, giacché, se non le conoscesse, non potrebbe formulare intorno a esse alcun giudizio determinato. Inoltre, l'intelletto conosce intuitivamente anche i propri atti e, in generale, tutti i **moti immediati dello spirito**, come il piacere, il dolore, l'amore, l'odio e via dicendo. Esso infatti conosce la "realtà" di questi atti spirituali e non può conoscerla se non attraverso la conoscenza intuitiva.

La teoria della supposizione

Gli universali come segni di più cose particolari

In quanto rapporto immediato con la realtà, la conoscenza intuitiva non ha bisogno di alcuna *species* che faccia da intermediaria: in ciò Ockham è d'accordo con altri pensatori dello stesso periodo, e specialmente con **Pietro Aureolo**, un francescano morto nel 1322 che aveva criticato la dottrina aristotelico-tomistica della *species*, ritenendo questo concetto inutile per spiegare il rapporto tra l'intelletto e la cosa. Come Pietro Aureolo, Ockham afferma che **la realtà è sempre individuale** e che fuori dell'anima non c'è nulla di universale. **L'universale esiste solo nell'intelletto umano** ed è considerato da Ockham, che su questo punto riprende la dottrina stoica, come il **segno di una classe di cose particolari**, cioè come un segno che sta in luogo delle cose in tutti i discorsi in cui ricorre. → T1 p. 308

TESTO ANTOLOGICO Ockham Singolare e universale (*Somma dell'intera logica*) ON LINE

La supposizione

Come abbiamo già avuto modo di vedere (v. cap. 1, p. 217), la funzione del segno, consistente nello "stare in luogo di", è chiamata da Ockham, come dai grammatici e dai logici del tempo, «**supposizione**» (***suppositio***). La supposizione è quindi per Ockham, e in generale per tutta la logica nominalistica del XIII secolo, la **dimensione semantica dei termini nelle proposizioni**, ovvero il riferirsi dei termini a oggetti diversi dai termini stessi, che possono essere cose, persone o altri termini.

I vari tipi di supposizione

Questi oggetti non possono essere entità o sostanze universali e metafisiche (come la "bianchezza", l'"umanità" e via dicendo). Gli oggetti a cui la *suppositio* si riferisce devono infatti avere un modo d'esistenza determinato, o come realtà empiriche (cose o persone), o come concetti mentali, o come segni scritti:

- la **supposizione materiale** è l'uso che si fa di una parola per indicare la parola stessa, come nell'affermazione "'Socrate' ha sette lettere";
- la **supposizione semplice** è l'uso di un termine per indicare il suo significato, senza però significarlo, come nel caso dell'enunciato "cane è una specie", in cui si considera "cane" in generale, ossia come un concetto che non sta per i vari animali particolari;
- la **supposizione personale** si ha quando il termine adempie alla sua funzione principale, che è quella di indicare un individuo, come nel caso dell'affermazione "Socrate è un uomo".

Realtà degli oggetti e verità delle proposizioni

Poiché gli oggetti cui la supposizione si riferisce devono avere un modo d'essere determinato, quando si formulano **proposizioni intorno a oggetti inesistenti** si ottengono proposizioni **false**, perché i loro termini non stanno in luogo di niente. Ockham ritiene perciò che siano false anche alcune proposizioni tautologiche, cioè alcune di quelle proposizioni che in virtù della loro forma sarebbero invece certe (come ad esempio "la chimera è una chimera", poiché la chimera non esiste: cfr. *Somma dell'intera logica*, II, 14). Ockham non nega che il concetto abbia una realtà mentale, cioè che esista soggettivamente (sostanzialmente o realmente) nell'anima. Ma questa realtà mentale non è altro che l'atto dell'intelletto, e non una specie, né un *idolum* o un *fictum*, cioè un'immagine o una finzione che sia distinta dall'atto intellettuale.

QUESTIONE (PDF)
ON LINE I concetti universali sono reali? (Anselmo, Tommaso, Ockham)

L'intentio

Questa realtà soggettiva del concetto è, come ogni realtà, determinata e singola. L'universalità del concetto consiste dunque non nella realtà dell'atto intellettuale, ma nella sua **funzione significante**, per la quale esso è un'***intentio***, ovvero un atto intellettuale che tende a una realtà significata. **Come *intentio* il concetto è un segno (*signum*) delle cose**, e come tale sta in luogo di esse in tutti i giudizi e in tutti ragionamenti nei quali ricorre.

I concetti come «segni naturali» delle cose

Ockham si preoccupa tuttavia di garantire la validità del concetto. Se il concetto di "uomo" serve a indicare gli uomini, e non ad esempio gli asini, esso deve avere con gli uomini una **somiglianza** effettiva, e tale somiglianza deve essere riscontrabile anche tra gli uomini, se questi possono essere rappresentati da un unico concetto.
Ciò non implica però alcuna realtà oggettiva dell'universale. La somiglianza stessa, secondo Ockham, è un concetto, come è un concetto qualsiasi relazione: ad esempio, la somiglianza tra Socrate e Platone significa soltanto che Socrate è bianco e Platone pure, ma non è una "realtà" che si aggiunga a quelle dei due filosofi. In altre parole, il fatto che un concetto rappresenti un determinato gruppo di oggetti e non un altro non è cosa che possa avere un fondamento nel rapporto di questi oggetti tra loro e con il concetto, giacché un rapporto non è esso stesso che un concetto privo di realtà oggettiva. La validità del concetto non consiste dunque nella sua realtà oggettiva.

Ockham abbandona qui (ed è la prima volta nel Medioevo) **il criterio platonico dell'oggettività**, per affermare che il valore del concetto, il suo rapporto intrinseco con la realtà che esso simboleggia, è nella sua genesi: **il concetto è il «segno naturale» della cosa stessa**. A differenza della parola, che è un segno istituito per convenzione arbitraria tra gli uomini, il concetto è un segno naturale predicabile di più cose. Esso significa la realtà «al modo in cui il fumo significa il fuoco, il gemito dell'infermo il dolore e il riso l'interiore letizia» (*Somma dell'intera logica*, I, 14). → T2 p. 310

I concetti derivano dalle cose

Questa **"naturalità" del segno** esprime semplicemente la sua **dipendenza causale dalla realtà significata**. Esso è prodotto nell'anima da quella realtà stessa: la sua capacità di rappresentare l'oggetto non significa altro. È questo senza dubbio il tratto più spiccatamente empiristico della teoria del concetto di Ockham: il rapporto del concetto con la cosa viene da lui non giustificato metafisicamente, ma spiegato empiricamente con la **derivazione del concetto dalla cosa** stessa, che da sé produce nella mente umana il segno che la rappresenta.

La dissoluzione del problema scolastico: l'indimostrabilità della teologia

La radicale eterogeneità di scienza e fede

Un atteggiamento di così radicale empirismo doveva condurre a un netto rifiuto del problema scolastico fin nella sua impostazione. Poiché per Ockham l'unica forma possibile di conoscenza è l'esperienza (dalla quale deriva la stessa conoscenza astrattiva) e poiché l'unica realtà conoscibile è quella che l'esperienza rivela, cioè la natura, **ogni realtà che trascenda l'esperienza non può raggiungersi per via naturale e umana**.

Ockham afferma così la **radicale eterogeneità di scienza e fede**, che non possono coesistere: anche quando la fede sembra seguire la scienza, come nel caso in cui si crede a una conclusione di cui si è dimenticata la dimostrazione, non si tratta veramente di fede, perché si mantiene ferma la conclusione solo in quanto si sa che è fondata su una dimostrazione. Ma non è questo il caso della **fede religiosa**, la quale **potrebbe essere dimostrata solo se si avesse una conoscenza intuitiva di Dio e della realtà soprannaturale**, cosa che all'uomo è impossibile.

Anche i miracoli e la predicazione, se possono produrre la fede, non possono affatto produrre la conoscenza evidente delle sue verità. L'evidenza, infatti, non può andar congiunta con il falso; eppure il saraceno è convinto, dai miracoli e dalla predicazione, dell'evidenza della legge di Maometto, che tuttavia è falsa. La conclusione di tutto ciò non lascia spazio a fraintendimenti:

> Gli articoli di fede non sono principi di dimostrazione né conclusioni e non sono neppure probabili, giacché appaiono falsi a tutti o ai più o ai sapienti: intendendo per sapienti quelli che si affidano alla ragione naturale, giacché solo in tal modo si intende il sapiente nella scienza e nella filosofia. (*Somma dell'intera logica*, III, 1)

La teologia non è una scienza

Non potrebbe essere concepita esclusione più totale della verità rivelata dal dominio della conoscenza umana: le verità di fede non sono di per sé evidenti come i principi di una dimostrazione; non sono dimostrabili come le conclusioni di una dimostrazione; non sono probabili, perché possono apparire, come appaiono, false a coloro che si servono della ragione naturale. In tal modo Ockham dichiara insolubile il problema scolastico e lo svuota di ogni significato. **La teologia cessa di essere scienza** e diviene un puro coacervo di nozioni pratiche e speculative, del tutto sprovviste di evidenza razionale e di validità empirica.

La confutazione delle "prove" dell'esistenza di Dio

Le stesse prove dell'esistenza di Dio non hanno, per Ockham, alcun valore dimostrativo. Infatti **l'esistenza di una realtà qualsiasi è rivelata all'uomo soltanto dalla conoscenza intuitiva**, cioè dall'esperienza, e la conoscenza intuitiva di Dio non è data all'uomo *viator*, cioè "viandante", su questa terra.
Per quanto riguarda l'**argomento ontologico**, Ockham sostiene che, poiché l'esistenza e l'essenza vanno congiunte (in quanto si conosce l'essenza solo di ciò di cui si conosce intuitivamente l'esistenza), l'uomo in verità non conosce né l'esistenza, né l'essenza di Dio. La proposizione "Dio esiste" non è evidente. L'esistenza, infatti, non si predica solo di Dio, ma anche di ogni altra cosa reale, e non può quindi essere parte dell'essenza di Dio, né esserle intrinseca. La prova ontologica è così respinta.
Né possiede valore dimostrativo quella **prova cosmologica** che l'aristotelismo aveva introdotto nella scolastica latina e che era creduta la più forte. Ockham nega il valore dei due principi su cui la prova si fonda: non è vero in senso assoluto che tutto ciò che si muove è mosso da altro, poiché l'anima e l'angelo si muovono da sé, e così il peso, che tende al basso; né è vero in senso assoluto che è impossibile risalire all'infinito nella serie dei movimenti, poiché nelle grandezze continue il movimento si trasmette necessariamente dall'una all'altra delle infinite parti che le compongono.
Quanto alla **prova desunta dal principio causale**, essa viene impugnata da Ockham nel suo stesso fondamento, giacché il filosofo ritiene che non si possa dimostrare che Dio è causa efficiente, totale o parziale, dei fenomeni e afferma che le sole cause naturali sono sufficienti per spiegare i fenomeni stessi.
La conclusione è che tali prove, non avendo valore apodittico, possono determinare nell'uomo solo una **ragionevole persuasione**, tutt'al più sostenuta dalla seguente considerazione: se Dio non esercitasse alcuna azione nel mondo, a che scopo se ne affermerebbe l'esistenza? In sostanza, l'azione di Dio nel mondo è un semplice postulato della fede, sprovvisto di valore razionale.

TESTO ANTOLOGICO
ON LINE Ockham
Dio è causa efficiente?
(Quaestiones super libros Phisicorum)

L'indimostrabilità degli attributi di Dio

Neppure si possono dimostrare gli attributi fondamentali di Dio. In primo luogo, **non si può stabilire con certezza che vi sia un unico Dio**: nessun inconveniente deriverebbe dall'ammettere una pluralità di cause prime, perché, potendo ognuna di esse voler solo l'ottimo, non si troverebbero mai discordanti tra loro e governerebbero il mondo con unanime accordo. In secondo luogo, **non si può dimostrare l'immutabilità di Dio**, la quale sembra negata dal fatto che Dio ha assunto, con l'incarnazione, una natura inferiore alla propria, per poi lasciarla. In terzo luogo, **non possono essere attribuite a Dio per via di dimostrazione né l'onnipotenza, né l'infinità**.
Di Dio, conclude il filosofo, non si può avere se non un concetto composto di elementi desunti per astrazione dalle cose naturali.

TESTO ANTOLOGICO
ON LINE Ockham
Dio è unico?
(Quodlibet primum)

Le *Cento proposizioni teologiche*

Nello scritto ***Cento proposizioni teologiche*** Ockham sviluppa una serie di conclusioni che egli stesso definisce «**incredibili**» e che perciò dichiara di esporre a titolo di mero **esercizio logico**. Queste conclusioni costituiscono una **riduzione all'assurdo dell'ipotesi della creazione**.
Poiché nell'eternità, come Agostino aveva insegnato, non c'è né un "prima" né un "dopo", non è necessario ammettere che Dio esiste "prima" della creazione, né che esiste "dopo". Affermare l'**eternità di Dio** significa soltanto affermare che la sua esistenza non ha alcuna causa, e che dunque il suo essere non ha né inizio né fine; ma questo non conferisce a Dio una durata al di là dei limiti temporali del mondo, essendo il concetto stesso di durata estraneo alla natura divina.

Ockham indugia anche sulle conseguenze paradossali di questa conclusione, come pure sull'assoluta irrazionalità del dogma cristiano della **Trinità**:

> Che un'unica essenza semplicissima sia tre persone realmente distinte è cosa di cui nessuna ragione naturale può persuadere ed è affermata dalla sola fede cattolica, come ciò che supera ogni senso, ogni intelletto umano e quasi ogni ragione. (*Cento proposizioni teologiche*, 55)

QUESTIONE
Dio è oggetto di conoscenza o di fede?, p. 324

Il disconoscimento, da parte di Ockham, della possibilità dell'interpretazione razionale della verità rivelata è così totale e reciso da segnare la tappa finale della scolastica. Così, dopo Ockham, il problema scolastico continuerà in qualche modo a sopravvivere nelle scuole, ma sarà la sopravvivenza di un residuo, tagliato fuori dal circolo vitale della filosofia, che ormai si alimenterà di altri problemi.

CONCETTI A CONFRONTO

SCHEMA INTERATTIVO ON LINE

La teologia

in Tommaso

è sia **teologia naturale** sia **teologia rivelata**, le quali

hanno per oggetto

- tutto ciò che di Dio possiamo **conoscere** con la sola ragione naturale (teologia naturale);
- tutto ciò che di Dio dobbiamo **credere** per fede, in base alla rivelazione delle Scritture (teologia rivelata)

in Ockham

è solo **teologia rivelata** e non è una scienza, perché

ha per oggetto

solo **nozioni pratiche e speculative prive di evidenza razionale e di validità empirica**

quindi

la teologia naturale non esiste (ciò che riguarda Dio non può essere conosciuto né dimostrato attraverso la sola ragione)

La critica alla metafisica tradizionale: il "rasoio" di Ockham e il volontarismo teologico

Il principio di economia

La metafisica di Ockham è sostanzialmente una critica della metafisica tradizionale. Oltre che sull'empirismo, essa si basa sul "**principio di economia**", ossia su quel procedimento metodologico che verrà chiamato **"rasoio" di Ockham**, secondo il quale **è dannoso e inutile moltiplicare gli enti**, creando realtà in sovrannumero rispetto a quelle da spiegare (come quando, per voler intendere l'uomo, si ricorre ad esempio all'idea platonica dell'"umanità"). Questo principio di economia, connesso a quello empiristico, porta Ockham a rifiutare gran parte delle nozioni metafisiche, ritenute inverificabili o inutili.

La critica della nozione di sostanza

Per quanto concerne la sostanza, Ockham anticipa la critica che di questo concetto farà Locke nel XVII secolo. Ciò che **noi conosciamo della sostanza** sono **soltanto le sue qualità**, manifestateci nell'esperienza sensibile. Ma dalla conoscenza delle qualità noi non possiamo risalire alla conoscenza della sostanza che le possiede, la quale rimane perciò inconoscibile e può essere indicata solo negativamente, come **ciò che non è qualità**.

La critica della nozione di causa

Ockham è molto critico anche nei confronti del concetto di causa (e in ciò anticipa in qualche misura le critiche corrosive che verranno elaborate nel XVIII secolo dal filosofo empirista David Hume). Egli insiste sulla **radicale diversità tra causa ed effetto**, per cui dalla conoscenza dell'effetto non si può in alcun modo risalire alla conoscenza della causa. Neppure si può discendere dalla conoscenza della causa a quella dei possibili effetti, se questi effetti non sono stati conosciuti per esperienza. In altri termini, a Ockham pare che **l'unico fondamento possibile del legame tra causa ed effetto** sia **l'esperienza**, la quale ci dimostra che due fatti sono legati l'uno all'altro in modo tale che quando si verifica il primo, anche il secondo tende a verificarsi. Quindi per poter dire che un certo evento è la causa di un altro, io devo constatare, con i sensi, il fatto che il primo evento ha provocato il secondo.

La critica della nozione di causa finale

Il distacco di Ockham dalla metafisica aristotelica è segnato in modo ancora più evidente dalla sua **critica della causa finale**. Il fine costituisce una causa in quanto amato o desiderato dall'agente; ma che il fine sia amato e desiderato non significa che esso agisca effettivamente, in un qualsiasi modo: **la causalità del fine è** dunque **metaforica, non reale**. Non è possibile dimostrare, né mediante proposizioni evidenti, né empiricamente, che un qualsiasi effetto abbia una causa finale, poiché gli agenti naturali agiscono in modo uniforme e necessario, e perciò escludono ogni elemento contingente e mutevole, quale appunto sarebbe l'amore o il desiderio del fine.

Non è dimostrabile neppure la causalità teleologica di Dio, poiché gli agenti naturali producono i loro effetti indipendentemente dalla conoscenza di Dio, di cui sono privi.

La questione *propter quid* non ha dunque spazio negli avvenimenti naturali: non ha senso chiedere per quale fine il fuoco si generi, dal momento che, perché l'effetto si riproduca, non si richiede l'esistenza di un fine. Questa critica di Ockham, che prelude a quella famosa di Spinoza (XVII secolo), è animata dallo stesso spirito: il suo presupposto è la convinzione che gli **avvenimenti naturali** si verificano in virtù di **leggi necessarie, che ne garantiscono l'uniformità ed escludono ogni arbitrio o contingenza**.

Il volontarismo teologico...

Il fondamento ultimo della polemica antimetafisica di Ockham, che si estende a tutto l'armamentario teorico-concettuale dei filosofi, non è costituito soltanto dall'empirismo e dal principio di economia, ma anche dal cosiddetto "volontarismo teologico", cioè dalla convinzione che **il mondo procede dalla volontà misteriosa e sovrarazionale di Dio**, il quale crea l'universo a suo arbitrio, senza sottostare ad alcuna regola logica preesistente. Tant'è vero che, secondo Ockham, Dio avrebbe potuto creare il cosmo in modo totalmente diverso e dotarlo di leggi completamente dissimili da quelle vigenti. Avrebbe potuto decidere di incarnarsi in un asino o in una pietra, e ciò non sarebbe stato tanto più assurdo o metarazionale che nascere nel grembo di una donna e morire deriso su una croce.

... e le sue conseguenze

Le conseguenze filosofiche del volontarismo teologico sono evidenti: siccome il mondo, procedendo da un'impenetrabile volontà divina, non è stato costruito secondo dei "perché" logici (nel senso umano), **ai filosofi non resta che prender atto della realtà così com'è, senza pretendere di spiegarne le ragioni metafisiche**. In tal modo tutti i millenari sforzi della filosofia greca e cristiana per scoprire le cause ultime del mondo si rivelano vani. L'unica cosa che rimane da fare al ricercatore è **abbandonare la pretesa di capire l'*essenza* o il *fine* dei fenomeni** e **sforzarsi di descrivere come essi avvengono**. Il rigetto occamista della metafisica apre dunque le porte alla fisica nel senso moderno del termine.

ON LINE ESERCIZI INTERATTIVI

La teoria della scienza

Per molto tempo Ockham è stato visto come il filosofo che ha decretato la crisi della scolastica e che, in virtù dell'impostazione empiristica della sua riflessione, ha fatto cadere le costruzioni tradizionali della metafisica e della teologia. Ai giorni nostri, invece, si pone grande attenzione anche alla sua teoria della scienza, a partire dalla quale nel Trecento si sviluppò un'autentica scuola, i cui esiti possono apparire per certi versi non lontani da alcune posizioni della più recente epistemologia: l'antimetafisica, l'accentuato empirismo, l'insistenza sul carattere eminentemente linguistico dell'impresa scientifica.

La conoscenza scientifica come ricerca di cause naturali

Ockham parte dalla considerazione che **Dio ha creato il mondo** una volta per tutte, **dotandolo della capacità intrinseca di svilupparsi**. Ciò comporta che all'interno della natura operino **esclusivamente cause naturali**, ovvero cause che non hanno bisogno dell'intervento divino, nemmeno occasionale (in consonanza con il dettato biblico secondo il quale, dopo la creazione, nel settimo giorno Dio si riposò: *Gn*, 2, 2). Di conseguenza, Ockham rigetta come superflua la stessa distinzione, adottata in precedenza da numerosi scolastici, tra la causa prima, di natura divina, e le cause seconde. Pensare che, talvolta, Dio influenzi gli eventi naturali significa fare torto alla sua perfezione, ritenendo che debba modificare o correggere quanto ha stabilito *ab aeterno*.
Nella natura è dunque presente in forma indiretta l'azione divina, ma essa non deve costituire lo scopo degli studi scientifici. Ricorrere a Dio come causa significa, in definitiva, non individuare *alcuna* causa. Al contrario, **la scienza deve scoprire unicamente le cause naturali** che governano l'accadere degli eventi. Per questo la rivelazione e la teologia non hanno alcun ruolo in ambito scientifico, all'interno del quale non c'è alcun principio di autorità, ma è riconosciuta unicamente la **libertà della ricerca**. Per Ockham – similmente a quanto già asserito da Duns Scoto – la teologia ha dunque una funzione soltanto pratica.

La conoscenza scientifica come conoscenza del particolare

La concezione della scienza elaborata da Ockham è profondamente influenzata dalla **critica** che, come si è visto, il filosofo rivolge **al principio di causalità**. Se si ritiene che per poter riconoscere un certo evento come causa di un altro evento sia necessaria un'attestazione empirica che mostri che il primo evento ha provocato il secondo, la portata del sapere scientifico ne risulta fortemente limitata. Secondo questa logica, infatti, noi non potremo mai affermare che un certo *tipo* di eventi causa (sempre e necessariamente, com'è implicito nel principio causale) un certo altro *tipo* di eventi, ma solo che, in *questo* specifico e particolare caso, *questo* evento ne ha causato un altro. **Vengono meno**, in questo modo, **il carattere universale e la capacità predittiva del sapere scientifico**.
Secondo la visione comune (così come del resto secondo la visione, tra gli altri, di Tommaso) la scienza consisteva nel cogliere per via astrattiva la forma delle cose, ossia nella conoscenza dell'universale.
Al contrario, secondo Ockham, ciò che **la scienza può conoscere** è **solo il particolare**. Il nominalismo logico del filosofo ha la sua contropartita sul piano gnoseologico: poiché l'universale è privo di realtà, la conoscenza da parte dell'intelletto è limitata all'individuo concreto.

La critica alla fisica tradizionale: preludi di una nuova concezione del cosmo

Il disinteresse di Ockham rispetto al problema teologico coincide con il suo volgersi al **problema della natura**, alla cui considerazione approfondita lo induce il suo stesso empirismo, in quanto la natura non è che l'oggetto dell'esperienza sensibile.

Verso la scienza moderna

Ockham considera la natura come il dominio proprio della conoscenza umana: per lui l'**esperienza** cessa, di avere il carattere iniziatico e magico che ancora conservava in Bacone, per diventare un **campo di indagine aperto a tutti gli uomini** in quanto tali. Questo atteggiamento consente a Ockham la massima libertà di critica nei confronti della fisica aristotelica, e l'apertura, attraverso tale critica, di numerosi spiragli verso quella **nuova concezione del mondo** che la filosofia del Rinascimento farà propria e difenderà. Le possibilità scoperte da Ockham, infatti, nel Rinascimento diventeranno affermazioni risolute, e costituiranno il fondamento della scienza moderna.

Il mondo celeste e il mondo sublunare non hanno natura diversa

Per la prima volta, Ockham mette in dubbio la diversità, stabilita dalla fisica aristotelica e mantenuta da tutta la filosofia medievale, tra la natura dei **corpi celesti** e quella dei **corpi sublunari**. Gli uni e gli altri sono **formati della stessa materia**: è il principio metodologico dell'economia che vieta a Ockham di ammettere la diversità delle sostanze dei due mondi, giacché tutto ciò che si spiega ammettendo che la materia dei corpi celesti è distinta da quella degli elementi sublunari si può spiegare anche ammettendo che le due materie sono della stessa natura.
Non solo gli oppositori, ma anche alcuni seguaci di Ockham non mantennero su questo punto la posizione del maestro: si dovette giungere fino a Niccolò Cusano per trovare di nuovo negata, e questa volta definitivamente, la diversità della sostanza celeste rispetto alla sostanza sublunare.

La possibilità di più mondi

Contro Aristotele, inoltre, Ockham ammette e difende la **possibilità di più mondi**. L'argomentazione aristotelica secondo cui, se ci fosse un mondo diverso dal nostro, la terra di esso si muoverebbe naturalmente verso il centro e si congiungerebbe con la nostra, e così tutti gli altri elementi si ricongiungerebbero alla propria sfera formando un unico mondo, è combattuta da Ockham mediante la **negazione delle determinazioni assolute dello spazio** ammesse da Aristotele. Un mondo diverso dal nostro avrebbe per Ockham un altro centro, un'altra circonferenza, un alto e un basso diversi, e i movimenti dei suoi elementi sarebbero diretti verso sfere diverse e non si verificherebbe la congiunzione prevista da Aristotele. Questa **relatività delle determinazioni spaziali dell'universo** sarà uno dei caposaldi della fisica del Rinascimento.
Ad ammettere la pluralità dei mondi, secondo Ockham, induce anche la considerazione dell'**infinità della potenza divina**. Dio può produrre altra materia, oltre quella che costituisce il nostro mondo, e può produrre infiniti individui delle stesse specie esistenti nel nostro mondo: nulla vieta dunque che, con tale materia e con tali individui, Egli formi uno o più mondi diversi dal nostro.

La possibilità dell'infinito reale

Ma la pluralità dei mondi implica la **possibilità dell'infinito reale**, peraltro già aperta dalla negazione delle determinazioni spaziali assolute. Nell'infinito, come si dirà nel Rinascimento, il centro può essere dappertutto, dal momento che Dio può creare una quantità di materia sempre nuova da aggiungere a quella già esistente, estendendo in tal modo la grandezza del mondo.

L'infinita divisibilità dell'universo

All'obiezione addotta da Ruggero Bacone, secondo cui l'infinito non può essere reale, poiché in esso la parte sarebbe identica al tutto, Ockham risponde che **il principio per il quale il tutto è maggiore della parte vale per un tutto finito, non per un tutto infinito**. Dovunque sussistono infinite parti, il principio non vale: così in una fava ci sono tante parti quante ce ne sono nell'intero universo, perché le parti della fava sono infinite. Accanto all'infinità di grandezza, Ockham ammette dunque l'infinita divisibilità. Ogni grandezza continua è infinitamente divisibile e **non esistono entità indivisibili**. Ogni grandezza continua può avere lo stesso numero di parti del cielo, sebbene non della stessa grandezza assoluta.

La possibilità dell'eternità del mondo

Infine Ockham ammette e difende la possibilità che il **mondo** sia stato **prodotto *ab aeterno***. Anche in questo caso il filosofo non afferma esplicitamente questa tesi, ma si limita a sgombrarle la via dalle possibili obiezioni. All'obiezione che se il mondo fosse eterno si sarebbe già verificato un numero infinito di rivoluzioni celesti, il che è impossibile perché un numero reale non può essere infinito, Ockham risponde che, così come in un continuo ogni parte, aggiunta all'altra, forma un tutto finito pur essendo le parti stesse infinite, allo stesso modo ciascuna rivoluzione celeste, aggiunta alle altre, forma sempre un numero finito, sebbene nel loro insieme le rivoluzioni celesti siano infinite.

Ockham è consapevole che **l'eternità del mondo implica la sua necessità**, poiché ciò che è eterno non può essere che prodotto necessariamente. Egli sa pure che l'eternità del mondo **esclude la creazione**, perché questa implica la non esistenza della cosa anteriormente all'atto della sua produzione. Ma ritiene, ciò nonostante, che l'eternità dell'universo sia altamente probabile, anche in considerazione della difficoltà di concepire l'inizio del mondo nel tempo.

La pluralità dei mondi, la loro infinità e la loro eternità costituiscono dunque altrettante "possibilità" che per opera di Ockham si aprono alla ricerca filosofica. Qualche secolo dopo, nel Rinascimento, queste possibilità diverranno certezze, e quella che in Ockham era una semplice *visione* del mondo sarà riconosciuta come la *realtà* stessa.

Antropologia ed etica

La critica dell'anima come sostanza dei nostri atti interiori

Nel campo della psicologia, la critica di Ockham investe il concetto di "anima" come forma immateriale e incorruttibile. Mediante l'esperienza noi conosciamo i nostri pensieri, le nostre volizioni, i nostri stati interiori; ma nulla sappiamo di una pretesa forma incorruttibile che ne costituisca il sostrato. Né ad ammettere l'esistenza di un tale sostrato può valere il ragionamento, perché ogni dimostrazione in questo senso è dubbia e poco conclusiva. L'analogia con quella che sarà la critica di Hume è evidente: Ockham, come Hume, afferma sulla base dell'esperienza l'**impossibilità di risalire dalla varietà degli stati psichici all'esistenza di una sostanza permanente a questi "sottostante"**.

L'intelletto attivo non esiste

Eliminata l'anima come forma o sostrato, Ockham elimina anche l'intelletto attivo, intorno al quale si era tanto affaticato l'aristotelismo arabo e latino. È inutile ammettere un intelletto attivo, perché **nessuna funzione può essere riconosciuta a tale intelletto** nel meccanismo della conoscenza. La conoscenza intuitiva è prodotta dalla realtà stessa, e la conoscenza astrattiva, quella fatta di concetti o simboli, è prodotta dalla conoscenza intuitiva. Nessuna funzione ha dunque l'intelletto attivo, che pertanto è inesistente.

La libertà della volontà

La volontà umana è libera, nel senso che può determinarsi indipendentemente da qualsiasi motivo. La vita morale dell'uomo consiste nel sottoporsi al comando divino, che è la sola norma morale possibile. D'altronde, Dio salva soltanto coloro che Egli stesso sceglie, e nulla vieta che Egli scelga tra i suoi eletti quelli che sono privi della disposizione soprannaturale alla carità e che vivono solo secondo i dettami della ragione, non credendo a nulla che non sia dalla ragione stessa dimostrato. In tal modo, dalla perfetta arbitrarietà del comando e della scelta divina, Ockham trae la possibilità del riconoscimento, da parte di Dio, dei meriti di coloro che sono privi di fede e che vivono nella pura ricerca filosofica.

Il pensiero politico

Il compito dello Stato. Il potere civile ha come compito primario quello di mantenere l'ordine, favorire il progresso e comminare sanzioni e pene ai trasgressori delle leggi. Per esercitare questa funzione, lo Stato deve contare esclusivamente su se stesso, senza appoggiarsi a organismi e a poteri esterni, come la Chiesa.

Il "relativismo" delle leggi dello Stato

Secondo Ockham non esiste uno Stato perfetto, o ideale, al di fuori della storia; pertanto egli è scarsamente interessato a immaginare un modello istituzionale ideale (come faranno invece gli utopisti). Abbracciando una sorta di **relativismo storico**, egli ritiene che le forme dello Stato, le sue strutture e le sue leggi vadano istituite volta per volta, a seconda del momento e delle situazioni. Una legge che ha dato buoni frutti in un determinato contesto potrebbe essere negativa in una situazione diversa.

Stato e libertà

I governanti devono lavorare in vista del **bene comune**, e quindi essere al servizio dei governati, che non devono sentirsi schiacciati dall'autorità come da un padrone. Il dispotismo porta infatti alla degenerazione e non al progresso o al benessere della comunità. Progresso e benessere sono qui intesi da un punto di vista strettamente materiale, perché la sfera morale è dominio dello spirito, e quindi della Chiesa.
Nel complesso, quella di Ockham è un'**ideologia politica moderata**, che si fonda sull'enorme valore attribuito dal filosofo alla **libertà individuale**. Infatti, se il primo e fondamentale carattere di Dio è la sua libertà, Egli non può non averla trasmessa alle sue creature. Per la Chiesa l'autentica libertà è non avere interessi economici e materiali; per lo Stato non subire ingerenze da altri poteri; per l'individuo come cittadino essere funzionale allo Stato; per l'individuo come persona essere completamente autonomo nel campo delle scelte civili, morali e religiose.

La negazione del potere assoluto del papa

Il ruolo della Chiesa. Insieme con Marsilio da Padova, Ockham è nella sua epoca il maggiore avversario della supremazia politica del papato. Ma mentre Marsilio, giurista e politico, muove dalla considerazione della natura dei regni e degli Stati in generale alla soluzione del problema dei rapporti tra Stato e Chiesa, **Ockham mira a rivendicare contro l'assolutismo papale la libertà della coscienza religiosa e della ricerca filosofica.** La legge di Cristo è, secondo Ockham, legge di libertà, e **al papato non appartiene il potere assoluto né in materia spirituale, né in materia politica**. Il potere papale fu infatti istituito per il vantaggio dei sudditi, non perché a essi fosse tolta quella libertà che la legge di Cristo era venuta a perfezionare.

TAVOLA ROTONDA

Il rapporto Stato-Chiesa, p. 319

Chiesa e papato

L'obiettivo polemico di Ockham è il **papato avignonese**. Un papato ricco, autoritario e dispotico, che tende a subordinare a sé la coscienza religiosa dei fedeli e ad esercitare un potere politico assoluto, affermando la propria superiorità su tutti i regni della terra, gli appare come la

negazione dell'ideale cristiano della Chiesa quale comunità priva di preoccupazioni mondane e in cui l'autorità del papato sia solo il presidio della libera fede dei suoi membri.
Lo stesso ideale di Ockham animava all'epoca la lotta contro il papato avignonese condotta dall'ordine francescano in nome della tesi della povertà di Cristo e degli apostoli, i quali non vollero costituire un regno o un dominio materiale, ma una comunità spirituale.

Infallibilità della Chiesa e fallibilità del papa

Né il papa, né il Concilio, secondo Ockham, hanno la capacità di stabilire una verità che tutti i fedeli debbano accettare, poiché **l'infallibilità del magistero religioso appartiene soltanto alla Chiesa**, intesa come «**la moltitudine di tutti i cattolici che furono dai tempi dei profeti e degli apostoli sino ad ora**» (*Dialogo fra maestro e discepoli*, I, tract. I, c. 4, ed. Goldast, II, 402). La **Chiesa**, in altri termini, è per Ockham una **comunità storica**, che vive come tradizione ininterrotta attraverso i secoli e che in questa tradizione **rafforza e arricchisce il patrimonio delle proprie verità fondamentali**. Il papa può errare e cadere in eresie, così come può cadere in eresie il Concilio, che è formato di uomini fallibili. Non può invece cadere in eresie quella comunità universale che nessuna volontà umana può sciogliere e che, secondo la parola di Cristo, durerà fino alla fine dei secoli.

L'opposizione al papato avignonese e la difesa del potere imperiale

Da questo punto di vista, la tesi del papato avignonese – secondo cui l'autorità imperiale si origina da Dio solo attraverso il papa, il quale possiede l'assoluta autorità sia nelle cose spirituali sia nelle cose temporali – doveva apparire come eretica. Ockham ne mostra l'infondatezza osservando che **l'impero non è stato istituito dal papa, giacché esisteva prima ancora dell'avvento di Cristo**. Esso fu fondato dai Romani, che ebbero prima i re e poi i consoli, e che da ultimo elessero l'imperatore perché dominasse su tutti senza ulteriori mutamenti. L'impero fu trasferito dai Romani a Carlo Magno e poi dai Franchi alla nazione tedesca. I Romani dunque, e i popoli ai quali essi trasferirono il loro potere, avevano e hanno il diritto di elezione imperiale. Ockham difende la tesi, affermata dalla Dieta di Rense (1338), secondo cui la sola elezione da parte dei prìncipi di Germania è sufficiente a fare dell'eletto il re e l'imperatore dei Romani.

Il potere di Stato e Chiesa

APPROFONDIMENTO Ockham nella storia ON LINE

Ogni autorità del papato sull'impero è esclusa: infatti, circa il rapporto tra l'impero e il papato, Ockham ammette sostanzialmente la teoria dell'**indipendenza reciproca dei due poteri**, teoria che, affermata per la prima volta da papa Gelasio I (492-496), domina quasi tutto il Medioevo. Ockham riconosce tuttavia un certo potere dell'impero sul papato, soprattutto per ciò che riguarda l'elezione del papa: egli è infatti convinto che in qualche caso lo stesso interesse della Chiesa richieda che il papa sia eletto dall'imperatore o da altri laici.

La scuola occamista

Dopo Ockham, la scolastica non esprime più grandi personalità, né grandi sistemi. Si contendono il campo il **tomismo**, lo **scotismo** e l'**occamismo**, che difendono polemicamente le dottrine dei loro capostipiti.

Il graduale affermarsi dell'occamismo

Abbiamo visto come, di fronte al tomismo e allo scotismo, che rappresentano la *via antiqua*, l'**occamismo** costituisca la ***via moderna***, cioè la critica e l'abbandono della tradizione scolastica. Dopo alcune condanne ufficiali e proibizioni ecclesiastiche, l'occamismo **si afferma nelle grandi università**, e con esso si diffonde l'**interesse per la ricerca naturale**, riconosciuta come più adatta alle forze naturali dell'intelletto umano rispetto alla speculazione teologica, i cui problemi vengono in gran parte dichiarati insolubili.

Tra i primi scolari di Ockham merita menzione **Nicola di Autrecourt**, che insegnò a Parigi e morì nel 1350. Nicola riprende la **critica occamistica ai concetti di sostanza e di causa**, ribadendo che tali concetti sono fondati soltanto sull'esperienza e non hanno quindi necessità rigorosa.

Nicola di Autrecourt

Le intuizioni fisiche di Ockham, che costituiscono il punto di partenza della meccanica e dell'astronomia moderne, sono sviluppate da alcuni suoi seguaci. Uno di questi è **Giovanni Buridano** (o Jean Buridan), maestro e rettore dell'Università di Parigi, nato intorno al 1290, di cui si ha notizia fino al 1358 e di cui si ignora l'anno della morte. Buridano è il primo a rendersi conto della **forza d'inerzia**, per la quale i corpi perseverano nel loro movimento se non trovano ostacoli; egli spiega con questa forza i movimenti dei cieli, ritenendo quindi inutili quelle intelligenze motrici di cui si erano avvalsi Aristotele e la fisica medievale.
Per quanto riguarda l'ambito antropologico, Buridano ritiene che la **volontà** segua le valutazioni dell'intelletto e che, nel caso di due beni valutati come equivalenti dall'intelletto, la volontà non sappia come decidersi. Questa dottrina venne ridicolizzata con l'esempio del cosiddetto "asino di Buridano", che, non sapendo quale scegliere tra due fasci di fieno uguali, muore di fame. In realtà per Buridano la volontà può sospendere o addirittura impedire il giudizio dell'intelletto, riconquistando così la propria totale libertà.

Giovanni Buridano

Importante è poi l'opera di **Nicola di Oresme**, morto nel 1382, il quale compose in francese vari trattati di politica e di economia, un *Trattato della sfera* e un commentario ai libri *Del cielo* e *Del mondo* di Aristotele, nonché alcuni trattati di fisica in latino.
La sua importanza è notevole nel campo dell'economia politica del XIV secolo, ma è ancora maggiore nel campo dell'**astronomia**, in cui egli precorre le teorie di Copernico. A dimostrazione di ciò, basti riportare i titoli dei quattro capitoli del suo commentario al *De coelo* aristotelico:

Nicola di Oresme

> I. *Che non si potrebbe provare con nessuna esperienza che il cielo si muove di movimento diurno e la terra no*; II. *Che non si potrebbe provare neppure con il ragionamento*; III. *Diverse belle ragioni per mostrare che la terra si muove di movimento diurno e il cielo no*; IV. *Come queste considerazioni sono utili per la difesa della nostra fede*.

5. Il misticismo tedesco

Nel periodo aureo della scolastica, la cosiddetta "**via mistica**" era stata considerata come la continuazione e il completamento della ricerca razionale. Ma nell'ultimo periodo della scolastica la possibilità di dimostrare o di intendere con la ragione le verità di fede era stata messa in dubbio, o addirittura negata. I poteri naturali dell'uomo erano stati ritenuti incapaci di giungere, da soli, anche alle prime e fondamentali verità della fede. Bisognava dunque **trovare un nuovo fondamento per la fede** e giustificare la fede in se stessa, al di fuori dei termini tradizionali della ricerca scolastica, pur utilizzandone, fin dove era possibile, gli stessi concetti.

Il nuovo obiettivo della "via mistica"

Questa fu la via tenuta dal misticismo tedesco, il cui maggiore rappresentante è **Giovanni Eckhart**, nato verso il 1260 e morto nel 1327, il quale appartenne all'ordine domenicano e insegnò nelle Università di Strasburgo e di Colonia.
Eckhart intende giustificare la fede trovando la saldatura tra l'uomo e Dio, giacché la fede sarebbe impossibile se l'uomo non potesse instaurare in se stesso un **rapporto diretto con Dio**. Ma per intessere questo rapporto **l'uomo deve negare se stesso** e la propria natura di

Le dottrine di Eckhart

creatura finita, per rinascere come elemento della vita divina: «Noi non possiamo vedere Dio – dice infatti Eckhart – se non vediamo tutte le cose e noi stessi come un puro nulla». L'uomo deve far morire in sé ciò che appartiene alla creatura, per far vivere in sé Dio: **la morte dell'essere creaturale dell'uomo è la nascita, in lui, dell'essere divino**. Quando è giunto a questo, l'uomo diventa *uno* con Dio, e soltanto una linea sottilissima lo divide da lui: **l'uomo è Dio per grazia, Dio è Dio per natura**.

Per quel che concerne la natura divina, poiché Dio è la negazione di ogni cosa finita, la sua natura non può che essere determinata negativamente, cioè attraverso la negazione di quegli attributi di Dio che, in quanto concepibili dall'uomo, sono per Dio inadeguati. Eckhart si serve ampiamente della **teologia negativa** di Dionigi l'Areopagita, secondo la quale a Dio non si possono riferire che attributi negativi. Dio è un'«essenza superessenziale» e un «nulla superessente», una «quiete deserta» in cui non ci sono né molteplicità, né mutamento, ma solo unità. In tal modo Eckhart utilizza concetti attinti dalla tradizione scolastica, ma li trasfigura in una dottrina che ha lo scopo di giustificare la fede. Quest'ultima, infatti, è ormai l'unica via per accedere a Dio, dacché la ragione naturale è stata dichiarata incapace di farlo.

QUESTIONE (PDF) Ci si può fare un'immagine di Dio? (Tommaso, Eckhart) ON LINE

L'avventura della scolastica

Al termine della trattazione può essere utile il riepilogo visivo riportato qui a fianco, che evidenzia le tappe salienti del problema fondamentale della scolastica, vale a dire il problema dei rapporti tra ragione e fede.

RAGIONE E FEDE DA AGOSTINO A OCKHAM

Agostino	Fede e ragione si richiamano e si integrano in modo armonico (*credo ut intelligam, intelligo ut credam*)
Anselmo	La fede ha un primato sulla ragione e tra esse esiste un accordo intrinseco (*credo ut intelligam*)
Abelardo	Non si può credere se non a ciò che si intende (*intelligo ut credam*)
Averroè	Fede e ragione, pur essendo diverse per quanto concerne la forma (l'una rimanda alla legge del Corano, l'altra alla dimostrazione), non sono in contrasto
Bonaventura	La ragione deve essere aiutata e completata dalla fede
Alberto Magno	Fede e ragione sono distinte e in armonia
Tommaso	Fede e ragione sono autonome e in armonia
Duns Scoto	Fede e ragione sono separate. La teologia appartiene all'ambito pratico; la filosofia a quello teorico
Ockham	Fede e ragione sono domini eterogenei. La teologia non è scienza (*credo et intelligo*)

MAPPA

La crisi della scolastica

ON LINE MAPPA INTERATTIVA

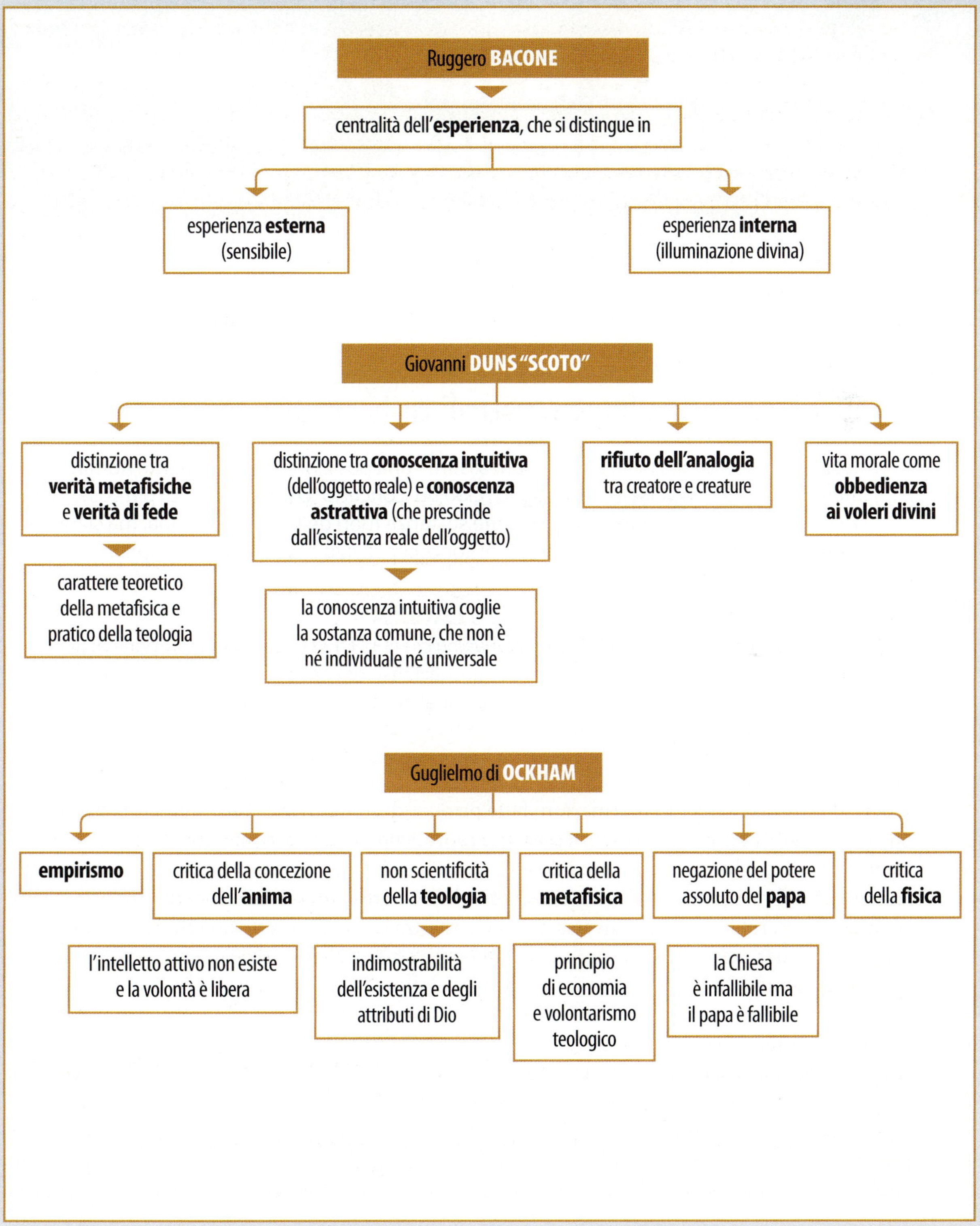

I TESTI

CAPITOLO 3
La crisi e la fine della scolastica

Ockham e la disputa sugli universali

Nella questione degli universali Ockham assume una posizione rigorosamente nominalistica, affermando che l'universale è un "segno", cioè un "concetto" che si predica di più cose. In questo senso gli universali non esistono come sostanze fuori della mente umana, ma si formano in noi in seguito al ripetersi di molti atti di conoscenza rivolti a cose tra loro simili.

T1 > L'UNIVERSALE NON È SOSTANZA

Nel passo che segue, tratto dalla *Summa totius logicae* (1323-1327), Ockham si propone di dimostrare che l'universale non è una sostanza. La dimostrazione, seguendo i procedimenti tipici della scolastica, è basata su una serie di argomenti razionali, ai quali è fornito il supporto di alcune *auctoritates* (Aristotele e Averroè), qui tralasciate.

Siccome non basta enunciare le tesi, ma bisogna dimostrarle con l'evidenza, mi sforzerò di produrre delle dimostrazioni per le affermazioni fatte prima e di confermarle con argomenti di autorità. Che l'universale non sia una sostanza esistente fuori della mente, lo si può dimostrare apoditticamente, e, in primo luogo, argomentando così: nessun universale è una sostanza singolare numericamente una. Se si sostenesse ciò, ne seguirebbe che Socrate è un universale, perché non c'è alcuna ragione per affermare che un universale è una sostanza singolare piuttosto che un'altra. Dunque nessuna sostanza singolare è un universale, ma ogni sostanza è numericamente una e singolare: ogni sostanza infatti o è una cosa e non è più cose, oppure è più cose. Se è una cosa sola e non è più cose, è numericamente una: in ciò infatti consiste, a parere di tutti, l'essere numericamente uno. Se invece una sostanza è più cose, o è più cose singolari o è più cose universali. Se si dà il primo caso, ne deriva che una sostanza sarebbe costituita da più sostanze singolari e, conseguentemente, per la stessa ragione una sostanza avrebbe più uomini e allora l'universale si distinguerebbe sì da una cosa particolare, ma non si distinguerebbe da più cose particolari. Nel caso invece che una sostanza fosse più cose universali, prendo una qualsiasi di queste cose universali e mi domando: o è più cose, oppure è una cosa sola. Se si verifica il secondo caso, ne deriva che è singolare; se si verifica il

…primo, mi domando ancora: o è più cose singolari o è più cose universali. E così o ci sarà un processo all'infinito o si arriverà a concludere che nessuna sostanza è universale, intendendo per universale ciò che esclude il singolare. Con ciò è dimostrato che nessuna sostanza è universale.

In secondo luogo, se l'universale fosse una sostanza esistente nelle sostanze singolari e da esse distinta, ne deriverebbe che potrebbe esistere senza di esse, dal momento che ogni cosa che è per natura anteriore a un'altra può esistere, in virtù di un atto della potenza divina, anche senza quest'altra. La conseguenza però è assurda.

In terzo luogo, se quell'opinione fosse vera, nessun individuo potrebbe essere creato, ma qualcosa sarebbe preesistito alla creazione dell'individuo: se l'universale che è in lui è stato prima in un altro, l'individuo non riceverebbe un essere tratto interamente dal nulla. Per la stessa ragione si dovrebbe dire che Dio non può distruggere un individuo di una specie senza distruggere tutti gli altri individui della specie: infatti, se annullasse un individuo, distruggerebbe tutto ciò che appartiene all'essenza di quell'individuo, e perciò distruggerebbe l'universale che è in lui e negli altri; conseguentemente gli altri andrebbero distrutti, non potendo continuare a esistere senza una loro parte, costituita dall'universale realisticamente inteso.

In quarto luogo, l'universale realisticamente inteso non potrebbe essere considerato una cosa totalmente estranea all'essenza dell'individuo, ma dovrebbe appartenere all'essenza individuale e, di conseguenza, un individuo risulterebbe composto da realtà universali e perciò esso sarebbe nello stesso tempo singolare e universale.

In quinto luogo, dal realismo seguirebbe che qualche cosa dell'essenza di Cristo sarebbe misera e dannata, perché la natura comune realmente presente in Cristo sarebbe la stessa che è in Giuda, che è dannato. Tale conseguenza è assurda.

Si potrebbero addurre molti altri argomenti che, per non dilungarmi troppo, non esamino.

(Guglielmo di Ockham, *Somma dell'intera logica*, I, 14, in *Scritti filosofici*, a cura di A. Ghisalberti, Bietti, Milano 1974, pp. 96-97)

Analisi del testo

1-38 Ockham dimostra che l'universale non è una sostanza attraverso cinque argomenti razionali: il primo, il secondo e il quarto di impostazione classica; il terzo e il quinto di impostazione cristiana. La tesi sostenuta viene dimostrata apoditticamente, mettendo in evidenza l'assurdità o la falsità delle tesi alternative.

3-18 Con il primo argomento si dimostra che nessuna sostanza è universale, ma tutte sono solo singolari: una cosa singolare o più cose singolari escludono d'essere universali in quanto l'universale esclude il singolare. Da sottolineare in questo primo argomento il ricorso al principio aristotelico della invalidità del procedere all'infinito.

19-22 Dimostrato che l'universale non può essere una sostanza singolare, Ockham passa al secondo argomento, sostenendo che non può essere nemmeno una sostanza immanente alle sostanze singolari. In questo secondo argomento, per il quale si nega che l'universale sia *in re*, Ockham utilizza il principio classico del rifiuto dell'assurdo.

23-30 Per il terzo argomento Ockham fa appello al principio cristiano della creazione come *facere ex nihilo*, per cui l'universale non può essere *ante rem*.

31-34 Il quarto argomento è basato sul principio di non-contraddizione, in virtù del quale l'individuo non può essere nello stesso tempo singolare e universale, e tale sarebbe se l'universale fosse *in re*.

35-37 Il quinto argomento è basato ancora sul rifiuto dell'assurdo, e fa riferimento all'essenza di Cristo.

T2 > L'UNIVERSALE È CONCETTO

In questo brano Ockham chiarisce in che senso l'universale è un concetto: esso non esiste al di fuori della mente che lo elabora e si differenzia sia dalla *parola*, che ha un valore puramente convenzionale, sia dalla *cosa*, dalla quale deriva e alla quale rimanda, pur senza pretendere di esprimerne l'essenza.

Nessun universale, in qualsiasi modo sia inteso, è una sostanza. Pertanto la considerazione dell'intelletto non fa sì che qualche cosa sia o non sia una sostanza, benché il significato del termine faccia sì che di quella stessa cosa si predichi o non si predichi il termine sostanza. Per esempio, la proposizione «Il cane è un animale»: se il termine *cane* sta al posto del cane che abbaia, la proposizione è vera; se il termine *cane* sta al posto della costellazione celeste, la proposizione è falsa. Tuttavia è impossibile che una medesima cosa sia sostanza per una considerazione e non lo sia per un'altra considerazione. Si deve perciò assolutamente affermare che nessun universale, in qualsiasi modo sia inteso, è una sostanza; ogni universale è un concetto della mente, che, secondo un'opinione probabile, non differisce dall'atto di intendere. Si dice perciò che l'atto di intendere con cui conosco un uomo è segno naturale degli uomini: è naturale allo stesso modo in cui il lamento è segno della malattia o della tristezza o del dolore; ed è un segno tale che può stare al posto degli uomini nelle proposizioni mentali, così come il termine orale può stare per le cose nelle proposizioni vocali [...].

L'universale è un concetto mentale che si predica di più cose.

Questa tesi può essere confermata attraverso queste considerazioni razionali: a parere di tutti, ogni universale è predicabile di più cose; ma solo un concetto della mente oppure un segno istituito convenzionalmente è per sua natura atto a essere predicato, e non una sostanza; dunque solo un concetto mentale o un segno convenzionale è universale. Ma per universale non intendo qui i segni convenzionali, bensì solo quel segno che per sua natura è universale. Che una sostanza non sia atta per natura a essere predicata, è evidente: nel caso infatti che la sostanza si predicasse, avremmo una proposizione composta di sostanze particolari, e di conseguenza il soggetto sarebbe a Roma e il predicato in Inghilterra, il che è assurdo.

Parimenti, la proposizione è solo mentale, orale o scritta, dunque le sue parti possono essere solo mentali, orali o scritte; ma le sostanze particolari non sono cosiffatte. Consta pertanto che nessuna proposizione può essere composta di sostanze; la proposizione si compone invece di universali; dunque gli universali non sono in alcun modo delle sostanze.

(Guglielmo di Ockham, *Somma dell'intera logica*, I, 14, in *Scritti filosofici*, a cura di A. Ghisalberti, cit., pp. 97-98)

Analisi del testo

1-13 Ockham ribadisce vigorosamente che «nessun universale, in qualsiasi modo sia inteso, è una sostanza» (r. **1** e rr. **7-8**); e che universale è soltanto il *concetto* che viene identificato con l'atto dell'intendere (rr. **8-9**).

14-26 A conferma della propria tesi Ockham porta il fatto che solo un concetto (universale naturale) o una parola (universale convenzionale) possono essere predicati; il che non può essere invece fatto dalla sostanza per due motivi: in primo luogo (rr. **19-22**) per il fatto che se «la sostanza si predicasse, avremmo una proposizione composta di sostanze particolari», e ciò è assurdo; in secondo luogo (rr. **23-26**) perché «la proposizione è solo mentale», mentre le sostanze particolari non sono tali, e quindi è impossibile che una proposizione sia composta di sostanze.

UNITÀ 7
La scolastica e Tommaso

ON LINE VERIFICA INTERATTIVA

1. La scolastica e il rapporto fede-ragione

1 Secondo Anselmo il rapporto fede-ragione comporta che:

[a] non si possa avere fede in nulla che non si comprenda

[b] si possa avere fede solo in ciò che non si comprende

[c] non si possa comprendere nulla se non si ha fede

[d] comprendere e avere fede siano inconciliabili

2 Secondo Abelardo il rapporto fede-ragione comporta che:

[a] non si possa credere se non in ciò che si comprende

[b] non si possa comprendere se non ciò in cui si crede

[c] non si possa discutere sull'opportunità di credere a qualcosa

[d] si possa discutere razionalmente solo su ciò in cui si crede

3 In riferimento al pensiero di Anselmo, indica se le affermazioni seguenti sono vere o false.

a. L'uomo è libero, malgrado il peccato originale [V] [F]

b. La libertà dipende dalla grazia divina [V] [F]

c. Dio prevede se l'uomo peccherà o non peccherà [V] [F]

d. La prescienza divina riguardo all'uomo è necessitante [V] [F]

e. La predestinazione alla salvezza dipende unicamente dalla volontà di Dio [V] [F]

f. La predestinazione alla salvezza non diminuisce la libertà dell'uomo [V] [F]

4 Completa il testo seguente con i termini elencati (tenendo presente che 3 di essi sono inappropriati).

intenzione - azione - moventi - interiorità - desideri - soggettivistica - soggettivo - oggettivo

La prospettiva di Abelardo in ambito morale si configura come un'etica dell'..................., profondamente rivolta verso l'................... Soltanto Dio, che legge nell'animo degli uomini, conosce i veri................... delle nostre azioni e pertanto può giudicarle. L'etica di Abelardo non è per questo ....: al contrario, fa riferimento a un criterio ...., cioè alla legge divina eterna e immutabile.

5 Collega le soluzioni al problema degli universali (colonna di sinistra) con le rispettive tesi (colonna di destra).

a. realismo estremo

b. realismo moderato

c. nominalismo estremo

d. nominalismo moderato

e. concettualismo

1. gli universali non esistono *ante rem*, ma solo *in re*

2. gli universali sono dei nomi privi di corrispettivo reale

3. sono reali solo gli universali e non gli individui empirici

4. gli universali implicano sempre un riferimento alla cosa significata

5. gli universali non esistono nelle cose, ma solo *in intellectu*

6 In che senso Scoto Eriugena afferma che il mondo è una "teofania"? (max 6 righe)

7 Quali caratteri presenta l'intelletto attivo secondo i filosofi arabi, da Al Kindi fino ad Avicenna? (max 6 righe)

8 Quali sono le principali tesi di Bonaventura da Bagnoregio contro la filosofia aristotelica? (max 6 righe)

9 Nel *Proslogion* Anselmo dimostra l'esistenza di Dio mediante il noto argomento "ontologico": elencane i passaggi concettuali ed esponi l'assunzione di base su cui si fonda. (max 15 righe)

10 Analizza il rapporto tra fede e ragione nei principali pensatori trattati nel corso del capitolo e mettine in luce affinità e differenze. (max 15 righe)

11 La filosofia islamico-araba presenta alcuni aspetti che ne fanno una "scolastica" per certi versi parallela a quella cristiano-occidentale e per altri assolutamente inconciliabile con essa. Elenca tali aspetti ed esponi le tue riflessioni in proposito. (max 15 righe)

2. Tommaso

12 Per "analogia" Tommaso intende:

- [a] una proporzione tra l'essere di Dio e quello delle creature
- [b] l'assoluta sproporzione tra l'essere di Dio e quello delle creature
- [c] la proporzione tra l'essere di Dio e quello delle sostanze intelligenti
- [d] la somiglianza, ma non la proporzione, tra l'essere di Dio e quello delle creature

13 Secondo Tommaso il fine ultimo dell'uomo è:

- [a] la realizzazione completa delle virtù umane
- [b] il compimento del bene comune nell'obbedienza alle leggi dello Stato
- [c] la felicità, che consiste nella visione beatifica di Dio
- [d] la felicità terrena

14 In riferimento al pensiero di Tommaso, indica se le affermazioni seguenti sono vere o false.

a. L'anima è il principio vitale dell'uomo [V] [F]

b. La natura dell'uomo è costituita da un'anima separata dal corpo [V] [F]

c. L'anima intellettiva è autonoma e incorporea [V] [F]

d. L'anima è la forma del corpo [V] [F]

e. L'anima ha un essere congiunto al corpo [V] [F]

f. L'anima possiede un essere proprio [V] [F]

15 Utilizza le espressioni e i termini elencati di seguito per completare lo schema riportato sotto.

atto - definizione - ente reale - esiste di fatto - esistenza - essenza - essere - forma - materia - quiddità

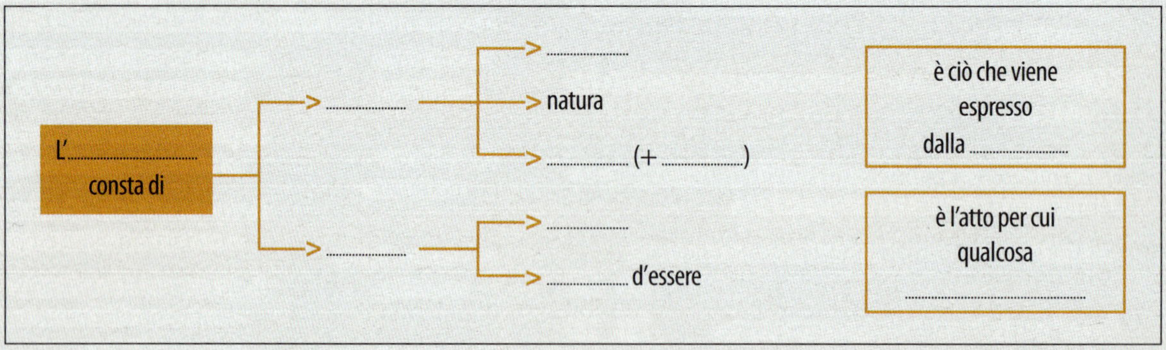

16 Collega il punto di partenza delle prove dell'esistenza di Dio (colonna di sinistra) con il rispettivo punto di arrivo (colonna di destra).

a. il movimento	**1.** Dio come causa prima incausata
b. la causa	**2.** Dio come intelligenza ordinatrice
c. il contingente	**3.** Dio come perfezione somma
d. il grado di perfezione	**4.** Dio come ente necessario
e. il fine	**5.** Dio come primo motore immobile

17 Che cosa sono i "trascendentali" secondo Tommaso? (max 6 righe)

18 Come viene definita da Tommaso la verità? Spiega il senso di tale definizione. (max 6 righe)

19 Che cosa intende dire Tommaso quando afferma che «l'agire segue l'essere»? (max 6 righe)

20 Istituisci un parallelismo tra Tommaso e Aristotele in merito ai concetti di "essere", "creazione", "esseri finiti" e "Dio", mettendo in luce i vari passaggi con i quali la speculazione tomista ha "piegato" al cristianesimo la dottrina aristotelica. (max 15 righe)

21 Il libero arbitrio nell'uomo e la presenza del male nel mondo: esponi e analizza questi due aspetti, tra loro correlati, dell'etica tomista. (max 15 righe)

3. La crisi e la fine della scolastica

22 La teologia, secondo Duns Scoto, ha un carattere pratico nel senso che:

- a il suo fine non è teoretico ma etico
- b ha lo scopo di persuadere l'uomo ad agire per la salvezza
- c ha lo scopo di persuadere l'uomo ad agire razionalmente
- d non dimostra la fede ma la vive

23 La dottrina occamista del "volontarismo teologico" implica che:

- a Dio è dotato oltre che di intelligenza anche di volontà
- b Dio crea l'universo senza sottostare ad alcuna regola logica preesistente
- c la creazione è un atto volontario di Dio
- d Dio crea il mondo senza doverlo prima pensare

24 In riferimento al pensiero di Duns Scoto, indica se le affermazioni seguenti sono vere o false.

- **a.** L'infinità è il solo attributo intrinseco di Dio V F
- **b.** Gli attributi di Dio sono dimostrabili attraverso la funzione astrattiva dell'intelletto V F
- **c.** Non si può dimostrare l'immortalità dell'anima V F
- **d.** La volontà umana è determinata dalla valutazione dell'intelletto V F
- **e.** La volontà umana riconosce sopra di sé la legge divina V F
- **f.** Dio concede la sua grazia indipendentemente dalla fede degli uomini V F

25 Utilizza i termini elencati di seguito per completare la tabella riportata sotto.

agisca - causa - causalità - effetto - esperienza - fine - metaforica - qualità - sostanza

La critica di Ockham alla metafisica tradizionale	
critica della nozione di sostanza	noi conosciamo della .... soltanto le sue ....
critica della nozione di causa	dalla conoscenza dell'.................... non si può in alcun modo risalire alla conoscenza della ....: l'unico fondamento possibile del loro legame è l'....................
critica della nozione di causa finale	che il .... sia amato e desiderato non significa che esso .... effettivamente: la .... del fine è dunque ...., non reale

26 Collega i filosofi (colonna di sinistra) con le rispettive posizioni in merito al rapporto tra fede e ragione (colonna di destra).

a. Tommaso	**1.** fede e ragione sono separate: la teologia appartiene all'ambito pratico, la filosofia a quello teorico
b. Duns Scoto	**2.** fede e ragione sono domini eterogenei: la teologia non è scienza
c. Ockham	**3.** fede e ragione sono autonome e in armonia

27 Quali sono le fonti della conoscenza secondo Ruggero Bacone? (max 6 righe)

28 Come definisce Duns Scoto il concetto di sostanza? (max 6 righe)

29 In che cosa consiste l'originalità del pensiero giuridico-politico di Marsilio da Padova? (max 6 righe)

30 Qual è il rapporto tra empirismo e nominalismo in Ockham? (max 6 righe)

31 Riassumi le critiche di Ockham alla fisica tradizionale, mettendo in evidenza in essa quei principi della nuova visione del mondo che caratterizzerà la filosofia rinascimentale e, attraverso di essa, la scienza moderna. (max 15 righe)

32 Illustra le ragioni concettuali e i fattori storico-culturali che determinarono la dissoluzione della scolastica. (max 15 righe)

LABORATORIO DELLE IDEE

VERSO LE COMPETENZE
- Leggere, comprendere e interpretare un testo
- Riflettere e argomentare, individuando collegamenti e relazioni

Aristotele e Tommaso nella *Divina Commedia*

La ***Divina Commedia*** **di Dante Alighieri** è il suggestivo, simbolico racconto di un viaggio dall'oscurità dell'inferno alla luce del paradiso, resa abbagliante dalla presenza di Dio. Nell'imponenza delle sue tre cantiche, l'opera è quindi attraversata da una vibrante tensione teologica, il cui principale riferimento teorico è l'**aristotelismo di Tommaso d'Aquino**. Solo nel *Paradiso*, Dio viene nominato (direttamente o indirettamente, per mezzo di perifrasi o metafore) ben 63 volte, imponendosi fin dal primo canto nell'accezione aristotelica di "primo motore" dell'universo, le cui tracce si possono scorgere nelle cose del mondo. Particolarmente significative, in questo senso, sono le terzine riportate di seguito.

> La gloria di colui che tutto muove
> per l'universo penetra, e risplende
> in una parte più e meno altrove.
>
> [...] Le cose tutte quante
> hanno ordine tra loro, e questo è forma
> che l'universo a Dio fa simigliante.
>
> (*Paradiso*, I, 1-3, 103-105)

Comprensione del testo

1. Come è definito Dio nella prima terzina e quale concetto aristotelico richiama una tale definizione?
2. Qual è l'immagine della gloria di Dio suggerita dalla prima terzina?
3. A che cosa si riferiscono le parole «e questo è forma / che l'universo a Dio fa simigliante» e qual è il loro significato?

Riflessione

4. Nella prima terzina è individuabile un suggestivo intreccio tra motivi aristotelico-tomistici e motivi neoplatonici: prova a illustrare e commentare questo aspetto.
5. Nella seconda terzina si può riconoscere l'eco delle «vie» di Tommaso: perché? (Elencale e richiamane brevemente la struttura.) Ti sembra che, tra esse, ve ne sia qualcuna a cui si allude in modo particolare?
6. In che senso, per Tommaso, l'universo è «simigliante» a Dio? (A partire dalla *somiglianza* a cui allude Dante, illustra il principio di *analogia* a cui ricorre Tommaso per descrivere il rapporto tra Dio e l'uomo.)

TAVOLA ROTONDA

Dio "principio" del mondo

Partecipanti: **Platone**, **Filone di Alessandria**, **Tommaso d'Aquino**

Moderatore Fin dai suoi albori la ragione filosofica ha cercato un principio divino eterno e permanente oltre l'apparente mutevolezza del mondo. Ma come va inteso questo "principio"? E, soprattutto, come si configura il suo rapporto con il mondo?

Per i primi filosofi greci esso assume la forma dell'*arché*, cioè del principio inteso non come *ciò da cui* deriva il mondo, né tantomeno come *colui che* lo ha prodotto, ma piuttosto come la "sostanza", o il "sostrato", che permane immutabile "sotto" le cose mutevoli. Il mondo, in altre parole, per i filosofi presocratici è eterno e, pertanto, non ha *inizio*, né *causa efficiente*.

Il primo filosofo ad affermare che il mondo esige un'intelligenza che lo trascenda e che sia la causa della sua esistenza è Platone.

Platone 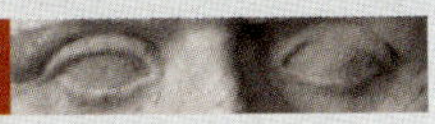

Per spiegare questa mia concezione, nel *Timeo* ho utilizzato un «racconto verosimile», in cui ho narrato che tra il mondo delle idee e il mondo fisico si pone l'opera di una divinità che trasforma la materia informe in un essere vivente ordinato. Accanto a un **principio ontologico divino** (*theión*), rappresentato dall'essere intelligibile, ho dunque posto un **principio cosmologico**, ovvero una causa generatrice del mondo, rappresentata da un dio personale (*theós*). In un certo senso questo dio è "parte" del divino e, quindi, in qualche modo subordinato a esso. L'ho chiamato "**demiurgo**" (letteralmente "artefice", "artigiano") e gli ho attribuito il termine *poietés*, che significa "produttore".

L'azione del demiurgo, però, non può essere definita come una creazione dal nulla: essa è piuttosto una **produzione a partire da una materia originaria informe e caotica** (la *kóra*, "necessità"), che il demiurgo "mette in ordine" servendosi delle idee come modelli. Questo significa che l'impalcatura del mondo o, per usare una metafora, i suoi "ingredienti" ultimi (la materia di cui le cose sono composte e le loro forme intelligibili, o essenze) sono eterni, ma il mondo (inteso come unità di materia e forma) è generato da una causa.

A ben vedere, sono stato il primo filosofo a elaborare la nozione teologica della trascendenza (le idee divine), affiancandola a quella di un dio-persona (il demiurgo); sono stato il primo, cioè, a **distinguere il dominio dell'*intelligibile* da quello dell'*intelligenza***. In tal modo ho parzialmente superato l'idea tipicamente greca del "divino" come principio impersonale, ma a spese dell'onnipotenza di Dio: l'azione del demiurgo, infatti, è condizionata sia dalle idee, che rappresentano l'eterno paradigma del bene, sia dalla "necessità" della materia che si oppone alla sua potenza "cosmica" (ordinatrice).

Moderatore Al *Timeo* di Platone si è ispirata la successiva teologia cristiana. Ma tra Platone e il cristianesimo c'è un anello intermedio, rappresentato da Filone di Alessandria, vissuto all'inizio dell'era cristiana. È nella riflessione di Filone che compare per la prima volta la nozione di "creazione" del mondo.

Filone

In effetti, la rivoluzionaria idea della "creazione dal nulla" non è esplicitamente presente nella Bibbia, ma è piuttosto il frutto di una mia laboriosa costruzione teorica, basata su alcune affermazioni dell'**Antico Testamento** interpretate alla luce del ***Timeo* di Platone**. Per quanto radicalmente diversi, i due testi mi sono sembrati affini su un punto fondamentale: presuppongono entrambi la figura di un **dio personale e trascendente rispetto al mondo**. Così, intrecciando riflessione filosofica ed esegesi biblica, sono riuscito a spingermi oltre il *Timeo* e ad affermare che **Dio produce le cose "dal nulla"**, cioè le "crea" in senso proprio:

Dio, quando generò tutte le cose, non le ha semplicemente rese visibili, ma produsse ciò che prima non era, essendo Egli non solamente Demiurgo, ma anche Creatore.

(*Le allegorie delle Leggi* , III, 10)

Moderatore Ma qual è la "scintilla" che ha portato a questo passaggio teorico così importante?

Filone

Sono riuscito a sviluppare il platonismo nella direzione del creazionismo sollecitato da un'idea biblica che mi è parsa rivoluzionaria per la mentalità filosofica greca. Per Platone **il demiurgo prima *pensa*** le idee **e poi**, a partire da queste, ***opera*** plasmando la materia; il momento del pensare, nell'atto demiurgico, è dunque separato da quello del produrre. Nella prospettiva biblica, **al contrario, Dio è essenzialmente Sapienza o Parola creatrice**: tra il suo pensare e il suo fare non esiste differenza. Questa considerazione mi ha portato a due ulteriori osservazioni, strettamente collegate tra loro: 1. a differenza del demiurgo platonico, il Dio biblico non è preceduto o limitato da altro, neanche dalle idee, le quali non sono entità assolute, ma sono i «pensieri eterni di Dio»; 2. rispetto alla prospettiva platonica, il rapporto gerarchico tra il Dio della Bibbia (l'intelligenza) e le idee (l'intelligibile) risulta capovolto: principio in senso proprio è solo Dio, e il mondo delle idee o cosmo intelligibile di Platone non è che l'intelletto divino, o *Lógos*, che l'Antico Testamento intende come Sapienza di Dio:

si può dire che il cosmo intelligibile non è altro che il *Lógos* di Dio nell'atto di formare il mondo, giacché la città intelligibile non è altro che il calcolo dell'architetto che già pensa di fondare una città. (*La creazione del mondo*, 24)

Moderatore Come abbiamo anticipato, il concetto di *creatio ex nihilo* elaborato da Filone trova una rigorosa definizione nella filosofia cristiana e, soprattutto, nella sistemazione che ne offre la scolastica medievale. Diamo dunque la parola al massimo filosofo scolastico, Tommaso d'Aquino.

Tommaso

Per poter essere assimilato alla "**produzione dal nulla**", ovvero alla "creazione" in senso proprio, il rapporto di causa-effetto tra Dio e il mondo deve presentare alcune precise caratteristiche. 1. In primo luogo deve essere la produzione di un **effetto diverso**, per natura o sostanza, rispetto alla causa produttrice. 2. In secondo luogo non deve presupporre **alcuna realtà che preceda l'effetto creato**. Queste due proprietà sono sintetizzate nella celebre formula *productio rei ex nihilo sui et subiecti*, che indica l'atto con cui Dio fa esistere qualcosa senza trarlo né dalla propria sostanza (*ex nihilo sui*), altrimenti il mondo sarebbe divino e si dovrebbe accettare una visione panteistica, né da un elemento (o sostrato) preesistente, ad esempio la materia (*ex nihilo subiecti*), perché ciò implicherebbe la coeternità di Dio e della materia, ovvero una limitazione di Dio. 3. In terzo luogo, la creazione deve essere una **causazione o produzione libera**; del resto la libertà, per i cristiani, è la radice stessa dell'essere, il quale trova il suo fondamento non nell'impossibilità di non essere, ma nella libera scelta creatrice di Dio:

Ora [...] non c'è necessità per Dio di volere qualcosa all'infuori di se stesso [...] è evidente che *il mondo esiste in quanto Dio vuole che esista*, dato che l'esistenza del mondo dipende dalla volontà di Dio come dalla sua causa propria.

(*La somma teologica*, q. 46, art. 1)

Filone 

Tommaso ha appena ricordato una distinzione fondamentale: quella tra la ***necessità* dell'essere** (che è impossibile che non sia) e la ***libertà* di Dio** (che "fa essere" il mondo traendolo dal nulla), ovvero, in ultima analisi, tra ragione greca e rivelazione biblica. Nella prospettiva platonica la perfezione del cosmo e la sua stessa esistenza dipendono più dalla *natura del modello* che dall'*esecuzione della copia*. Il demiurgo non è onnipotente e, a ben vedere, neppure totalmente libero: egli può scegliere o meno di plasmare la materia, ma ciò che è bene (il paradigma del mondo) si impone alla sua mente come necessario. Nella prospettiva monoteistica del cristianesimo, invece, Dio è totalmente libero: è bene ciò che Egli liberamente stabilisce; non esiste, oltre o sopra la sua intelligenza, alcun principio in base al quale Egli debba modellare la propria azione. La creazione è un gesto di assoluta e illimitata libertà:

> L'uomo [...] ha trovato questa suprema verità, cioè che *tutte le cose sono grazia di Dio*, terra, acqua, mare, sole, stelle, cielo, animali e vegetali tutti. [...] Di conseguenza se uno domandasse qual è il motivo della creazione del mondo, io, che l'ho appreso da Mosè, risponderò che è la bontà dell'essere, che è la più antica e la più nobile delle grazie, perché è grazia a se stessa. (*L'immutabilità di Dio*, 107-108)

Moderatore Eppure, pensare che l'essere è stato creato "dal" nulla non ci impone di pensare il nulla come "qualcosa" da cui l'essere deriva, o che l'essere ha superato o negato?

Tommaso 

La questione è effettivamente seria e difficile. Devo ammettere, però, che nella mia *Somma teologica* l'ho affrontata con grande onestà intellettuale. La soluzione, a mio avviso, sta nel **modo di intendere la preposizione "da" (*ex*) che compare nella formula "creazione *dal* nulla"**. Essa non può indicare la materia o il luogo di provenienza da cui è tratto il mondo, perché – come ha stabilito la ragione filosofica – «dal nulla non viene nulla» (*ex nihilo nihil*). Nella *Summa* credo di aver chiarito la cosa in modo rigoroso:

> Quando si dice che una cosa è fatta dal nulla [...] la preposizione "da" o include la negazione espressa nel termine "nulla" [significando: *dal non essere*], oppure viene a sua volta inclusa nella negazione stessa [significando: *non da un essere*]. Nel primo caso dunque si afferma la successione [dell'essere rispetto al non essere] e si esprime il suo ordine al non essere precedente. Se invece la negazione include la preposizione, allora la successione viene trascurata, e l'espressione: *è fatto dal nulla* ha questo senso: *non è fatto di [o da] qualcosa*; come se uno dicesse: *costui parla di nulla*, perché non parla di qualcosa. Ora, in tutti e due i modi è vero che creare è fare qualcosa dal nulla. Ma nel primo caso la preposizione "da" indica successione, come si è detto; nel secondo invece indica la causa materiale, che viene negata. (*La somma teologica*, q. 45, art. 1)

Moderatore Dunque affermare che il mondo è creato dal nulla non significa necessariamente affermare che *prima* c'era il nulla e *dopo* l'essere. È così?

Tommaso 

Esattamente. Del resto è possibile pensare un **rapporto di causalità senza il tempo**: una causa può produrre il proprio effetto *istantaneamente*, cioè senza implicare alcuna successione temporale. Possiamo chiarire quest'idea con un esempio concreto: nel momento stesso in cui esiste, il fuoco riscalda; l'effetto del calore non è successivo a quello della sua esistenza; allo stesso modo Dio, principio eterno del mondo, *ab aeterno* produce il mondo. Nella formula *creatio ex nihilo*, dunque, la preposizione *ex* non significa "creazione *dopo* il nulla", ma indica semplicemente che le cose create, se Dio le abbandonasse a se stesse, sarebbero nulla, non avendo in sé, bensì nell'atto creatore di Dio, la ragione della loro esistenza:

> se dicessimo che l'aria è *sempre* stata illuminata dal sole, dovremmo dire che è stata resa lumi-

nosa dal sole [...] e bisognerà dire che è stata resa luminosa dal *non-luminoso* o dal tenebroso; non perché vi sia un *tempo* in cui essa era il non luminoso o il tenebroso, ma perché tale sarebbe se il sole l'abbandonasse a se stessa.

(*L'eternità del mondo*, pp. 188-189)

Moderatore Il mondo esisterebbe dunque da sempre, pur essendo creato: ma uno degli articoli della fede cristiana non è proprio l'affermazione che il mondo ha avuto un inizio nel tempo?

Tommaso

Eppure **l'ipotesi che il mondo, per quanto creato da Dio, sia eterno** non solo **non è assurda**, o in sé contraddittoria, ma **neppure è contraria alla fede**, perché non implica l'ammissione dell'esistenza di una materia eterna che limiterebbe l'onnipotenza di Dio. Per difendere questa mia tesi, che ha destato molto scandalo, ho scritto un opuscolo intitolato *De aeternitate mundi contra murmurantes*. I *murmurantes* sono quei teologi che individuano il discrimine tra la concezione pagana e quella cristiana del mondo proprio in questo: per la prima il mondo è eterno; per la seconda ha avuto un inizio nel tempo. In realtà, anche ammettendo l'eternità del mondo (anche ammettendo, cioè, che il mondo sia esistito dall'eternità perché Dio, sua causa, esiste dall'eternità), le tre proprietà essenziali (che ho ricordato poco fa) di quella particolare forma di produzione che è la "creazione dal nulla" rimarrebbero immutate. Lo ha chiarito anche Agostino, precisando che Dio è l'autore non solo di ciò che esiste nel tempo, ma del tempo stesso; per questo è scorretto pensare a un "prima" della creazione: «se un piede è stato da sempre, dall'eternità, nella polvere, sempre ci sarà stata, sotto di esso, l'orma, indubitabilmente prodotta dal piede calcante; allo stesso modo il mondo ci fu sempre perché ci fu sempre chi lo creò» (Agostino, *La città di Dio*, X, 31).

Moderatore Ancora non è chiaro, però, come l'eternità del mondo, e del tempo, non contraddica la rivelazione, che parla di un inizio del mondo nel tempo.

Tommaso

Se il mondo non fosse creato, cioè *voluto* da Dio, dovrebbe per forza essere eterno; **se** invece **ammettiamo la creazione, dobbiamo ammettere che Dio possa *volere* che le cose siano eterne**, cioè esistenti *ab aeterno*, oppure *volere* che si producano in un determinato momento. Solo la creazione, dunque, è conciliabile con ciò che la rivelazione afferma sull'inizio del mondo:

Questa causa [Dio] ha attribuito la temporalità ai suoi effetti come ha voluto, a seconda di ciò che era più conveniente per mostrare la propria potenza. Infatti il mondo porta alla conoscenza della potenza creatrice di Dio in maniera più evidente se non è esistito da sempre, che non nel caso sia sempre esistito: poiché è evidente che tutto ciò che non è sempre esistito ha una causa; il che invece non è così evidente per un essere che è sempre esistito.

(*La somma teologica*, q. 46, art. 1)

In altre parole: **che il mondo abbia avuto un inizio nel tempo dipende dalla *libera volontà* di Dio**, ma non è *necessario* che sia così: si tratta di un «**articolo di fede**» e non di una «conclusione razionale». Che il mondo sia stato creato (*ab aeterno* o nel tempo) è invece la fede a esigerlo e la ragione a comprenderlo.

Moderatore L'idea di creazione elaborata dalla filosofia medievale cristiana si è imposta nella storia del **pensiero come il paradigma stesso di una spiegazione *religiosa* del mondo**, della sua origine e del suo significato. I filosofi moderni, a partire da Spinoza, cercheranno di negarla, aprendo la strada all'idealismo romantico e al positivismo evoluzionistico, che, pur nelle loro differenze, forniranno del mondo un'interpretazione alternativa a quella biblica, scorgendo in esso un immanente sviluppo dialettico, o un'evoluzione naturale, cioè un processo che non risponde al disegno finalistico di un Dio trascendente.

Politica
Cittadinanza e Costituzione

TAVOLA ROTONDA

Il rapporto Stato-Chiesa

Partecipanti: **Tommaso d'Aquino**, **Marsilio da Padova**, **Guglielmo da Ockham**

Moderatore Le basi a partire da cui si sviluppa il pensiero politico medievale si possono ritrovare in alcuni celebri passi del Nuovo Testamento: da una parte le affermazioni di Cristo «Il mio regno non è di questo mondo» (*Gv*, 18, 36) e «date a Cesare quel che è di Cesare e a Dio quel che è di Dio» (*Mt*, 22, 21); dall'altra la sentenza paolina «non vi è autorità se non da Dio» (*Rm*, 13, 1). Se le parole di Gesù fissano la separazione tra la sfera politica e temporale da una parte e l'ambito religioso e spirituale dall'altra, Paolo chiarisce che ogni potere deriva da Dio.
La visione paolina trova la sua formulazione più alta nella distinzione agostiniana tra «città di Dio» e «città terrena». Per quanto siano distinte, la sfera religiosa e quella politica si fondano, per Agostino, su due autorità – la Chiesa e l'Impero, il *sacerdotium* e il *regnum* – a cui il cristiano deve ugualmente sottomettersi. Nel superiore e armonico disegno divino, infatti, la vita associata è un "rimedio" offerto da Dio all'uomo dopo il peccato originale, a causa del quale sono venute meno l'uguaglianza naturale tra gli individui e la loro altrettanto naturale socievolezza. Essendo un correttivo della malvagità dell'uomo, lo Stato va dunque accettato e rispettato come espressione di una superiore giustizia divina.
Questa pessimistica visione dell'uomo e della politica, che gli storici definiscono "agostinismo politico", segna profondamente la mentalità medievale, ma entra parzialmente in crisi con l'aristotelismo cristiano di Tommaso.

Tommaso

A partire dal XIII secolo, di fronte alla crisi del papato e dell'impero, in cui il potere aveva un fondamento teocratico, o "dall'alto", si fanno strada non solo le monarchie nazionali, che traggono il loro potere "dal basso", cioè dal consenso del popolo, ma anche i comuni, forme di autogoverno fondate sulla partecipazione diretta dei cittadini all'esercizio del potere. A queste nuove tipologie di organizzazione già Aristotele aveva offerto una giustificazione teorica, sostenendo nella *Politica* che **l'uomo è per natura incline alla socialità** e, di conseguenza, che **il potere è uno strumento di cui i cittadini devono poter disporre liberamente.** Assumendo come punto di partenza l'impostazione aristotelica, io ho cercato di superare il pessimismo antropologico di Agostino e alla sua opposizione tra «città terrena» e «città celeste», tra natura e grazia, tra politica e salvezza, ho sostituito una visione secondo cui «**la grazia non toglie la natura, ma la perfeziona**» (*gratia non tollit sed perficit naturam*). E così come la grazia divina perfeziona la natura umana, allo stesso modo la Chiesa, società soprannaturale dei credenti che tende alla salvezza eterna, completa lo Stato, società naturale dei cittadini che garantisce la felicità terrena. **Lo Stato non è un rimedio al peccato dell'uomo, ma la sua naturale forma di vita.**

Moderatore Ma se per natura l'uomo è un animale socievole e collaborativo, allora perché alcuni uomini esercitano il loro potere su altri?

Tommaso

Perché **la socialità naturale** dell'uomo **implica anche gerarchia e autorità**. Io ho però distinto due forme di «dominio»: la prima «servile», in cui «chi comanda si serve del sottoposto per il suo vantaggio»; la seconda «economica o politica», in forza della quale «chi comanda si serve dei sottoposti per il loro bene o utile». Il primo tipo di rapporto (quello del padrone sugli schiavi) è una conseguenza del peccato, mentre il secondo (quello dell'autorità su altri uomini liberi) è del tutto naturale e legittimo. **In natura**, infatti, **non c'è uguaglianza**, ma differenza: ad esempio, «la donna è naturalmente soggetta all'uomo perché l'uomo ha per natura un più vigoroso discernimento razionale». In questo senso sono un pensatore "naturalista", perché ritengo che la cultura, il diritto e le costruzioni politiche degli uomini debbano riconoscere e salvaguardare la disuguaglianza che è nell'ordine delle cose, e che può derivare dalla differenza di sesso, di forza, di bellezza, di intelligenza ecc.

Moderatore In questa prospettiva anche le leggi sono un dato naturale, in quanto strumenti utilizzati da chi per natura comanda su altri? Oppure, proprio in quanto strumenti, mutano a seconda di chi detiene il potere?

Tommaso

Certamente la legge trae la sua forza dalla volontà di chi comanda: è legge "positiva", cioè "posta" o "imposta" da chi di volta in volta governa. Oltre che sulla volontà mutevole di chi esercita il potere, la legge deve però fondarsi su una propria «intrinseca razionalità», senza la quale «la volontà di chi comanda sarebbe piuttosto un'iniquità che una legge». Per questo sono convinto che prima delle leggi positive, e al di sopra di esse, esista nella mente di Dio una «legge eterna», una ragione suprema che governa «l'intera comunità dell'universo» e di cui nella ragione umana si trova una sorta di riflesso, o di «partecipazione»: la «legge naturale». Ricapitolando: esiste una «**legge eterna**» che **si rivela all'uomo come «legge naturale»**, ed esiste poi una «**legge umana**» che ha il compito di **tradurre in norme particolari e concrete la legge naturale universale**, conferendole così quel potere coercitivo che essa, obbligando solo in coscienza, non possiede. Se vuole legiferare in modo "retto", il legislatore deve dunque conformarsi ai principi perenni della legge naturale e, attraverso di essa, alla legge eterna del Creatore, fonte ultima di ogni legittimità giuridica. Tra "**legalità**" (rispetto delle leggi positive) e "**giustizia**" (rispetto dell'ordine naturale) deve esserci un qualche rapporto. Senza il carattere coercitivo conferitole dal potere, una legge non ha la *forza sufficiente* per essere tale; ma senza giustizia, la legge non è che *mera forza*, cioè violenza:

> una legge in tanto ha valore, in quanto partecipa della giustizia. Ora nelle cose umane si dice che qualcosa è giusto per il fatto che corrisponde alla retta regola della ragione. Ma la prima regola della ragione è la legge naturale, come si è visto. Perciò ogni legge posta dagli uomini in tanto ha valore di legge, in quanto deriva dalla legge di natura. Se, per contro, essa discorda in qualche punto dalla legge naturale, non è più una legge, ma una corruzione di questa.
>
> (*La somma teologica*, I-II, q. 95, a. 2.)

Naturalmente **non bisogna confondere la mia prospettiva con quella del giusnaturalismo moderno** fondato da Ugo Grozio, secondo il quale la "legge naturale" consiste in ciò che è conforme alla natura razionale dell'uomo. Se per Grozio tale legge è "naturale" nel senso di “non soprannaturale”, essendo valida «anche se Dio non esistesse» (*etsi Deus non daretur*), per me, al contrario, la legge di natura è l’ordine imposto dalla libera volontà di Dio al mondo creato.

Moderatore Asserire l’esistenza di una legge naturale, voluta da Dio, alla quale le leggi degli uomini devono conformarsi mi pare conduca ad affermare la superiorità del potere spirituale su quello politico…

Tommaso

In effetti è così. Del resto il fine della società non è solo il benessere materiale dei cittadini: «il **fine ultimo della moltitudine che vive associata** non è [solo] condurre una vita conforme alla virtù, ma, attraverso la vita virtuosa, pervenire al **godimento di Dio**» (*De regimine principum*, I, 14). E chi guida l’uomo a questo obiettivo ultimo non è il «governo umano» (*regimen humanum*), ma il «governo divino» (*regimen divinum*). Il potere ecclesiastico gode pertanto di un primato sul potere politico:

> il ministero di questo regno è stato affidato non ai re della terra, ma ai sacerdoti, ed anzitutto al Sommo Sacerdote, successore di Pietro, Vicario di Cristo, al Romano Pontefice, al quale è necessario siano sottomessi tutti i re del popolo cristiano, come allo stesso Signore Gesù Cristo.
>
> (*De regimine principum*, I, 14)

Queste mie affermazioni hanno indotto molti a ritenere che io abbia sostenuto la subordinazione della politica alla fede e dello Stato alla Chiesa, secondo il vecchio principio teocratico. In realtà la questione è ben più complessa. Per questo mi è capitato spesso di affermare la piena autonomia del potere politico, pur ammettendo una superiorità morale e ideale (riguardo al fine) del *sacerdotium* sul *regnum*:

> Poiché sia il potere spirituale che quello secolare derivano dalla potestà divina, il secondo è subordinato al primo nella misura in cui ve lo ha sottoposto Dio, ossia *in quelle cose che concernono la salvezza dell’anima*. Se dunque in questa sfera si deve obbedire all’autorità spirituale piuttosto che a quella secolare, *in ciò che riguarda il bene civile* si deve invece anteporre l’autorità secolare a quella spirituale, come è detto in Matteo, 22, 21: «Date a Cesare quello che è di Cesare».
>
> (*Commento alle Sentenze di Pietro Lombardo*, II, 44)

Moderatore La riflessione di Tommaso sulla separatezza di potere spirituale e potere temporale viene portata alle estreme conseguenze da Marsilio da Padova.

Marsilio

Nel 1324, all’inizio dell’aspro conflitto tra papa Giovanni XXII e Ludovico di Baviera, ho composto il *Defensor pacis*, in cui, d’accordo con Aristotele e Tommaso, ho affermato che **lo Stato è una costruzione naturale**, perché naturale è la tendenza dell’uomo alla socialità e alle varie forme di unione e collaborazione. Ora, ogni comunità politica si regge sulle leggi, e **le leggi non derivano da Dio, ma dal popolo**; non discendono dall’alto, ma promanano dal basso, ovvero dalla comunità dei cittadini, i quali, direttamente o attraverso i loro rappresentanti, ma comunque in totale autonomia e autosufficienza, stabiliscono le norme del comportamento e della convivenza:

> il legislatore, o la causa prima ed efficiente della legge, è il popolo o l’intero corpo dei cittadini o la sua parte prevalente [*pars valentior*], mediante la sua elezione o volontà espressa con le parole dell’assemblea generale dei cittadini che comanda che qualcosa sia fatto o non fatto nei riguardi degli atti civili umani, sotto la minaccia di una pena o punizione temporale.
>
> (*Il difensore della pace*, I, XII)

Questa mia concezione della legge è apparsa particolarmente innovativa, tanto che qualcuno vi ha scorto l’**anticipazione di quello che**

in epoca moderna sarà chiamato "giuspositivismo" o "positivismo giuridico", ovvero la prospettiva secondo cui **una legge è giusta** non perché possiede una sua intrinseca razionalità, come pensava Tommaso, ma **perché è imposta come vincolante per tutti da un'autorità comune**. Nella prospettiva giuspositivistica lo Stato non riconosce alcun diritto naturale prima di sé, alcun criterio superiore e universale di bontà e giustizia, essendo giusto (*iustum*) solo ciò che è imposto con la forza (*iussum*) dalla volontà del legislatore. In questo senso le norme religiose, o morali, o naturali, non sono vere leggi, perché non "costringono", cioè non implicano una sanzione in caso di trasgressione. I pontefici e il clero che rivendicano un'autorità giuridica parallela a quella dello Stato sono dunque «una peste perniciosa che è assolutamente contraria alla pace e alla felicità» (*Il difensore della pace*, I, XIX). La pace e l'ordine, infatti, sono possibili solo se c'è una sola autorità pubblica in grado di fissare, mediante una norma unica, ciò che è universalmente ingiusto (reato), al di là di ciò che le diverse concezioni religiose ritengono immorale (peccato).

Moderatore Questo significa che anche la Chiesa deve sottostare alle leggi dello Stato?

Marsilio

Esattamente. **Lo Stato deve regolare i comportamenti di *tutti* i suoi membri**, compresi quelli che ricoprono funzioni religiose. L'autorità statale non può intromettersi nelle questioni teologiche o nelle pratiche di culto, e in questo senso i sacerdoti, in quanto tali, possono sottrarsi al potere dello Stato, ma, in quanto membri della comunità politica, essi non hanno privilegi di sorta, bensì gli stessi diritti e doveri di tutti gli altri cittadini:

Se il pontefice romano o qualsiasi altro prete fosse esente dal potere coattivo dei capi temporali ed avesse tale autorità da sottrarre i chierici dalla giurisdizione comune – come avviene appunto ai nostri tempi –, seguirebbe che i poteri dei principi secolari sarebbero quasi completamente annullati, il che io ritengo che sia un grave inconveniente che deve stare a cuore a tutti d'eliminare. (*Il difensore della pace*, II, 8)

Moderatore A conclusioni analoghe a quelle di Marsilio da Padova perviene il filosofo francescano Guglielmo da Ockham.

Ockham

Anche per me, come per Marsilio, la **Chiesa** è un'**istituzione solo spirituale**, la quale non ha alcun diritto di intervenire nelle questioni che riguardano questo mondo terreno. Come Marsilio, anch'io ho assistito alla lotta tra Giovanni XXII e Ludovico il Bavaro, e ho sostenuto la tesi "imperialista", secondo la quale l'autorità imperiale non ha origine da un'investitura religiosa, e quindi dal papa, ma direttamente da Dio. Essa esisteva ancor prima di Cristo, che non la mise in discussione e che non esercitò alcun potere politico: perché mai, allora, si dovrebbe riconoscere un qualche potere temporale al papa, che di Cristo è solo il "vicario"? Le conseguenze di un tale riconoscimento sarebbero assurde e pericolose, perché il pontefice potrebbe privare i re dei loro domini e delle loro cariche, e i proprietari dei loro beni, considerando tutti come suoi «servi»:

Tutti i cristiani, sia l'imperatore sia i re sia i loro sudditi, sarebbero servi del papa nella più stretta accezione del termine servo [...]. Potrebbe anche il papa, se avesse un tal potere nel temporale e nello spirituale, imporre ai cristiani gravi cerimonie esteriori, così che il cristianesimo non sarebbe più per nulla legge di libertà, ma intollerabile schiavitù.

(*Breviloquium de potestate papae*, 2, III)

Tuttavia, se Marsilio si è spinto fino a quello che in termini moderni potrebbe chiamarsi "giurisdizionalismo" (secondo cui la Chiesa non costituisce un ambito diverso rispetto allo Stato, bensì una sorta di "giurisdizione" all'interno dell'unico potere statuale), la mia prospettiva potrebbe essere definita "**separatismo**", in quanto riconosce alla Chiesa un ambito suo proprio, separato rispetto a quello della comunità politica.

Moderatore Abbiamo visto che la riflessione medievale sul potere spirituale, sul potere politico e sul loro rapporto è in qualche modo già percorsa da quello che costituirà il nucleo del pensiero politico moderno, ovvero dall'opposizione tra la prospettiva giuspositivistica e quella giusnaturalistica.
Del resto, le mutevoli e relative leggi degli uomini sono state da sempre contrapposte a una legge obiettiva, sempre uguale e universalmente valida, fondata su un presunto "ordine naturale" superiore. Ancora oggi c'è chi invoca tale ordine immutabile come criterio ultimo del bene e del male (ad esempio la Chiesa cattolica, per la quale alcune leggi dello Stato, in quanto contrastano con i principi morali che essa ritiene insiti nell'"ordine naturale", non solo risultano "ingiuste", ma cessano di essere vere leggi). La questione appare però senza soluzione: già con i sofisti l'opposizione tra legge (*nómos*) e natura (*phýsis*) aveva portato a interpretazioni diverse, talvolta addirittura opposte, del «giusto per natura». Per Callicle, ad esempio, era giusto secondo natura che il più forte dominasse il più debole; per Antifonte, al contrario, esisteva una naturale uguaglianza tra tutti gli uomini... Ma allora come può la natura salvarci dall'arbitrio, dall'anarchia del relativismo, se essa per prima ci offre un modello di giustizia che divide gli uomini? Il giurista italiano contemporaneo Gustavo Zagrebelsky scrive a tale proposito: «Il diritto naturale non è affatto il terreno del consenso che abbraccia l'umanità intera in nome di una giustizia universalmente riconosciuta. Al contrario, è il terreno dei più radicali conflitti. Innanzitutto, che cosa è la "natura" alla quale ci appelliamo? [...] Che cosa vediamo dentro il cosiddetto "diritto naturale"? Alcuni, come gli stoici, il regno dell'uguaglianza e della dignità umana. [...] D'altra parte, Aristotele considerava la schiavitù conforme alla natura. [...] Sono esempi raccolti a caso. Mostrano con evidenza che non esiste una natura da tutti riconoscibile. Si può parlare di natura, e quindi di legge naturale, solo dall'interno di un sistema di pensiero, di una visione del mondo, ma i sistemi e le visioni appartengono alle culture, non alla natura. Possono perciò essere differenti, spesso antitetici» (*Contro l'etica della verità*, Laterza, Roma-Bari 2008, pp. 107-108).

QUESTIONE

Dio è oggetto di conoscenza o di fede?

Tommaso, Ockham

Partiamo da una fotografia

Questa fotografia, realizzata dalla NASA mediante il telescopio spaziale "Hubble", ritrae la nebulosa NGC 7293, detta "Elica", che si trova a 450 anni luce dal nostro pianeta, nella costellazione dell'Acquario. Per la sua forma e per i suoi colori spettacolari, questo oggetto celeste è indicato spesso come "**l'occhio di Dio**".

In effetti, di fronte allo spettacolo suggestivo del cielo stellato, può sfuggirci, come in un sussurro, l'espressione "Dio mio…". E non è un caso: il termine "**dio**" deriva infatti dal latino *deus*, che a sua volta si collega alla radice indoeuropea *div-*, che indica qualcosa di "**luminoso**", di "divino" appunto.

Inoltre, in quasi tutte le lingue indoeuropee la parola "**cielo**" designa sia lo **spazio delle stelle**, sia la **dimora degli dei**: Dio è l'essere "celeste", l'alto, il supremo che sovrasta e domina l'essere "terrestre", l'uomo. Perfino nella più antica religione cinese il Dio supremo è *Shang-ti*, che significa "Dio del cielo", o semplicemente "il Cielo".

Ma, di fronte all'emozionante bellezza e all'enigmatico silenzio del cielo stellato, l'**atteggiamento religioso** di chi vi scorge l'opera di Qualcuno o di Qualcosa che ha progettato il mondo e che lo governa "dall'alto" di una dimensione trascendente non è l'unico possibile. Se si assume un **approccio scientifico**, ad esempio, la volta celeste si rivela come il teatro di una serie di fenomeni naturali spiegabili in termini fisici e chimici: in questa prospettiva, la nebulosa "Elica" non è che il nucleo centrale di una stella destinata a diventare una "nana bianca", che risplende così intensamente da rendere fluorescente il gas precedentemente espulso all'esterno.

Questo **sguardo disincantato**, che nel cielo e nel cosmo fatica a riconoscere gli indizi dell'esistenza di una divinità, è mirabilmente espresso dal poeta russo **Vladimir Majakovskij** (1893-1930):

Ascoltate!
Se accendono le stelle,
vuol dire che qualcuno ne ha bisogno?
Vuol dire che qualcuno vuole che esse siano?
Vuol dire che qualcuno chiama perle questi piccoli sputi?
E tutto trafelato,
fra le burrasche di polvere meridiana,
si precipita verso Dio,
teme d'essere in ritardo,
piange,
gli bacia la mano nodosa,
supplica
che ci sia assolutamente una stella,
giura
che non può sopportare questa tortura senza stelle!
E poi
cammina inquieto,
fingendosi calmo.
Dice ad un altro:
«Ora va meglio, è vero?
Non hai più paura?
Si?!».
Ascoltate!
Se accendono le stelle,
vuol dire che qualcuno ne ha bisogno?
Vuol dire che è indispensabile
che ogni sera
al di sopra dei tetti
risplenda almeno una stella?

(V. Majakovskij, *Ascoltate*, da *A piena voce. Poesie e poemi*, a cura di G. Spendel, Mondadori, Milano 1989)

Forse qualche volta è successo anche a te, mentre contemplavi il cielo stellato o un altro maestoso spettacolo della natura, di provare un profondo senso di **stupore** e di interrogarti così: tutto questo può costituire una **"prova" dell'esistenza di Dio**? Oppure **Dio è una "scommessa" della fede**, che si consuma al di là di ogni ragionevole dimostrazione? Sinteticamente, queste domande possono essere formulate così:

VERSO LE COMPETENZE

- Sviluppare la riflessione personale, il giudizio critico e l'attitudine alla discussione razionale

Dio si conosce con la *ragione* o si sceglie per *fede*?

Sulla base delle tue convinzioni personali, rispondi a questo interrogativo scegliendo tra le opzioni che seguono.

1. La ragione può pervenire all'esistenza di Dio «attraverso le opere create» («*per ea quae facta sunt*», come si legge in *Rm*, 1, 20), le quali nella loro fragilità sembrano esigere un sostegno e, nella bellezza e nell'ordine che le pervade, sembrano rimandare a una Mente suprema che le ha progettate. I filosofi moderni parlano a questo proposito di **prove *a posteriori* dell'esistenza di Dio**, ovvero fondate sull'osservazione del mondo.

2. Dio può essere soltanto oggetto di fede, cioè di una "fiducia" che va oltre la ragione. Della sua esistenza, infatti, non c'è alcuna traccia concreta evidente, né alcuna "prova" razionale. La fede, del resto, è per definizione «certezza delle cose che si sperano, dimostrazione di cose che non si vedono» (*Eb*, 11, 1): «*credo quia absurdum*», affermava Tertulliano, suggerendo che **si "crede" proprio ciò che non si può "sapere"**.

Illustra brevemente le ragioni che ti hanno indotto a prendere questa posizione.

____

____

Approfondiamo la questione

Dal senso comune alla filosofia

1. L'idea di una **teologia naturale (o razionale)**, cioè fondata sulla sola ragione, ha trovato la sua formulazione più rigorosa in **Tommaso d'Aquino** e nelle sue celebri cinque «vie» per provare l'esistenza di Dio.

2. Il **fideismo**, secondo cui Dio può essere solo oggetto di fede, e non di conoscenza razionale, ha trovato espressione in **Guglielmo di Ockham**, secondo il quale la verità religiosa non può fondarsi su una conoscenza certa (*scientia*), ma su una scelta ferma della volontà.

1. L'esistenza di Dio si comprende con la ragione: **Tommaso**

Una ragione che prepara alla fede

Fede e ragione, per quanto distinte e autonome, per Tommaso sono **chiamate a collaborare**: prima di credere, infatti, è necessario che la ragione conosca autonomamente alcuni "presupposti" o "preliminari" della fede (*preambula fidei*), ad esempio l'esistenza di Dio. **La fede si innesta** dunque **sull'opera della ragione** e la perfeziona, così come la grazia si innesta sulla natura umana, perfezionandola:

> L'esistenza di Dio ed altre verità che riguardo a Dio si possono conoscere con la ragione naturale, non sono [...] articoli di fede, ma preliminari [*preambula*] agli articoli di fede: difatti la fede presuppone la cognizione naturale, come la grazia presuppone la natura, come la perfezione presuppone il perfettibile. (*Somma teologica*, q. 2, a. 3)

Teologia rivelata e teologia natuale

In questo brano emergono i tratti fondamentali della distinzione tomistica tra "**teologia rivelata**" e "**teologia naturale**":
- la prima, tramite le *Sacre Scritture*, ci informa su ciò che dobbiamo credere per fede circa la natura di Dio (*in che modo* Dio esiste, opera e si relaziona agli uomini);
- la seconda, servendosi della sola *ragione naturale*, ci porta a conoscere e a dimostrare alcune verità fondamentali (tra cui, in primo luogo, *il fatto che* Dio esiste).

Perché e come dimostrare che Dio esiste

Del resto già i grandi filosofi pagani (soprattutto Platone e Aristotele) erano giunti ad affermare l'esistenza di Dio ben prima della rivelazione di Cristo, basandosi solamente sull'esperienza e sulla ragione. Tommaso percorre lo stesso cammino: poiché **l'esistenza di Dio** non è immediatamente evidente agli uomini (tanto che molti la negano), essa **non è una verità *a priori*, ma una verità che la ragione deve dimostrare**, partendo da ciò che è attestato dai sensi per arrivare a ciò che non lo è. Seguendo l'impostazione di Aristotele, l'Aquinate muove dunque **dall'esperienza sensibile**, risalendo **all'esistenza di una causa ultima** (Dio, che non vediamo) a partire dai suoi effetti (visibili):

> Da qualunque effetto poi si può dimostrare l'esistenza della sua causa: dipendendo infatti ogni effetto dalla sua causa, posto l'effetto è necessario che preesista la causa. Quindi l'esistenza di Dio, non essendo evidente rispetto a noi, può essere dimostrata per mezzo degli effetti da noi conosciuti. (*Somma teologica*, q. 2, a. 3)

Le cinque «vie»

La dimostrazione di Tommaso si articola in cinque «vie», ovvero in **cinque diversi percorsi argomentativi** che, pur prendendo avvio da punti di partenza diversi (*ex motu*, *ex causa*, *ex possibili et necessario*, *ex gradu perfectionis*, *ex fine*), approdano tutti al **medesimo risultato**. La struttura argomentativa è sempre la stessa:
1. osservazione di alcune proprietà del mondo fisico, che devono essere spiegate;
2. ricorso al principio teorico per cui ogni effetto implica una causa;

3. esclusione della possibilità di un regresso all'infinito nella connessione causale;
4. raggiungimento di un principio che trascende il mondo fisico, ma che è capace di spiegarlo.

Sulla base di questa "traccia", percorribile dalla ragione, l'uomo è dunque in grado di dimostrare una delle verità fondamentali della fede, fornendo in tal modo alla rivelazione un sostegno incontrovertibile.

2. | Dio è conoscibile solo in quanto si rivela: **Ockham**

Dio non si conosce ma si accoglie per fede

Dopo aver raggiunto il culmine nel sistema tomistico, la fiducia razionalistica della scolastica entra gradualmente in crisi. Nel "Prologo" del *Commento alle Sentenze di Pietro Lombardo*, Ockham si chiede se l'uomo *viator*, cioè ancora in cammino (sulla terra) verso la patria celeste, possa avere di Dio una conoscenza evidente e chiara come quella di cui godrà nella visione beatifica.
La risposta di Ockham è netta: la conoscenza umana può basarsi sull'**evidenza logica**, oppure essere dedotta mediante una **dimostrazione**, oppure essere ricavata dall'**esperienza**. E l'esistenza di Dio non è conoscibile in nessuno di questi tre modi:

> La proposizione "Dio esiste" non si conosce con *evidenza* immediata, come è dimostrato dal fatto che molti dubitano dell'esistenza di Dio; e neppure può venire *dedotta* da premesse immediatamente evidenti, dal momento che qualunque ragionamento a tal fine deve contenere o qualche cosa di soggetto al dubbio o qualche cosa da accettarsi per fede; e neppure è palesemente una proposizione conosciuta attraverso l'*esperienza*. (*Quodlibeta septem*, I, 9, 1)

Se non è una «verità conoscibile», l'esistenza di Dio è allora un «**contenuto di fede**». Di conseguenza, non può esistere una teologia naturale e l'unico discorso che si può condurre intorno a Dio è quello della "**teologia rivelata**", o "**teologia sacra**", la quale non si fonda sulla ragione umana, ma sull'autorità delle Scritture. Questo tipo di conoscenza non è un'impresa razionale dell'uomo che si solleva a Dio, ma è riconducibile all'**iniziativa di Dio**, il quale si "rivela" agli uomini attraverso un atto di grazia.

Contro Tommaso

Le **cosiddette "prove" dell'esistenza di Dio** sono pertanto **mere *persuasiones***, ovvero argomenti probabili che muovono la libera scelta della volontà già illuminata dalla grazia, e **non *dimostrationes*** che, escludendo ogni dubbio, costringono l'intelletto all'assenso incondizionato. Del resto – osserva Ockham coerentemente con il proprio principio di economia – se le verità di fede potessero essere dimostrate dalla ragione umana, la loro rivelazione da parte di Dio sarebbe inutile.
La fiducia di Tommaso nella capacità della ragione umana di "afferrare" Dio a partire dalle cose create, cioè dai suoi "effetti", presuppone un rapporto di "**partecipazione**" tra l'essere di Dio e l'essere del mondo, tra Creatore e creature. Ora, la dottrina della partecipazione implica che il termine "ente", così come tutte le proprietà che si attribuiscono nello stesso tempo a Dio e alle cose, abbiano un significato non identico (univoco), né assolutamente diverso (equivoco), ma solo simile (**analogo**). Anche per Ockham le nozioni con cui l'uomo può parlare di Dio sono necessariamente le stesse che usa per conoscere le cose. Ma le proprietà delle cose possono essere attribuite a Dio solo in senso **equivoco**, perché c'è una **radicale dissomiglianza tra il modo di essere delle creature** (finito e imperfetto) **e quello di Dio** (infinito e perfetto):

> nulla è univoco a Dio e alla creatura se univoco viene preso in senso stretto, poiché non esiste nulla nella creatura, né di essenziale né di accidentale, che abbia una perfetta somiglianza con qualche cosa che esista realmente in Dio. (*Commento alle Sentenze di Pietro Lombardo*, d. 2, q. 9)

Fede e ragione sono quindi **inconciliabili**: la ragione non dispone di strumenti logici e conoscitivi adeguati per sollevarsi a Dio, che è conoscibile solo in quanto si rivela all'uomo offrendosi alla sua libera scelta di fede.

QUESTIONE

VERSO LE COMPETENZE

- Saper argomentare una tesi dopo aver ascoltato e valutato le ragioni altrui

Hai cambiato opinione?

Ora che hai ascoltato le ragioni dei filosofi, decidi se intendi rimanere fedele alla tua idea iniziale o se preferisci cambiarla, e indica in sintesi gli argomenti che ti hanno indotto a questa decisione.

______

______

______

Una questione aperta...

La dottrina di Guglielmo di Ockham verrà ripresa in epoca moderna da **Martin Lutero**, il quale affermerà con forza che la fede è qualcosa di inverificabile, di indimostrabile e, in un certo senso, di irrazionale: «***sola fides***» sarà il suo motto, a sigillo del definitivo spezzarsi di quel rapporto di armonia e collaborazione tra *fides* e *ratio* che il tomismo aveva cercato con fatica di istituire.

La Chiesa cattolica, dal canto suo, **reagirà con ferma intransigenza all'eresia luterana**, ribadendo, nella *Professione di fede tridentina* elaborata dal Concilio di Trento (1564), la propria piena fiducia nella ragione umana e i principi dottrinali del tomismo messi in dubbio da Lutero.

Ancora oggi la filosofia di Tommaso rappresenta la posizione ufficiale della Chiesa cattolica. Eppure la **filosofia cristiana** appare **insidiata da un'aporia che sembra legata alla natura stessa della fede**: quest'ultima deve *implicare* necessariamente la ragione, ma, al tempo stesso, deve *escluderla*. Se è vero, infatti, che le verità di fede non devono essere in contraddizione con le verità della ragione (a meno di non trasformare la fede in atto di volontà privo di consapevolezza, in deliberazione senza conoscenza, in un certo senso in "violenza" o "fanatismo"), è anche vero che Dio è un mistero che interpella la libertà dell'uomo, il quale è chiamato a sceglierlo senza condizioni. In altre parole: per essere autentica, la ***fede* in Dio** deve escludere la *conoscenza* di Dio; deve credere senza vedere, sperare senza sapere, avere *fermezza* ma non *certezza*. Deve essere una **scelta rischiosa e instabile**, mai disgiunta dal dubbio. Lo riconosce lo stesso Tommaso, il quale, commentando san Paolo, osserva che la fede conduce «*in captivitatem omnem intellectu*», cioè rende l'intelletto "prigioniero" di un contenuto che non gli appare evidente. E questo anche perché «**la fede cessa di essere meritoria dove la ragione umana porta all'evidenza**» (*Somma teologica*, q. 1, a. 8).

Si dovrà allora ammettere, con un'affermazione dal sapore un po' provocatorio, che **la fede è fondamentalmente dubbio?** Del resto, a ben vedere, il dubbio non è affatto l'opposto della conoscenza, ma ne è la condizione, così come non è l'opposto delle fede, ma ne è la premessa: solo chi dubita e supera il dubbio "crede"; solo chi non sa e cerca può conoscere la verità.

INDICE DELLE VOCI DEI GLOSSARI

INDICE DEI NOMI

Il neretto indica le pagine in cui l'autore è trattato analiticamente e la relativa sezione antologica; il corsivo segnala la trattazione nelle rubriche.

REFERENZE BIBLIOGRAFICHE DEI TESTI CITATI NELLE RUBRICHE

Agostino

- *La città di Dio*, trad. it. di C. Borgogno, Edizioni Paoline, Roma 1979
- *La natura del bene*, trad. it. di G. Reale, Rusconi, Milano 1995
- *Le confessioni*, trad. it. di C. Carena, Città Nuova, Roma 2000

Aristotele

- *Etica nicomachea*, trad. it. di A. Plebe, in *Opere*, a cura di G. Giannantoni, Laterza, Roma-Bari 1983
- *Fisica*, trad. it. di A. Russo, in *Opere*, cit.
- *Metafisica*, trad. it. di A. Russo, in *Opere*, cit.
- *Metafisica*, trad. it. di G. Reale, Rusconi, Milano 1991

Catechismo della Chiesa cattolica

- Libreria Editrice Vaticana, Città del Vaticano 1992

Diogene Laerzio

- *Vite dei filosofi*, a cura di M. Gigante, Laterza, Roma-Bari 1983

Epicuro

- *Lettera a Meneceo*, trad. it. di C. Diano, in *Scritti morali*, a cura di G. Serra, Rizzoli, Milano 2000
- H. Usener, *Epicurea*, a cura di L. Massa Postano, Cedam, Padova 1969
- *Massime capitali*, trad. it. di E. Bignone, in *Opere, frammenti, testimonianze sulla vita*, a cura di E. Bignone, Laterza, Roma-Bari 2007

Filone di Alessandria

- *La creazione del mondo*, trad. it. di G. Calvetti, Rusconi, Milano 1978
- *Le allegorie delle Leggi*, trad. it. di R. Bigatti, Rusconi, Milano 1978
- *L'immutabilità di Dio*, trad. it. di C. Mazzarelli, Rusconi, Milano 1984

Gilson Étienne

- *La filosofia nel Medioevo*, trad. it. di M.A. Del Torre, Sansoni, Firenze 1983

Marx Karl

- *Tesi su Feuerbach*, in *Opere di Marx-Engels*, a cura di N. Merker, Editori Riuniti, Roma 1976

Marsilio da Padova

- *Il difensore della pace*, trad. it. di C. Vasoli, UTET, Torino 1960

Ockham

- *Breviloquium de potestate papae*, cit. in *Grande antologia filosofica*, a cura di U.A. Padovani, Marzorati, Milano 1954, vol. 5, p. 915
- *Commento alle Sentenze di Pietro Lombardo*, cit. in *Grande antologia filosofica*, cit., vol. 4, p. 1457

Platone

- *Eutidemo*, trad. it. di F. Adorno, in *Opere*, a cura di G. Giannantoni, Laterza, Roma-Bari 1982
- *Fedone*, trad. it. di M. Valgimigli, in *Opere*, cit.
- *Lettera VII*, trad. it. di A. Maddalena, in *Opere*, cit.
- *Repubblica*, trad. it. di F. Sartori, in *Opere*, cit.
- *Simposio*, trad. it. di P. Pucci, in *Opere*, cit.
- *Teeteto*, trad. it. di M. Valgimigli, in *Opere*, cit.

Plotino

- *Enneadi*, trad. it. a cura di M. Casaglia, C. Guidelli, A. Linguiti e F. Moriani, UTET, Torino 1997

Seneca

- *Lettera a Lucilio*, trad. it. di M. Natali, in *Tutti gli scritti*, a cura di G. Reale, Rusconi, Milano 1994

Tommaso

- *Commento alle Sentenze di Pietro Lombardo*, trad. it. di A. Passerin d'Entrèves, in *Scritti politici*, Zanichelli, Bologna 1946
- *De regimine principum*, trad. it. di A. Passerin d'Entrèves, in *Scritti politici*, cit.
- *La somma teologica*, a cura di R. Coggi, Edizioni Studio Domenicano, Bologna 1996
- *L'eternità del mondo*, trad. it. di A. Tognolo, ne *L'uomo e l'universo. Opuscoli filosofici*, Rusconi, Milano 1982

Weinberg Steven

- *I primi tre minuti. L'affascinante storia dell'origine dell'universo*, trad. it. di L. Sosio, Mondadori, Milano 1997

INDICE DELLE ILLUSTRAZIONI

REFERENZE FOTOGRAFICHE

Archivio Iconografico Pearson Italia

Abegg Collection, Riggisberg/Bridgeman Art Library/Archivi Alinari
Phil Ashley/Michael Blann/Getty Images
Giovanni Dagli Orti
Fitzwilliam Museum/Bridgeman Art Library/Archivi Alinari
iStockphoto
Lessing-Magnum
NASA/Jpl-Caltech/J. Hora (Harvard-Smithsonian CfA)/Science Photo Library
Foto Scala, Firenze
Foto Scala, Firenze/BPK, Bildagentur fuer Kunst, Kultur und Geschichte, Berlin
Shutterstock

APPUNTI

Leur bébé surprise

*

L'enfant secret du Dr White

*

Le dilemme du Dr Montclair